Gütersloher Taschenbücher / Siebenstern 510

W0011134

Ökumenischer Taschenbuchkommentar
zum Neuen Testament
Band 19
Herausgegeben von
Erich Gräßer und Karl Kertelge

Ulrich B. Müller

Die Offenbarung des Johannes

Gütersloher Verlagshaus
Gerd Mohn

Echter Verlag

Originalausgabe

CIP-Kurztitelaufnahme der Deutschen Bibliothek

Ökumenischer Taschenbuchkommentar zum Neuen Testament / hrsg. von
Erich Grässer u. Karl Kertelge.
– Orig.-Ausg. – Gütersloh: Gütersloher
Verlagshaus Mohn; Würzburg: Echter
  (Gütersloher Taschenbücher Siebenstern; …)

NE: Grässer, Erich [Hrsg.]

Bd. 19. – Müller, Ulrich B.: Die Offenbarung des Johannes

Müller, Ulrich B.:
Die Offenbarung des Johannes / Ulrich B. Müller.
– Orig.-Ausg. – Gütersloh: Gütersloher
Verlagshaus Mohn; Würzburg: Echter, 1984.
  (Ökumenischer Taschenbuchkommentar zum Neuen
  Testament; Bd. 19) (Gütersloher Taschenbücher
  Siebenstern; 510)
  ISBN 3-579-04840-6

NE: 2. GT

ISBN 3-579-04840-6

© Gütersloher Verlagshaus Gerd Mohn, Gütersloh, und
Echter-Verlag, Würzburg 1984
Gesamtherstellung Clausen & Bosse, Leck
Umschlaggestaltung: Dieter Rehder, Aachen
Printed in Germany

Vorwort der Herausgeber

Das Taschenbuch als literarisches Hilfsmittel hat im heutigen Wissenschaftsbereich längst seinen festen Platz. Mit dem vorliegenden Band, der eine neue Kommentarreihe zum Neuen Testament fortsetzt, soll nun auch für diesen wichtigen Zweig exegetischer Arbeit das Taschenbuch zur Veröffentlichung und Verbreitung genutzt werden. Wir hoffen, daß wir damit einer wachsenden Nachfrage von Studenten, Lehrern, Pfarrern und interessierten Laien entgegenkommen, die sich über den heutigen Stand wissenschaftlicher Exegese des Neuen Testaments in zuverlässiger Weise und in faßlicher und leicht zugänglicher Form informieren wollen. Bisher hatten Studenten, Lehrer und Pfarrer eigentlich nur zu wählen zwischen einem großen Kommentarwerk mit sehr detaillierten Ausführungen, das kostspielig war, und einer allgemeinverständlichen Auslegung mit zu knappen Textanalysen, die dafür dann preiswerter war. In diesem neuen Kommentarwerk wird angestrebt, die modernen exegetischen Erkenntnisse zu den einzelnen Schriften des Neuen Testamentes auf der Grundlage historisch-kritischer Auslegung so zur Darstellung zu bringen, daß das Zuviel und das Zuwenig gleicherweise vermieden werden.

Eine alte Tradition ist auch insofern durchbrochen, als die Mitarbeiter nicht mehr nur aus *einem* konfessionellen Lager kommen. Zu diesem Kommentarwerk haben sich Exegeten evangelischen und katholischen Bekenntnisses zusammengefunden, weil sie überzeugt sind, daß es neben dem Glauben an den gemeinsamen Herrn der Kirche vor allem die Heilige Schrift ist, die sie verbindet. Allzulange hat die Bibel des Alten und Neuen Testamentes eher zur konfessionellen Abgrenzung und Selbstbestätigung herhalten müssen, als daß sie als verbindendes Element zwischen den Kirchen, christlichen Gruppen und theologischen Schulen empfunden wurde. Natürlich dürfen auch die konfessionell gebundenen Auslegungstraditionen in der heutigen Exegese nicht übersehen und überspielt werden. Vielmehr gilt es, die aus der Kirchengeschichte bekannten Kontroversfragen hinsichtlich der Auslegung der Heiligen Schrift heute neu zu bedenken und – vielleicht – in einer entspannteren, gelasseneren und daher sachlicheren Form einer exegetisch verantwortlichen Lösung näherzubringen. Zu besonders relevanten Texten oder Schriften sollen diese Fragen daher in kurzen Erklärungen oder in Exkursen dargestellt und diskutiert werden. Dabei geht es darum, nicht den Schrifttext und die Lehrtradition gegeneinander auszuspielen, sondern die Probleme der Lehrtradition im Lichte der Schrifttexte zu erhellen und im exegetischen Gehorsam gegenüber der Schrift Verstehensschwierigkeiten, die sich oft aus einer zu starren Handhabung der Lehrtradition ergeben, zu überwinden. Hierdurch besonders, aber grundsätzlich auch schon durch die methodisch sachgerechte Auslegung der neutestamentlichen Schriften hoffen wir, einen Dienst für die Verständigung von Christen verschiedener Bekenntnisse untereinander und für das allen Christen aufgegebene Werk ökumenischer Vermittlung und Einheitsfindung leisten zu können.

Die Herausgeber

Inhalt

VERZEICHNIS DER EXKURSE

Vorwort

Die Auslegung der Johannesoffenbarung hat mich seit meiner Dissertation »Messias und Menschensohn in jüdischen Apokalypsen und in der Offenbarung des Johannes« (1972) immer wieder beschäftigt. Dabei ist meine Sicht dieses letzten Buches der Bibel in manchen Einzelheiten durchaus nicht unverändert geblieben, wie der Leser beim Vergleich mit späteren Äußerungen von mir feststellen kann. Ich muß das in Kauf nehmen, spiegelt sich doch darin die Schwierigkeit wider, vor die gerade diese apokalyptische Schrift den Interpreten seit jeher stellt.

Herzlich zu danken habe ich Freunden und Kollegen in Kiel und Hamburg, die einzelne Teile des Kommentars kritisch gelesen oder als Referat gehört und diskutiert haben. Besonderer Dank gebührt Frau Herta Meyer, die das ganze Manuskript mit freundlicher Bereitwilligkeit und Sorgfalt geschrieben hat.

Aachen, den 1. Februar 1984   *Ulrich B. Müller*

Literatur

Die Literaturauswahl berücksichtigt in erster Linie solche Werke, die häufiger benutzt sind. Spezialliteratur wird zu jedem Abschnitt gesondert genannt.

1. Verzeichnis der außerbiblischen Quellen

Bonwetsch, G. N.: Die Apokalypse Abrahams, SGTK I,1, 1897 (Nachdruck Aalen 1972).

Ders.: Die Bücher der Geheimnisse Henochs. Das sogenannte slavische Henochbuch, TU 44,2, 1922.

Borst, J. – Hross, H. – Borst, H.: Tacitus. Historien, Tusculum-Bücherei, München ⁴1979.

Cary, E.: Dio's Roman History, Bd. 8, The Loeb Classical Library, Cambridge, Mass./London (¹1925) 1968.

Clementz, H.: Des Flavius Josephus Jüdische Altertümer, 2 Bde., Halle 1899 (Nachdruck Wiesbaden o. J.).

Charles, R. H. (Hg.): The Apocrypha and Pseudepigrapha of the Old Testament, 2 Bde., Oxford 1913 (mehrere Nachdrucke).

Cohn, L. – Heinemann, I. – Adler, M. – Theiler, W.: Philo von Alexandria. Die Werke in deutscher Übersetzung, 6 Bde., Berlin 1909–1938 (²1962–1964).

Fischer, J. A.: Die Apostolischen Väter, Schriften des Urchristentums 1. Teil, Darmstadt ⁸1981.

Goldschmidt, L.: Der Babylonische Talmud, 12 Bde., Berlin ²1964–1967.

Haeuser, P.: Dialog mit dem Juden Tryphon, BKV 33, 1917.

Hennecke, E. – Schneemelcher, W. (Hg.): Neutestamentliche Apokryphen in deutscher Übersetzung, 2 Bde., Tübingen ³1959/1964 (⁴1971).

Horneffer, A. – Vogt, J. – Schur, W.: Tacitus. Annalen, KTA 238, 1957.

Kasten, H.: Plinius Secundus. Briefe, Darmstadt ⁴1979.

Kautzsch, E. (Hg.): Die Apokryphen und Pseudepigraphen des Alten Testaments, 2 Bde., Tübingen 1900 (Nachdruck Darmstadt 1975).

Kellner, K. A. H.: Tertullian. Ausgewählte Schriften II, BKV 24, 1915.

Klebba, E.: Irenäus von Lyon. Gegen die Häresien, BKV 3.4, 1912.

Knibb, M. A.: The Ethiopic Book of Enoch, Bd. II, Oxford 1978.

Knopf, R. – Bauer, W. – Windisch, H. – Dibelius, M.: Die Apostolischen Väter, HNT Ergänzungsbände 1–4, 1920–1923.

Kraft, H. (Hg.): Eusebius von Caesarea. Kirchengeschichte, Darmstadt ²1981.

Kümmel, W. G. (Hg.): Jüdische Schriften aus hellenistisch-römischer Zeit, 5 Bde., Gütersloh 1973 ff. (darin enthalten bislang die Übersetzungen zu u. a. Sir, Weish, 1 / 2 / 3 / 4 Makk, Test XII, PsSal, Jub, AssMos, 4 Esr, syrBar).

Kurfess, A.: Sibyllinische Weissagungen, Berlin 1951.

Lambert, A.: Sueton. Leben der Caesaren, Dtv-Text-Bibliothek 6005, 1972.

Leipold, J. – Grundmann, W. (Hg.): Umwelt des Urchristentums II, Berlin ³1972.

Lohse, E.: Die Texte aus Qumran, Darmstadt ³1981.

Maier, J.: Die Texte vom Toten Meer, 2 Bde., München 1960.

Michel, O. – Bauernfeind, O.: Flavius Josephus. De bello Judaico (Der jüdische Krieg), 3 Bde., Darmstadt 1963–1982.

Rießler, P.: Altjüdisches Schrifttum außerhalb der Bibel (1928), ⁴1979.

2. Allgemeinere Literatur

Bauer, W.: Rechtgläubigkeit und Ketzerei im ältesten Christentum, BHTh 10, ²1964.

Berger, K.: Die Amen-Worte Jesu, BZNW 39, 1970.

Brox, N.: Zeuge und Märtyrer. Untersuchungen zur frühchristlichen Zeugnis-Terminologie, StANT 5, 1961.

Bousset, W.: Der Antichrist in der Überlieferung des Judentums, des neuen Testaments und der alten Kirche, Göttingen 1895.

Bultmann, R.: Theologie des Neuen Testaments, UTB 630, ⁸1980.

Cerfaux, L. – Tondriau, J.: Le culte des souverains dans la civilisation gréco-romaine, BT. B 5, 1957.

Deichgräber, R.: Gotteshymnus und Christushymnus in der frühen Christenheit, StUNT 5, 1967.

Ernst, J.: Die eschatologischen Gegenspieler in den Schriften des Neuen Testaments, BU 3, 1967.

Goppelt, L.: Theologie des Neuen Testaments, UTB 850, ³1978.

Hill, D.: New Testament Prophecy, London 1979.

Klein, R. (Hg.): Das frühe Christentum im Römischen Staat, WdF 267, ²1982.

Kümmel, W. G.: Einleitung in das Neue Testament, Heidelberg ²⁰1980.

Magie, D.: Roman Rule in Asia Minor to the End of the Third Century after Christ, 2 Bde., Princeton 1950.

McNamara, M.: The New Testament and the Targum to the Pentateuch, AnBib 27, 1966.

Müller, U. B.: Messias und Menschensohn in jüdischen Apokalypsen und in der Offenbarung des Johannes, StNT 6, 1972.

Ders.: Prophetie und Predigt im Neuen Testament. Formgeschichtliche Untersuchungen zur urchristlichen Prophetie, StNT 10, 1975.

Ders.: Zur frühchristlichen Theologiegeschichte. Judenchristentum und Paulinismus in Kleinasien an der Wende vom ersten zum zweiten Jahrhundert n. Chr., Gütersloh 1976.

Robinson, J. A. T.: Redating the New Testament, London 1976.

Schenke, H.-M. – Fischer, K. M.: Einleitung in die Schriften des Neuen Testaments II: Die Evangelien und die anderen neutestamentlichen Schriften, Gütersloh / Berlin 1979.

Stauffer, E.: Christus und die Cäsaren. Historische Skizzen, Hamburg [6]1964.

Vielhauer, P.: Geschichte der urchristlichen Literatur, Berlin / New York, 1975 (Nachdruck 1978).

Vögtle, A.: Das Neue Testament und die Zukunft des Kosmos, Düsseldorf 1970.

Wikenhauser, A. – Schmid, J.: Einleitung in das Neue Testament, Freiburg / Basel / Wien [6]1973.

Wilcke, H.-A.: Das Problem eines messianischen Zwischenreichs bei Paulus, AthANT 51, 1967.

3. Neuere Kommentare in Auswahl

Allo, E.-B.: Saint Jean, L'Apocalypse, EtB, Paris [3]1933.

Beckwith, I. T.: The Apocalypse of John, New York 1919 (Nachdruck Grand Rapids, Mich. 1979).

Behm, J.: Die Offenbarung des Johannes, NTD 11, [7]1957.

(Strack, H. L.) – Billerbeck, P.: Kommentar zum Neuen Testament aus Talmud und Midrasch, 4 Bde., München 1926 (Nachdruck [5]1969).

Bousset, W.: Die Offenbarung Johannis, KEK, [6]1906 (Nachdruck Göttingen 1966).

Brütsch, C.: Die Offenbarung Jesu Christi. Johannes-Apokalypse, 3 Bde., ZBK [2]1970.

Caird, G. B.: A Commentary on the Revelation of St. John the Divine, BNTC London 1966.

Cerfaux, L. – Cambier, J.: L'Apocalypse de Saint Jean lue aux chrétiens, LeDiv 17, Paris 1964.

Charles, R. H.: A Critical and Exegetical Commentary on the Revelation of St. John, ICC, 2 Bde., Edingburgh 1920 (mehrere Nachdrucke).

Hadorn, W.: Die Offenbarung des Johannes, ThHK 18, Leipzig 1928.

Kraft, H.: Die Offenbarung des Johannes, HNT 16a, 1974.

Lohmeyer, E.: Die Offenbarung des Johannes, HNT 16, [3]1970.

Lohse, E.: Die Offenbarung des Johannes, NTD 11, [12]1979.

Massyngberde Ford, J.: Revelation, The Anchor Bible 38, New York 1975.

Prigent, P.: L'Apocalypse de Saint Jean, CNT 14, Lausanne / Paris 1981.

Sickenberger, J.: Erklärung der Johannesapokalypse, Bonn ²1942.
Wikenhauser, A.: Die Offenbarung des Johannes, RNT 9, ³1959.
Zahn, T.: Die Offenbarung des Johannes, KNT 18, 2 Bde., 1924/26.

4. Ausgewählte Monographien und Aufsätze zur Offb

Becker, J.: Pseudonymität der Johannesapokalypse und Verfasserfrage, BZ NF 13 (1969) 101 f.
Bell, A. A.: The Date of John's Apocalypse, NTS 25 (1978) 93–102.
Bieder, W.: Die sieben Seligpreisungen in der Offenbarung des Johannes, ThZ 10 (1954) 13–30.
Bietenhard, H.: Das tausendjährige Reich, Zürich ²1955.
Böcher, O.: Die Johannesapokalypse, Erträge der Forschung 41, ²1980.
Ders.: Kirche in Zeit und Endzeit. Aufsätze zur Offenbarung des Johannes, Neukirchen-Vluyn 1983.
Boismard, M.-E.: »L'Apocalypse« ou »les Apocalypses« de S. Jean, RB 56 (1949) 507–541.
Boll, F.: Aus der Offenbarung Johannis. Hellenistische Studien zum Weltbild der Apokalypse, Stoicheia 1, 1914.
Bornkamm, G.: Die Komposition der apokalyptischen Visionen in der Offenbarung Johannis, in: *ders.:* Studien zu Antike und Urchristentum, BEvTh 28, ²1963, 204–222.
Brun, L.: Die römischen Kaiser in der Apokalypse, ZNW 26 (1927) 128–151.
Büchsel, F.: Die Christologie der Offenbarung Johannis, Halle 1907.
Cerfaux, L.: Le conflit entre Dieu et le souverain divinisé dans l'Apocalypse de Jean, in: Studies in History of Religions, Suppl. Numen 4 (1959) 459–470.
Clemen, C.: Die Stellung der Offenbarung Johannis im ältesten Christentum, ZNW 26 (1927) 173–186.
Collins, A. Y.: The Combat Myth in the Book of Revelation, HThR Harvard Dissertations in Religion 9, 1976.
Collins, J. J.: Pseudonymity, Historical Reviews and the Genre of the Revelation of John, CBQ 39 (1977) 329–343.
Comblin, J.: La liturgie de la Nouvelle Jérusalem, Louvain/Paris 1953.
Ders.: Le Christ dans l'Apocalypse, BT. B 6, 1965.
Delling, G.: Zum gottesdienstlichen Stil der Johannesapokalypse, NT 3 (1959) 107–137, jetzt in: Studien zum NT und zum hellenistischen Judentum, Göttingen 1970, 425–450.
Ellul, J.: Apokalypse. Die Offenbarung des Johannes – Enthüllung der Wirklichkeit, Neukirchen-Vluyn 1981.
Farrer, A.: A Rebirth of Images. The Making of St. John's Apocalypse, Westminster 1949.
Feuillet, A.: L'Apocalypse, Etat de la question, SN. S 3, 1963.

Foerster, W.: Die Bilder in Offenbarung 12f. und 17f., ThSTKr 104 (1932) 279–310.

Gerhardsson, B.: Die christologischen Aussagen in den Sendschreiben der Offenbarung (Kap. 2–3), in: *A. Fuchs (Hg.):* Theologie aus dem Norden, Linz 1976, 142–166.

Giet, St.: L'Apocalypse et l'Histoire, Paris 1957.

Gollinger, H.: Das »große Zeichen« von Apokalypse 12, SBM 11, 1971.

Goppelt, L.: Heilsoffenbarung und Geschichte nach der Offenbarung des Johannes, ThLZ 77 (1952) 513–522.

Günther, H. W.: Der Nah- und Enderwartungshorizont in der Apokalypse des heiligen Johannes, Forschung zur Bibel 41, 1980.

Gunkel, H.: Schöpfung und Chaos in Urzeit und Endzeit. Eine religionsgeschichtliche Untersuchung über Gen 1 und ApJoh 12, Göttingen 1895.

Hahn, F.: Die Sendschreiben der Johannesapokalypse. Ein Beitrag zur Bestimmung prophetischer Redeformen, in: Tradition und Glaube (Festgabe K. G. Kuhn), Göttingen 1971, 357–394.

Ders.: Zum Aufbau der Johannesoffenbarung, in: Kirche und Bibel (Festgabe E. Schick), Paderborn 1979, 145–154.

Hellholm, D.: The Problem of Apocalyptic Genre and the Apocalypse of John, in: *K. H. Richards (Hg.):* Society of Biblical Literature 1982, Seminar Papers, Chico, California 1982, 157–198.

Helmbold, A.: A Note on the Authorship of the Apocalypse, NTS 8 (1961/62) 77–79.

Hill, D.: Prophecy and Prophets in the Revelation of St. John, NTS 18 (1971/72) 401–418.

Holtz, T.: Die Christologie der Apokalypse des Johannes, TU 85, ²1971.

Jörns, K.-P.: Das hymnische Evangelium. Untersuchungen zu Aufbau, Funktion und Herkunft der hymnischen Stücke in der Johannesoffenbarung, StNT 5, 1971.

Kallas, J.: The Apocalypse – an Apocalyptic Book?, JBL 86 (1967) 69–80.

Karner, K.: Gegenwart und Endgeschichte in der Offenbarung des Johannes, ThLZ 93 (1968) 641–652.

Kraft, H.: Zur Offenbarung des Johannes, ThR NF 38, 1973, 81–98.

Lambrecht, J. (Hg.): L'Apocalypse johannique et l'Apocalyptique dans le Nouveau Testament, BEThL 53, 1980.

Läuchli, S.: Eine Gottesdienststruktur in der Johannesoffenbarung, ThZ 16 (1960) 359–378.

Lohmeyer, E.: Die Offenbarung des Johannes 1920–1934, ThR NF 6 (1934) 269–314, 7 (1935) 28–62.

Lohse, E.: Die alttestamentliche Sprache des Sehers Johannes, ZNW 52 (1961) 122–126, in: *ders.:* Die Einheit des Neuen Testaments, Göttingen 1973, 329–333.

Ders.: Der Menschensohn in der Johannesapokalypse, in: *R. Pesch – R. Schnackenburg (Hg.):* Jesus und der Menschensohn (FS. A. Vögtle), Freiburg/Basel/Wien 1975, 415–421.

Maier, G.: Die Johannesoffenbarung und die Kirche, WUNT 25, 1981.

Marshall, I. H.: Martyrdom and the Parousia in the Revelation of John, in: Studia Evangelica IV/1, TU 102 (1968) 333–339.

Michl, J.: Die Engelvorstellungen in der Apokalypse des Heiligen Johannes I. Die Engel um Gott, München 1937.

Minear, P. S.: I Saw a New Earth. An Introduction to the Visions of the Apocalypse, Washington 1969.

Müller, H.-P.: Die Plagen der Apokalypse, eine formgeschichtliche Untersuchung, ZNW 51 (1960) 268–278.

Ders.: Die himmlische Ratsversammlung. Motivgeschichtliches zu Apc. 5,1–5, ZNW 54 (1963) 254–267.

Müller, U. B.: Literarische und formgeschichtliche Bestimmung der Apokalypse des Johannes als eines Zeugnisses frühchristlicher Apokalyptik, in: *Hellholm, D. (Hg.):* Apocalypticism in the Mediterranean World and the Near East, Proceedings of the International Colloquium on Apocalypticism (Uppsala 1979), Tübingen 1983.

Mussies, G.: The Morphology of Koine Greek as Used in the Apocalypse of St. John, NT. S 27, 1971.

Newman, B.: The Fallacy of the Domitian Hypothesis, NTS 10 (1963/64) 133–139.

Nikolainen, A. T.: Der Kirchenbegriff in der Offenbarung des Johannes, NTS 9 (1962/63) 351–361.

Ders.: Über die theologische Eigenart der Offenbarung des Johannes, ThLZ 93 (1968) 161–170.

Pax, E.: Jüdische und christliche Funde im Bereiche der »Sieben Kirchen« der Apokalypse, BiLe 8 (1967) 264–279.

Prigent, P.: Apocalypse et Liturgie, Cahiers Theologiques 52, 1964.

Ders.: »Au temps de l'Apocalypse«, I. Domitien, RhPh 54 (1974) 455–483; II. Le culte impérial au 1er siècle en Asie Mineure, ebd. 55 (1975) 215–235; III. Pourquoi les persécutions?, ebd. 341–363.

Ramsay, W. M.: The Letters to the Seven Churches of Asia, London/New York/Toronto, 4. Aufl. o. J.

Reicke, B.: Die jüdische Apokalyptik und die johanneische Tiervision, RevSR 66 (1972) 165–172.

Rissi, M.: Das Judenproblem im Lichte der Johannesapokalypse, ThZ 13 (1957) 241–259.

Ders.: Was ist und was geschehen soll danach. Die Zeit- und Geschichtsauffassung der Offenbarung des Johannes, AThANT 46, ²1965.

Der.: Die Zukunft der Welt. Eine exegetische Studie über Johannesoffenbarung 19,11–22,15, Basel o. J.

Roller, O.: Das Buch mit sieben Siegeln, ZNW 36 (1937) 98–113.

Sanders, J. N.: St. John on Patmos, NTS 9 (1962/63) 75–85.

Satake, A.: Die Gemeindeordnung in der Johannesapokalypse, WMANT 21, 1966.

Sickenberger, J.: Die Deutung der Engel der sieben apokalyptischen Gemeinden, RQ 35 (1927) 135–149.

Schlatter, A.: Das Alte Testament in der johanneischen Apokalypse, BFChTh 16, 1912.

Schmid, J.: Studien zur Geschichte des griechischen Apokalypse-Textes, MThS. HE 1 (2. Teil) 1955.

Schüssler Fiorenza, E.: Priester für Gott. Studien zum Herrschafts- und Priestermotiv in der Apokalypse, NTA NF 7, 1972.

Dies.: Apocalyptic and Gnosis in the Book of Revelation and Paul, JBL 92 (1973) 565–581.

Dies.: Composition and Structure of the Revelation of John, CBQ 39 (1977) 344–366.

Dies.: The Quest for the Johannine School: The Apocalypse and the Fourth Gospel, NTS 23 (1977) 402–427.

Schütz, R.: Die Offenbarung des Johannes und Kaiser Domitian, FRLANT 50, 1933.

Schweizer, E.: Die sieben Geister in der Apokalypse, EvTh 11 (1951/52), 502–512, auch in: Neotestamentica, Zürich und Stuttgart 1963, 190–202.

Strobel, A.: Abfassung und Geschichtstheologie der Apokalypse nach Kap. 17,9–12, NTS 10 (1963/64) 433–455.

Tengbom, L. C.: Studies in the Interpretation of Revelation Two and Three, Thesis Submitted to the Faculty of the Hartford Seminary Foundation, Anaheim, Cal. 1976.

Thüsing, W.: Die theologische Mitte der Weltgerichtsvisionen in der Johannesapokalypse, TThZ 77 (1968) 1–16.

Vischer, E.: Die Offenbarung Johannis, eine jüdische Apokalypse in christlicher Bearbeitung, TU II, 3, 1886.

Vögtle, A.: Mythos und Botschaft in Apokalypse 12, in: Tradition und Glaube (Festg. f. K. G. Kuhn), Göttingen 1971, 395–415.

Ders.: Der Gott der Apokalypse, in: *J. Coppens (Hg.):* La Notion biblique de Dieu, BEThL 41 (1976) 377–398.

Voss, L. A.: The Synoptic Traditions in the Apocalypse, Kampen 1965.

Wellhausen, J.: Analyse der Offenbarung Johannis, AGWG. PH 9,4, Berlin 1907.

Wolff, Ch.: Die Gemeinde des Christus in der Apokalypse des Johannes, NTS 27 (1981) 186–197.

Zimmermann, H.: Christus und die Kirche in den Sendschreiben der Apokalypse, in: Unio Christianorum (FS. L. Jaeger), Paderborn 1962, 176–197.

5. Abkürzungen

a) Zitierung der Literatur

Die Abkürzungen bei Literaturangaben richten sich nach: *Schwertner, S.:* Internationales Abkürzungsverzeichnis für Theologie und Grenzgebiete, Berlin/New York 1974.

Im Abschnitt »Literaturauswahl« nach der jeweiligen Übersetzung erscheinen häufiger zitierte Titel in abgekürzter Form; die vollen bibliographischen Angaben sind dem zentralen Literaturverzeichnis zu entnehmen.

Innerhalb der eigentlichen Textauslegung verweist nur noch der Name auf die Literatur; bei mehreren Titeln eines Autors erfolgt die Präzisierung durch ein dem Namen beigefügtes Stichwort. Kommentare werden grundsätzlich nur durch Angabe des Autorennamens erwähnt. In ganz speziellen Fällen werden Seitenzahlen genannt.

b) Biblische Bücher

AT: Gen   Ex   Lev   Num   Dtn   Jos   Ri   Ruth   1/2Sam
1/2Kön   1/2Chr   Esr   Neh   Est   Hi   Ps   Spr   Pred   Hhld
Jes   Jer   Klgl   Ez   Dan   Hos   Jo   Am   Ob   Jon   Mi   Nah
Hab   Zeph   Hag   Sach   Mal

NT: Mt   Mk   Lk   Joh   Apg   Röm   1/2Kor   Gal   Eph   Phil
Kol   1/2Thess   1/2Tim   Tit   Phlm   Hebr   Jak   1/2Petr
1/2/3Joh   Jud   Offb   (Past = Pastoralbriefe)

c) Außerbiblische Quellen

ApkAbr	Apokalypse Abrahams
ApocJoh	Apocryphon des Johannes
Arist	Aristeasbrief
AscJes	Ascensio Jesaiae
AssMos	Assumptio Mosis
äthHen	äthiopischer Henoch
Barn	Barnabasbrief
CD	Damaskusschrift
1/2 Clem	1/2 Clemensbrief
Did	Didache
3/4 Esr	3/4 Esra (apokalypse)
Euseb KG	Eusebius, Kirchengeschichte
grBar	griechische Baruchapokalypse
grHen	griechischer Henoch
Herm m/s/v	Hermas mandata/similitudines/visiones
Ign	Ignatius von Antiochien
Eph	Brief an die Epheser
Magn	Magnesier
Phld	Philadelphier
Pol	Brief an Polykarp
Röm	Brief an die Römer
Sm	Smyrnäer
Trall	Trallianer
Iren AdvHaer	Irenäus, Adversus Haereses
JA	Joseph und Aseneth
Jos Ant	Josephus, Antiquitates
Bell	Bellum Judaicum

Ap	Contra Apionem
Jub	Jubiläenbuch
Jdt	Judith
Justin	
Apol	Apologie
Dial	Dialogus cum Tryphone
1/2/3/4 Makk	1/2/3/4 Makkabäerbuch
MartJes	Martyrium Jesaiae
MartPolyk	Martyrium des Polykarp
OdSal	Oden Salomos
OrSib	Oracula Sibyllina
ParJer	Paralipomena Jeremiae
Philo	
Abr	De Abrahamo
Decal	De Dacalogo
Deus im	Quod Deus immutabilis sit
Exsecr	De Exsecrationibus
LegAll	Legum Allegoriae
RerDivHer	Quis Rerum Divinarum Heres
SpecLeg	De Specialibus Legibus
VitMos	De Vita Mosis
PsPhilo LibAnt	Pseudo-Philo, Liber Antiquitatum Biblicarum
Polyk	Polykarpbrief
PsSal	Psalmen Salomonis
4QFlor	Florilegium von Qumran
1QH	Hymnenrolle von Qumran
1QM	Kriegsrolle von Qumran
1QS	Sektenrolle von Qumran
1QSa	Zusatzregel von Qumran
1QSb	Buch der Segnungen von Qumran
Sir	Jesus Sirach
slavHen	slavischer Henoch
syrBar	syrische Baruchapokalypse
Test XII	Testamente der 12 Patriarchen
TAs	Testament Asser
TBen	Benjamin
TDan	Dan
TGad	Gad
TIss	Issachar
TJos	Joseph
TJud	Juda
TLev	Levi
TNaph	Naphthali
TRub	Ruben
TSeb	Sebulon
TSim	Simeon

TestAbr	Testament Abrahams
Tob	Buch Tobit
VitAd	Vita Adae et Evae
Weish	Weisheit Salomons

d) Sonstige Abkürzungen

Art.	Artikel
AT	Altes Testament
atl.	alttestamentlich
Bd(e).	Band / Bände
FS	Festschrift
hg.	herausgegeben
Hg.	Herausgeber
Lit.	Literatur
LXX	Septuaginta
NF	Neue Folge
NT	Neues Testament
ntl.	neutestamentlich
par.	parallel

Einführung

I. Die literarische Gestalt

Die Offb begegnet als einzige apokalyptische Schrift des frühen Christentums, die Teil des ntl. Kanons geworden ist. Darin entspricht sie dem Dan im Blick auf den atl. Kanon. Während jedoch das Judentum eine große Zahl von apokalyptischen Schriften kannte, die uns weitgehend auf dem Umweg über die Überlieferung der Alten Kirche erhalten sind, ist dies im Bereich des frühen Christentums anders. Im ersten nachchristlichen Jahrhundert scheint allein die Offb ein Buch gewesen zu sein, das sich mit den jüdischen Apokalypsen vergleichen läßt. Erst für das zweite nachchristliche Jahrhundert läßt sich eine größere apokalyptische Produktion nachweisen, besonders die sog. Petrusapokalypse und das Buch »Der Hirt des Hermas«. Anscheinend war die literarische Gattung Apokalypse keine Sprachform, die den vorrangigen Interessen der frühen Christen entgegenkam. Ganz andere Bedeutung hatte der Brief – in den Zeugnissen des Apostels Paulus wie späteren pseudonymen Schreiben, deren briefliche Form zum Teil nur fiktiv ist, aber auch im 1 Clem oder den Briefen des Ignatius von Antiochien begegnet eine schriftliche Ausdrucksmöglichkeit, die den Bedürfnissen der christlichen Gemeinden entschieden mehr entsprach als die Form der Apokalypse. Deren Verwendung beim Seher Johannes hängt wohl damit zusammen, daß die von ihm reflektierte Gefährdung der kleinasiatischen Gemeinden eine besonders intensivierte Beschäftigung mit dem Ausgang der Geschichte bzw. der eschatologischen Vollendung hervorrief. Dabei bot sich die Darstellungsform der Apokalypse an, die bereits im jüdischen Bereich der Offenbarung über das Ende diente.

1. Jüdische Apokalypsen und die christliche Apokalypse des Johannes

Literaturauswahl: Becker, J.: Pseudonymität der Johannesapokalypse und Verfasserfrage, BZ NF 13 (1969) 101 f. – *Collins, J. J.:* Pseudonymity, Historical Reviews and the Genre of the Revelation of John, CBQ 39 (1977) 329–343. – *Ders. (Hg.):* Apocalypse: The Morphology of a Genre, Semeia 14, Missoula 1979. – *Müller, U. B.:* Bestimmung. – *Schreiner, J.:* Die apokalyptische Bewegung, in: *J. Maier – J. Schreiner (Hg.):* Literatur und Religion des Frühjudentums, Würzburg 1973, 214–253. – *Schüssler Fiorenza, E.:* Composition and Structure of the Revelation of John, CBQ 39 (1977) 344–366. –

Vielhauer, P.: Apokalypsen und Verwandtes, in: *E. Hennecke – W. Schnee-melcher:* Neutestamentliche Apokryphen, Bd. II, Tübingen, 1971, 407–454.

In den jüdischen Apokalypsen finden sich eine Reihe von Stileigentümlichkeiten, die häufig wiederkehren und für diese Literatur charakteristisch sind.

Zunächst ist die Pseudonymität zu nennen. Der unbekannt bleibende Apokalyptiker schreibt unter dem Namen eines Großen der Vergangenheit (z. B. Henoch, Mose, Esra und Daniel). Er tut dies anscheinend deswegen, weil er nicht dieselbe Autorität beanspruchen kann wie z. B. die atl. Propheten. Um in seiner eigenen Zeit *neue* »Offenbarungen« mitteilen zu können, die neben den inzwischen anerkannten atl. Büchern bestehen können, bedient er sich zum Zweck der Legitimierung des Mittels der Pseudonymität. Diese wiederum hat die Vorzeitigkeit der Darstellung zur Folge. Der Verfasser schreibt vom zeitlichen Standpunkt seines gewählten Pseudonyms aus; er versetzt sich also in die Vergangenheit, so daß er Ereignisse, die für seinen historischen Standort in Wirklichkeit vergangen sind, in Futurform weissagen kann. Die Pseudonymität nötigt den Verfasser dazu, zu erklären, warum seine Schrift erst so spät, nämlich nach ihrer behaupteten Abfassung bekannt wurde. Er greift zu der Fiktion, daß der angenommene Verfasser damals den Befehl erhielt, das Buch bis auf die Endzeit zu verbergen und zu versiegeln (Dan 8,26; 12,4.9; 4 Esr 12,35–38; 14,7f. 45 f.).

Der Apokalyptiker will neues Wissen mitteilen, sei es über die Zukunft, das Ende der Geschichte oder die zukünftige Welt, sei es über geheimnisvolle Naturvorgänge oder die himmlische Welt. Um die Glaubwürdigkeit abzusichern, bedarf es der weiteren Legitimierung des Berichts als Offenbarung, die auf außergewöhnliche Art zustande kommt. Dies kann verschiedene Formen annehmen. Beliebt ist die Gestalt des Visions- bzw. Auditionsberichts. Der Apokalyptiker gibt vor, das Mitgeteilte im Traum oder in der Ekstase geschaut oder gehört zu haben. Häufig ist auch die ekstatische Entrückung an einen besonderen Ort, z. B. in den himmlischen Bereich, wo der Apokalyptiker die neue Offenbarung sieht oder hört. Vielfach versteht der Apokalyptiker nicht, was er geschaut hat. In diesem Fall tritt ein Deuteengel als Offenbarungsmittler auf, der dem Seher die Vision erklärt.

Auch Johannes, der Verfasser der Offb, steht vor der Notwendigkeit, sein Buch zu legitimieren. Er will den Gemeinden in der Asia, an die er schreibt, besondere Offenbarung vermitteln, nämlich »was ist und was geschehen soll danach« (1,19; 4,1). Die Enthüllung der Zukunft will dabei einschärfen, »was *in Kürze* geschehen muß« (1,1; 22,6); »denn die Zeit ist nahe« (1,3; 22,10). Der himmlische Christus verkündet selbst: »Siehe, ich komme bald« (3,11; 22,7.12.20). Diese Aktualisierung der Naherwartung scheint für die Gemeinden keine selbstverständliche Botschaft zu sein, sondern ist Offenbarung, die eine ausdrückliche Autorisierung braucht. Dementsprechend finden sich Legitimationsformen, die auch die jüdische Apokalyptik kennt. Der Autor schreibt nieder, »was er gesehen hat« (1,2.11.19). Aufgrund ekstatischer Entrückung in den Himmel erfährt er Visionen, schaut er Vorgänge im himmlischen Bereich (4,1ff.); er erlebt die Entrückung in die Wüste (17,3) oder auf einen hohen Berg (21,9f.). Eine Vielzahl von Darstellungen haben deshalb die Form von Visionsberichten. Daneben hört er himmlische Stimmen – die des Menschensohnes Jesus, die ihn mit der Abfassung seines Buches beauftragt (1,10ff.; 4,1), die von Engeln (z.B. 10,3.5–7.9) oder überhaupt Stimmen bzw. eine Stimme aus dem Himmel (z.B. 14,2.13; 18,4). Wie in der jüdischen Apokalyptik erscheint auch der Deuteengel, der dem Seher eine Vision erklärt (7,13ff.; 17,7ff. 15ff.); doch tritt dieses Element nicht so stark hervor wie in vergleichbaren jüdischen Texten.

Was nun die Offb von sonstigen Apokalypsen besonders unterscheidet, ist das Fehlen der Pseudonymität. Der Verfasser schreibt nicht unter dem Namen und in der geliehenen Autorität eines Heros der Vergangenheit, sondern unter dem eigenen Namen. Er ist der den sieben Gemeinden in der Asia bekannte Johannes (1,4), ihr Bruder und Teilhaber an ihrer Bedrängnis (1,9). Darin spricht sich ein anderes Selbstbewußtsein aus als bei jüdischen Apokalyptikern. Der Seher Johannes, der manche apokalyptischen Stilmittel benutzt, ist vor allem Prophet. Der Offenbarungsengel redet ihn indirekt als Propheten an, wenn er sich selbst als »Mitknecht« des Johannes und »Mitknecht« seiner Brüder, der Propheten, bezeichnet (22,9; vgl. 22,6). Zwar nennt Johannes sich nicht unmittelbar einen Propheten, doch bestimmt er sein Buch als »die Worte der Prophetie (bzw. der Weissagung)« (1,3; 22,7.10.18f.). Sicheres Indiz für prophetisches Selbstverständnis ist jedoch nicht der Visions- bzw. Auditionsbericht, mit dem er seine Beauftragung zur Abfassung des Buches darstellt (1,9ff.); denn hier geht es nicht um die grundlegende Berufung zum Propheten (wie z.B. Jes 6; Jer 1,4ff.) – das ist er vorher schon –, sondern um die begrenzte Aufgabe, dieses Werk zu schreiben.

Mit dem Fehlen der Pseudonymität hängt zusammen, daß Johannes auf die Fiktion der Vorzeitlichkeit verzichtet. Er versetzt sich nicht

in die Situation eines Großen der Vergangenheit, um von da aus die
in Wirklichkeit bereits vergangene Geschichte zu weissagen. Geschichtsüberblicke in Futurform, wie häufig in jüdischen Apokalypsen, gehören nicht zu seinen literarischen Mitteln. Ebenso verzichtet
er auf die Geheimhaltung seines Buches – ganz im Gegenteil: Da das
Ende nahe ist, erhält er den Befehl, das Buch nicht zu versiegeln,
sondern bekanntzumachen (22,10).

Als besondere Eigentümlichkeit der Offb hat die briefliche Rahmung zu gelten. Das Werk hat ein Präskript wie etwa die Briefe des
Apostels Paulus (1,4.5a), und zwar gleichfalls in der Form zweier
Sätze: zunächst Angabe des Absenders und der Adressaten – dann
der Gruß in Gestalt eines Segenswunsches. Das ganze Buch endet
mit dem in frühchristlichen Briefen üblichen Schlußwunsch (22,21).
Zu den brieflichen Zügen der Offb gehört, daß dem apokalyptischen
Hauptteil 4,1–22,5 sieben Schreiben an kleinasiatische Gemeinden
vorangestellt sind (Kap. 2–3). Diese haben in sich zwar nicht die
Form frühchristlicher Briefe, doch verbindet der Schreibbefehl zu
Beginn jedes Schreibens diese mit der eindeutig brieflichen Einleitung des ganzen Buches (1,4.5a).

Welche Bedeutung hat nun die briefliche Stilisierung? Jüdische Apokalypsen kennen diese Form nicht (abgesehen von der syrBar, die
mit einem Brief Baruchs an die 9½ Stämme Israels schließt, Kap. 78–
87). Sie ist aus der besonderen Absicht des Johannes zu erklären. Er
erwartet, daß seine »Worte der Weissagung« im Gemeindegottes-
dienst *vorgelesen* werden (1,3). Das zeigt auch der Schluß des Buches, der auf den Zuhörer eingeht, der diese Worte *hört* (22,18). Die
Verlesung von Briefen im Gottesdienst ist im frühen Christentum
üblich (vgl. 1 Thess 5,27). Eine Apokalypse, die als Brief erscheint,
konnte am ehesten erwarten, ebenfalls vorgelesen zu werden. Johannes schreibt in räumlicher Trennung von den Gemeinden. Anscheinend will er das schriftlich mitteilen, was er als Prophet bei
leiblicher Anwesenheit im Gottesdienst mündlich zu sagen hätte.

2. Aufbau und Komposition

Literaturauswahl: Bornkamm, G.: Komposition. – *Calloud, J.* – *Delorme, J.*
– *Duplantier, J.-P.:* L'Apocalypse de Jean: Propositions pour une analyse
structurale, in: Apocalypses et Théologie de l'espérance, LeDiv 95 (1977)
351–381. – *Collins, A. Y.:* Combat Myth 5–55. – *Günther, H. W.:* Nah- und
Enderwartungshorizont 34–59.161 ff. – *Hahn, F.:* Zum Aufbau der Johannesoffenbarung, in: Kirche und Bibel (Festgabe E. Schick), Paderborn 1979,

145–154. – *Jörns, K.-P.:* Das hymnische Evangelium, 167–178. – *Hellholm, D.:* The Problem of Apocalyptic Genre and the Apocalypse of John, in: *K. H. Richards (Hg.):* Society of Biblical Literature. 1982 Seminar Papers, Chico, California 1982, 157–198. – *Kümmel, W. G.:* Einleitung in das Neue Testament, Heidelberg, ²⁰1980, 401–419. – *Lambrecht, J.:* A Structuration of Revelation 4,1–22,5, in: *J. Lambrecht (Hg.):* L'Apocalypse johannique 77–104. – *Müller, U. B.:* Bestimmung. – *Rissi, M.:* Was ist 7–26. – *Popkes, W.:* Die Funktion der Sendschreiben in der Johannes-Apokalypse, ZNW 74 (1983) 90–107. – *Schüssler Fiorenza, E.:* The Eschatology and Composition of the Apocalypse, CBQ 30 (1968) 537–569. – *Dies.:* Composition and Structure of the Revelation of John, CBQ 39 (1977) 344–366. – *Vielhauer, P.:* Geschichte der urchristlichen Literatur, Berlin/New York 1975, 494–507.

Bei der Frage nach der Komposition hat man von dem Nebeneinander der sieben Sendschreiben bzw. Briefe an die Gemeinden (2–3) und des apokalyptischen Hauptteils (4,1–22,5) auszugehen. Die Briefe verfolgen das Ziel, die Gemeinden angesichts des nahen Endes zu mahnen, zu warnen und zu trösten. Sie dienen der Vorbereitung auf die bevorstehende endzeitliche Drangsal, die im apokalyptischen Hauptteil thematisiert wird (vgl. die Kritik an dieser Funktionsbestimmung bei Popkes). Daneben zeigte sich bereits die Absicht des Verfassers, seiner apokalyptischen Schrift als ganzer einen brieflichen Charakter zu geben, um ihre Verlesung im Gottesdienst zu sichern. Zu klären ist, inwiefern der Verfasser zwischen den Briefen und den folgenden Visionen unterscheidet. Nach begründeter Auffassung gibt er in 1,19 einen deutlichen Hinweis auf die Gliederung des ganzen Werks: »Schreibe nun, was du gesehen hast und was ist und was geschehen soll danach.« Die erste Angabe betrifft die vorausgehende Beauftragungsvision, die zweite Angabe »was ist« die Gegenwart der Gemeinden (Kap. 2–3) und die dritte »was geschehen soll danach« die mit 4,1 einsetzende Visionenfolge (z. B. Bousset, Charles, Lohse). Wenn man 1,19 auf das ganze Buch bezieht, ohne diese Unterteilung angezeigt zu finden (z. B. Beckwith, Caird), übersieht man, daß die Wendung »was geschehen soll danach« in 4,1 bewußt aufgenommen ist und dort nur die folgenden Visionen bezeichnet. Erst aufgrund einer erneuten Audition der Stimme aus 1,10 und einer besonderen Entrückung des Sehers von der Erde kommt es zur Darstellung dessen, »was geschehen muß danach« (4,1). Zwar behandeln die Sendschreiben nicht nur die Gegenwart der Gemeinden, sondern auch deren Zukunft, wie umgekehrt die apokalyptischen Visionen 4,1–22,5 nicht nur die Zukunft enthüllen, sondern auf die Gegenwart der Kirche Bezug nehmen.

Doch steht der Gegenwartsaspekt der Gemeinden in Kap. 2–3 im Vordergrund (»was ist«), während der Zukunftshorizont in 4,1–22,5 die dominierende Rolle spielt (»was geschehen muß danach«). Es geht diesem Hauptteil um das Kommen Gottes, das sich in der Realisierung seiner Herrschaft anzeigt (vgl. das Gottesprädikat »der war und der ist und der *kommt*« 1,4.8; 4,8). Man kann in gewissem Sinne von einer Zweiteiligkeit des Buches sprechen (Hahn), Sendschreiben und apokalyptischer Teil, wenn auch letzterer das größere Gewicht hat. In jedem Fall stellt die Beauftragungserzählung 1,9–20 die Einleitung zu beiden Einheiten dar und ist nicht Teil des ersten Komplexes (gegen Hahn), da sie die Voraussetzung zur Abfassung sowohl der Sendschreiben als auch der apokalyptischen Visionen enthält (1,19).

Kompliziert ist der Aufbau des apokalyptischen Hauptteils, so daß es nicht verwundert, hierzu in der Forschung mannigfache Vorschläge zur Gliederung anzutreffen (vgl. nur die neueren Entwürfe bei Jörns, Collins, Schüssler Fiorenza, Hahn, Lambrecht). Auf relativ sicherem Boden steht man, wenn man zunächst die drei Siebenerreihen von Plagen als jeweils zusammengehörige Einheiten bestimmt. Die Zahl sieben ist dabei ein eindeutiges Aufbauprinzip, das der Verfasser bewußt benutzt hat: 6,1–8,1; 8,5–11,19; 16,1–21. Jedesmal vollzieht ein himmlisches Wesen (das Lamm bzw. ein Engel) eine bestimmte Handlung, die auf Erden eine Plage auslöst, und das in siebenfacher Folge. Berücksichtigt man, daß diesen Plagenzyklen himmlische Beauftragungsszenen vorangehen, in denen das Lamm oder die Engel die Vollmacht zu diesen Handlungen erhalten, so wird man diese Szenen als Einleitung zu den Plagenreihen ansehen: Kap. 5, wozu als »Vorspiel« Kap. 4 gehört, 8,2–5 und Kap. 15. Daß in 4,1–8,1; 8,2–11,19 und 15–16 wirklich parallele Plagenreihen erscheinen, deutet auch der einleitende Vers des letzten Zyklus an (15,1): »Und ich sah ein anderes Zeichen am Himmel, groß und wunderbar: sieben Engel, welche sieben Plagen hatten, *die letzten*; denn in ihnen ist der Zorn Gottes vollendet.«

Nicht ganz so einfach ergibt sich die Abgrenzung der weiteren Einheiten innerhalb von 4,1–22,5, da ein so auffälliges Gliederungssignal wie die Zahl sieben fehlt. Doch wird man aufgrund des inhaltlichen Spannungsbogens, der die Visionsberichte in 12–14; 17,1–19,10 und 19,11–22,5 je zusammenhält und damit prägt, diese Einheiten als solche erkennen können.

Kap. 12–14 handelt anfangs vom irdischen Unheilswirken des aus dem Himmel gestürzten Satans, der die Kirche in Gestalt der Frau verfolgt (12) und den antichristlichen Gestalten der beiden Tiere seine Macht verleiht, die die Kirche in Bedrängnis bringen (13). Die Peripetie des Geschehens bringt der vorgreifend visionäre Blick auf die Erlösten (14,1–5) wie die Vernichtung der Gottlosen (14,6–20).

Ähnlich steht es mit 17,1–19,10. Ziel der Darstellung ist es, »das Gericht an der großen Hure« Babylon zu zeigen, wie der deutliche Neueinsatz 17,1–3 ausdrücklich vermerkt. Zunächst allerdings gehen Visionsbericht und Deutung primär auf Wesen und Wirken des satanischen Tieres ein, auf dem die Frau, die große Hure, sitzt (17). Doch schon in Kap. 18 ist der Umschwung erreicht, die Schilderung des Untergangs der großen Hure Babylon. 19,1–10 antworten auf das vorangehende Geschehen: Der himmlische Lobpreis feiert das Gericht an der großen Hure und den damit errungenen Sieg Gottes.

19,11 ff. stellt wiederum einen klaren Neubeginn dar, insofern die visionäre Szenerie vom himmlischen Triumph über den errungenen Sieg in die Situation des Kampfes zurückfällt. Ansonsten geht die Darstellung der endzeitlichen Ereignisse kontinuierlich voran, bis sie in den Visionen von neuem Himmel, neuer Erde und neuem Jerusalem ihre Vollendung findet (21,1–22,5).

Die eigentliche Schwierigkeit bei der Bestimmung der Komposition der Offb taucht bei der Frage auf, wie sich die einzelnen Einheiten des apokalyptischen Hauptteils zueinander verhalten. Schon immer ist die merkwürdige Parallelität aufgefallen, die zwischen den drei Siebenerzyklen der Siegel-, Posaunen- und Schalenvisionen besteht. Jeweils ergeht eine Serie von sog. Plagen über den Kosmos, die in der letzten oder vorletzten Einzelvision sogar das endgültige Gericht Gottes ins Auge faßt (6,12–17; 11,15–19; 16,17–21). Von daher ist zu verstehen, daß man seit Victorin von Pettau († 304) diesen Sachverhalt immer wieder mit der »Rekapitulationstheorie« zu erklären versuchte. Diese Anschauung meint, daß der Verfasser nicht eine Reihe zeitlich aufeinanderfolgender Ereignisse schildert, sondern das vorher schon Gesagte wiederholt. Dieselben endzeitlichen Geschehnisse würden mehrere Male hintereinander beschrieben. In der einst geltenden Form ist diese Theorie heute aufgegeben. Zu deutlich zeigt sich, daß der Aspekt der Wiederholung die an sich bestehende Parallelität der Visionsfolgen nicht sachgemäß beschreibt. Deswegen hat G. Bornkamm die These vertreten, daß sich die Abschnitte 6,1–8,1; 8,2–14,20 und 15,1–22,6 im Verhältnis von Ouvertüre, Vorgriff/Vorbereitung und Auflösung/endgültiges Geschehen zueinander ordnen. Dabei ist immerhin erkannt, daß die großen Visionszyklen nicht einfach wiederholen, sondern einander überbieten. Doch ist die Abgrenzung der Abschnitte zu korrigieren, ebenso die inhaltliche Charakterisierung als Ouvertüre, Vorbereitung und endgültiges Geschehen (vgl. die Kritik bei Kümmel, Jörns, Collins).

Bei der Präzisierung des Kompositionsprinzips der Offb wird man bei der Bedeutung des »Buches mit den sieben Siegeln« (5,1) einsetzen. Dieses Buch enthält den endzeitlichen Geschichtsplan Gottes über die Welt. Indem das Lamm, d. h. Christus, das Buch aus der Hand Gottes entgegennimmt (5,6ff.), empfängt es die Vollmacht, den Inhalt des Buches zu vollstrecken, der die Durchführung des Gerichts an der gottlosen Welt wie die Erlösung der Heilsgemeinde umfaßt. Mit der Öffnung der Siegel des Buches durch das Lamm wird das von Gott beschlossene Endzeitgeschehen in Gang gebracht (6,1–8,1). Dabei stellt diese Visionenfolge quasi eine Vorwegnahme gegenüber den mit 8,2ff. beginnenden Gerichtsereignissen dar. Ein Viertel der Erde ist durch das unheilvolle Auftreten der apokalyptischen Reiter betroffen (6,8). Doch führt die Reihe der Siegelvisionen bis zur Situation des Endgerichts, des großen Zornestages (6,12–17), ohne daß die Durchführung des Gerichts wirklich geschildert wird. Die Erlösung der auf Erden bedrängten Gläubigen kommt in den Blick (7,9ff.), aber in einer Weise, die der eigentlichen Heilsschilderung nur präludierend vorgreift (Kap. 21–22,5). Kap. 7 ist ein Zwischenstück, das zwischen die Öffnung des sechsten und siebten Siegels eingeschoben ist. Mit ihm will der Verfasser der irdischen Gemeinde gleichsam im Vorgriff Trost spenden und auf die Frage antworten: Wer kann am Zornestag bestehen (6,17)?

Die Reihe der Siegelvisionen endet in 8,1 mit der Öffnung des siebten Siegels, ohne daß dieser Vorgang gleiche Wirkungen auslöst wie die Öffnung der anderen Siegel. Statt dessen schließt sich mit 8,2ff. die Folge der Posaunenvisionen an, die immer neue Plagen über die Erde bringen. Wichtig ist die folgende Erkenntnis: Da die Öffnung des siebten Siegels (8,1) kein den übrigen Siegelöffnungen gleichsam bares Geschehen auslöst, erscheint die siebte Siegelvision gleichsam als die Schale, aus der die folgenden Posaunenvisionen sich entfalten. Diese letzte Siegelvision umgreift alles weitere Endzeitgeschehen, das der apokalyptische Hauptteil der Offb beschreibt. Der Zyklus der Posaunenvisionen schildert dabei den Fortgang des Gerichts an der Welt. Ein Drittel des Kosmos und der Menschen werden vernichtet (8,6–12; 9,13–19). Wie vor dem Lösen des siebten Siegels begegnet vor der siebten Posaune ein neues Zwischenstück (Kap. 10f.), das erneut das Heil der Gläubigen, speziell der Märtyrer, anvisiert (Kap. 11). 10,7 verkündet, welche Situation im Ablauf des Gesamtgeschehens mit dem Blasen der siebten Posaune erreicht ist. Der endzeitliche Geschichtsplan ist vollendet. Dementsprechend ertönt bei der siebten Posaune der hymnische Lobpreis, daß Gott seine große Macht ergriffen und die Königsherrschaft angetreten hat (11,15 ff.). Doch verbindet der Verfasser das Blasen der siebten Posaune nicht nur mit dem Herrschaftsantritt Gottes, sondern auch mit dem dritten (und letzten) Wehe (11,14). Er verweist also auf noch ausstehende Gerichtsereignisse, die er in Kap. 12 ff. und besonders im Zyklus der Schalenvisionen Kap. 16 schildern wird. Die hymnischen Stücke 11,15 ff. sprechen schon von der Vollendung des endzeitlichen Geschichtsplans Gottes, ehe denn alle Gerichtsereignisse dargestellt sind. Sie proklamieren die Vollendung in literarisch antizipierender Weise.

Das dritte Wehe 11,14, das in Verbindung mit der siebten Posaune angekündigt wird, blickt auf die kommenden Plagen des Buches voraus. Dem entspricht, daß die siebte Posaunenvision wie die siebte Siegelvision die Schale ist, aus der die folgenden Visionen sich entwickeln; denn wie dort löst das Blasen der letzten Posaune keine einzelne Plage aus, vielmehr deuten die hymnischen Stücke die im Prinzip erreichte endzeitliche Vollendung. Daraus folgt, daß die siebte Posaunenvision die Ereignisse umfaßt, die in Kap. 12 ff. beschrieben werden.

Als erste weitere Einheit begegnet Kap. 12–14. Der Verfasser hat sie mit dem Ziel komponiert, nähere Konkretionen mit Bezug auf Christus, die christliche Gemeinde auf Erden und ihre satanischen Widersacher zu geben. Kap. 12 schildert zunächst die Vorbedingung für den Herrschaftsantritt Christi, die Erhöhung zu Gott, und den dabei erfolgten Sturz des Satans aus dem Himmel. Der Visionsbericht präzisiert, was der Lobpreis 11,15 von der Herrschaft Christi schon voraussetzt. Der Fall des Satans auf die Erde hat aber die Verfolgung der Frau, d. h. der christlichen Gemeinde, zur Konsequenz (12,13 ff.). Kap. 13 konkretisiert dementsprechend die Verfolgungssituation; es beschreibt das unheilvolle Wirken der beiden satanischen Tiere, Symbolgestalten des Römischen Reiches, das die christliche Gemeinde bedroht. Kap. 14 bringt den Umschwung des Geschehens mit Ausblick auf das Heil der Erlösten und das endzeitliche Gericht über die Anhänger des Tieres. Kap. 12–14 bilden die dramatische Mitte innerhalb der Visionsberichte des apokalyptischen Hauptteils der Offb. Die für den Verfasser geschichtlich aktuellen Gegenspieler des Endgeschehens stehen in hartem Widerstreit miteinander: Satan und Christus, Römische Welt und Gemeinde des Lammes.

Der Bogen des Dramas, das durch die siebte Posaune ausgelöst ist und die Vollendung des göttlichen Gerichts- und Heilsplanes meint (10,7; 11,15ff.), umgreift nicht nur Kap. 12–14, sondern gerade auch 15–16 sowie die weiteren Einheiten des apokalyptischen Hauptteils. 15,1 zeigt dies damit an, daß der Verfasser von den sieben letzten Plagen spricht, in denen sich der Zorn Gottes vollendet. Diese ereignen sich beim Ausgießen der sieben Schalen (Kap. 16). Die Unheilswirkungen betreffen nicht mehr nur ein Drittel des Kosmos wie die Posaunenvisionen, sondern bedeuten universales Gericht. Das findet klaren Ausdruck durch die Himmelsstimme nach dem Ausgießen der siebten Schale: »Es ist geschehen« (16,17). Der Zorn Gottes hat sich vollendet, und zwar speziell im Blick auf die vorweg proklamierte Vernichtung der großen Stadt Babylon (16,17–21), die die satanische Macht des Tieres auf Erden verkörpert.

Damit ist die Überleitung zu Kap. 17–19,10 geschaffen. Wie in Kap. 12–14 versucht der Verfasser, vorher knapp Geschildertes näher zu bestimmen. Besonders die 16,17–21 verkündete endzeitliche Vernichtung Babylons findet in 17f. ihre Ausführung. Danach vermag das hymnische Finale den eschatologischen Lobpreis über die Königsherrschaft Gottes endgültig anzustimmen (19,1–10). Was die hymnischen Stücke 11,15ff.; 12,10 noch in zum Teil vorgreifender Weise gepriesen haben, kann in 19,1–10 als Realität Grund des Jubels sein.

Die letzte Einheit der Offb 19,11–22,5 setzt den Herrschaftsantritt Gottes über die Welt voraus. Doch haben die bisherigen Visionsschilderungen das eschatologische Schicksal der widergöttlichen Macht des Tieres, des Satans sowie der Verstorbenen, der Gerechten wie Gottlosen, nicht behandelt. Vor allem steht noch die Schilderung der Heilszeit aus, die das hymnische Finale im Bild von der Hochzeit des Lammes schon angesprochen hat (19,7f.). Wie die Einheiten 12–14 und 17–19,10 im Blick auf das jeweils Vorausgehende Konkretion und nähere Ausführung bieten, so hat auch 19,11–22,5 diese Funktion. Im Anschluß an traditionelle eschatologische Schemata entfaltet der Verfasser das Kommen der Heilszeit, nachdem die letzten widergöttlichen Mächte vernichtet sind.

Überblickt man das komplizierte Gefüge des apokalyptischen Hauptteils 4,1–22,5, kann man das Verhältnis der drei grundlegenden Siebenerreihen zueinander präzisieren (im Anschluß an Jörns). Siegel-, Posaunen- und Schalenvisionen zeigen zwar einen parallelen Aufbau, insofern sie jeweils bis zur Situation des Endes führen. Doch nicht in gleicher Weise. Das Ende ist zwar schon mit 6,12ff.

erreicht, aber primär als Prolepse, da die Fülle der endzeitlichen Ereignisse noch gar nicht geschildert ist, die erst noch ablaufen muß. Entsprechendes gilt für die siebte Posaunenvision 11,15 ff., bei der die hymnischen Stücke an einem Punkt der Darstellung die Vollendung des göttlichen Geschichtsplanes proklamieren, an dem das Gerichtsgeschehen erst teilweise realisiert ist. Die Schalenvisionen kulminieren in der endgültigen Erfüllung des göttlichen Zorns, ohne daß dessen Beschreibung schon mit 16,17 ff. zum Abschluß gebracht ist. Dem entspricht, daß die siebte Siegelvision 8,1 den gesamten Komplex 8,2–22,5 umfaßt; sie entbindet ja das ganze Endzeitgeschehen, das sich im folgenden entfaltet. Analog steht es mit der siebten Posaunenvision 11,15 ff., die die Ereignisse 12,1–22,5 umgreift. Ähnlich führt das Ausgießen der siebten Schale 16,17 ff. zum Höhepunkt des apokalyptischen Dramas, dessen Beschreibung in 17,1–19,10 erfolgt. Obwohl die drei Siebenerzyklen in paralleler Weise bis zum eschatologischen Ende weisen, so tun sie dies doch in abgestufter Weise: 6,12 ff. ist deutliche Vorwegnahme desselben, 11,15 ff. noch teilweiser Vorgriff, während 16,17 ff. der göttliche Zorn realisiert ist, ohne allerdings schon in seiner ganzen Fülle beschrieben zu sein.

Trotz ihrer Parallelität schildern die Siebenerzyklen ein *fortschreitendes* Geschehen (Hahn), nicht nur eine Wiederholung. Die Plagen von Kap. 6 treffen die Erde und ihre Bewohner nur zu einem Viertel (6,8); auch die Katastrophen von 8,2–11,19 haben noch einen begrenzten Charakter, ein Drittel des Kosmos hat unter ihnen zu leiden. Erst mit dem durch die Schalenvisionen eingeleiteten Gericht ist die gesamte irdische Wirklichkeit erreicht.

Dem korrespondiert die Aussage der hymnischen Stücke, die inmitten des düsteren Unheils- und Gerichtsgeschehens den Heilsaspekt des göttlichen Handelns herausstellen (Jörns). Zum Trost für den Hörer des Buches und damit für die christliche Gemeinde haben die Gesänge in Kap. 5 schon das Ziel der Heilsvollendung besungen, ehe denn eins der sieben Siegel eröffnet ist, bevor die ersten Plagen über die Erde gekommen sind. Der Wechselgesang 7,10 und 7,12 preist den Sieg Gottes und des Lammes in einem Stadium der Darstellung, in dem der Gerichtsplan noch nicht realisiert ist; er antizipiert damit den Lobpreis darüber, daß Gott und sein Christus die Königsherrschaft über die Welt angetreten haben (11,15/ 17f.; 12,10ff.). Erst das hymnische Finale 19,1 ff. feiert die Vollendung des Sieges Gottes und greift doch wiederum im Bild von der Hochzeit des Lammes auf die endgültige Schilderung der Heilszeit voraus (21,1–22,5).

Der Verfasser hat eine fortschreitende Darstellung des Endzeitge-
schehens gegeben, die in immer neuem Anlauf auf das Ende zielt,
dann anhält, um erneut die Vollendung anzuvisieren. Sie umfaßt die
Geschichte seit Christi Geburt, Tod und Erhöhung (Kap. 12) sowie
seiner Beauftragung zur Durchführung des göttlichen Gerichtsplans
(Kap. 5) und deutet Vergangenheit, Gegenwart und Zukunft der
christlichen Gemeinde als eingebunden in den Prozeß der endzeitlichen Plagen, die als Ausdruck göttlichen Gerichts an der gottlosen
Welt ergehen. Die Hymnen verkünden dabei der Gemeinde, die inmitten des in Gang gebrachten Endzeitdramas lebt, daß der Sieg
Gottes bereits feststeht. Sie antizipieren das Heil, um angesichts des
umgebenden Chaos Trost und Mut zu spenden, damit der Christ
seinerseits »überwindet«, wie Christus bereits »überwunden« hat
(3,21).

3. Inhaltliche Motive der Komposition

Literaturauswahl: Vgl. die Lit. zum vorigen Abschnitt I.2.

Anschließend hat man zu fragen, was die aufgezeigte »barocke«
Komposition veranlaßt hat. Neben dem Bestreben, überkommenes
Traditionsgut zu verwenden, das sich gegen eine durchsichtige Bearbeitung sperrt, werden inhaltliche Motive das eigentliche Gewicht
haben. So sind die Plagenzyklen der Posaunen- und Schalenvisionen
(8,2–11,19; 16) wohl deshalb in derart komplexer Ausführlichkeit
geschildert, um die Unbußfertigkeit der Erdenbewohner zu demonstrieren, die trotz des vernichtenden Strafgerichts an einem Teil der
Menschheit nicht zur Umkehr gelangen (9,20f.; 16,9.11). Damit
aber ist gezeigt, daß die Vernichtung der gottlosen Welt unausweich-
lich und der Schrei nach dem göttlichen Gericht gerechtfertigt ist
(vgl. 6,9–11). Ein anderes Interesse spielt beim Einbau von
Kap. 12–14 und 17,1–19,10 eine Rolle. Das kosmische Gerichtsdrama wird hier in die konkret-geschichtliche Entscheidungssitua-
tion der christlichen Gemeinde verlegt. Kirche und satanische Weltmacht stehen sich gegenüber. Doch erklären solche Einzelmotive
noch nicht den Gesamtaufbau des apokalyptischen Hauptteils.
Blickt man auf jüdische Apokalypsen, so finden sich keine vergleichbaren Parallelen zur Offb. Dort gibt es Geschichtsüberblicke
in Futurform (z. B. Dan 2; 7; 8–12), die nach der Darstellung irdischer Geschichte alsbald dem Eschaton zustreben, oder Plagenreihen (z. B. 4Esr 5,1–12; 6,20ff.), die letzte Zeichen des Endes sind.

Diese Schilderungen sind konsequent auf das eschatologische Ziel hin konzipiert, ohne wie die Offb eine retardierende Darstellungsweise zu kennen, die schon in der ersten Siebenerreihe der Siegelvisionen den letzten Gerichtstag erreicht, ihn aber nur andeutend erwähnt, um mit weiteren Plagenzyklen immer wieder einen neuen Anlauf zu nehmen, ehe die letzten Visionsberichte Offb 21,1–22,5 die ersehnte Heilszeit endgültig erreichen. Der Grund zu dieser einzigartigen Komposition liegt in der eschatologischen Anschauung des Sehers Johannes.

Zwei gegenläufige Tendenzen sind feststellbar (vgl. Günther 43.263 ff.). Einerseits ist der Naherwartungshorizont des Verfassers zu beachten. Er soll niederschreiben, was in Kürze geschehen muß (1,1; 22,6). Denn die Zeit ist nahe (1,3; 22,10). »Die Worte der Weissagung dieses Buches« dürfen deshalb nicht versiegelt werden (22,10). Der wiederkommende Christus verkündet selbst: »Siehe, ich komme bald« (2,11; 22,7.12.20), während Geist und Gemeinde in den flehentlichen Ruf ausbrechen: »Komm!« (22,17) – »Amen, komm, Herr Jesu!« (22,20). Andererseits zeigt gerade dieser Bittruf, daß das baldige Wiederkommen Jesu als Problem empfunden wird. Der Verfasser proklamiert das baldige Ende, er will die christlichen Gemeinden darauf einstimmen; doch gleichzeitig müssen er und die Gemeinden sehnsüchtig darum bitten. Das Ende und damit die Erlösung aus der als Drangsal (1,9; 2,9.10) erlebten Gegenwart drohen sich zu verzögern. Daß hier das Problem des Verfassers liegt, deutet bereits seine Reaktion an, als zunächst niemand die Vollmacht zu besitzen scheint, das Buch mit den sieben Siegeln zu öffnen (5,1 ff.), um den endzeitlichen Geschichtsplan Gottes durchzusetzen und die »gerechten Gerichte« zu vollstrecken (vgl. 15,3–4; 16,5–6.7). Johannes bricht in Weinen aus, bis das Lamm auftritt, um die eschatologische Aufgabe zu übernehmen. Die fünfte Siegelvision formuliert dann das Problem ausdrücklich (6,9–11). Die Seelen derer, die um des Wortes Gottes willen das Martyrium erlitten haben, schreien zu Gott: »Wie lange (soll es noch dauern), Herr, Heiliger und Wahrhaftiger, daß du nicht Gericht hältst und rächst unser Blut an den Bewohnern der Erde?« Dementsprechend steigen die »Gebete der Heiligen«, die auf Erden verfolgt werden, zum Himmel auf, um Gott zum Eingreifen zu bewegen (8,3–5). Das endzeitliche Gerichtsgeschehen kommt so in Gang, wenn auch in immer neuem Ansatz. Dabei läßt Johannes den »starken Engel« in der Schwurszene 10,5–7 verkünden, daß trotz der noch ausstehenden Gerichtsvisionen sich an dem von Gott vorherbestimmten Zeitpunkt des Eschaton nichts ändern wird: »Eine Frist wird nicht mehr sein ...« Vielmehr wird

»das Geheimnis Gottes« in den Tagen der siebten Posaune vollendet sein (11,15 ff.).

Der Verfasser versucht beide Momente in Einklang zu bringen – einmal das Interesse, das nahe Ende zu proklamieren, dann die Notwendigkeit, der Übermacht der gottlosen Menschen und des Satanischen in der Welt dadurch Rechnung zu tragen, daß er ihre gerechte Vernichtung in eine Vielzahl einzelner Akte zergliedert. Er führt den Hörer seines Buches deshalb immer neu bis zur Situation des für die Gläubigen heilvollen Gerichtstages, um ihm die Gewißheit des Endes einzuschärfen; doch muß er weitere Gerichtsvisionen einschieben, weil die Manifestationen des Bösen noch übermächtig sind. Ja, eine letzte große Verführung muß über die Erde kommen, wenn das Tier, der Antichrist, aus dem Abgrund emporsteigt. Aber – und das ist der Trost – er darf nur kurze Zeit bleiben (17,10 f.). Johannes unterscheidet sich von frühchristlichen Parusieschwärmern, die da sagen: »Der Tag des Herrn ist da« bzw. »der Tag des Herrn steht ganz unmittelbar bevor« (2 Thess 2,2), ohne die bestehenden Realitäten »dieser Welt« noch ernst zu nehmen. Er gleicht jedoch ebensowenig dem Verfasser des 2 Thess, der diesen Überschwang bekämpft und dabei das Ende in die Ferne rückt (vgl. auch das lukanische Geschichtswerk: Lk und Apg).

4. Literarische Einheitlichkeit und die Frage nach Quellen

Literaturauswahl: Boismard, M.-E.: »L'Apocalypse« ou »les Apocalypses« de S. Jean, RB 56 (1949) 507–541. – *Bultmann, R.:* Rezension von E. Lohmeyer, Die Offenbarung des Johannes, ThLZ 52 (1927) 505–512. – *Feuillet, A.:* L'Apocalypse 19–30. – *Hirsch, E.:* Die Offenbarung des Johannes, in: Studien zum 4. Evangelium, BHTh 22 (1936) 156–170. – *Rissi, M.:* Was ist 83–85. – *Schenke, H.-M. – Fischer, K. M.:* Einleitung in die Schriften des Neuen Testaments II: Die Evangelien und die anderen neutestamentlichen Schriften, Gütersloh 1979, 277–314. – *Vielhauer, P.:* Geschichte der urchristlichen Literatur, Berlin/New York 1975, 494–507. – *Vischer, E.:* Die Offenbarung Johannis, eine jüdische Apokalypse in christlicher Bearbeitung, TU II, 3, 1886. – *Wellhausen, J.:* Analyse der Offenbarung Johannis, AGWG.PH NF IX, 4, 1907.

Man wird davon ausgehen müssen, daß die Offb ein einheitliches Werk darstellt, das vom Verfasser in der vorliegenden Form konzipiert ist. Wiederholungen und Dubletten, Widersprüche und scheinbare Ungereimtheiten, die zu literarkritischen Operationen verleitet haben, erklären sich zum Teil aus den redaktionellen Tendenzen des Verfassers (s. o.), zum Teil aber auch aus dem heterogenen Vorstellungsmaterial, das er benutzt hat.

Die literarische Integrität des Buches wurde in dreifacher Weise in Frage gestellt (vgl. die Überblicke bei Feuillet und Vielhauer): a) durch die Annahme einer (jüdischen) Grundschrift und einer (christlichen) Bearbeitung (z. B. Vischer); b) durch die Hypothese, die Offb sei aus zwei zu verschiedenen Zeiten abgefaßten Schriften desselben Autors zusammengearbeitet (z. B. Boismard); c) durch die Fragmententheorie, wonach Johannes ältere schriftliche Quellenstücke übernommen hat (z. B. Bousset: 7,1–8; 11,1–13; 12; 14,14–20; auch innerhalb von 17–18; 21,9–22,5). Am ehesten wird man der Fragmententheorie einiges Recht zusprechen; immerhin wird der vorliegende Kommentar in Kap. 11 und 12 Quellen annehmen, über deren mündliche oder schriftliche Form zu diskutieren ist. Im großen und ganzen gilt aber noch das skeptische Urteil Bultmanns 506: »Mir scheint es methodisch geboten zu sein, für die Analyse der Apk mit schriftlichen Quellen zu rechnen, freilich ohne die Zuversicht, daß wir sie sicher rekonstruieren können.«

Ein besonderes Problem stellt die ursprüngliche Zusammengehörigkeit der Sendschreiben Kap. 2–3 mit dem apokalyptischen Hauptteil dar. Ein vermeintlich anderer Stil oder eine andere historische Situation ließen den Gedanken aufkommen, die literarische Einheitlichkeit der beiden Teile zu bestreiten. Als eine Variante der oben unter b) aufgeführten Quellenhypothesen kann man die Meinung von Charles ansehen, derzufolge der Grundstock der Sendschreiben zwar von Johannes geschrieben sei – doch bereits unter Kaiser Vespasian, als noch keine weltweite Verfolgung der Kirche im Blickfeld lag. Gerade diese Erwartung prägt aber den apokalyptischen Hauptteil Kap. 4ff. Johannes hat die früher geschriebenen Briefe mit einigen Ergänzungen neu herausgegeben und dem Gesamtwerk vorangestellt. Umgekehrt kommt Kraft zu dem Schluß, daß die Sendschreiben aus späterer Zeit stammen als der apokalyptische Teil, nämlich wegen ähnlicher Gemeindesituation wie die Briefe des Ignatius von Antiochien etwa zur selben Zeit wie diese (vgl. die Briefe um 110 n. Chr. an die Gemeinden, an die auch Johannes geschrieben hat: Ephesus, Smyrna und Philadelphia). Der spätere Verfasser der Sendschreiben hat diese Briefe in die ursprüngliche Einleitung der Apokalypse des Johannes eingeschoben und dessen Werk auch sonst sekundär bearbeitet.

Keine der beiden Möglichkeiten kann überzeugen. Der zwischen Sendschreiben und apokalyptischem Hauptteil übereinstimmende Sprachstil ist offenkundig (vgl. den Nachweis gerade bei Charles I 37–43). Die Annahme einer verschiedenen historischen Situation gelingt nur gewaltsam. Streicht man als nachträgliche Zusätze 3,10 mit seinem Hinweis auf eine umfassende

Verfolgung, ebenso die sog. Überwindersprüche, die am Ende jedes der Schreiben zum Durchhalten auffordern, kommt man in der Tat zu dem Schluß, daß die Briefe eine andere Situation voraussetzen als der apokalyptische Teil (Charles) – doch nur um den Preis einer willkürlichen Literarkritik, die keinen wirklichen Anhalt am Text hat.

Der andere Versuch, eine ähnliche Gemeindesituation in den Schreiben der Offb wie in denen des Ignatius zu bestimmen, muß gleiche Anschauungen der jeweils angegriffenen Gegner (in Ephesus, Smyrna, Philadelphia) finden (Kraft). Doch wird die Auslegung zeigen, daß die Juden der Sendschreiben (2,9; 3,9) nichts mit den judaisierenden Schismatikern bei Ignatius noch die Nikolaiten etwas mit den Doketen zu tun haben.

Abschließend ist auf die Frage einzugehen, ob und in welchem Umfang man mit einer nachträglich redaktionellen Bearbeitung des Buches zu rechnen hat. Zu umfangreicheren Operationen am bestehenden Text besteht wohl kein hinreichender exegetischer Anlaß (vgl. dagegen Kraft: sekundärer Buchanfang 1,1–3 und spätere Buchschlüsse). Zu fragen ist freilich, ob die ungeschickt plazierte Erwähnung des Lammes in 6,16; 13,8 ursprünglich ist; gerade an der zweiten Stelle legt sich eine Streichung nahe. Besonders aber hat man 19,13b mit der unpassenden Christusbezeichnung »das Wort Gottes« als Glosse anzusehen. Gleiches gilt für den nachhinkenden Schlußsatz von 19,10 (wie auch für 19,8b).

II. Abfassungszeit

Literaturauswahl: Becker, J.: Pseudonymität der Johannesapokalypse und Verfasserfrage, BZ NF 13 (1969) 101 f. – *Bell, A. A.:* The Date of John's Apocalypse, NTS 25 (1978) 93–102. – *Feuillet, A.:* L'Apocalypse 75–80. – *Freudenberger, R.:* Art. Christenverfolgungen, TRE 8 (1981) 23–29. – *Giet, St.:* L'Apocalypse et l'Histoire, Paris 1957. – *Molthagen, J.:* Der römische Staat und die Christen im 2. und 3. Jahrhundert, ²1975. – *Moreau, J.:* Die Christenverfolgung im Römischen Reich, Berlin 1961. – *Newman, B.:* The Fallacy of the Domitian Hypothesis, NTS 10 (1963/64) 133–139. – *Prigent, P.:* »Au temps de l'Apocalypse«, I: Domitien, RHPhR 54 (1974) 455–483; II: Le culte impérial au 1er siècle en Asie Mineure, ebd. 55 (1975) 215–235; II: Pourquoi les persécutions?, ebd. 341–363. – *Robinson, J. A. T.:* Redating the New Testament, London 1976, 221–253. – *Sanders, J. N.:* St John on Patmos, NTS 9 (1962/63) 75–85. – *Schütz, R.:* Die Offenbarung des Johannes und Kaiser Domitian, FRLANT NF 32, 1933. – *Speigl, J.:* Der römische Staat und die Christen, Amsterdam 1970. – *Stauffer, E.:* Christus und die Cäsaren, Hamburg ³1952, 160–209. – *Strobel, A.:* Abfassung und Ge-

schichtstheologie der Apokalypse nach Kap. XVII 9–12, NTS 10 (1963/64)
433–455. – *Ders.:* Art. Apokalypse des Johannes, TRE 3 (1978) 174–189.

Nach früher altkirchlicher Tradition (Iren AdvHaer V 30,3) ist die
Offb gegen Ende der Regierungszeit Domitians verfaßt (81–96
n. Chr.). Es bildet sich bald die kirchliche Meinung heraus, daß Domitian sich durch seinen Haß und Kampf gegen Gott zum Nachfolger Neros gemacht habe: »Er war also der zweite, welcher eine Verfolgung gegen uns angeordnet hat, während sein Vater Vespasian
nichts Feindliches gegen uns ersonnen hat« (Euseb KG III 17). Allerdings sind die Nachrichten über eine besondere Christenverfolgung Domitians spärlich, unzuverlässig und apologetisch gefärbt
(Speigl 13 ff.; Freudenberger 25). Die antiken Historiker Sueton und
Dio Cassius lassen nur erkennen, daß der Kaiser gegen einen Kreis
römischer Aristokraten vorging, die eine Vorliebe für die jüdische
Religion gezeigt hatten bzw. mit dem Christentum sympathisierten
(Moreau). Immerhin ist anzunehmen, daß das Christsein als solches
(nomen ipsum) nicht erst bei Plinius dem Jüngeren (111/112 n. Chr.
– Epistulae X 96–97) als strafbarer Tatbestand Geltung hat, sondern
diese Rechtslage auf Domitian oder schon auf Nero zurückgeht (vgl.
Molthagen 21 ff. 136 ff.). Wenn auch eine von Domitian selbst betriebene Christenverfolgung (in Kleinasien) nicht nachweisbar ist,
so läßt doch die Offb erkennen (Speigl 51), daß es in ihrem Bereich
zu Verfolgungen kommt, die aber aufgrund lokaler Initiativen entstanden sind, nicht durch einen direkten kaiserlichen Eingriff (vgl.
das kleinasiatische Provinzialpriestertum des Kaiserkultes, das hinter der Gestalt des zweiten Tieres 13,11 ff. zu stehen scheint).
Der Grund für die Bedrohung liegt in der unter Domitian besonders
massiv, wenn auch nicht systematisch betriebenen Propagierung des
Kaiserkults (vgl. Exkurs 6: Der römische Kaiserkult). Die enge Beziehung, in welcher christliche Religion und Verwerfung des Kaiserkults, Verfolgung der Christen und Forderung »der Anbetung des
Tieres« miteinander erscheinen, würde sich gerade aus der Spätzeit
dieses Kaisers erklären (Bousset 133 f.). Er beansprucht für sich die
Anrede: »Unser Herr und Gott«. Speziell die Provinz Asia bemühte
sich um die göttliche Verehrung des lebenden Herrschers. Ephesus
bekam einen neuen Kaisertempel mit einem imposanten Kultbild
Domitians (vgl. Schütz 18 ff.). Die Offb setzt diese Zeitsituation offensichtlich voraus. Zwar deutet Kap. 13 nicht speziell auf Domitian
als den in der Gegenwart regierenden Kaiser hin, sondern weist in
der Gestalt des Tieres bzw. eines seiner Häupter auf den noch ausstehenden Antichristen, der die Züge des Nero redivivus trägt.

Doch reflektiert die Forderung, das Tier bzw. sein Ebenbild anzubeten, den Anspruch des Kaiserkults, wie er in der Asia erhoben
wurde. Aufgrund dieser zeitgeschichtlichen Hintergründe wird die
bei Irenäus erhaltene Datierung der Offb im Recht sein (die meisten
Ausleger). Die Versuche, die Entstehung des Buches schon in die
Zeit der nachneronischen Wirren (Bell, Robinson, ähnlich Hadorn)
oder Vespasians (Giet) zu versetzen, legen sich deshalb nicht nahe.
Der unter Domitian akut werdende Konflikt provozierte das Bild
des Antichristen, dessen Wirken standhafte Christen in Gefangenschaft oder Tod führen würde (13,7–10). In der jüngsten Vergangenheit hat es einen mit Namen genannten Fall von Martyrium gegeben (2,13: die Gestalt des Antipas). Für die Gemeinde zu Smyrna
erwartet der Seher Gefängnis und Tod (2,10). Dabei wird dies, wie
auch die eigene Lage des Johannes, der »um des Wortes Gottes und
des Zeugnisses Jesu willen« auf die Insel Patmos verbannt war (1,9),
den Blick auf die vergangene Verfolgung der Kirche unter Nero ge-
lenkt haben. Wahrscheinlich setzt der Schrei der Märtyrer unter
Gottes Thron, die nach der Gerechtigkeit Gottes verlangen (6,9–
11), jenen Blick in die Vergangenheit voraus. Vergangenheit und
Gegenwart waren also geeignet, die Vision einer Zukunft hervorzu-
rufen, in der ein »neuer Nero« die Kirche vor die Frage nach Sein
oder Nichtsein stellt.

Auf diese Weise ergibt sich ein weiteres Argument für die Datierung
des Buches unter Domitian. Erst im letzten Jahrzehnt des 1. Jahrhunderts ist eine Entwicklung der Nerosage denkbar, wie sie Offb
13 und 17 kennen. Der wiederkommende Nero begegnet nicht mehr
nur als der erwartete Rächer der östlichen Völker des Reiches gegen
den Unterdrücker Rom, sondern als mythisches Ungeheuer (vgl.
Exkurs 7: Die Nerosage).

Bei der Bestimmung der Abfassungszeit hat man darauf zu verzich-
ten, von einer Deutung der Königsreihe 17,9–11 auszugehen. Denn
nur bei einer vorherigen Kenntnis und Identifikation des »einen, der
ist« auf Domitian läßt sich eine einigermaßen gesicherte Erklärung
des Textes geben, nicht umgekehrt.

III. Die Verfasserfrage

1. Das altkirchliche Zeugnis

Literaturauswahl: Bauer, W.: Das Apostelbild in der altchristlichen Überlieferung, in: *E. Hennecke – W. Schneemelcher:* Neutestamentliche Apokryphen, Bd. II, Tübingen ⁴1971, 11–41. – *Bornkamm, G.:* Art. *presbys* usw., ThWNT VI, 1959, 651–683. – *Campenhausen, Hans von:* Die Entstehung der christlichen Bibel, BhTh 39 (1968) 153–159. – *Maier, G.:* Die Johannesoffenbarung und die Kirche, WUNT 25 (1981) 50–69. – *Regul, J.:* Die antimarcionitischen Evangelienprologe, VL 6 (1969) 104–143. – *Schenke, H.-M. – Fischer, K. M.:* Einleitung in die Schriften des Neuen Testaments II, Gütersloh 1979, 277–314. – *Schrenk, G.:* Art. *patēr*, ThWNT V, 1954, 974–981. – *Schwarz, E.:* Über den Tod der Söhne Zebedäi, in: *K. H. Rengstorf (Hg.):* Johannes und sein Evangelium, WdF 82 (1973) 202–272 (auch in: *E. Schwarz:* Zum Neuen Testament und zum frühen Christentum. Gesammelte Schriften, Bd. 5 (1963) 48–123). – *Vielhauer, P.:* Geschichte der urchristlichen Literatur, Berlin/New York 1975, 453–460. 501–503.

Die Offb wird zuerst von Justin Dial 81 als ein Werk des Apostels Johannes, des Zebedaiden, erwähnt (noch vor 160 n. Chr.), ferner bald danach von Clemens von Alexandrien und Irenäus. Schon Papias von Hierapolis hat das Buch geschätzt (um 130), und Melito von Sardes hat darüber geschrieben. Doch beweist das letztere noch nicht den Glauben an apostolische Herkunft (W. Bauer). Bereits früh setzt man Johannes, den Zebedaiden, auch mit dem Verfasser des Joh gleich (z. B. Irenäus). Doch gibt es daneben andere Stimmen. Die Hochachtung, die häretische Kreise wie Montanisten und Gnostiker dem Joh und der Offb schenken, führt zu einer Gegenbewegung. Kirchliche Gruppen wie die sog. Aloger (Gegner des Logosbegriffs, um 200) erklären beide Werke als Fälschungen des Gnostikers Kerinth. Sie wollen den Apostel Johannes von dem Makel befreien, von Ketzern geschätzte Schriften verfaßt zu haben. Dies zeigt, daß zu Beginn des 3. Jahrhunderts die apostolische Herkunft der Offb nicht unbestritten ist. Der Widerspruch der Gegner der Offb ist von dogmatischem Interesse geleitet (die sog. Aloger). Doch auch die Verfechter der Apostolizität der Schrift lassen sich von dogmatischen Prinzipien bestimmen. Denn die Herkunft von einem Apostel Jesu sichert die Geltung eines Buches in der Kirche. Deshalb bietet die relativ frühe Identifizierung des Johannes der Offb mit dem Zebedaiden Johannes keine historisch gesicherte Auskunft.

Um die Mitte des 3. Jahrhunderts hat Bischof Dionysios von Alexandrien die Offb dem Apostel Johannes abgesprochen, und zwar im Zusammenhang seiner Abwehr des Chiliasmus. Er gibt allerdings zu, daß sie das Werk eines heiligen und gotterleuchteten Mannes sei, aber irgendeines anderen Johannes aus Asien (bei Euseb KG VII, 25). Er begründet seine Meinung mit dem versuchten Nachweis, daß aus sprachlichen, stilistischen und inhaltlichen Gründen der Johannes der Offb nicht mit dem Verfasser des Joh, dem Apostel Johannes, identisch sein könne: »Völlig anderer und fremder Art ist gegenüber diesen Schriften (d. h. Joh und 1 Joh) die Apokalypse. Es fehlt jede Verbindung und Verwandtschaft. Ja, sie hat sozusagen kaum eine Silbe damit gemein. Auch enthält weder der Brief – vom Evangelium nicht zu reden – irgendeine Erwähnung oder einen Gedanken der Apokalypse noch die Apokalypse vom Briefe ...«

Auch Euseb von Cäsarea nimmt an, daß die Offb von einem anderen Johannes verfaßt sei, dem Presbyter Johannes. Die Existenz desselben folgert er aus dem Werk des Papias »Auslegung der Herrenworte«, dessen Anfang er zitiert (Euseb KG III 39,4):

»Kam aber etwa auch einer, der den Alten *(presbyterois)* nachgefolgt war, so pflegte ich nach den Worten der Alten zu forschen: was Andreas oder was Petrus gesagt hat *(eipen)* oder was Philippus oder was Thomas oder Jakobus oder was Johannes oder Matthäus oder ein anderer von den Jüngern des Herrn, und was Aristion und der Alte Johannes *(ho presbyteros Jōannēs),* die Jünger des Herrn sagen *(legoysin).*«

Man wird Euseb recht geben müssen, wenn er Papias so versteht, daß dieser zwei verschiedene Johannesgestalten meint (mit vielen Exegeten, anders Maier 55–59). Der eine Johannes zählt, wie die umgebenden Namen beweisen, zum Kreis der Apostel Jesu, der andere, der nach Aristion erscheint, gehört zu einer anderen Kategorie: Er ist Presbyter, d. h. angesehener Lehrer; denn die Bezeichnung »Presbyter« oder »Alter« entspricht jüdischem »Vater« als Ehrenname für einen Lehrer (z. B. Bornkamm, Schrenk u. a.). Der Unterschied der zuletzt genannten Gruppe gegenüber den zuerst erwähnten Jüngern des Herrn wird übrigens schon durch den neuen Einsatz des Fragepronomens und durch den Tempuswechsel markiert.

Aus Papias geht hervor, daß er jede Gelegenheit genutzt habe, um Leute, die den »Alten« nachgefolgt sind, die diese also noch kannten, zu befragen, was sie von den »Jüngern des Herrn« selber gehört haben (v. Campenhausen 155 f.). Die »Alten« sind also von den »Jüngern des Herrn« zu unterscheiden. Der Schluß liegt nahe: Papias hat beide Johannesgestalten nicht gesehen, sondern nur über die, die den »Alten« nachgefolgt sind, ihre Worte erfragt (Vielhauer 457). Dabei ist aus den ersten (oben nicht zitierten) Sätzen der Papiasnotiz (Euseb KG III 39,3) zu entnehmen, daß Papias früher einmal in persönlicher Schülerschaft zu den »Alten« gestanden hat, danach aber ist er auf deren durchziehende Schüler angewiesen, die ihm über die Worte der Jünger des Herrn berichten können (Regul). Die Ausdrucksweise des Papias läßt erkennen, daß sein eigenes früheres Verhältnis zu den »Alten« wie das seiner späteren Gewährsleute zu ihnen, die den »Alten« nachgefolgt sind, jeweils eine Schüler-Lehrer-Beziehung bedeutet: Die einen tradieren das von den Alten Gehörte, diese wiederum, was die »Jünger des Herrn« gesagt haben. Dabei setzt der hier gepflegte Schulbetrieb eine Wanderlehrerschaft voraus (z. B. Bornkamm 677): Der seßhafte Bischof von Hierapolis befragte seine Gewährsleute, wenn sie vorbeikamen; für sie gilt, daß sie den Alten nachgefolgt sind, was eine Wandertätigkeit der Alten andeutet. Das aber heißt, daß die Wanderlehrerschaft der Alten grundsätzlich offenläßt, wo sie hauptsächlich gewirkt haben, ob in Kleinasien oder sonstwo. Ja, der anscheinend längst abgebrochene Kontakt zu den »Alten« und die daraus resultierende Notwendigkeit, sich bei deren Schülern zu erkundigen, legen den Gedanken nahe, den Schwerpunkt ihrer Wirksamkeit nicht in der Provinz Asia zu sehen (Regul 29). Was nun speziell den Alten Johannes angeht, drängt sich dieser Schluß um so mehr auf. Er lebt wohl noch zur Zeit des Papias; denn dieser erkundigt sich bei den durchreisenden Schülern der »Alten«, »was Aristion und der alte Johannes ... *sagen*«. Es fragt sich nun, ob die Entfernung zwischen Hierapolis und den kleinasiatischen Küstenstädten, etwa Ephesus, wo man sich den Alten Johannes normalerweise denkt (vgl. schon Euseb KG III 39,6), ausreicht, um Begegnungen des Papias mit ihm auszuschließen (Regul 128 f.). Wenn Papias auf durchreisende Gewährsleute angewiesen ist, um vom Alten Johannes etwas zu erfahren, so scheint dieser Johannes wohl nur vorübergehend in der Asia gewirkt zu haben. Dieses Ergebnis unterstützt nicht gerade die Wahrscheinlichkeit, daß der Alte Johannes der Verfasser der Offb ist, was aber schon Euseb glaubte und moderne Forscher dann gerne meinen (z. B. Bousset, Lohmeyer, Vielhauer, Schenke/Fischer), wenn sie mit recht von der Unmöglichkeit überzeugt sind, die Offb auf den Zebedaiden zurückzuführen.

2. Die innere Evidenz der Offb und der Vergleich mit dem übrigen »johanneischen« Schrifttum

Literaturauswahl: Bauer, W.: Rechtgläubigkeit und Ketzerei im ältesten Christentum, BHTh 10, ²1964. – _Ders.:_ Das Apostelbild in der altchristlichen Überlieferung, in: _E. Hennecke – W. Schneemelcher:_ Neutestamentliche Apokryphen, Bd. II, ⁴1971, 11–41. – _Böcher, O.:_ Das Verhältnis der Apokalypse des Johannes zum Evangelium des Johannes, in: _J. Lambrecht (Hg.):_ L'Apocalypse johannique 289–301. – _Ders.:_ Johanneisches in der Apokalypse des Johannes, NTS 27 (1981) 310–321, jetzt in: _ders.:_ Kirche in Zeit und Endzeit, Neukirchen-Vluyn 1983, 1–12. – _Bornkamm, G.:_ Art. _presbys_ usw., ThWNT VI, 1959, 651–683. – _Feuillet, A.:_ L'Apocalypse 81–90. – _Hill, D.:_ Prophecy and Prophets in the Revelation of St John, NTS 18 (1971/72) 401–418. – _Kretschmar, G.:_ Ein Beitrag zur Frage nach dem Ursprung frühchristlicher Askese, ZThK 61 (1964) 27–67. – _Maier, G.:_ Die Johannesoffenbarung und die Kirche, WUNT 25 (1981) 62–69. – _Müller, U. B.:_ Theologiegeschichte. – _Ders.:_ Bestimmung. – _Mussies, G.:_ Morphology. – _Satake, A.:_ Gemeindeordnung. – _Schüssler Fiorenza, E.:_ The Quest for the Johannine School: The Apocalypse and the Fourth Gospel, NTS 23 (1977) 402–427. – _Dies.:_ Apokalypsis and Propheteia. The Book of Revelation in the Context of Early Christian Prophecy, in: _J. Lambrecht (Hg.):_ L'Apocalypse johannique 105–128.

Gegen eine Identität des Verfassers mit dem Zebedaiden Johannes spricht eindeutig, daß Offb 18,20; 21,14 von den Aposteln als einer Größe der Vergangenheit reden, _zu der der Verfasser sich nicht zählt_ (für Identität: z. B. Hadorn, Sickenberger, Maier). Nach 21,14 stehen die Namen der zwölf Apostel auf den Grundsteinen, die die Mauer des neuen Jerusalem tragen; das setzt die auch sonst verbreitete Meinung voraus, daß die Kirche auf dem Grunde der Apostel aufgebaut ist (Eph 2,20; Mt 16,18). Nach 18,20 haben die Apostel anscheinend zusammen mit Heiligen und Propheten bereits den Märtyrertod erlitten, da eine himmlische Stimme sie zum Jubel darüber auffordert, daß Gott das Strafurteil für ihren Tod an Babylon vollzogen hat. Ansonsten spricht die Weissagung Mk 10,35–40 vom Märtyrertod der beiden Zebedaiden Jakobus und Johannes. Wenn sie zur einen Hälfte unerfüllt geblieben wäre, wie Apg 12,2 nahelegt, so wäre sie kaum in der synoptischen Tradition erhalten geblieben. In Mk 10,35 ff. handelt es sich um ein vaticinium ex eventu. Den frühen Märtyrertod des Zebedaiden Johannes bestätigt eine Sonderüberlieferung der altkirchlichen Tradition, deren Zuverlässigkeit allerdings umstritten ist (z. B. Papias bei Philippus von Side; vgl. W. Bauer 25).
Die Möglichkeit, in dem bei Papias genannten »Alten« Johannes den

Verfasser der Offb zu erblicken, entfällt wohl ebenfalls. Neben die
Ungewißheit, wieweit er überhaupt in der Asia gewirkt hat, tritt als
entscheidendes Argument, daß der Seher Johannes sich selbst nie als
»Alten« – *presbyteros* bezeichnet, was aber für die Charakterisierung bei Papias konstitutiv ist. Johannes ist apokalyptischer Seher
und Prophet, jedenfalls nennt er den Inhalt seines Buches »Weissagung«, »Prophetie« (1,3; 22,7.10.18). Er tritt jedoch nicht als Lehrer
auf, der alte Überlieferung in der Kirche weitergibt, was der Titel
»der Alte« sowie die sonstigen Angaben bei Papias fordern.

Der Autor der Offb kann nicht mit dem des Joh identisch sein, wie
die vorherrschende altkirchliche Tendenz es behauptet. Schon die
Sprache ist sehr verschieden, was bereits der gelehrte Dionys von
Alexandrien gesehen hat und moderne Forschung bestätigt (vgl.
Charles I XXIX ff. und bes. Mussies 351 f. mit Verweis auf die gänzlich unterschiedliche Morphologie des Griechischen). Die Differenz
in der Begrifflichkeit läßt sich anhand von Beispielen zeigen, die auf
den ersten Blick Verwandtschaft signalisieren, bei näherem Zusehen
aber sich als disparat erweisen.

Die Offb nennt Christus 28mal, absolut gebraucht, »das Lamm« – *to
arnion,* Joh statt dessen (nur zweimal) »das Lamm Gottes«, wobei es
griechisch jedoch *amnos* heißt. – Offb 19,13 bezeichnet den zur Parusie wiederkommenden Jesus als »das Wort Gottes«, während im
Hymnus Joh 1,1ff. Christus in absolutem Gebrauch als *»das* Wort«
erscheint. Beide Namen haben einen durchaus verschiedenen Hintergrund. Die absolute Verwendung des Joh steht im Zusammenhang der jüdischen Weisheitsspekulation, in der entsprechend von
»der Weisheit« die Rede ist, was zu der christologischen Terminologie Jesu als »des Wortes« geführt hat; der Name in Offb 19,13, ob
ursprünglich im Text oder sekundäre Glosse, hat wohl Bezug zu
sonstigen Wendungen in der Offb, in denen von den wahrhaftigen
Worten Gottes (19,9; 21,5) oder von dem Wort Gottes, das es zu
bewahren gilt (1,9; 6,9; 20,4), gesprochen wird. – »Juden« ist als
Ehrenname gebraucht, wenn auch den wirklichen Juden abgesprochen (Offb 2,9; 3,9), das Joh verwendet das Wort durchgängig negativ (über siebzigmal). – *Ethnos, ethnē* meint die (Heiden)völker, *ethnos* im Joh das jüdische Volk. – *Kosmos* ist die geschaffene Welt
(Offb 11,15; 13,8; 17,8), im Joh meist die Welt des Bösen.

Entscheidend ist die ganz andersartige eschatologische Tendenz der
beiden Schriften. Während die Offb gerade futurisch-apokalypti-
sche Vorstellungen entfaltet, ist das Joh von präsentischer Eschatologie geprägt (z. B. 5,24; 6,47). Viele der futurischen Aussagen des
Joh sind demgegenüber nachträglich sekundäre Redaktion (z. B.

5,28 f; 6,39.51 c–58). Es ist ganz unmöglich, ein und demselben Autor einmal die Betonung zuzutrauen, daß jeder, der an Christus glaubt, jetzt schon das ewige Leben hat (Joh 3,16–18), zum anderen das Insistieren darauf, daß Christus in Kürze erst noch kommen wird, um dann das Gericht nach den Werken durchzuführen (Offb 22,12). Dieser Unterschied ist deshalb so gravierend, weil das Joh ausdrücklich sagt, daß der Glaubende nicht mehr ins Gericht kommt, sondern schon aus dem Tode ins Leben hinübergeschritten ist, während das Gericht nach den Werken für die Offb ein ausschließlich zukünftiges Ereignis ist.

Jeweils verschieden ist auch der Ansatz der Christologie. Das Joh betont die Einheit des Sohnes mit dem Vater (10,30; 17,11.21–23), die seinsmäßig und nicht nur funktional verstanden ist, da die Göttlichkeit des Sohnes darauf beruht, wie der Vater das Leben in sich selber zu haben (5,26; vgl. auch Joh 1,1–18). Dagegen geht die Offb von der strengen Unterordnung Christi bzw. des Lammes unter Gott aus. Da Christus in erster Linie Beauftragter Gottes ist, kann man nur von einer funktionalen Einheit beider reden. Das Buch vermeidet wohl absichtlich den Titel »Sohn Gottes« (außer 2,18 – dort aber möglicherweise nur wegen des Gebrauchs von Ps 2 in 2,27), um den qualitativen Unterschied zwischen Gott und Christus zu wahren.

Die Differenz in der Eschatologie entfällt zum Teil bei einem Vergleich der Offb mit dem 1 Joh; doch kennt dieser auch nicht annähernd jene apokalyptische Ausgestaltung der Zukunftshoffnung. Ansonsten bleiben die entscheidenden Unterschiede in Sprache und Begrifflichkeit. Beim 2 und 3 Joh kommt hinzu, daß der Verfasser sich als der »Alte«, »der Presbyter« bezeichnet, was zu der Selbstcharakterisierung des Johannes gar nicht paßt.

Das Problem der näheren Identifizierung des Verfassers der Offb wird sich von dem Versuch lösen müssen, ihn mit einer der sog. »johanneischen« Schriften (Evangelium und Briefe) in Verbindung zu bringen. Die große Verschiedenheit der Texte legt den Schluß nahe, daß dieser Versuch sich primär der altkirchlichen Tradition verdankt, nicht aber der offenkundigen Verwandtschaft zwischen ihnen (letztere wird stark überschätzt bei Böcher, Verhältnis, und Böcher, Johanneisches). Gelegentliche inhaltliche bzw. terminologische Berührungen führen am ehesten zu der Annahme, daß eine gemeinsame Tradition jeweils selbständig entfaltet wurde (Schüssler Fiorenza). So mag die Tatsache, daß gerade das Joh und die Offb (aber auch 1 Petr 1,19) die Bezeichnung Lamm für Christus gebrauchen, wenn auch in ganz verschiedener Weise, darauf beruhen, daß

beide eine voneinander unabhängige Entwicklung des frühchristlichen Verständnisses von Jesus als dem Passalamm voraussetzen (vgl.
1 Kor 5,7). Ähnlich steht es mit der starken Betonung der Wort-
gruppe *martyr-*, besonders *martyrein* »bezeugen« und *martyria*
»Zeugnis«. Der Inhalt dessen aber, was bezeugt wird, ist jeweils
ganz verschieden: im Joh das christologische Zeugnis über den ge-
kommenen Offenbarer Jesus (z. B. 1,6–8) – in der Offb jenes über
den eschatologischen Geschichtsplan Gottes, den das apokalyptische Buch enthält (z. B. 1,2; 22,16). Doch wird eine gemeinsame
Wurzel des Begriffes in der apokalyptischen Konzeption liegen (vgl.
äthHen 103,1 f.), daß der Lehrer nur das als gültig beschwört oder
bezeugt, was er selbst visionär geschaut hat (vgl. die inhaltliche Ähnlichkeit zwischen Joh 3,11 und Offb 1,2). Gleiche Tradition, je ei-
genständig weitergeführt, findet sich auch beim Vorstellungsbereich
von Lebensbrot und Lebenswasser.
Aufgrund dieser Überlegungen, die durch weitere Vergleiche Unterstützung finden (vgl. Schüssler Fiorenza, Quest), wird man darüber hinaus gegenüber der These skeptisch sein, die fraglichen
Schriften auf eine soziologisch greifbare gemeinsame »Schule«,
»Schultradition« oder dieselben Kreise (Konventikel) zurückzuführen. Vielmehr zeigt die traditionsgeschichtliche Herleitung charak-
teristischer Vorstellungen der Offb, daß ihr Verfasser aus judenchristlichen Gruppen Syrien-Palästinas stammen könnte, die keine
unmittelbare Beziehung zum sog. »johanneischen« Kreis (Evangelium und Briefe) haben.
Johannes bezeichnet sich selbst nur als »Knecht« Gottes bzw. Christi (1,1) oder als »Bruder« der übrigen Gläubigen in den Gemeinden
(1,9). Doch erhellt aus 22,9 (vgl. 22,6), daß er sich als Prophet versteht, da von den »Brüdern« des Johannes, den Propheten, die Rede
ist. Diese Formulierung deutet an, daß es einen solchen Kreis von
Propheten um Johannes gegeben hat. 22,16 bestätigt diesen Schluß.
Johannes läßt den himmlischen Christus sprechen: »Ich, Jesus, habe
meinen Engel gesandt, um *euch* dieses über die Gemeinden zu bezeugen.« Der Satz unterscheidet einen besonderen Adressatenkreis
»ihr« von den Gemeinden. Im Zusammenhang von 22,6ff. meint
diese von den Gemeinden geschiedene Gruppe wohl jene Propheten, deren Bruder Johannes ist (Lohmeyer 180f.; Schüssler Fiorenza, Quest 425; Müller, Bestimmung). Johannes weist auf Jesus
als Offenbarungsursprung, um das vorliegende Buch vor dem
Forum seiner »Brüder« als himmlisch autorisiert zu legitimieren.
Ansonsten erfährt man nichts über das Wirken dieser Propheten,
vielmehr charakterisiert der Verfasser primär seine eigenen Worte als

»Prophetie« (1,3; 22,7.10.18.19) und bezieht das Wort »weissagen, prophezeien« (10,11) auf das, was er selbst verkündigt (Satake 73). Eine Ausnahme bildet nur die Prophetin »Isebel«, die Johannes jedoch als Irrlehrerin brandmarkt (2,20).

In diesem Zusammenhang entsteht eine große Schwierigkeit. Aus gleichzeitigen oder späteren Zeugnissen des kleinasiatischen Kirchengebiets ist zu entnehmen, daß Propheten als Funktionsträger der seßhaften Gemeinden eher der Vergangenheit angehören (Paulus), während feste Ämter wie Bischof, Älteste und Diakone längst Wirklichkeit geworden sind (Apg, 1 Petr, Past, Ignatius- und Polykarpbriefe). Das Bild, das Johannes bietet, der die genannten festen Ämter nicht erwähnt, dagegen aber Propheten nennt, paßt nicht zu der Gemeindeverfassung, die die Gemeinden des ehemals paulinischen Missionsgebiets inzwischen erreicht haben (Bornkamm). Die Folgerung liegt nahe: »Der Ort, an dem sich die von der Apk repräsentierte Gemeindeidee erhielt, dürfte vielmehr in besonderen judenchristlichen Konventikeln zu suchen sein« (Bornkamm 669 f., Satake 194 f.). Doch sollte man diese Konventikel nicht als »Gemeinden der Apokalypse« (Satake) bezeichnen, da nur die direkt genannten, wohl anders geordneten Gemeinden zu erkennen sind (Ephesus, Smyrna usw.). Richtiger wäre es, an einen »Kreis von Propheten« zu denken, »dem der Seher der Offenbarung angehörte, wenn nicht vorstand« (Kretschmar 44).

Zu beachten ist, daß Johannes kaum besonderer Prophet *einer* der von ihm angeschriebenen Gemeinden ist, sondern zu allen besondere Beziehung unterhält, wie die Sendschreiben zeigen. Er scheint vor seiner Verbannung nach Patmos mindestens in einigen von ihnen gewirkt zu haben. Dann aber ist seine Tätigkeit am ehesten als Wanderprophetie denkbar, bei der er einmal in dieser, danach in jener Gemeinde gepredigt hat (Müller, Theologiegeschichte 35.49). Dies würde auch zu der Gemeindeordnung stimmen mit Bischof und Ältesten an der Spitze, die die Gemeinden ansonsten gehabt haben müssen. Weil nun die eigentlichen Gemeindeämter seßhaften Personen zukommen, ist Johannes als Wanderprophet vorzustellen, der eine lokale Grenzen überschreitende Verkündigungstätigkeit ausgeübt hat. Zeitlich und sachlich am nächsten stehen die Verhältnisse, wie sie das Mt und die Did für das syrische Kirchengebiet voraussetzen. Jedenfalls sieht das Mt wie die Offb vor allem die Propheten als die Knechte Gottes und läßt sie in der Gemeinde wirken. Eine genauere Analyse von Mt 10,41; 23,34 läßt zudem erkennen, daß diese Propheten als Wanderpropheten agieren (Müller, Theologiegeschichte 36 f.). Dasselbe gilt für die Did (11,4–12).

Mt und Did stehen in judenchristlicher Tradition, die Überlieferungsgut palästinischer Herkunft weitergibt. Dasselbe tut die Offb, wie die Aktualisierung der Vorstellung vom zukünftigen Menschensohn Jesus zeigt (14,14ff.), die gegen Ende des 1.Jh.s nur noch im Mt (vgl. die redaktionellen Eigenprägungen 13,41; 25,31) und in Did 16 eine wesentliche Rolle spielt. In dieselbe Richtung zielt die Aufnahme speziell synoptischen Spruchgutes. Auffällig ist die Übereinstimmung in der Zitatenkombination Dan 7,13 und Sach 12,10.14 zwischen Offb 1,7 und Mt 24,30f. (nicht Joh 19,36). Eschatologische Q-Traditionen wirken deutlich nach: Offb 3,3; 16,15 – Mt 24,43 par.; Offb 3,5 – Mt 10,32 par.; Offb 3,21 – Mt 19,28 par. Ansonsten verrät Offb 3,20 Verwandtschaft mit Mk 13,29 / Mt 24,33 bzw. Lk 12,35ff., und die eschatologische Vorstellung vom Hochzeitsmahl des Lammes Offb 19,7ff. stellt eine Allegorisierung der Gleichnisbilder Mt 22,1ff.; 25,1ff. dar.

Das besondere Griechisch des Verfassers spricht für judenchristlich-palästinische Herkunft. Er schreibt einen stark semitisierenden Stil, der sich in zahllosen wörtlichen Anklängen an das AT (keine ausdrücklichen Zitate!), besonders aber in vielen harten Semitismen zeigt. Man hat darin geradezu eine Kunstsprache sehen wollen, die den Hörer bewußt an die biblische Sprache des AT erinnern will (Kraft 15f.). Das mag in Grenzen richtig sein. Doch verrät die Ausdrucksweise des Verfassers gleichzeitig, daß er hebräisch dachte, auch als er griechisch schrieb (Schmid 306). Besonders ist die unbewußte Auswahl der griechischen Verbkategorien aus seiner semitischen Muttersprache zu erklären (Mussies 349.353). Erweist sich diese Annahme als richtig, so muß Johannes aus dem palästinischen Raum stammen.

Schließlich erhärtet die besondere Benutzung prophetischer Redeformen in den Sendschreiben die bisherige Annahme, da allein in Palästina eine Nachwirkung ursprünglich atl.-jüdischer Prophetie vorstellbar ist.

Nun hat Johannes, für uns erkennbar, im Bereich kleinasiatischer Gemeinden gewirkt. Ein palästinischer Ursprung wäre nur bei Annahme einer Einwanderung in das früher paulinische Missionsgebiet denkbar. Johannes ist dabei jedoch kein Einzelfall. Aufgrund des Jüdischen Krieges (66–70 n. Chr.) verließen viele Judenchristen das Heilige Land. »Philippus, der Evangelist, der bereits aus Anlaß der Stephanusverfolgung Jerusalem verlassen (AG 8,1ff.) und dann in Caesarea am Meere, wo wir ihn noch gegen 60 hin antreffen, Wohnung genommen hatte (AG 21,8f.), siedelte nach Hierapolis über (Polykrates von Ephesus bei Eusebius, KG III 31,3; V 24,2; Pa-

pias ebd. III 39,9) und brachte seine weissagenden Töchter mit. Der
›alte‹ Johannes, der Jünger des Herrn, vertauschte wohl Jerusalem
mit Ephesus« (Bauer 90). Diese »Alten« der Papiasnotiz (einschließ-
lich des zweiten Johannes) könnten als Tradenten judenchristlicher
Überlieferung ebenfalls aus Palästina stammen, wenn auch eine
Identifikation zwischen dem »Alten« Johannes und dem Verfasser
der Offb nicht naheliegt. Beide gehören zwar einer soziologisch
ähnlich strukturierten Gruppe an (Wandertätigkeit!), sie üben aber
wohl jeweils verschiedene Tätigkeiten aus (Lehre als Weitergabe von
überlieferter mündlicher Tradition – aktuelle Prophetie).
Der Versuch, das prophetisch-apokalyptische Judenchristentum des
Johannes in der Weise näher zu bestimmen, daß an seinem Anfang
die Botschaft Johannes des Täufers stand (Böcher, Johanneisches
319; phantastisch Massyngberde Ford), bleibt ohne wirklichen Text-
anhalt.
Abschließend sei noch eine Auffälligkeit betont: Johannes erwähnt
die Person des Apostels Paulus mit keinem Wort, obwohl er für
Gemeinden schreibt, die im ehemals paulinischen Missionsgebiet
liegen und in deren Umkreis nach dem Tode des Apostels pseudo-
paulinische Briefe erschienen (z. B. Kol, Eph). Er nennt nur die
Gruppe der zwölf Urapostel als Basis der Kirche (21,14). Das
Schweigen über Paulus kann nicht zufällig sein, sondern wird theologische Gründe haben. Die Gegner des Johannes, die er als libertinistische Irrlehrer angreift (2,14f.; 2,20−24), sind wohl im Umkreis
radikalisierter nachpaulinischer Theologie zu sehen. Sie stellen eine
Weiterentwicklung des Enthusiasmus dar, mit dem sich Paulus aus-
einanderzusetzen hatte (vgl. 1 Kor), der sich in der Folgezeit aber auf
Paulus zu berufen suchte (vgl. Jud; 2 Petr 2,18 f.). Die Ignorierung
des Paulus paßt übrigens zur judenchristlichen Herkunft des Johannes, da gerade in judenchristlich beeinflußten Kreisen Entsprechendes zu finden ist (z. B. Papias von Hierapolis).

IV. Theologische Grundgedanken

Literaturauswahl: Bultmann, R.: Theologie des Neuen Testaments, Tübin-
gen, UTB 630, [8]1980, 524−526. – *Comblin, J.:* Le Christ dans l'Apocalypse,
BT. B 6, 1965. – *Goppelt, L.:* Heilsoffenbarung und Geschichte nach der
Offenbarung des Johannes, ThLZ 77 (1952) 513−522. – *Ders.:* Theologie des
Neuen Testaments, UTB 850 ([3]1978) 509−528. – *Gräßer, E.:* Der Glaube im
Hebräerbrief, MThSt 2, 1965, 164f. 188. – *Günther, H. W.:* Nah- und End-

erwartungshorizont. – *Holtz, T.:* Christologie. – *Ders.:* Gott in der Apokalypse, in: *J. Lambrecht:* L'Apocalypse johannique 247–265. – *Jörns, K.-P.:* Das hymnische Evangelium. – *Käsemann, E.:* Der Ruf der Freiheit, Tübingen ⁵1972, 225–243. – *Karner, K.:* Gegenwart und Endgeschichte in der Offenbarung des Johannes, ThLZ 93 (1968) 641–652. – *Lampe, P.:* Die Apokalyptiker – ihre Situation und ihr Handeln, in: Eschatologie und Friedenshandeln, SBS 101 (1981) 59–114. – *Nikolainen, A. T.:* Der Kirchenbegriff in der Offenbarung des Johannes, NTS 9 (1962/63) 351–361. – *Ders.:* Über die theologische Eigenart der Offenbarung des Johannes, ThLZ 93 (1968) 161–170. – *Rissi, M.:* Was ist. – *Schüssler Fiorenza, E.:* Priester für Gott. – *Thüsing, W.:* Die theologische Mitte der Weltgerichtsvisionen in der Johannesapokalypse, TThZ 77 (1968), 1–16. – *Vögtle, A.:* Der Gott der Apokalypse, in: *J. Coppens (Hg.):* La Notion biblique de Dieu, BEThl 41 (1976) 377–398. – *Wolff, Ch.:* Die Gemeinde des Christus in der Apokalypse des Johannes, NTS 27 (1981) 186–197.

Johannes schreibt Endgeschichte, wenn er als Offenbarung vermittelt, »was danach (bzw. in Kürze) geschehen muß« (1,19; 4,1; 22,6). Sie umgreift die Zeit zwischen der Erhöhung Jesu (12,1–5) und der Weltvollendung (21,1–22,5). Die Erhöhung Jesu, die mit dem Ziel seiner eschatologischen Funktion erfolgt (12,5), ist mit dem Sturz des Satans aus dem Himmel verbunden (12,7–9); dies sind entscheidende Akte, die zur Durchsetzung der endgültigen Herrschaft Gottes gehören. Die Erhöhung Christi gilt dabei als die Wende der Geschichte. Die endgeschichtliche Ausrichtung hat ein Doppeltes zur Folge:

a) Die Vergangenheit vor Christus kommt nur andeutend in den Blick. Der an sich vorgegebene Gedanke einer Geschichte Gottes mit seinem auserwählten Volk Israel interessiert nur noch insoweit, als jetzt die christliche Kirche dieses auserwählte Volk darstellt (7,1–8; vgl. 14,1–5). Jesus selbst stammt aus Israel (12,1–5); doch betrifft sein Heilswerk Menschen aus allen Nationen (5,9f.; 7,9; 14,4). Das vorfindliche Israel ist zur »Synagoge des Satans« geworden (2,9; 3,9).

b) Anders als jüdische Apokalypsen beschreibt die Offb Weltgeschichte nicht mehr in einer Abfolge von Weltreichen (vgl. Dan 2; 7), die durch das hereinbrechende Eschaton abgelöst werden. Die Vergangenheit ist grundsätzlich abgetan. Bei Johannes kommt Weltgeschichte nur im Horizont der Erhöhung Jesu in den Blick; diese signalisiert die bereits anbrechende Herrschaft Gottes, die dem Satan nur noch kurze Zeit auf Erden läßt (12,12). Er steht als treibende Kraft hinter der Weltmacht des Römischen Reiches (Kap. 13), das die Kirche in Bedrängnis bringt, dessen Tage aber seinerseits gezählt sind (17f.). Weltgeschichte ist in ihr letztes Stadium eingetreten; sie ist Teil der Endgeschichte, die der letztgültigen Herrschaftsübernahme Gottes entgegengeht. Die prophetisch-apokalyptische Wesensschau des Verfassers sieht nur noch folgendes: Die Erdenbewohner verweigern Gott die Ehre, beharren bei ihrem Götzendienst (9,20f.) und verfolgen die Gemeinde (6,9–11); die Kehrseite ist das Gericht Gottes, das der Verfasser in immer neuen Plagenzyklen schildert. Gegenwart und nahe Zukunft sind von geschichtlichen und kosmischen Katastrophen bestimmt, die schließlich das Weltgeschehen zum Erliegen bringen (Goppelt, Theologie 523).

Der apokalyptische Hauptteil des Buches entfaltet das endzeitliche Drama, indem er den Kampf der Herrschaftsübernahme Gottes in immer neuen Akten, ja immer neuen Anläufen darstellt (vgl. Einleitung I. 2). Gott kommt – ist somit das zentrale Thema des Werkes (vgl. schon 1,7–8). Diese Botschaft ist Antwort auf das grundlegende Problem des Verfassers und ihm verwandter Kreise, daß die satanische Gottlosigkeit auf Erden überhandnimmt und Gottes Gericht an den Erdenbewohnern sich zu verzögern droht: »Wie lange (soll es noch dauern), Herr ..., daß du nicht Gericht hältst und rächst unser Blut an den Bewohnern der Erde?« (6,10). Gott selbst soll endlich eingreifen, damit seine »gerechten Gerichte« (15,3–4; 16,5–7) die Gottlosen vernichten und die in der Gegenwart leidenden Christen ins Recht setzen würden. Denn die verführerische Satansgestalt des Römischen Reiches empfindet Johannes als so übermächtig, daß Gott allein ihre Vernichtung garantieren kann. Bei dieser Betrachtung hat Gott das entscheidende Gewicht, der – und das ist das Tröstliche – durch die endzeitliche Beauftragung Christi bereits gehandelt hat. So ist es sachgemäß, von der Theozentrik der Offb zu sprechen (Holtz, Gott).

Die Bedeutung Gottes zeigt sich bereits in der ersten Prädikation, die das Buch ihm beilegt: »der ist und der war und der kommt« (1,4.8; 4,8). Der Ton liegt auf dem dritten Glied, da es um den Gott geht, der zum Gericht an der Welt und zur Errichtung seiner Herrschaft »kommt« (4,8 in Verbindung mit 4,11). Das genannte Gottesprädikat findet seine Parallelen in der Selbstbezeichnung: »Ich bin das A und das O« (1,8; 21,6), »der Anfang und das Ende« (21,6), die zugleich anzeigen, daß Gottes Handeln aller Geschichte immer schon voraus ist (vgl. »der war«). Geradezu Lieblingswendung des Verfassers ist die Bezeichnung Gottes als des »Allherrschers«, die in der Verbindung »... Herr, Gott, der Allherrscher« (1,8; 4,8; 11,17; 15,3; 16,7; 19,6; 21,22) bzw. »Gott, der Allherrscher« (16,14; 19,15) begegnet. Sie betont ausdrücklich den Macht- und Herrschaftsaspekt im Gottesbegriff, der Zeit und Geschichte übergreift und der Gottes Handeln im Eschaton zur Vollendung gelangen läßt. In dieselbe Richtung weist die Umschreibung des Gottesnamens »der, der auf dem Thron sitzt« (4,2.9.10; 5,1.7.13; 6,16; 7,10.15; 19,4; 20,11; 21,5); sie impliziert seine richterliche Funktion (6,16; 20,11). Dementsprechend ist vom Zorn Gottes (z.B. 11,18; 14,10.19; 15,1.7; 16,1.19), von seinem Gericht die Rede (14,7; 16,7; 18,10; 19,2).

Gottes Herrscher- und Gerichtsfunktion gründet in seiner Existenz vor aller Geschichte. Sein eschatologisches Handeln wird in einen kausalen Zusammenhang mit seiner universalen Schöpfertätigkeit am Anfang gebracht (4,11; 10,6; 14,7). Schöpfung und Erlösung entsprechen sich: »Siehe, ich mache alles neu« (21,5).

Fragt man nach der Herkunft dieses Gottesbildes, so weist alles in die atl.-jüdische Tradition. Die Begriffe und Vorstellungen haben dort ihren Ursprung. Das ist so klar, daß ein Einzelnachweis an dieser Stelle überflüssig erscheint.

Der theozentrische Ansatz im Denken des Johannes bestätigt sich, wenn man die Christologie zu seinem Gottesbild in Beziehung setzt. Jesus Christus handelt als Beauftragter Gottes; darauf deutet schon der atl.-jüdische Titel »*sein* Gesalbter« (11,15; 12,10; 20,4.6). Er ist um so auffälliger, als dem Verfasser die Christusbezeichnung in üblicher Weise längst als Namensbestandteil geläufig ist: Jesus Christus (1,1f.5). Kap. 5 schildert die ausdrückliche Beauftragung Christi mit der Durchführung des endzeitlichen Geschichtsplans Gottes. Der Seher Johannes schaut, wie das (gleichsam) geschlachtete Lamm aus der Hand dessen, der auf dem Throne sitzt, das Buch empfängt, das den göttlichen Heils- und Gerichtsratschluß enthält. Das Lamm setzt den endzeitlichen Plan Gottes in Gang, indem es die sieben Siegel des Buches öffnet (6,1ff.). Doch bleibt das folgende Gerichtshandeln eindeutig Gottes Werk. Christus agiert nur als sein Mandatar. Zwar ist gelegentlich vom endzeitlichen Wirken Christi in einer Weise die Rede, die an ein selbständiges Tun denken lassen könnte. Vom »Zorn des Lammes« wird gesprochen (6,16f.), von seinem Richten und Kriegführen (19,11), von seinem Sieg über widergöttliche Könige (17,14). Doch begegnen die entsprechenden Aussagen ansonsten als ursprünglich göttliche Funktionen. Allgemeines Weltgericht (20,11ff.) und Neuschöpfung (21,5) sind ausschließlich Gottes Werk.

Im Zusammenhang der Beauftragung des Lammes mit der Durchsetzung des göttlichen Geschichtsplanes kann man nur von einer Funktionseinheit Gottes mit Christus sprechen, ohne daß an eine

seinsmäßige Gottgleichheit zu denken ist (anders Joh, wo die Göttlichkeit Jesu darin beruht, wie der Vater das Leben in sich selber zu
haben, 5,26, mit dem Vater eins zu sein, 10,30; vgl. 17,11.21–23).
Denn die höchsten Gottesprädikate sind Gott vorbehalten: »der ist
und der war und der kommt«, »der Allherrscher«, »der, der auf dem
Throne sitzt«. Im übrigen meidet Johannes den Titel »Herr« für
Christus im Rahmen der apokalyptischen Visionsberichte. Er bleibt
dort göttliches Attribut. Nur an wenigen Stellen, die einen direkten
Bezug zur christlichen Gemeinde haben, wird »Herr« auch Christusbezeichnung (14,13; 22,20f.; vgl. 11,8).
Ähnliches gilt für die christologische Verwendung anderer Gottes-
aussagen. Wo die Erlösung der Gemeinde im Zentrum steht und
nicht das Gericht an der Welt, rückt Christus in eine Stellung ein, die
ihm göttliche Prädikate beilegt. Die Selbstoffenbarung Christi als
»der Erste und der Letzte« (1,17; 2,8; 22,13), die ursprünglich Gott
zukommt (Jes 44,6; 48,12), hat dabei ihren Grund in seinem Tod
und der durch Gott bewirkten Erhöhung. Deshalb heißt Christus
auch »der Lebendige« (1,18; vgl. 2,8), was ansonsten die Wirklichkeit Gottes kennzeichnet: »der in alle Ewigkeiten lebt« (4,9.10;
10,6; 15,7; vgl. 7,2). Bezogen auf Christus, stehen parallel zu »der
Erste und der Letzte« die Gottesbezeichnungen »das A und das O«
bzw. »der Anfang und das Ende« (22,13).
Entscheidendes religiöses Gewicht gewinnt Christus für den Verfasser immer dann, wenn es um das Verhältnis zur christlichen Gemeinde geht. In den Sendschreiben Kap. 2–3 begegnet er ihr als ihr
gegenwärtiger Herr, der sie in Tröstung, Mahnung und Gerichtswort unmittelbar anspricht. Entsprechendes findet sich in Zusammenhängen, die vom Erlösungswerk Christi an der Gemeinde handeln. Das zeigt schon die Doxologie 1,5b.6. Hier ist er Empfänger
des Lobpreises, von dessen Liebe zu den Christen, von deren Erlösung durch sein Blut und ihrer Einsetzung in priesterliche und herrscherliche Würde der Text redet. Doch vollbringt Christus dieses
Erlösungswerk »für Gott, seinen Vater«. Initiator und Zielpunkt
des Heilsgeschehens ist also Gott.
In dieselbe Richtung weisen die hymnischen Aussagen 5,9f. (vgl.
14,4). Dabei erscheint der Titel, der in einzigartiger Weise die Christologie bestimmt: »das Lamm« (achtundzwanzigmal gebraucht,
vgl. Exkurs 4: Christus als das Lamm). Daß das Lamm geschlachtet
wurde, signalisiert den gewaltsamen Tod Jesu, und zwar ist dieser
wohl als Opfertod verstanden, wie der Zusammenhang verrät. Mit
seinem Blut, d. h. durch seinen Opfertod, hat das Lamm Menschen
aus allen Völkern losgekauft, um sie aus ihrem bisherigen Unheils-

bereich zu lösen und unter die Herrschaft Gottes zu stellen. Er hat sie, die Christen, zu einem priesterlichen Königsvolk Gottes eingesetzt.

Mit dem Titel Lamm verbindet sich primär die Heilsfunktion Jesu an der aus allen Völkern gesammelten Gemeinde, seine Herrschaftsstellung gegenüber der Welt leitet sich von dieser Aufgabe erst ab. Denn Kap. 5 betont, daß das Lamm deswegen würdig ist, das Buch mit den sieben Siegeln zu öffnen und damit den Geschichtsplan Gottes zu vollstrecken, weil es durch seinen Tod die Heilsgemeinde geschaffen hat (5,9f.). Sein »Sieg« im Tod ist Begründung für die eschatologische Machtübertragung (5,5). Deshalb empfängt es Hoheitsprädikate, die in die messianische Tradition des Judentums weisen: »Löwe aus dem Stamm Juda, die Wurzel Davids« (5,5). Wesentlicher Teil seiner zukünftigen Aufgaben ist die Vernichtung der gottlosen Völker. Christus wird sie mit eisernem Stabe weiden (12,5; 19,15), wie es unter Aufnahme von Ps 2,9 heißt. In dieser Funktion lautet sein Titel »König der Könige und Herr der Herren« (17,14; 19,16; vgl. 1,5). Johannes hat hier eine ursprünglich jüdische Gottesbezeichnung auf das Lamm übertragen, um den Sieger über die widergöttlichen Mächte zu kennzeichnen (17,14).

Einzigartigkeit Christi wie andererseits Beschränkung seines selbständigen Ranges gegenüber Gott erhellen aus Stellen, an denen sich die Offb von anderen frühchristlichen Schriften unterscheidet. Nur das Verhältnis Gott–Christus wird durch den Vater-Begriff bestimmt (1,6; 2,28; 3,5.21; 14,1). Es fehlt demgegenüber die Bezeichnung Vater für die Bestimmung des Gottesverhältnisses der Gläubigen, sei es derer, die noch auf Erden leben, sei es der Vollendeten. Andererseits hält sich die Theozentrik und damit die klare Unterordnung Christi unter Gott insofern durch, als eine Erwartung wie jene aus 1 Kor 15,28 sich erübrigt, daß zunächst Christus alles unterworfen wird, danach aber Christus sich Gott unterordnet, damit Gott alles in allem sei. Christus ist »König der Könige und Herr der Herren« (17,14; 19,16); er vernichtet das Tier und die Könige der Erde durch seinen Sieg über sie. Aber es bleibt letztlich Gottes Sieg; denn der Engel lädt ein zum großen Siegesmahl Gottes (19,17). Eine letztgültige Unterordnung des Sohnes unter den Vater wäre überflüssig. Dazu gehört, daß der Verfasser den Titel »Sohn Gottes« meidet (abgesehen von 2,18).

Am »Wort Gottes und dem Zeugnis Jesu« scheiden sich die Menschen. Die Christen tragen das Siegel des lebendigen Gottes (7,1–8), die gottlosen Erdenbewohner, die das Siegel nicht haben (9,4), sind den Strafaktionen der jeweiligen Plagen schutzlos ausgeliefert. Die Anhänger des Tieres, des römischen Antichrists also, machen sich

ein Malzeichen auf ihre rechte Hand oder ihre Stirn (13,16f.;
14,9.11; 16,2) – Ausweis ihrer Zugehörigkeit zum Machtbereich des
Unheils. Die vollendeten Gläubigen haben den Namen des Lammes
und den seines Vaters auf ihre Stirn geschrieben (14,1). Nur sie sind
in das Buch des Lebens eingetragen (13,8; 17,8; 20,12). Die Trennung der Menschheit in einen Heils- und einen Unheilsbereich vollzieht sich konsequent. Die Masse der Menschen bleibt in ihrer Abwehr gegenüber Gott und weigert sich umzukehren (9,20f.; 16,21).
Der Ruf an alle Erdenbewohner, Gott zu fürchten und ihm die Ehre
zu geben (14,6f.), ist nicht mehr als Umkehrruf verstanden, sondern
als Aufforderung, Gott am Tage des Gerichts die zwangsläufig
schuldige Ehre zu erweisen. Es liegt zwar kein ausdrücklicher Dua-
lismus vor, doch sind die Fronten zwischen beiden Bereichen klar
geschieden. Die Erdenbewohner gelten, kollektiv betrachtet, als
massa perditionis. Die Juden sind eine eigene Größe; doch heißen sie
wegen der Kreuzigung Jesu (11,8) und der Verleumdung der Christen (2,9) »Synagoge des Satans« (2,9; 3,9). Anders als bei Paulus
(Röm 11,25ff.) tritt eine umfassende Erlösung derselben nicht ins
Blickfeld.

Die Gemeinden begegnen betont als Gemeinden des Christus.
Schon der Visionsbericht 1,12ff. macht ihn in der Gestalt dessen,
der »wie ein Menschensohn« aussieht, als Herrn der Gemeinden
sichtbar. Er erscheint inmitten der sieben Leuchter, d.h. der sieben
Gemeinden, und hält die sieben Sterne als Symbole für die Gemeindeengel in seiner Rechten. Das Christsein der Gläubigen beruht darauf, daß Christus als das Lamm sie durch sein Blut aus dem Unheilsbereich losgekauft hat (5,9f.). Er hat sie erlöst von ihren Sünden
(1,5). Seitdem leben sie in der Spannung zwischen schon erreichtem
Heil und noch ausstehender Vollendung. Er hat sie bereits zur Herrschaft und zu Priestern eingesetzt (1,6); doch wird diese Rangstel-
lung erst in der Zukunft verwirklicht (5,10; 20,6; 22,5). Schon in der
Gegenwart ist Christus den Gemeinden nahe, er spricht durch den
prophetischen Geist zu ihnen; doch mahnt er sie, sich angesichts der
endzeitlichen Gefährdung und der noch zukünftigen Vollkommenheit siegreich zu bewähren (vgl. die Überwindersprüche der Sendschreiben). Auch der treuen Gemeinde zu Philadelphia gilt der Ruf:
»Halte, was du hast, damit niemand deinen Kranz nehme!«
(3,11).

Besonders zeigt die Folge der apokalyptischen Visionen, daß entgegen dem äußeren Anschein der irdischen Wirklichkeit Gott dabei
ist, seine Herrschaft zu ergreifen. Die hymnischen Stücke offenbaren der auf Erden bedrängten Gemeinde, daß im Himmel bereits der

Jubel darüber erklingt, daß Gott und sein Gesalbter König werden. Gerade die Erhöhung Jesu und der damit verbundene Sturz des Satans signalisieren, daß das Ende der Bedrängnis naht. Der Aufblick in die himmlische Welt, die der Seher Johannes seinen Gemeinden durch seine Visionsberichte vermittelt, schafft ihnen die Gewißheit, daß das Gericht an der gottlosen Welt bereits im Gang ist und das Heil für die Gläubigen nicht verzieht. In diesem Sinne kann Johannes irdische Katastrophen als göttliche Gerichtsakte an den Gottlosen deuten. Im Ansatz ist das Eschaton für Johannes wie für andere frühchristliche Autoren gegenwärtig und zukünftig zugleich, wenn auch der sehnsüchtige Blick auf die zukünftige Vollendung besonders stark betont ist (vgl. den Bittruf: »Amen, komm, Herr Jesu!« 22,20). Was Johannes von Paulus unterscheidet, ist, daß die gegenwärtige Heilszuversicht des visionären Aufblicks in die göttliche Welt bedarf. Auch fehlt eine nähere Ausführung darüber, was die in der Taufe zugeeignete Vergebung der Sünden (1,5) und der durch Christus bewirkte Loskauf aus allen Völkern (5,9f.) für den einzelnen an konkreter gegenwärtiger Heilserfahrung bewirken. Das hat seinen Grund etwa darin, daß die *pistis*, d. h. der Glaube, nicht mehr die zentrale Funktion hat, das durch Christus gewirkte Heil den Menschen zu vermitteln. Glaube gilt als ethische Tugend neben anderen (2,19; 13,10; Gräßer). Paulus dagegen deutet die durch Christus geschaffene Versöhnung gerade im Blick auf die christliche Existenz auf Erden. Mit Hilfe anthropologischer Kategorien entfaltet er, was das neue Sein des Christen ausmacht. Diese anthropologische Auslegung der Soteriologie findet bei Johannes keine Parallele (allerdings auch nicht in den übrigen Spätschriften des NT). Statt dessen interessiert ihn alsbald die ethische Konsequenz, die die Gemeinden aus ihrem Christsein zu ziehen haben. Johannes vertritt eine Ethik der Standhaftigkeit und des Ausharrens (2,2f.19; 3,10; 13,10; 14,12), der siegreichen Bewährung in allen Anfechtungen. *Hypomonē*, d. h. *Standhaftigkeit, Ausharren*, steht meist in Zusammenhängen, die von äußerer Bedrückung und Verfolgung handeln. »Hier ist (standhafte) Geduld und Glaubenstreue (vonnöten)« (13,10; ähnlich 14,12). Aufgrund der vorausgesetzten Kampfsituation soll sich Christsein in der entsprechenden ethischen Haltung verwirklichen, die sich auf die Endzeitsituation einstellt. Das gilt auch für andere Schriften der zweiten bzw. dritten Generation des frühen Christentums (Gräßer), nur daß dort der naheschatologische Horizont zurücktritt (vgl. Hebr 10,36–39; 12,1; Jak 1,2–4; 5,11; Past; 1 Clem 35,4; 5,5–7). Sosehr die Offb als apokalyptisches Buch in dieser Hinsicht einen Sondercharakter hat, so sehr ordnet sie sich doch dieser Epoche zu, in der die Kirche ihre Gegenwart als Zeit der Vorläufigkeit sieht, die unter dem Vorzeichen der ethischen Bewährung steht.

Umfassende Zusammenhänge kommen in der indirekten Mahnung zum Ausdruck, die die Überwindersprüche enthalten. Es geht um das siegreiche Durchhalten des Christseins in allen Bezügen – nach innen und nach außen (bis in den möglichen Tod 2,11!). Der innergemeindliche Bezug wird gerade in 2,26–28 deutlich, wo das Überwinden darin besteht, das ethische Verhalten konsequent bis zur Parusie Christi an den geltenden Forderungen auszurichten (2,25). Diese betreffen das Verbot, sich an die Sitten der heidnischen Gesellschaft anzupassen, d. h., »Unzucht zu treiben und Götzenopferfleisch zu essen« (2,15; 2,20). Der Seher fordert die strikte Abgrenzung gegenüber den Verführungen der antiken Umwelt. Nur so wird es möglich, »die Werke« zu erfüllen, die vor Gott notwendig sind (vgl. 2,26; 3,2 und die stereotype Wendung »ich kenne deine Werke« 2,2.19; 3,1.8.15). Ansonsten mahnt Johannes zur Umkehr, wo immer es ihm notwendig erscheint: wenn der sittliche Zustand bei heidnischer Anpassung zu wünschen übrigläßt (2,16.21 f.; 3,3), wenn die »erste Liebe«, die frühere Bruderliebe, erkaltet (2,4 f.), wenn die Gemeinde lau wird (3,19). Insgesamt zielt die Paränese darauf, daß die Gemeinde an dem festhält, was ihr Christsein ausmacht (2,25; 3,3.11), um ihre Identität gegenüber der heidnischen Gesellschaft nicht zu verlieren. Es geht darum, »das Wort Gottes (bzw. die Gebote Gottes) und das Zeugnis Jesu Christi« zu bewahren, was in die Verfolgungssituation, ja zum Martyrium führen kann (1,2.9; 6,9; 12,17; 14,12; 20,4; vgl. 19,10). Angesichts der baldigen Wiederkunft Christi soll es zur Scheidung auch innerhalb der Gemeinde kommen, zur Trennung von Gerechten und Ungerechten, von Heiligen und Beschmutzten (22,11). Das Ideal ist die reine, unbefleckte Heilsgemeinde (3,4; 14,4 f.; 22,14 f.), die sich von der gottlosen, zum Untergang verdammten Welt absondert. Konsequent ist diese Haltung, wenn man wie Johannes hinter dem Wirken des römischen Staates und der antiken heidnischen Gesellschaft letztlich nur das Treiben des Satans sieht, der, vom Himmel auf die Erde gestürzt, nur noch kurze Zeit hat, um die Menschen zu verführen (vgl. 12,12 ff.).

Im Unterschied zur sonstigen frühchristlichen Loyalitätshaltung gegenüber dem Staat und seinen Organen, die diese von Gott eingesetzt betrachten kann (Röm 13,1–7; vgl. Mk 12,13–17; 1 Petr 2,13–17), erscheint dieser in Gestalt des Tieres, als Agent des Satans (Kap. 13). Doch selbst in höchster Lebensgefahr wegen seiner Glaubenstreue kennt der Christ keinen aktiven gewaltsamen Widerstand gegen die religiösen Ansprüche einer totalitären Machtideologie (Kaiserkult!), sondern nur die Bereitschaft zum Martyrium (13,10).

Handlungsmotivation ist vor allem die eschatologische Zukunftsperspektive des ganzen Buches, die Seligkeit dem zuspricht, der den Weisungen gemäß lebt (vgl. nur die Überwindersprüche). Daneben spielt der Blick auf das durch Christi Tod bereits erlangte Heil eine Rolle, das es zu bewahren gilt (vgl. 1,5 b.8 und 3,11). Ebenso mahnt und tröstet der Aufblick in die himmlische Welt, wo bereits verwirklicht ist, was auf Erden an Heil noch aussteht (z. B. der Sturz des Satans aus dem Himmel 12,7 ff.). Besonders aber stimuliert das christologische Vor- und Urbild des geschlachteten Lammes, das zur Identifikation mit seinem Schicksal in Leid und siegreicher Bewährung einlädt: »Wer überwindet, ihm werde ich geben, sich mit mir auf meinen Thron zu setzen, wie auch ich überwunden habe und mich mit meinem Vater auf seinen Thron gesetzt habe« (3,21).

Kommentar

Bucheinleitung: 1,1–20

Nicht zum ursprünglichen Text der Offb gehört der Buchtitel »Offenbarung des Johannes«, der bereits in den ältesten Handschriften erhalten ist. Der frühe altkirchliche Zeuge der Offb, Justin der Märtyrer, kannte ihn anscheinend noch nicht, wenn er in seinem um die Mitte des 2. Jahrhunderts geschriebenen Dialog mit dem Juden Tryphon das Wort Offenbarung noch nicht als Buchtitel gebraucht (»Johannes bei der Offenbarung, die ihm geschah« Dial 81). Irenäus und die späteren altkirchlichen Zeugen verwenden »Offenbarung« dann bereits als Buchtitel (Kraft 17 f.). Dieser Sprachgebrauch bedeutet allerdings, daß aus der ursprünglichen »Offenbarung Jesu Christi ...« eine »Offenbarung des Johannes« wurde.

Der Buchanfang 1,1–20 ist formgeschichtlich mehrschichtig und enthält in sich verschiedene Elemente. 1,1–3 ist als Vorwort oder Überschrift zu bezeichnen. 1,4–6 stellt ein Briefpräskript dar mit Angabe des Absenders und der Adressaten. 1,7–8 hat die Bedeutung eines vorangestellten Mottos der ganzen Schrift, das die Form der prophetischen Ankündigung besitzt. Diese Verbindung von Überschrift und Motto findet sich bereits im Eingang atl. Prophetenbücher (Am 1,1–2; Mi 1,2–4; Nah 1,2–8) sowie der jüdisch-apokalyptischen Literatur (äthHen 1,1–9). Der Anfang der Offb ist also in Analogie zu atl.-jüdischen Schriften gestaltet. Neu ist allerdings der Einschub des Briefpräskripts 1,4–6, der das apokalyptische Buch den frühchristlichen Briefen angleicht.

Die Kombination ursprünglich heterogener Formelemente ist jedoch in einer Weise gelungen, die den einheitlichen Eindruck der Bucheinleitung nicht stört. Die Überschrift Vers 1–3 sichert zunächst den himmlischen Offenbarungscharakter des Buches, deutet aber bereits den eschatologischen Horizont der späteren Ausführungen an: »Denn die Zeit ist nahe.« Nach der brieflichen Bestimmung des ganzen Buches Vers 4–6 kommt der Verfasser sofort wieder auf die eschatologische Ausrichtung des Buches zu sprechen, indem er das Kommen Christi und Gottes ankündigt (Vers 7–8).

Wesentliches Element der Einleitung ist der Bericht über die Beauftragung des Sehers zur Abfassung des ganzen Buches 1,9–20. Er dient in besonderer Weise der Legitimation des vorliegenden Werkes.

Überschrift: 1,1–3

1 Offenbarung Jesu Christi, die Gott ihm gegeben, um seinen Knechte zu zeigen, was geschehen muß in Kürze. Und er (Christus) ließ (sie) durch seinen Engel seinem Knecht Johannes kundtun.   2 Der bezeugt das Wort Gottes und das Zeugnis Jesu Christi – alles, was er gesehen hat.   3 Selig, wer vorliest und die hören die Worte der Weissagung und bewahren, was in ihr geschrieben ist. Denn die Zeit ist nahe.

Literaturauswahl: Berger, K.: Die Amen-Worte Jesu, BZNW 39 (1970) 20–32.150f. – *Beutler, J.:* Martyria. Traditionsgeschichtliche Untersuchungen zum Zeugnisthema bei Johannes, FTS 10 (1972) 182f. – *Bieder, W.:* Die sieben Seligpreisungen in der Offenbarung des Johannes, ThZ 10 (1954) 13–30. – *Brox, N.:* Zeuge und Märtyrer, 92–105. – *Müller, U. B.:* Bestimmung. – *Pesch, R.:* Offenbarung Jesu Christi. Eine Auslegung von Apk 1,1–3, BiLe 11 (1970) 15–29. – *Satake, A.:* Gemeindeordnung. – *Schüssler Fiorenza, E.:* Priester für Gott 238–248.

Vers 1–3 stellen eine ausführlich gestaltete Überschrift dar. Erkennbar sind vier Aspekte (Pesch 15 f.): a) Gott ist Ursprung der Offenbarung, die er Christus gab; b) Christus macht die Offenbarung dem Seher Johannes kund; c) Johannes bezeugt alles, was er gesehen hat; d) abschließende Seligpreisung. Eine teilweise Entsprechung findet dieser Aufbau im Schlußabschnitt des Buches: 22,6 nennt wieder die göttliche Herkunft der in der Offb vermittelten Offenbarungen; 22,7 schließt eine Seligpreisung an. Beginn und Schluß des Werkes sind also ähnlich gestaltet. Die Autorisierung des Buches durch die Betonung seines göttlichen Ursprungs ist dabei das Ziel des Verfassers.

Der Inhalt des Buches wird als »Offenbarung Jesu Christi« bezeichnet, wobei Christus als Urheber erscheint (Gen subj). Die Genitivverbindung ist keine sprachliche Neuprägung des Verfassers, sondern hat ihre Parallelen in 2 Kor 12,1; Gal 1,12, wo auch der beigefügte Genitiv wohl den Urheber, nicht den Inhalt der Offenbarung angibt. Allerdings taucht die Wendung hier zum ersten Mal als Bucheinleitung auf. Sie ist eine Weiterentwicklung der Buchüberschrift, wie sie bei atl. Propheten vorkommt (»Worte des Amos« Am 1,1; »das Buch der Schauung Nahums von Elkos« Nah 1,1). »Offenbarung« meint in Offb 1,1 nicht nur visionäre Enthüllung, wenn das Wort auch im Zusammenhang visionärer Begrifflichkeit auftaucht (Vers 2 »alles, was er gesehen hat«). Der Begriff ist allgemeiner gebraucht, wie die parallelen Be-

stimmungen es nahelegen: Vers 2 »Wort Gottes«, »Zeugnis Jesu
Christi«, Vers 3 »die Worte der Weissagung«. Er charakterisiert den
Inhalt mit Blick auf seinen himmlischen Ursprung: Die Botschaft
des Verfassers beansprucht »Wort Gottes« zu sein, weil sie in Gott
ihren Ursprung hat, und sie ist »Zeugnis Jesu Christi«, weil Christus selbst sie bezeugt (22,20). Diese Zusammenstellung beider
Wendungen ist typischer Gebrauch der Offb (1,2.9; 20,4; vgl. 6,9).
Der Verfasser kennzeichnet den Inhalt seines Buches anschließend
auch thematisch. Er erscheint als Kundgabe dessen, »was geschehen muß in Kürze«. Johannes nimmt dabei Dan 2,28f.45 auf, wo
Gott den König Nebukadnezar wissen läßt, »was geschehen wird
am Ende der Tage« (Dan 2,28). Im Unterschied zu dieser Schriftstelle betont der Verfasser den festen göttlichen Plan, aufgrund dessen sich alles ereignen *muß* (auch LXX). Ferner spricht er nicht nur
vom Ende der Tage; vielmehr wird alles *in Kürze* geschehen, wie es
der akuten Naherwartung des Verfassers entspricht (3,11;
22,6.7.10.12.20). Darin folgt er der Überzeugung urchristlicher
Prophetie, die die Vernichtung des Satans für *bald* erwartet (Röm
16,20) oder Gottes nahe bevorstehendes Eingreifen zugunsten der
Seinen ansagt (Lk 18,8).
In Vers 1 erscheint Gott als der, der Jesus Christus die Offenbarung
gab. Christus wiederum hat sie seinen Knechten, den Gläubigen, zu
zeigen. Dieses Zeigen meint die umfassende Offenbarungsvermittlung, die in Vision und Audition das ganze Buch beherrscht (4,1;
17,1; 21,9f.; 22,1.6). Umstritten ist, ob die hier erwähnten Knechte
speziell christliche Propheten (Charles, Wikenhauser) oder die
christlichen Gläubigen überhaupt sind (wie 2,20). Wahrscheinlich
ist das letztere (Lohmeyer, Satake 89, Pesch), weil Vers 1a wohl
schon die eigentlichen Adressaten, d. h. die Gemeinden selbst, im
Auge hat, während Vers 1b weitere Zwischeninstanzen, u. a. den
Seher Johannes als Knecht Christi, ausdrücklich nennt.
Mit der Angabe einer ersten Traditionskette Gott–Christus–Gläubige markiert der Verfasser in grundlegender Weise den Offenba-
rungsanspruch seines Werkes. Auffällig ist dabei, daß das zweite
Glied dieser Kette, Christus, auffällig vorgezogen wird, wenn einleitend von der »Offenbarung Jesu Christi« geredet wird. Dies ent-
spricht der besonderen Aufgabe, die Jesus in seiner Funktion als
eigentlicher Offenbarungssprecher in den Sendschreiben besitzt
(Offb 2–3).
In einer zweiten Traditionskette Christus – der Offenbarungsengel –
Johannes (Vers 1b) gibt der Verfasser eine Näherbestimmung der
bisher beschriebenen Offenbarungsvermittlung. Die erste Reihe

Gott–Christus–Gläubige findet dabei eine Erläuterung durch die Angabe, wie denn die Offenbarung von Christus zu den Gläubigen gelangt, nämlich über den Offenbarungsengel Christi und den Seher Johannes, der sich als *der* Knecht Christi vorstellt. Bei diesem Verständnis ist Christus als Subjekt zu »er ließ kundtun« vorausgesetzt. Dementsprechend bezieht sich das Pronomen »*sein* Engel«, »*sein* Knecht« auf Christus, nicht auf Gott. Die Vorstellung, daß Christus durch seinen Engel Offenbarung vermittelt, bereitet allerdings einige Schwierigkeiten im Zusammenhang der Offb. Meist gelten die Engel als Engel Gottes. Vers 1 b widerspricht etwa der Auffassung von 22,6, stimmt aber zu 22,16.

In Vers 2 betont Johannes, daß er nur bezeugt, was er visionär geschaut hat. Dabei wendet sich der Verfasser deutlich an die Leser bzw. Hörer seines Buches; das Vergangenheitstempus (wörtlich »der hat bezeugt« – Aorist des Briefstils) ist gewählt, »weil der Schreiber sich auf den Standpunkt seiner Leser versetzt« (Bousset 183, Charles). In seiner Zeugenfunktion entspricht Johannes jüdisch-apokalyptischen Sehern, die das Gewicht ihrer Aussagen dadurch begründen, daß sie nichts Eigenes sagen, sondern nur Geschautes oder Gehörtes weitergeben (äthHen 103,1 f.; auch 98,6; 104,1; vgl. Berger). Der jüdische Apokalyptiker agiert als getreuer Zeuge himmlischer Wahrheiten. Was den Verfasser von diesen zugrundeliegenden Denkvoraussetzungen unterscheidet, ist die Tatsache, daß er sich mit seinem wirklichen Namen Johannes als Offenbarungszeuge vorstellt. Er verzichtet darauf, die Autorität seiner Schrift durch die Rückführung auf einen Großen der Vergangenheit zu begründen (z. B. Henoch, Mose, Esra). Er kann dies aus seinem prophetischen Selbstbewußtsein heraus tun, weil sein Zeugnis Wiedergabe der Rede des Deuteengels (22,16) und Christi selbst (22,20) ist (Pesch 23). Martyrologische Implikationen hat der Zeugnisbegriff hier nicht; es geht lediglich um die zuverlässige Verkündigung der himmlisch autorisierten Botschaft (Brox; Schüssler Fiorenza), die allerdings ins Martyrium führen kann (vgl. 1,9; 2,13; 11,3–13; 17,6).

In Vers 3 folgt eine Seligpreisung an den, der das Buch vorliest, ferner an die, die seine Worte hören und bewahren. Als nächste Parallele hat wohl das durch Ps 1 bestimmte Jesuswort Lk 11,28 zu gelten: »Selig, die hören das Wort Gottes und es bewahren.« Es liegt die Form des weisheitlichen Makarismus vor, die allerdings durch den eschatologischen Zusammenhang der apokalyptischen Form desselben nahekommt (Pesch 25). In jedem Fall will die Seligpreisung die ganze Schrift des Verfassers verpflichtend machen. Seine Botschaft

von den in Bälde eintreffenden endzeitlichen Ereignissen (1,1) ist
heilsnotwendig und heilschaffend angesichts der Nähe des Endes
(»denn die Zeit ist nahe«). Deutlich setzt Vers 3 die Situation der
gottesdienstlichen Versammlung voraus, bei der das Buch des Verfassers vorgelesen werden soll. Dazu stimmt, daß der Schlußabschnitt des Buches 22,6ff. ebenfalls auf die Verlesung im Gottesdienst abzielt, wie schon die Formulierung 22,18 zeigt (»ich bezeuge
jedem, der die Worte der Weissagung ... *hört*«). Jedoch taucht hier
ein Problem auf. Soweit uns bekannt, kamen im frühchristlichen
Gottesdienst nur die Heilige Schrift des AT sowie besonders autori-
sierte Gemeindebriefe zur Verlesung. Die Briefe des Apostels Paulus
sollten in den Gemeinden verlesen werden (vgl. 1 Thess 5,27) bzw.
zwecks Verlesung zirkulieren (Kol 4,16). Durch Absenden eines
Briefes konnte man einen besonderen Autoritätsanspruch erheben,
wenn man in die Probleme anderer Gemeinden eingreifen und sie
regeln wollte (1 Clem; Briefe des Ignatius von Antiochien). Daß
sonstige Schriften verlesen wurden, ist unbekannt. Das dürfte kaum
zufällig sein. Im frühchristlichen Gottesdienst stand neben der Lesung und Auslegung des AT die geistgewirkte Rede im Vordergrund
(vgl. 1 Kor 14), so vielgestaltig diese auch war. Der Brief konnte aber
als Ersatz mündlicher Predigt gelten, den ein Apostel oder in späterer Zeit ein sonstiger kirchlicher Amtsträger aus der Ferne schrieb.
»Dem Leib nach abwesend, anwesend aber im Geist« (1 Kor 5,3;
Kol 2,5) wirkte er durch einen Brief in der Gemeinde. Noch in
1 Clem 63,2 beansprucht der dortige Verfasser, seinen Brief »durch
den heiligen Geist« geschrieben zu haben. Von diesem Verständnis
frühchristlicher Briefe aus mußte es für den Seher Johannes naheli-
gen, seine Schrift als Brief zu stilisieren, damit sie im Gottesdienst
der angeschriebenen Gemeinden vorgelesen wurde. Er hat ihr deshalb einen brieflichen Rahmen gegeben (1,4–6; 22,21) und die direkte Anrede an die sieben Gemeinden in Briefform gekleidet (Offb
2–3). Vom Interesse des Verfassers an einer gottesdienstlichen Verwendung seines Buches erschließt sich die Notwendigkeit des auf
1,3 folgenden Präskripts (Müller).

Erweitertes Briefpräskript: 1,4–8

4 Johannes an die sieben Gemeinden in der Asia:
Gnade sei mit euch und Friede
von dem, der ist und der war und der kommt,
und von den sieben Geistern, die vor seinem Thron sind,

5 und von Jesus Christus, dem treuen Zeugen, dem Erstgeborenen der Toten und dem Fürsten über die Könige der Erde.
Dem, der uns liebt und uns erlöst hat von unseren Sünden
durch sein Blut   6 und uns bestellt hat zur Herrschaft, zu
Priestern für seinen Gott und Vater, ihm sei Ehre und Kraft in
alle Ewigkeiten. Amen.
7 Siehe, er kommt mit den Wolken; und sehen wird ihn jedes
Auge und die ihn durchbohrt haben, und wehklagen werden
über ihn alle Stämme der Erde. Ja, Amen.
8 Ich bin das A und O, spricht Gott der Herr, der ist und der war
und der kommt, der Allherrscher.

Literaturauswahl: Berger, K.: Apostelbrief und apostolische Rede. Zum
Formular frühchristlicher Briefe, ZNW 65 (1974) 190–231. – *Boyd, W. J. P.:*
»I am Alpha and Omega« (Rev 1,8; 21,6; 22,13), Studia Evangelica II (TU
87) 526–531. – *Brox, N.:* Zeuge und Märtyrer 98–101. – *Büchsel, F.:* Art.
Eimi, ThWNT II (1935) 396–398. – *Deichgräber, R.:* Gotteshymnus und
Christushymnus in der frühen Christenheit, StUNT 5, 1967. – *Delling, G.:*
Zum gottesdienstlichen Stil der Johannesapokalypse, NT 3 (1959) 107–137;
jetzt in: *ders.:* Studien zum NT und zum hellenistischen Judentum, Göttingen 1970, 425–450. – *Ford, J. M.:* »He that Cometh« and the Divine Name
(Apoc 1,4.8; 4,8), JStJ 1 (1970) 144–147. – *Holtz, T.:* Christologie. – *Hom-
mel, H.:* Pantokrator, ThViat 5 (1953) 322–378. – *Jörns, K. P.:* Das hymni-
sche Evangelium. – *Kittel, G.:* Art. AO, ThWNT I 1933, 1–3. – *Läuchli, S.:*
Eine Gottesdienststruktur in der Johannesoffenbarung, ThZ 16 (1960) 359–
378. – *McNamara, M.:* The New Testament and the Palestinian Targum to
the Pentateuch, AnBib 27 (1966) 97–112. – *Mussies, G.:* Morphology 93 f. –
Osten-Sacken, P. von der: »Christologie, Taufe, Homologie«. Ein Beitrag zu
Apc Joh 1,5 f., ZNW 58 (1967) 255–266. – *Schlatter, A.:* Das Alte Testament.
– *Schüssler Fiorenza, E.:* Priester für Gott 168–262. – *Dies.:* Redemption as
Liberation: Apoc 1 : 5 f. and 5 :9 f., CBQ 36 (1974) 220–232. – *Schweizer, E.:*
Die sieben Geister in der Apokalypse, EvTh 11 (1951/52) 502–512; jetzt
auch in: Neotestamentica, Zürich und Stuttgart 1963, 190–202. – *Voss, L. A.:*
The Synoptic Traditions in the Apocalypse, Kampen 1965, 21 f.60–71.

Der Abschnitt 1,4–8 stellt eine eigenständige schriftstellerische
Komposition des Verfassers dar. Sie beginnt mit dem zweigeteilten
Briefformular Vers 4.5 a. Dieses nennt zunächst Absender und
Empfänger und schließt einen breit ausgestalteten Segenswunsch an.
Erweitert ist dieses in seiner Grundstruktur im Urchristentum ver-
breitete Briefformular zunächst durch eine feierliche Doxologie
(Vers 5 b.6). Diese Anfügung ist insofern stilgemäß, als die Doxolo-
gie gerne als abrundende Formel gebraucht wurde, die das Ende von
Gebeten, Brief- oder Predigtteilen bildet (Deichgräber 34). Im übri-
gen steht die Doxologie hier anstelle der sonst in frühchristlichen

Briefen gebräuchlichen Danksagung, die dort allerdings eine andere
Form besitzt (z. B. 1 Thess 1,2ff.; 2,13ff.; 1 Kor 1,4–8; Phil 1,3ff.;
Kol 1,3ff.; Eph 1,3ff.; 1 Petr 1,3ff.). Danach folgt eine als Prophetenspruch stilisierte Ansage des Kommens Christi (Vers 7) sowie
eine Selbstprädikation Gottes (Vers 8). Die Verbindung der beiden
zuletzt genannten Elemente mit Vers 4–6 ergibt sich einmal aus der
theologischen Absicht des Verfassers. Vers 7f. enthalten das Motto
des ganzen Buches »Christus kommt – Gott kommt« (Bousset,
Lohse). Damit präzisieren die Verse die Inhaltsangabe von Vers 1
»was in Kürze geschehen muß«. Sie nehmen dabei die Bestimmung
Gottes als des Kommenden auf (Vers 4). Zum anderen aber legte sich
die Ansage des Kommens Christi bzw. Gottes Vers 7f. aufgrund der
Formtraditon atl. Prophetenbücher nahe, nach welcher die Überschrift (hier 1,1–3) mit einer Theophanieschilderung verbunden ist,
die das Thema des Buches angibt (Am 1,1–2; Mi 1,2–4; Nah 1,2–8;
vgl. äthHen 1,3–9). Abzulehnen ist die These, daß unser Text einer
bestimmten gottesdienstlichen Ordnung folgt (hymnischer Intro-
itus, Prophetie, Schriftlesung: Lohmeyer). Auch die Annahme eines
vierstrophigen Hymnus für Vers 4–8 (Läuchli) ist unbegründet, da
die Einzelelemente zwar formelhaft, aber nicht unbedingt hymnisch
geprägt sind und der Text zu verschiedenartige Formen in sich vereint.

Dem brieflichen Eingang Vers 4.5a liegt das frühchristliche Briefformular (Präskript) zugrunde, wie es besonders in den echten Paulusbriefen, in den Deuteropaulinen (Kol, Eph, Past), abgewandelt in
1/2 Petr, Jud, 2 Joh, 1 Clem und Polyk vorliegt. Dieses Präskript ist
zweiteilig. Es umfaßt zunächst den Namen des Absenders (super-
scriptio) und des Adressaten (adscriptio), dann den Gruß, der Se-
genscharakter annimmt (salutatio). Für den zweiten Teil, die Se-
gensformel, ist charakteristisch, daß sie die Verleihung von »Gnade
und Frieden« zuspricht, wobei der Urheber erscheint: etwa »von
Gott dem Vater und unserem Herrn Jesus Christus«. Ob das Briefformular der Offb speziell von den Paulusbriefen abhängig ist,
bleibt umstritten (vgl. Berger 191, Anm. 6). Wichtig ist, in welcher
Weise Johannes das überkommene Formular gestaltet.

Der Verfasser nennt in der Absenderangabe nur seinen Namen (wie
1,1), ohne – wie bei frühchristlichen Briefeingängen üblich – Amt
oder Funktion zu betonen (vgl. die Paulusbriefe). Das läßt annehmen, daß er kein in den Gemeinden längst übliches, institutionali-
siertes Amt besitzt (z. B. Presbyter), sondern eben charismatischer
Prophet ist. Er schreibt an sieben Gemeinden in der prokonsulari-
schen Provinz Asia, die den westlichen Teil des heutigen Kleinasiens

umfaßt. Zu ihr gehören die damaligen Landschaften Mysien, Lydien, Karien samt den vorgelagerten Inseln sowie seit 116 v. Chr. das östlicher liegende Phrygien. Auffällig ist der bestimmte Artikel: »Johannes an *die* sieben Gemeinden ...« Er weist auf 1,11 voraus, wo die sieben Gemeinden aufgezählt werden.

Bedeutsam ist die besondere Fassung des Segens in der salutatio. Der Verfasser gibt in dreifacher Weise die Herkunft des Segens an: Gott – die sieben Geister vor Gottes Thron – Jesus Christus. Damit will er nicht auf die Trinitätsvorstellung anspielen – diese ist erst späteren Datums –, wohl aber scheint sich in der Wahl der Dreiheit das Gefühl des umfassenden göttlichen Ursprungs beim Segen auszudrükken.

Gott als Ursprung von »Gnade und Frieden« begegnet hier in einer besonderen Umschreibung seines Namens, die Ex 3,14 interpretierend aufnimmt: »... von dem, der ist und der war und der kommt.« Auffällig ist, daß der griechische Text die auf die Präposition »von« folgenden Partizipien undekliniert läßt (im Deutschen etwa nachzuahmen: »... von: Der ist und der war und der kommt«). Möglicherweise wollte der Verfasser die Gottesbezeichnung aus Ehrerbietung unverändert im Nominativ belassen (Charles, Lohmeyer, Lohse). Er hätte dann einen besonders feierlichen Stil angestrebt (zu einer neueren Hypothese vgl. Mussies).

Die Umschreibung des Namens bestimmt Gottes Wesen und Wirken im Blick auf Gegenwart, Vergangenheit und Zukunft. Damit ist die Totalität von Zeit und Geschichte im Blick.

In dieser besonderen Zeitbezogenheit folgt der Verfasser griechischen wie jüdischen Gottesprädikaten. So heißt es in der sog. Isisformel von Sais: »Ich (Isis) bin alles, was geworden ist, was ist und was sein wird« (Plutarch, De Iside et Osiride 9). Zeus begegnet in der Wendung: »Zeus war, Zeus ist, Zeus wird sein, o großer Zeus« (Pausanias, Beschreibung Griechenlands X 12,5). Diese griechische »Dreizeitenformel« dürfte in die jüdische Überlieferung eingedrungen, dort auf den jüdischen Gott bezogen und auf diesem Umweg zu dem Verfasser der Offb gelangt sein (Büchsel). Sie findet sich nämlich auch in der jüdischen Exegese zu Ex 3,14 und Dtn 32,39 (Delling 439–441; McNamara). In einer Auslegung zu Ex 3,14 heißt es z. B.: »Gott sprach zu Mose: Sage ihnen: Ich bin, der ich war, und ich bin jetzt und bin in der Zukunft« (Exodus Rabba 3[69 c]). Was Offb 1,4 von den Parallelen unterscheidet, ist die Ausformung des dritten Gliedes, das vom eschatologischen *Kommen* Gottes redet. Der Seher erwartet das Eintreffen der Endereignisse für bald (Vers 1.3). Dementsprechend ist Gott für ihn der, der in Kürze zu seinem eschatologischen Handeln kommt. Als der zukünftig Eingreifende verleiht er doch jetzt schon »Gnade und Frieden«.

Als weiterer Ursprung des Segens fungieren die sieben Geister vor Gottes Thron (vgl. 3,1; 4,5; 5,6). Man hat dabei an Engel zu denken, die als Werkzeuge Gottes dienen (5,6), entsprechend den sieben Erzengeln, die aus der jüdischen Tradition bekannt sind (vgl. Tob 12,15; äthHen 20,1 ff.). Wenn nun die Geister auch als Engelwesen vorzustellen sind, so symbolisiert ihre Siebenzahl den Geist Gottes in seiner Fülle und Abgerundetheit (Schweizer).

Besonders gilt Jesus Christus als Urheber von »Gnade und Friede«. Drei Titelprädikationen kennzeichnen seine Bedeutung: »der treue Zeuge«, »der Erstgeborene der Toten« und »der Fürst der Könige der Erde«. Wahrscheinlich steht hinter dieser Anordnung nicht einfach die kerygmatische Abfolge: gestorben, auferstanden und erhöht (Lohmeyer, Lohse), da die Würdeprädikate über diese Daten weit hinausgehen (Holtz 57). Beachtenswert ist zunächst, daß die Titel auf atl. Schriftstellen anspielen, die im Judentum messianisch gedeutet wurden (Schlatter 39 f.): »Der getreue Zeuge« steht im Zusammenhang mit Ps 88,38 (LXX), die beiden anderen Prädikate mit Ps 88,28 (LXX). Doch hat man damit den besonderen Sinn und die Auswahl der Titelprädikationen noch nicht zureichend erfaßt.

Die Wendung »der getreue Zeuge« erschließt ihre Bedeutung im Kontext der Zeugnisterminologie der Offb. Christus »bezeugt« die Richtigkeit und Gewißheit der eschatologischen Offenbarung, wie sie in der Botschaft des Sehers Johannes, d. h. in seinem Buch, begegnet. Deshalb kann diese auch »Zeugnis Jesu Christi« heißen (1,2.9; 12,17; 19,10). Sie ist zuverlässig und wahr. Dementsprechend gilt Christus als »der treue und wahre Zeuge« (3,14). Wahrscheinlich hat diese Zeugenschaft nicht direkt etwas mit dem Leiden und Sterben Jesu zu tun (gegen Lohmeyer; Holtz 56: Christus ist der treue Zeuge, »weil er das Zeugnis seiner Botschaft ausgerichtet und mit dem Tod bestätigt hat«). Im Blick steht nicht das Wirken des irdischen Jesus, sondern des erhöhten (Schüssler Fiorenza, Priester 244–246). Wo Jesus als Subjekt zum Verbum »bezeugen« auftaucht, meint dieses immer eine vergangene bzw. gegenwärtige Offenbarertätigkeit des Erhöhten (1,2; 22,16.18.20). Deutlich tritt das in 22,20 zutage: Christus erscheint als der, »auf den sich die Gemeinde in den Nöten der Endzeit verlassen kann, da er selbst *bezeugt*, daß er schnell kommen wird und mit seinem Kommen die Nöte der Gemeinde ein Ende haben werden« (Schüssler Fiorenza, Priester 246).

Der zweite Titel »der Erstgeborene der Toten« folgt einer Prädikation Jesu, die im paulinischen Traditionsbereich vorkommt (Röm 8,29; Kol 1,18; vgl. Hebr 1,6). Aufgrund seiner Auferstehung ist

Christus Anführer seiner Gemeinde, der als Erster der Auferstandenen auch ihre Auferstehung verbürgt; gleichzeitig ist er ihnen vorgeordnet als ihr Herr.

Der dritte Titel drückt die Weltherrschaft des Christus aus. Der Text
nimmt dabei Aussagen vorweg, die von Christus als dem »Herrn der
Herren« und »König der Könige« sprechen (17,14; 19,16). Die Könige der Erde meinen in der Offb meist die gottfeindlichen Inhaber
der politischen Herrschaft (6,15; 16,14; 17,2.18; 18,3.9; 19,19; etwas anders 21,24). Christus erweist sich als ihr Herr. Diese übliche
Deutung hat den Vorzug gegenüber einer Interpretation, die hier in
Christus den eschatologischen Führer des neuen Gottesvolkes sieht,
dem die Königsmacht legitimerweise zukommt (Schüssler Fiorenza,
Priester 260ff.). Der Ausdruck »die Könige der Erde« müßte dann
auf die Christen als zukünftige Inhaber der Königsherrschaft verweisen (vgl. 1,6; 5,10; 20,6). Doch ist der Begriff sonst nie so
gebraucht.

Fragt man abschließend, in welcher Beziehung die drei Titel zueinander stehen, so ergibt sich, daß es allein um die Bedeutung des bereits erhöhten Herrn geht. Als dieser bezeugt, d. h. offenbart, er der
Gemeinde in zuverlässiger Weise die eschatologische Botschaft. Als
Erstgeborener der Toten versichert er sie ihrer eigenen Auferstehung. Als Fürst über die Könige der Erde erscheint er vorgreifend
als Herr über diese. Jedesmal steht ein Aspekt der eschatologischen
Offenbarung im Blick, wie sie der Verfasser der Offb vortragen
will.

Die *Titelprädikationen* von Vers 5 a richten sich auf die gegenwärtige
und zukünftige Bedeutung des erhöhten Christus, die *Tatprädika-
tionen* in Vers 5 b.6 dagegen auf das vergangene christologische
Heilsgeschehen, das das neue Sein der Christen erst ermöglicht.
Vers 5 b.6 ist der Form nach eine Doxologie, bezogen auf Christus.
Die Grundstruktur der Doxologie läßt sich in Vers 6 b deutlich erkennen. Sie enthält zunächst im Dativ die Angabe der Person, der
der Lobpreis zukommt (»ihm«, d. h. Christus). Es folgt ein Lob-
preiswort (»Ehre und Kraft«). Eine Zeitbestimmung (»Ewigkeitsformel«) bildet den Abschluß, bekräftigt durch ein Amen (Deichgräber 25). Wichtig ist nun, in welcher Weise die aufgezeigte Grundform in Vers 5 b.6 a erweitert ist. Die Ausgestaltung betrifft das erste
Glied, die Nennung der Person, der der Lobpreis gilt, Christus. Von
ihm macht der Verfasser besondere Aussagen im Partizipialstil
(Vers 5 b), fortgeführt durch finite Verbformen (Vers 6). Dabei bedient er sich formelhafter Wendungen, die in Zusammenhänge weisen, die von dem durch die Taufe vermittelten Heil sprechen.

»Der uns liebt« erinnert an Gal 2,20; Eph 1,6; 2,4 ff.; 5,25 ff. (bei der letzten Stelle ist der Zusammenhang von Liebe Christi und Taufe ganz eindeutig.). Im allgemeinen ist bei Taufaussagen von der Liebe Christi im Vergangenheitstempus (Aorist) die Rede, da es sich um einen bereits vollendeten Akt der Liebe handelt. Hier dagegen wählt der Verfasser das Präsens, um die fortdauernde Liebe des Christus zu seiner Gemeinde zu betonen. Dieser Unterschied verwehrt jedoch nicht, den Ursprung der Aussage in der Tauftradition zu sehen. Die zweite Bestimmung »(der) uns erlöst hat von unseren Sünden durch sein Blut« scheint wegen der Nähe zu Aussagen wie Kol 1,13 f.; Eph 1,7.13 f.; Hebr 9,15 ebenfalls in den Taufbereich zu gehören: Der Getaufte ist durch das Blut Christi von den begangenen Übertretungen befreit. Beim letzten Glied (»Bestellung zur Herrschaft und zu Priestern«) könnte wegen der Parallele 1 Petr 2,9, die in einem Kontext steht, der Taufsprache verrät, ebenso Taufterminologie vorliegen. In 1,5 b.6 finden sich also formelhafte Begriffe, die zur Taufe Bezug haben, nicht jedoch ein bereits vorgegebener Tauflobpreis hymnischen Charakters (gegen v. d. Osten-Sacken). Der hier vorliegende Partizipialstil weist also nicht auf einen (übernommenen) Hymnus, »vielmehr handelt es sich bei dem Gebilde 1,5 b.6 um eine Erweiterung des doxologischen Grundformulars 1,6 b, wie auch das der Trias nachgestellte *autō* (ihm) zeigt« (Jörns 20 f., Anm. 27).

Die bisherigen Ausführungen zu 1,5 b.6 betreffen vor allem die Form und den traditionsgeschichtlichen Herkunftsort (Taufe!) der Aussagen. Im folgenden ist die inhaltliche Eigenart stärker zu berücksichtigen. Der Verfasser preist Christus wegen der durch ihn für die Gemeinde gewirkten Rettung. Alles Interesse liegt also darin, die Leser zu Beginn des Buches im Indikativ des schon erlangten Heiles festzumachen. Grundlegend ist die Liebe Christi, die auch in der Gegenwart der Gemeinde fortdauert (Präsens). Sie hat sich im Tod Christi gezeigt (»durch sein Blut«), dessen Heilsbedeutung sich durch die Taufe in der geschehenen Vergebung der Sünden auswirkt. Die Rettung, die zu einem neuen Sein der Gläubigen führt, äußert sich weiter in der Einsetzung der von den Sünden Befreiten in neue Würden und Funktionen. Durch die Taufe hat Christus sie »zur Herrschaft bestellt, zu Priestern für seinen Gott und Vater«. Diese Formulierung geht wie die verwandte Aussage 1 Petr 2,9 auf Ex 19,6 zurück (vgl. Jub 16,18). Es handelt sich um die offizielle Einsetzung in neue Funktionen (wörtlich »machen zu« in der Bedeutung »einsetzen« bzw. »ernennen« wie Mk 1,17; 3,14–16; Apg 2,36 entsprechend 3 Kön 12,31; 13,33 LXX). Dabei ist die erstgenannte Funktion (»Herrschaft«) weniger betont als die zweite, da sie weder den bestimmten Artikel noch ein präzisierendes Attribut erhält. Dem Verfasser kommt es vor allem auf die Aussage an, daß jeder von den Sünden Befreite zum Priester eingesetzt ist. Dabei hat er weniger die Gemeinde als Kollektivgröße im Blick, sondern die einzelnen Gläubigen, wie der konkrete Plural »Priester« (nicht »Priestertum«) nahelegt (Schüssler Fiorenza, Priester 227). So wichtig dem Verfasser die Einsetzung der Gläubigen zu Priestern ist, so wenig wird dies inhaltlich näher ausgeführt. Der Verfasser nennt sonst kaum bestimmte priesterliche Funktionen der Christen (vgl. aber 7,15). Die in 5,8; 8,3 f. erwähnten Gebete heißen »Gebete der Heiligen«, sind aber nicht ausdrücklich priesterlich gemeint. In 1,6 interessiert ihn primär die grundsätzliche Aussage, daß sich die ursprünglich Israel zugesagte Priesterwürde (Ex 19,6) bei den Christen verwirklicht. Was einst den Juden galt – jetzt sind sie »Synagoge des Satans« 2,9; 3,9 –, kommt nun den Christen zu (1 Petr 2,9).

Ein Gesichtspunkt ist noch gesondert zu berücksichtigen. In der doxologischen Aussage von 1,5 b.6 redet der Verfasser von der bereits vollzogenen Einsetzung in die Herrschaft, von der erfolgten Bestellung zu Priestern (Aorist!). Die zugrundeliegende Tauftradition, die die schon vollendete Rettung betont, kann sich hier voll auswirken. In 5,10; 20,6 erweist sich allerdings, daß die Realisierung dieses Heils angesichts des Widerstandes der Welt und ihrer widergöttlichen Mächte noch aussteht (Futur!).

In Vers 5 b.6 richtet sich der Blick des Sehers Johannes auf das schon erreichte Heil; in Vers 7 f. schaut er seiner eigentlichen Tendenz entsprechend in die Zukunft. Er formuliert hier das Motto seiner ganzen Schrift »Gott kommt – Christus kommt«. Dabei kündigt er im Stil eines Prophetenspruches, eingeleitet mit »siehe«, zunächst die Wiederkunft Christi an. Er benutzt zwei atl. Stellen (Dan 7,13; Sach 12,10.12) vielleicht im Anschluß an eine vorgegebene frühchristliche Zitatenkombination (vgl. Mt 24,30). Wichtig ist, worin 1,7 hauptsächlich von der atl. Grundlage abweicht. In Sach 12 wehklagen und trauern die Übriggebliebenen in Jerusalem um den Durchbohrten, wie man die Totenklage um den erstgeborenen Sohn anstimmt. In Offb 1,7 dagegen trauern die Stämme der Erde gar nicht, vielmehr werden die, die Jesus durchbohrt haben, ihn bei der Parusie mit Schrecken wiedersehen. Alle Stämme der Erde werden seinetwegen um ihr eigenes Schicksal, das dem Gericht verfällt, wehklagen. Sein Kommen bedeutet Verdammnis für die sündige Menschheit. Ob mit denen, die Jesus durchbohrt haben, speziell die Juden gemeint sind (Bousset, Lohse) oder auch die Römer, muß offenbleiben. In jedem Fall bezieht 1,7 die im Anschluß an Sach 12,10 formulierte Durchbohrung auf Jesu Tod (so auch Joh 19,37). 1,7 ist ein Gerichtsspruch über die schuldige Menschheit. Von einer Trauer der Völker um das Schicksal des gekreuzigten Christus, die ihre Reue andeutet (Holtz 136, ähnlich Kraft), ist keinesfalls die Rede.

Es fällt auf, in welcher Weise Dan 7,13 aufgenommen wird. Es fehlt sowohl der Menschensohntitel wie auch die apokalyptischem Stil entsprechende Umschreibung des kommenden Richters »(einer) gleich einem Menschensohn« (1,13; 14,14). Der Grund mag darin liegen, daß der Verfasser »Menschensohn« als Titel überhaupt meidet entgegen dem Sprachgebrauch in den Evangelien, andererseits die ihm geläufige apokalyptische Umschreibung sich aber kaum in die Form des Prophetenspruches 1,7 eingefügt hätte. Sie taucht sonst nur im Zusammenhang von Visionsberichten auf (1,13; 14,14). Einen theologischen Grund für die Weglassung der Menschensohnbezeichnung anzunehmen, legt sich nicht nahe. Jedenfalls übergeht der Verfasser die Bezeichnung nicht deshalb, weil es hier um die eschatologische Offenbarung des Menschensohngleichen vor den Völkern geht, während die Offb sonst angeblich nur ein Handeln des Menschensohnes an der christlichen Gemeinde kennt (Holtz 135f., Schüssler Fiorenza 197). Denn auch in 14,14ff. agiert der Menschensohngleiche einzig als Richter an der Erde und ihren Bewohnern.

Der Verfasser hat in Vers 7 das Eintreffen der eschatologischen Ereignisse in christologischer Zuspitzung angekündigt (»Christus kommt«), er drückt diesen Gesichtspunkt in Vers 8 mit Blick auf Gott selbst aus. Er läßt dabei Gott im Stil prophetischer Offenbarungsrede (»Ich-Stil«) sprechen. Solche Selbstprädikationen Gottes finden sich etwa Jes 41,4.10.13; 43,13.15; 44,6. Indem Gott selbst sich als Kommenden offenbart, stärkt er die eschatologische Gewißheit der Gläubigen. Er bekräftigt durch sein eigenes Wort die Ansage der Zukunftsereignisse, wie sie bisher schon zum Ausdruck kam (1,1.3; 1,7). Vers 8 benutzt drei Wendungen, um das eschatologische Eingreifen Gottes zu verkünden. Zunächst offenbart sich Gott als der, der im Anfang war, der aber auch am Ende sein wird: »Ich bin das Alpha und das Omega.« Der Verfasser gebraucht den ersten und den letzten Buchstaben des griechischen Alphabets, um Gott als den Anfang und das Ende darzustellen. Diese Deutung ist durch die Verbindung mit der Prädikation Gottes als »der Anfang und das Ende« (21,6) sowie durch die parallele Bezeichnung Christi als »der Erste und der Letzte« (1,17; 22,13) gesichert (Kittel). Im Blick auf den weiteren religionsgeschichtlichen Zusammenhang beruht der sinnbildliche Gebrauch der Buchstaben auf der hellenistischen Buchstabensymbolik, bei der etwa das ganze Alphabet zum All in Beziehung gesetzt wurde. Das AT kennt eine solche Buchstabensymbolik noch nicht. In 1,8 übernimmt der Verfasser nur die äußere Form dieser Symbolik, der Inhalt der Aussage ist atl. bestimmt. Er fußt auf der Selbstvorstellung Gottes, wie sie Jes 41,4; 44,6; 48,12 erscheint, z. B.: »Ich bin der Erste, und ich bin der Letzte, und außer mir ist kein Gott« (Jes 44,6).

Als weitere Prädikation Gottes wiederholt der Verfasser die dreigliedrige Wendung aus 1,4 »der ist und der war und der kommt«, bei der der Hauptakzent bei der Charakterisierung Gottes als des Kommenden liegt.

Das dritte Prädikat nennt Gott »Pantokrator« – »Allherrscher« (Delling 442 ff.). Damit wird anscheinend der Grund seines eschatologischen Eingreifens angegeben. Als »Allherrscher« vermag er auch am Ende seine Macht durchzusetzen. »Allherrscher« ist ansonsten Teil der vollen Gottesbezeichnung »der Herr, Gott, der Allherrscher« (4,8; 11,17; 15,3; 16,7; 19,6; 21,22; ohne »Herr« noch 16,14; 19,15). Sie stellt die Wiedergabe der atl. Bezeichnung »Jahwe Gott Zebaoth« dar in der Form, wie LXX sie etwa bei Amos (3,13; 4,13; 5,14f.16.27; 9,5) u. ö. übersetzen. In der Offb wird diese volle Gottesbezeichnung im allgemeinen zusammenhängend gebraucht. Nur in 1,8 ist sie in zwei Elemente zerteilt: »Der Herr, Gott« begegnet bei der Angabe des Sprechenden, »Allherrscher« ist in das eigentliche Gotteswort aufgenommen. Diese auffällige Aufspaltung der eigentlich nur als Einheit gebräuchlichen Gottesprädikation hat wohl den Zweck, die Bezeichnung »Allherrscher« zu betonen. Sie wird Teil des Gottesspruches selbst, um die Allmacht dessen herauszustellen, der die eschatologische Herrschaft durchsetzen wird.

Beauftragungsvision: 1,9–20

9 Ich, Johannes, euer Bruder und Teilhaber an der Bedrängnis, an der Herrschaft und der Standhaftigkeit in Jesus, war auf der Insel, die Patmos heißt, um des Wortes Gottes willen und des Zeugnisses Jesu.   10 Ich wurde voll des Geistes am Herrentag und hörte hinter mir eine laute Stimme wie von einer Posaune,   11 die sagte: Was du siehst, schreibe in ein Buch und sende es den sieben Gemeinden: nach Ephesus, nach Smyrna, nach Pergamon, nach Thyatira, nach Sardes, nach Philadelphia und Laodizea.   12 Und ich wandte mich um, um die Stimme zu sehen, die mit mir sprach. Und als ich

mich umwandte, sah ich sieben goldene Leuchter   13 und inmitten der Leuchter (einen) gleich einem Menschensohn, mit
langem Gewand bekleidet und um die Brust mit goldenem
Gurt umgürtet.   14 Sein Kopf aber und die Haare (waren)
weiß wie weiße Wolle, wie Schnee, und seine Augen wie Feuerflamme   15 und seine Füße gleich Golderz (?), wie im Ofen
geglüht (?), und seine Stimme wie das Rauschen vieler Wasser.   16 Und er hatte in seiner rechten Hand sieben Sterne,
und aus seinem Munde kam ein zweischneidiges Schwert,
und sein Angesicht (war), wie die Sonne scheint in ihrer Kraft.
17 Und als ich ihn sah, fiel ich zu seinen Füßen wie tot. Und er
legte seine Rechte auf mich und sagte: Fürchte dich nicht! Ich
bin der Erste und der Letzte   18 und der Lebendige. Und ich
war tot und siehe, ich bin lebendig in alle Ewigkeiten. Und ich
habe die Schlüssel zum Tod und zum Hades.   19 Schreibe
nun nieder, was du gesehen hast und was ist und was danach
geschehen wird.   20 (Was) das Geheimnis der sieben Sterne,
die du in meiner Rechten gesehen hast, und die sieben goldenen Leuchter (betrifft): Die sieben Sterne sind die Engel der
sieben Gemeinden, und die sieben Leuchter sind die sieben
Gemeinden.

Literaturauswahl: Bauer, W.: Rechtgläubigkeit und Ketzerei im ältesten Christentum, BHTh 10, ²1964, 82–84. – *Bieder, W.:* Die Vorstellung von der Höllenfahrt Jesu Christi, AthANT 19, 1949, 92–96. – *Holtz, T.:* Christologie. – *Jeremias, J.:* Art. *kleis*, ThWNT III 1938, 743–753. – *Kleinfeller, A.:* Art. *relegatio*, PRE 2. Reihe I.A.1, 1914, 564f. – *Marquardt, J.:* Römische Staatsverwaltung I, Darmstadt ³1957. – *Mussies, G.:* Morphology. – *Ramsay, W. M.:* The Letters 191f. – *Rissi, M.:* Was ist. – *Rordorf, W.:* Der Sonntag. Geschichte des Ruhe- und Gottesdiensttages im ältesten Christentum, AThANT 43, 1962. – *Sanders, J. N.:* StJohn on Patmos, NTS 9 (1962/63) 75–85. – *Schüssler Fiorenza, E.:* Composition and Structure of the Book of Revelation, CBQ 39 (1977) 344–366. – *Van Unnik, W. C.:* A Formular Describing Prophecy, NTS 9 (1962/63) 86–94. – *Zimmermann, H.:* Das absolute *egō eimi* als die neutestamentliche Offenbarungsformel, BZ NF 4 (1960) 54–69. 266–276. – *Ders.:* Christus und die Kirche.

Der Bericht über die Beauftragung des Sehers gliedert sich in der folgenden Weise:
Vers 9: Schilderung der Situation; Vers 10–11: Audition mit Beauftragung zur Abfassung des Buches; Vers 12–16: Visionsbericht über die Schau des Menschensohngleichen; Vers 17a: Reaktion des Sehers; Vers 17b–20: Stärkung des Sehers und Offenbarungsrede des Menschensohngleichen. Letztere enthält als Einzelelemente den Zu-

spruch »fürchte dich nicht« (Vers 17 c), die Selbstvorstellung der Of-
fenbarungsgestalt (Vers 17 d–18), die wiederholte Beauftragung zur
Niederschrift des Buches (Vers 19) sowie die Deutung der Vision
(Vers 20).

Die Vision des Menschensohngleichen, d. h. Christi, hat eine besondere Beziehung zu den sieben Sendschreiben Kap. 2–3. Sie nimmt in
andeutender Weise vorweg, was Inhalt der Briefe ist. Die Schau
Christi inmitten der sieben Leuchter weist auf seine Beziehung zu
den sieben Gemeinden hin (1,20). Dementsprechend handelt er in
den Sendschreiben als Herr dieser Gemeinden, der sie tadelt, mahnt
und tröstet. Ähnliches gilt vom Bild der sieben Sterne in seiner rechten Hand. Sie symbolisieren die Engel der Gemeinden (1,20), an die
sich Christus in den Briefen wendet. Gewisse formgeschichtliche
Parallelen zum Visionsbericht und zur Beauftragung des Johannes
finden sich bei atl. Propheten wie bei jüdisch-apokalyptischen
Schriftstellern. Am nächsten steht Ez 1,1–3,15, wo eine ursprüngliche Verbindung von Gottesschau (Kap. 1) und Sendung des Propheten (Kap. 2 f.) vorliegen könnte (Thronvision und Buchrollenvision
zum Zweck der Wortbeauftragung). Dazu gehört äthHen 14,8–
16,4, wo sich der Verkündigungsauftrag ebenfalls aus einer Thronvision herauslöst. Allerdings findet sich an beiden Stellen kein Befehl, die Botschaft in Buchform niederzuschreiben. Wichtig ist: Die
Rede Christi beauftragt Johannes nur zu einem begrenzten Dienst:
»Sie bestimmt ihn nicht zu etwas, was er bisher nicht war, wie im AT
den Amos oder Jeremia. Sie setzt sein Prophetentum voraus, sie
macht ihn nicht zum Propheten« (Lohmeyer). In 1,9 ff. liegt also
keine Prophetenberufung vor (anders z. B. Lohse, Kraft), sondern
lediglich die Beauftragung des Johannes, das vorliegende Buch
abzufassen.

Vor der Schilderung der Vision stellt Johannes sich und seine Situation den Lesern vor (Vers 9). Drückt dabei das betonte »ich, Johannes« seine besondere Autorität aus (vgl. Dan 7,2; 8,1; 9,2; 10,2;
äthHen 12,3; 4 Esr 3,1), so ordnen ihn die anderen Angaben den
übrigen Gläubigen zu. Er ist ihr Bruder und Schicksalsgenosse. Er
hat mit ihnen teil an gegenwärtiger Bedrängnis (2,9), die bereits Vor-
bote der »großen Bedrückung« ist (2,10; 7,14; vgl. 3,10). Gleichzeitig aber ist er überzeugt, wie sie zur Herrschaft bestellt zu sein (1,6),
um an der zukünftiger Macht der Gläubigen im messianischen
Reich beteiligt zu sein (5,10; 20,6). Wie für sie gilt auch für ihn als
Haltung in der gegenwärtigen Bedrängnis und Kampfsituation die
Standhaftigkeit »in Jesus« (2,2 f.19; 3,10; 13,10; 14,12). (Die Wendung »in Jesus«, ähnlich »im Herrn« 14,13, entspricht paulinischem

Sprachgebrauch.) Trotz dieser Zuordnung zu den anderen Christen in den Gemeinden steht er ihnen doch als Autorität gegenüber – jedenfalls nach seinem eigenen Selbstverständnis. Dabei fällt auf, daß er sich keiner im damaligen Christentum üblichen Funktions- bzw. Amtsbezeichnung bedient (Apostel, Presbyter, Bischof). An- scheinend bekleidet er keines dieser Ämter. Es bleibt nur die Mög- lichkeit, daß er als Prophet gewirkt hat, wobei die Prophetie nicht als institutionalisierter, sondern freier charismatischer Dienst gilt.

Beim Visionsempfang befand sich Johannes auf der Insel Patmos, die zu den Sporaden gehört und damals nur wenig bevölkert war. Aus dem Vergangenheitstempus (»ich war«), das auf die Anwesen- heit auf der Insel zurückzublicken scheint, kann man schließen, daß Johannes bei Abfassung der Schrift nicht mehr dort weilte. Johannes gibt den Grund seines Aufenthaltes auf Patmos an: Wegen seiner Verkündigung »des Wortes Gottes und des Zeugnisses Jesu« ist er zwangsweise dahin gelangt. Zu dieser Interpretation nötigen die Parallelen 6,9; 20,4, die beide Male im Festhalten am Wort Gottes den Grund für eine Gewaltmaßnahme an den Gläubigen sehen. Jo- hannes erlitt wohl eine vorübergehende Verbannung. Dabei muß es sich um eine relativ milde Maßnahme gehandelt haben (möglicher- weise nach römischem Recht eine *relegatio*, keine lebenslange *de- portatio*), die Johannes eine gewisse Bewegungsfreiheit beließ. Dazu stimmt das altkirchliche Zeugnis, das freilich aus Offb 1,9 herausge- lesen sein könnte: »Apostolus Ioannes ... in insulam *relegatur*« (Ter- tullian, De praescriptione 36; vgl. Clemens Alex, Quis dives 42). Doch wäre die Bemerkung Tertullians auch in diesem Fall bedeut- sam, da er als Jurist die entsprechende Fachsprache beherrschte und so am ehesten eine sachgemäße Interpretation des Textes bieten konnte (Caird). Schwierigkeiten bereitet allerdings die Regel, daß eine *relegatio* für Standespersonen (*honestiores*) bestimmt war, was auf Johannes kaum zutrifft (vgl. Kleinfeller). Im übrigen galt Patmos in der Antike als Verbannungsort. Unbegründet sind Deutungen, die den Aufenthalt auf Patmos mit der Absicht des Johannes verbin- den, in der Einsamkeit dort eine besondere Offenbarung zu erlangen (Bousset, Kraft) oder Mission zu treiben. Die Präposition »um ... willen« gibt hier wie 6,9; 20,4 nicht den Zweck an, sondern den Grund. Dies entspricht auch dem übrigen Sprachgebrauch in der Offb (Charles).

Die Beauftragung des Johannes erfolgt in Verbindung mit besonde- ren ekstatischen Erlebnissen. Am »Herrentag«, dem Sonntag, gerät er in Verzückung, weil der Geist ihn ergreift: Er hört eine laute Stimme (Vers 10) und schaut eine Vision (Vers 12–16). Daß dieses

Ereignis gerade am »Herrentag« geschieht (vgl. 1 Kor 16,2; Did 14,1; Ign Magn 9,1), liegt wohl daran, daß dieser als Tag der Auferstehung Christi zum gottesdienstlichen Versammlungstag der Christen geworden war (vgl. Rordorf 203 ff.) und der Seher sich im Geist mit den an diesem Tag versammelten fernen Gemeinden verbunden fühlte (Lohse).

Die laute Stimme befiehlt Johannes, in eine Buchrolle zu schreiben, was er sieht (vgl. Jes 30,8), und diese an die sieben genannten Gemeinden in der Provinz Asia zu senden. Die Auswahl der Städte ist zunächst durch die heilige Siebenzahl bestimmt. Warum der Verfasser aber gerade diese sieben nennt, ist nicht ganz klar. Einerseits erwähnt er Städte mit christlichen Gemeinden wie Milet, Tralles, Hierapolis und Kolossä nicht, andererseits jedoch recht kleine Städte wie Thyatira und Philadelphia. Eine bekannte Hypothese bringt die Auswahl der Städte damit in Verbindung, daß sie alle an der großen Verbindungsstraße liegen, die von Ephesus aus nordwärts über Smyrna und Pergamon führte und anschließend über Thyatira, Sardes, Philadelphia und Laodizea südwärts zurück nach Ephesus. Die Städte hatten auch als Gerichtssitze (vgl. Apg 19,38 f.) und zentrale Poststationen Bedeutung. Wenn die Apokalypse an diese Orte gerichtet sei, dann würde sie über diese zentralen Poststationen dem übrigen Teil der Provinz bekannt werden (Ramsay). Doch ist bei dieser Hypothese zu bedenken, daß Privatpersonen nur in seltenen Ausnahmefällen die Benutzung des staatlichen Postwesens gestattet war (Marquardt 559). Möglicherweise liegt eine andere Erklärung näher. Johannes könnte die Gemeinden ausgewählt haben, die ihm wegen ihrer »Rechtgläubigkeit« noch die Chance einer Einwirkungsmöglichkeit geboten haben (Bauer). Etwa 15 Jahre später (um 110 n. Chr.) wendet sich der Bischof Ignatius von Antiochien wiederum an solche Gemeinden in der Provinz Asia, die wenigstens zum Teil mit seiner Auffassung von Rechtgläubigkeit übereinstimmen. Ignatius schreibt u. a. an Ephesus, Smyrna und Philadelphia, die auch in der Offb ein gutes Urteil erhalten, er berücksichtigt nicht die übrigen in der Offb genannten Städte, die schon von Johannes wegen ihrer in seinen Augen ketzerischen Neigungen kritisiert werden.

Nach der Audition (Vers 10–11) empfängt Johannes eine Vision (Vers 12–16). Man darf beides wohl als echte Erlebnisse des geistinspirierten Propheten betrachten, der sich in die Situation der gottesdienstlichen Versammlung versetzt sieht. Allerdings ist die genaue Zeichnung des Visionsbildes (Vers 12–16) schriftstellerische Leistung, die Johannes nachträglich mit Hilfte atl. Vorbilder durchführt. Zu beachten ist, daß Johannes zunächst sieben goldene Leuchter schaut, dann erst den Menschensohngleichen inmitten der Leuchter. Das weist darauf hin, daß er nicht nur eine Christusvision darstellt, sondern daß es zunächst um die sieben Leuchter = sieben Gemeinden (1,20) geht, deren Herr der Christus ist. Christus steht in engster Beziehung zu den Leuchtern, er wandelt zwischen ihnen (2,1). Er kann auch einen der sieben Leuchter, d. h. eine der Gemeinden, entfernen (2,5). »Damit wird der dynamische, sich in lebendiger Aktion äußernde Charakter der Beziehung des Christus zu seiner Gemeinde behauptet« (Holtz 112). Nicht ganz klar ist die Herkunft des Symbols der Leuchter. Schwierigkeiten macht die beliebte Herleitung vom Kultsymbol des siebenarmigen Leuchters im Tempel (Ex 25,31 ff.; 37,17 ff.) wie auch die vom einen Leuchter mit sieben Lampen aus Sach 4,2. Denn in 1,12 geht es nicht um einen Leuchter mit jeweils mehreren Lampen, sondern um sieben selbständige Leuchter, zwischen denen Christus sich befindet. Die Leuchter könnten ursprünglich astrale Bedeutung gehabt haben (vgl. die sieben Planeten). Dies legt sich von der Beobachtung her nahe, daß das andere Bild der sieben Sterne (1,16.20; 2,1) in engster Verbindung zu dem ersten Bild der Leuchter steht.

Die visionäre Beschreibung der Christusgestalt zeichnet diesen in engem Anschluß an Dan 7,13: »(einen) gleich einem Menschensohn«. Der Verfasser gebraucht im Gegensatz zum Menschensohn*titel* für Jesus in den Evangelien die apokalyptische Umschreibung »wie, gleich« aus Dan 7,13. Die weitere Schilderung der Gestalt folgt in erster Linie Dan 10,5 f., der Vision vom Engelfürsten Gabriel. Dieser Text ist die ausführlichste Darstellung eines himmlischen Wesens im AT. Ansonsten besteht eine große Scheu, ein Himmelswesen oder gar Gott zu beschreiben. Grundsätzlich gilt die Befürchtung, daß die Schau Gottes den Tod des Menschen bedeutet (vgl. Gen 32,21; Ri 6,22 f.; 13,22; Dan 10,16 f.). Dementsprechend fällt ja auch Johannes nach der Vision wie tot nieder (1,17). Allerdings zeigt die jüdische Apokalyptik eine geringere Zurückhaltung, Gott oder einen Engel zu schildern (Dan 10,5 f.; äthHen 14,20; slavHen 22,1–3).

Wenn nun Johannes bei seiner Beschreibung Dan 10,5 f folgt, so weicht er in der Reihenfolge der geschilderten Körperteile an einer Stelle ab. Dan 10,5 f. erwähnt nach der Gürtung um die Brust den Leib des Engels und sein Gesicht; der Text hier spricht statt dessen vom Kopf und den Haaren. Johannes scheint eine Schwierigkeit des atl. Textes vermeiden zu wollen. Denn dieser berichtet einmal von einem den Körper bedeckenden Gewand (Dan 10,5), dann aber vom Aussehen des Körpers selbst (Dan 10,6). Dieser Inkongruenz be-

gegnet Johannes mit der Ersetzung des Körpers durch die Erwähnung des Kopfes (Holtz 117). Im übrigen ist in der Offb nicht mehr
die Nacktheit der Gestalt vorausgesetzt wie Dan 10,6. Christus ist
mit einem Gewand bekleidet (vgl. aber schon Dan 10,5). Dieses
reicht bis zu den Füßen. Es ist wohl das Gewand des Hohenpriesters
(vgl. Ex 28,4.31; Weish 18,24). Dazu stimmt die hohe Gürtung um
die Brust, die priesterlich ist (Josephus Ant III 7,4). Der goldene
Gürtel könnte an sich auch königliches Zeichen sein (vgl. 1 Makk
10,89), immerhin trägt der Priester einen mit Gold verzierten
(Ex 28,8; 39,5).

Bei der Beschreibung des Kopfes und der Haare »weiß wie weiße
Wolle, wie Schnee« schließt sich Johannes der Erscheinung Gottes
in Dan 7,9 an. In der Kennzeichnung der Augen »wie Feuerflamme«
folgt er zwar Dan 10,6, hat aber schon Offb 2,18 (vgl. 19,12) im
Blick, wo 1,14 aufgenommen wird, um den durchdringenden Rich-
terblick des Christus zu betonen (vgl. auch 2,23). Die Füße der Visionsgestalt gleichen flüssigem Metall, vielleicht Golderz, das im
Ofen geglüht ist (der griechische Ausdruck ist nicht sicher deutbar;
möglich wäre auch die Übersetzung: »und seine Füße gleich Golderz (?) wie in einem glühenden Ofen«, wenn man mit Mussies 98 f.
einen falsch wiedergegebenen Hebraismus zugrunde legt). Diese
Beschreibung will ebenso wie Dan 10,6 die himmlische Lichtnatur
des Menschensohngleichen verdeutlichen. Bei der Stimme des Christus »wie das Rauschen vieler Wasser« nimmt Johannes über die
Schilderung von Dan 10,6 hinaus ein Element aus Ez 1,24 auf, wo
die Bewegung der himmlischen Thronwesen mit dem Rauschen von
Wassermassen verglichen wird. Zusammenfassend läßt sich über die
bisherige Beschreibung der Visionsgestalt (Vers 13–15) feststellen,
daß auf sie Hoheitsattribute verschiedenen Ursprungs übertragen
sind (Gott, Engel, König, Hoherpriester). Es geht anscheinend
nicht darum, die Figur mit einer bestimmten Hoheitsgestalt zu identifizieren, vielmehr besteht die Tendenz, möglichst viele auszeich-
nende Züge mit ihr zu verbinden.

Bei der weiteren Darstellung (Vers 16) verläßt der Verfasser das bisherige Vorbild Dan 10,5 f. Er bezieht die Attribute des Menschensohngleichen deutlicher auf seine Funktionen. Wenn Christus in der
rechten Hand sieben Sterne trägt, so drückt dies seine Herrenstel-
lung gegenüber den Gemeinden aus; denn die Sterne bedeuten die
sieben Gemeinden (1,20). Das aus dem Munde Christi gehende
scharfe Schwert hat ebenfalls symbolisches Gewicht. Wie 2,12.16
zeigen, wo 1,16 bewußt aufgenommen wird, symbolisiert das
Schwert des Christus die richterliche Gewalt seines Mundes, mit der

er die ketzerischen Gemeindeglieder zurückweist. Das Bild selbst stammt aus Jes 49,2 bzw. Jes 11,4 (vgl. PsSal 17,35). Die abschließende Charakterisierung des Menschensohngleichen (Vers 16c) betont unter Aufnahme von Ri 5,31 wieder die göttliche Lichtgestalt des Christus. Trotz des Interesses, möglichst viele Hoheitsprädikate auf ihn zu häufen, wird er Gott jedoch nicht gleichgesetzt. Im Vordergrund steht die Ausschmückung mit Engelzügen (vgl. Dan 10,5 f.), doch überragt der Menschensohngleiche auch diese himmlischen Wesen.

Stilgemäß, d. h. in Entsprechung zu sonstigen Visionsdarstellungen, reagiert der Seher mit Schrecken auf die erlebte Schau (Vers 17a; vgl. Jes 6,5; Dan 8,18; 10,9.11; äthHen 14,14.24). Gleicherweise traditionell ist auch die stärkende Berührung (Vers 17b) und der kräftigende Zuspruch »fürchte dich nicht« (Vers 17c; vgl. Dan 10,12.19; äthHen 15,1; Mk 16,6; Lk 1,13.30; 2,10). Darauf folgt eine Selbstprädikation der Visionsgestalt, die sich als der dem Seher bekannte Christus offenbart (Vers 17d.18; vgl. Zimmermann, Offenbarungsformel).

Die Selbstprädikation besteht aus drei Einzelelementen, die die traditionelle Gestalt der sog. Qualifikationsformel variieren und entfalten. Die Qualifikationsformel antwortet auf die Frage: »*Was* bist du?« Sie entstammt orientalischem Sakralstil und ist im AT bei der Selbstoffenbarung Jahwes gebraucht: Jes 44,6; 48,12; vgl. 41,4. Genau diese atl. Stellen stehen hinter dem ersten Element der Selbstprädikation Christi: »Ich bin der Erste und der Letzte und der Lebendige.« In 1,8 dient die sachlich entsprechende Bestimmung (»Ich bin das Alpha und das Omega«) der Selbstprädikation Gottes, Vers 17d (wie 22,13) derjenigen Christi. Die christologische Verwendung hat die Erweiterung durch das Attribut »der Lebendige« bewirkt.

Diese Hinzufügung steht im Zusammenhang des zweiten Elements (Vers 18a), das den Tod und die Frucht der Auferstehung Christi anvisiert, das Leben in alle Ewigkeiten. An sich ist Leben eine Qualität Gottes (4,9.10; 10,6), die hier jedoch bewußt auf Christus übertragen wird aufgrund seiner Auferstehung.

Als Folge des neuen Status besitzt Christus schließlich die Schlüsselgewalt über Tod und Hades, d. h. die Unterwelt, wo die Verstorbenen bis zum Endgericht aufbewahrt werden (20,13). Tod und Hades sind als räumliche Größen für das Unterweltsreich aufgefaßt (20,13; Hadorn, Holtz 85–87). Es geht also um die Schlüssel *zu* Tod und Hades (Objektsgenitiv). Nach jüdischer Auffassung hat Gott die Vollmacht über den Ort des Hades (1 Kön 2,6 LXX; Tob 13,2; Weish 16,13) bzw. die Engel (»und ich sah die Wächter der Schlüssel

des Hades« slavHen 42,1 Rez. B). Beide Größen, Tod und Unterwelt, erscheinen hier nicht als personifizierte Mächte (6,8; 20,14) –
so als habe Christus die Schlüssel *des* Todes und *des* Hades genommen (Subjektsgenitiv). Das letztere würde einen Abstieg Christi ins
Totenreich voraussetzen (descensus ad inferos), wo er den Mächten
Tod und Hades die Schlüssel im Kampf entrissen hätte (so Jeremias
746; ähnlich Bousset; Charles). Diese Interpretation ist nicht zu
halten (Holtz 85–88). Das Bild in 1,18 deutet nämlich durch keinen Zug einen solchen Abstieg (vgl. aber 1 Petr 3,19) oder gar
Kampf an. Vielmehr meint die Stelle wohl nur, daß Christus von
Gott die Macht erhalten hat, das Totenreich dereinst aufzuschlie-
ßen. Den sachgemäßen Kommentar zu 1,18 bietet 3,7, wo Christus
»den Schlüssel Davids« besitzt, um zu »öffnen« und »abzuschlie-
ßen«, d. h., über Einlaß oder Ausschluß vom Endheil zu verfügen.
»Der Schlüssel Davids« ist wohl der Schlüssel zur Stadt Davids,
dem neuen Jerusalem. 3,7 wäre also eine Variation des Gedankens
von 1,18. 1,18 deutet Christi Funktion als Richter beim Endgericht an. Nach der Vorstellung Offb 20,13 geben Tod und Hades
die in ihnen aufbewahrten Toten zurück, damit sie von Gott gerichtet werden, 1,18 überträgt eine göttliche Funktion auf Christus. Dieser Vorgang zeigt sich aber des öfteren in der Offb (z. B.
in dem Attribut »der Erste und der Letzte und der Lebendige«
1,17f.).
Im Anschluß an die Selbstprädikation Christi 1,17f. ergeht die eigentliche Beauftragung des Sehers, das vorliegende Buch zu schreiben (1,19). Sein Inhalt gliedert sich in einer besonderen Dreiteilung.
»Was du gesehen hast« bezieht sich auf die Vision 1,12–16. »Was
ist« meint die Gegenwart, wie sie in den Schreiben an die sieben
Gemeinden erscheint (Offb 2–3). »Was geschehen wird danach« hat
den apokalyptischen Hauptteil 4,1–22,5 im Blick, wie die die folgenden Visionsberichte einleitende Wiederaufnahme der Wendung
in 4,1 beweist (anders Schüssler Fiorenza 362). Die dreiteilige Wendung 1,19 geht auf eine traditionelle Formel zurück, die in jüdischen
wie christlichen Texten die Geschichte in ihrer Totalität umschrei-
ben will. Dabei ist gedacht, daß es zum Privileg von Propheten und
Apokalyptikern gehört, Einsicht in das Geheimnis dieses Ablaufs zu
gewinnen (van Unnik).

Die traditionelle Formel findet sich etwa slavHen 39,1 Rez. A: »Ich (Henoch) bin heute gesandt zu euch, von dem Mund des Herrn zu euch zu reden,
soviel gewesen ist und soviel jetzt ist und soviel sein wird bis zum Tage des
Gerichts.« Vgl. syrBar 83,9. Vom Geist heißt es bei Philo LegAll II 42: Er

kann »mit drei Zeiten in Berührung kommen: er erfaßt die Gegenwart, erinnert sich der Vergangenheit und erwartet die Zukunft«; ähnlich Philo Spec Leg I 334. Unabhängig von Offb 1,19 greift auch der christliche Barn auf die Formel zurück: »Hat uns doch der Herr durch die Propheten das Vergangene und das Gegenwärtige erkennen lassen und von dem Zukünftigen Proben im Vorgeschmack uns geschenkt« (1,7; 5,3; 17,2). Ihren Ursprung haben die dreigeteilten Wendungen in der griechischen »Dreizeitenformel« zur Kennzeichnung der Ewigkeit, die auch hinter der Gottesprädikation »der ist und der war und der kommt« (Offb 1,4.8) steht (siehe dort; vgl. im übrigen van Unnik).

Die formale und inhaltliche Verwandtschaft zwischen 1,19 und der Gottesprädikation 1,4.8 dürfte Ausdruck des Bewußtseins sein, daß der ewige Gott Herr der in 1,19 anvisierten Geschichte ist, insbesondere der Zukunft. Den Seher interessiert die Gegenwart der christlichen Gemeinden und die eschatologische Zukunft. Dabei steht die Gegenwart bereits unter endzeitlichem Vorzeichen, da die Geschichte Jesu (Offb 12) das Enddrama erst ermöglicht (Rissi 117).

Das Interesse an der Gegenwart artikuliert der Seher abschließend durch die Deutung der Visionselemente, die sich auf die Gemeinden beziehen (Vers 20). Die sieben Sterne symbolisieren die Engel der Gemeinden als die himmlischen Doppelgänger derselben (vgl. Exkurs 1); die sieben Leuchter stellen die Gemeinden selbst dar. Dabei mag der Verfasser das Bild der Sterne deshalb gewählt haben, weil nach jüdischer Auffassung Sterne und Engel zusammengehören, da auch Sterne als personale Wesen gelten konnten.

Exkurs 1: Die Gemeindeengel

Literaturauswahl: Holtz, T.: Christologie 113–116. – *Kittel, G.:* Art. *aggelos,* ThWNT I 1933, 72–87. – *Müller, U. B.:* Theologiegeschichte 33 f. – *Satake, A.:* Gemeindeordnung 150–155. – *Sickenberger, J.:* Die Deutung der Engel der sieben apokalyptischen Gemeinden, RQ 35 (1927) 135–149.

Wer die Gemeindeengel sind, ist seit langem umstritten. Zwei Deutungen konkurrieren miteinander: a) Die Gemeindeengel stellen die irdischen Leiter der Gemeinden dar (Zahn I, Hadorn) bzw. Gemeindeboten, die der Verfasser in seiner Nähe hat (Kraft). Sie repräsentieren die himmlischen Doppelgänger der irdischen Gemeinden, an die die sieben Schreiben gerichtet sind (Charles, Lohmeyer, Kittel, Holtz, Satake).

Drei Gründe scheinen für die erstgenannte Deutung zu sprechen: Daß die sieben Schreiben des Johannes sich an die Engel der irdischen Gemeinden richten, setzt voraus, daß diese auf Erden weilen – Tadel- und Mahnworte, wie man sie in Offb 2–3 findet, können sich nicht an Engel wenden. – Johannes unterscheidet in einzelnen Schreiben den Engel von der übrigen Gemeinde, indem er jenen mit »du« und diese mit »ihr« anspricht (2,10; 2,23 f.). Beginnt man mit der Prüfung des zuletzt erwähnten Arguments, so erweist sich alsbald seine Hinfälligkeit. Der Wechsel der Anrede zwischen »du« und »ihr« zeigt nicht, daß deutlich zwischen dem Engel und der Gemeinde geschieden wird, sondern daß der Verfasser das »Du« kollektiv gebraucht und den Singular durch den Plural austauschen kann (Holtz). Im übrigen können zahlreiche Du-Aussagen wegen ihres Inhalts kaum nur auf den Leiter der Gemeinde bezogen sein (Sickenberger, Satake). Wenn Johannes den Engel mit »du« anredet, so zielt er damit auf die Gesamtgemeinde, soweit sie noch nicht der Häresie verfallen ist. Von daher legt sich die Deutung des Gemeindeengels auf den Träger eines Gemeindeamtes nicht nahe. Unmöglich wird sie, wenn man beachtet, daß der Sprachgebrauch der Offb sonst nirgends zeigt, daß Engel ein menschliches Wesen meint. *Aggelos* hier einfach mit Bote zu übersetzen (Kraft), ist zwar sprachlich möglich (z. B. LXX: Hag 1,13; Mal 1,1; 2,7; 3,1; niemals in der Offb), aber sachlich durch nichts geboten. Man muß in den Gemeindeengeln wohl himmlische Wesen sehen. Verbindet man diese Erkenntnis mit der anderen, nach welcher der Gemeindeengel die Gesamtgemeinde repräsentiert, so ergibt sich die Lösung: Die Gemeindeengel sind »the heavenly doubles or counterparts of the Seven Churches, which thus come to be identical with the Churches themselves« (Charles I 34). »Sie sind die als Engel gedachten Repräsentanten der irdischen Gemeinde« (Holtz 115).

Mit dieser Interpretation lassen sich auch die beiden anderen Beobachtungen vereinbaren, die ansonsten für die Deutung auf menschliche Träger von Gemeindeämtern zu sprechen scheinen. Daß Johannes sich direkt an die Gemeindeengel wendet, bedeutet nicht, daß diese auf Erden weilen müssen. Vielmehr ist der Seher Johannes beim Empfang der Offenbarung »im Geist« (1,10), d. h., er ist der irdischen Sphäre entrückt und vermag sich deshalb an die himmlischen Repräsentanten der Gemeinden zu wenden (Holtz). Daß er sie mahnen, tadeln und trösten kann, hängt ebenfalls damit zusammen. Im übrigen führt der Gemeindeengel kein selbständiges Eigenleben, sondern repräsentiert nur die irdische Gemeinde. Was der Seher ihm schreibt – tadelnd oder mahnend, sagt er der Gemeinde. Als religionsgeschichtliche Parallele bietet sich die Völkerarchontenvorstellung an (Dtn 32,8 f. LXX; Sir 17,17; Dan 10,13.20 f.; Jub 15,31 f.; äthHen 89,59 ff.). Jedem Volk auf Erden entspricht in der himmlischen Welt ein himmlisches Gegenüber, ein Engelwesen.

Abschließend ist die Frage zu stellen, warum Johannes diese Konzeption vom Gemeindeengel entwickelt hat. Direkte frühchristliche Parallelen finden sich nicht. Die Vorstellung ist also durchaus befremdlich. Johannes schreibt an die Gemeinden als ganze, und zwar so, daß er sich an die himmlischen Repräsentanten richtet. Möglicherweise wollte er vermeiden, »sich an die faktisch existierenden irdischen Vertreter, die Presbyter oder den Bischof, zu wenden. Diese wird es schon gegeben haben, wie die Apg, die

Pastoralbriefe oder Ignatius es voraussetzen. Johannes wollte diese ignorie-
ren« (Müller 34). Seine eigene Vorstellung von Gemeinde, die wohl keine
institutionalisierten Ämter kennt, läßt ihn reserviert sein gegenüber den tatsächlich bestehenden Verhältnissen in den Gemeinden. Die Konzeption der
Gemeindeengel wäre dann eine literarische Fiktion, um eine Adressierung
der Schreiben an die wirklichen Vertreter der Gemeinden zu umgehen.

Die Sendschreiben an die sieben Gemeinden in der Asia: 2,1–3,22

Johannes hat bewußt sieben Schreiben zusammengefaßt und dem apokalyptischen Hauptteil seines Buches 4,1–22,5 vorangestellt. Bei der Wahl der Sieben-Zahl spielt seine Vorliebe für diese heilige Zahl die entscheidende Rolle. Die Zusammenstellung der sieben Gemeinden hat dabei mehrfache Bedeutung: »Sie sind zunächst die sieben namentlich benannten (1,12) Gemeinden Klein-Asiens; sie repräsentieren sodann eine in sich geschlossene Einheit, um es so zu nennen, eine Art von Provinzialverband, dessen Vorort vielleicht Ephesus war; sie repräsentieren endlich die Gesamtheit aller urchristlichen Gemeinden« (Lohmeyer 42). Auf diesen letzten Aspekt ist hier einzugehen. Schon Offb 1,1 zeigt, daß das Buch des Johannes sich an die Knechte Christi schlechthin richtet; und in der Alten Kirche wurde das auch so verstanden, wie das Kanonsverzeichnis des Canon Muratori bestätigt (»Denn auch Johannes in der Offenbarung schreibt zwar an sieben Gemeinden, redet jedoch zu allen«; Zeile 57–59). Diese Tendenz zur Verallgemeinerung demonstrieren besonders Weckruf und Überwinderspruch, die am Schluß jedes Sendschreibens auftreten. Der Weckruf »Wer ein Ohr hat, höre, was der Geist *den Gemeinden* sagt!« geht deutlich über die einzelne Gemeinde hinaus und wendet sich an die Gesamtheit derselben. Das einer Gemeinde Gesagte hat Bedeutung für alle und ist von allen zu hören. Entsprechend steht es mit dem Überwinderspruch. Er hat nicht nur die Gläubigen der jeweiligen Gemeinde im Blick. Johannes denkt also bei den Sendschreiben an die damalige Kirche überhaupt, wie sie in seinem Gesichtskreis liegt: »Mit den Sendschreiben beansprucht der Verfasser für das, was er zu sagen hat, geistliche Autorität und ökumenische Geltung ... Alle Kirchen, bei denen der Verfasser sich Gehör für seine Botschaft verspricht, befinden sich zwischen den Extremen der völlig treuen Gemeinde Philadelphia und der lauen Gemeinde Laodikeia; alle sind bedroht durch Häresie und Schisma und angefochten durch die feindselige Haltung des römischen Staates« (Kraft 49). Die Situation der einzelnen Gemeinde ist repräsentativ für die ganze Kirche.

Von daher erweisen sich die sieben Sendschreiben als ein ursprünglicher Teil des ganzen Werkes, das ja in seinem apokalyptischen Hauptteil 4,1–22,5 die gottlose Welt und die Kirche überhaupt im Blickfeld hat.

Exkurs 2: Die Formstruktur der Sendschreiben

Literaturauswahl: Berger, K.: Apostelbrief und apostolische Rede. Zum Formular frühchristlicher Briefe, ZNW 65 (1974) 190–231. – *Dibelius, M.:* »Wer Ohren hat zu hören, der höre«, ThStKr 83 (1910) 461–471. – *Hahn, F.:* Die Sendschreiben der Johannesapokalypse. Ein Beitrag zur Bestimmung prophetischer Redeformen, in: Tradition und Glaube (Festgabe K. G. Kuhn), Göttingen 1971, 357–394. – *Müller, U. B.:* Prophetie. – *Ders.:* Bestimmung. – *Popkes, W.:* Die Funktion der Sendschreiben in der Johannes-Apokalypse. Zugleich ein Beitrag zur Spätgeschichte der neutestamentlichen Gleichnisse, ZNW 74 (1983) 90–107.

I. Die Gesamtform: die Sendschreiben als Briefe

»Die Schreiben in c. 2 und 3 sind alles andere als Briefe. Keine briefliche Form, keine briefliche Situation, kein brieflicher Austausch ist in ihnen zu finden« (Lohmeyer). Nach diesem Urteil wäre die Frage, ob wir in den Sendschreiben Briefe vor uns haben, negativ entschieden. Doch ist der Sachverhalt anders zu beurteilen. Schon die Übereinstimmung von Offb 2,2 mit 1 Thess 1,3 f. und die Verwandtschaft der Einleitungen durch »ich kenne« in Offb 2–3 mit der Wendung »ihr wißt, kennt« in 1 Thess 1,2–2,12 deuten darauf hin, daß die Sendschreiben eine Hinwendung zur Gemeindesituation kennen, die denen der Apostelbriefe entspricht. Zu beachten ist ferner, daß der Schreibbefehl zu Beginn jedes Schreibens (»Dem Engel der Gemeinde in ... schreibe«) einen sachlichen Bezug zu der eindeutig brieflichen Rahmung des ganzen Buches besitzt, dem Briefpräskript 1,4.5 a. Nach der Intention des Verfassers liegen in den Sendschreiben wohl Briefe an die Gemeinden vor. Aufgrund seiner Entfernung von den Gemeinden sieht Johannes sich zur schriftlichen Mitteilung dessen gezwungen, was er eigentlich mündlich den Gemeinden zu sagen hatte. Was für die Gemeindebriefe gilt, daß der Apostel »abwesend dem Leibe nach, anwesend aber im Geist« (1 Kor 5,3; Kol 2,5) schreibt, hat auch hier Gültigkeit. Die Geistrede der Sendschreiben (»Wer ein Ohr hat, höre, was der Geist den Gemeinden sagt«) ersetzt die mündliche Predigt. Die Briefgestalt ist hier wie bei den Apostelbriefen Surrogat mündlicher Predigt.

Es ist allerdings zuzugeben, daß die Form der Sendschreiben sich von der Form der frühchristlichen Briefe sonst unterscheidet. Die Sendschreiben stehen anscheinend in jener besonderen Formtradition, in der Briefe als Mittel prophetischer Verkündigung auftauchen: »Die Briefe der Apk sind ... als Exemplare jener nie ganz ausgestorbenen Gattung des prophetischen Brie-

fes, hier freilich in Verbindung mit Erscheinung und Schreibbefehl, aufzu-
fassen. Insbesondere auch die Schlußformel (d. h. der Weckruf) dieser
Briefe hat wichtige Parallelen in Offenbarungsreden und Briefen« (Berger
214).

Als Entsprechung zu den Sendschreiben interessieren besonders der Brief
des Propheten Elia an Joram 2 Chr 21,12–15 und der Jeremias an die Exi-
lierten in Babylon Jer 29,1–23 (LXX Jer 36,1–23). Beide werden wie die
Schreiben Offb 2–3 (»dies sagt der ...«) durch die Botenformel eingeleitet:
2 Chr 21,12; Jer 29,4. Auch der Brief Jeremias an Baruch in ParJer 6,17–23
kennt Wendungen, die der Botenformel entsprechen: 6,20.22 (»spricht der
Herr«). Der Brief Baruchs an die 9½ Stämme Israels (syrBar 78–87) wird
ebenfalls durch die Botenformel eingeleitet, hier direkt bezogen auf den
Briefschreiber Baruch, nicht auf Gott selbst: »So spricht Baruch ... zu den
Brüdern ...« (syrBar 78,2). Im übrigen hat dieser letztgenannte Brief besondere Bedeutung für das Verständnis der Sendschreiben, da er die deutlichste
Parallele zur Verbindung von (Offenbarungs-)brief und Apokalypse darstellt, was gerade für die Offb charakteristisch ist (Offb 2–3 und der apokalyptische Hauptteil 4,1–22,5). Beide Male hat die Kombination von Brief-
teil und Apokalypse die Funktion, die apokalyptische Schrift als ganze in
der gottesdienstlichen Versammlung zur Verlesung zu bringen. Die Verlesung von Briefen in der Gemeinde war üblich (1 Thess 5,27; Kol 4,16; vgl.
syrBar 86,1 f.; ParJer 7,19). Eine als Brief stilisierte oder mit Briefen verbundene Apokalypse konnte daher eher den Anspruch erheben, verlesen zu
werden (Offb 1,3).

II. Stereotyp wiederholte Rahmenelemente

Es finden sich einige Formelelemente, die in jedem Schreiben wiederkehren. Sie betreffen den äußeren Rahmen der Sendschreiben (Einleitung und
Schluß).

1. Schreibbefehl. Dieses Formelement ist durchweg an den Anfang der einzelnen Schreiben gesetzt: »Dem Engel der Gemeinde in ... schreibe!« Es
steht im Zusammenhang der grundlegenden Beauftragung durch Christus
(1,11.19). Formgeschichtlich stellt es wohl eine Variation des sog. Boten-
auftrags dar (»geh und sage dem ...«), wie er in der atl. Prophetie in Verbindung mit der Botenformel vorkommt (z. B. Jes 7,3 f.; Jer 2,1; 28,13; 29,24).
In der Tradition des Prophetenbriefes begegnet der Botenauftrag zusammen
mit der Botenformel in ParJer 6,13: »Schreibe also einen Brief, sprich zu
den Kindern Israels: ... so spricht der Herr!« Von diesen Beobachtungen
her ergibt sich das Verständnis der Sendschreiben als Botenrede, die der
prophetische Sprecher Johannes wegen der räumlichen Entfernung von den
Gemeinden in Briefform zu übermitteln hat.

2. Botenformel. Dieses Element folgt dem Schreibbefehl. Es hat durchgängig die Form »dies sagt der ...« Variiert ist also nur das Subjekt, die Angabe
des eigentlichen Sprechers Christus. Die Formel charakterisiert die an-

schließende Rede als Worte des Christus, die dieser durch seinen Boten Johannes den Gemeinden verkünden läßt. Dementsprechend hat die Botschaft der Sendschreiben die Gestalt der Ich-Rede des Christus.

Die Botenformel begegnet besonders in der atl. Prophetie (»so hat Jahwe gesprochen« wie auch in ihrer frühchristlichen Entsprechung (»dies sagt der heilige Geist« Apg 21,11). Der Prophet autorisiert seine Verkündigung als Wort seines göttlichen Auftraggebers. Die Botenformel findet sich auch im prophetischen Brief als wichtiger Parallele zu den Schreiben Offb 2–3: 2 Chr 21,12; ParJer 6,13f.22; syrBar 78,2. Sie in den Sendschreiben als »genuine Briefformel« zu betrachten und dabei ihre enge Beziehung zur Prophetie in Frage zu stellen (Berger), geht nicht an. Das Vorkommen in den (jüdischen) Prophetenbriefen hat letztlich seinen Ursprung in der Prophetie. Im übrigen zeigt wohl Offb 14,13, daß Johannes die Botenformel aus der Verwendung in der gesprochenen Prophetie kannte (Müller, Prophetie 49 f.). In 14,13 wirkt die Gestalt mündlicher Rede unmittelbar nach.

3. »Ich kenne«-Einleitung. Der eigentliche Inhalt jedes Sendschreibens beginnt mit der formelhaften Wendung »ich kenne«, bezogen auf die jeweilige Gemeindesituation (vgl. syrBar 78,4).

4. Weckruf. Der Weckruf »Wer ein Ohr hat, höre, was der Geist den Gemeinden sagt!« ist das einzige Element der Sendschreiben, das einen völlig gleichbleibenden Wortlaut hat. Es steht in den ersten drei Sendschreiben vor dem Überwinderspruch, in den vier weiteren danach. Seine Funktion liegt darin, das für die einzelne Gemeinde jeweils individuell Gesagte für alle Gemeinden gültig zu erklären (»den Gemeinden«). Es geschieht also eine Verallgemeinerung der konkreten Bezugnahme (Hahn). Was die Form anbelangt, taucht der Weckruf nur in den Sendschreiben mit dem Zusatz »was der Geist den Gemeinden sagt« auf (ohne Zusatz Offb 13,9; vgl. 13,18). Ansonsten begegnet er in einer Art Grundform (mit geringen Abweichungen) im Kontext der Gleichnisauslegung (z. B. Mk 4,9.23) und eschatologischer Belehrung (z. B. Mt 11,15). Der Weckruf wendet sich jeweils an die Hörer bzw. Leser einer als Offenbarung verstandenen Botschaft. Dabei hat die partizipiale Formulierung des griechischen Textes im Vorderteil (»wer ein Ohr hat«) konditionale Bedeutung: Nur wer hören kann, wem also Gott das Zuhören gibt, wird das Gesagte verstehen; nur an ihn wendet sich der Weckruf.

Die Sendschreiben begegnen zunächst einmal als *Worte Christi* (Ich-Rede des Christus), die der Prophet Johannes als Bote übermittelt. Die einleitende Botenformel kennzeichnet ja alles Folgende als Wort Christi. In Konkurrenz dazu scheint der Weckruf zu stehen, der den Inhalt der Sendschreiben als *Wort des Geistes* an die Gemeinden bestimmt. Die Botschaft der Sendschreiben ist also Wort des Christus und des Geistes zugleich. Für Johannes stellt dies keinen Widerspruch dar. Der Prophet handelt als bevollmächtigter Bote und Zeuge Jesu Christi (1,3); durch sein vom Geist gewirktes Wort spricht der Herr selbst zu seiner Gemeinde (Hahn).

Bei der bisherigen Darstellung wurde die auf das jeweilige Sendschreiben bezogene Funktion des Weckrufs betont. Nicht auszuschließen ist daneben eine auf den ganzen apokalyptischen Hauptteil vorausweisende Bedeutung (einseitig herausgestellt bei Popkes): »Der Weckruf signalisiert, daß eine wichtige Belehrung bevorsteht« (Popkes 107). Dafür spricht vielleicht seine Vorgeschichte in der apokalyptischen Tradition, wo der Hinweis auf das rechte Hören die folgende Belehrung einleitet (Dan 8,17; 9,23; 10,11; vgl. syrBar 43,1; 13,1 u. ö.; 4 Esr 5,32), ferner die Funktion des Weckrufs in Offb 13,9. Doch steht die Beziehung zum jeweiligen Sendschreiben im Vordergrund, dessen Aussagen er für alle Gemeinden verpflichtend macht.

5. Überwinderspruch. Wie beim Weckruf mit seiner Hinwendung an alle Gemeinden liegt beim Überwinderspruch eine Verallgemeinerung vor, bei der das der einzelnen Gemeinde Gesagte generell ausgeweitet wird. Es geht nicht mehr um die Glieder dieser oder jener Gemeinde, sondern um die Überwinder in der Kirche überhaupt. Die Form des Spruches bleibt bei mancherlei inhaltlicher Variation ziemlich konstant. Auf eine Partizipialwendung im Griechischen (»wer überwindet« bzw. »dem, der überwindet«) folgt eine Verheißung im eschatologischen Futur. Dabei steht das Partizip zum Ausdruck einer Bedingung. Es gibt die Voraussetzung an, bei deren Erfüllung die im zweiten Glied des Spruches formulierte Verheißung eintreten soll, z. B.: »Wer überwindet, dem wird kein Schaden geschehen durch den zweiten Tod« (2,11). Als Ganzer hat der Spruch mahnende Funktion. Er will zum Durchhalten aufrufen und verspricht deshalb den eschatologischen Lohn. Dementsprechend interpretiert der Überwinderspruch 2,26–28 die Bedingungsangabe »wer überwindet« durch den Zusatz »und wer meine Werke bis zuletzt bewahrt«. Die paränetische Bedeutung erhellt auch daraus, daß der Spruch 2,11 dieselbe Funktion hat wie die im unmittelbaren Kontext ausgesprochene Mahnung: »Sei getreu bis in den Tod, so will ich dir den Kranz des Lebens geben« (2,10). Seinen formgeschichtlichen Ursprung hat der Spruch in der ursprünglich weisheitlichen Mahnung (z. B. Spr 8,35; 13,13b; 16,20a), die in den Sendschreiben allerdings eschatologisch umgeprägt ist.

Was ist mit dem »Überwinden« näherhin gemeint? Es geht um das Bestehenkönnen in der Bedrängnis der endzeitlichen Kampfsituation, um das Standhalten angesichts der Machenschaften des Satans (vgl. 2,8 ff.; 2,12 ff.). In dieser Lage hat die Prophetie zum Durchhalten aufzurufen. Konkret kann dieses Überwinden bedeuten, daß man die Werke Christi bis zuletzt bewahrt (2,26). Im Blick steht vor allem das rechte ethische Verhalten, das Christus fordert, die Treue zu ihm.

Von den »Überwindern« heißt es außerhalb der Sendschreiben in visionärer Vorwegnahme ihrer Vollendung, daß sie über das Tier und sein Ebenbild, Symbolgestalten des Römischen Reiches, gesiegt haben (15,2; vgl. 21,7). Sie haben den Zumutungen des Kaiserkultes getrotzt. Dieses Überwinden *kann* in den Märtyrertod führen (12,11), wie auch Christus im Tod überwunden hat (3,21). Allerdings ist dabei nicht durchgängig an Märtyrer gedacht (Bousset, Charles), wohl aber kann sich das »Überwinden« der Gläubigen im Martyrium vollenden.

Die Herkunft der Überwinderbegrifflichkeit liegt in der jüdischen Apokalyptik (Hahn; Müller, Prophetie). Dort heißt es im Blick auf die endzeitliche Drangsal und die zu bestehenden Anfechtungen (4 Esr 7,127 f.): »Das ist der Sinn des Kampfes, den jeder kämpfen wird, der auf Erden als Mensch geboren ist, daß, wenn er besiegt wird, leiden muß (die in 7,90 ff. geschilderten Qualen nach dem Tode) ...; wenn er aber siegt (überwindet), wird er empfangen, was ich dir gesagt habe.«

III. Variierende Formelemente innerhalb der Sendschreiben

Jedes Schreiben wendet sich an eine Gemeinde mit einer jeweils anderen Situation. Dementsprechend muß Johannes einmal Trost zusprechen, das andere Mal mahnen und tadeln. Dabei benutzt er Redeformen, die diesem unterschiedlichen Ziel dienen. Diese briefliche Verwendung ursprünglich mündlicher Prophetie entstammender Redeweisen ergibt sich wieder aus der Notwendigkeit, dasjenige schriftlich sagen zu müssen, was Johannes eigentlich mündlich in der Gemeindeversammlung zu verkünden hatte.

1. Bußpredigt. Mehrere Sendschreiben haben Aussagen, die die Form einer Bußpredigt erkennen lassen. Dies gilt für 2,1–7; 2,12–17; 2,18–29; 3,1–6 und 3,14–22. Am deutlichsten ist diese Form in 2,4–5 und 3,1–3 erkennbar; bei den anderen Texten ist sie bereits stärker modifiziert.

Das Redeschema der Bußpredigt hat eine lange Geschichte, die sich bis zu atl. bzw. jüdischen Umkehrpredigten zurückverfolgen läßt (Müller, Prophetie 76–92). Es prägt auch die Predigt Johannes des Täufers (Mt 3,7–10; Lk 3,7–9). Im folgenden sei das Schema am Beispiel von Offb 3,1–6 demonstriert (in Klammern zum Vergleich auch Versangaben, die die Bußpredigt Johannes des Täufers betreffen):

a) Urteil über die Gemeindesituation (Anklage): 3,1 b.2 b (vgl. Mt 3,7 b);
b) Mahnung:
    aa) als appellierende Erinnerung an den empfangenen Heilsstand: 3,3 a (vgl. Mt 3,9);
    bb) als Ruf zur Umkehr: 3,2 a.3 a (vgl. Mt 3,8);
c) bedingte Gerichtsdrohung: 3,3 b (vgl. Mt 3,10 b).

2. Unbedingte Heilsankündigung. In zwei Sendschreiben findet sich die Form des Heilswortes, das der Gemeinde bzw. einem Gemeindeteil vorbehaltlos eschatologisches Heil verheißt (3,4; 3,7–13). Es ist zweigeteilt:

a) Urteil über die Gemeindesituation (Lob, Anerkennung): 3,4 a;
b) unbedingte Heilsankündigung: 3,4 b.

Dabei hat das erste Glied die Funktion der Begründung für die anschließende Verheißung. In 3,7–13 greift Johannes die einfache Grundform des Heilswortes in variierender Weise auf, insofern die einzelnen Formelemente doppelt bzw. dreifach erscheinen (Urteil über die Gemeinde Vers 8 b.10 a; unbedingte Heilsankündigung Vers 9.10 b. vgl. 8 a). 3,10 enthält die Grundform

in reiner Gestalt, wobei Vers 10a wieder die Begründung für die anschließende Heilsankündigung Vers 10b darstellt.
Auch diese Redeform läßt sich bis ins AT zurückverfolgen. Sie begegnet in
der atl. Prophetie: Jer 35,18f.; 1 Kön 21,29; 2 Kön 10,30.

3. Das sog. Heilsorakel. Im Rahmen des Schreibens 2,8–11 erscheint die
Struktur des sog. Heilsorakels, das im AT die göttliche Antwort, vermittelt
durch Priester oder Prophet, auf eine vorauszusetzende Klage enthält. Diese
Redeform ist in 2,8–11 deutlich nur ein Element neben anderen (vgl. die
Hinwendung zur Gemeindesituation Vers 9; Mahnung Vers 10c). Auf den
tröstenden Zuspruch »fürchte nicht ...« (Vers 10a) folgt die Begründung in
Gestalt einer futurischen Heilsankündigung, die die Kürze der Bedrük-
kungszeit (»nur zehn Tage«) verheißt (Vers 10b). Zuspruch und begründen-
des Heilswort stellen die beiden Glieder dieser Redeform dar.
Gerade beim sog. Heilsorakel ist die Vorgeschichte in der atl. Prophetie (besonders Deuterojesaja) wie in der jüdischen Tradition erkennbar (Müller,
Prophetie 93–96.215–220). Als nächste Parallele lassen sich Jes 54,4; Jer
30,10.11 nennen, die wie Offb 2,10 nur eine futurische Heilsankündigung als
Begründung für den Zuspruch aufweisen. Dazu tritt als urchristliche Entsprechung Lk 12,32, wo allerdings die (ursprünglichere) Form der Heilsbe-
gründung auftaucht (vom Eingreifen Gottes wird im Vergangenheitstempus
geredet).

Exkurs 3: Die in der Offb bekämpfte gegnerische Lehre
(die Nikolaiten)

Literaturauswahl: Bergh van Eysinga, G. A. van den: Die in der Apokalypse
bekämpfte Gnosis, ZNW 13 (1912) 293–305. – *Brox, N.:* Nikolaos und Nikolaiten, VigChr 19 (1965) 23–30. – *Frend, W. H. C.:* The Gnostic Sects and
the Roman Empire, JEH 5 (1954) 25–37. – *Harnack, A. von:* The Sect of the
Nicolaitans and Nicolaus, the Deacon in Jerusalem, JR 3 (1923) 413–422. –
Kuhn, K. G.: Art. *Balaam,* ThWNT I 1933, 521–523. – *Müller, U. B.:* Zur
frühchristlichen Theologiegeschichte 21–26. – *Prigent, P.:* L'Hérésie asiate
et l'Eglise confessante de l'Apocalypse à Ignace, VigChr 31, 1977, 1–22. –
Schüssler Fiorenza, E.: Apocalyptic and Gnosis in the Book of Revelation
and Paul, JBL 92 (1973) 565–581. – *Zimmermann, H.:* Christus und die
Kirche 189–194.

In den Schreiben an die Gemeinden zu Ephesus, Pergamon und Thyatira
setzt sich Johannes mit einer die Kirche Kleinasiens bedrohenden christlichen Lehre auseinander, die er als Irrlehre brandmarkt. Die Schreiben nach
Smyrna und Philadelphia gehören nicht in diesen Zusammenhang, da die
dortigen Gegner nicht Christen sind, sondern Juden.
Im Schreiben nach Ephesus 2,1–7 erfahren wir zunächst von Wanderaposteln, die die Gemeinde einem Prüfungsverfahren unterzogen hat, weil

sie – wohl als zunächst ortsfremde – im Blick auf ihre Art Christentum unbekannt waren. Ergebnis dieser Maßnahme war die Abweisung dieser Leute: »... du hast sie als Lügner erfunden« (2,2). In Vers 6 erwähnt Johannes wahrscheinlich dieselbe Gruppe, die hier unter dem Namen »Nikolaiten« begegnet, der die bleibende Ablehnung (»Haß«) durch die ephesinische Gemeinde gilt. Sie scheinen zur Zeit der Abfassung des Schreibens nicht mehr innerhalb der Gemeinde zu wirken. Inhaltliche Aussagen über die Lehre dieser Gegner finden sich hier nicht.

Anders steht es im Schreiben nach Pergamon (2,12–18). Dort wirft Johannes den Gegnern vor, die Gemeinde dazu zu bringen, Götzenopferfleisch zu essen und Unzucht zu treiben (Vers 14). Sie erscheinen als Anhänger der »Lehre Bileams«. Bileam dient als atl. Beispiel götzendienerischer Verführungskunst, mit dem die Gegner verglichen werden. Nach Num 31,16 haben die Frauen Midians auf den Rat Bileams hin die Israeliten zu Unzucht und zum Abfall von Gott verführt (vgl. Num 25,1 ff.). In jüdischer Tradition galt Bileam als Frevler und Verführer Israels schlechthin (Kuhn, Zimmermann). Mit Hilfe dieses abschreckenden Beispiels versucht Johannes, die Gegner zu charakterisieren. Dabei wird deutlich, daß die in Vers 14 genannten Anhänger der »Lehre Bileams« und die in Vers 15 erwähnten Nikolaiten identisch sind. Vers 15 führt keine neue Gruppe ein, sondern hier wird der Vergleich mit dem atl. Beispiel im Blick auf die gegenwärtige Gefahr der Nikolaiten zu Ende gebracht: »So (d. h. wie im Falle Bileams) hast auch du (d. h. wie Ephesus) solche, die an der Lehre der Nikolaiten festhalten gleicherweise.«

Was ist mit der Verführung zu Götzenopferfleisch-Essen und Unzucht konkret gemeint? Für den Verfasser bedeutet beides die Befleckung mit heidnischem Götzendienst. Götzenopferfleisch ist entweder das Fleisch, das bei heidnischen Kultmahlzeiten verzehrt wurde bzw. das Fleisch von Tieren, die den Göttern geopfert wurden, und deren übrigbleibende Teile danach zum Verkauf gelangten. Unzucht meint freizügigen Geschlechtsverkehr. Nach jüdischem Verständnis gilt sie als Folge oder Begleiterscheinung heidnischen Götzendienstes (Weish 14,12; TRub 4,6; Philo VitMos I 302).

Wichtig ist nun die Erkenntnis, daß das Verbot der Unzucht und des Essens von Götzenopferfleisch zu den Minimalforderungen gehörte, die man von seiten der Judenchristen gegenüber Heidenchristen stellte, um ein Zusammenleben beider Gruppen in einer Gemeinde zu ermöglichen. Darauf weist das (zur Zeit der Abfassung der Apg noch gültige) sog. Aposteldekret Apg 15,28 f., das neben zwei weiteren Geboten gerade diese beiden Bestimmungen enthielt. Die vier Gebote des Aposteldekrets hatten den Sinn, die Heidenchristen der weiteren Befleckung durch heidnische Gottheiten zu entziehen. Das zeigt schon die Formulierung von Apg 15,20, die allgemein von der abzuwehrenden »Befleckung mit Götzen« spricht. Daß Johannes ebenso wie das sog. Aposteldekret beide Verbote (Götzenopferfleisch, Unzucht) als Mindestforderungen an Heidenchristen versteht, die sie als entgegenkommendes Zugeständnis empfangen haben, legt die besondere Parallelität von Offb 2,24 f. und Apg 15,28 f. nahe:

»Nicht werfe ich eine andere Last auf euch
außer: Was ihr habt, das haltet fest ...«
»Denn der heilige Geist und wir haben beschlossen,
euch weiter keine Last aufzuerlegen
außer diesen notwendigen Stücken ...«
Man darf die Aussagen aus dem Schreiben an Thyatira zu Hilfe nehmen,
weil Johannes dort dieselben Vorwürfe an die gegnerischen Irrlehrer erhebt
wie im Schreiben an Pergamon (2,20). In Thyatira scheint dieselbe Gruppe
am Werke zu sein wie in Pergamon und Ephesus – jetzt unter der Führung
der Prophetin »Isebel«. Johannes charakterisiert auch hier wie im Schreiben
nach Pergamon (Bileam!) die Gegner mit einem Beispiel atl. Verführung
zum Götzendienst. Denn Isebel begegnet in 1 Kön 16,29–33; 2 Kön 9,22 als
fremdländische Königin, die König Ahab zum Abfall von Gott verleitet.
Jedesmal prangert Johannes die Gegner an, die Gemeinde zur Angleichung
an ihre heidnische Umwelt zu bringen. »Ist dieses Verständnis richtig, dann
handelt es sich bei den Nikolaiten um die Anhänger einer Richtung, die
zwischen christlichem Glauben und heidnischer Lebensführung nicht eine
unüberbrückbare Kluft sah, sondern eine Hinneigung zum Heidentum an-
strebte« (Zimmermann). Besonders akut war dieses Problem deshalb, weil
der Verzicht auf das Essen von Götzenopferfleisch etwa den Bruch mit der
heidnischen Gesellschaft bedeutete, aus der man stammte und mit der man
durch Berufsausübung oder Mitgliedschaft in Vereinen immer noch verbunden war. Bei jedem städtischen Fest oder jeder geselligen Vereinsfeier, bei
der man Fleisch verzehrte, konnte eine kritische Situation auftreten. In
Thyatira organisierten sich die verschiedenen Handwerkszweige in Zünften
und Gilden, die durchaus religiösen Charakter trugen. Ihre Mitglieder hatten somit notwendig am heidnischen Kultleben teil, wenn dieses oftmals
auch nur äußerliches Beiwerk darstellte. Jedenfalls erlaubten die Nikolaiten
den Kompromiß zwischen christlicher Lehre und alltäglicher Lebensführung, die einen Bruch mit der heidnischen Umwelt vermied. Noch der Kir-
chenvater Irenäus schreibt von den Nikolaiten allerdings in scharf polemi-
scher Form (AdvHaer I 23,3): »Ihr Leben ist zügellos. Sie lehren, es habe
nichts zu bedeuten, wenn man ehebreche oder von den Götzenopfern esse
...« Ihre Haltung entspricht der späterer Gnostiker, die im Bewußtsein ihrer Vollkommenheit keine Angst vor der Berührung mit dem Heidentum
empfanden. Von den Valentinianern heißt es (Iren AdvHaer I 6,3): »Darum
tun auch die Vollkommensten unter ihnen alles, was verboten ist, ohne
Scheu ... Denn sie essen das Opferfleisch bedenkenlos, und zu jedem der zu
Ehren der Götzen veranstalteten Festvergnügen stellen sie sich als erste
ein ...«
Die Nikolaiten waren keinesfalls weltförmige Heidenchristen und nichts
weiter (Bousset). Sie begründeten ihre Haltung ähnlich wie spätere Gnostiker mit ihrem besonderen christlichen Erkenntnisstand. Darauf weist andeutend schon die Bezeichnung »Lehre« für die Position der Gegner hin
(Offb 2,14f.20.24). Nicht nur um kompromißbereite Praxis mit der Umwelt geht es, sondern auch um deren theologische Rechtfertigung durch

eine Lehre. Die Anhänger der »Isebel« beanspruchen, die »Tiefen des Satans« erkannt zu haben und so von gesetzlichen Geboten befreit zu sein, die einem Leben in heidnischer Gesellschaft hinderlich sind. Ihr besonderer Erkenntnisstand scheint die Basis für ihre ethische Freizügigkeit zu sein. Dabei wird man zu berücksichtigen haben, daß Johnnes das negativ charakterisierte, was bei den Gegnern positiv gedacht war. Er stellte ihre Erkenntnis als Erkenntnis des Satans hin. Möglicherweise aber beanspruchten sie, Gott in ausgezeichneter Weise zu erkennen (vgl. 1 Kor 2,10). Er bezeichnet ihr sexuelles Verhalten als Unzucht. Sie aber werden kaum diesen denunzierenden Begriff, der aus der jüdischen Polemik gegenüber bestimmtem heidnischem Sexualverhalten stammt, verwendet haben (Müller).

Man wird die Position der Nikolaiten als Weiterführung einer Haltung sehen dürfen, mit der es schon Paulus in Korinth zu tun hatte (Schüssler Fiorenza, Müller). Auch die Geistenthusiasten Korinths legitimierten ihr Essen von Götzenopferfleisch mit besonderer Erkenntnis – eine Meinung, die Paulus zunächst grundsätzlich akzeptiert (1 Kor 8,4). Verwandtschaft besteht auch mit den Gegnern des Jud (und des 2 Petr), die einen radikalisierten Paulinismus vertreten, der aus dem gewonnenen Heilsstand der Christen das Recht zu ethischer Freizügigkeit ableitet. Der Verfasser des Jud bezeichnet die dortigen Gegner als gottlose Menschen, »die die Gnade unseres Gottes umsetzen in Ausschweifung« (Jud 4). Aus der Gnade, in der die Christen stehen (vgl. Röm 5,2; 6,14), folgern sie vermutlich die Freiheit von jeder Gesetzlichkeit, was im Sinne des Jud Ausschweifung bedeutet.

Der Name »Nikolaiten« scheint eine Selbstbezeichnung der Gegner zu sein, die dem Nachweis apostolischen Ursprungs dienen sollte, auch wenn man dabei auf eine unbedeutende Gestalt der apostolischen Zeit zurückgreift (Apg 6,5). Jedenfalls trifft dies für die bei den Kirchenvätern bekämpfte gnostische Sekte der Nikolaiten zu (Brox). Über Beziehungen zwischen dieser späteren gnostischen Gruppe und den Gegnern in der Offb ist nichts Näheres auszumachen. Den Namen »Nikolaiten« nur als volksetymologische Ableitung von der atl. Gestalt des Bileam bzw. Balaam zu verstehen (Zimmermann), geht wohl nicht an (*Balaam* – hebräisch »*bala am*« = griechisch »*nika laon*« = »er besiegt, verschlingt das Volk«).

Das Schreiben nach Ephesus: 2,1–7

1 Dem Engel der Gemeinde in Ephesus schreibe: Dies sagt, der die sieben Sterne in seiner Rechten hält, der inmitten der sieben goldenen Leuchter wandelt: 2 Ich kenne deine Werke, (deine) Mühe und deine Standhaftigkeit, und daß du Böse nicht ertragen kannst, und hast geprüft, die sich Apostel nennen und sind es nicht, und hast sie als Lügner erfunden. 3 Und du hast Standhaftigkeit und hast ausgehalten um meines Namens willen und bist nicht müde geworden.

4 Aber ich habe gegen dich, daß du deine erste Liebe verlassen hast. 5 Gedenke nun, von wo du gefallen bist, und kehre um und tue (wieder) die ersten Werke! Wenn aber nicht, komme ich über dich und werde deinen Leuchter von seiner Stelle entfernen, wenn du nicht umkehrst. 6 Aber dieses hast du, daß du die Werke der Nikolaiten hassest, die auch ich hasse. 7 Wer ein Ohr hat, höre, was der Geist den Gemeinden sagt! Wer überwindet, dem werde ich vom Baum des Lebens zu essen geben, der im Paradies Gottes ist.

Literaturauswahl: Bauer, W.: Rechtgläubigkeit und Ketzerei im ältesten Christentum, BHTh 10, ²1964, 86–90. – *Gerhardsson, B.:* Christologische Aussagen 147–149. – *Gräßer, E.:* Der Glaube im Hebräerbrief, MThSt 2 (1965) 184–189. – *Magie, D.:* Roman Rule 74–76.448–450.583. – *Müller, U. B.:* Prophetie 62–65. – *Pax, E.:* Funde 276f. – *Ramsay, W. M.:* Letters 210–250. – *Tengbom, L. C.:* Studies 197–237. – *Zimmermann, H.:* Christus und die Kirche 181f.186.

Das erste der sieben Sendschreiben ist nach Ephesus gerichtet, der faktischen Hauptstadt der römischen Provinz Asia, bei der der Prokonsul sein Amt als Statthalter anzutreten pflegte. Auf Inschriften nannte sich die Stadt »die erste und größte Metropole Asiens«. Kultisches Zentrum war der berühmte Tempel der Artemis (Apg 19,23ff.). Dementsprechend galt die Stadt als »Tempelhüterin der großen Artemis« (Apg 19,35). Der Titel »Tempelhüterin« hatte seine besondere Bedeutung im Blick auf den Kaiserkult, insofern kleinasiatische Städte, die den Kaisern geweihte Tempel besaßen, diesen Titel trugen, auch Ephesus. So fanden sich bei Ausgrabungen Reste eines für Domitian gebauten Tempels.

Über die Entstehung der christlichen Gemeinde läßt der Bericht der Apg noch so viel erkennen, daß Paulus eine judenchristliche Gemeinde in Ephesus bereits vorfand (18,26f.). Lukas allerdings versucht es so darzustellen, daß Paulus selbst den Anstoß zur Gemeindegründung gab (18,19–21). Ephesus wurde für zwei Jahre und drei Monate zu einem Zentrum seiner Verkündigungstätigkeit. Die weitere Bedeutung der Gemeinde erhellt daraus, daß das Schreiben eines Paulusschülers nach Ephesus adressiert ist (Eph 1,1). Die deuteropaulinischen Pastoralbriefe scheinen hier abgefaßt zu sein, zumindest weisen die fiktiven Angaben betont auf Ephesus (1 Tim 1,3; 2 Tim 1,18). In Offb 2,1–7 fehlt jedoch bemerkenswerterweise jeder Bezug auf die mit Ephesus verbundene Paulustradition. Für die weitere frühchristliche Geschichte von Ephesus ist zu beachten, daß der

Bischof Ignatius von Antiochien einen Brief voller Lob an diese Gemeinde richtete (um 110 n. Chr.).

Wie die folgenden Sendschreiben beginnt der Brief nach Ephesus mit Schreibbefehl und Botenformel (Vers 1). Nach diesem Teil der Rahmung schließt sich das eigentliche Korpus des Schreibens an (Vers 2–6). Es enthält als Hinwendung zur Gemeindesituation das Lob der Gemeinde (Vers 2–3.6), verbunden mit einer Bußmahnung (Vers 4f.). Letztere gliedert sich entsprechend dem traditionellen Schema der Bußpredigt (vgl. Exkurs 2): Anklage (Vers 4), Mahnung als Erinnerung an die frühere Erfahrung der Gemeinde und als Ruf zur Umkehr (Vers 5a) sowie bedingte Gerichtsdrohung (Vers 5b). Mit Weckruf und Überwinderspruch (Vers 7) als abschließendem Teil der Rahmung endet das Schreiben.

Johannes charakterisiert Ephesus als eine Gemeinde, die den Verlockungen der Wanderapostel, der Nikolaiten also, widerstanden hat, dennoch aber zu kritisieren ist, weil sie die Liebe der Anfangszeit verlassen hat. Dementsprechend konfrontiert er sie mit dem drohenden Gericht Christi (Vers 4f.). Schon die Beschreibung Christi in der Botenformel (Vers 1) bereitet darauf vor. Er erscheint unter Aufnahme von Einzelzügen der vorangehenden Christusvision als Herr der Gemeinden (sieben Sterne, sieben Leuchter 1,13.20). Der Verfasser konkretisiert in Vers 1 die Darstellung der Vision. Christus hält die sieben Sterne als Herrschaftsbild machtvoll in seiner Rechten und wandelt zwischen den Leuchtern, d. h. den Gemeinden. Dieser Wandel deutet auf das dynamische Gegenüber Christi zu seiner Kirche hin, das im Fall von Ephesus zur kritischen Prüfung ihrer Werke führt (Vers 4f.). Zunächst allerdings in einer Art ernstgemeinter captatio benevolentiae spart Johannes nicht mit Anerkennung (Vers 2–3.6). Er erwähnt die »Werke« der Gemeinde als Oberbegriff für ihr ganzes Verhalten. Näherhin nennt er ihre »Mühe« und »Standhaftigkeit«. Im folgenden interpretiert er, was mit diesen beiden Begriffen gemeint ist. Die in Vers 2b sogleich geschilderte Abwehr der falschen Apostel bezieht sich auf die Mühe der Gemeinde. Im übrigen nimmt Vers 3 das Stichwort »Standhaftigkeit« betont auf und erläutert, was diese konkret bedeutet: das Durchhalten in Verfolgung und Leiden.

Die erwähnten Apostel kamen anscheinend von außen in die Gemeinde. Sie haben als Wanderprediger zu gelten (vgl. Did 11,3–6), die die Gemeinde, weil sie zunächst unbekannt waren, einem Prüfungsverfahren unterworfen hat. Dabei weist das Vergangenheitstempus auf ein zurückliegendes Ereignis hin (»du hast sie geprüft ... und als Lügner befunden«), bei dem die Gemeinde sich von diesen

Wanderaposteln getrennt hat. Dieses Verfahren erinnert an die
schon in Korinth übliche »Unterscheidung der Geister« (1 Kor
12,10). Auch später hat die Gemeinde zu Ephesus Wanderprediger
mit einer »schlechten Lehre« abgewehrt, wie Ignatius hervorhebt
(IgnEph 9,1).

Die Übereinstimmung beider Ereignisse ist ein typisches Phänomen, das sich in der frühchristlichen Geschichte wiederholt zugetra-
gen hat, so daß man die von Johannes berichtete Abwehr von Wan-
derpredigern nicht mit dem von Ignatius berichteten Geschehen in
unmittelbare Beziehung bringen sollte (anders Kraft). Dafür
spricht, daß die Wanderprediger zur Zeit des Ignatius als Doketen
anzusehen sind, für die Christus den Fleischesleib nur zum Schein
getragen und dementsprechend nur zum Schein gelitten habe. Ignatius betont demgegenüber, daß Christus leidensfähig gewesen sei
(IgnEph 7,2). Von dieser Irrlehre ist aber in der Polemik des Johannes noch nichts zu spüren.

Die frühchristlichen Gemeinden hatten oftmals viel Mühe mit Wan-
derpredigern. 1 Joh 4,1 mahnt deshalb: »Geliebte, glaubt nicht jedem Geist, vielmehr untersucht die Geister, ob sie aus Gott sind;
denn viele Pseudopropheten sind ausgezogen in die Welt.«

Die Apostel von Vers 2 sind streng von den in 18,20; 21,14 erwähnten Uraposteln zu unterscheiden, die für die Sicht der Offb eine
Größe der Vergangenheit darstellen. Wahrscheinlich gehören sie zu
den in Vers 6 erwähnten Nikolaiten. Denn der Abwehr der Apostel
(Vers 2) korrespondiert die bleibende Ablehnung (»Haß«) jener Irrlehrer (Vers 6). Dabei stehen die »Werke« der Gemeinde (Vers 2) in
betontem Gegensatz zu den »Werken« der Nikolaiten. Gegen die
Identifikation der Gruppe der Nikolaiten mit den Wanderaposteln
von Vers 2 spricht nicht, daß Vers 2 von einer vergangenen Abweisung der Gegner handelt, während Vers 6 den gegenwärtig andau-
ernden Haß (Präsens) gegen die Irrlehrer betont. Der Unterschied
im Tempus zeigt nur an, daß nach der Zurückweisung der Wanderapostel diese nicht mehr in der Gemeinde wirken, aber als noch gegenwärtige Gefahr (im Blick auf Pergamon und Thyatira) von der
ephesinischen Gemeinde gehaßt werden.

Neben der erfolgreichen Abwehr von Irrlehren würdigt Johannes
die Standhaftigkeit der Gemeinde bei Bedrückungen, die von seiten
der nichtchristlichen Umwelt ausgingen (Vers 3). Wieder weist das
Vergangenheitstempus auf eine bestimmte zurückliegende Bedrängnis hin. Das Bekenntnis zum Namen Christi ist hier wie in den anderen Gemeinden (2,13; 3,8) der Grund der Verfolgungen (vgl. auch
Mt 10,22; 24,9; Mk 13,13). Über Ausmaß und genaueren Anlaß der-

selben verlautet allerdings kaum etwas. Die Betonung der ausharrenden Standhaftigkeit, die für Johannes charakteristisch ist (1,9; 2,19; 3,10; 13,10; 14,12), setzt eine Überzeugung voraus, die die Gegenwart der Kirche als endzeitliche Kampfessituation deutet, in der es sich zu bewähren gilt (vgl. auch die Überwindersprüche). Damit vertritt der Verfasser ein ethisches Ideal, das in anderen Schriften der 2. bzw. 3. Generation des frühen Christentums geradezu zur christlichen Kardinaltugend geworden ist (vgl. Hebr 10,36–39; 12,1; Jak 1,2–4; 5,11; Past; 1 Clem 35,4; 5,5–7), ohne dort allerdings durch die entsprechende Naheschatologie bestimmt zu sein (Gräßer).

Trotz aller Anerkennung formuliert Johannes eine Mahnrede an die Gemeinde (Vers 4–5). Er tadelt den Verlust der »ersten Liebe«. Damit meint er wohl das Nachlassen der Liebe, die die Gemeindeglieder in der Vergangenheit untereinander geübt haben (weniger wahrscheinlich: die Liebe zu Christus oder zu Gott vgl. Jer 2,2; Ez 16,8 ff.). Ihr Erkalten gehört zu den notvollen Zeichen der Endzeit, wenn die »Gesetzlosigkeit« überhandnimmt (Mt 24,12). Angesichts der bedrückenden Gegenwart wird die Vergangenheit als Zeit der »ersten Liebe« idealisiert. Darin verrät sich das Bewußtsein des zeitlichen Abstands vom Anfang, das den Seher als Zeitgenossen des werdenden Frühkatholizismus (2./3. Generation) prägt. Ähnlich zeichnet etwa die Apg das ideale Bild der urchristlichen Gütergemeinschaft, das für ihre Zeit nicht mehr gilt (Apg 2,44 f.). Die Mahnung Vers 5 a enthält die Erinnerung daran, von welcher Höhe die Gemeinde herabgefallen ist. Sie soll umkehren zu den früheren Werken der Liebe. Entsprechend dem Stil der prophetischen Bußpredigt folgt eine Gerichtsdrohung, die die Mahnung dringlich macht (Vers 5 b), eingeleitet mit »wenn nicht«. Sie zielt auf den Ausschluß der Gemeinde aus der Gemeinschaft mit Christus. Denn der Leuchter, der die Gemeinde symbolisiert (1,13.20), soll aus seiner Nähe entfernt werden, wenn die Gemeinde nicht umkehrt. Dies würde bei der eschatologischen Wiederkunft Christi, der Parusie eintreten. »Ich komme über dich« meint eindeutig dieses eschatologische Geschehen (wie 2,16.25; 3,3.11). Sein Kommen hängt nicht ab vom Verhalten der Gemeinde, wohl aber die Art und Folge seines Kommens. Tut die Gemeinde nicht Buße, wird Christus sie aus der eschatologischen Heilsgemeinschaft ausschließen, wie er mit abgefallenen Gliedern der Gemeinde einen Vernichtungskrieg führen wird (2,16). Den Ausschluß der Gemeinde auf ein innerweltliches Gericht vor der Parusie zu beziehen, geht wohl nicht an.

Die Härte dieser Gerichtsdrohung muß zunächst befremden, da sie

einer Gemeinde gilt, die Johannes vorher ausdrücklich lobt (Vers 2–
3.6). Verständlich wird der Gerichtsernst des Sehers und Propheten
von seiner Überzeugung her, daß »die Zeit nahe ist« (1,3), daß Christus in Bälde kommt. Die Gemeinde steht in der Gefahr, diesem
Tatbestand nicht gerecht zu werden und dem letzten Gericht zu verfallen. Davor will Johannes sie bewahren. Nach dem Weckruf
Vers 7 a folgt der abschließende Überwinderspruch Vers 7 b. Er
spricht eine eschatologische Verheißung aus, die zu der harten Gerichtsdrohung im Kontrast steht. Aber Drohung und Verheißung
gehören für Johannes zusammen. Die ephesinische Gemeinde steht
vor der Entscheidung, ob sie zu den auf ewig Geretteten oder Verlorenen gehört. Dem Überwinder, der siegreich bis zum Ende durch-
hält, sagt Johannes zu, daß er im Paradies vom Baum des Lebens
essen wird. Der Verfasser nimmt dabei eine geläufige jüdische Erwartung auf und bezieht sie auf die Überwinder: »Und er (Gott)
wird die Tore des Paradieses öffnen und wird das gegen Adam drohende Schwert entfernen. Und er wird den Heiligen vom Baum des
Lebens zu essen geben ...« (TLev 18,10 f.; ähnlich äth Hen 24,4;
25,4 f.). Nach dem Sündenfall war das Paradies verschlossen und
verschwunden. Man erhoffte nun die Wiederkehr des paradiesi-
schen Urzustandes (Gen 2,9), dessen Freuden zu genießen dem
Überwinder verheißen wird (vgl. aber auch den Vorgriff auf 22,2).

Das Schreiben nach Smyrna: 2,8–11

8 Und dem Engel der Gemeinde in Smyrna schreibe: Dies sagt
der Erste und der Letzte, der tot war und (wieder) lebendig
wurde: 9 Ich kenne deine Bedrängnis und Armut – aber du
bist reich – und die Verleumdung von seiten derer, die sagen,
sie seien Juden, und sind es nicht, sondern die Synagoge des
Satans.   10 Fürchte nicht (oder: nichts), was du erleiden
wirst! Siehe, der Teufel wird (einige) von euch ins Gefängnis
werfen, damit ihr versucht werdet; aber ihr werdet (nur) zehn
Tage Bedrängnis haben. Sei getreu bis in den Tod, so werde
ich dir den Kranz des Lebens geben.   11 Wer ein Ohr hat,
höre, was der Geist den Gemeinden sagt! Wer überwindet,
dem wird kein Schaden geschehen durch den zweiten Tod.

Literaturauswahl: Gerhardsson, B.: Christologische Aussagen 149–151. –
Goodenough, E. R.: Jewish Symbols in the Greco-Roman Period II, New
York/Toronto 1953, 79–81. – *Grundmann, H.:* Art. *stephanos,* ThWNT

VII, 615–635. – *Kittel, G.:* Das kleinasiatische Judentum in der hellenistisch-römischen Zeit, ThLZ 69 (1944) 10–20. – *Köster, H.:* Gnomoi Diaphoroi, in: *Köster, H. / Robinson, J. M.:* Entwicklungslinien durch die Welt des frühen Christentums, Tübingen 1971, 138. – *McNamara, M.:* The New Testament and the Palestinian Targum to the Pentateuch, AnBibl 27 (1966) 117–125. – *Müller, U. B.:* Prophetie 93–96. – *Pax, E.:* Funde 273f. – *Ramsay, W. M.:* Letters 251–280. – *Schüssler Fiorenza, E.:* Apocalyptic and Gnosis 571f. – *Tengbom, L. C.:* Studies 238–268. – *Zimmermann, H.:* Christus und die Kirche 186–188.

Smyrna liegt nördlich von Ephesus. Mit Ephesus und Pergamon kämpfte die Stadt um den Titel, »die Erste Asiens« zu sein. Sie gebärdete sich besonders romfreundlich und bemühte sich mit Erfolg, einen Tempel für Kaiser Tiberius, Livia und den Senat zu bauen (26 n. Chr.). Der Kaiserkult fand hier besondere Pflege. Das Judentum bildete eine starke Gruppe unter den Bewohnern. Es verstand sich als eine besonders Volkskörperschaft (griechisch: *laos*) innerhalb der Stadt. Eine Inschrift aus der ersten Hälfte des zweiten Jahrhunderts n. Chr. nennt die Juden solche, die *vordem* eine besondere Körperschaft (*laos*) gebildet haben, diese inzwischen aber nicht mehr sind. Zur Abfassungszeit der Offb könnte diese Sonderstellung der Juden also noch bestanden haben. Sie war wohl nach den Judenaufständen der trajanischen Zeit (115/6 n. Chr.) hinfällig geworden. Zu den Privilegien, die das Judentum der kleinasiatischen Städte besaß, gehörte die ungestörte Beachtung des Gesetzes, die freie Abhaltung des Gottesdienstes und die Befreiung vom Militärdienst, da die Sabbatheiligung und die Einhaltung der Speisevorschriften die Teilnahme daran nicht erlaubte (Jos Ant XIV 10,11–26). Das Judentum Smyrnas (wie auch der Asia überhaupt) scheint sich modernen, d. h. griechisch-römischen, Strömungen geöffnet zu haben, wie z. B. eine Inschrift zeigt, nach welcher »die Jüdin Rufina, Archisynagogin« ihren Freigelassenen und Pfleglingen ein Grab errichtete (Goodenough). Daß eine Frau ein solches sonst Männern vorbehaltenes Amt (Archisynagog) versah, beweist den Grad der Emanzipation in den hellenistischen Städten (Pax).
Über den Ursprung der christlichen Gemeinde in Smyrna erteilt das NT keine Auskunft. Allerdings scheint der spätere Bischof Polykarp von Smyrna einen Hinweis darauf zu geben, daß die Gemeinde zur Zeit des Paulus noch nicht existiert hat (Polyk 11,3). Ob Polykarp selbst zur Zeit der Abfassung dieses Schreibens bereits eine verantwortliche Stellung in der Gemeinde hatte, bleibt unsicher, da die Angabe, er habe vor seinem Märtyrertod 86 Jahre lang dem Herrn gedient (MartPolyk 9,3), historisch nicht sicher auszuwerten ist.

Was die weitere Geschichte der Gemeinde betrifft, so ist bemerkenswert, daß Ignatius von Antiochien die Gemeinde mit hohem Lob
bedenkt. Gleichzeitig warnt er vor doketischen Irrlehren, die aber
zur Zeit des Johannes noch keine Rolle gespielt haben.

Das Schreiben nach Smyrna beginnt wieder mit Schreibbefehl und
Botenformel (Vers 8). Der eigentliche Hauptteil setzt mit der Hinwendung zur Gemeindesituation ein, die ein Lob enthält, gleichzeitig aber die bedrängte Lage beschreibt (Vers 9). Auf den tröstenden
Zuspruch »fürchte nicht (oder: nichts) …« folgt als Begründung eine
futurische Heilsankündigung (Vers 10b). Diese konkretisiert zwar
zunächst das bevorstehende Leid der Gemeinde, durch die kurze
Dauer desselben (nur zehn Tage) erweist sich der Spruch jedoch als
Heilswort. Der Form nach entspricht der Zuspruch »fürchte
nicht(s) …« samt Heilsankündigung der Struktur des sog. Heilsorakels, das sich in atl., jüdischer und christlicher Prophetie (Lk 12,32)
findet (vgl. Exkurs 2). Eine Mahnung mit Verheißung ergänzt den
tröstlichen Zuspruch (Vers 10c). Mit den Rahmenelementen Weckruf und Überwinderspruch findet das Schreiben seinen Schluß
(Vers 11).

Anerkennung und Trost für die von außen bedrängte Gemeinde be-
herrschen das ganze Schreiben. Das betrifft bereits den Eingang. Die
Prädikate, die Christus in der Botenformel erhält, stammen wieder
aus der Vision (1,17b.18a). Dies geschieht nicht willkürlich, vielmehr hat der Verfasser die relativische Bestimmung »der tot war und
wurde (wieder) lebendig« mit Bezug auf die Gemeindesituation gewählt. Das Geschick Christi dient als tröstliches Vorzeichen für eine
Gemeinde, die in höchster Bedrängnis lebt und der Hoffnung bedarf, die in der Orientierung am Vorbild Christi gründet. Johannes
betont die äußere Armut, aber auch den geistlichen Reichtum der
Gemeinde (vgl. 2 Kor 6,10; Jak 2,5). Besonderer Anlaß der Bedrängnis ist die Verleumdung seitens der Juden, die die Christen in der
Stadt in Mißkredit brachten. Johannes polemisiert deshalb gegen sie:
Gegen ihren Anspruch, »Synagoge des Herrn« zu sein (Num 16,3;
20,4; 31,16; »Synagoge der Heiligen« PsSal 17,16), stellt er das Urteil, daß die Juden in Wahrheit »die Synagoge des Satans« sind. Er
hält den Judennamen hoch in Ehren, weil sich damit die Verheißungen Gottes an sein Volk verbinden, spricht ihn aber den Juden seiner
Zeit ab. An der Hochschätzung der Bezeichnung »Juden« wird
wohl deutlich, daß hier ein ehemaliger Jude schreibt, der inzwischen
Christ geworden ist und das wahre Israel im Christentum verwirklicht sieht.

Das Urteil über die Juden, Synagoge des Satans zu sein, hat seine nächste noch schärfere Parallele in Joh 8,39–48: Der Evangelist spricht den Juden die Abrahams- und Gotteskindschaft ab und stellt sie als Kinder des Teufels hin, die die Taten ihres wahren Vaters vollbringen müssen (8,44). Solche antijudaistischen Aussagen (vgl. noch Mt 21,33–43; 27,25; Apg 28,25–28) dokumentieren die Trennung vom Judentum, wie sie das frühe Christentum gegen Ende des ersten Jahrhunderts vollzogen hat. In etwa entspricht ihr auf jüdischer Seite die Einfügung der Verfluchung der Häretiker in das sog. Achtzehn-Bitten-Gebet, das ein Bestandteil des jüdischen Gottesdienstes war. Dies geschah auf der Synode zu Jabne (um 90 n. Chr.). Allerdings bezog sich die Verwünschung der Häretiker nicht speziell auf die (Juden-)christen, sondern auf alle, die sich vom Judentum losgesagt hatten. Immerhin traf dies auch die Christen.

Worin besteht nun der aktuelle und konkrete Anlaß für den Angriff des Johannes auf die Juden? Er wirft ihnen Verleumdung der Christen Smyrnas vor. Darunter wird man den jüdischen Versuch verstehen dürfen, die heidnische Bevölkerung und die Behörden mit bestimmten Anschuldigungen gegen die Christen aufzubringen. Die Apg berichtet darüber stereotyp – sicher auch als Erfahrung der eigenen Zeit (vgl. 13,45.50; 14,2; 17,5.13; 18,12f.).

In dem um 160 n. Chr. geschriebenen »Dialog mit dem Juden Tryphon« berichtet Justin von dieser jüdischen Feindschaft: Die Juden hätten die Schuld daran, daß die Völker eine vorgefaßte schlechte Meinung von den Christen besäßen (17,1). Auf das Konto der Juden gehe es auch, daß die Heiden diejenigen hinrichten, welche nur sagen, sie seien Christen (96,2). Entsprechend schildert der Bericht über das »Martyrium des Polykarp« die Juden der Stadt als eifrige Christenfeinde (12f.). Für die jüdische Haltung gab es religiöse Gründe: Die Christen galten als Häretiker, die das AT gotteslästerlich auslegten und die Heiden mit Erfolg für sich zu gewinnen suchten. Besonders die Konkurrenz, die das Christentum im Blick auf die Heiden darstellte, mußte die Feindschaft verstärken.

Unzureichend begründet ist die Meinung, hinter denen, die sich Juden nennen, verberge sich in Wirklichkeit eine synkretistische christliche Gruppe, die sich zum Schutz vor Verfolgung den Judennamen nur beilegt (Kraft), oder diese Juden seien mit den christlichen Nikolaiten zu identifizieren (Köster). Dagegen spricht: Die Juden in 2,8ff. und 3,7ff. bedrohen die Gemeinde von außen, die sonst genannten gegnerischen christlichen Gruppen aber von innen; die christlichen Gegner unterwandern die Gemeinden mit ihrer Lehre, von den Juden droht Verleumdung, die zur Verfolgung führt (Schüssler Fiorenza).

Nach der Hinwendung zur Gemeindesituation folgt das Heilswort,
das der Tröstung, mehr noch: das der göttlichen Befähigung, die
Leiden zu ertragen, dient (Vers 10ab). Es besteht aus dem Zuspruch
»fürchte nicht ...« (möglich ist auch die Lesart »fürchte nichts ...« im
Sinne »nichts von dem, was ...«) und der sich anschließenden Heilsankündigung. Diese nennt zunächst die kommende Bedrückung mit
dem Hinweis auf die drohende Einkerkerung. Da sie aber die Kürze
der Verfolgungszeit (»nur zehn Tage«) in freiem Anschluß an Dan
1,12.14 hervorhebt, bedeutet die Ankündigung letztlich eine Ermu-
tigung. Hinter den menschlichen Verfolgungen steckt letztlich der
Teufel, wenn es heißt, er würde einige Glieder der Gemeinde ins
Gefängnis werfen. Diese Aussage berührt sich mit 1 Petr 5,8, wo der
dortige Verfasser wohl auf dieselbe Zeit Bezug nimmt. Die Verfolgung gefährdet die Gemeinde als Versuchung zum Abfall von Christus. Im Grunde aber bedeutet diese vom Teufel bewirkte Versuchung eine Erprobung durch Gott, der die Glaubenstreue der Christen prüft (Zimmermann). Die Christen erwartet Verhaftung und
Gefängnis. Dies ist nicht so zu verstehen, als sei damit schon die
eigentliche Strafe gemeint, so daß die Todesstrafe noch nicht droht.
Einer solchen Deutung widerspricht sofort die Fortsetzung des Textes: »Sei getreu bis in den Tod ...« (Vers 10c). Im übrigen diente die
Einkerkerung nach römischem Brauch nur als vorübergehende
Maßnahme, die der eigentlichen Verurteilung vorausging, die etwa
Verbannung oder Tod vorsah (Ramsay 273f.).
Angesichts dieser bedrohlichen Aussicht ergeht der Aufruf, standhaft und treu zu sein (Vers 10c). Als Verheißung winkt »der Kranz,
der zum ewigen Leben gehört« (Bousset). Das Bild vom Lebens-
kranz könnte gerade hier der Sitte entstammen, bei sportlichen
Kampfspielen Siegerkränze zu verleihen, da Smyrna für seine Wett-
kämpfe berühmt war (vgl. 1 Kor 9,24; Phil 3,14; 2 Tim 2,5). Möglicherweise aber findet sich ein Nachklang der Vorstellung, daß die
Lichtgötter eine Strahlenkrone tragen (vgl. slavHen 14,2). Himmlische Wesen tragen ähnliche Kränze auch sonst in der Offb (4,4.10;
12,1; 14,14). In der eschatologischen Heilszeit gebührt diese Auszeichnung den Frommen (3,11). Die bedingte Verheißung von 2,10
könnte einer bereits geprägten Tradition entstammen, wie sie Jak
1,12; 2 Tim 4,8 greifbar ist (Grundmann). Nach dem Weckruf endet
das Schreiben mit dem Überwinderspruch (Vers 11). Der Überwinder ist hier der, der bis in den Tod treu bleibt. Ihn wird der zweite
Tod nicht treffen können, d. h. die endgültige Vernichtung, die die
Sünder nach dem Endgericht erleiden müssen (20,14f.; 21,8). Davon sind die standhaften Frommen befreit. Sie werden auferweckt

und sollen das Leben der Neuen Welt ererben (21,7). Die Rede vom zweiten Tod entstammt dem Judentum. So sagt der Jerusalemer Targum zu Dtn 33,6: »Laß Ruben leben in dieser Welt und nicht sterben beim zweiten Tod, bei welchem die Bösen sterben in der zukünftigen Welt« (McNamara).

Das Schreiben nach Pergamon: 2,12–17

12 Und dem Engel der Gemeinde in Pergamon schreibe: Dies sagt, der das zweischneidige scharfe Schwert hat: 13 Ich weiß, wo du wohnst, wo der Thron des Satans ist. Und du hältst an meinem Namen fest und hast den Glauben an mich nicht verleugnet, sogar in den Tagen des Antipas, meines treuen Zeugen, der bei euch getötet wurde, wo der Satan wohnt.   14 Aber ich habe weniges gegen dich, daß du dort solche hast, die an der Lehre Bileams festhalten, der den Balak lehrte, den Söhnen Israels einen Anlaß zu geben, Götzenopferfleisch zu essen und Unzucht zu treiben.   15 So hast auch du solche, die an der Lehre der Nikolaiten gleicherweise festhalten.   16 Kehre also um! Wenn nicht, werde ich bald über dich kommen und werde gegen sie mit dem Schwert meines Mundes Krieg führen.   17 Wer ein Ohr hat, höre, was der Geist den Gemeinden sagt! Wer überwindet, dem werde ich vom verborgenen Manna geben und werde ihm einen weißen Stein geben; und auf dem Stein (ist) ein neuer Name geschrieben, den niemand kennt als der, der ihn empfängt.

Literaturauswahl: Brox, N.: Zeuge und Märtyrer 92–105. – *Campenhausen, H. v.:* Die Idee des Martyriums in der alten Kirche, Göttingen 1936. – *Müller, U. B.:* Prophetie 65 f. – *Ders.:* Theologiegeschichte 21–26. – *North, R.:* Thronus Satanae Pergamenus, VD 28 (1950) 65–76. – *Pax, E.:* Funde 274 f. – *Ramsay, W. M.:* Letters 281–325. – *Schüssler Fiorenza, E.:* Priester für Gott. – *Dies.:* Apocalyptic and Gnosis in the Book of Revelation and Paul, JBL 92 (1973) 565–581. – *Strathmann, H.:* Art. *martys*, ThWNT IV 1942, 477–520. – *Tengbom, L. C.:* Studies 269–307. – *Zimmermann, H.:* Christus und die Kirche.

Pergamon war die offizielle Residenz des römischen Statthalters in der Provinz Asia und der religiöse Mittelpunkt der Provinz. Als heimische Kulte waren bedeutsam der des Zeus Soter, dessen riesiger Altar auf einer Hochebene, 300 Meter oberhalb der Stadt, emporragte, derjenige der Athena Nikephoros, des Dionysos und des

Heilgottes Asklepius. Wegen der Asklepiusverehrung und der damit
verbundenen Wunderheilungen hatte sich Pergamon zum »Lour-
des« der Provinz Asia entwickelt: Asklepius spielte im religiösen
Volksleben die größte Rolle. Da nun Asklepius den Stab mit der
Schlange als Sinnbild hatte und Johannes den Satan als »alte
Schlange« bezeichnet (12,9; 20,2), hat man beim »Thron des Satans«
eine Anspielung auf den Asklepiuskult sehen wollen (vgl. Caird).
Vielleicht liegt aber eine andere Deutung näher. Vom Standpunkt
des Sehers Johannes mußte der in Pergamon eingeführte Kaiserkult
besondere Beachtung finden (Bousset, Charles). Schon im Jahre 29
v. Chr. war hier auf Beschluß des Provinziallandtages ein Heiligtum
für den divus Augustus und die Göttin Roma errichtet worden. Pergamon gewann dabei kultische Bedeutung vor Ephesus und Smyrna.
Der Kaiserkult stellte im Unterschied zu den anderen Kulten für die
frühen Christen eine besondere Bedrohung dar, weil die Teilnahme
an ihm gleichbedeutend war mit der Loyalität dem Staat gegenüber,
die Verweigerung jedoch als staatsnegierende Gottlosigkeit galt. Die
untrennbare Verbindung von Politik und Religion machte ihn into-
lerant gegenüber solchen, die ihn verweigerten. Beim »Thron des
Satans« (2,13) spielt Johannes wohl auf den Kaiserkult und seinen
Tempel an. Für den Seher steht dieser im Zentrum seiner Angriffe
(vgl. Kap. 13). Er ist der Gipfel der heidnischen Gottlosigkeit. Der
»Thron des Satans« kann kaum den großen Zeusaltar meinen, da
dessen Kult die Christen nicht in gleicher Weise zur Teilnahme nö-
tigte (gegen Lohmeyer; zu den verschiedenen Interpretationsmög-
lichkeiten vgl. North). 13,2 bestätigt die Deutung des Satansthro-
nes. Der Drache, Bild für den Satan, gibt dem »Tier« aus dem Meer
als Symbolgestalt des Römischen Reiches Macht und Thron. Der
Thron des Tieres konnte deshalb mit Fug und Recht Satansthron
heißen. Allerdings ist zu beachten, daß diese Deutung sich aus den
Angaben von 2,12–17 allein noch nicht zwingend ergibt; sie wird
nur möglich im Zusammenhang mit der Betrachtung von Kap. 13.
Von der Entstehung der Gemeinde zu Pergamon verlautet im NT
gar nichts.
Der Aufbau des Schreibens nach Pergamon ist in sich durchsichtig.
Nach Schreibbefehl und Botenformel beginnt wieder der eigentliche
Hauptteil des Briefes (Vers 13). Die Hinwendung zur Gemeindesituation ist breit entfaltet; sie enthält zunächst nur Lob (Vers 13). Die
Gemeinde hat den Anfeindungen der heidnischen Umwelt widerstanden und das Bekenntnis zu Christus bewahrt. Mit »aber ich
habe gegen dich« setzt die traditionelle Form der Bußpredigt ein, die
auf das Verhältnis der Gemeinde zu den Nikolaiten eingeht. Die

Bußpredigt gliedert sich in die Anklage (Vers 14f.), eine kurze Mahnung zur Umkehr (Vers 16a) und die Gerichtsdrohung (Vers 16b).
Im Anschluß an den Weckruf (Vers 17a) folgt der hier breit formulierte Überwinderspruch (Vers 17b). Bei dieser Übersicht stellt sich
bereits das eigentliche Problem, das dieses Schreiben aufgibt. Es
scheint in zwei Teile zu zerfallen. Das Lob der Gemeinde bezieht
sich auf die bisherige Standhaftigkeit gegenüber äußeren Verfolgungen (Vers 13), die Bußmahnung hat die Gegner im Innern, also die
Nikolaiten, im Blick (Vers 14–16). Die Frage drängt sich auf, ob
zwischen beiden Themen eine innere Verbindung besteht.
Hauptinhalt des Schreibens ist die Warnung der Gemeinde vor der
Irrlehre der Gegner. Der Verfasser droht ihr das kommende Gericht Christi an, wenn sie nicht auf seine Vorhaltungen eingeht
(Vers 14–16). Dementsprechend erhält Christus in der Botenformel Vers 12b Prädikate, die auf seine künftige Richterfunktion Bezug nehmen: Er trägt das zweischneidige scharfe Schwert (vgl.
1,16), mit dem er die Irrlehrer bekämpfen wird (Vers 16). Bevor Johannes näher darauf eingeht, bestimmt er die Gemeinde als Christen, die bisher ihrem Glauben treu geblieben sind (Vers 13). Sie
haben angesichts von Anfeindungen am Namen Christi festgehalten und den Glauben an ihn nicht verleugnet. *Pistis* meint hier wohl
Glaube (wie 14,12) und nicht Treue (wie 2,19; 13,10). Es geht bei
dem Begriff um den Inhalt dessen, zu dem man sich bekennt
(14,12: »Glaube an Jesus« neben den »Geboten Gottes«; vgl.
12,17). Selbst in den Tagen des Antipas, der in Pergamon als Zeuge
Christi sterben mußte, bewahrte die Gemeinde ihren Glauben.
»Zeuge« ist hier noch nicht fester Begriff für den Märtyrer. Das
Wort bezeichnet nur das Bekenntnis zu Christus, das zum Anlaß
für den Tod wird: »So heißt auch Antipas in 2,13 nicht deshalb
›Zeuge‹, weil er getötet wird, sondern er wird getötet, weil er
Zeuge ist ...« (Strathmann 449; ähnlich Brox 103f.; Schüssler Fiorenza, Priester 242ff.). Mit der Erwähnung des sonst nicht bekannten Antipas (abgesehen von Stellen, die von 2,13 abhängig sind)
blickt der Verfasser in die Vergangenheit der Gemeinde. Dabei fällt
auf, daß er nur einen Fall von Martyrium nennt. Ungewiß bleibt,
welcher Art dieser bisher wohl einzige Fall ist. Es läßt sich nicht
entscheiden, ob Antipas einem regulären Gerichtsverfahren zum
Opfer fiel oder nur einem Ausbruch von Lynchjustiz einer aufge-
brachten Volksmenge. Für das erstere könnte die erneute Erwähnung »wo der Satan wohnt« (2,13b) sprechen (Zimmermann 186),
weil diese Bemerkung eine kausale Nebenbedeutung gewinnt: Antipas hätte den Tod gefunden, »weil er das Opfer vor der Kaisersta-

tue verweigerte, wie wir das in dem bekannten Pliniusbrief im einzelnen geschildert finden« (Kraft).

Mit Vers 13 scheint das Problem der Bedrohung von außen für dieses Schreiben erledigt zu sein. Vers 14–16 behandeln auf den ersten Blick nur innergemeindliche Auseinandersetzungen, die Frage der Gegner. Doch wird sich zeigen, daß das Gegnerthema gerade auf dem Hintergrund heidnischer Götterverehrung und damit auch des Kaiserkultes seine besondere Aktualität erfährt. Die Anklage Vers 14f. charakterisiert die Gegner. Vers 14 versucht, diese Leute durch Vergleich mit einem atl. Beispiel zu definieren. Bileam begegnet als Prototyp der Irrlehrer, der damals mit Hilfe von Balak die Israeliten zum Abfall verführte (Num 31,16; 25,1f.). In Vers 15 wird dann der Bezug zur Gegenwart der Gemeinde ausdrücklich hergestellt. Entsprechend dem atl. Beispiel hat die Gemeinde zu Pergamon Leute bei sich, die an der Lehre der Nikolaiten festhalten. Vers 15 enthält aber noch einen weiteren Vergleich: »So hast *auch* du solche, die an der Lehre der Nikolaiten gleicherweise festhalten.« *Auch* bezieht sich auf die Gemeinde zu Ephesus (2,6), die ebenso wie Pergamon mit den Nikolaiten zu kämpfen hatte (Charles). Johannes hat das Auftreten der Nikolaiten durch das atl. Beispiel deuten wollen (Vers 14), gleichzeitig weist er darauf hin, daß wie Ephesus auch Pergamon sich der Herausforderung durch die Gegner stellen mußte (Vers 15).

Die Lehre der Nikolaiten (Vers 15) steht parallel zur »Lehre Bileams« (Vers 14); dabei ist der zweite Ausdruck mit Rücksicht auf die Gegenwart gewählt (Bousset). Beide meinen dasselbe. Die ausdrückliche Erwähnung des Götzenopferfleisches (Vers 14) ist ebenfalls nicht dem atl. Text entnommen (Num 31,16; 25,1f.), sondern aus der gegenwärtigen Praxis der Irrlehrer in die Wiedergabe des atl. Beispiels eingetragen. Das Essen von Götzenopferfleisch meint den Genuß von den Göttern geweihtem Fleisch, das anläßlich von Opferungen geschlachtet wurde, wobei man das, was bei den Opfern übrigblieb, auf dem Markt zum Verkauf anbot. Das Essen von Götzenopferfleisch könnte aber auch allgemeiner die unmittelbare Teilnahme an heidnischen Festen bedeuten, die eine Verbindung zum Götterkult hatten. Gerade das Beispiel Num 25,1f., das Johannes aufgrund von Num 31,16 mit Bileam in Zusammenhang brachte, legt diese Interpretation nahe, da dort von ähnlichen Festen die Rede ist. Jedenfalls kam es bei heidnischen Feiern der hellenistischen Zeit oftmals zu Fleischverteilungen, die durch den Staat oder durch Spenden wohlhabender Bürger veranstaltet wurden.

Wenn nun die Nikolaiten »lehren«, dieses Fleisch zu essen, so setzt dies voraus, daß im Rahmen ihrer Lehre der Genuß geweihten Fleisches eine Begründung und damit wohl eine theologische Legitimation erfuhr. Als Parallele hat man die Pneumatiker Korinths anzuführen, mit denen Paulus darin übereinstimmt, daß die Erkenntnis, daß es keine Götzen in der Welt gibt, den Genuß jenes Fleisches im Grundsatz erlaubt (1 Kor 8,4). Bei den Nikolaiten wird eine ähnliche Begründung zu erschließen sein, wie sich aus 2,24 ergibt (vgl. Exkurs 3).

Als weiteres Element ihrer Lehre begegnet die Freiheit, »Unzucht« zu treiben. Hier mag der Gang zur gewerbsmäßigen Dirne gemeint sein oder eine andere Form freizügigen Geschlechtsverkehrs. Man hat jedoch zu beachten, daß schon bei den atl. Propheten der Abfall des Volkes von Gott unter dem Bild der Hurerei erscheint (Hos 2; Jes 1,21; 57,7 ff.; Jer 3,1–4,4; Ez 16,15 ff.; 23). Dieser bildliche Gebrauch wird auch hier eine Rolle spielen, zumal die Welthauptstadt Rom die große »Hure« ist, die die Völker zum Abfall von Gott verleitet (Offb 17,1 f.5; 19,2). Johannes muß beide Inhalte der gegnerischen Lehre, die Rechtfertigung des Essens von Götzenopferfleisch wie der »Unzucht«, von seinen theologischen Voraussetzungen her ablehnen. Diese werden im Schreiben nach Thyatira im einzelnen deutlich (2,24 f.).

Wie ist nun das Verhältnis zwischen dem Lob der Standhaftigkeit gegenüber dem Götzendienst (Vers 13) und der Abweisung der Gegner (Vers 14 f.) zu denken? Bedrohung von außen und innere Aufweichung durch Irrlehrer stehen in sachlichem Zusammenhang. Die Lehre der Nikolaiten ermöglicht es den Gemeindegliedern, an Feiern teilzunehmen, die eine Beziehung zu heidnischen Festen (etwa des Kaiserkultes) hatten und bei denen Fleisch geboten wurde. Sozial besser gestellte Christen konnten so ihre gesellschaftliche Position innerhalb der Stadt behalten. Dies betraf den Christen mit einem öffentlichen Amt in der Stadt (vgl. den Stadtkämmerer Erastos Röm 16,23) oder den privaten Geschäftsmann, der mit Rücksicht auf die berufliche Stellung bei öffentlichen und privaten Feiern erscheinen wollte. Die Lehre der Nikolaiten gestattete einen Kompromiß mit den etablierten Sitten oder Unistten der griechisch-römischen Gesellschaft (Ramsay 299 ff.). Beachtet man diese Zusammenhänge, gewinnt die scharfe Zurückweisung der Nikolaiten einen konkreten Hintergrund. Johannes fordert kompromißlos die totale Abgrenzung von allem heidnischen Wesen. Dem dient auch das anfängliche Lob der Gemeinde wegen ihrer früheren Standhaftigkeit gegenüber den Forderungen der Gesellschaft (Vers 13). Die Erinnerung an das konsequente Festhalten am Bekenntnis zu Christus in der Vergangenheit soll als Ansporn dienen für das entsprechende Verhalten in der Gegenwart. Damals hat die Gemeinde Nachteile und Verfolgungen nicht gescheut, sie soll sich auch jetzt nicht durch die Lehre der Gegner zu faulen Kompromissen mit dem Götzendienst der heidnischen Gesellschaft verführen lassen.

Weil hier Gefahr besteht, da die Gemeinde die Nikolaiten unter sich duldet, ist neben der Anklage (Vers 14 f.) die Bußmahnung nötig: »Kehre um!« Der Verfasser unterstreicht sie mit der sofort angefügten Gerichtsdrohung (Vers 16). Er kündigt das baldige eschatologische Kommen Christi an. Dieses gilt der ganzen Gemeinde (»über dich«); das Vernichtungsgericht wird aber nur die Anhänger der Nikolaiten treffen (»ich werde gegen sie Krieg führen«). Der wiederkommende Christus bedarf als einziger Waffe im Kampf gegen seine Feinde des »Schwertes aus seinem Munde«, d. h. der Kraft des göttlichen Wortes.

Im Anschluß an den Weckruf folgt der besonders ausgestaltete Überwinderspruch (Vers 17). Wer überwindet, also Jesu Namen festhält und den Glauben an ihn nicht verleugnet (Vers 13), wird in der Heilszeit himmlisches Manna bekommen und einen »weißen Stein« erhalten, der seine endgültige Zugehörigkeit zu Christus dokumentiert. Der erste Teil der Verheißung nimmt eine jüdische Erwartung auf, die ein Ereignis der Wüstenwanderung Israels eschatologisch aktualisiert: »Es wird zu jener Zeit geschehen, daß aus der Höhe Mannaschätze wiederum herniederkommen; sie werden zehren davon in jenen Jahren, weil sie es sind, die ans Ende der Zeit gekommen sind« (syrBar 29,8; vgl. Ex 16,32 ff.; 2 Makk 2,4–8). In der Gegenwart ist das Manna jedoch wie andere Heilsgüter bis zur eschatologischen Offenbarung verborgen. Der zukünftige Genuß himmlischen Mannas steht bei Johannes in beabsichtigtem Kontrast zum Essen des Götzenopferfleisches in der Gegenwart. Der eschatologische Lohn entschädigt die Rechtgläubigen für ihren Verzicht auf den Genuß des Fleisches, der Götzendienst bedeutet. Eine Anspielung auf das Herrenmahl ist hier wohl nicht beabsichtigt (auch nicht 2,7), da es um eine rein futurische Zusage geht.

Die andere Verheißung setzt den volkstümlichen Aberglauben an Amulette voraus (hier aus Stein), auf die ein zauberkräftiger Name eingraviert ist. Wer den Namen kannte, besaß damit Macht und Schutz gegenüber Geistern und Dämonen. Deshalb war es das Bestreben des Amulettbesitzers, den Namen geheimzuhalten. Entsprechend betont auch Johannes, daß nur der Überwinder den Namen kennt. Darin besteht seine Auszeichnung. Johannes benutzt die volkstümliche Vorstellung nur dazu, um die ungefährdete Stellung der Vollendeten zu beschreiben, die in ihrer Zugehörigkeit zu Christus ihren Grund hat. Denn der »neue Name« auf dem Stein ist der Name Christi selbst (19,12), der das gesicherte Heil der Vollendeten garantiert. Die dem Aberglauben entstammende Vorstellung liefert dem Propheten Johannes das Bildmaterial, um die Existenz der Frommen in der Heilszeit zu kennzeichnen.

Das Schreiben nach Thyatira: 2,18–29

18 Und dem Engel der Gemeinde in Thyatira schreibe: Dies sagt der Sohn Gottes, der seine Augen hat wie Feuerflamme und dessen Füße wie Golderz (?) sind: 19 Ich kenne deine Werke, die Liebe und die Treue, die Fürsorge und deine Standhaftigkeit, und deine letzen Werke (sind) größer als die ersten. 20 Aber ich habe gegen dich, daß du das Weib Isebel gewähren läßt, die sich selbst Prophetin nennt und lehrt und verführt meine Knechte, Unzucht zu treiben und Götzenopferfleisch zu essen.   21 Und ich habe ihr Zeit gegeben, daß sie umkehre,   und   sie   will   nicht   umkehren   von   ihrer   Unzucht.   22 Siehe, ich werfe sie aufs Krankenbett und, die mit ihr ehebrechen, in große Bedrängnis, wenn sie nicht umkehren von ihren Werken,   23 und ihre Kinder werde ich töten durch Pest. Und alle Gemeinden werden erkennen, daß ich es bin, der Nieren und Herzen erforscht, und ich werde euch jedem nach euren Werken geben.   24 Euch aber sage ich, den übrigen in Thyatira, die nicht diese Lehre haben, die nicht die Tiefen des Satans erkannt haben, wie sie sagen: Ich werfe keine andere Last auf euch –   25 außer: Was ihr habt, haltet fest, bis daß ich komme!   26 Und wer überwindet und bewahrt meine Werke bis zuletzt, dem werde ich Macht über die Völker geben –   27 und er wird sie mit eisernem Stabe weiden, wie man Tongeschirr zerschlägt –,   28 wie auch ich von meinem Vater empfangen habe, und ich werde ihm den Morgenstern geben.   29 Wer ein Ohr hat, höre, was der Geist den Gemeinden sagt.

Literaturauswahl: Boll, F.: Offenbarung Johannes 47–50. – Gerhardsson, B.: Christologische Aussagen 152–154. – Holtz, T.: Christologie. – Magie, D.: Roman Rule. – Müller, U. B.: Prophetie 66–72. – Ders.: Theologiegeschichte. – Pax, E.: Funde 274. – Ramsay, W. M.: Letters 316–353. – Schüssler Fiorenza, E.: Priester 364–368. – Dies.: Apocalyptic and Gnosis. – Teng-

bom, L. C. Studies 308–348. – *Zimmermann, H.:* Christus und die Kirche 189–194.

Auf halbem Wege zwischen Pergamon und Sardes gelegen, stand Thyatira in engerem Kontakt zu Pergamon. Die Stadt besaß Tempel des Apollo Tyrimnaios und der Artemis, doch anscheinend keinen, der dem Kaiserkult gewidmet war. Thyatira, eine Stadt der Kaufleute und Handwerker, nicht so sehr der kaiserlichen Beamten und Priester wie Pergamon, war bekannt wegen der Zahl ihrer Handwerksgilden. Inschriften belegen solche der Woll- und Leinenhersteller, der Schneider, Färber, Gerber und Kupferschmiede. Die Purpurhändlerin Lydia, die Paulus in Philippi beherbergte, stammte aus Thyatira (Apg 16,14) und mag einer der Gilden oder Zünfte angehört haben. Die Zünfte und privaten Vereine, zu denen man gehören mußte, wenn man am ökonomischen und gesellschaftlichen Leben teilnehmen wollte, pflegten, wie es in der hellenistischen Antike üblich war, Feiern zu veranstalten, die in ihren Satzungen festgelegt waren. Diese hatten immer auch religiösen Charakter und fanden etwa bei einem Tempel (im Tempelrestaurant) statt. Zu den Festmahlzeiten konnte auch der Genuß von Opferfleisch gehören (vgl. Ramsay 327 ff., Charles I 68–70).

Das Schreiben nach Thyatira erscheint in seinem Aufbau recht kompliziert. Zwar folgt der Rahmen dem Schema der sonstigen Schreiben. Dem Schreibbefehl (Vers 18 a) schließt sich die Botenformel an (Vers 18 b), und den Schluß bilden Überwinderspruch (Vers 26–28) und Weckruf (Vers 29). Doch ist der eigentliche Hauptteil ganz eigentümlich gestaltet. Die Hinwendung zur Gemeindesituation enthält zunächst ein Lob (Vers 19). Doch geht Vers 20 f. sofort zur Anklage über, weil die Gemeinde eine falsche Prophetin in ihrer Mitte gewähren läßt. Vers 20 f. dient seinerseits als Begründung für die folgende Gerichtsankündigung Vers 22.23 a. Diese wendet sich gegen die Prophetin und ihre Anhänger. Die Ankündigung beginnt mit »siehe« als einleitendem Element einer prophetischen Weissagung. Sie gliedert sich zunächst in einen zweiteiligen Parallelismus (Vers 22 a.b); berücksichtigt man noch Vers 23 a, so ergibt sich ein dreiteiliger Gerichtsspruch. Dieser steht jedoch nicht isoliert für sich da, vielmehr ordnet sich das Gericht einem höheren Ziel zu, das in der folgenden Erkenntnisformel ausgedrückt ist (Vers 23 b). Was der Prophet ansagt (Vers 22.23 a), rückt in die dienende Funktion eines Erweises von Christi endgerichtlichem Handeln. Johannes folgt in Vers 20–23 einer traditionellen prophetischen Redeform (Müller, Prophetie 67–70). Die Abfolge Anklage (Vers 20 f.) – Gerichtsan-

kündigung (Vers 22.23 a) – Erkenntnisformel (Vers 23 b) weist in die
atl. Prophetie, wo sie z. B. in 1 Kön 20,28 in knapper Form und in
Ez 25 in fünffacher Wiederholung vorkommt (Vers 3 b–5.6–7.8–
11.12–14.15–17). Es handelt sich um das sog. Erweiswort, bei dem
es nicht um die bloße Ankündigung von Gericht geht, sondern um
die dadurch bewirkte Erkenntnis Gottes. Vers 20–23 gehören auch
deshalb zusammen, weil hier die Prophetin und ihre Anhänger im
Vordergrund stehen, während der übrige Teil des Schreibens primär
die übrige Gemeinde anspricht. Dies ist der Fall in Vers 24 f.: Hier
erfolgt die traditionelle Mahnung (allerdings ohne den üblichen
Bußruf). Die Gerichtsdrohung, die sonst die Mahnung dringlich
macht, fehlt. Statt dessen schließt sich der Überwinderspruch
(Vers 26–28) direkt an die Mahnung an, um durch die Verheißung
die Mahnung zu verstärken. Der Weckruf ist wegen der engen Verklammerung von Mahnung und Überwinderspruch an den Schluß
gerückt.
Stärker noch als das Schreiben nach Pergamon behandelt dieses die
Frage von Gegnern in der Gemeinde. Dementsprechend spielt die
Ansage des Gerichts eine große Rolle. Dies hat Einfluß auf die Formulierung der Botenformel (Vers 18 b): Die Beschreibung Christi
nimmt Bezug auf die Vision des Menschensohngleichen (1,14f.),
wobei die »Augen wie Feuerflamme« Hinweis auf den durchdringenden Blick des Richters sein sollen. Im übrigen begegnet Christus
hier mit dem Titel »Sohn Gottes« – ein singulärer Gebrauch im Rahmen der Offb.
Einleitend erhält die Gemeinde großes Lob (Vers 19): Johannes betont an ihrem Verhalten zuletzt – und damit hervorgehoben – ihren
»Dienst« und ihre ausdauernde »Standhaftigkeit« bei äußerer Bedrückung. Diese gehören zu den »Werken« der Gemeinde, nach denen sie dereinst gerichtet wird (2,23), wozu auch die Glaubenstreue
zählt. *Pistis = Treue* (wie 13,10) ist hier wie in anderen Schriften der
2./3. Generation (anders Paulus) als ethische Tugend verstanden
(vgl. Hebr 6,11f.; 10,22–25; 10,36–39; Jak 1,2f.; 1 Clem 5,6; 6,2;
27,3; ansonsten siehe die Ausführungen zu Offb 2,2f.). »Dienst«
meint wohl Unterstützung für Arme in der Gemeinde. Daß so etwas
in besonderem Umfang möglich war, weist darauf hin, daß es wohl-
habende Leute in der Gemeinde gab, die für die Armen eintreten
konnten (vgl. die aus Thyatira stammende Purpurhändlerin Lydia
Apg 16,14). Die positive Kennzeichnung der Gemeinde schließt mit
der Bemerkung, daß ihr letztes Verhalten besser sei als ihr früheres.
Entgegen der Gemeindesituation in Ephesus (2,4f.) findet also die
Gegenwart ein Lob. Diese Anerkennung dient dazu, die Gemeinde

für die ernsten Vorhaltungen empfänglich zu machen, die den größten Teil des Schreibens bestimmen.

Johannes klagt die Gemeinde an, daß sie eine bekannte Frau bei sich
wirken läßt, die vom Seher so apostrophierte Prophetin »Isebel«. Es
scheint, daß die Gemeinde diese Frau als Lehrerin und Prophetin
anerkannte. Jedenfalls vermißt Johannes den Widerspruch der Gemeinde gegen sie. Während etwa Ephesus sich gegen die Prinzipien
der Nikolaiten gewandt hat (2,6), vertritt diese Frau ungehindert
eine entsprechende Lehre in der Gemeinde: Sie verführt dazu, Unrecht zu treiben und Götzenopferfleisch zu essen (2,20 wie 2,14).
Dabei kommt ihre Position einem Bedürfnis der Christen Thyatiras
entgegen (ähnlich in Pergamon). Sie vermochte es, ein ethisches Verhalten christlich zu rechtfertigen, das im Einklang blieb mit den Sitten der heidnischen Gesellschaft in der Stadt. Wollte man weiterhin
in den Handwerksvereinen bleiben und an ihrem geselligen Leben
teilnehmen wie bisher, so war der Genuß von Götzenopferfleisch
geradezu unumgänglich. Denn zu den damals üblichen Vereinsfesten gehörten gemeinsame Mahlzeiten, zu denen man jenes Fleisch
gereicht hat. Vor allem aber standen solche Feste unter religiösem
Vorzeichen. Die Vereinsmitglieder kamen unter dem Patronat einer
Gottheit zusammen, und die Feste enthielten heidnisch-religiöse
Zeremonien, die allerdings mehr den formalen Rahmen abgaben, als
daß sie Ausdruck lebendiger Frömmigkeit waren. Sich abseits von
diesen Klubs zu halten brandmarkte den Betreffenden als Außensei-
ter, als Feind der bestehenden Gesellschaft (Ramsay 347f.). Wegen
seiner rigorosen Ablehnung jeglichen Götzendienstes bezeichnet
Johannes die Propagandistin des Ausgleichs mit den heidnischen Sitten mit einem symbolischen Namen, der sie diskreditiert (vgl. die
»Lehre Bileams« 2,14): Wie die heidnische Königstochter Isebel Israel zu heidnischen Lastern (Hurerei, Zauberei) verführte (1 Kön
16,31; 21,25 f.; 2 Kön 9,22), so tut es die jetzige »Isebel« in Thyatira.
Wieder erscheint eine atl. Gestalt als Prototyp gegenwärtiger Göt-
zenverführung.

Wie haben die Anhänger der »Isebel« ihre freizügige Haltung begründet? Sie beanspruchten, die »Tiefen des Satans« erkannt zu haben (2,24). Was immer dies genauer meint, jedenfalls wird hier der
besondere Erkenntnisstand der Gruppe anvisiert, der die glaubens-
mäßige Basis ihrer ethischen Folgerungen war (2,20). Dieser Schluß
drängt sich aufgrund der Textaussagen auf. Der Verfasser beschreibt
die »Rechtgläubigen« in der Gemeinde (»die übrigen« Vers 24) als
solche, die nicht jene Lehre haben, Unzucht zu treiben und Götzenopferfleisch zu essen; ebenso erscheinen sie als die, die nicht die

»Tiefen des Satans« erkannt haben wie die Irrlehrer. Beides steht
parallel. Aus der negativen Beschreibung ergibt sich die positive Folgerung. Für die Gegner stellt das zweite wohl die Begründung für
das erste dar (vgl. Exkurs 3). Ihre Erkenntnis ist ein Zeichen besonderer Vollkommenheit, die sie frei macht und instand setzt, jenes
ethische Verhalten zu zeigen. Johannes unterstellt den Gegnern als
eigene These »Satanserkenntnis« (»wie sie sagen« Vers 24). Man
wird jedoch berücksichtigen müssen, daß Johannes das negativ charakterisiert, was bei den Gegnern durchaus positiv und dementsprechend anders gemeint ist. Wahrscheinlich behaupten sie, die »Tiefen
Gottes« zu erkennen (vgl. 1 Kor 2,10). So dachten jedenfalls die
späteren Gnostiker (Charles I 73). Für Johannes bedeutet das Essen
von Götzenopferfleisch und die Unzucht eine Befleckung mit heidnischem Götzendienst. Eine Lehre, die solches ermöglicht, mußte
als Satanserkenntnis verurteilt werden (Müller, Theologiegeschichte
22f.).
Nachdem Johannes in der Anklage betont hat, daß schon einmal –
ohne Erfolg – eine Bußwarnung an das »Weib« ergangen ist
(Vers 21), geht er zur Gerichtsankündigung über (Vers 22f.), die aus
drei Gliedern besteht. Die erste Zeile »Siehe, ich werfe sie aufs Krankenlager« benutzt eine hebraisierende Wendung, wie sie Ex 21,18
(LXX); 1 Makk 1,5; Jdt 8,3 vorgebildet ist. Wahrscheinlich spielt der
Verfasser hier auf das freizügige Verhalten der Frau an: Er kündigt
ihr das Krankenlager an anstatt des Bettes, das der Unzucht diente
(Bousset). Die zweite (Vers 22b) und dritte (Vers 23a) Zeile der Gerichtsankündigung hat man wohl in übertragenem Sinne zu deuten.
Die ganze Gemeinde zu Thyatira ist durch die Lehre der Prophetin
gefährdet. Entsprechend werden ihre Anhänger (»die mit ihr ehebrechen«, »ihre Kinder«) mit Gericht bedroht. Dabei benutzt der
Verfasser beim dritten Teil der Ankündigung (Vers 23a) wieder eine
semitisierende Wendung (wie 6,8): »Ich werde töten mit Pest« entspricht der griechischen Wiedergabe (LXX) des hebräischen Textes
von Ez 33,27.
Die dreizeilige Gerichtsankündigung (Vers 22.23a) steht nicht isoliert für sich, vielmehr dient das angedrohte Gericht einem höheren
Ziel, das in der folgenden Erkenntnisformel ausgedrückt ist
(Vers 23b). Das Gericht an »Isebel« soll für die Gemeinde der Anstoß sein, Christi unentrinnbares Richterhandeln zu erkennen. Was
der Prophet ansagt (Vers 22.23a), rückt somit in die dienende Funktion eines Erweises von Christi endgerichtlichem Handeln ein, das
den Gemeinden gilt. Christus sieht in das Verborgene und kennt das
Innere des Menschen (Ps 7,10; Jer 11,20; 17,10). Das zeitliche Ge-

richt an »Isebel« hat eschatologische Dimension für die Gemeinden insgesamt. Ansonsten obliegt Gott das individuelle Weltgericht (20,11–15).

In der Mahnung (Vers 24f.) wird weiter deutlich, warum Johannes die gegnerische Lehre ablehnt. Er macht der Gemeinde zunächst klar, daß er ihnen keine neue Gesetzeslast auferlegt. Nur das, was sie haben, was bei ihnen bisher schon in Geltung steht, daran sollen sie festhalten. Die gesetzlichen Bestimmungen, an die Johannes die Gemeinde verweist, verbieten anscheinend genau dies, was die Anhänger »Isebels« zu tun gestatten. Es handelt sich um Regelungen, die denen des sog. Apostoldekrets entsprechen (Apg 15,28f.). Zu dieser Einsicht führt die Beobachtung, daß beide Texte, Offb 2,24f. und Apg 15,28f., in ihrer Aussage gleich strukturiert sind (vgl. Exkurs 3). Nach Apg 15,28f. gehören zu den unabdingbaren Bestimmungen die Enthaltung von Götzenopferfleisch, von Blut, von Ersticktem und Unzucht. Johannes nennt nur die erste und die letzte Forderung. Dies wird mit der aktuellen Lehre der »Isebel« zusammenhängen, die die vollkommenen Christen speziell von diesen beiden freispricht. Bei den Bestimmungen des sog. Apostoldekrets geht es darum, eine Befleckung mit Götzen zu vermeiden (Apg 15,20), wie sie etwa beim Genuß von den Göttern geweihtem Fleisch eintreten konnte. Aus dieser Absicht heraus schreibt auch Johannes. Er fordert die Gemeinde Thyatiras auf, das absolut Notwendige zu beachten, was bisher schon in Geltung stand. Die Anhänger »Isebels« erscheinen ihm als gefährliche Neuerer, die die Gemeinde an den heidnischen Götzendienst ausliefern, wenn sie die Freiheit von den Mindestforderungen erklären. Von daher wird der Zorn gegen sie verständlich.

Der Schluß der Mahnung (Vers 25) lenkt den Blick auf den wiederkommenden Christus (»bis daß ich komme«). Die Mahnung gewinnt dadurch besondere Dringlichkeit. Speziell leistet dies der unmittelbar angefügte Überwinderspruch, der hier zum ersten Mal in den Sendschreiben vor dem Weckruf steht. Die Mahnung wird unter die Verheißung gestellt (Vers 26–28). Der Überwinder, d. h., wer sein ethisches Verhalten konsequent bis zuletzt an den geltenden Forderungen ausrichtet (vgl. Vers 25), erhält eine dreifache Verheißung. Die erste Ankündigung verspricht ihm Macht über die gottlosen Völker, wie auch Christus sie von seinem Vater empfangen hat. Hier findet sich dieselbe Verheißungsstruktur wie in 3,21. Diese erste grundlegende Machtverheißung erfährt nun eine doppelte Konkretisierung, die in ihrer Bildhaftigkeit nicht einfach zu verstehen ist. Zunächst zeigt Vers 27, daß der standhafte Gläubige Funktionen

übernehmen wird, die an anderen Stellen nur von Christus ausgesagt
werden (12,5; 19,15): Er wird die Völker »mit eisernem Stabe weiden, wie man Töpfergeschirr zerschlägt«. Unter Aufnahme von Ps
2,9 (vgl. PsSal 17,21–25) beschreibt der Verfasser das zukünftig-
richterliche Handeln an den Völkern, das der Durchsetzung der
Herrschaft über sie dient. Wieweit hier (wie wohl 19,15) ihre Vernichtung gemeint ist, läßt sich schwer entscheiden. Auch der Vergleich mit dem Zerschlagen von Töpfergeschirr muß noch nicht unbedingt die definitive Vernichtung bedeuten. Vielmehr entstammt
dieses Bild altägyptischen Krönungsritualen, bei denen der König
durch symbolisches Zerschlagen von Tongefäßen seine Macht über
fremde Völker demonstriert. Vers 27 will vor allem die herrscherliche Macht der Überwinder ausdrücken, weniger aber eine Aussage
über das eschatologische Geschick der Heiden machen (Schüssler
Fiorenza 366). Diesem Ziel dient auch die abschließende Verheißung
(Vers 28 b). Nach 22,16 ist Christus selbst der Morgenstern. Wenn
nun Christus diesen Morgenstern, d. h. sich selbst, den Überwindern geben will (so ist trotz des Einspruchs von Bousset und Lohmeyer zu interpretieren), dann heißt das, daß sie seine Macht erhalten werden.

Die Herkunft dieses Bildes ist nicht sicher auszumachen. Die in der
Regel behauptete Abhängigkeit von Num 24,17 (»der Stern aus Jakob« als Bild für den Messias) erklärt noch nicht die Besonderheit,
daß Johannes vom Morgenstern spricht (Holtz 157). Möglicherweise spielen astral-mythologische Vorstellungen eine Rolle (vgl.
die Auslegung zu 22,16). Der Morgenstern, die Venus, galt in der
Antike als Symbol der Herrschaft. Den Morgenstern als Bild für die
Ausgießung des Heiligen Geistes zu deuten (Lohmeyer, Kraft),
bleibt unbegründet. Eine solche Interpretation würde kaum in den
Kontext passen. Im Überwinderspruch will Johannes die zukünftige
Herrschaft der Gläubigen beschreiben – ein Gedanke, der bei ihm
auch sonst vorkommt (1,6; 5,10; 20,4).

Abschließend stellt sich die Frage, warum gerade dieses Schreiben
die kommende Herrschaft der Überwinder so hervorhebt. Das mag
seinen Grund in der aktuellen Fronthaltung haben. Gegen die An-
passungsbereitschaft an das heidnische Leben von seiten der Irrlehrer betont der Seher: »Nicht dem Heidentum gebührt die Weltherrschaft, sondern den Gläubigen allein« (Lohmeyer).

Das Schreiben nach Sardes: 3,1−6

1 Und dem Engel der Gemeinde in Sardes schreibe: Dies sagt, der die sieben Geister Gottes und die sieben Sterne hat: Ich kenne deine Werke, daß du den Ruf hast, daß du lebst und bist (doch) tot.   2 Werde wach und stärke den Rest, der schon zu sterben droht. Denn ich habe deine Werke nicht erfüllt gefunden vor meinem Gott.   3 Gedenke darum, wie du empfangen und gehört hast, und bewahre (es) und kehre um! Wenn du nun nicht aufwachst, (dann) werde ich kommen wie ein Dieb, und du sollst nicht wissen, zu welcher Stunde ich über dich kommen werde.   4 Aber du hast wenige Personen in Sardes, die ihre Kleider nicht befleckt haben, und sie werden mit mir wandeln in weißen (Kleidern); denn sie sind es wert.   5 Wer überwindet, wird so mit weißen Kleidern angetan werden, und niemals werde ich seinen Namen aus dem Buch des Lebens löschen, und ich werde seinen Namen vor meinem Vater und vor seinen Engeln bekennen.   6 Wer ein Ohr hat, höre, was der Geist den Gemeinden sagt.

Literaturauswahl: Gerhardsson, B.: Christologische Aussagen 154f. – *Hauck, W.:* Art. *molyno,* ThWNT IV, 1942, 744f. – *Holtz, T.:* Christologie. – *Johnson, S. Z.:* Christianity in Sardis, in: Studies of H. R. Willonghby, Chicago 1961, 81–90. – *Michaelis, W.:* Art. *leykos,* ThWNT IV, 1942, 247–256. – *Müller, U. B.:* Prophetie 57–62. – *Ders.:* Theologiegeschichte 38f. – *Pax, E.:* Funde 266–270. – *Ramsay, W. M.:* Letters 354–390. – *Tengbom, L. C.:* Studies 349–386. – *Zimmermann, H.:* Christus und die Kirche.

Sardes galt in der römischen Zeit als die Stadt mit großer Vergangenheit. Einst war sie die Hauptstadt des Königreiches Lydien, dessen sagenhaft reicher König Krösus (um 560 v. Chr.) noch heute sprichwörtlich bekannt ist. Unter persischer Herrschaft war sie immerhin der Sitz eines Satrapen. Danach verlor die Stadt an Bedeutung. Im Jahr 17 n. Chr. wurde sie durch ein Erdbeben zerstört, durch eine großzügige Spende von Kaiser Tiberius aber wieder aufgebaut. Um an die vergangene Größe anzuknüpfen, bemühte sich Sardes mit anderen Städten der Provinz Asia um das Pivileg, einen Tempel für Tiberius, seine Mutter Livia und den römischen Senat zu errichten (26 n. Chr.). Vergeblich – Smyrna bekam den Zuschlag. In römischer Zeit bestimmte der Wollwarenhandel das geschäftliche Leben; das Bild von den weißen Kleidern könnte damit in Zusammenhang stehen (3,4 f.). Die christliche Gemeinde zu Sardes begegnet hier zum ersten Mal im frühesten Christentum.

Das Schreiben nach Sardes enthält in seinem Hauptteil zunächst die bereits bekannte Form der Bußpredigt. Vers 1c formuliert die Hinwendung zur Gemeindesituation als Anklage, wobei Vers 2b näher erklärt, worin der beklagte Zustand besteht. Mit der Anklage verbindet sich die Mahnung (Vers 2a.3a). Ihre Grundelemente liegen in der appellierenden Erinnerung an den Empfang der christlichen Botschaft in der Vergangenheit der Gemeinde und der darauf aufbauenden Aufforderung umzukehren. In Vers 3b erfährt die Mahnung durch eine bedingte Gerichtsdrohung ihre Dringlichkeit. Damit könnte das Schreiben eigentlich schließen; der Verfasser hat alle Elemente der traditionellen Bußpredigt in den Dienst seines Schreibens gestellt (vgl. Exkurs 2). Doch erfordert die Situation in der Gemeinde eine Fortsetzung. Es gibt einige wenige, die nicht der Bußpredigt bedürfen. Ihnen kann der Prophet aufgrund ihrer untadeligen Haltung das eschatologische Heil direkt ankündigen – ohne weitere Bedingung (Vers 4). Was Vers 4 nur wenigen ansagt, verheißt der Überwinderspruch anschließend jedem Überwinder in der Gemeinde. Mit dem stereotypen Weckruf endet das Schreiben (Vers 6). Als Ganzes erinnert es an das Schreiben nach Ephesus, da es hier in ähnlicher Weise um den Gegensatz zwischen der anfänglichen Blütezeit, als die Gemeinde die christliche Botschaft empfing, und der bedenklichen Gegenwart geht.

Damit steht der Interpret bereits vor dem Problem, was Johannes an dieser Gemeinde auszusetzen hat. Vielfach sieht man in der Lauheit und Nachlässigkeit der Christen von Sardes den Grund der Kritik. »Tod« und »Schlaf« sind danach Bilder für diesen kläglichen Zustand der Gemeinde (Zimmermann 194). Zufrieden mit ihrer Mittelmäßigkeit, hat sie nicht den Enthusiasmus, eine Irrlehre zu entwickeln, noch besitzt sie die Überzeugungsstärke, die Anlaß zur Verfolgung gewesen wäre (Caird). Bei dieser Deutung ist das Bild leitend, das man sich von der Gemeinde zu Laodizea macht (vgl. 3,15 f.). Doch fragt sich, ob diese Interpretation wirklichen Anhalt am Text hat. Zwar könnten die Bilder von »Schlaf« und »Tod« in diese Richtung weisen, bei Vers 4 zeigt sich aber eindeutig, daß die Situation der Gemeinde anders ausgesehen hat. Die Gemeinde hat ihre »Kleider« befleckt, d. h., sie hat sich (im Sinne des Johannes) geschlechtlichen Ausschweifungen hingegeben (vgl. Jud 23). Damit taucht das Problem der »Unzucht« auf, das auch für Pergamon und Thyatira aktuell war. Man wird also die Situation in Sardes ähnlich wie in jenen Gemeinden sehen müssen, die von libertinistischen Irrlehrern

bedroht waren (Bousset, Wikenhauser). Mit den Etiketten Lauheit –
Halbheit – Mittelmäßigkeit erfaßt man den Zustand der Gemeinde
kaum zureichend. Allerdings fehlt jede Erwähnung von Irrlehrern.
Das ist ein Hinweis darauf, daß diese Gemeinde (bis auf wenige
Vers 4) einheitlich ausgerichtet war und eine Aktivität von Irrlehrern
nicht eigens genannt werden mußte. Dementsprechend heißt sie
»tot« (Vers 1) bzw. dem »Tode« nahe (Vers 2), und Johannes bedroht
sie mit dem Gericht (Vers 3 b). Daß er überhaupt noch Einwirkungs-
möglichkeiten sieht (immerhin auch bei den Anhängern der »Isebel«
2,22 b), mag daran liegen, daß die Gemeinde zu Sardes nicht in derselben Weise der Gefahr des Götzendienstes verfallen ist wie die Irrlehrer und ihre Anhänger in Pergamon und Thyatira. Es fehlt der
Vorwurf, Götzenopferfleisch zu essen. Durchgängig aber wirft Johannes der Gemeinde vor, daß sie die nötigen Werke, d. h. das vom
Seher geforderte sittliche Verhalten, nicht mitbringt.
In der Botenformel (Vers 1 b) ist ein spezieller Bezug auf die Gemeindesituation oder das besondere Anliegen des Johannes noch
nicht erkennbar (anders Caird, Kraft). Christus erscheint als Herr
der sieben Geister, die vor Gottes Thron sind (1,4) und die zu besonderen Diensten auf Erden ausgesandt werden (5,6). Gemeint sind
die sieben Thronengel Gottes, über die der Christus Macht hat
(Holtz 138–140). Wie im Schreiben nach Ephesus hält Christus
auch die sieben Sterne in der Hand, die die Engel der Gemeinden
repräsentieren (1,20). Die Tendenz, Christus in seiner Machtstellung hervorzuheben, scheint wohl das einzige Ziel bei der Ausgestaltung der Botenformel zu sein. Die Anklage kritisiert die Gemeinde wegen ihres Mangels an Werken. Sie steht im Ruf zu leben,
ist aber in Wirklichkeit tot (Vers 1 b). Was von der Gemeinde als
ganzer übriggeblieben ist, dieser Rest droht zu sterben. Vor Gottes
Urteil kann die Gemeinde mit ihrem sittlichen Verhalten nicht bestehen. Deutlich ist angesichts dieser Ausführungen, daß sich für
Johannes wirkliches Leben der Gemeinde in Werken, d. h. in sittlichen Taten, manifestiert. Das Fehlen von Werken bedeutet Totsein
bzw. Schlaf. Johannes steht damit in jüdischer Tradition, in der
»Schlaf« und »Tod« den Sündenzustand des Menschen bezeichnen
(z. B. PsSal 16,1–3) – eine Vorstellung, die im frühen Christentum
nachgewirkt hat (Röm 13,11 f.; Kol 2,13; Eph 2,1.5; 5,14). Wie aber
kann die Gemeinde im Ruf stehen, daß sie lebt? Sie besaß wohl ver-
meintliche Vorzüge, die ihr den guten Ruf verschafft haben. Anscheinend fühlte sie sich bereits im Besitz des »Lebens«, das in der
Taufe als Heilsgabe vermittelt wird (vgl. Röm 6,4.11; Kol 2,13; Eph
2,5).

Nach außen hin konnte eine solche Überzeugung durch verschiedene Geistesgaben sichtbar werden, die die angeblich Vollendeten
zum Beweis ihrer Stellung demonstrierten, z. B. die ekstatische
Zungenrede. Dieser Schluß bleibt zwar im Blick auf Sardes eine Vermutung; er gewinnt jedoch an Wahrscheinlichkeit, wenn man an
vergleichbare Erscheinungen in anderen christlichen Gemeinden jener Zeit denkt. In Korinth praktizierten einzelne Gläubige die Zungenrede, die man als Sprache der Engel ansah (1 Kor 13,1), aufgrund
des Bewußtseins, schon zu den Vollendeten zu gehören (1 Kor 4,8).
Auch in Thyatira gibt es deutliche Zeichen eines Vollkommenheits-
bewußtseins (2,24).

Johannes greift das Vollkommenheitsbewußtsein der Gemeinde an,
weil es sich nicht in der Erfüllung von Werken ausdrückt, sondern in
der Freiheit von gesetzlichen Normen. Anscheinend erlaubt das
»Leben«, das die Gemeinde schon zu haben glaubt, die Praktizie-
rung sexueller Freizügigkeit (Vers 4). Diese Position widerspricht
der Einstellung des Johannes total.

Die Mahnung (Vers 2 a) orientiert sich an der Beurteilung der Gemeinde in der Anklage. Dabei geht der Verfasser bei der Auswahl
seiner Bildworte von der Gleichung Wachen = Leben, Schlafen =
Sterben aus. Die Gemeinde soll aufwachen, weil der Richter naht
(Vers 3 b). Im Ruf zum Wachwerden folgt Johannes der frühchristlichen Paränese, die gerade für die letzte Zeit vor dem Eintreffen des
Richters zu verschärfter Achtsamkeit und sittlichem Handeln auffordert (1 Thess 5,6; Röm 13,11 f.; Mk 13,35; 1 Petr 5,8). Diese
eschatologisch bestimmte Mahnung, die mit dem baldigen Ende
rechnet, widerspricht einer Haltung der Gemeinde, die das »Leben«
schon zu haben glaubt und mit dem Kommen des Richters ernstlich
nicht rechnet. Auffällig ist, daß der Gemeindeengel (»du«) betont
zur Stärkung der sterbenden Glieder der Gemeinde aufgerufen
wird. Dieser Ruf geht zwar zunächst an ihn als den himmlischen
Repräsentanten derselben; gleichwohl ist damit die Gemeinde als
ganze gemeint. Jedenfalls spricht der Verfasser nicht besondere
Amtsträger an. Vers 3 a führt näher aus, in welcher Form das Aufwachen geschehen soll. Die Mahnung ist zweiteilig: a) Die Gemeinde
möge sich an die einmal gehörte christliche Botschaft erinnern und
dauernd daran festhalten (jeweils Imperativ Präsens). b) Im Blick auf
den Gegenwartszustand möge sie jetzt umkehren zu einem Leben
entsprechend der früheren Verkündigung (einmaliger Akt: Imperativ Aorist). Es geht Johannes immer um das Einhalten von Geboten
(12,17; 14,12). Die Gemeinde zu Thyatira etwa soll den Gesetzes-
vorschriften treu bleiben, die bislang bei ihr gültig waren (2,25). Der

Schluß scheint erlaubt, daß die Erinnerung an das einmal Gehörte
auch hier gesetzliche Bestimmungen im Blick hat, zu deren Befol-
gung die Gemeinde umkehren soll. Dieser Deutung entspricht die
Anklage des Johannes, der das erforderliche Maß an Werken bei der
Gemeinde nicht vorgefunden hat (Vers 2 b).

Die Gerichtsdrohung (Vers 3 b) ist durch das Stichwort »Aufwachen« mit der Mahnung (Vers 2 a) verklammert. Christus kündigt
der Gemeinde das eschatologische Strafgericht an, wenn sie die
Mahnung nicht befolgt. Johannes knüpft dabei an frühchristliche
Traditionen an. Im Gleichnis Mt 24,42 ff. par. ist die Figur des Diebes nur ein Teil der Bildhälfte, ohne direkt mit Christus verglichen
zu werden. 1 Thess 5,2; 2 Petr 3,10 bringt die Unberechenbarkeit des
Tages des Herrn mit dem nächtlichen Kommen des Diebes in Beziehung. Offb 3,3; 16,15 aber vergleicht das Kommen Christi unmittelbar mit dem des Diebes, um den drohenden Charakter herauszustellen, der im unvermuteten Erscheinen Christi liegt.

Mit Anklage, Mahnung und Gerichtsdrohung könnte das Schreiben
schließen. Johannes fügt aber eine Heilsankündigung an die wenigen
in der Gemeinde an, die sich nicht durch sexuelle Freizügigkeit befleckt haben. Er gebraucht das Bild von den Gewändern im Blick auf
den Menschen als ganzen. Es geht um den im irdischen Leben der
Glaubenden vorhandenen »Heilsstatus«, den sie durch ihre Taten
bewahren oder verlieren können (Holtz 73). Faktisch geschieht
diese Befleckung allerdings am Leibe des Menschen – durch bestimmte Formen geschlechtlichen Verkehrs mit Frauen (vgl. 14,4;
Jud 23). Auf keinen Fall stellt die Nichtbefleckung der Kleider, die
Johannes bei wenigen rühmt, nur einen symbolischen Ausdruck für
die bewährte Glaubenstreue der Gemeinde dar (gegen Hauck 745).
Der Nichtbefleckung im irdischen Leben entspricht die Auszeichnung, die die kleine Zahl der Bewährten in der eschatologischen Zukunft erhält (Vers 4 b). Sie werden weiße Kleider empfangen entsprechend der Vorstellung, daß die Gewänder der Vollendeten weiß
sind (3,5.18; 6,11; 7,9.13). Weiß ist die Farbe der himmlischen Welt.
Hinter der Verheißung von Vers 4 b steht die jüdische Erwartung,
daß die Gerechten dereinst »Kleider der Herrlichkeit« tragen werden (äthHen 62,15 f.; slavHen 22,8; vgl. Michaelis 250 f.). Diese
Aussage zielt auf die Vorstellung einer verklärten Leiblichkeit der
Gerechten in der kommenden Herrlichkeit.

Was Vers 4 b wenigen in der Gemeinde ohne weitere Bedingung verheißt, das eröffnet der Überwinderspruch (Vers 5) als grundsätzliche
Möglichkeit für jeden »Überwinder«, der umkehrt. Er wird mit den
»weißen Gewändern« die verklärte Leiblichkeit der neuen Welt

empfangen. Christus wird seinen Namen nicht aus dem »Buch des Lebens« streichen. Mit dieser Wendung nimmt der Verfasser die jüdische Konzeption auf, wonach vor Gott ein Buch geführt wird, in dem sich die Namen der Frommen aufgezeichnet finden, die zum Leben in der zukünftigen Herrlichkeit bestimmt sind (Dan 12,1; äthHen 47,3; 104,1; 108,3; im NT: Lk 10,20; Phil 4,3; Hebr 12,23). Johannes hat diese Vorstellung breit entfaltet (13,8; 17,8; 20,12.15; 21,27). Wenn der Name des Überwinders im »Buch des Lebens« bleibt, wird er beim Endgericht den Lohn seiner Taten endgültig erlangen (20,12). Dann nämlich wird Christus vor dem aus Gott und den Engeln bestehenden Gerichtshof als Zeuge und Anwalt für die Seinen eintreten. Christus selbst wird nicht richten; das ist Gott vorbehalten (vgl. 20,11–15). Er wird sich zu den »Überwindern« bekennen. Mit dieser letzten Ankündigung knüpft Johannes an eine ihm wohl aus der mündlichen Überlieferung bekannte Verheißung an, die ihre Entsprechung in Herrenworten der synoptischen Tradition hat (Mt 10,32 par Lk 12,8; Mk 8,38). Dabei steht die hier vorliegende Form dem Wort Mt 10,23 besonders nahe, da beide Male Christus sich in der Ich-Form äußert ohne Gebrauch des Menschensohntitels.

Berücsichtigt man den Überwinderspruch, so bestätigt sich abschließend, daß Johannes im Schreiben nach Sardes nicht gegen Lauheit und Halbheit kämpft, sondern gegen libertinistische Tendenzen, speziell des Sexualverhaltens. Denn der Spruch generalisiert gerade die Verheißung, die sich an die wandte, die ihre »Kleider« nicht befleckt haben (Vers 4). Der »Überwinder« ist hier in Sonderheit derjenige in den Gemeinden, der sich von »Unzucht« fernhält.

Das Schreiben nach Philadelphia: 3,7–13

7 Und dem Engel der Gemeinde in Philadelphia schreibe: Dies sagt der Heilige, der Wahre, der den Schlüssel Davids hat, der öffnet, und niemand kann (wieder) schließen, und der schließt, und niemand kann (wieder) öffnen: 8 Ich kenne deine Werke – siehe, ich habe vor dir eine Tür geöffnet, die niemand (wieder) schließen kann – daß du (nur) eine kleine Kraft hast und hast (doch) mein Wort bewahrt und meinen Namen nicht verleugnet. 9 Siehe, ich füge es: Die aus der Synagoge des Satans, die sagen, sie seien Juden, und sind es nicht, sondern sie lügen – siehe, ich werde sie dahin bringen, daß sie kommen und vor deinen Füßen niederfallen werden

und erkennen, daß ich dich geliebt habe. 10 Weil du mein
Wort von der Standhaftigkeit bewahrt hast, werde auch ich
dich vor der Stunde der Versuchung bewahren, die über den
ganzen Erdkreis kommen wird, die Bewohner der Erde zu versuchen. 11 Ich komme bald. Halte fest, was du hast, damit
niemand deinen Kranz nehme. 12 Wer überwindet, (den)
werde ich zu einer Säule im Tempel meines Gottes machen,
und er wird ihn nicht mehr verlassen müssen, und ich werde
auf ihn den Namen meines Gottes schreiben und den Namen
der Stadt meines Gottes, des neuen Jerusalem, das aus dem
Himmel herabkommt von meinem Gott, und (dazu) meinen
neuen Namen. 13 Wer ein Ohr hat, höre, was der Geist den
Gemeinden sagt.

Literaturauswahl: Gerhardsson, B.: Christologische Aussagen 155 f. –
Holtz, T.: Christologie. – *Magie, D.:* Roman Rule. – *Müller, U. B.:* Prophetie 96–100. – *Pax, E.:* Funde 276. – *Ramsay, W. M.:* Letters 391–412. –
Schüssler Fiorenza, E.: Priester für Gott 213–216. – *Tengbom, L. C.:* Studies
387–420. – *Wilckens, U.;* Art. *stylos,* ThWNT VII 1964, 732–736. – *Zimmermann, H.:* Christus und die Kirche.

Die Stadt Philadelphia lag südöstlich von Sardes in der Landschaft
Lydien. Es war eine relativ junge Stadt, die erst von König Attalus
II. Philadelphus (159–138 v. Chr.) gegründet und nach ihm benannt
wurde. Über das Judentum der Stadt, das der christlichen Gemeinde
zu schaffen machte, ist weniger bekannt als über jenes aus Smyrna,
Ephesus oder Sardes (zu letzterem vgl. Pax 266–270). Immerhin
zeigt eine Inschrift aus dem 3. Jahrhundert n. Chr. das Vorhanden-
sein einer Synagoge.
Die christliche Gemeinde zu Philadelphia wird hier zum ersten Mal
erwähnt. Sie erhält wenig später ein ähnlich positives Urteil durch
den Bischof Ignatius von Antiochien. Allerdings muß er vor christlichen Irrlehrern mit judaisierenden Tendenzen warnen, die Johannes
noch nicht zu kennen scheint.
Die Gliederung des Schreibens zeigt, daß Johannes sehr impulsiv, ja
geradezu sprunghaft formuliert. Auf die stereotype Einleitungswendung »ich kenne deine Werke« (Vers 8) folgt nicht sofort die genauere Kennzeichnung der Gemeindesituation. Vielmehr schließt
sich ein Heilswort an: »Siehe, ich habe vor dir eine Tür geöffnet ...«
Dieses unterbricht die durch die Wendung »ich kenne deine Werke«
eingeleitete Belobigung der Gemeinde, die erst in Vers 8 b zum Zuge
kommt. Das Heilswort in Vers 8 hat den Charakter einer Paren-

these. Es spricht vom eschatologischen Heil, das Christus der Gemeinde aufgrund ihrer Bekenntnistreue bereits geschaffen hat (Per-
fekt). Vers 9 konkretisiert die Aussage von Vers 8 durch ein neues
Heilswort, das allerdings eine futurische Ankündigung macht. Wieder mit »siehe« als Element prophetischer Rede eingeführt, beabsichtigt der Spruch Vers 9 eine Zukunftsverheißung, zunächst jedoch gerät er zur Anklage gegen die Juden der Stadt, so daß der
Prophet den Satz noch einmal mit »siehe« aufnehmen muß, um den
Heilsspruch zu Ende zu führen. Vers 10 beginnt wiederum mit dem
Lob der Gemeinde (wie Vers 8) und baut darauf eine weitere Heilsankündigung auf, die die Bewahrung vor der endzeitlichen Drangsal
zum Inhalt hat. Angesichts der positiven Einschätzung der Ge-
meinde fällt die Mahnung ganz kurz aus (Vers 11); es fehlt der sonst
übliche Ruf zur Umkehr. Mit Überwinderspruch (Vers 12) und
Weckruf (Vers 13) endet das Schreiben in der vorgegebenen Weise.
Anhand dieser Übersicht wird bereits deutlich, daß Johannes die
Gemeinde nur loben kann und dementsprechend in der Lage ist, ihr
die eschatologische Erlösung jetzt schon zuzusprechen. In dieser
Hinsicht ähnelt dieses Schreiben sehr stark jenem nach Smyrna.
Auch in anderer Beziehung besteht Übereinstimmung. Beide Male
hat die Gemeinde Anfeindungen durch Juden zu erleiden. In
Smyrna gab es Verleumdungen (2,9), worunter man wohl bestimmte
Anschuldigungen vor den heidnischen Mitbewohnern und den Be-
hörden der Stadt zu verstehen hat.

In dreifacher Weise verheißt Christus die eschatologische Rettung
der Gemeinde (Vers 8.9.10). Dementsprechend bereitet die Boten-
formel (Vers 7a) darauf vor, indem sie die göttliche Zuverlässigkeit
Christi (»der Heilige«, »der Wahre«) sowie seine eschatologische
Macht (»der den Schlüssel Davids hat ...«) herausstellt. Mit dem
Titel »der Heilige« ist eine der häufigsten Gottesbezeichnungen des
Judentums auf Christus übertragen (vgl. 6,10). »Der Wahre« stellt
zwar keine gängige Gottesprädikation dar, immerhin begegnet das
Attribut zur Charakterisierung des göttlichen Wesens und Wirkens
(z. B. Ex 34,6; Ps 86,15; Jes 65,16). In der Offb erscheint »wahr«
neben »treu« als Charakterisierung für die Worte des vorliegenden
Buches (21,5; 22,6) wie für Christus selbst (3,14; 19,11). Der Be-
griff meint in Vers 7b die wahrhaftige Zuverlässigkeit des Wirkens
Christi, die gerade im Blick auf seine Ankündigung des baldigen
Eschaton Geltung hat. Die Botenformel betont also die spezifische
Autorität des Sprechers. Die Worte Christi haben aber auch deshalb Gewicht, weil er als der mit Macht Begabte zur Gemeinde redet: »Er hat den Schlüssel Davids ...« Der Verfasser nimmt dabei

auf Jes 22,22 Bezug und deutet es messianisch um. Die atl. Stelle
spricht vom »Schlüssel zum Hause Davids« und meint damit die
Vollmacht des Zugangs zum königlichen Palast, die der Jes 22,20
genannte Eljakim besitzt. Johannes interpretiert neu: Es geht um
den Schlüssel zur Stadt Davids, dem neuen Jerusalem, von dem das
Schreiben in 3,12 handelt (Lohmeyer, Holtz 86). Christus hat also
Macht, über Teilnahme oder Ausschluß vom himmlischen Jerusalem und damit von der eschatologischen Heilsgemeinde zu verfügen. Mit Blick auf die Auferstehung der Toten ist ähnliches in 1,18
ausgesagt.

Daß Christus seine Macht bereits angewandt hat, drückt das erste
Heilswort in Vers 8 aus. Er hat der Gemeinde die Tür zum ewigen
Heil aufgesperrt. Die Entscheidung über sie ist gefallen. Denn sie
hat sich trotz Anfeindung und Verfolgung zu Christus und seinem
Wort öffentlich bekannt (Vers 8 b).

Der Gedanke wird in Vers 10 a wiederholt, allerdings so, daß jetzt
ergänzend von der Bewahrung des Wortes Christi die Rede ist, das
zur Standhaftigkeit auffordert (»mein Wort von der Standhaftigkeit«). Man könnte das Possessivpronomen »mein« auch anders beziehen und übersetzen: »Du hast das Wort meiner Standhaftigkeit
bewahrt« und dabei Christi vorbildhafte Geduld ausgesprochen finden (Bousset, Charles). Möglich wäre auch das Verständnis: das
Wort, das vom »Harren auf mich« handelt (Lohmeyer). Doch legt
die enge Beziehung von Vers 10 a zu 8 b nahe, daß auch in Vers 10 a
vom Wort Christi die Rede ist, daß also das Possessivpronomen
»mein« zu »Wort« gehört (Lohse, Zimmermann 188).

Die Verfolgungen, die die Gemeinde zum Bekenntnis zu Christus
nötigten, gingen von den Juden der Stadt aus. Dies ist aus ihrer
scharfen Verurteilung zu erschließen (Vers 9 a), die fast wörtlich 2,9
wiederholt. Wahrscheinlich hat man wie dort mit »Verleumdung«
durch sie zu rechnen, d. h. mit Beschuldigungen, die die Juden gegen die (konkurrierenden) Christen erhoben haben. Wieder spricht
Johannes den Judennamen, den er in Ehren hält, den vorfindlichen
Juden ab.

Johannes geht über eine Anklage gegen sie hinaus und kündigt ihnen
im Heilswort an die Gemeinde das Gericht an (Vers 9 b). In Aufnahme von Worten wie Jes 45,14; 49,23; 60,14 prophezeit Johannes,
daß die Juden sich dereinst vor dem neuen Gottesvolk der christlichen Gemeinde zu Füßen werfen werden. Die Schärfe dieser Ankündigung erhellt, wenn man bedenkt, daß sie atl. Stellen in Umkehrung ihres Sinnes anwendet, die ursprünglich von der Unterwerfung der Heiden vor dem auserwählten Gottesvolk handeln, z. B.:

»Und zu dir kommen gebückt die Söhne deiner Bedrücker, und alle, die dich geschmäht haben, werden vor deinen Füßen niederfallen« (Jes 60,14). In Offb 3,9 geht es um die endzeitliche Unterwerfung der Juden, keinesfalls aber um ihre kommende Bekehrung zum christlichen Glauben (Caird). Nicht die Juden sind die von Gott Geliebten (Jes 43,4), vielmehr müssen sie erkennen, daß Christus diese christliche Gemeinde zu Pergamon geliebt hat. Johannes spricht von der Liebe Christi im Vergangenheitstempus (Aorist); er versetzt sich dabei in die zukünftige Situation, wenn die Juden im Rückblick die liebende Zuwendung Christi erkennen müssen. Für die Gemeinde in der bedrängten Gegenwart bedeutet diese Verheißung Trost: Sie erfährt, daß die Liebe Christi sich nicht nur in der Vergangenheit (Heilstod Jesu 1,5) gezeigt hat, sondern auch die konfliktbeladene Gegenwart bis zum Eschaton bestimmt (Schüssler Fiorenza 214 f.).

Die bisher gegebene Interpretation geht davon aus, daß es sich bei den »Juden« um wirkliche Juden handelt. Eine andere Deutung (Kraft) sieht in den Gegnern eine schismatische christliche Gruppe, die sich den Judennamen nur zugelegt hat, ohne es wirklich zu sein. Aufgrund der angeblich gleichen Situation, die Ignatius von Antiochien in seinem Schreiben an die Gemeinde zu Philadelphia voraussetzt (IgnPhld 6.8), sei auch für Offb 3,7ff. anzunehmen, daß in Philadelphia eine Spaltung stattgefunden habe. Nur ein verhältnismäßig kleiner Teil der Gemeinde sei übriggeblieben; deshalb spreche Johannes von der »kleinen Kraft« der Gemeinde (3,8). Diese Deutung ist unhaltbar. Von einer Spaltung innerhalb der Gemeinde verlautet im Text nichts. Die Gemeinde als ganze wird gelobt. Aufgrund der Parallelität zu 2,13 kann das Bekenntnis zu Christus (Vers 8) nur die Standhaftigkeit vor der heidnischen Gesellschaft und ihren Behörden meinen, nicht aber die Glaubenstreue gegenüber Irrlehrern. 3,7ff. handeln von äußerer Bedrückung und Verfolgung, nicht aber von inneren Kämpfen mit Irrlehrern. Ignatius bezieht sich auf eine ganz andere Problemsituation der Gemeinde.

In einem dritten Heilswort verkündet Johannes der Gemeinde die Bewahrung vor der endzeitlichen Bedrängnis, die als Versuchung über die Erdenbewohner kommt (Vers 10). Hier schaut Johannes, der innerhalb der Sendschreiben nur lokal begrenzte Ereignisse nennt, auf eine umfassende, den ganzen Erdkreis betreffende Notzeit. Es ist die Epoche des Entscheidungskampfes zwischen Gott und Satan, die Zeit des Tieres (Kap. 13), die dem Anbruch der endgültigen Heilszeit vorausgeht. Die Stunde der Prüfung und Versuchung

trifft dabei vor allem die nichtgläubigen Erdenbewohner (6,10; 8,13;
11,10; 12,12; 13,8.12.14; 17,2.8), aber auch die Mehrzahl der Christen, da eigentlich nur im Blick auf sie von einer Versuchung geredet
werden kann (Bousset). Die Christen Pergamons jedoch sollen davor bewahrt bleiben. Es geht nicht nur um die Zusage, daß sie in
jener Versuchung nicht zu Fall kommen; denn damit wäre der Gemeinde bloß verheißen, was allen Gläubigen zugesichert ist (7,1–8).
Die Gemeinde zu Pergamon hat ihre Feuerprobe bereits bestanden
(Vers 8 b.10 a) und bedarf keiner weiteren mehr (Bousset). Johannes
kündigt ihr das baldige Kommen Christi an, das hier nur tröstlichen
Sinn hat (anders 2,5.16; 3,3), und fügt eine kurze Mahnung zur
Standfestigkeit an. Die Gemeinde soll sich den Kranz, der als Zeichen der Vollendung für sie schon bereitliegt (vgl. 2 Tim 4,8; Jak
1,12), nicht nehmen lassen (ähnlich 2,10). Der sonst übliche Ruf zur
Umkehr kann bei dieser Gemeinde fehlen.
Der Überwinderspruch (Vers 12) setzt in seiner reich ausgestalteten
Form die Tendenz des ganzen Schreibens fort. Er häuft Heilsprädikat über Heilsprädikat für den Überwinder, d. h. nach dem Zusammenhang denjenigen, der die Enddrangsale entsprechend der Verheißung von Vers 10 unangefochten durchgestanden hat. Als erstes
gilt ihm die Zusage, zu einer »Säule im Tempel Gottes« zu werden.
Dahinter steht die Vorstellung des himmlischen Gottestempels, der
von Säulen gestützt wird (Wilckens 732 ff.). Ähnlich wie die Apostel
der Urgemeinde als »Säulen« in Ansehen standen (Gal 2,9; vgl. Eph
2,19–22; 1 Petr 2,5) und den »Bau« der Kirche trugen, so sollen die
»Überwinder« unwiderruflich (vgl. dagegen den »Leuchter« 2,5) als
»Säulen« im endzeitlichen »Bauwerk« der Heilsgemeinde dienen.
Vers 12 spricht also von einem Tempel Gottes in der kommenden
Heilszeit. Allerdings ist diese Vorstellung deutlich metaphorisch gemeint: Der Tempel Gottes bedeutet die Heilsgemeinde. Deshalb besteht kein wirklicher Widerspruch zur Aussage von 21,22 (Holtz
197), wonach es im »neuen Jerusalem« keinen Tempel gibt, vielmehr
Gott und das Lamm der Tempel sein werden. Der Verfasser gebraucht die Tempelvorstellung beide Male in bildlicher Weise – allerdings jeweils verschieden akzentuiert. Als weitere Verheißung wird
dem »Überwinder« dreifach zugesichert, einen neuen Namen zu erhalten: Er wird Gottes Eigentum sein, weil er seinen Namen trägt
(14,1); er hat das Bürgerrecht der Heilszeit, weil auf ihm der Name
des »neuen Jerusalem« geschrieben steht (21,1.10); er gehört Christus unbedingt an, weil er mit dessen »neuem Namen« gezeichnet ist
(19,12). Nach antikem Namenglauben resultiert aus dem Empfang
eines neuen Namens ein Wechsel in der Zugehörigkeit des Trägers;

er empfängt eine andere Machtstellung, er tritt in eine neue Ordnung ein. So hier der »Überwinder«. Dabei bezieht sich das Personalpronomen (»ich werde auf *ihn* den Namen ... schreiben«) wohl direkt auf den »Überwinder«, nicht auf die »Säule im Tempel Gottes«. Es geht zentral um das eschatologische Geschick des bewährten Frommen. Als Träger des neuen Namens Christi erlangt er eine besondere Auszeichnung (vgl. Jes 62,2): Er hat den Namen, den allein Christus kennt (19,12) und der ihm entscheidende Macht verleiht, weil niemand sonst ihn weiß.

Das Schreiben nach Laodizea: 3,14—22

14 Und dem Engel der Gemeinde in Laodizea schreibe: Dies sagt, der »Amen« heißt, der treue und wahre Zeuge, der Anfang der Schöpfung Gottes.   15 Ich kenne deine Werke, daß du weder kalt noch heiß bist. Wärest du doch kalt oder heiß!   16 So (aber) weil du lau bist und weder heiß noch kalt, will ich dich ausspeien aus meinem Munde.   17 Denn du sagst: Reich bin ich, reich geworden und habe keine Not, und weißt nicht, daß gerade du elend, erbärmlich, arm, blind und nackt bist.   18 Ich rate dir, von mir im Feuer geläutertes Gold zu kaufen, damit du reich werdest, und weiße Kleider, damit du dich bekleiden kannst und die Schande deiner Nacktheit nicht (mehr) sichtbar ist, und Salbe, um deine Augen zu salben, damit du sehen kannst.   19 Alle, die ich liebe, weise ich zurecht und züchtige sie. Zeige nun Eifer und kehre um!   20 Siehe, ich stehe vor der Tür und klopfe an. Wenn einer auf meine Stimme hört und die Tür öffnet, werde ich zu ihm hineingehen und das Mahl mit ihm halten und er mit mir.   21 Wer überwindet, ihm werde ich geben, sich mit mir auf meinen Thron zu setzen, wie auch ich überwunden habe und mich mit meinem Vater auf seinen Thron gesetzt habe.   22 Wer ein Ohr hat, höre, was der Geist den Gemeinden sagt.

Literaturauswahl: Ehrhardt, A.: Das Sendschreiben nach Laodizea, EvTh 17 (1957) 431–445. – *Gerhardsson, B.:* Christologische Aussagen 157–160. – *Holtz, T.:* Christologie 143–147. – *Johnson, S. E.:* Laodicea and its Neighbors, Biblical Archaeologist 13 (1950) 1–18. – *Müller, U. B.:* Prophetie 73–76. – *Pax, E.:* Funde 275 f. – *Ramsay, W. M.:* Letters 413–430. – *Schüssler Fiorenza, E.:* Priester 245. 362 f. – *Tengbom, L. C.:* Studies 421–461. – *Zimmermann, H.:* Christus und die Kirche 194–196.

Laodizea lag am südlichen Ufer des Lykus als wichtige Stadt der
Landschaft Phrygien zwischen den Nachbarstädten Hierapolis im
Norden und Kolossä im Süden. Unter Antiochus II. (261–246
v. Chr.) gegründet und nach seiner Frau Laodice benannt, entwik-
kelte sich die Stadt bald zu einem wichtigen Handelszentrum. Die
verkehrstechnische Lage begünstigte dies: Die Stadt war Schnitt-
punkt bedeutender Handelsstraßen, von denen eine, vom Orient
her kommend, nach Ephesus führte. Laodizea galt als wichtiges
Bankzentrum, in dem Cicero etwa Geld zu wechseln empfahl (ad
Atticum 5,15). Der Reichtum der Stadt betraf auch die dortigen Juden, bei denen der römische Statthalter Flaccus eine große Summe
jüdischer Tempelgelder beschlagnahmte (62 v. Chr.). Laodizea war
bekannt als Zentrum der Leinen- und Wollherstellung, gleichzeitig
als Sitz einer Ärzteschule und Heilmittelindustrie, deren Medizinen
in der damaligen Welt vielfachen Absatz fanden. Offensichtlich ist,
daß Johannes auf den Reichtum, die Bedeutung der Textilindustrie
und die ärztliche Kunst der Stadt in Vers 18 anspielt – allerdings in
Umkehrung des Selbstbewußtseins der Bürger, das auch die Christen in der Stadt geprägt zu haben scheint. 60/61 n. Chr. zerstörten
Erdbeben die Stadt. Jedoch gelang es ihr, sich alsbald zu erholen und
zu neuer Blüte zu gelangen. Der römische Historiker Tacitus berichtet darüber: »In demselben Jahre wurde eine bedeutende Stadt
Kleinasiens, Laodizea, durch ein Erdbeben zerstört. Doch half sie
sich ohne irgendwelche Beihilfe unsererseits nur durch eigene Kraft
wieder auf« (Annalen 14,27). Im Gegensatz zu anderen Städten der
Provinz, die ebenfalls zerstört wurden, verzichtete Laodizea auf
kaiserliche Unterstützung.

Die christliche Gemeinde Laodizeas dürfte von einem Mitarbeiter
des Apostels Paulus, Epaphras, gegründet sein, jedenfalls hat dieser
in den drei Gemeinden des Lykustales Kolossä, Hierapolis und Laodizea gewirkt (Kol 4,12 f.). Paulus selbst kennt diese Gemeinden
nicht persönlich (Kol 2,1). Zur Zeit von Kol 4,15 versammelt sich
die Gemeinde im Haus der Nympha. Der Verfasser von Kol fordert
dazu auf, den Kolosserbrief nach Laodizea zu schicken, damit die
Warnung vor der kolossischen Irrlehre auch nach Laodizea gelangt;
außerdem soll der Brief an Laodizea, der nicht mehr erhalten ist, in
Kolossä verlesen werden (Kol 4,16). Alle diese Nachrichten zeigen,
daß die christliche Gemeinde Laodizeas in paulinischer Tradition
steht.

Der Aufbau des Schreibens läßt erkennen, daß die Form der traditionellen Bußpredigt auch hier nachwirkt, allerdings verändert
durch den Einfluß prophetischer Gerichtsrede, die an sich endgülti-

ges Gericht ansagt (Vers 16). Vers 15 beginnt mit der Anklage. Vers 16a nimmt diese auf und benutzt sie als Begründung für die in Vers 16b folgende Gerichtsankündigung. Denkt man an die atl. Propheten, so enthält Vers 15f. einen vollständigen Prophetenspruch, der aus Anklage (Scheltwort) und Gerichtsankündigung (Drohwort) besteht. Allerdings bleibt Johannes dabei nicht stehen. Es geht ihm nicht um die Ansage unwiderruflichen Gerichts, sondern um den Ruf zur Umkehr, der der Gemeinde noch eine Chance eröffnet. Johannes wiederholt die Anklage (Vers 17), die die wahre Lage der Gemeinde aufdeckt, und fügt eine dringliche Mahnung an (Vers 18), die zur Aufhebung der tatsächlichen Verfassung der Gemeinde (»arm, blind und nackt«) führen soll. Vers 19a erklärt, warum der Verfasser es nicht bei der Gerichtsansage beläßt: Er verweist auf die Liebe Christi. Vers 19b faßt die Mahnung in dem traditionellen Umkehrruf zusammen. Berücksichtigt man die Form der Bußpredigt (vgl. Exkurs 2), so müßte nun die Gerichtsdrohung folgen. Statt dessen steht ein dreigliedriger Heilsspruch, der in bedingter Form Heil verkündet. Auch dieses Schreiben endet mit Überwinderspruch und Weckruf.

Die Besonderheit des Schreibens nach Laodizea besteht darin, daß Johannes nicht einmal einen Rest loben kann (vgl. 3,4), der seinem Bilde von intaktem Christentum entspricht. Die Gemeinde als ganze verdient Anklage und Gericht. Der Seher verurteilt die falsche Selbstzufriedenheit und Selbstgefälligkeit der Gemeinde. In ihrer Sattheit scheint sie sich in der Welt eingerichtet zu haben und die unvergänglichen Güter Christi, die den wahren Reichtum ausmachen, nicht zu sehen. Um so mehr stellt Johannes Jesus Christus heraus, der als Richter und Mahner sein gültiges »Zeugnis« ausrichtet.

In der Botenformel erhält deshalb Christus ein Hoheitsprädikat Gottes, wenn er im Anschluß an Jes 65,16 (nicht LXX) »Amen« heißt. Was damit gemeint ist, erläutert die Hinzufügung »der treue und wahre Zeuge« (vgl. 1,5; 3,7). Christus »bezeugt«, d. h. offenbart, das Wirken Gottes treu und zuverlässig. Christus heißt auch »der Anfang der Schöpfung Gottes«. An sich könnte das entsprechende Wort für »Anfang« im Griechischen auch »Prinzip«, »Ursache«, »Urgrund« heißen. Der sachliche Zusammenhang mit Aussagen, wonach Gott bzw. Christus »der Anfang und das Ende« genannt wird (21,6; 22,13; vgl. 1,8.17; 2,8), zeigt, daß der zeitliche Aspekt im Vordergrund steht. Christus ist der ganzen Schöpfung vorgeordnet, Gott aber als Schöpfer nachgeordnet (vgl. Spr 8,22). Eine Schöpfungsmittlerschaft Christi liegt dem Text fern. Wenn

auch vorstellungsmäßige Beziehungen zu Kol 1,18 bestehen, so unterscheidet sich diese Aussage, weil hier nicht von der Kirche (als der
neuen Schöpfung) die Rede ist, sondern von der Schöpfung Gottes
überhaupt (Holtz 147).

Anklage (Vers 15) und Gerichtsankündigung (Vers 16) benutzen den
Gegensatz der Bilder »heiß« und »kalt«. Johannes wirft der Gemeinde vor, weder heiß noch kalt, sondern lau zu sein. »Heiß sein«
meint wohl das »Glühen« im Geist (Röm 12,11; vgl. Apg 18,25), das
sich im entschiedenen und zuverlässigen »Zeugnis« für Christus
auswirkt, gleich wie Christus sein Zeugnis gegenüber der Gemeinde
kundtut (Vers 14b). »Kalt sein« bedeutet demgegenüber die Zugehörigkeit zur Welt, die sich im Abfall von Christus oder schwerer
sittlicher Verfehlung äußert. Beides trifft auf diese Gemeinde nicht
zu. Sie geht einer klaren Entscheidung aus dem Wege. In ihrer Halbheit scheint sie eine deutliche Abgrenzung von der Welt der heidnischen Gesellschaft zu vermeiden. Sie ist lau, um im Bilde des Sehers
zu bleiben. Deshalb droht ihr das eschatologische Gericht (Vers 16).
So endgültig diese Gerichtsankündigung klingt, Johannes bleibt dabei nicht stehen. Er deckt zunächst die wahre Situation der Gemeinde auf. Während die Gemeinde zu Smyrna trotz äußerer Armut
in Wahrheit reich ist (2,9), gilt von den Christen Laodizeas das Gegenteil. Johannes läßt die Gemeinde durch einen Einwurf zu Wort
kommen (vgl. Hos 12,9), um diesen alsbald zu entkräften (Vers 17).
Wenn dabei von Reichtum die Rede ist, so ist dies doppelsinnig gemeint. Reichtum bedeutet im eigenen Verständnis der Christen Laodizeas sicher auch geistlichen Reichtum (vgl. 1 Kor 4,8). Wenn nun
Johannes den Zustand der Gemeinde gerade mit diesem Begriff so
bestimmt, dann dürfte dies seinen Grund in der wirtschaftlichen
Lage haben. Er sieht wohl einen Zusammenhang zwischen der falschen religiösen Sicherheit und der wirtschaftlichen Situation.

Johannes entlarvt die Selbstsicherheit der Gemeinde. Mit einer Kette
von fünf Adjektiven bestimmt er ihre wahre Lage als Bettlerdasein.
Mit den letzten drei (»arm«, »blind«, »nackt«) leitet er zur Mahnung
von Vers 18 über, die die Aufhebung dieses erbärmlichen Zustandes
zum Ziel hat. Der dreifache »Ratschlag« nimmt auf die konkreten
Verhältnisse der Stadt Bezug: »Kaufe Gold« spielt auf das Bankwe-
sen an, »kaufe weiße Kleider« auf das Textilhandwerk und »kaufe
Augensalbe« auf die Heilkunst der Ärzteschule. Es geht um den Er-
werb wahren Reichtums (»geläutertes Gold« vgl. 1 Petr 1,7), die Be-
deckung der Schande und wirkliche Heilung. Mit diesen Bildworten
zielt der Verfasser auf das intakte Christsein der Gemeinde, das Voraussetzung für die Annahme beim Endgericht ist. Bei der zu bedek-

kenden »Schande deiner Nacktheit« wird der gemeinte Sachverhalt
besonders deutlich. Hier liegt wohl Polemik gegen die griechische
Sitte vor, sich in den Gymnasien nackt zu bewegen. Anscheinend
waren die anpassungswilligen Christen Laodizeas dazu bereit. Johannes jedoch steht in jüdischer Tradition, die in Abgrenzung von
hellenistischem Brauchtum gerade dies in Verschärfung atl. Kult-
vorschriften verwirft (Jub 3,31 und Ex 20,26). Für ihn soll sich die
Gemeinde von der Welt des Heidentums absondern. Sie soll sich die
wahren Inhalte des Christseins von Christus kaufen (vgl. Jes 55,1),
nicht aber das Heil von den vergänglichen Gütern dieser Welt erwarten. Eine Beziehung zum Herrenmahl (Ehrhardt) ist nicht erkennbar.

Die Mahnung findet ihren Abschluß im Ruf zur Umkehr (Vers 19),
der einer Gemeinde gilt, die eigentlich nur die eschatologische Verurteilung verdient (vgl. Vers 16). Johannes verweist auf die Liebe
Christi als Grund seiner unerschütterlichen Mahnung. Wenn er bei
seiner Formulierung auf Spr 3,11f. (vgl. Hi 5,17) Bezug nimmt, fällt
auf, daß er für das Ringen Christi um die Gemeinde zwei Verben
gebraucht (im Unterschied zu Hebr 12,6; 1 Clem 56,4): »Alle, die
ich liebe, *weise* ich *zurecht* und *züchtige* sie.« Johannes hebt dabei
ein Wort hervor, das seine in diesem Schreiben geübte Tätigkeit bezeichnet, die Zurechtweisung der Gemeinde *(elegchō)*. Seine Aufforderung zur Umkehr ergeht nämlich zu einer Zeit, da die nochmalige Buße nach der Taufe keinesfalls selbstverständlich ist (Hebr 6,4—
8). Hermas bedarf der besonderen himmlischen Autorisierung, um
für sündige Christen eine zweite Bußmöglichkeit zu verkünden
(Herm v II 2,4f.). Johannes jedoch ist von der bleibenden Liebe
Christi so überzeugt (vgl. 1,5), daß er den Ruf zur Umkehr auch
dieser Gemeinde gegenüber aussprechen kann. Ansonsten versteht
er die der Gemeinde angekündigten Züchtigungen durch irdisches
Leiden wohl als eine Einübung in das rechte Christsein (Hebr
12,7ff.; Jak 1,12; 1 Clem 56,1—57,1, besonders 56,16: »... als guter
Vater züchtigt er, damit wir durch seine heilige Züchtigung Erbar-
men finden«).

Anstatt nun den Bußruf durch eine bedingte Gerichtsdrohung
dringlich zu machen, fügt der Verfasser ein Heilswort an, das dem
Bewährten die eschatologische Gemeinschaft mit Christus verheißt
(Vers 20). Auffällig ist, daß Begrifflichkeit und Bildmaterial des
Spruches keinen unmittelbaren Bezug zum sonstigen Schreiben ha-
ben, vielmehr ganz selbständig von der zukünftigen Mahlgemein-
schaft mit Christus handeln. Dazu tritt die Beobachtung, daß das
Wort ganz unbestimmt und allgemein von »einem« redet, der auf

Jesu Stimme hört, während sonst die Gemeinde direkt in der 2. Person angesprochen wird. Das führt zu der Vermutung, daß der Heilsspruch ursprünglich selbständig war und vom Verfasser hier zitiert wird (Müller, Prophetie 74). Inhaltlich geht es um das Freudenmahl der Heilszeit, das als Bild für die endgültige enge Verbundenheit Christi mit den Seinen dient (vgl. Mk 14,25; Lk 22,29f.; Mt 8,11). Schon jetzt weist Christus in Mahnung und Verheißung auf sein baldiges Kommen hin, wenn er an die Tür klopft (Lk 12,36; Jak 5,9). Eine Beziehung zum Herrenmahl (Lohmeyer) ist in Vers 20 nicht sicher erkennbar.

Der Überwinderspruch verheißt dem bewährten Gläubigen in abschließender Weise die eschatologische Herrschaft. Er knüpft dabei an synoptische Herrenworte an, die ganz ähnlich von Inthronisation und Herrschaft sprechen (Mt 19,28; Lk 22,28–30).

Der apokalyptische Hauptteil: 4,1–22,5

A. Die sieben Siegel: 4,1–8,1

Mit der ersten Einheit seines apokalyptischen Hauptteils 4,1–8,1
beginnt der Seher Johannes seinen Auftrag zu erfüllen, niederzuschreiben, »was danach geschehen muß« (1,19; 4,1). Kap. 4 und 5
gehören dabei zusammen. Sie schildern die Voraussetzung dafür,
daß der endzeitliche Geschichtsplan Gottes in Gang gesetzt wird.
Christus, das Lamm, erhält von Gott die Vollmacht, die sieben Siegel des Buches zu öffnen, das den göttlichen Gerichtsratschluß enthält (Kap. 5). Kap. 4 blickt auf dieses Ereignis voraus, insofern die
eschatologische Machtergreifung Gottes thematisiert wird (Vers 9–
11). In Kap. 6–8,1 kommt das endzeitliche Gerichtsgeschehen in
Gang und zwar nach seinen beiden Aspekten: Unheil für die gottlosen Erdenbewohner und Heil für die Gläubigen, die am Wort Gottes
und dem Zeugnis Jesu festhalten. Das Lamm öffnet nacheinander
die Siegel des Buches, das es aus der Hand Gottes empfangen hat.
Diese Handlungen lösen bestimmte Plagen aus, die ein Viertel der
Erde betreffen (6,8). Damit geschieht eine erste Teilrealisierung des
von Gott beschlossenen Gerichts an den Gottlosen. Da nun die Öffnung des siebten Siegels keine einzelne Strafaktion bewirkt (8,1),
scheint das ganze folgende Gerichtsdrama, dargestellt in den Posau-
nen- und Schalenvisionen (z. B. 8,2–11,19; 15f.), Folge der Öffnung des letzten Siegels zu sein.
Es geht in 6,1–8,1 nicht nur um Gericht an den Erdenbewohnern.
Die proleptische Szene 6,12–17 führt zwar schon bis zum großen
Zornestag. Kap. 7 aber antwortet auf die in 6,17 gestellte Frage: Wer
kann dann bestehen? Es verweist auf die eschatologische Erlösung
der Frommen, ehe denn die Fülle endzeitlicher Ereignisse geschehen
sind. Der vorgreifende Blick auf das Heil soll die Gläubigen stärken.

Das Vorspiel im Himmel: 4,1−11

1 Danach sah ich, und siehe, eine Tür war im Himmel geöffnet, und die erste Stimme, die ich wie eine Posaune hatte mit mir reden hören, sprach: Steige herauf hierher, und ich werde dir zeigen, was danach geschehen muß. 2 Sogleich wurde ich vom Geist ergriffen, und siehe, ein Thron stand im Himmel, und auf dem Thron saß einer, 3 und der da saß, (war) anzusehen wie Jaspisstein und Karneol, und ein Strahlenkranz (war) rings um den Thron anzusehen wie Smaragd. 4 Und rings um den Thron (sah ich) vierundzwanzig Throne und auf den Thronen vierundzwanzig Älteste sitzend, bekleidet mit weißen Gewändern, und auf ihren Häuptern goldene Kränze. 5 Und von dem Thron gehen Blitze, Getöse und Donner aus, und sieben Feuerfackeln brennen vor dem Thron — das sind die sieben Geister Gottes, 6 und vor dem Thron (war es) wie ein Meer, durchsichtig wie Kristall. Und in der Mitte (jeder Seite) des Thrones und rings um den Thron (waren) vier Wesen, voll Augen vorne und hinten. 7 Und das erste Wesen (war) gleich einem Löwen, und das zweite Wesen (war) gleich einem Stier, und das dritte Wesen hatte ein Gesicht wie das eines Menschen, und das vierte Wesen (war) gleich einem fliegenden Adler. 8 Und die vier Wesen, ein jedes von ihnen hatte je sechs Flügel, ringsum und innen sind sie voller Augen. Und sie haben keine Ruhe bei Tag und Nacht und sprechen:

Heilig, heilig, heilig

(ist) der Herr, Gott, der Allherrscher,

der war und der ist und der kommt.

9 Und wenn die Wesen Ehre, Preis und Dank darbringen werden dem, der auf dem Thron sitzt, der lebt in alle Ewigkeit, 10 (dann) werden die vierundzwanzig Ältesten vor dem, der auf dem Thron sitzt, niederfallen und anbeten den, der in alle Ewigkeit lebt, und niederwerfen ihre Kränze vor dem Thron und sprechen:

11 Würdig bist du, unser Herr und Gott,

die Ehre und den Preis und die Macht zu nehmen;

denn du hast alle Dinge geschaffen,

und durch deinen Willen waren sie da und wurden sie geschaffen.

Literaturauswahl: Bietenhard, H.: Die himmlische Welt im Urchristentum und Spätjudentum, WUNT 2 (1951) 56–63. – *Boll, F.:* Aus der Offenbarung Johannis 35–38. – *Bornkamm, G.:* Art. *presbys,* ThWNT VI (1959) 651–683. – *Ders.:* Das Vorspiel im Himmel. Offenbarung Johannis 4,1–8, in: Geschichte und Glaube, 2. Teil; Ges. Aufsätze, Bd. IV, 1971, 225–233. – *Deichgräber, R.:* Gotteshymnus und Christushymnus in der frühen Christenheit, StUNT 5 (1967) 48 f. – *Delling, G.:* Zum gottesdienstlichen Stil der Johannesapokalypse, NTS 3 (1959) 107–137; jetzt in: Studien zum neuen Testament und zum hellenistischen Judentum, Göttingen 1970, 425–450. – *Feuillet, A.:* Les vingt-quatre vieillards de l'Apocalypse, RB 65 (1958) 5–32. – *Jörns, K.-P.:* Das hymnische Evangelium 23–42. – *Michl, J.:* Die Engelvorstellungen in der Apokalypse des Heiligen Johannis I: Die Engel um Gott, München 1937. – *Ders.:* Die 24 Ältesten in der Apokalypse des Hl. Johannes, München 1938. – *Müller, H.-P.:* Formgeschichtliche Untersuchungen zu Apc Joh 4 f., Diss. theol. Heidelberg 1962. – *Mussies, G.:* Morphology 342–347. – *Satake, A.:* Gemeindeordnung 137–150. – *Unnik, W. C. van:* »Die geöffneten Himmel« in der Offenbarungsvision des Apokryphons des Johannes, in: Apophoreta (FS E. Haenchen), BZNW 30 (1964) 269–280.

Nach verbreitetem Verständnis zeichnet Kap. 4 ein Bild von erhabener Ruhe (Bousset, Charles, Lohse). Es geht um die Schilderung der himmlischen Thronszene, bei der allein in Vers 1 und Vers 8–11 Handlung auftaucht. Vers 8–11 beschreiben nach dieser Auffassung den unaufhörlichen Lobgesang im Himmel. Ehe also die nachfolgenden Schrecknisse der Endzeit auftauchen, schaut der Seher die immerwährende Majestät Gottes – ein Zeugnis dafür, daß Gott allen kommenden Drangsalen voraus ist und die Herrschaft fest in den Händen hält (G. Bornkamm, Vorspiel).

Diese gängige Sicht läßt sich wohl für Vers 2–8 halten, ohne jedoch dem ganzen Kapitel gerecht zu werden. Schon der kurze Hymnus in Vers 8, der als unaufhörlich bezeichnet wird (»Und sie haben keine Ruhe bei Tag und bei Nacht und sprechen: ...«), zielt nicht nur auf die gleichbleibende Einzigartigkeit Gottes, sondern deutet auf sein einmaliges Kommen zu Erlösung und Gericht hin (»der war und der ist und der *kommt*«). Besonders aber zeigt eine Betrachtung der in 4,9–11 enthaltenen Verbformen, daß nicht die Ewigkeit Gottes die eigentliche Absicht der Darstellung ist, sondern die Vorschau auf sein eschatologisches Eingreifen (Jörns). Der Text gliedert sich folgendermaßen: Vers 1–2a handeln vom Seher und seiner neuen Geisterfahrung; charakteristisch ist die Vergangenheitszeitform des Aorist, der eine neue Handlung anzeigt.

Vers 2b–8 enthalten die Schilderung der Thronszene; kennzeichnend dafür ist das zeitlich neutrale Präsens.

Vers 9–10 heben sich vom Vorhergehenden deutlich ab und sprechen von einem zukünftigen Ereignis (Zeitform des Futurs). Dabei ist dieses als einmaliger neuer Akt gedacht (Jörns 30 f., Mussies).

Auffällig ist die Konstruktion *hotan* (»wenn«) mit Indikativ Futur (nur hier im NT, abgesehen Lk 13,28 in den Handschriften B und D). Außerhalb des NT begegnet diese grammatische Verbindung in Zusammenhängen, die ein einmaliges zukünftiges Geschehen zum Inhalt haben: 1 Kön 10,7 LXX; Barn 15,5; 2 Clem 12,2; 17,6. An den genannten Stellen ist ein iteratives Verständnis jeweils ausgeschlossen, so daß auch in Offb 4,9 f. kein solches vorliegen wird. Im übrigen zeigt der Sprachgebrauch der Offb (8,1; 11,7; 12,4), daß *hotan* keinesfalls iterativ verstanden werden muß (Lohmeyer, Mussies 345). Das Futur hier mit dem Hinweis auf das regellose Schwanken der Tempora in der Offb zu vernachlässigen und präsentisch zu übersetzen, geht nicht an. An einer Reihe von Stellen zeigt sich, daß Johannes den beschreibenden Visionsstil unterbricht und weissagend vorausgreift: z. B. 5,10; 7,16 f.; 14,10; 17,14 ff.; 20,6; 21,3 f.6 f. Zwar liegt hier dieser Tatbestand nicht in derselben Weise vor; der Verfasser meint ein Geschehen, das im Verhältnis zu 4,2–8 wirklich in der Zukunft liegt. Doch beweisen die genannten Stellen, daß er das *eschatologische Futur* durchaus bewußt wählt.

Auf welches Ereignis beziehen sich Vers 9–11? Es geht um eine besondere Huldigung, die die »Wesen« und die »Ältesten« Gott darbringen. Diese unterscheidet sich von dem unaufhörlichen Lobpreis in Vers 8 und liegt im Vergleich zu der in Vers 2–8 vorausgesetzten Situation in der Zukunft. Zu einer genaueren Antwort gelangt man erst, wenn man Kap. 5 in die Überlegungen mit einbezieht. 5,1 setzt die in 4,2–8 geschilderte Thronszene voraus: Der Seher schaut auf der Rechten Gottes, der auf dem Thron sitzt, ein Buch. Wie die visionären Schilderungen ab Kap. 6 zeigen, enthält das Buch das umfassende eschatologische Gerichtsgeschehen, das in Heil und Unheil über die Welt ergeht. Kap. 5 schildert nun, daß Christus würdig ist, das Buch in Empfang zu nehmen und damit den endzeitlichen Geschichtsplan Gottes in Gang zu setzen. Mit diesem neuen, im Vergleich zu 4,2–8 noch ausstehenden Ereignis stehen 4,9–11 im Zusammenhang. Sie haben vorweisenden Charakter (Mussies 345). Sie berücksichtigen bereits das Geschehen, das Kap. 5 einleitet. 4,9–11 schauen nicht mehr auf den in majestätischer Ruhe thronenden Gott, sondern den, der darangeht, seine eschatologische Herrschaft durchzusetzen. Insofern die Übergabe des Buches an das Lamm diese endgültige Machtergreifung Gottes ermöglicht, blicken die futurischen Aussagen von 4,9–11 auf dieses Ereignis voraus. Sie preisen Gott, der sich anschickt, seine Macht in Wirkung zu setzen (4,11), von dessen Kommen schon der kurze Hymnus 4,8 weiß.

Von der hier versuchten Lösung unterscheidet sich die Deutung bei Jörns. Er geht auch von der Erkenntnis aus, daß 4,9–11 ein einmaliges zukünftiges Geschehen meinen. Er berücksichtigt gleichzeitig die enge Verbindung, die zwischen Kap. 4 und den folgenden Visionsberichten, besonders Kap. 5 besteht. Er glaubt allerdings, daß die ganze Darstellung ab Kap. 4 von der apokalyptischen Vorstellung der Gerichtseinleitung geprägt ist (Jörns 38–42). Folgende Elemente seien bestimmend:
a) das Aufstellen von Thronen für Gott und die übrigen Gerichtsmitglieder (vgl. Dan 7,9; äthHen 90,20): Offb 4,4;
b) das Sichniedersetzen Gottes und der 24 Ältesten auf den Thronen (vgl. Dan 7,9.10; äthHen 47,3; 90,20 u. ö.): Offb 4,2 f.4;
c) das Aufschlagen der Gerichtsbücher (vgl. Dan 7,10; äthHen 47,3; 90,20): Offb 5,2–6,1 ff.
Jörns sieht, daß das Aufstellen der Throne und das Sichniedersetzen als Handlung in 4,2–8 gar nicht erwähnt sind. 4,2–8 weiß von einem Gerichtsbuch noch nichts; in 5,1 aber erscheint es plötzlich in der Rechten Gottes. Dazwischen muß – so folgert Jörns – das Einbringen und Ergreifen des Buches gedacht sein. Da 4,9–11 als hymnische Antwort zu verstehen ist, ist das Ergreifen des Gerichtsbuches durch Gott zwischen 4,8 und 4,9 anzusetzen.
Die Schwäche dieser ganzen Konstruktion liegt darin, daß sie mehr voraussetzen muß, als der Text wirklich zum Ausdruck bringt. Weder schildert 4,2b–8 das Aufstellen von Thronen noch das Sichniederlassen auf ihnen. Auch ist hier noch nirgends angedeutet, daß Gott, die himmlischen Wesen und die Throne speziell zum Gericht versammelt sind. Nur unter dem Zwang des vorausgesetzten Gerichtsschemas muß dann auch zwischen 4,8 und 4,9 das Ergreifen des Buches durch Gott gedacht werden, das der Grund für den Lobpreis 4,9–11 sein soll.

Mit 4,1 leitet der Seher den apokalyptischen Hauptteil seines Buches ein. Das zeigt sich daran, daß er hier der Aufforderung Christi 1,19 nachkommt, niederzuschreiben, »was danach geschehen soll«. Der Seher schaut von seinem irdischen Standpunkt aus eine geöffnete Tür im Himmel, die den Zutritt zum himmlischen Thronsaal ermöglicht (vgl. äthHen 14,13; 3 Makk 6,18). An sich liegt die Vorstellung vom geöffneten Himmel schon in Ez 1,1 vor – allerdings ohne den Gedanken, daß eine Tür den Zugang erschließt. Die Stimme, die schon in 1,10 zum Seher sprach, fordert ihn auf, zum Himmel emporzusteigen, um die Offenbarung der eschatologischen Ereignisse entgegenzunehmen. Daraufhin wird der Seher erneut voll des Geistes und gerät in ekstatischen Zustand (wie 1,10). Diese Vers 2 einleitende Bemerkung stößt sich nicht mit »ich sah« (Vers 1), insofern dieses

visionäre Sehen doch auch geisterfüllt sein müßte. Vielmehr umschreibt die Wendung »sogleich wurde ich vom Geist ergriffen« die
eigentliche Entrückung in den Himmel (vgl. 2 Kor 12,2). Dort schaut
Johannes den himmlischen Thronsaal, von dem in 4,2–8 die Rede ist.
Auffällig an der Darstellung der Thronszene ist, daß sie ein Bild
ewiger, unwandelbar scheinender Majestät Gottes zeichnet. Die
Szene enthält in sich keinen Handlungsfortschritt. Nominalsätze
bzw. in zeitlosem Präsens gehaltene Verbalsätze (Vers 5.8) bestimmen das Bild. Johannes, der das Material für diese Thronszene primär
aus Ez 1 und Jes 6 nimmt, übergeht alle Züge dieser Texte, die eine
besondere Handlung zum Inhalt haben (Bornkamm, Vorspiel).
Zunächst sieht Johannes einen Herrscherthron und den, der darauf
sitzt (Vers 2–3). Gemeint ist Gott, der aus religiöser Ehrfurcht bewußt nicht mit Namen genannt wird. Im Gegensatz zur ausführli-
chen Beschreibung Christi (1,13–16) fehlt eine nähere Darstellung
Gottes. Nur der äußere Farb- und Lichtglanz, der von der Gestalt
ausgeht, findet einen Ausdruck. Die göttliche Erscheinung wird mit
dem Funkeln von Edelsteinen verglichen, Jaspis und Karneol. Jaspis
war ein verschiedenfarbiger Stein, der in 21,11 als kristallklar bezeichnet wird. Karneol, auch Sardion benannt nach seinem Fundort
Sardes, hatte rötlichen Glanz. Rings um den Thron (vgl. Ez 1,27f.)
wölbt sich ein smaragdgrüner Strahlenkranz, der dem Nimbus von
Lichtgottheiten entspricht. Entgegen der zugrundeliegenden
Schriftstelle Ez 1,26–28 vermeidet Johannes jedes anthropomorphe
Bild, um Gott zu beschreiben. Es geht um Gott in seiner erhabenen
Herrlichkeit.
Nach der Erwähnung Gottes und seines Thrones folgt die Darstel-
lung des himmlischen Hofstaats, wobei zunächst der äußere Kreis
desselben, die 24 Ältesten, erscheint (Vers 4). Wie bei der Nennung
Gottes werden zuerst die Throne genannt, auf denen diese himmlischen Gestalten sitzen. Sie tragen weiße Kleider und goldene Kränze
– Attribute, die in Verbindung mit dem Sitzen auf Thronen am ehesten auf herrschaftliche Funktionen im Dienste Gottes verweisen
(vgl. zur himmlischen Thronversammlung Jes 24,23; 1 Kön 22,19;
Ps 89,8; Dan 7,9f.). Doch beschränken sich ihre tatsächlich wahrge-
nommenen Aufgaben darauf, Gott und das Lamm mit Hymnen zu
verherrlichen (4,10f.; 5,8.12.14; 11,16–18; 19,4), Gebete der Heiligen vor das Lamm zu bringen (5,8) und dem Seher Johannes das
Visionsgeschehen zu deuten (5,5; 7,13f.). Die Ältesten üben keine
Gerichtsfunktionen aus, so daß die Meinung, die ganze Versammlung habe sich zum Gericht niedergesetzt (Jörns), keinen Anhalt am
Text hat. In jedem Fall hat man in den Ältesten Engelgestalten zu

sehen, vielleicht eine höhere Engelklasse, weil sie sich von den in Myriaden auftretenden Engeln abheben (5,11), nicht jedoch himmlisch vollendete Gläubige (Feuillet), da der Seher einen von ihnen mit »mein Herr« anredet (7,14). Von den verklärten Menschen werden sie klar unterschieden (7,14).

Auffällig ist ihre Bezeichnung als Älteste. Sie geht wohl auf Jes 24,23 zurück (Bornkamm 656.668f., Satake 149f.): »... Jahwe Zebaoth wird König geworden sein auf dem Berg Zion und in Jerusalem, und vor seinen Ältesten ist Herrlichkeit.« Was auch immer der ursprüngliche Sinn von Jes 24,23 ist – die Stelle hängt wiederum von Ex 24,9f. ab –, Johannes hat sie auf die Vorstellung der himmlischen Thronversammlung bezogen und die Ältesten von daher verstanden. Eigenartig ist die Zahl von 24 Ältesten, die sonst in der Tradition nicht vorkommt. Dahinter mag die Vorstellung von 24 Sterngöttern des Tierkreises stehen, wie auch die vier Wesen (Vers 6–8) auf astralmythologische Anschauungen zurückgehen. Dieser ursprüngliche Sinn ist für die Offb allerdings verblaßt: Die ehemaligen Götter sind längst zu Engelwesen geworden. Johannes hat auf sie die kultischen Funktionen der 24 Klassen von Priestern (1 Chr 24,7ff.) und Tempelsängern (1 Chr 25,9ff.) übertragen, wenn die Ältesten Gott die Anbetung darbringen und die Gebete der Heiligen zu ihm tragen.

Nach der Erwähnung der Ältesten, die den Thron rings umgeben, schildert der Verfasser den Raum zwischen dem Thron und den Ältesten (Vers 5). Theophaniephänomene wie Blitze, Getöse und Donner (Ex 19,16; Ez 1,13) gehen vom Thron aus (vgl. 8,5; 11,19; 16,18). Auf der Vorderfront, der Schauseite des Thrones noch innerhalb des Kreises der Ältesten, brennen sieben Feuerfackeln (vgl. syrBar 21,6), die als die sieben Geister, die zu Gottes Dienst ausgesandt werden, Deutung finden (1,4; 3,1; 5,6). Vor dem Thron breitet sich eine Fläche »wie ein Meer« aus (Vers 6a). Dieses Bild entstammt der altorientalischen Vorstellung, daß sich die himmlische Welt über dem Himmelsozean befindet und der göttliche Palast auf dessen Wasser ruht (Ps 29,10; 104,3; slavHen 3). Doch ist die ursprüngliche Bedeutung kaum mehr erfaßt; denn das Meer ist nur noch vor dem Thron (vgl. auch 15,2; 22,1).

Im inneren Kreis um den Thron – näher beim Thron als der äußere Kreis der 24 Ältesten – stehen die vier Wesen, die aus Ez 1 stammen. Nach Ez 1,22 fungieren die Wesen noch als Träger des Thrones. In der Offb ist diese Konzeption aufgegeben; denn sie werfen sich vor dem Thron nieder (5,8; 19,4). Undeutlich ist die Ortsangabe »inmitten des Thrones«. Wahrscheinlich liegt hier eine allzuwörtliche Übernahme von Ez 1,13 vor, die gar nicht mehr paßt. Am ehesten ist die Szene so zu deuten, daß sich die Wesen in der Mitte jeder Seite des Thrones befinden. Im Unterschied zu Ez 1,10 begegnen sie als vier verschiedene Gestalten: Sie gleichen einem Löwen, einem Stier, einem Menschen und einem Adler.

Alle diese Einzelheiten verraten den astrologischen Hintergrund der vier Wesen (Boll). Geht man davon aus, daß der Thron ursprünglich auf dem Himmelsgewölbe (= Himmelsozean) stand, so lassen die mit Augen besetzten Wesen an die Vielzahl der Sterne denken. Sie selber aber meinen große Sternbilder. Darauf deutet auch die Vierzahl wie die nähere Beschreibung. Das Sternbild des Stiers leitet den Frühling ein, das des Löwen den Sommer, der als Skorpionmensch vorgestellte Skorpion den Herbst, das in der Nähe zum Wassermann stehende Sternbild des Adlers den Winter. Von den ursprünglichen Vorstellungen wird dem Seher Johannes nicht mehr viel bewußt sein. Er hat ja schon das Bild von den vier Wesen, die den Thron *tragen* (Ez 1), aufgegeben.

Für den Seher Johannes sind die vier Wesen zu Engeln geworden, da er sie den 24 Ältesten zuordnet, ja vorordnet, insofern sie den inneren Kreis um den Thron Gottes bilden. Auf sie als Engelwesen kann er dann die Aussagen von Jes 6 beziehen (Vers 8). Wie die dortigen Seraphen hat jedes Wesen sechs Flügel (Jes 6,2) und stimmt den Lobgesang des Dreimal-Heilig an (Jes 6,3). Wie in Vers 6b wird noch einmal gesagt, daß die Wesen voller Augen sind, so daß sie alles sehen können; dabei erklärt sich der schwer vorstellbare Ausdruck »ringsum und innen sind sie voller Augen« durch den bewußten Anschluß an Ez 1,18, den der Verfasser vornimmt, um einen biblischen Sprachstil zu erzielen.

Mit dem hymnischen Preis Gottes in Vers 8 erreicht die Thronszene ihren Höhepunkt. Ehe denn das eschatologische Geschehen seinen Lauf nimmt (vgl. Kap. 5), verweist der Hymnus auf Gott als Herrn über Zeit und Geschichte, über Vergangenheit, Gegenwart und eschatologische Zukunft. Der Verfasser nimmt in Vers 8 die jüdische Tradition vom immerwährenden Lobpreis der Engel auf (»und sie haben keine Ruhe bei Tag und bei Nacht«), die den Eindruck verstärkt, daß es in 4,2–8 um die ewige Majestät Gottes geht.

So heißt es äthHen 39,12: »Dich (Gott) preisen die nie Schlafenden; sie stehen vor deiner Herrlichkeit, preisen, rühmen und erheben dich, indem sie sprechen:
Heilig, heilig, heilig
ist der Herr der Geister!
Er erfüllet die Erde mit Geistern.«

Offb 4,8 ordnet sich den relativ seltenen jüdischen Belegen zu, in denen dieser himmlische Lobpreis nicht nur allgemein erwähnt, sondern auch im Wortlaut wiedergegeben wird (Jes 6,3; Ez 3,12; äthHen 39,12; 61,11; 4QSl 39 – Deichgräber).

An sich ist der Gedanke des immerwährenden Lobpreises durchaus uneschatologisch gedacht, insofern die beständige, von keinem geschichtlichen Wechsel betroffene Tätigkeit der Engel zum Ausdruck kommt (äthHen 39,12; 40,2f.; 71,6f.; slavHen 17,1; 21,1; 22,3 u.ö.). Hier dient die Aufnahme dieses traditionellen Elements nur dazu, Gottes auch bis in die eschatologische Zukunft durchhaltende Macht und Heiligkeit zu betonen.

Was die Form des Hymnus Vers 8 betrifft, wird man eine Gliederung in drei Zeilen mit je drei Gliedern annehmen. Das Dreimal-Heilig der ersten Zeile entspricht Jes 6,3, die zweite Zeile folgt der in der Offb üblichen Wiedergabe der atl. Gottesbezeichnung (1,8; 11,17; 15,3; 16,7.(14); 19,6.(15); 21,22), die gerade Gottes Allmacht betont (»Allherrscher«). Die dritte Zeile nennt wieder die für die Offb charakteristische Umschreibung des Gottesnamens von Ex 3,14 (1,4.8; 11,17; 16,5). Im Unterschied zu 1,4.8 ist hier die chronologische Reihenfolge bewußt eingehalten: »der war und der ist und der kommt«. Stärker als 1,4.8 geht es um den zeitlichen Aspekt des Wirkens Gottes. Die Wesen von 4,8 preisen das Einmalige seines Kommens zu eschatologischer Erlösung und Gericht. Blickt man auf 11,17f. und 16,5, bestätigt sich dieses Verständnis. Dort ist die Umschreibung Gottes nur noch zweigliedrig: »der ist und der war«. Es fehlt der Hinweis auf das Kommen Gottes. Dieser ist zu diesem Zeitpunkt im Rahmen der Offb bereits gekommen (Jörns 28): »Die Herrschaft ... ist unseres Gottes und seines Christus geworden« (11,15).

Bei diesem Verständnis stößt man auf die Schwierigkeit, daß immerwährender Lobpreis durch die Wesen von 4,8 und Einmaligkeit des Kommens Gottes, das das Ende der Wiederholungen bedeutet, in Spannung zueinander stehen. Der Verfasser hat diese Spannung wohl bewußt gestaltet, da sie das Besondere des eschatologischen Eingreifens Gottes zum Ausdruck bringt. Dementsprechend weist er in 4,9–11 auf den Beginn der eschatologischen Geschicke voraus (Kap. 5), die vom Standpunkt der Thronszene 4,2–8 in der Zukunft liegen.

Die futurischen Verbformen in 4,9–10 bestimmen das geschilderte Geschehen als zukünftig. Es geht um den eschatologischen Lobpreis Gottes durch die Wesen (Vers 9), die Huldigung durch die 24 Ältesten (Vers 10) und ihren Hymnus Gott gegenüber (Vers 11). Dabei ergibt sich ein Wechselgesang zwischen den Wesen (Vers 9) und den Ältesten (Vers 10f.); denn Vers 9 umschreibt einen Hymnus, den die

Ältesten ihrerseits aufnehmen und der in Vers 11 formuliert ist. Eine
nähere Betrachtung von 4,9–11 bestätigt die Erkenntnis, daß hier im
Unterschied zu 4,2–8 ein einmaliges Ereignis der Zukunft gemeint
ist. In Vers 9 erscheint neben den Lobpreisworten »Ehre«, »Preis«
das nur in der Offb als doxologisches Prädikat gebräuchliche
»Dank«. In 7,12 gilt derselbe hymnische Dank dem Gott, der die
Erlösung für die, die bereits vor Gottes Thron stehen (7,15), verwirklicht hat. Ähnlich 4,9: Die Wesen bringen Gott ihren Dank dar,
weil er das eschatologische Geschehen eingeleitet hat. Entsprechend
steht es mit der Huldigung von Vers 10. Die Verehrung Gottes durch
Niederfallen ist zunächst eine traditionelle Geste. Auffällig aber ist,
daß die Ältesten ihre Kränze vor dem Thron niederwerfen (nur hier
im NT). Dieser Huldigungsakt geht auf zeitgenössisch-hellenisti-
sche Sitten zurück. So unterwirft sich der Parther Tiridates vor Kaiser Nero, indem er vor dessen Bild tritt, das Diadem vom Haupt
nimmt und dem Bild zu Füßen legt (Tacitus, Annalen 15,29). Damit
deutet er seinen Verzicht auf die Herrschaft an. Im Blick auf 4,10
heißt das: Das Niederwerfen der Kränze oder Diademe ist ein einmaliger Demutsakt. Die Ältesten erscheinen als solche, die mit den
Kränzen ihre Macht an Gott zurückgeben. Dann aber kann der
ganze Vorgang nur die Huldigung meinen, die angesichts der Aussicht erfolgt, daß Gott zur endgültigen Machtergreifung antritt.
In diese Richtung weisen auch die Aussagen des Hymnus (Vers 11).
Er besteht aus vier Zeilen, wobei die dritte und vierte Zeile die Begründung für das Gotteslob enthält. Er wird eingeleitet durch das
für den Verfasser charakteristische »würdig bist du« (vgl. zu 5,9).
Gott erhält hier die Anrede »unser Herr und Gott«. Die Verbindung
beider Begriffe mit »und« findet sich sonst nirgends in LXX und im
NT (ähnlich nur Joh 20,28); man wird wohl einen Gegensatz zu
hellenistischen Göttertiteln sehen dürfen, speziell zur Anrede Domitians, der diese Titulatur für sich als den vergöttlichten Kaiser
beanspruchte (Sueton, Domitian 13): *Dominus ac deus noster* (»unser Herr und Gott«).
Wichtig ist, daß es in Vers 11 von Gott heißt: »Würdig bist du ... die
Ehre, den Preis und die Macht zu nehmen.« An der Parallelstelle
11,17f. preisen die 24 Ältesten: »Wir danken dir ..., daß du deine
große Macht genommen hast (d. h. ergriffen hast) und König geworden bist.« Danach gehört das Ergreifen der Macht zum eschatologischen Herrschaftsantritt Gottes. Diese Situation ist hier also ins
Auge gefaßt.
Die eschatologische Aktion Gottes findet ihre Begründung in seinem Handeln als Schöpfer, der alles geschaffen hat. Damals erwies er

die ihm eignende Macht, die er nun erneut und endgültig in Wirkung setzt. Endzeit und Urzeit, eschatologisches Handeln und Schöpfertat entsprechen einander.

Überblickt man die Darstellung in 4,9–11, so ergibt sich deutlich, daß der Verfasser hier die Situation der eschatologischen Machtergreifung Gottes visionär schaut. Er bezieht sich damit auf das Geschehen, das durch die Ereignisse von Kap. 5 in Gang gesetzt wird. Die Thronszene 4,2–8 deutet dies nur in der Prädikation Gottes als den Kommenden an (Vers 8); ansonsten entfaltet sie das Bild des thronenden Gottes, der in ewiger Majestät und Größe das Lob des himmlischen Hofstaates entgegennimmt.

Das Buch mit sieben Siegeln und die Einleitung des Endzeitgeschehens durch das Lamm: 5,1–14

1 Und ich sah auf der Rechten dessen, der auf dem Thron saß, ein Buch, innen und hinten beschrieben, versiegelt mit sieben Siegeln.   2 Und ich sah einen starken Engel, der mit lauter Stimme ausrief: Wer ist würdig, das Buch zu öffnen und seine Siegel zu lösen?   3 Und niemand im Himmel und auf der Erde und unter der Erde vermochte das Buch zu öffnen und es einzusehen.   4 Und ich weinte sehr, weil niemand würdig befunden wurde, das Buch zu öffnen und es einzusehen.   5 Und einer von den Ältesten spricht zu mir: Weine nicht! Siehe, überwunden hat der Löwe aus dem Stamm Juda, die Wurzel Davids, das Buch und seine sieben Siegel zu öffnen.

6 Und ich sah zwischen dem Thron und den vier Wesen und den Ältesten ein Lamm stehen wie geschlachtet; es hatte sieben Hörner und sieben Augen – das sind die sieben Geister Gottes, ausgesandt über die ganze Erde.   7 Und es kam und nahm (das Buch) aus der Rechten dessen, der auf dem Thron saß.

8 Und als es das Buch genommen hatte, fielen die vier Wesen und die vierundzwanzig Ältesten vor dem Lamm nieder; sie hatten ein jeder eine Zither und goldene Schalen voll Räucherwerk – das sind die Gebete der Heiligen.   9 Und sie singen ein neues Lied und sagen:

Würdig bist du, das Buch zu nehmen
und seine Siegel zu öffnen;
denn du bist geschlachtet worden
und hast für Gott durch dein Blut erkauft

(Menschen) aus jedem Stamm und Sprache und Volk und Nation

10 und hast sie unserem Gott zur Königsherrschaft und zu Priestern bestellt,

und sie werden auf Erden herrschen.

11 Und ich sah, und ich hörte die Stimme vieler Engel rings um den Thron und die Wesen und die Ältesten, und ihre Zahl war zehntausendmal zehntausend und tausendmal tausend,

12 die sprachen mit lauter Stimme:

Würdig ist das Lamm, das geschlachtet ist,

zu nehmen die Macht und Reichtum und Weisheit und Kraft und Preis und Ehre und Lob.

13 Und alle Geschöpfe, die im Himmel und auf der Erde und unter der Erde und auf dem Meer sind, und alles, was darinnen ist, hörte ich sprechen:

Dem, der auf dem Thron sitzt, und dem Lamm

das Lob und der Preis und die Ehre und die Macht

in alle Ewigkeit.

14 Und die vier Wesen sprachen: Amen. Und die Ältesten fielen nieder und beteten an.

Literaturauswahl: Bornkamm, G.: Komposition. – *Collins, A. Y.:* Combat Myth 22–25. – *Deichgräber, R.:* Gotteshymnus und Christushymnus 44–59. – *Delling, G.:* Zum gottesdienstlichen Stil. – *Holtz, T.:* Christologie 27–54. – *Jörns, K.-P.:* Das hymnische Evangelium 44–76. – *Koep, L.:* Das himmlische Buch in Antike und Christentum, Theophaneia 8, Bonn 1952. – *Lohse, E.:* Die alttestamentliche Sprache des Sehers Johannes, ZNW 52 (1961) 122–126, jetzt in: *ders.:* Die Einheit des Neuen Testaments, Göttingen 1973, 329–333. – *Müller, H.-P.:* Die himmlische Ratsversammlung. Motivgeschichtliches zu Apc 5,1–5, ZNW 54 (1963) 254–267. – *Peterson, E.:* Heis Theos, FRLANT 24, 1926, 176–180.318. – *Rissi, M.:* Was ist 46f. – *Roller, O.:* Das Buch mit sieben Siegeln, ZNW 36 (1937) 98–113. – *Schmid, J.:* Studien II 74f. – *Schrenk, G.:* Art. *biblos, biblion,* ThWNT I 1933, 613–620. – *Schüssler Fiorenza, E.:* Priester für Gott. – *Staritz, K.:* Zu Offenbarung Johannis 5,1, ZNW 30 (1931) 157–170. – *Unnik, W. C. van:* »Worthy is the Lamb«. The Background of Apoc 5, in: Mélanges bibliques en hommage au Béda Rigaux, Gembloux 1970, 445–461.

Der Visionsbericht in Offb 5 setzt die himmlische Thronszene 4,2–8 voraus und knüpft an sie an. Allerdings schildert er nicht die majestätische Ruhe derselben, sondern geht in Aktion über, worauf schon 4,9–11 vorausweist. Zentrum der Darstellung ist die Enthüllung, daß das Lamm würdig ist, das Buch mit den sieben Siegeln zu öffnen und damit seinen Inhalt, den endzeitlichen Geschichtsplan Gottes, in Kraft zu setzen.

Der ganze Visionsbericht gliedert sich in drei Teile:

a) Vers 1–5 enthalten die Offenbarungsmitteilung über die endzeitliche Vollmacht des Lammes.

b) Vers 6–7 schildern die Übernahme der Vollmacht durch das Lamm.

c) Vers 8–14 beschreiben die Reaktion bzw. Antwort der himmlischen Gestalten sowie aller Geschöpfe auf die Handlung des Lammes.

Bei dieser Übersicht ist jedoch zu beachten, daß Vers 4–5 ein eigenes Gepräge haben. Zunächst fällt auf, daß Vers 4–5 nicht zum eigentlichen Visionsbericht gehören, insofern sie von der Reaktion des Sehers auf das vorher Geschaute und von der direkten Rede an ihn handeln. Solche Züge begegnen sonst im Anschluß an einen Visionsbericht, nicht aber innerhalb eines solchen. Zudem hätte sich die Rede in Vers 5 im Grunde an den Engel von Vers 2 richten müssen, der die Frage gestellt hatte. In diesem Falle wäre der Charakter des Textes als Visionsbericht gewahrt geblieben. Bei dem vorliegenden Text steht jedoch nicht mehr der Thronrat im Mittelpunkt, sondern der Seher (Jörns 44f.).

Daß die Form des Visionsberichts unterbrochen wird und die Reaktion des Sehers sowie die Rede an ihn ins Zentrum rücken, hat wichtige Konsequenzen für die Interpretation. Hier zeigt sich die individuelle Gestaltung eines vorgegebenen Formschemas, die das besondere Engagement des Verfassers verrät. Sein Weinen (Vers 4) ist hier nicht bloßes vorgegebenes Stilmittel, sondern signalisiert ein Problem, das den Verfasser bewegt. Die Antwort eines der Ältesten verkündet die Lösung für dieses Problem (Vers 5). Es geht um die zunächst vergebliche Suche nach einem, der das Buch öffnen, entsiegeln und damit seinen Inhalt, die zur eschatologischen Machtergreifung Gottes führenden Geschicke, vollstrecken kann. Vers 5 enthält die tröstliche Offenbarung an den Seher: Das Lamm hat sich würdig gezeigt, dies zu tun.

Vielfach nimmt man an, daß Kap. 5 die Inthronisation Christi als Weltherrscher oder Weltrichter darstellt (z.B. Lohmeyer, Lohse, Holtz, Müller, Schüssler Fiorenza). Sicher ist, daß Offb 5 an den Gedanken der Inthronisation Christi anknüpft; eine Inthronisationsschilderung ist der Text deshalb noch nicht. Ausgehend von Phil 2,9–11; 1 Tim 3,16; Hebr 1,5ff. hat man dabei in Offb 5 die drei Stufen Erhöhung – Präsentation – Inthronisation finden wollen (Holtz). Vers 5 sagt die Erhöhung aus, Vers 6 die Präsentation vor dem himmlischen Ratshof; in Vers 7 wird die Machtverleihung geschaut, der die Akklamation des himmlischen Hofstaates (Vers 8 ff.) folgt. Wenn man in dieser oder einer ähnlichen Form Offb 5 als Inthronisationsbericht versteht, so sind mehrere Eigentümlichkeiten des Textes übersehen (vgl. van Unnik 447 f., Collins 215):

a) Offb 5 enthält keine Phil 2,9 ff. vergleichbare grundsätzliche Aussage darüber, daß Gott das Lamm erhöht hat. Das Lamm nimmt nur einen bestimmten eschatologischen Auftrag an, für den es sich bereits qualifiziert hat (Vers 5).

b) Der Text schildert nicht, daß das Lamm auf dem Thron Platz nimmt. 5,13 unterscheidet deutlich zwischen dem thronenden Gott und dem Lamm.

c) Es erfolgt strenggenommen keine Übergabe des Buches an das Lamm, sondern das Lamm nimmt dieses selbst an sich (Vers 7).

Die Erhöhung Christi scheint in Offb 5 bereits vorausgesetzt zu sein und nicht mehr das eigentliche Thema darzustellen. Der Verfasser will nicht so sehr christologische Aussagen über das Geschick Christi machen (Erniedrigung – Erhöhung bzw. Inthronisation), sondern eschatologische über die Bedeutung des Buches, das das endzeitliche Schicksal der Welt enthält. Das zeigen eindeutig Vers 2–4, die das Thema des Textes angeben. Gesucht wird nach dem, der das Buch öffnen und so den eschatologischen Geschichtsplan Gottes vollstrecken kann. Denn daran hängt das besondere Interesse des Verfassers (Vers 4). Es geht um die noch ausstehende Durchführung des Gerichts an der Welt und die endgültige Machtergreifung Gottes.

Der Visionsbericht setzt damit ein, daß der Seher auf der offenen Hand Gottes, der auf dem Thron sitzt, ein »Buch« sieht. Deutlich ist dabei, daß die in 4,2–8 geschilderte Thronszene in ein neues Stadium kommt, da 5,1 das Folgende mit »und ich sah« betont einleitet (vgl. 4,1). Das »Buch«, das Johannes erblickt, ist »innen und hinten« beschrieben, d. h. »auf der Innen- und Rückseite«, und mit sieben Siegeln versiegelt. Die Siegel weisen wohl darauf hin, daß es sich um eine Urkunde handelt, wobei die Siebenzahl die eschatologische Bedeutung im Sinne des Sehers Johannes signalisiert. Dazu kommt die Angabe »beschrieben auf der Innen- und Rückseite«. Es geht möglicherweise um eine in der damaligen Welt bekannte Form der Urkunde, die Doppelurkunde. Sie wurde in zweifacher Ausfertigung auf Papyrusblätter, die man faltete, geschrieben. Das versiegelte Innere enthielt den rechtsgültigen Text, auf der unversiegelten Außenseite war derselbe Text, mit gleichem Wortlaut oder in verkürzter Zusammenfassung für jedermann zugänglich (Staritz, Roller, Bornkamm, Holtz u. a.). Die Doppelurkunde fand bei allen privaten Rechtsgeschäften (außer Testamenten) Anwendung. Ihr Inhalt war durch das Öffnen der Innenschrift vollstreckbar, was nach dem Lösen aller Siegel geschah. Allerdings deutet der Verfasser die Form der Urkunde nur ungefähr an (Lohse, Kommentar).

Auffällig ist nämlich die Kennzeichnung des »Buches«: »innen und hinten beschrieben«. Passender wäre: »innen und außen beschrieben«, wenn man an die Form der Doppelurkunde denkt. So liest in der Tat die Mehrheit der jüngeren Handschriften. Zu beachten ist jedoch, daß Johannes sich an die Formulierung von Ez 2,10 anlehnt, wo von einer Schriftrolle die Rede ist: »vorn und hinten beschrieben, und auf ihr standen geschrieben Klagen, Seufzen und Wehe«. Diese Buchrolle ist auf der Vorder- und Rückseite benutzt, um ihren überquellenden Inhalt anzuzeigen. Johannes folgt (teilweise) dem Ausdruck der atl. Stelle, weil für ihn der atl. Sprachstil bestimmend ist (Lohse, Atl. Sprache).

»Innen und hinten«, vertreten von der besten Handschrift, dem Codex Alexandrinus, erweist sich als die schwierigere und deshalb ursprünglichere Lesart: Der Ausdruck ist in sich unausgeglichen im Unterschied zur Wendung »innen und außen«. Im übrigen zeigt eine weitere Lesart »vorne und hinten«, d. h. auf der Vorder- und Rückseite, die genaue Wiedergabe von Ez 2,10, was eine andere Erleichterung des ursprünglichen Textes darstellt (Schmid).

Wichtiger als die Form der Urkunde ist ihr Inhalt. Auf ihn legt der Verfasser besonderes Gewicht. Um den Umfang der Urkunde genau zu bestimmen, müßte man an sich zwischen der Öffnung der einzelnen Siegel und der Bekanntgabe ihres vollständigen Inhaltes unterscheiden; denn das »Buch« ist erst in vollem Umfang lesbar, wenn das letzte Siegel erbrochen ist. Demnach würde man die Bekanntgabe des Inhaltes ab 8,2 erwarten und wegen der Parallelität und Zusammengehörigkeit der folgenden Visionszyklen den Inhalt der Urkunde in 8,2–22,5 aufgezeichnet finden (z. B. Bornkamm, Jörns). Doch scheint es dem Verfasser gar nicht darauf anzukommen, Form und Praxis der Doppelurkunde genau einzuhalten. Der Vorgang des Lesens *nach* der Öffnung des siebten Siegels ist überhaupt nicht erwähnt. Deshalb ist der Punkt, an dem die Urkunde voll lesbar ist, so daß ihr Inhalt wirklich bekannt wird, wohl unwesentlich (Collins). Entscheidende Bedeutung hat die weitere Überlegung. Schon beim Lösen der einzelnen Siegel werden endzeitliche Akte ausgelöst. Die Sieben-Siegel-Visionen wie die Posaunen- und Schalenvisionen stehen im Prinzip durchaus parallel. Wie das Erbrechen der Siegel endzeitliche Ereignisse bewirkt, so in entsprechender Steigerung das Blasen der Posaunen und das Ausschütten der Schalen. Der Vorgang hat jeweils den Charakter einer gleichsam magischen Handlung. Weil nun bereits das Brechen der Siegel Akte des Endgeschehens in Gang

setzt, wird man den Inhalt des »Buches« ab 6,1 ff. geschildert finden
(z. B. Wikenhauser, Lohse 41, Rissi, Holtz, Collins).
Wie schon bei der Beschreibung der Urkunde deutlich wurde (»beschrieben auf der Innen- und Rückseite«), hat sich der Verfasser an
den Text Ez 2,10 angelehnt. Darüber hinaus scheint er auch beim
Inhalt der Urkunde an diesen Prophetentext anzuknüpfen. Von der
dortigen Buchrolle heißt es: »... auf ihr standen geschrieben Klagen
und Seufzen und Wehe.« Die Rolle enthält Gerichtsankündigungen,
die, wenn sie eintreffen, Klagen und Wehgeschrei hervorrufen. Johannes hat Ez 2,10 wohl so verstanden, daß die Rolle endzeitliche
Ereignisse zum Inhalt hat. Dafür spricht auch die jüdische Tradition, die Ez 2,9 f. entsprechend interpretiert: Auf der Rolle steht
geschrieben, »was gewesen war von Anfang an und was bereitstand
zu geschehen am Ende« (TargEz 2,10). Möglicherweise hat auch die
Vorstellung nachgewirkt, daß der Geschichtsablauf auf himmlischen Tafeln fixiert und die Einsicht in diese besonderen Sehern vorbehalten war (äthHen 93,1–14; 91,12–17 und 106,19–107,1). Als
weiteren religionsgeschichtlichen Hintergrund hat man an die babylonischen Schicksalstafeln zu denken, die das Geschick der Welt
zum Inhalt haben (z. B. Holtz 36; vgl. Collins 212 f.).
Nach der Schau des Buches auf der Hand Gottes nimmt das himmlische Geschehen in der Thronszene seinen Fortgang. Ein starker Engel (vgl. 10,1) stellt die Frage, wer würdig sei, das Buch zu öffnen
(Vers 2). Anscheinend ist vorausgesetzt, daß sich ein Glied der
himmlischen Thronszene anbietet, die Aufgabe zu übernehmen.
Doch zeigt sich, daß niemand, weder im Himmel noch auf der Erde,
noch unter der Erde, dazu in der Lage ist (Vers 3). Diese Feststellung
ruft das Weinen und Klagen des Sehers hervor (Vers 4). Daraufhin
ergeht aus der Versammlung die tröstliche Antwort an den Seher:
Christus, den der Visionsbericht bisher noch gar nicht erwähnt hat,
besitzt die Voraussetzung, die erforderliche Aufgabe durchzuführen
(Vers 5). Man hat erkannt, daß hinter dieser Darstellung ein traditionelles Motivschema steht. Bestimmend ist dabei die Vorstellung einer himmlischen Thronversammlung, in der ein mit einer Funktion
zu Beauftragender gesucht wird (Müller). Folgende Einzelmotive
konstituieren das Schema: a) Frage Gottes nach dem zu Beauftragenden; b) verlegene Ratlosigkeit der Thronversammlung; c) Be-
nennung der gesuchten Gestalt. Das Schema findet sich in 1 Kön
22,19–22; Jes 6 (besonders Vers 8) sowie in älteren orientalischen
Texten. In der besonderen Variation des Schemas durch Johannes
zeigen sich die Akzente, die er setzen will. a) In den Paralleltexten
stellt Gott selbst die Frage nach der zu beauftragenden Gestalt; in

der Apokalyptik ist die Hoheit Gottes so gesteigert, daß ein Engel diese Funktion übernehmen muß. b) Die Ratlosigkeit betrifft sonst die himmlische Versammlung selbst; hier jedoch reagiert der Seher, was anzeigt, daß sein eigenes Problem zur Diskussion steht. c) Nach dem vorgegebenen Schema müßte der später Beauftragte antworten und sich zur Verfügung stellen; der Text dagegen läßt eines der Engelwesen auf ihn hinweisen, und zwar gilt die Antwort dem Seher. Dadurch wird die Nennung Christi zum Trostwort für diesen (Vers 5) und erhält gerade darin ihre eigentümliche Funktion.

Die entscheidende Botschaft, die einer der Ältesten dem Seher verkündet, lautet (Vers 5):

> »Siehe, überwunden hat der Löwe aus dem Stamm Juda, die Wurzel Davids, das Buch und seine sieben Siegel zu öffnen.«

Christus erscheint als der einzige, der durch Öffnung des Buches den endzeitlichen Geschichtsplan Gottes in Gang setzen kann. Wenn er »der Löwe aus dem Stamm Juda« heißt, so knüpft Johannes an Gen 49,9f. an – ein Text, den die Gemeinde von Qumran als Verheißung auf den kommenden Messias las (4QPB). In dieselbe Richtung zielt die Bezeichnung »die Wurzel Davids«, d. h. der Wurzelsproß, der von David herkommt – eine Wendung, die Jes 11,1.10 (wohl in Verbindung mit Jer 23,5; 33,15) aufnimmt und ebenfalls in messianische Zusammenhänge verweist (vgl. Röm 15,12). Jesus Christus begegnet also als Träger und Erfüller der messianischen Verheißungen des AT, und zwar klingen hier herrscherliche Prädikate Christi an. Allerdings gilt dies nur bedingt. Die Aufnahme der atl. Weissagungen, die im Judentum eine irdisch-nationale Heilserwartung provozierten, hat bei Johannes nicht zum selben Ergebnis geführt. Christus ist für ihn vor allem derjenige, der durch seinen Tod seine Bewährung gezeigt und in dieser Hinsicht *»überwunden«* hat (vgl. 5,6.9). In den Überwindersprüchen von Kap. 2–3 meint das Verb das sieghafte Durchstehen der irdischen Notsituation bis in den möglichen Tod hinein. Bei der christologischen Verwendung ist der Gedanke des Todes geradezu konstitutiv (vgl. 3,21). Die Folge der Bewährung Christi im Tod ist seine Fähigkeit, das Buch mit dem endzeitlichen Geschichtsplan Gottes zu öffnen (5,5: »öffnen« als konsekutiver Infinitiv).

An dieser Stelle kann die Frage beantwortet werden, inwiefern die Engelbotschaft an den Seher eine tröstliche Antwort auf sein Problem ist. Sein Weinen (Vers 4) deutet ja eine Klage oder Ratlosigkeit an, die ihren Grund hat in der zunächst vergeblichen Suche nach einem, der das Buch öffnen kann. Das Weinen des Sehers hat seine Entsprechung in der Klage der Seelen der Märtyrer unter dem

himmlischen Altar (6,9f.): Wie lange noch steht das Gericht Gottes
an den Erdenbewohnern aus? Es ist die sehnliche Frage nach der
Durchsetzung der Gerechtigkeit Gottes, seiner endgültigen Machtergreifung. Nicht die unerfüllte Messiaserwartung der atl.-jüdi-
schen Heilsgemeinde (Jörns) ist das bedrängende Problem des Sehers, sondern, wie die Parallele 6,9f. zeigt, die Erfahrung der leidenden Christengemeinde, daß das eschatologische Eingreifen Gottes
sich hinauszögert. Wenn man dies sieht, erhält die Antwort eines der
Ältesten an den Seher einen konkreten Hintergrund: Gott verzieht
nicht mit seinem Herrschaftsantritt, Gott kommt bald; denn Christus hat sich durch seinen Tod bereits als der erwiesen, der durch
Öffnung des Buches die eschatologischen Ereignisse in Gang zu setzen vermag.

Vers 6f. bestätigen die Botschaft eines der Ältesten. Christus, über
den bisher nur in der Rede in Vers 5 zu hören war, erscheint plötzlich
selbst im Rahmen der visionär geschauten himmlischen Thronversammlung: in dem Raum zwischen dem Thron und den vier Wesen
einerseits und dem weiteren Kreis der Ältesten andererseits (»zwischen ... und« Hebraismus: z. B. Charles). Im Unterschied zu Gott
auf dem Thron und den auf Thronen sitzenden Ältesten steht Christus da, um an den Thron Gottes heranzutreten und das Buch entgegenzunehmen (Vers 7). Er trägt die Bezeichnung Lamm und zeigt
am Hals noch die Wunde vom Schächtschnitt (»wie geschlachtet«).
Die apokalyptische Umschreibung mit »wie« findet sich nur hier,
wo das Lamm visionär eingeführt wird (vgl. dagegen 5,12; 13,8).
Während die Kennzeichnung »wie geschlachtet« den Tod Christi
markiert, weisen die Attribute »sieben Hörner« und »sieben Augen« auf seine herrscherlichen Funktionen hin. Denn »Horn« ist
verbreitetes Symbol der Macht (z. B. Num 23,22; Dtn 33,17; Ps
89,18.25), und mit der Deutung der Augen, die Christus trägt, auf
die sieben Geister Gottes wird Christus göttliche Verfügungsgewalt
über dienstbare Engelwesen übertragen (vgl. Sach 4,10). Bei der bi-
zarren Erscheinung von Offb 5,6 gilt zu beachten: Man wird dem
visionären Bild vom Lamm, das »wie geschlachtet« erscheint und
sieben Hörner und Augen besitzt, nicht gerecht, wenn man es nach
heutigen Maßstäben auf seine Vorstellbarkeit prüft. Es geht vielmehr darum, die Symbolsprache zu erfassen und ihre Aussagten-
denzen wahrzunehmen.

Nachdem das Lamm das Buch von Gott empfangen hat, ist endgültig offenbar, daß es die Qualifikation erlangt hat, das endzeitliche
Geschehen in Gang zu setzen. Als Reaktion darauf erfolgt der Lobpreis im Himmel (Vers 9f.12) wie im ganzen Kosmos (Vers 13). Die-

ser abschließende Teil des ganzen Visionsberichtes ist sorgfältig gegliedert, insofern sich die hymnischen Stücke bewußt aufeinander
beziehen. Das »neue Lied« der vier Wesen und Ältesten (Vers 9 f.)
und der Hymnus der unzähligen Engelschar (Vers 12) ordnen sich
als Wechselgesang einander zu (Jörns 53 f.): Der Anfang des zweiten Stückes nimmt dabei den Inhalt des ersten betont auf. Dazu
stimmt, daß der anbetende Hymnus Vers 9 f. (»*du* bist würdig ...«)
durch den proklamatorischen Hymnus im *Er*-Stil (Vers 12) wiederholt und ausgeweitet wird (»*das Lamm* ist würdig ...«). Die Doxologie von Vers 13 erhält den Charakter einer abschließenden Proklamation, da der Lobpreis nun Gott und dem Lamm gilt und die
ganze Schöpfung einbezieht. Mit dem Amen der Wesen und der
Anbetung der Ältesten rundet sich das Bild ab. Als Ganzes stellt
Vers 8–14 die Antwort auf die Übernahme des Auftrages durch das
Lamm dar.

Als Einleitung zum »neuen Lied« (Vers 9 f.) schaut Johannes die
Huldigung der Wesen und Ältesten vor dem Lamm (vgl. die Huldigung vor Gott 4,10). Diese Engelgestalten tragen mit dem Räucherwerk, das die Gebete der Heiligen, d. h. der Christen, symbolisiert, deren Bitten vor das Lamm, die sich auf die Verwirklichung
des göttlichen Heilsplanes beziehen (vgl. 8,3–5). Diese Gebete stehen in Beziehung zum folgenden Lied, insofern es die Erfüllung
der Bitten durch das Lamm besingt. Das Lied heißt »neu«, weil es
das ganz Andere, das Wunder der eschatologischen Heilstat preist
(vgl. TargJes 26,1: »In jener Zeit wird man ein neues Lied singen im
Lande des Hauses Juda ...«; vgl. schon Ps 33,3; 96,1; 98,1 u. ö.).

Der Anfang des »neuen Liedes« (Vers 9 f.) nimmt die Formulierung
der Engelfrage (Vers 2) sowie die der himmlischen Antwort (Vers 5)
auf. Vers 9 enthält Anbetung: *Du* bist würdig, den endzeitlichen
Geschichtsplan Gottes zu vollstrecken. Gegenstand des Lobpreises
ist diese neue Vollmacht des Lammes.

Zur Diskussion steht die Frage, ob die in hymnischen Stücken der Offb
vorkommende Einleitungswendung »*würdig* bist du ...« o. ä. formelhaft
geprägt und traditionell ist. Weithin nimmt man an, daß die Wendung auf
die hellenistische »würdig«-Akklamation bei Volksabstimmungen zurückgeht und in späterer Zeit bei der Einsetzung von Bischöfen Verwendung
fand (z. B. Peterson, Lohmeyer). Wegen des ganz andersartigen Charakters
und des viel späteren Datums dieser Akklamationen kommen die entsprechenden Belege jedoch nicht in Betracht (Deichgräber, van Unnik, Jörns).
Im übrigen läßt sich zeigen, daß der Gebrauch der Wendung »würdig bist
du ...« in der Offb nicht ohne weiteres auf eine feste formelhafte Ausdrucksweise verweist. Statt dieser Wendung können nämlich durchaus andere treten, die dasselbe bedeuten. So ergibt sich aufgrund der Entspre-

chung von 5,3 zu 5,4, daß der Verfasser die Formulierung »Wer *ist würdig,
das Buch zu öffnen ...*« durch »niemand ... *konnte* das Buch öffnen« aufnimmt. Ähnliches gilt für 5,5, wenn die Wendung »*überwunden hat* der
Löwe ..., das Buch zu öffnen« eine ähnliche Bedeutung hat.
Allenfalls ist möglich, daß die hymnische »würdig«-Einleitung der Offb mit
einer Wendung zusammenhängt, die von der Notwendigkeit, Gott zu danken, spricht. In einem jüdischen Brief heißt es einleitend: »Es ziemt sich (es
ist würdig), Gott zu preisen, weil ...« (Jos Ant VIII 2,7; ähnlich Philo Spec
Leg II 185; V 132). Der Verfasser könnte diese Wendung gekannt und bei der
selbständigen Formulierung seiner »würdig«-Einleitung benutzt haben
(Deichgräber 50, Jörns 70–72). Die eigene Gestaltung wäre schon an der
Umformung der ursprünglich unpersönlichen Wendung deutlich (»*es ist*
würdig, Gott zu preisen ...«).

Auf die hymnische Anbetung »würdig bist du ...« folgt die Begründung in drei verbalen Aussagen, die die Heilstat des Lammes beschreiben. Dabei erinnern diese an die grundlegenden Bestimmungen, die der Verfasser gleich zu Beginn seines Buches macht: 1,5 b.6.
Zunächst heißt es, daß das Lamm geschlachtet wurde (vgl. Exkurs
4). Leitend ist der Vergleich mit dem Opferlamm, das am Hals den
Schächtschnitt erhält, so daß das Blut ausfließen kann. Blickt man
auf die weitere Aussage, wonach das Blut der Preis ist, mit dem das
Lamm Menschen aus allen Völkern losgekauft hat (vgl. 1 Kor 6,20;
7,23; Gal 3,13; 4,5), so wird angesichts der Heilsbedeutung des Blutes Christi deutlich, daß im Hintergrund die urchristliche Vorstellung vom Sühnetod Christi steht (vgl. Mk 14,24; Röm 3,25). Allerdings wird die Sühne wirkende Kraft des Blutes nicht ausdrücklich
ausgesprochen.
Im Vergleich zu 1,5 b.6, wo die Heilsbedeutung des Todes Jesu als
Befreiung von den Sünden ausgelegt wird, geht es Vers 9 stärker um
die Sammlung der Erlösten zum neuen Volk für Gott (vgl. Ex 19,6),
und zwar »aus jedem Stamm, Sprache, Volk und Nation«, wie es in
Anlehnung an Dan 3,4.7.31; 5,19 heißt. Durch Vers 10 »du hast sie
unserm Gott zur Königsherrschaft und zu Priestern bestellt« gewinnt dieser Gedanke besonderes Gewicht. Das Wort für »Herrschaft« nimmt hier den Sinn von Königsvolk oder Königreich an.
Die christliche Gemeinde ist zum Ort auf Erden geworden, an dem
sich die Herrschaft Gottes jetzt schon verwirklicht (Schüssler Fiorenza 285.289). Von der Herrschaftsausübung der Christen selbst
wird wie 20,4; 22,5 nur zukünftig geredet. Damit wehrt Johannes
jedem enthusiastischen Mißverständnis, wonach eschatologische
Herrschaft schon in der Gegenwart realisiert sei (vgl. 2,24; 3,1;
1 Kor 4,8).

Als Ganzes wird man das »neue Lied« als eschatologischen Hymnus bezeichnen. Vers 10 spannt den Bogen vom Heilswerk Christi in der Vergangenheit bis zur endgültigen Vollendung. Weil Christus sich durch seinen Tod als Retter der Erlösten erwiesen und jetzt schon das neue Volk aus allen Völkern gesammelt hat, erlangt er die Vollmacht, das endzeitliche Geschehen *umfassend* in Gang zu setzen. Die Übernahme des Siegelbuches macht ihn zum Vollstrecker des göttlichen Geschichtsplanes.

Die vier Wesen und die Ältesten haben das »neue Lied« 5,9 f. angestimmt. Ihnen antworten unzählige Engel in einem kurzen Hymnus (5,12), der die erste Zeile des vorangehenden Lobpreises aufnimmt. Der neue Hymnus enthält sieben doxologische Prädikate (wie 7,12). Der Verfasser betont besonders den Gedanken der Macht des Lammes.

Seinen Abschluß findet der ganze hymnische Lobpreis Vers 8 ff. in der Doxologie in Vers 13. Sie wird von der ganzen Schöpfung in allen ihren Bereichen dargebracht und gilt Gott und dem Lamm. Im Unterschied zur verbreiteten Dreiteilung der Welt (Himmel – Erde – Unterwelt 5,3; vgl. Ex 20,4; Phil 2,10) ist hier von vier Regionen die Rede, die in den vorangehenden himmlischen Gesang einstimmen. Die Doxologie zeigt die typische Dreigliedrigkeit: Die erste Zeile erwähnt die Empfänger des Lobpreises, Gott und das Lamm (7,10); es schließen sich vier Prädikate an, zuletzt steht die Ewigkeitsformel. Die ersten drei Lobpreisworte (»das Lob und der Preis und die Ehre«) stellen eine Wiederaufnahme aus der letzten Zeile des hymnischen Stückes 5,12 dar. Neu ist nur ein besonderer Ausdruck für »Macht« (1,6; 1 Tim 6,16; 1 Petr 4,11; 5,11; Jud 25), der die entsprechenden Begriffe aus 4,11; 5,12 variiert. Wichtig ist die Funktion dieser Doxologie. Wenn alle Schöpfungsbereiche in den himmlischen Lobpreis einstimmen, so demonstrieren sie damit die Macht Gottes und des Lammes, die sie huldigend anerkennen.

Mit Amen eignen sich die vier Wesen den zuletzt gesprochenen Lobpreis an (Vers 14) und bekräftigen ihn ihrerseits. Die Huldigung durch die Ältesten rundet die ganze Szene ab.

Wie schon bei der Übersicht über die Gliederung von 5,8–14 sichtbar wurde, verdankt sich die ganze Komposition einer wohlüberlegten Absicht des Verfassers. Die Abfolge der einzelnen Hymnen wie ihre Formulierung im einzelnen sind sein Werk und nur im Blick auf das vorangegangene Visionsgeschehen (5,1–7) zu verstehen. Die auf die eschatologische Machtergreifung Gottes wartende Gemeinde, die auf das Ende ihrer irdischen Bedrängnis sehnsüchtig hofft, erfährt so, daß der Vollstrecker des göttlichen Planes schon im Amt ist. Ja, sie hört bereits den Jubel, den die himmlischen Wesen wie die ganze Schöpfung in vorgreifender Weise anstimmen. Ehe denn die Plagen auf die Erde treffen (vgl. die weiteren Kapitel der Offb), erfährt sie vom Lobpreis, der der eschatologischen Rettung gilt.

Exkurs 4: Christus als das Lamm

Literaturauswahl: Barrett, C. K.: The Lamb of God, NTS 1 (1954/55) 210–218. – *Böcher, O.:* Kirche in Zeit und Endzeit, Neukirchen-Vluyn 1983, 13–27.28–57. – *Boll, F.:* Aus der Offenbarung Johannis 44 ff. – *Büchsel, F.:* Die Christologie der Offenbarung Johannis, Halle 1907. – *Comblin, J.:* Le Christ dans l'Apocalypse, BT.B 6, Paris 1965, 17–47. – *Schüssler Fiorenza, E.:* Priester 268–274. – *Holtz, T.:* Christologie 39–47. – *Jeremias, J.:* Art. *amnos,* ThWNT I, 1933, 342–345. – *Ders.:* Das Lamm, das aus der Jungfrau hervorging (Test. Jos. 19,8), ZNW 57 (1966) 216–219. – *Spitta, F.:* Christus das Lamm, in: *ders.:* Streitfragen der Geschichte Jesu, Göttingen 1907, 172–224.

Die häufigste Bezeichnung für Christus in der Offb ist Lamm. Von den 29 Belegen für das Wort beziehen sich 28 auf Christus, einer dient der Beschreibung für den Pseudopropheten (13,11). Geht man der Frage nach, welche Inhalte sich mit diesem Christustitel verbinden, so stößt man auf einen komplexen Sachverhalt. Neben Aussagen, die den Tod des Lammes herausstellen und ihn als Heil für die erlösten Menschen verstehen (5,9; 14,4), finden sich solche, die die herrscherlichen (5,5 f.; 6,16), ja kriegerischen Funktionen des Lammes betonen (17,14). Von der Bedeutung, die das Wort allgemein im Griechischen haben kann: »Widder, Schaf, Lamm«, ist wenig für den spezifischen Gebrauch in der Offb zu entnehmen: »Lamm« würde eher zur Erlöserfunktion passen, »Widder« den Gedanken der Herrschaft ausdrücken. Allerdings spricht der Sprachgebrauch in LXX, bei Josephus, Philo; Joh 21,15; 2 Clem 5,2–4 dafür, das griechische Wort mit »Lamm« zu übersetzen (Jeremias, *Amnos;* Holtz). Der sachliche Befund in der Offb wird diese Annahme unterstützen.

Die primäre Bedeutung, die der Vorstellung Christi als Lamm anhaftet, ist sein Tod. Das »geschlachtete« Lamm trägt am Hals die Narbe des Schächtschnittes (5,6.9.12; 13,8). Besonders deutlich tritt der Gedanke des Todes dort zutage, wo ausdrücklich vom Blut des Lammes die Rede ist (5,9; 7,14; 12,11). Wenn Johannes von der Sündenerlösung durch das Blut Christi (1,5), vom Blut als Kaufpreis für die ansonsten verlorenen Menschen (5,9) spricht, so scheint die sühnende Wirkung dieses Blutes und damit der Sühnetod des Lammes vorausgesetzt zu sein, ohne daß dieser Gedanke allerdings explizit ausgesagt ist (5,6.9). Nach jüdischer Auffassung hatte das Blut sühnende Kraft. Was nun den speziellen Gedanken des Blutes als Kaufpreis angeht, so knüpft Johannes damit an urchristliche Traditionen an (1 Kor 6,20; 7,23). Möglicherweise steht dahinter die antike Vorstellung vom Freikauf von

Kriegsgefangenen, die als Sklaven verschleppt und verkauft wurden. Christus als das Lamm habe Menschen »aus jedem Stamm, Sprache, Volk und Nation« losgekauft (5,9), wie man Kriegsgefangene freikauft, die unter Fremdvölkern wohnen. Dazu würde der weitere Gedanke stimmen, daß diese Freigekauften zum neuen Volk der Endzeit, zum Königreich oder Königsvolk für Gott eingesetzt werden (5,10).

Die grundlegende Bedeutung, die der Tod des Lammes für Johannes hat, zeigt sich daran, daß sein Tod die entscheidende Voraussetzung seiner herrscherlichen Aufgaben ist. Gewiß wirkt hier urchristliche Tradition nach (Phil 2,6ff.; Hebr 5,7ff.). Doch ist sie in besonderer Weise gestaltet. 5,9 drückt es so aus: Das Lamm vermag das Buch mit dem endzeitlichen Geschichtsplan Gottes zu nehmen und seinen Inhalt zu vollstrecken, *weil* es geschlachtet und so zur Rettung für Menschen aus allen Regionen wurde. Die herrscherlichen Attribute »der Löwe aus dem Stamm Juda«, »die Wurzel Davids« (5,5), die zehn Hörner als Zeichen der Macht und die Verfügungsgewalt über die Geister Gottes (5,6) sind die Folge seines Heilstodes. Vom Lamm, das durch Lösen der Siegel die Endschicksale der Welt in Gang setzt (6,1ff.), können dann weitere eschatologische Herrschaftsaussagen gemacht werden, die in dem Titel »Herr der Herren und König der Könige« kulminieren (17,14). Damit überträgt Johannes die Titulatur orientalischer Großkönige, die im Judentum zur Gottesbezeichnung geworden war (z.B. 2 Makk 13,4; 3 Makk 5,35; äthHen 9,4; 63,4; 84,2), auf das Lamm, das als der wahre Herr gottfeindliche Könige bekämpft und besiegt. In der Stunde des Gerichts zittern dann alle Menschen, die Mächtigen dieser Welt wie auch die Sklaven, vor Gott auf dem Thron wie vor dem Gerichtszorn des Lammes (6,16). Vor seinem Angesicht müssen die Gottlosen ihre Strafe erleiden (14,10).

Die Erlöserfunktion des Lammes wie auch seine eschatologischen Herrschafts- bzw. Gerichtsaufgaben gehören für Johannes zusammen. Dies ist auch die Voraussetzung dafür, daß er Ausführungen von Christus macht (nicht explizit von Christus als Lamm), die einseitig seine endzeitlichen Vernichtungsaktionen zum Inhalt haben (14,14–20; 19,11–21).

Da nun die Erlösertätigkeit, die durch den Tod geschieht, die primäre und grundlegende Bedeutung ist, die dem Titel Lamm anzuhaften scheint, so wird auch die Herkunft des Begriffs in dieser Richtung zu suchen sein. Das wird schon durch den Umstand nahegelegt, daß Johannes den Titel an der ersten Stelle, wo er ihn nennt, mit der Kennzeichnung »wie geschlachtet« einführt (5,6). Auf jeden Fall ist Lamm christliche Messiasbezeichnung, da die einzige in einer jüdischen Schrift vorkommende Parallele (TJos 19) ein nachträglicher christlicher Einschub ist (z.B. Jeremias, Art. *amnos*; ders., Das Lamm).

Man könnte bei der Herleitung des Begriffes an Jes 53,7 denken (vgl. Charles, Lohmeyer, Sickenberger, Wikenhauser, Kraft), wo der Gottesknecht mit einem Schaf verglichen wird, das zur Schlachtung geführt wird – eine Stelle, die das Urchristentum auf Christus bezog (Apg 8,32; vgl. 1 Petr 2,22–25). Doch ist zu beachten, daß der Gottesknecht nur *wie* ein Schaf zur Schlachtbank geführt wird und nicht unmittelbar unter der Bezeichnung

Schaf erscheint (Holtz). Der Vergleich mit dem Schaf dient nur als Bild für das stumme Ertragen des Leidens, während Johannes bei dem »geschlachteten Lamm« gerade an den Heilstod Christi denkt. Näher liegt eine andere Ableitung des christologischen Titels Lamm. In urchristlicher Tradition kann Christus als das Passalamm verstanden werden: »Unser Passa ist ja auch schon geopfert, Christus« (1 Kor 5,7). Ähnlich wird auch 1 Petr 1,18f. zu deuten sein, wo der Verfasser die Christen darauf verweist, daß sie mit dem kostbaren Blut Christi »als eines fehl- und makellosen Lammes« losgekauft sind. Ex 12,5 verlangt gerade die Fehllosigkeit des Passalammes; darauf spielt 1 Petr 1,18f. offensichtlich an. Ansonsten ist Joh 1,29.36; 19,36 zu berücksichtigen. Allerdings findet sich in 1 Petr 1,18f.; Joh 1,29.36; 19,36 im Griechischen ein anderes Wort für »Lamm« als in der Offb, doch scheint der Sinn derselbe zu sein. Wichtig ist nun die Erkenntnis, daß nach jüdischer Auffassung das Blut der Passalämmer, die man beim Auszug aus Ägypten schlachtete, sühnende Wirkung hatte, ebenso wie das Volk der Endzeit im Verdienst des Passablutes Erlösung finden sollte. Jesus ist das eschatologische Passalamm, das durch sein Blut die letzte Erlösung in Kraft gesetzt hat. Dieser Gedanke wird für Johannes bestimmend sein, wenn man auch sehen muß, daß die Konzeption vom geschlachteten Lamm nicht zwingend auf Christus als Passalamm hinführt (Holtz). Das tägliche Opfer zweier Opferlämmer im Rahmen des jüdischen Tempelkultes hat dagegen kaum eine Beziehung zu Christus als Lamm. Johannes zeigt sich am Tempelkult überhaupt nicht interessiert; im übrigen würde das tägliche Opfer zweier Lämmer dem einmaligen Opfertod des geschlachteten Lammes kaum entsprechen.

Problematisch bleibt die astralmythologische Interpretation des Lammes (Boll, Hadorn, Lohse, Böcher 23). Die sieben Hörner als Zeichen der Kraft weisen danach auf den Widder. Wenn dann die sieben Augen, die ursprünglich Gestirne, d. h. die Planeten, meinen, dazukommen, scheint der astrale Hintergrund deutlich zu sein, und die ganze Gestalt steht im Zusammenhang des Sternbildes des Widders. Von daher verstehen sich auch die herrschaftlichen Züge der Gestalt, die kosmische Züge annimmt. Die astralmythologische Deutung auf das Sternbild des Widders will zeigen, daß die Christusfigur ursprünglich in den ganzen Zyklus: Thron, sieben Geister, vier Wesen, 24 Älteste hineingehört (Hadorn). Gegen diese Erklärung spricht, daß bei einer Verbindung des Lammes mit dem Sternbild des Widders der Zusatz »wie geschlachtet« unerklärbar bleibt (Lohmeyer). Gleichzeitig hat sich bereits ergeben, daß die Erlösung durch den Tod des Lammes den primären und grundlegenden Gedanken bei Johannes darstellt, die herrschaftlichen Züge, die auf astralmythologische Zusammenhänge deuten könnten, aber nur Folgecharakter haben. Die Ausstattung mit sieben Augen kann durchaus erst auf das Konto des Verfassers gehen, der atl. Bezüge herstellt (Sach 4,10), und das Bild der sieben Hörner läßt sich ebenso interpretieren, zumal das Bild vom Horn als Symbol der Macht im AT weit verbreitet ist. Deshalb legt es sich nicht nahe, an den Stellen, wo herrscherliche Aspekte des *arnion* auftauchen (z. B. 5,8; 6,1.16; 17,14; 21,22; 22,1.3), mit »Widder« zu übersetzen (Böcher 40–47 im Anschluß an Spitta).

Die ersten vier Siegel: die apokalyptischen Reiter: 6,1–8

1 Und ich sah, als das Lamm das erste der sieben Siegel öffnete, da hörte ich das erste der vier Wesen wie mit Donner-
stimme sprechen: Komm!
2 Und ich sah, und siehe ein weißes Roß,
und der, der darauf saß, hatte einen Bogen,
und es wurde ihm ein Kranz gegeben,
und er zog aus als Sieger und um zu siegen.
3 Und als es das zweite Siegel öffnete, hörte ich das zweite
Wesen sprechen: Komm!
4 Und es zog ein anderes, feuerrotes Roß aus,
und dem, der darauf saß, wurde gegeben, den Frieden von der
Erde zu nehmen,
und daß sie einander hinschlachten sollten,
und es wurde ihm ein großes Schwert gegeben.
5 Und als es das dritte Siegel öffnete, hörte ich das dritte Wesen sprechen: Komm!
Und ich sah, und siehe, ein schwarzes Roß,
und der, der darauf saß, hatte eine Waage in seiner Hand.
6 Und ich hörte (es) wie eine Stimme inmitten der vier Wesen
sprechen:
Ein Maß Weizen für einen Denar
und drei Maß Gerste für einen Denar;
aber das Öl und den Wein schädige nicht!
7 Und als es das vierte Siegel öffnete, hörte ich die Stimme des
vierten Wesens sprechen: Komm!
8 Und ich sah, und siehe, ein fahles Roß,
und der, der darauf saß, sein Name war der Tod,
und der Hades folgte ihm,
und es wurde ihnen Macht gegeben über den vierten Teil der
Erde,
zu töten mit Schwert, Hunger und Pest und durch die wilden
Tiere der Erde.

Literaturauswahl: Boll, F.: Aus der Offenbarung Johannis, 78–97. – *Bornkamm, G.:* Komposition, 219f. – *Considine, J. S.:* The Rider on the White
Horse, CBQ 6 (1944) 406–422. – *Cullmann, O.:* Christus und die Zeit,
Zürich ³1962, 148f. – *Dornseiff, F.:* Die apokalyptischen Reiter, ZNW 38
(1939) 196f. – *Feuillet, A.:* Le premier cavalier de l'Apocalypse, ZNW 57
(1966) 229–259. – *Günther, H. W.:* Nah- und Enderwartungshorizont,
172ff.182ff.193ff. – *Magie, D.:* Roman Rule in Asia Minor, Princeton

1950, Bd. I, 580–582, Bd. II, 1443f. – *Reinach, S.:* La mévente des vins sous le haut-empire romain, Revue archéologique III 39 (1901) 350–374. – *Rissi, M.:* The Rider on the White Horse, Interpretation 18 (1964) 407–418. – *Rostovtzeff, M.:* Gesellschaft und Wirtschaft im Römischen Kaiserreich, Bd. I, Heidelberg o. J., 295–297.

Wie kaum ein anderer Text sonst in der Offb hat die Vision von den vier apokalyptischen Reitern die Phantasie der Interpreten durch die Jahrhunderte beflügelt. Besonders auch Künstler ließen sich durch die Visionsbilder anregen. Das berühmteste Werk ist wohl das Albrecht Dürers (1498). Seine Deutung der Reiter, inspiriert durch die Straßburger (1485) und Hamburger Bibel (1487), auf vier Bringer endzeitlicher Plagen hat dazu beigetragen, daß die bis dahin gängige Erklärung des ersten Reiters als Christus an Gewicht verlor (vgl. Feuillet 254). In der Tat ist das christologische Verständnis des ersten Reiters die früheste bekannte Deutung. Irenäus von Lyon sagt von ihm: »Johannes spricht von Christus in seiner Apokalypse: er zog aus als Sieger und um zu siegen« (Adv Haer 4,21,3). Diese Deutung erfreute sich großer Beliebtheit, weil sie die Ähnlichkeit mit der Gestalt des Christus in 19,11 ff. zu erklären schien (vgl. noch heutzutage Bornkamm, 213f.). Eine Variante dieser Sicht ist die Deutung auf die siegreiche Verkündigung des Evangeliums (der frühe Apokalypsekommentar des Andreas von Cäsarea 6./7. Jahrh. n. Chr.), die mit Blick auf Mk 13,10 zustande kommt (in der Gegenwart: Considine, Cullmann). Die Interpretation des ersten Reiters auf Christus oder den siegreichen Gang des Evangeliums scheitert jedoch daran, daß sie die offensichtliche Verwandtschaft bzw. Parallelität zwischen den Reitern ignoriert. Die drei anderen Reiter bringen jeweils Unheil; folglich muß auch der ihnen vorangestellte Reiter in irgendeinem Sinne als Unheilsträger verstanden werden. Im übrigen paßt die Darstellung der eschatologischen Wiederkunft Christi schlecht zum Beginn der endzeitlichen Plagen, sie gehört an das Ende (19,11 ff.). In ähnlicher Weise mißlingt der Versuch, den Unheilscharakter des ersten Reiters ernst zu nehmen, gleichwohl die – wenn auch antithetische – Entsprechung zu Christus damit zu verbinden und so in der Gestalt den Antichrist zu sehen, dessen siegreiches Wirken endgültig in 11,7; 13,7 begegnet (Rissi). Die Hinweise auf den Antichrist innerhalb der einzelnen Visionselemente bleiben viel zu vage, als daß sie es rechtfertigen könnten, schon hier seine Erscheinung anzunehmen. Er tritt nach dem Plan der Offb erst in 11 bzw. 13 auf. Für eine Vorausdeutung auf Kap 13 fehlen überzeugende Anzeichen im Text.

Die kurze Übersicht macht eine genaue Betrachtung der Textaussagen dringlich. Die vielfältigen, ja gegensätzlichen Deutungen signalisieren, daß die noch heute rätselhafte Gestalt gerade des ersten Reiters besondere Interpretationsschwierigkeiten bereitet.

Die Erscheinungen der ganzen Viererreihe sind formal fast gleich geschildert, was auch der Grund ist, sie von den übrigen, in der Struktur andersartigen Siegelvisionen gesondert zu betrachten. Bei allen vier Einzelvisionen erfolgt zunächst die Öffnung eines der Siegel des Buches. Daraufhin hört der Seher den lauten Befehl durch eins der vier Wesen: Komm! Dieser Befehl bewirkt jeweils eine neue Visionserscheinung. Diese ist nicht mehr ganz so übereinstimmend gegliedert wie die bisher herausgestellte Einleitung bzw. Rahmung des anschließenden Visionsvorganges. Dieser scheint aus vier Motiven zu bestehen:

a) Schau eines Rosses;
b) Charakterisierung des Reiters;
c) Beauftragung des Reiters;
d) Durchführung des Auftrags.

Charakteristisches Element dieser Art Beauftragungsvision ist das dritte: Es enthält die formelhafte Wendung »es wurde gegeben« (abgesehen von der Darstellung des dritten Reiters). Sie zeigt an, daß die Reiter in himmlischem Auftrag handeln, wie ja oft das Passiv als Umschreibung göttlichen Handelns gebraucht ist. Beauftragung wie Durchführung sind nicht immer sauber getrennt; doch wird man beide Momente prinzipiell auseinanderhalten müssen. Eine ganz ähnliche Form der Beauftragungsvision findet sich 9,1–11, allerdings bezogen auf andere Gestalten. Wieder taucht die typische Wendung »es wurde gegeben« auf (1b.5a). Diese Übersicht zur Form des Visionsberichts verdeutlicht die große Parallelität, die zwischen den Einzelvisionen besteht. Die jeweilige Rahmung zum folgenden Visionsvorgang ist sowieso ganz gleich, dieser selbst weist einzelne Variationen des vorausgesetzten Schemas auf (besonders beim dritten Reiter). Doch legt sich von der Form her eine parallele Interpretation der einzelnen Reiter nahe.

Die Handlung, die der jeweilige Reiter auszuführen hat, erfolgt im himmlischen Auftrag. Darauf deutet nicht nur die für die Darstellung typische Wendung »es wurde gegeben«, sondern schon die Rahmung, da auf das auslösende Moment der Siegelöffnung durch das Lamm jeweils eines der vier (himmlischen) Wesen den Befehlsruf erschallen läßt.

Näheren Aufschluß über die Bedeutung der vier Reiter erlangt man, wenn man die inhaltlichen Aussagen stärker ins Auge faßt. Die

Reihe der vier Rosse scheint aus Sach 1,7–15 bzw. 6,1–8 zu stammen. Der Prophet sieht dort vier Wagen von verschiedenfarbigen
Pferden gezogen (6,1–8), deren jeder (wie die vier Winde, vgl. Sach
2,10; 6,5; Offb 7,1) in eine andere Himmelsrichtung aufbricht: Die
roten Rosse fahren nach Osten, die schwarzen nach Norden, die
weißen nach Westen und die gescheckten nach Süden. Wie die Vier-
gruppenzahl der Rosse in Beziehung zu den vier Winden und den
vier Himmelsrichtungen steht, so die Farben zu den vier Welteckten-
planeten: Merkur (rot), Saturn (schwarz), Jupiter (weiß) und Mars
(grün) (bzw. Venus als fünfter mit der »bunten Farbe«). Diese ursprünglich astralmythologischen Vorstellungen (vgl. Boll, Dornseiff) spielen bei Johannes allerdings keine Rolle mehr. Nicht mehr
vier Gruppen von Pferden fahren in die vier Himmelsrichtungen
auseinander, sondern jeweils ein Reiter erscheint auf einem Pferd
und bewirkt auf seine Art eine besondere Unheilswirkung, die die
Erde betrifft. Zu dieser Änderung paßt, daß die Reiter hier mit einer
Abfolge von Plagen verbunden sind, wie sie unabhängig von Sach
längst Tradition war. Schon in Jer 14,12; 15,2; 21,7; 24,10; 29,17f.;
42,17; 44,13 usw. kehrt die Reihe: Schwert – Hunger – Tod (Pest)
wiederholt wieder, wozu noch Gefangenschaft treten kann. In Ez
14,21 begegnet die Aufzählung der Strafen: Schwert, Hunger, wilde
Tiere und Pest (ähnlich 5,12.17) – eine Reihung von Plagen, die
deutlich in Offb 6,1–8 nachwirkt, wie die Erwähnung der wilden
Tiere in Vers 8 zeigt. Anscheinend hat man die atl. Plagenreihen auf
die Endzeit bezogen und in ihnen Vorzeichen des Endes gesehen,
wie jüdische Texte und auch die synoptische Apokalypse beweisen.
In Mk 13 parr. erscheint die Reihe: Kriege, Erdbeben, Hungersnöte
(Seuchen: Lk 21,11), darüber hinaus Verfolgung der Gläubigen und
Auflösung des Weltgefüges. Johannes hat an dieses apokalyptisch-
endzeitliche Verständnis atl. Plagenreihen angeknüpft, wenn er die
Reiter mit bestimmten Unheilsfolgen verbindet und in den beiden
anschließenden Visionen die Verfolgung der Gläubigen (6,9–11)
und die Erschütterung des Kosmos (6,12–17) schildert (Lohse).
Sosehr die bisherige Interpretation von der grundsätzlichen Parallelität der vier Reiter ausgehen konnte, die als Urheber von Plagen
auftreten, so wenig ist doch zu übersehen, daß der erste Reiter ganz
eigentümliche Konturen besitzt. Dies ist ja auch der Grund, weswegen man ihn zuweilen von den drei anderen Reitern unterschied (vgl.
die christologische Interpretation). Es fällt auf, daß mit der Formel
»es wurde ihm ein Kranz gegeben« nicht in gleicher Weise eine Beauftragung erfolgt wie etwa beim zweiten und vierten Reiter. Es
fehlt nämlich die Angabe einer bestimmten Plage (wie Krieg, Hun-

ger und Tod), die durch die Übergabe des Kranzes bewirkt würde.
Eher bedeutet der Kranz den errungenen bzw. noch ausstehenden
Sieg; sein Träger ist als Triumphator dargestellt.

Denkt man an das überkommene Schema von Plagen (Schwert,
Hunger, Pest und wilde Tiere), so bemerkt man, daß diese als Folge
des zweiten, dritten und vierten Reiters auftreten; beim ersten wird
eine Plage unmittelbar nicht genannt. Das weist darauf hin, daß der
erste Reiter eine Erweiterung der traditionellen Vorstellung darstellt. Es liegt eine Aktualisierung der Tradition vor, die das Plagen-
schema neu deutet. Hier hilft die verbreitete zeitgeschichtliche Interpretation des ersten Reiters. Sie versteht ihn als Bezugnahme auf
das siegreiche Vordringen der Parther gegen das Römische Reich
(Bousset, Charles, Lohmeyer, Wikenhauser, Lohse). Zu erwähnen
ist etwa der Sieg des parthischen Königs Vologäses in den Tigrispäs-
sen (62 n. Chr.), die der Hoffnung der von Rom unterjochten orientalischen Völker besonderen Auftrieb gab. Dazu paßt auch die Schilderung des ersten Reiters als Bogenträger. Denn Bogen galten in
besonderer Weise als die eigentümlichen Waffen der Partherheere,
wenn sie auch bei anderen Völkern Verwendung fanden. Aufgrund
der schon bestehenden Bedrohung Roms durch die Parther erwartet
Johannes ein weiteres siegreiches Vordringen (»er zog aus als Sieger
und um zu siegen«). Dies erscheint dem Seher als erstes Vorzeichen
des Endes, das das Öffnen des ersten Siegels auslöst.

Die Bezugnahme auf die Parther, die Johannes auch sonst kennt
(9,13 ff.; 16,12), erklärt, warum sich mit dem Auftreten des ersten
Reiters keine spezielle Plage verbindet und nur seine äußere Erscheinung und sein siegreiches Vordringen Berücksichtigung finden.
Dieses Vordringen ist gewichtig genug. Es bedeutet Krieg und ge-
genseitiges Hinschlachten der Menschen, ferner Hungersnöte und
Seuchen – Erfahrungen, die seit jeher im Gefolge von Kriegen stehen. Wie also auf den ersten Reiter die anderen folgen, so Kriege,
Hunger und Tod durch Pest auf das Eingreifen der Parther. Der Verfasser hat bei der Darstellung des ersten Reiters sein Erscheinen
grundsätzlich beschrieben – als endzeitlich gedeutetes Phänomen irdischer Geschichte, das Unheil für die Menschen hervorruft. Das
Wirken der Reiter gestaltet sich so zu einer einheitlichen Größe. Sie
bringen gemeinsam Unglück über die Erde: Ein Viertel der Menschheit findet durch Schwert, Hunger und Pest den Tod (Vers 8). Diese
abschließende Bemerkung spielt deutlich auf das Handeln der drei
letzten Reiter an.

Obwohl die rote Farbe des zweiten Rosses traditionell ist und aus
Sach 1,8; 6,7 stammt, wird hier auf die Funktion des Reiters ange-

spielt sein, den Frieden von der Erde zu nehmen. Die rote Farbe
deutet auf das Blutvergießen hin. Sachlich entspricht dies Mk 13,7f.,
wo Kriege zum »Anfang der Wehen« gehören.

Beim dritten Reiter fällt auf, daß er eine Waage hält. Diese signalisiert die Hungersnot, die er mit sich bringt: Jedem wird seine
knappe Ration abgewogen werden (Lev 26,26; Ez 4,16f.). Dazu
paßt die Fortsetzung von Vers 6. Eine Stimme verkündet eine große
Teuerung, in deren Gefolge der Hunger steht. Zunächst klingt sie
wie ein zum Kauf ermutigender Ruf auf dem Markt:

»Ein Maß Weizen für einen Denar
und drei Maß Gerste für einen Denar.«

Doch bietet die Stimme diese Lebensmittel weit überteuert an. Sie
kosten das 8- bis 16fache ihres normalen Preises. So bezahlte man
nach Cicero, Gegen Verres III 81, normalerweise für zwölf Maß
Weizen einen Denar, für die entsprechende Menge Gerste die
Hälfte. Ein Maß Weizen, d. h. die täglich notwendige Speiseration,
verschlingt damit den damaligen Tageslohn eines Arbeiters (vgl. Mt
20,2). Für denselben Preis erhält er die dreifache Menge Gerste, die
der Herstellung billigerer Brotsorten diente. Die Teuerung erreicht
noch nicht den höchsten Grad der Not, trifft aber gerade die einfachen Leute.

Rätselhaft ist die folgende Angabe, daß Öl und Wein verschont bleiben sollen. Bei dieser Notiz hat man nach zeitgeschichtlichen Hin-
tergründen gesucht. Nach Sueton, Domitian 7, hat Kaiser Domitian
im Jahr 92 ein Edikt erlassen, aufgrund dessen die Anlage neuer
Weinberge in Italien verboten wurde; in den Provinzen aber sollten
sie mindestens zur Hälfte niedergehauen werden. Die kleinasiatischen Städte wandten sich dagegen und erreichten, daß der Kaiser
das Edikt aufhob. Darüber sei Johannes entrüstet, da er das Edikt
von seinem asketischen Standpunkt für gut befindet. Er prophezeit
also eine große Teuerung, die die Grundnahrungsmittel betrifft, die
Luxusgüter aber wie zum Hohn verschont (Reinach, Bousset 135).
Diese zeitgeschichtliche Erklärung des Textes wird inzwischen
meist abgelehnt. Gegen sie spricht einmal, daß Öl und Wein für die
mediterranen Länder kaum als Luxusgüter gelten können, zum anderen, daß diese Hypothese davon ausgeht, daß Johannes einen Er-
laß Domitians gutgeheißen haben könnte (Günther). Festzuhalten
ist aber die Gefahr der Hungersnot gerade in Kleinasien, die auch ein
aus den Jahren 92/93 stammendes Edikt des Legaten Domitians, L.
Antistius Rusticus, für Antiochia in Pisidien bestätigt. Denn Klein-

asien war in seiner Getreideversorgung auf andere Länder angewiesen. Diese Importe wurden aber zum Teil für die im Osten stationierten Legionen verbraucht, daher das beständige Hungergespenst vor den Toren der damaligen Städte (Rostovtzeff, Magie). Bei Öl und Wein dagegen herrschte wegen der größeren Gewinnspanne eine Überproduktion, was ja auch das bei Sueton erwähnte Edikt Domitians voraussetzt. Von daher erklärt sich, daß Vers 6 keine Einschränkung von Öl und Wein kommen sieht (Günther 183 f.).

Diese Deutung ist der astrologischen vorzuziehen (mit ihr aber eventuell zu kombinieren). Diese geht von Zwölfjahreszyklen aus: Für das Jahr der Waage, d. h. für das von diesem Sternbild regierte Jahr, erwartete man die Vernichtung des Getreides, aber Überfülle an Öl und Wein (vgl. Lohmeyer, Lohse im Anschluß an Boll 85–87).

Zum Abschluß erscheint der vierte Reiter, der Tod, der hier mit seinem Gefolgsmann, der ebenso personifiziert gedachten Unterwelt auftaucht. Das Roß dieses Reiters ist »fahl, blaß«, d. h., es trägt die Leichenfarbe. Daß hier der Hades gesondert erwähnt ist, stört die Parallelität der Darstellungsweise zu den anderen Reitern. Leitend ist wohl der Gedanke, daß mit dem personifizierten Tod sogleich die Unterwelt auf dem Plan ist, die die Toten in ihr Reich aufnimmt. Während nun der Anfang von Vers 8 generell an den Tod denkt, ist am Ende des Verses mit demselben griechischen Wort für Tod eine spezifische Todesart als Plage gemeint, die Pest, die gerade in Kriegszeiten grassierte; denn hier folgt Johannes dem Wortlaut von Ez 14,15–22 (besonders Vers 21), der neben Schwert, Hunger und wilden Tieren speziell die Pest erwähnt. Die griechische Übersetzung des AT gibt das hebräische Wort für »Pest« mit »Tod« wieder, dasselbe tut anscheinend Johannes. Wenn er noch die wilden Tiere nennt, so ist neben dem Vorbild des atl. Textes noch die Erfahrung bestimmend, daß in von Kriegen verwüsteten Gebieten wilde Tiere die Zerstörung vollenden. Als Ganzes hat Vers 8 zusammenfassende Bedeutung: Durch das Wirken der vier Reiter fällt ein Viertel der Erdenbewohner dem Tod anheim.

Überblickt man die Reihe der apokalyptischen Reiter, sieht man, daß hier nicht außergewöhnliche Strafgerichte Gottes begegnen, sondern irdische Schreckensereignisse: Kriege, Hunger, Seuchen und das Wüten wilder Tiere. Dazu paßt, daß hinter der Erscheinung des ersten Reiters die Erfahrung siegreich vordringender Partherheere steht. Der Verfasser nennt geschichtliche Ereignisse, die er aber in den endzeitlichen Horizont einordnet. Denn das Lösen der Siegel durch das Lamm, das das umfassende endzeitliche Geschehen in Gang setzt, bewirkt ja das Auftreten der Reiter. Was der Verfasser hier schildert, entspricht dem, was in frühchristlicher Tradition als »Anfang der Wehen« galt (Mk 13,8), wenn auch für ihn das eigentliche erste »Wehe« mit dem Blasen der ersten fünf Posaunen einsetzt (vgl. 9,12). In jedem Fall bezieht sich das in 6,1–8 beschriebene Geschehen auf die Gegenwart des Sehers, die er endzeitlich deutet. Darauf weist die Anspielung auf die Parthermacht in 6,1f., besonders aber der Zusammenhang mit 6,9–11, wo sich in der Klage der Märtyrer die sehnsüchtige Frage der auf Erden bedrängten Gemeinde artikuliert.

Das fünfte Siegel: Klage und Tröstung der Märtyrer: 6,9–11

9 Und als es das fünfte Siegel öffnete, sah ich am Fuße des Altares die Seelen derer, die geschlachtet worden waren um des Wortes Gottes und des Zeugnisses willen, das sie festhielten. 10 Und sie schrien mit lauter Stimme: Wie lange (soll es noch dauern), Herr, Heiliger und Wahrhaftiger, daß du nicht richtest und rächst unser Blut an den Bewohnern der Erde? 11 Und es wurde ihnen einem jeden ein weißes Gewand gegeben und ihnen gesagt, daß sie sich noch kurze Zeit gedulden sollten, bis auch die Zahl ihrer Mitknechte und ihrer Brüder voll geworden sei, die ebenso wie sie getötet werden sollen.

Bei der Öffnung des fünften Siegels schaut Johannes einen Altar im Himmel. Es ist das himmlische Gegenstück des Brandopferaltars im Tempel (vgl. 8,3ff.; 9,13; 14,18; 16,7). Nach jüdischer Vorstellung gibt es eine himmliche Entsprechung zum irdischen Tempel und Altar. Das Bild der himmlischen Thronversammlung (Offb 4f.) ist damit plötzlich verlassen – eine für apokalyptische Visionsberichte durchaus übliche Veränderung. Am Fuß des Altars befinden sich die Seelen der um des Wortes Gottes und des Zeugnisses willen Hingeschlachteten. Gemeint sind christliche Märtyrer. Bei dieser Vorstellung ist zunächst vorausgesetzt, daß die Seelen der Märtyrer sich in einer Art Zwischenzustand im Himmel befinden, nachdem der Leib getötet ist. Die Seelen werden nun als ein Gott dargebrachtes Opfer betrachtet (vgl. Phil 2,17; 2 Tim 4,6). Da man das Blut der Opfertiere beim Brandopferaltar ausgoß (Lev 4,7.18.25.30.34) und die Seele sich im Blut befindet (Lev 17,11.14), wird per analogiam verständlich, warum die Seelen der Geschlachteten sich am Fuß des himmlischen Altars aufhalten.

Der Grund des Martyriums ist das Festhalten am Worte Gottes und am Zeugnis, das Jesus offenbart hat (vgl. 1,2.9; 12,17; 19,10). In unmittelbarer Nähe zu Gott, der sie hört, sprechen sie ihre Klage aus: Wie lange noch? Wie bei der Gattung der Klagelieder des einzelnen oder des Volkes setzt diese Frage eine andauernde Not voraus (vgl. Ps 13,2f.; 79,5; 80,5; 85,6 u. ö.). Ohne die ausdrückliche Frage »wie lange?« begegnet in jüdischer Tradition die Klage der Seelen bzw. der Geister Getöteter, die ihre Sache vor Gott bringen wollen, um Gerechtigkeit zu erlangen (äthHen 9,1.3.9f.; 22,5–7). Es geht um das Gericht an den Übeltätern und Gottlosen, das sich zu verzögern scheint, um die Erfahrung des Ausbleibens der Gerechtigkeit. Wegen des Bluts der Gerechten, des Märtyrertodes jüdischer Frommer also, wenden sich die »Heiligen« im Himmel an Gott, damit das Gericht vollzogen und der Verzug desselben nicht ewig dauere (äthHen 47,2). Aufgrund dieses Hintergrundes wird deutlich, daß die Frage nach dem Gericht Gottes und seiner »Rache« an den Erdenbewohnern nicht einfach persönlicher »Rachestimmung« entspricht, die den Seher Johannes beherrscht. Es geht um das grundsätzliche Problem, daß die Gerechtigkeit sich innerweltlich nicht realisiert. Die Seelen der Geschlachteten fragen deshalb nach dem Eingreifen Gottes. In 18,20; 19,2 erschallt dann der Jubel über das inzwischen durchgeführte Gericht.

In allgemeinerer Form bestimmt dieselbe Problematik den jüdischen Text 4 Esr 4,35–37, wo auch eine Offb 6,9–11 entsprechende Antwort gegeben wird. Die Seelen der Gerechten sprechen:

>   »Wie lange sollen wir noch hierbleiben? Wann endlich erscheint die Frucht auf der Tenne unseres Lohnes?«

Und die Reaktion des Offenbarungsengels lautet:

>   »Wenn die Zahl derer, die euch ähnlich sind, erfüllt sein wird.«

In 4 Esr ist generell von einer bestimmten Anzahl von Seelen Gerechter die Rede, die erfüllt sein muß, ehe denn das Gericht erfolgt. Johannes aktualisiert diesen apokalyptischen Gedanken und bezieht ihn konkret auf die zu erfüllende Zahl der Märtyrer. Beide Texte aber gehen von der Vorstellung aus, daß Gott ein bestimmtes Maß festgesetzt hat, nach dem die Zeit abläuft. In besonderer Weise vergegenwärtigt Johannes die zugrundeliegende Konzeption im Sinne seiner Naherwartung. Nur noch kurze Zeit brauchen die im Himmel befindlichen Märtyrer abzuwarten (vgl. 2,10: »nur noch zehn Tage«). Johannes spricht hier wie der anonyme urchristliche Prophet, der an die ursprüngliche Form des Gleichnisses Lk 18,2—5 die Verse 6—8a angefügt hat:

> »Gott aber sollte seinen Auserwählten nicht Recht verschaffen, wenn sie Tag und Nacht zu ihm schreien, auch wenn er es hinzieht bei ihnen? Ich sage euch: Er wird ihnen Recht verschaffen in Kürze.«

Die rhetorische Frage des Vordersatzes, die die Klage der wegen des Ausbleibens der Parusie Angefochtenen aufnimmt, entspricht der sehnsüchtigen Frage von 6,10; die Antwort des Jesuswortes steht parallel zu 6,11. Angesichts der Erfahrung des sich verzögernden Gerichts versucht frühchristliche Prophetie, mit der Nähe des Endes zu trösten. »Denn die Zeit ist nahe«, verkündet der Seher (1,3). Er läßt Christus die Worte sprechen: »Ich komme bald« (3,11; 22,7.12.20).
In der visionären Szene von 6,9—11 legt Johannes die Frage nach dem Eingreifen Gottes den getöteten Märtyrern in den Mund. Dahinter verbirgt sich aber seine eigene Bedrängnis und die der verfolgten Gemeinden. Der Verfasser blickt auf die ganze Verfolgungsgeschichte der jungen Kirche zurück. Wenn er auch im unmittelbaren Umkreis seiner Gemeinden nur einen Blutzeugen mit Namen nennt (2,13), so sieht er doch Rom bereits trunken vom Blut der Heiligen (17,6). Wahrscheinlich berücksichtigt er dabei die Verfolgung unter Kaiser Nero. Gleichzeitig sieht er die Situation umfassenden Martyriums auf die Gemeinden zukommen (vgl. 3,10). In dieser Lage spricht er die tröstliche Botschaft vom nahen Ende aus; als Unterpfand des gerechten Gerichtes Gottes erhalten die Märtyrerseelen schon jetzt ein weißes Gewand, das Kleid der Engel und vollendeten Gerechten.

Das sechste Siegel: die Erschütterung des Weltgefüges: 6,12—17

12 Und ich sah, als es das sechste Siegel öffnete, da geschah ein großes Erdbeben, und die Sonne wurde schwarz wie ein aus Haaren gemachter Sack, und der ganze Mond wurde wie Blut,   13 und die Sterne des Himmels fielen auf die Erde, wie ein Feigenbaum seine Spätfeigen abwirft, von starkem Wind

geschüttelt, 14 und der Himmel verschwand wie eine zu-
sammengerollte Buchrolle, und jeder Berg und Insel wurden
von ihren Plätzen gerückt. 15 Und die Könige der Erde und
die Vornehmen und die Befehlshaber und die Reichen und die
Mächtigen und jeder Sklave und Freie verbargen sich in den
Höhlen und in den Felsklüften der Berge. 16 Und sie sprechen zu den Bergen und Felsen: Fallet auf uns und verbergt
uns vor dem Angesicht dessen, der auf dem Throne sitzt, und
vor dem Zorn des Lammes. 17 Denn gekommen ist der
große Tag seines Zornes, und wer kann bestehen?

Literaturauswahl: Günther, H. W.: Nah- und Enderwartungshorizont 193–
205. – *Holtz, T.:* Christologie 161 f. – *Jörns, K.-P.:* Evangelium 96. – *Vögtle,
A.:* Das Neue Testament und die Zukunft des Kosmos, Düsseldorf 1970, 71–
76.

Hat die Öffnung der ersten vier Siegel endzeitlich gedeutete Plagen
bewirkt, die im Rahmen irdisch-geschichtlicher Erfahrung bleiben,
so weitet sich jetzt der Horizont zur kosmischen Katastrophe (vgl.
Mk 13,24 ff.). Der Verfasser folgt hier der jüdisch-apokalyptischen
Tradition, für die die Erschütterung des Himmels und der Erde Anzeichen dafür sind, daß der Gerichtstag Gottes bevorsteht oder
schon da ist (AssMos 10,4 f.; 4 Esr 6,14 ff.; OrSib 3,80–91.369–
697). Dabei zeigt sich bereits das Problem, das sich angesichts dieses
Visionsberichtes stellt. Er enthält keinerlei Beziehungen mehr zur
Gegenwart des Verfassers, sondern ist rein eschatologisch. Während
aber die Auflösung des Kosmos in Mk 13,24 ff. das Ende einleitet
oder in AssMos 10,4 f. zu den theophanen Begleitmotiven des endgültigen Herrschaftsantrittes Gottes gehört, führen die entsprechenden Ereignisse zwar hier auch bis zum großen Zornestag, ohne
daß doch damit die endzeitlichen Visionsberichte des ganzen Buches
enden. Ja, die weiteren Reihen von Posaunen- und Schalenvisionen
bringen Plagenschilderungen, die dem 6,12–17 Geschilderten zeitlich voraus sind.
Der Visionsbericht bietet ein Mosaik von Einzelzügen, die atl.
Schriftstellen entstammen. Während Vers 12 noch allgemeinere An-
klänge enthält, steigert sich die Wörtlichkeit der Aufnahme in den
folgenden Versen. Vom Erdbeben als Theophaniemotiv handelt besonders Jes 13,13 (vgl. auch Jo 2,10; Hab 3,6), wobei der Seher die
Gerichtsmetaphorik vom Tage Jahwes bedacht hat, die dann in
Vers 16 f. nachwirkt. Bedeutsam ist der Singular »ein großes Erdbeben« (vgl. dagegen Mk 13,8), das wie in 16,18 auf das letzte Gericht

hinführt. Von der Veränderung von Sonne und Mond sprechen Am 8,9; Jes 13,10; Ez 32,7 f. und besonders Jo 3,4: »Die Sonne wird sich wandeln in Finsternis und der Mond in Blut, ehe der Tag Jahwes kommt, der große und furchtbare« bzw. Jes 50,3. Wenn die Sterne vom Himmel fallen, so ist nach dem antiken Weltbild vorausgesetzt, daß sie am Firmament befestigt sind. Der genauere Vergleich mit der zusammengerollten Buchrolle folgt in Jes 34,4: Das Himmelsgewölbe, das wie ein Zeltdach über die Erde gespannt war (Ps 104,2), wird zusammengerollt (vgl. OrSib 3,82). Auffällig ist dabei, daß entgegen Jes 34,4 das Herabfallen der Sterne nicht dem Aufrollen des Himmels folgt, das ja nach dem zugrundeliegenden Weltbild das Fallen der Himmelskörper bewirkt. Der Verfasser blickt jedoch schon auf den Höhepunkt seiner Schilderung in Vers 16 f.: Wenn der Himmel wie ein Buch aufgerollt wird, erscheint alsbald der Thron Gottes, und das Gericht steht unmittelbar bevor (Vögtle). Die Absicht der ganzen Szene liegt nicht in der Darstellung der kosmischen Katastrophen, sondern zielt auf die durch die Gerichtstheophanie ausgelöste Furcht der Ungläubigen (Günther). Vers 15-17 schildern dementsprechend die entsetzte Reaktion der Erdenbewohner auf dieses Ereignis (vgl. die ähnliche Aufzählung in 19,18). Alle ergreift Furcht und Verzweiflung. Denn die kosmischen Ereignisse wie das Erscheinen Gottes und des Lammes zeigen an, daß der große Gerichtstag gekommen ist (vgl. Jes 13,6.9; Jo 2,10 f.; 3,4; Nah 1,5 f.). Die Schilderung des Versuchs, sich zu verbergen (Vers 15), folgt Jes 2,10.19.21. Und der verzweifelte Wunsch, Berge und Felsen möchten die schuldbeladenen Menschen verdecken, entspricht in der Formulierung Hos 10,8 (vgl. Lk 23,30). Die Menschheit ist sich ihrer Schuld bewußt und fürchtet den Zorn des Gerichts. Zuletzt verkündet das Visionsbild ausdrücklich, daß der von den atl. Propheten angekündigte »große Tag« angebrochen ist (Jo 2,11; 3,4; Zeph 1,14 f.). Mit der Frage, ob überhaupt jemand am Zornestag bestehen kann (Jo 2,11; Nah 1,6; Mal 3,2), schließt der Text. Diese Frage impliziert die Antwort: Niemand. Denn der ganze Duktus des Abschnittes läßt nur den Schluß zu, daß die genannten Erdenbewohner den gottlosen Teil der Menschheit darstellen.

Schon immer hat erstaunt, daß in Vers 16 f. vom Zorn des Lammes, nicht Gottes die Rede ist, da es dazu keine Parallele in der Offb gibt. Besonders aber hat die sprachlich ungeschickte Stellung der Wendung »und vor dem Zorn des Lammes« (Vers 16) zu literarkritischen Bedenken Anlaß gegeben: Sie klappt merkwürdig nach und bewirkt eine unschöne Verdoppelung bzw. Vorwegnahme der Erwähnung des Zornes aus Vers 17 (Jörns). Die Wendung könnte ein Einschub von späterer Hand sein. Dann wäre ursprünglich vom Zorn dessen, der auf dem Thron sitzt, die Rede gewesen, was besser zum sonstigen Sprachgebrauch des Verfassers stimmt (vgl. 11,18; 14,10; 16,19; 19,15). Allerdings dürfte die nachhinkende Erwähnung des Lammes in Vers 16 durch den Einfluß des atl. Textes von Jes 2,10.19.21, besonders auch Jes 13,13 bedingt sein. Der jeweilige Doppelausdruck (z.B. »vor dem Schrecken Jahwes und seiner erhabenen Pracht«) hätte zu dem christologischen Zusatz »und vor dem Zorn des Lammes« geführt, um einen entsprechenden Doppelausdruck zu bilden (Holtz). So mag die Zufügung ursprünglich sein, zumal der zunächst befremdliche Zorn des Lammes zur Vorstellung paßt, daß das Lamm durch Öffnung der Siegel den endzeitlichen Geschichtsplan Gottes in Gang setzt (vgl. auch 17,14). In jedem Fall ist die Lesart »*sein* Zorn« in Vers 17 die schwierigere und damit ursprünglichere.

Der Verfasser hat mit Vers 15–17 bewußt einen dramatischen Abschluß gesetzt, nach dem man auf den ersten Blick keine weiteren Endereignisse erwarten müßte. Er greift mit der Erwähnung des großen Gerichtstages der weiteren Schilderung seines Buches weit voraus. Denn erst mit der 7. Posaunenvision (11,15ff.) und der 7. Schalenvision (16,17ff.) ist die Situation des eschatologischen Gerichts jeweils wieder erreicht. 6,12–17 ist deshalb als proleptische Gerichtsszene zu betrachten. Die 6. Siegelvision stellt gleichzeitig ein Kontrastbild zu Kap 7 dar: In 7,1–8 schaut der Seher die Bewahrung der Gläubigen vor den endzeitlichen Plagen, in 7,9–17 sieht er sogar die vollendete Schar der vor Gottes Thron stehenden Erlösten. Während die Frage von 6,17 »Wer kann da bestehen?« das Gericht über die Sünder impliziert, beantwortet Kap. 7 die Frage nach dem Schicksal der Gläubigen. Chronologisch betrachtet, setzt die folgende Szene 7,1–8 die Zeit endzeitlicher Plagen vor dem eschatologischen Gericht voraus.

Zwischenstück: Die Bewahrung der Gläubigen: 7,1–17

Die Versiegelung der 144000: 7,1–8

1 Danach sah ich vier Engel, die standen an den vier Ecken der Erde und hielten die vier Winde der Erde fest, damit kein Wind wehe über das Land noch über das Meer, noch über irgendeinen Baum.   2 Und ich sah einen anderen Engel, der vom Sonnenaufgang her aufstieg und das Siegel des lebendigen Got-

tes hatte. Und er rief mit lauter Stimme den vier Engeln zu, denen gegeben war, das Land und das Meer zu schädigen, 3 und sprach: Schädigt nicht das Land noch das Meer, noch die Bäume, bis wir die Knechte unseres Gottes auf ihrer Stirn versiegelt haben! 4 Und ich hörte die Zahl der Versiegelten, einhundertvierundvierzigtausend, versiegelt aus jedem Stamm der Söhne Israels:

5 aus dem Stamm Juda zwölftausend Versiegelte,
aus dem Stamm Ruben zwölftausend,
aus dem Stamm Gad zwölftausend,
6 aus dem Stamm Asser zwölftausend,
aus dem Stamm Naphthali zwölftausend,
aus dem Stamm Manasse zwölftausend,
7 aus dem Stamm Simeon zwölftausend,
aus dem Stamm Levi zwölftausend,
aus dem Stamm Issachar zwölftausend,
8 aus dem Stamm Sebulon zwölftausend,
aus dem Stamm Joseph zwölftausend,
aus dem Stamm Benjamin zwölftausend Versiegelte.

Literaturauswahl: Comblin, J.: Le Christ 132–150. – *Feuillet, A.:* Les 144 000 Israélites marqués d'un sceau, NT 9 (1967) 191–224. – *Fitzer, G.:* Art. *sphragis,* ThWNT VII, 951 f. – *Günther, H. W.:* Nah- und Enderwartungshorizont 170–172. – *Nikolainen, A. T.:* Der Kirchenbegriff in der Offenbarung des Johannes, NTS 9 (1962/1963) 351–361. – *Rissi, M.:* Was ist 49 f.92 f. – *Ders.:* Das Judenproblem im Lichte der Johannesapokalypse, ThZ 13 (1957) 241–259. – *Schenke, H.-M. / Fischer, K. M.:* Einleitung in die Schriften des Neuen Testaments II. Die Evangelien u. a., Gütersloh 1979, 289.

Der Text ist in seinem Aufbau dreigeteilt. Vers 1 des Visionsberichtes enthält die Erwähnung von vier Engeln, die über die vier Winde gesetzt sind und diese nicht loslassen, so daß sie nicht mit Verderben bringender Kraft wehen. Vers 2 zeigt eine neue Visionseinleitung (»und ich sah ...«); Vers 2 f. bringen eine neue Szene, bei der ein weiterer Engel den genannten Engeln den Befehl erteilt, ihr schädigendes Werk erst dann zu vollziehen, wenn die Knechte Gottes versiegelt sind. Die dritte Untereinheit Vers 4–8, als Audition stilisiert (»und ich hörte ...«), teilt schon das Ergebnis der Versiegelung mit, ohne daß der Vorgang selbst geschildert wird: 144 000 Menschen aus allen Stämmen Israels haben das Siegel erhalten.
Damit steht der Ausleger bereits vor der Frage, was diese Versiegelung bedeutet. Vorausgesetzt ist zunächst, daß die vier Engel wie der

Feuerengel (14,18) und der Wasserengel (16,5) als Elementarengel
handeln, die die gewaltigen Winde im Zaum halten. Sie stehen an
den vier Ecken der Erde, die als quadratische Fläche gedacht ist
(z. B. Jes 11,12; Ez 7,2). Nach verbreiteter Vorstellung kommen
heilbringende Winde von den Seiten dieses Quadrates, schädigende
aber von den vier Ecken (vgl. äthHen 76). Noch aber werden diese
von einem Engel zurückgehalten, der von der Richtung des Sonnen-
aufgangs herkommt – der Seite, wo das Paradies liegt (Gen 2,8; 3,24;
äthHen 32,2f.) und woher auch der Messias erwartet wird (OrSib
3,652). Der Engel, der den Siegelring des lebendigen Gottes trägt,
erteilt den vier Engeln den Befehl zu warten, bis die Knechte Gottes
ein Zeichen auf ihrer Stirn erhalten haben. Als nächste Parallele zu
diesem Vorgang gilt Ez 9,4: Weil es in Jerusalem eine Reihe von
Frommen gibt, die über die im Tempel verübten Greuel seufzen,
sollen sie ein Zeichen erhalten, damit sie nicht zusammen mit den
Sündern vernichtet werden. Das Zeichen, das in Ez 9,4 eine kreuz-
ähnliche Form hat, markiert seine Träger als Eigentum Gottes, die
unter seinem Schutz stehen. In der Alten Welt war diese Versiegelung weit verbreitet (Brandmarkung von Sklaven und Vieh). In der
Offb selbst spielt diese Konzeption eine doppelte Rolle. Auf der
einen Seite erfahren die Knechte Gottes diese Versiegelung (vgl. 9,4;
14,1; 22,4), auf der anderen Seite die Anhänger des Tieres, wodurch
diese als der widergöttlichen Macht zugehörig erscheinen (13,16f.;
14,9; 16,2; 19,20; 20,4). Zwar gilt die Taufe gelegentlich als Versiegelung (vgl. 2 Kor 1,22; Eph 1,13; 4,30), doch deutet im Text nichts
darauf hin, daß der Text hier an die Taufe denkt; die Versiegelung der
Gläubigen ist im allgemein antiken Sinne als Eigentumsmarkierung
vorgestellt.
An diesem Punkt stellt sich die Frage, wovor das Siegel die Gott
Zugehörigen konkret bewahren soll. Zunächst ist nur vom Schutz
vor den verheerenden Winden die Rede, die Erde und Meer treffen
und die Menschen bedrohen. Die Knechte Gottes sind diesen speziellen Plagen entnommen. Dies entspricht 9,4: Dort sollen im Gegensatz dazu die nicht versiegelten Menschen längere Zeit gepeinigt
werden. Diese ganze Vorstellung folgt dem Prinzip der gerechten
Vergeltung, wonach die Plagen z. B. das in den Posaunenvisionen
geschilderte Gerichtsgeschehen meinen und der Bestrafung der gottlosen Erdenbewohner dienen, während die Christen davor bewahrt
sind (Günther). Die Schädigung trifft exklusiv die Gottlosen; von
ihnen heißt es, daß auch der Tod vieler die übrigen nicht zur Umkehr
bewegen konnte (9,20f.; 16,9.11.21). Dementsprechend erschöpft
sich die Bedeutung von 7,1−8 nicht im Schutz vor den Unheil brin-

genden Winden, wie es nach 7,3 f. zunächst den Anschein hat. Den
Gläubigen bleiben auch jene Plagen erspart, die von vornherein als
Teil des endzeitlichen Gerichtsgeschehens an den Gottlosen gelten:
die vier Winde und anscheinend die Qualen, die in den Posaunenvisionen 8,7–9,21 geschildert werden (vgl. 9,4). Im einzelnen ist es
schwer vorstellbar, wie die Knechte Gottes angesichts der Katastrophen von 8,7–12 noch leben können. Doch hat sich der Seher Johannes darum wohl nicht gekümmert, sondern die Macht der sich
auswirkenden Unheilssphäre dargestellt, der die Gläubigen entnommen sind.

Nicht von allen Qualen bleiben die Knechte Gottes verschont; sonst
hätte die Versiegelung vor den Siegelvisionen erfolgen müssen. Was
die vier Reiter bringen (6,1–8), Kriege, Hunger, großes Sterben,
trifft die Menschen unterschiedslos. Die Klage der Märtyrer 6,9–11
läßt zudem erkennen, daß die Knechte Gottes Verfolgung leiden
müssen. Gott aber sichert ihnen seinen Schutz in dieser Versu-
chungssituation zu.

Die Versiegelung hat demnach noch eine grundsätzlichere Bedeutung. Sie wird zum Symbol für die Bewahrung der Gläubigen angesichts des eschatologischen Gerichts Gottes. Dafür spricht vor allem
der Kontext. Kap 7 gibt die Antwort auf die Frage: Wer kann am
Tage des großen Gerichts bestehen (6,17)? Die Versiegelten sollen in
der Stunde der Versuchung bewahrt werden, die über die Erdenbewohner kommen wird (vgl. 3,10), so daß sie vor Gott und dem
Lamm bestehen können.

Wer ist mit den Knechten Gottes speziell gemeint? Die 144000 Versiegelten stammen aus allen zwölf Stämmen Israels. Die Zahl ist eine
Gleichniszahl. Sie symbolisiert, daß die Gemeinde der Versiegelten
die von Gott gewollte Vollständigkeit (12×12) und eine gewaltige
Größe ($\times \, 1000$) besitzt (Wikenhauser). Johannes nimmt dabei die
jüdische Tradition auf, daß der Zwölf-Stämme-Bund Israels dereinst
erneuert werde (vgl. Jes 49,6; 4 Esr 13,39ff.; syrBar 78,1 ff.), bezieht
diese Erwartung aber auf die Kirche, auf das neue Israel, das in heils-
geschichtlicher Kontinuität mit dem alten Verheißungsvolk steht.
Diese Konzeption ist urchristlich weit verbreitet (vgl. Gal 3,29;
6,16; Jak 1,1; 1 Petr 1,1). Unbegründet ist es, in 7,1–8 nur die Judenchristen zu sehen, die ungetauft seien und bei denen als dem heiligen Rest Israels die Konsignation genüge (Kraft; ähnlich Feuillet).
Auf die Unterscheidung zwischen Juden- und Heidenchristen hebt
der Text gar nicht ab; die urchristliche Vorstellung von der Kirche als
dem wahren Israel erlaubt es, hier die Christen überhaupt zu sehen,
die unter Gottes Schutz stehen.

Bei der Aufzählung der Stämme Israels zeigt der Text einige Beson-
derheiten, wenn man atl. Stämmelisten vergleicht (Gen 46,8 ff.; 49;
Num 13,4 ff.; Dtn 33,6 ff.; 1 Chr 2,4–7 u. ö.). Auffällig ist, daß Juda
voransteht, nicht wie sonst Ruben. Das mag mit der messianischen
Erwartung zusammenhängen, daß aus Juda der Messias kommt (vgl.
Gen 49,10). Unter den Stämmen fehlt Dan, wohl weil dieser Stamm
dem Götzendienst verfallen ist (vgl. Ri 17 f.), als sein Herrscher der
Satan gilt (Test Dan V 6) und nach späterer Erwartung aus ihm der
Antichrist kommen sollte (Iren AdvHaer V, 30,2). Um die Zwölfzahl wieder vollzumachen, mußte Manasse an seine Stelle treten,
obwohl der Josephsstamm schon genannt ist. Immer wieder sieht
man in 7,1–8 ein jüdisches oder judenchristliches Fragment, das Johannes hier verwandt hat (z. B. Bousset, Charles, Schenke/Fi-
scher). Während 7,9 ff. mit der Schau der unzählbaren Menge Voll-
endeter unzweifelhaft von der Hand des Sehers Johannes stammt,
könne dies wegen des ganz anderen Charakters von 7,1–8 nicht
ebenso gelten. 7,1–8 stehe in inhaltlicher Spannung zu 7,9–17: Einmal geht es um eine bestimmte Zahl von Menschen, dann aber um
eine unbestimmte, ja unzählbare Schar; hier sind es Juden bzw. Judenchristen aus den zwölf Stämmen Israels, dort Leute aus allen
Völkern und Nationen. Besonders fällt der ursprünglich jüdisch-
partikularische Zug in 7,1–8 auf: Es handele sich nur um eine Versiegelung von 144 000 Juden aus den zwölf Stämmen; die zwölf
Stämme auf die christliche Kirche allegorisierend umzudeuten, sei
wegen der bestimmten Aufzählung der Stämme nicht zulässig
(Bousset).
Der besondere inhaltliche Charakter von 7,1–8 ist durchaus zuzu-
gestehen. Es fehlen jedoch sprachliche und stilistische Kriterien, die
eine Quellenentscheidung erlaubten (Lohmeyer). Johannes mag judenchristlicher Tradition folgen, die Annahme eines vorgeformten
Traditionsstückes ist nicht sicher zu begründen. Für judenchristliche Tradition mag auch die Voranstellung von Juda sprechen sowie
die Auslassung von Dan (Charles). Daß die deutliche Aufzählung
der einzelnen Stämme keine Umdeutung im Sinne der Theologie des
Johannes zulasse, ist als Argument jedoch nicht zwingend.
7,1–8 blickt auf die Gegenwart der auf Erden bedrängten Kirche,
der vor der Schilderung der Posaunen- und Schalenvisionen die gewisse Verheißung der Teilhabe an der Vollendung zugesagt wird.
Vor der Öffnung des siebten Siegels 8,1, die das nachfolgende Gerichtsgeschehen aus sich entläßt, erhalten die Gläubigen eschatologischen Trost. Verstärkt gilt dies für den folgenden Text 7,9–17, wo
die endgültige Vollendung der Kirche vorgreifend erscheint.

Die Schar der Vollendeten vor dem Thron Gottes: 7,9–17

9 Danach sah ich, und siehe, eine große Schar, die niemand zählen konnte, aus allen Nationen und Stämmen und Völkern und Zungen; die standen vor dem Thron und vor dem Lamm, bekleidet mit weißen Gewändern und Palmzweigen in ihren Händen.   10 Und sie rufen mit lauter Stimme und sprechen:
  Der Sieg ist unseres Gottes, der auf dem Thron sitzt, und
  des Lammes.
11 Und alle Engel standen rings um den Thron und die Ältesten und die vier Wesen, und sie fielen vor dem Thron auf ihr Angesicht nieder und beteten Gott an   12 und sprachen:
  Amen,
  der Lobpreis und die Herrlichkeit und die Weisheit und der
  Dank
  und die Ehre und die Macht und die Stärke unserem Gott in
  alle Ewigkeit. Amen.
13 Und einer von den Ältesten hob an und sprach zu mir: Diese da, die mit weißen Gewändern bekleidet sind, wer sind sie und woher sind sie gekommen?   14 Und ich sprach zu ihm: Mein Herr, du weißt es. Und er sagte zu mir: Das sind die, die aus der großen Drangsal gekommen sind, und sie haben ihre Gewänder gewaschen und haben sie weiß gemacht im Blut des Lammes.   15 Deshalb sind sie vor Gottes Thron und dienen ihm Tag und Nacht in seinem Tempel, und der auf dem Thron sitzt, wird über ihnen wohnen.   16 Sie werden nicht mehr hungern und nicht mehr dürsten, noch wird auf sie fallen die Sonne, noch irgendeine Glut.   17 Denn das Lamm, (das) in der Mitte des Thrones (steht), wird sie weiden und sie leiten zu den Wasserquellen des Lebens, und Gott wird abwischen jede Träne von ihren Augen.

Literaturauswahl: Deichgräber, R.: Gotteshymnus und Christushymnus 53 f. – *Feuillet, A.:* Les 144000 Israélites marqués d'un sceau, NT 9 (1967) 191–224. – *Holtz, T.:* Christologie 73 f. – *Jörns, K.-P.:* Das hymnische Evangelium 77–89. – *Nikolainen, A. T.:* Der Kirchenbegriff in der Offenbarung des Johannes, NTS 9 (1963) 351–361. – *Schüssler Fiorenza, E.:* Priester für Gott 389–397.

Dieser Visionsbericht hebt sich durch den Neueinsatz »danach sah ich« deutlich vom vorangehenden ab. Er gliedert sich in den himmlischen Lobpreis der unzählbaren Schar vor Gottes Thron (Vers 9 f.) und den der Engelwesen (Vers 11 f.) sowie in die anschließende

Deutung der Vision (Vers 13–17). Im Verhältnis zu 7,1–8 beginnt
etwas Neues, das in dem zeitlichen Nacheinander der beiden Szenen
liegt. Während das Visionsbild der 144000 noch auf der Erde spielt,
steht die unzählbare Schar schon »vor dem Thron und vor dem
Lamm«. Dazu gehört die Angabe in Vers 14, daß sie bereits aus der
großen endzeitlichen Bedrängnis gekommen ist. Es sind die Vollendeten, die den endzeitlichen Kampf überstanden haben. Die unterschiedlichen Herkunftsangaben, einmal die 144000 aus allen
Stämmen Israels, dann die unzählbare Schar aus allen Völkern, haben immer wieder dazu geführt, in den ersteren Judenchristen (Feuillet, Kraft) und in der zweiten Gruppe Heidenchristen zu sehen
(Feuillet) bzw. die Menge aller Erlösten überhaupt (Kraft). Diese
Unterscheidung ist unbegründet, wenn man erkennt, daß dort die
Söhne Israels im übertragenen Sinne als die Kirche, hier die vollendeten Christen aus allen Völkern in empirischer Bedeutung erscheinen. Im übrigen hebt Johannes nirgends auf den Unterschied
zwischen Juden- und Heidenchristen ab. Es zeigt sich aber noch in
anderer Hinsicht, daß der Verfasser in 7,1–8 und 7,9–17 denselben
Kreis von Gläubigen anvisiert, wenn auch jeweils in einer anderen
zeitlichen Situation. Jedenfalls scheitert die Eingrenzung der unzählbaren Schar auf die Gruppe der christlichen Märtyrer (Bousset,
Charles, Wikenhauser, Caird) daran, daß weder das Tragen der weißen Gewänder (Vers 9.13) noch die Überwindung der großen Bedrängnis (Vers 14) Vorrecht der Märtyrer sind (Jörns, Schüssler Fiorenza 393 f., Holtz, Lohse).

Der Visionsbericht schildert eine unzählbare Schar aus allen Völkern. Während 5,9 diese Gruppe noch in ihrer irdischen Existenz
sieht und den christologischen Grund ihrer Errettung angibt (den
Heilstod des Lammes), schaut 7,9 sie in himmlischer Vollendung
vor Gottes Thron und dem Lamm. Sie tragen weiße Gewänder als
Zeichen der Erlösung: In 3,4 f. ist dies allen Christen verheißen, die
sich in ihrem Wandel nicht befleckt haben und deshalb als Überwinder gelten, nicht nur Märtyrern (in 4,4 kommen diese Gewänder
Engelwesen zu, nur 6,11 blickt auf Märtyrer). Die Menge hat Palm-
zweige als Symbol des Sieges in den Händen (vgl. 1 Makk 13,51;
2 Makk 10,7).

Sie stimmt den himmlischen Lobpreis für Gott und das Lamm an
(»der Thron« dient hier als verkürzte Bezeichnung Gottes als des
»Thronenden« Vers 9). Dieser Lobpreis hat den Charakter eines Sie-
gesrufes, einer Proklamation (wie 12,10; 19,1; Deichgräber, Jörns).
Er entspricht in Form und Aussage Ps 3,9; Jon 2,10 (vgl. auch PsSal
10,8; 12,6). Es geht dabei nicht allgemein um »Heil«, vielmehr weist

der bestimmte Artikel vor dem griechischen Wort darauf hin, daß
ein spezifisches Heil, nämlich der durch Gott und das Lamm errun-
gene eschatologische Sieg, gemeint ist. Dazu paßt auch das im Hintergrund stehende hebräische Wort, das »Hilfe, Rettung, Sieg« bedeutet (Ps 3,9; Jon 2,10). Aufgrund der atl.-jüdischen Parallelen
kann das Dativobjekt »unserem Gott ... und dem Lamm« nur im
Sinne eines gleichbedeutenden Genitivs verstanden werden: »Der
Sieg ist unseres Gottes ... und des Lammes.« Die Übersetzung »Heil
unserem Gott ... und dem Lamm« (Lohmeyer, Lohse) würde bedeuten, den indikativischen Charakter des Rufes durch einen ko-
hortativen zu ersetzen (Jörns). Wie bei den atl.-jüdischen Parallelen
und bei 12,10; 19,1 geht es nicht um einen Wunsch, sondern um die
Proklamation, daß der Sieg Gottes bereits errungen ist. Die sprachliche Formulierung in 7,10, die im Unterschied zu 12,10; 19,1 den
Dativ statt den Genitiv (wörtlich: »der Sieg ist unserem Gott ...«)
gebraucht, ist als Anpassung an die folgende Doxologie 7,12 zu erklären (Jörns 84).

In Vers 11 f. ändert sich der Blickpunkt. Waren bisher die vollendeten Christen die Handelnden, so jetzt die Engelwesen rings um
den Thron sowie die unmittelbaren Thronwesen (vgl. 5,10; 5,14).
Sie beten Gott an. Ihr Hymnus antwortet zunächst mit Amen auf
den Siegesruf der Erlösten und bestätigt ihn zugleich. Der Hymnus
erfährt eine Steigerung, indem er in eine Doxologie übergeht, die aus
den bekannten Grundelementen besteht (ähnlich 5,13). Hier steht
eine Reihe von sieben Lobpreisworten (doxologischen Prädikaten)
voran; es folgt die Nennung der Person, der der Lobpreis gilt. Den
Abschluß bildet die Ewigkeitsformel mit einem weiteren Amen. Die
Auswahl der Lobpreisworte ist mit 5,12 und 5,13 zu vergleichen.
Die Siebenzahl will wohl den nie endenden Lobpreis andeuten.

Als Ganzes haben die hymnischen Stücke in 7,9–12 die Form des
Wechselgesangs. Zunächst ergeht der Siegesruf der Erlösten. Ihn bestätigen die Engelwesen mit Amen und fügen ihrerseits die Doxologie an. Dieser ganze himmlische Lobpreis hat proleptischen Charakter, wie ja auch die eschatologische Gerichtsszene 6,12–17 und die
Schau der Vollendeten 7,9–17 der weiteren Schilderung des Buches
vorgreifen. Ehe also der Kampf mit dem Satan und die Vernichtung
Babels beginnen, ehe noch die Folge weiterer Plagenreihen eingesetzt hat, werden Gott und das Lamm als Sieger proklamiert.

Mit Vers 13 beginnt die Deutung der Vision (eine ähnlich ausführliche
Erklärung findet sich nur noch in 17,7–18). Normalerweise stellt
ein Apokalyptiker die Frage nach dem Geschauten (vgl. Sach 1,9;
4,4–6.12–14), hier fragt eines der Engelwesen vor Gottes Thron

den Seher (vgl. aber Ez 37,3; Jer 1,11). Nach dieser Einleitung folgt
die Deutung der unzählbaren Schar von 7,9 (Vers 14). Sie erscheinen
als die, die die große Bedrängnis siegreich überstanden haben, die
letzte große Trübsal vor dem Ende (vgl. Dan 12,1; Mk 13,19), die
mit der »Stunde der kommenden Versuchung« (3,10) identisch ist.
Diese hat der Seher im Aufbau seines Buches noch gar nicht geschildert; sie entspricht dem, was er mit den drei »Wehe« meint, die erst
noch eintreten müssen (9,12; 11,14). 7,13 ff. ist also visionäre Vorwegnahme des Heilszustandes. Der Grund für die Erlösung liegt im
Heilstod Jesu Christi: Sein Blut hat die Menschen rein gemacht von
jeder Befleckung. Während aber 1,5 dies allein als Tat Christi bezeichnet, kommt hier die Aktivität der Christen zum Ausdruck (wie
12,11). Die sprachliche Voraussetzung dafür schafft die Verwendung
einer atl.-bildlichen Redeweise, die die eigene Reinigung und Heili-
gung derer zum Inhalt hat, die in Gottes Nähe treten (Ex 19,10.14). So
entsteht das paradoxe Bild vom Weißmachen der Kleider im Blut des
Lammes. Gemeint ist: Weil die Christen durch ihr Verhalten sich zur
Erlösung durch das Blut Christi bekannt, sich also in der Drangsal
bewährt haben, gewannen sie bleibenden Anteil an der einmal geschehenen Heilstat Christi, symbolisiert durch sein Blut.
Die reinen Gewänder sind die Voraussetzung für die Aufnahme in
die eschatologische Herrlichkeit (22,14). Aufgrund dieser Reinigung stehen die Vollendeten vor Gottes Thron und üben ihren priesterlichen Dienst in seinem Tempel aus. Wie jedoch die Parallele
22,3 f. (vgl. 21,22 f.) nahelegt, geht es dabei nicht um rituelle Handlungen der Erlösten. Die Symbolsprache zielt auf die jeden Kult
transzendierende, unvermittelte Erfahrung der Anwesenheit Gottes
(Schüssler Fiorenza 401). Von der Einsetzung zu Priestern war
schon in 1,6; 5,10 die Rede, hier ist diese zukünftige Tätigkeit visionär geschaut. Gott selbst wohnt über ihnen (Ez 37,25; Offb 21,3), so
daß alles Leid ein Ende haben wird. Unter Aufnahme atl. Bilder
wird diese Heilszeit geweissagt. Hunger und Durst, Sonnenglut und
Hitze werden nicht mehr sein (Jes 49,10); denn das Lamm selbst
wird die Erlösten weiden (vgl. Ps 23,2) und sie zu Lebenswasser-
quellen führen (Jes 49,10). Wasser als Element schon des natürlichen
Lebens ist hier symbolische Heilsgabe, die Leben im neuen Äon
bedeutet (21,6; 22,1.17). Die Weissagung endet mit der Verheißung,
daß Gott jede Träne von ihren Augen abwischen wird (Jes 25,8;
Offb 21,4).
Mit Vers 15 c geht die visionäre Schau des schon eingetretenen Heilszustandes in direkte Weissagung über (plötzliches Futur!). Dieser
Stilbruch hat eine besondere Wirkung auf den Zuhörer. Der Verfas-

ser wendet sich damit direkt an die gegenwärtig leidende Gemeinde
und verheißt ihr in paränetischer Absicht die zukünftige Herrlichkeit. Er weissagt den kommenden Heilszustand mit den aus dem AT
überkommenen Bildern, weil er die Erfüllung dessen sein wird, was
die Propheten erhofft haben. Der auf Erden kämpfenden Kirche (ecclesia militans: 7,1–8) wird zum Trost in einer vorgreifenden Szene
das Bild der triumphierenden Kirche (ecclesia triumphans: 7,9–17)
gezeigt (Nikolainen 354).

Die Öffnung des siebenten Siegels: 8,1

1 Und als es das siebente Siegel öffnete, trat eine Stille im
Himmel ein, wie eine halbe Stunde lang.

Literaturauswahl: Günther, H. W.: Nah- und Enderwartungshorizont 195 f.
– *Rissi, M.:* Was ist 9–11.

Mit der Öffnung des letzten der sieben Siegel durch das Lamm sollte
eigentlich die Buchrolle freigelegt und ihr Inhalt endgültig vollstreckt sein. Doch ereignete sich schon bei der Öffnung des sechsten
Siegels (6,12–17) die proleptisch geschaute Gerichtsepiphanie Gottes. Die Öffnung des siebten Siegels bewirkt kein Ereignis, das den
früheren Siegelvisionen vergleichbar wäre: Eine etwa halbstündige
Stille tritt im Himmel ein. Doch markiert diese Öffnung als der Abschluß der Siegelvisionen vor allem den Übergang zu den Posaunenreihen (8,2–11,19). Die Öffnung des siebten Siegels entläßt aus sich
heraus die Folge der sieben Posaunenreihen.
Umstritten ist die Bedeutung des halbstündigen Schweigens im
Himmel (Bousset: »die bange Erwartung des Kommenden«). Eine
andere Erklärungsweise geht davon aus, daß beim siebten Siegel als
Abschluß der ganzen Reihe eine Darstellung des Eschaton zu erwarten gewesen wäre (Rissi). Zum Uranfang vor der Schöpfung gehört
die totale Stille (4 Esr 6,39; syrBar 3,7; PsPhilo LibAnt 60,2) – in
Entsprechung dazu auch zur eschatologischen Neuschöpfung:
»Dann wird sich die Welt zum Schweigen der Urzeit wandeln ...«
(4 Esr 7,30f.). Die Stille hätte also ihren ursprünglichen Ort in der
Erwartung gehabt, daß vor Eintritt des Eschaton ein Schweigen wie
vor der Schöpfung herrscht. Im jetzigen Zusammenhang würde dieses Motiv allerdings nur den Übergang zur Posaunenreihe kennzeichnen.

Eine andere mögliche Deutung sieht in der Stille ein ursprüngliches Theophaniemotiv (Kraft). Nach dem anfänglichen Entwurf der Siegelvisionen hätte das siebte Siegel die Erscheinung Gottes bringen müssen. Nach dem Vorbild von 1 Kön 19,11 f. (vgl. Hab 2,20; Sach 2,17) ist die Stille ein die Theophanie vorbereitendes Zeichen, das jedoch in diesem Zusammenhang auf den Beginn der neuen Gerichtsereignisse vorbereitet. Das letztere scheint dem Text am ehesten gerecht zu werden.

B. Die sieben Posaunen: 8,2–11,19

Nach der kompositorischen Absicht des Verfassers bringt das Öffnen des siebten Siegels (8,1) das ganze folgende Gerichtsgeschehen in Gang, das somit Teil des Sieben-Siegel-Buches ist. Nach einer kurzen vorbereitenden Szene 8,2–6, die mit Kap. 4–5 formal vergleichbar ist, setzt sich die Durchführung des göttlichen Endzeitplanes fort, indem jeweils ein Engel eine Posaune bläst, was wie das Öffnen der sieben Siegel schöpferische Wirkungen hat. Neue Plagen werden ausgelöst, die die gottlosen Erdenbewohner als Strafakte treffen. An sich ist der Zyklus der sieben Posaunenvisionen dem der sieben Siegelvisionen durchaus parallel. Doch stellt diese zweite Plagenreihe einen Fortschritt des Gerichtsgeschehens dar. Schädigte die Folge apokalyptischer Reiter nur ein Viertel der Erde (6,8), so fügen die ersten vier Posaunen bereits einem Drittel des Landes, des Meeres und der Gestirne Unheil zu (8,7–12). Die Reihe der Posaunenvisionen findet bei der siebten Posaune ihren Höhepunkt, insofern mit ihrem Erschallen die Vollendung des göttlichen Heils- und Gerichtsratschlusses eingeleitet ist (11,15 ff.). Die Herrschaft Gottes hat ihre teilweise Realisierung gefunden. Daß die Vernichtung der satanischen Mächte über den Kosmos noch aussteht, hat zur Folge, daß das Blasen der siebten Posaune weitere Gerichtsaktionen aus sich entläßt (Kap. 12 ff.). Diesem Tatbestand trägt der Verfasser auch insofern Rechnung, als er sein Siebenerschema mit dem dreier Wehe kombiniert (9,12). Die fünfte Posaune 9,1–11 bildet das erste Wehe, die sechste Posaune 9,13–21 das zweite, und die siebte Posaune steht in enger Verklammerung mit dem dritten Wehe (11,14). Das heißt, daß die Bedeutung der siebten Posaune doppelt zu sehen ist. Einerseits blickt das dabei angestimmte Danklied 11,17 f. auf die bisher erfolgte Machtergreifung Gottes zurück; denn mit dem Blasen der siebten Posaune soll sich »das Geheimnis Gottes« vollenden

(10,7). Andererseits wird gleichzeitig das dritte Wehe angekündigt
(11,14). Die siebte Posaune bewirkt das gesamte folgende Endzeitgeschehen, das in seinem Unheilsaspekt eben das dritte Wehe realisiert.
Wie im Rahmen der Siegelvisionen das Zwischenstück Kap. 7 den
Blick auf das eschatologische Heil der Gläubigen lenkt, so geschieht
es auch in Kap. 11, ehe denn weitere Endzeitplagen zur Darstellung
kommen. In vorgreifender Weise will der Verfasser den bedrängten
Frommen Trost zusprechen, um ihnen die endgültige Rettung gewiß
zu machen.

Vorbereitende Vision: 8,2—6

2 Und ich sah die sieben Engel, die vor Gott stehen, und es
wurden ihnen sieben Posaunen gegeben.   3 Und ein anderer
Engel kam und stellte sich an den Altar mit einer goldenen
Räucherpfanne. Und es wurde ihm viel Räucherwerk gegeben, damit er (es) mit den Gebeten aller Heiligen auf den goldenen Altar vor Gottes Thron bringe.   4 Und der Rauch des
Räucherwerks stieg mit den Gebeten der Heiligen aus der
Hand des Engels vor Gott empor.   5 Und der Engel nahm die
Räucherpfanne und füllte sie mit dem Feuer vom Altar und
warf (es) auf die Erde. Und es geschahen Donner und Getöse
und Blitze und Erdbeben.   6 Und die sieben Engel, die sie sieben Posaunen hatten, machten sich bereit, um zu blasen.

Literaturauswahl: Bauckham, R.: The Eschatological Earthquake in the
Apocalypse of John, NT 19 (1977) 224—233. – *Friedrich, G.:* Art. *salpigx,*
ThWNT VII, 71—88. – *Lambrecht, J.:* A Structuration of Revelation 4,1—
22,5, in: *J. Lambrecht (Hg.):* L'Apocalypse 95 f.

Vor jeder der drei endzeitlichen Plagenreihen steht ein himmlisches
Vorspiel, das die Vollstreckung der Plagen vorbereitet (Kap. 4f.,
8,2—6 und Kap. 15). Dieses Vorbereitungsgeschehen ist speziell in
Vers 2 und 6 ausgedrückt: die Beauftragung der sieben Engel, die vor
Gott stehen. Mit ihnen sind wohl die sieben Erzengel gemeint (Tob
12,15), deren Namen in äthHen 20 aufgezählt werden. Wie in 1 Thess
4,16 (vgl. 1 Kor 15,52) mit der Stimme eines Erzengels und der Posaune Gottes die Parusie Christi und die Totenauferstehung eingeleitet werden, so hier durch das Blasen der sieben Posaunen eine
Folge anderer endzeitlicher Ereignisse. Schon in atl.-jüdischer Tra-

dition kündigt die Posaune bzw. die Trompete oder das Horn die entscheidende Wende an, so den Tag des Herrn (Jo 2,1; Zeph 1,16), die endzeitliche Heimkehr Israels (Jes 27,13; Sach 9,14), die endzeitliche Wende überhaupt (4 Esr 6,23) oder auch das Erscheinen des Messias (ApkAbr 31,1 f.). Im übrigen ist die Übersetzung des hier gemeinten Blasinstruments (»Posaune«) nur ein Notbehelf. Weder Posaune noch Trompete gibt den Gegenstand genau wieder. *Salpigx* entspricht entweder dem atl. *schofar* (ein gekrümmtes Widderhorn) oder meint ein schmales metallenes Blasinstrument (vgl. Friedrich 76). Vers 2 und 6, die Beauftragung der sieben Engel, rahmen eine besondere Szene ein, deren Sinn zunächst dunkel erscheint. Ein weiterer Engel tritt an den himmlischen Altar heran, um mit der Räucherpfanne, die er in der Hand hält, Räucherwerk entgegenzunehmen. Mit diesem Altar ist wohl der Räucheraltar gemeint, der in Analogie zum irdischen Tempel auch im Himmel vorausgesetzt ist (Lohse). Dieses Räucherwerk soll entzündet werden, um zu Gott emporzusteigen. Da es zugunsten der Gebete der Heiligen auf den goldenen Altar (den Brandopferaltar) gebracht wird, soll der Rauch des Räucherwerks zusammen mit den Gebeten zu Gott steigen (vgl. 5,8). Das aber heißt dann, daß in einer bildhaften Szene dargestellt wird, wie die Gebete der Heiligen zu Gott dringen, unterstützt vom Rauch des Räucherwerks. Es geht um das Flehen der bedrängten irdischen Gemeinde, die ähnlich wie die Seelen der erschlagenen Märtyrer (6,9–11) Gott um sein Eingreifen bitten. Vers 5 deutet dieses alsbald an. Der Engel, der eben noch das Räucherwerk zugunsten der Gebete der Heiligen auf den goldenen Altar brachte, füllt die Räucherpfanne mit Feuer vom (Brandopfer-)Altar, d. h. mit glühenden Kohlen. Entsprechend der Szene in Ez 10,2 wirft er diese auf die Erde, was als Sinnbild für die kommende Zerstörung zu gelten hat. Donner, Getöse, Blitze und Erdbeben (vgl. 11,19; 16,18), Theophanieerscheinungen, die Gottes Eingreifen einleiten, ereignen sich als Vorboten des Gerichts.

Die hier vertretene Annahme, daß Johannes zwei Altäre im Himmel kennt, nämlich wie im irdischen Tempel zu Jerusalem Räucher- und Brandopferaltar, ist nicht unumstritten. Weil sonstige jüdische und christliche Zeugnisse nur von einem Altar im Himmel wissen, dem Rauchopferaltar, sei in der Offb auch nur an einen Altar gedacht (Charles I 226 ff.; Lohmeyer, Wikenhauser). Doch setzt Vers 3 deutlich die Bewegung des Engels von einem Altar zum anderen voraus (vgl. Kraft). Im übrigen liegt an der genauen zugrundeliegenden Vorstellung nicht allzuviel. Der Verfasser benutzt die Konzeption himmlischer Altäre nur dazu, dem Leser erneut bildlich vor Augen zu führen, wie die Gebete der Gläubigen zu Gott gelangen und ihn zum Eingreifen bewegen. Daß die beiden Thronszenen, jene von Kap 4 und die des himmlischen Tempels Kap 8, im Widerspruch zueinander stehen (Bousset), hat ihn nicht gestört. Ihn interessiert die beabsichtigte Aussage, nicht eine genau vorstellbare Himmelsszenerie.

Die ersten vier Posaunen: 8,7–12

7 Und der erste (Engel) blies. Und es entstand Hagel und Feuer, mit Blut vermischt, und wurde auf die Erde geworfen. Und ein Drittel der Erde verbrannte, und ein Drittel der Bäume verbrannte, und alles grüne Gras verbrannte. 8 Und der zweite Engel blies. Und es wurde (etwas) wie ein großer Berg, in Feuer brennend, ins Meer geworfen. Und ein Drittel des Meeres wurde zu Blut, 9 und ein Drittel der Geschöpfe im Meer, die Leben haben, starb, und ein Drittel der Schiffe wurde vernichtet. 10 Und der dritte Engel blies. Und vom Himmel fiel ein großer Stern, brennend wie eine Fackel, und er fiel auf ein Drittel der Flüsse und auf die Wasserquellen. 11 Und der Name des Sternes heißt der »Wermut«. Und ein Drittel der Wasser wurde zu Wermut, und viele der Menschen starben von dem Wasser, denn es war bitter geworden. 12 Und der vierte Engel blies. Und ein Drittel der Sonne wurde geschlagen und ein Drittel des Mondes und ein Drittel der Sterne, daß ein Drittel von ihnen sich verfinsterte und der Tag zu einem Drittel nicht mehr schien und ebenso die Nacht.

Literaturauswahl: Günther, H. W.: Nah- und Enderwartungshorizont 162–167. 206f. – *Müller, H.-P.:* Die Plagen der Apokalypse. Eine formgeschichtliche Untersuchung, ZNW 51 (1960) 268–278. – *Müller, U. B.:* Bestimmung.

Wie die vier ersten Siegelvisionen (6,1–8) gehören auch die ersten vier Posaunenvisionen eng zusammen. Hier wie dort findet sich keine Steigerung innerhalb der Visionenabfolge. Dasselbe gilt von den Plagen der ersten vier Schalenvisionen (16,2–9), die denselben Bereich berühren wie die ersten Posaunenvisionen: Erde, Meer, Flüsse und Quellen, Gestirne. Vergleicht man jedoch die jeweiligen Reihen miteinander, so ist eine Steigerung im Ausmaß der Schädigung deutlich. Der vierte Reiter hat Macht über den vierten Teil der

Erde (6,8). Die Schrecken, die beim Blasen der ersten vier Posaunen
auftreten, treffen bereits ein Drittel des Landes, des Meeres, des
Süßwassers und der Gestirne. Und die zweite und dritte Schalenvision schädigen Meer und Süßwasser dann uneingeschränkt. Die Gesamtkomposition erweist sich als dramatisches Crescendo, bis der
Zorn Gottes vollendet ist (15,1). Mit den Posaunenvisionen ist der
Höhepunkt des Grauens noch nicht erreicht, die Strafaktionen Gottes werden erst später zur Vollendung kommen.

Wie bei der späteren Schalenvisionsreihe (Kap. 16) hat der Verfasser
hier seine Darstellung nach dem Vorbild der ägyptischen Plagen ent-
worfen (Ex 7–10). Allerdings geht er mit der Tradition recht selbständig um. Er vermindert z. B. die Zahl der Plagen von zehn auf
sieben und ändert die vorgegebene Reihenfolge. Die apokalyptische
Umdeutung der ägyptischen Plagen gibt ihnen weltweite, kosmische Dimensionen. Die Plagen der Offb sind endzeitliche Ereignisse, die der Verwirklichung des göttlichen Gerichts an den Bewohnern der Erde dienen. Nur die Knechte Gottes sind diesen Strafaktionen entronnen (7,1–8). Die Plagen treffen zunächst einmal bestimmte Bereiche der Natur. Doch zielen sie letztlich auf die Menschen, wie die Schadenswirkung nach dem Blasen der dritten Posaune ausdrücklich zeigt: »Und viele der Menschen starben von dem
Wasser; denn es war bitter geworden« (Vers 11).

Die vier Visionshandlungen sind nach einem bereits traditionellen
Darstellungsschema gestaltet, das sich bei der Erzählung der ägypti-
schen Plagen findet und von dort in selbständiger Weise entlehnt ist
(H.-P. Müller, Günther):

Als erstes Motiv begegnet die Ausführung des Auftrages, den die
Engel in 8,2.6 erhalten haben: »Und der ... Engel blies.«

Es folgt die Auswirkung dieser Handlung, die mit der Formel »und
es wurde« o. ä. ausgedrückt ist: »Und es wurde Hagel und Feuer«
(Vers 7), »und ein Drittel des Meeres wurde zu Blut« (Vers 8), »und
ein Drittel der Wasser wurde zu Wermut« (Vers 11).

Als drittes Element schließt sich eine Angabe über die Folge (Auswirkung) der jeweiligen Plage an: »Und ein Drittel der Erde verbrannte« (Vers 7), »und ein Drittel der Geschöpfe im Meer ... starb«
(Vers 9), »und viele der Menschen starben ...« (Vers 11), »so daß ein
Drittel von ihnen sich verfinsterte ...« (Vers 12).

Es fehlt hier ein weiteres Motiv, das die Antwort der Menschen enthält, das aber zum zugrundeliegenden Schema gehört und besonders
bei der Komposition der Schalenreihe begegnet (16,9.11.21; vgl.
auch 9,20f.).

Bedeutsam für das Verständnis der jeweiligen Visionshandlung ist das an zweiter Stelle erwähnte Motiv. Die dabei gebrauchte Formel »und es wurde« deutet an, daß das Blasen der Posaunen durch die Engel magisch-wunderhafte Auswirkungen hat. Wie bei den ägyptischen Plagen Moses und Aaron mittels eines Stabes oder der Hand bestimmte Wirkungen hervorrufen (Ex 7,10.15.17.20; 9,22ff.; 10,12ff.; 10,21ff.), so hat hier das Blasen der Posaunen schöpferische Folgen. Im Mittelpunkt steht die jeweilige Mittlergestalt (z. B. die Engel), die eine Handlung auslöst (Blasen der Posaune), die auf wunderbare Weise etwas bewirkt: Es »wird« etwas, das katastrophale Folgen hat und als Strafsanktion Gottes gegenüber den sündigen Menschen verstanden ist.

Die erste Plage entspricht der siebten ägyptischen (Ex 9,23–26): Feuer und Hagel fallen auf das Land. Offensichtlich setzt die ägyptische Plage Gewitterphänomene voraus (Feuer = Blitz), die hier allerdings weltweit ausgedehnt erscheinen. Der Zug »vermischt mit Blut« erinnert an Jo 2,30, wo Blut, Feuer und Rauchqualm als Wunderzeichen dem Tag des Herrn vorausgehen. Die Plage nimmt hier endzeitliche Dimensionen an (Vgl. OrSib 5,377). Sie zerstört einen Teil der Vegetation, den die Menschen als Voraussetzung zum Leben brauchen.

Die zweite Plage nimmt Motive der ersten ägyptischen auf (Ex 7,20f.): Alles Wasser im Nil verwandelt sich zu Blut, so daß die Fische sterben. Wieder ist diese Plage kosmisch ausgeweitet. Eine ungeheure Masse, wie ein brennender Berg, fällt ins Meer. Der Verfasser denkt wohl an einen Stern, wie ein Vergleich mit äthHen 18,13 nahelegt: »Ich sah dort sieben Sterne wie große brennende Berge« (vgl. auch äthHen 21,3; 108,4). Die Plage (Verwandlung des Wassers zu Blut) vernichtet viele Wasserlebewesen und einen Teil der Schiffe (wohl durch den Fall des Sterns auf das Meer).

Die dritte Plage hat kein Vorbild in den ägyptischen Plagen. Wieder bewirkt ein Stern ein neues Verhängnis. Er vernichtet den dritten Teil des Süßwassers auf der Erde: Flüsse und Wasserquellen. Der Stern hat einen Namen, der seiner Wirkung entspricht, Wermut: Das Süßwasser wird zu Wermut. Dabei gilt dieser als giftig (vgl. Jer 9,14; 23,15; Klgl 3,19; Dtn 29,17). Die Folge ist, daß viele Menschen in dieser schrecklichen Zeit an dem giftigen, bitter gewordenen Wasser sterben. Der Verfasser folgt der Erwartung, daß in der Endzeit das lebensnotwendige Süßwasser verdirbt (4 Esr 5,9; ParJer 9,16).

Die vierte Plage hat wohl ihr Vorbild in der neunten ägyptischen (Ex 10,21ff.), der Finsternis in Ägypten. Die Verfinsterung entsteht hier aufgrund einer merkwürdig vorgestellten kosmischen Katastrophe. Weil die Gestirne um ein Drittel ihres Bestandes und ihres Lichtinhaltes geschädigt sind, werden Tag und sogar die Nacht zu einem Drittel ihrer Dauer lichtlos gemacht. Den Menschen ist die Voraussetzung zum Leben zum Teil entzogen. Fragt man nach dem Wirklichkeitsverständnis, das diese Unheilsschilderungen prägt, so ist davon auszugehen, daß die einzelnen Plagen real das meinen, was der Verfasser sagt (vgl. U. B. Müller). Die Plagen sind nicht nur symbolisch zu deuten als bildhafte Konkretionen kommenden Unheils. Darauf weist gerade die Formel »es wurde« hin. Es geht um das schöpferisch-wunderhafte Geschehen, daß Hagel und Feuer »werden« und Meerwasser zu Blut »wird« und Süßwasser zu Wermut. Allerdings zeigt die apokalyptische Umschreibung mit »wie« in Vers 8 und 10, daß der Verfasser ein Geschehen meint, das sich einer präzisen Beschreibung bereits entzieht.

Der dreimalige Weheruf des Adlers und die fünfte Posaune: 8,13–9,12

13 Und ich sah, und ich hörte einen Adler, der hoch oben am Himmel flog, mit lauter Stimme rufen: Wehe, wehe, wehe den Bewohnern der Erde wegen der übrigen Posaunenstöße der drei Engel, die noch blasen werden! 9,1 Und der fünfte Engel blies. Und ich sah einen Stern, vom Himmel herabgefallen auf die Erde, und ihm wurde der Schlüssel zum Schacht des Abgrunds gegeben. 2 Und er öffnete den Schacht des Abgrunds. Und Rauch stieg aus dem Schacht empor wie Rauch eines großen Ofens, und die Sonne und die Luft wurden von dem Rauch des Schachts verdunkelt. 3 Und aus dem Rauch kamen Heuschrecken hervor auf die Erde, und Gewalt wurde ihnen gegeben, wie die Skorpione der Erde Gewalt haben. 4 Und ihnen wurde gesagt, daß sie dem Gras der Erde und allem Grün und allen Bäumen keinen Schaden zufügen sollten, sondern nur den Menschen, die nicht das Siegel Gottes auf der Stirn haben. 5 Und es wurde ihnen aufgegeben, daß sie sie nicht töteten, sondern daß sie gequält würden fünf Monate lang. Und ihre Qual (ist) wie das Quälen eines Skorpions, wenn er einen Menschen sticht. 6 Und in jenen Tagen werden die Menschen den Tod suchen und ihn nicht finden und werden zu sterben trachten, aber der Tod flieht von ihnen. 7 Und die Gestalten der Heuschrecken glichen Pferden, die zum Krieg gerüstet sind, und auf ihren Köpfen (war) es wie goldgleiche Kränze und ihre Gesichter (waren) wie Men-

schengesichter. 8 Und sie hatten Haare wie Frauenhaare, und ihre Zähne waren wie die von Löwen. 9 Und sie hatten Brustkörbe wie eiserne Brustpanzer, und das Geräusch ihrer Flügel (war) wie das Dröhnen von Wagen vieler Pferde, die zum Kampf laufen. 10 Und sie haben Schwänze, gleich den Skorpionen, und Stacheln, und in ihren Schwänzen (liegt) ihre Kraft, den Menschen fünf Monate lang Schaden zuzufügen. 11 Sie haben über sich als König den Engel des Abgrunds, sein Name ist auf hebräisch Abaddon, und auf griechisch hat er den Namen Apollyon. 12 Das erste Wehe ist vergangen. Siehe, zwei Wehe kommen noch danach.

Literaturauswahl: Günther, H.-W.: Nah- und Enderwartungshorizont 164–172.177–179.206f. – *Jenni, E.:* Art. *abad,* THAT I (1971) 17–20. – *Jeremias, J.:* Art. *Abaddōn,* ThWNT I, 4. – *Ders.:* Art. *abyssos,* ThWNT I, 9. – *Lambrecht, J.:* A Structuration of Revelation 4,1–22,5, in: *J. Lambrecht:* L'Apocalypse johannique 92f. – *Michl, J.:* »Sie hatten Haare wie Weiberhaare« (Apk 9,8), BZ 23 (1935) 266–288. – *Müller, H. P.:* Plagen. – *Oepke, A.:* Art. *Apollyōn,* ThWNT I, 396. – *Otzen, B.:* Art. *abad,* ThWAT I (1973) 20–24. – *Schneider, K.:* Art. *Abyssos,* RAC I (1950) 60–62.

Nach dem Blasen der ersten vier Posaunen erfolgt ein Einschnitt in der ganzen Reihe. Der Seher schaut einen im Zenit fliegenden Adler, der als Träger einer furchtbaren Botschaft fungiert (zum Adler als Boten vgl. syrBar 77, 19ff.). Er ruft den Erdenbewohnern ein dreifaches »Wehe« zu. Dieses Wehe bezieht sich auf die noch folgenden Posaunenstöße der Engel, die Unheil bewirken werden. Das erste Wehe identifiziert der Verfasser mit der fünften Posaune (9,12). Das zweite Wehe ist zunächst einmal in der sechsten Posaune und ihrem Schrecken zu sehen. Aber erst in 11,14 wird gesagt, daß das zweite Wehe vorüber sei; 11,14 kündigt auch das dritte Wehe an.
Wenn nun der Adler von 8,13 das dreifache Wehe über die Erdenbewohner ausruft, so ist dies nicht nur als bloße Ankündigung oder Mitteilung kommender Plagen zu verstehen. Dabei wäre die Funktion solcher Weherufe verkannt. Entsprechend atl.-jüdischer Tradition setzt der Weheruf kommendes Unheil in Gang. Ähnlich wie der Fluch bewirkt er bestimmte Strafsanktionen über jene, die sich außerhalb der von Gott gesetzten Ordnung gestellt haben (vgl. Jes 5,8ff.; Sach 11,17; äthHen 94,6ff.; 95,4–7; 96,4–8 u. ö.). Im Wehe ist das kommende Unheil bereits impliziert. Hier gilt es den Erdenbewohnern, die nach dem Sprachgebrauch der Offb als die Gottlosen die Straffolgen zu tragen haben (6,10; 11,10; 13,8.12.14; 17,2.8),

die Gläubigen aber sind diesem Geschehen entnommen (7,1–8; 9,4). Logisch vorstellbar ist dies bei dem kosmischen Ausmaß der folgenden Plagen allerdings nicht. Doch geht es hier nicht um eine Rationalität im modernen Sinne, sondern um die umfassende Anwendung des Prinzips der gerechten Vergeltung (Günther 170–172).

Das Blasen der fünften Posaune löst eine mit dämonischen Zügen ausgestattete Heuschreckenplage aus, die an die achte ägyptische Plage anklingt (Ex 10,1 ff.), jedoch deren Ausmaße weltweit steigert. Der Visionsbericht zerfällt in drei Teile: Vers 1–2 bringen eine Einleitung, Vers 3–6 das Wirken der Heuschrecken, Vers 7–11 eine nähere Beschreibung derselben.

Die Einleitung schildert den Fall eines Sternes vom Himmel auf die Erde. Dabei ist dieser Stern als Engelwesen gedacht (vgl. äthHen 86,1 ff.; 88,1), der in göttlichem Auftrag handeln soll (wie 20,1). Er erhält den Schlüssel zum Schacht des Abgrunds, um ihn zu öffnen. Der Abgrund (Abyssus) ist einmal der Aufenthaltsort der Verstorbenen (Ps 70,21 LXX; 107,20; Röm 10,7), hier aber (vgl. 11,7; 17,8) Gefängnisort böser abtrünniger Geister (Jub 5,6 ff.; äthHen 10,4 ff.; 18,11 ff.; 19,1; 21,1 ff.; Lk 8,31). Er liegt tief unter der Oberfläche der Erde und steht mit ihr durch einen brunnenartigen Schacht in Verbindung. Normalerweise ist er verschlossen; vgl. Gebet Manasses 3: »... der du (Gott) den Abgrund verschlossen und versiegelt hast durch deinen furchtbaren und gepriesenen Namen.« Da er voll Feuer gedacht ist, bewirkt die Öffnung des Schachtes, daß Rauch aufsteigt (vgl. Ex 19,18) und Sonne und Luft sich verfinstern (vgl. Gen 19,28; Jo 2,10).

Mit Vers 3 nähert sich die Schilderung ihrem eigentlichen Ziel, dem gespenstischen Wirken der Heuschrecken. Mit dem Rauch steigen sie empor und erhalten als dämonische Mächte einen besonderen Befehl. Sie sollen die Menschen wie Skorpione stechen. Damit haben sie nicht die Eigenart der natürlichen Tiere, die die Vegetation schädigen. Ausdrücklich wird ihnen dies verwehrt, vielmehr sollen sie allen Menschen, die nicht das Siegel Gottes tragen, Pein zufügen. Die Knechte Gottes sind den dämonisch gewirkten Plagen entnommen (7,1–8). Die Aufgabe der wie Skorpione stechenden Heuschrecken währt fünf Monate lang. Der Verfasser benutzt dabei eine runde Zahl, die einen längeren Zeitraum bezeichnet. Sie entspricht in etwa der Lebensdauer der Heuschrecken vom Frühjahr bis zum Ende des Sommers. Die lange Dauer der Qual, die absichtsvoll nicht zum Tod führt, sondern die Pein verlängert, führt dazu, daß die Menschen sich nach dem Tode sehnen, ihn aber nicht finden werden (vgl. Hi 3,21; Jer 8,3). Der Verfasser unterbricht hier (Vers 6) den beschreibenden Visionsstil und kündigt im prophetischen Futur diese extreme Hoffnungslosigkeit der Erdenbewohner an.

Ab Vers 7 folgt die nähere Beschreibung der Heuschrecken. Sie lehnt sich teilweise an Jo 1 f. an, wo zunächst eine außergewöhnliche Heuschreckennot erscheint (Jo 1), die dann in grotesker Vergrößerung den apokalyptischen Feind darstellt (Jo 2). Die schreckenerregenden Züge gehen aber über Joel hinaus, so daß die Gestalten als endzeitliches Schreckensheer mit einem König an der Spitze auftreten.

Vers 7 nimmt zunächst Jo 2,4 f. auf, wo es heißt: »Es sieht aus wie Pferde, wie Streitrosse rennen sie ... wie ein mächtiges Volk, zum Kampf gerüstet.« Vers 8 folgt der Beschreibung von Jo 1,6: »Seine Zähne sind Löwenzähne.« Und Vers 9 lenkt den Blick noch einmal auf Jo 2,5: »Wie das Rasseln von Streitwagen, die über Bergkuppen hüpfen.« Diese Schilderung des Heuschreckenheeres erhält hier aber Züge, die mit wirklichen Heuschrecken nichts zu tun haben. Sie tragen Kränze wie von Gold – anscheinend Abzeichen der siegreichen Macht dieses Heeres. Ihre Gesichter sind wie Menschengesichter. Bizarr ist auch die Angabe, daß ihre Haare so lang wie Frauenhaare sind. Vers 9 enthält ein unübersetzbares Wortspiel mit dem Doppelsinn von *thōrax* (= »Brustkorb« und »Brustpanzer« [Lohmeyer]): »Und sie hatten Brustkörbe wie eiserne Brustpanzer.« Der kriegerische Charakter dieses Heuschreckenheeres findet hierin einen bildhaften Ausdruck, ebenso in der folgenden Notiz, die das Geräusch ihrer Flügel mit dem Rasseln und Dröhnen von Streitwagen vergleicht (Jo 2,5). Ihre Macht, die Menschen zu quälen, liegt in ihrer Ausstattung mit Schwänzen wie von Skorpionen. Die phantastischen Züge dieses Heuschreckenheeres werden verständlicher, wenn man vergleichbare Schilderungen in Betracht zieht. In einer Beschreibung aus Arabien heißt es (vgl. Lohmeyer 205): »Ich hörte aber von einem Araber aus der Wüste in der Gegend von Basra eine besondere Vergleichung der Heuschrecken mit anderen Tieren ... Er verglich den Kopf einer Heuschrecke mit dem Kopf eines Pferdes, ihre Brust mit der Brust eines Löwen, ihre Füße mit den Füßen eines Kamels, ihren Leib mit dem Leib einer Schlange, ihren Schwanz mit dem Schwanz eines Skorpions, ihre Fühlhörner ... mit den Haaren einer Jungfrau.« Johannes scheint seine phantasievolle Beschreibung mit damals üblichen Mitteln zu gestalten.

Vers 11 ist asyndetisch (ohne verbindendes Wort) an das Vorherige gereiht, um das Folgende zu betonen. Höhepunkt ist die Bemerkung, daß die Heuschreckengestalten einen König über sich haben, der der Engel des Abgrunds ist und das ganze Heer damit endgültig

als dämonisch beherrschte Macht ausweist. Denn wirkliche Heuschrecken haben keinen Führer und ziehen doch geordnet daher
(Spr 30,27). Von einem Engel des Abgrunds ist sonst nichts bekannt;
jedenfalls ist er nicht mit dem Engel von Vers 1 gleichzusetzen. Absichtsvoll gibt der Verfasser seinen Namen an, um sein Wesen zu
charakterisieren. Auf hebräisch heißt er *Abaddōn*. Das Wort meint
ursprünglich das Totenreich (Hi 26,6; Ps 88,12), hier ist es jedoch
personifiziert gebraucht (vgl. schon Hi 28,22) und bezeichnet den
höllischen Verderbensfürsten. Die griechische Wiedergabe des Namens mit *Apollyōn* = »Verderber« ist durch die entsprechende
Übersetzung von *abaddōn* durch *apōleia* = »*Verderben*« (LXX)
vorbereitet. Die personifizierende Wiedergabe folgt aus der Tatsache, daß eine dämonische Gestalt gemeint ist. *Apollyōn* erinnert dabei an den griechischen Gott Apollon, der als Pestgott und Würgengel
schon bei Aeschylos bekannt ist (J. Jeremias, *Abaddōn*). In jedem Fall
will Johannes den König des dämonischen Heuschreckenheeres als
furchtbare Verderbensgestalt darstellen. Ob man weitergehende
Schlußfolgerungen ziehen und in ihm den Verursacher schwerer Seuchen sehen soll (Hadorn, Wikenhauser), bleibt ungewiß.

Die sechste Posaune: 9,13—21

13 Und der sechste Engel blies. Und ich hörte eine Stimme
von den vier Hörnern des goldenen Altars, der vor Gott steht,
14 die sprach zu dem sechsten Engel, der die Posaune hatte:
Löse die vier Engel, die am großen Fluß Euphrat gebunden
sind!   15 Und die vier Engel wurden losgelassen, die auf die
Stunde und den Tag, den Monat und das Jahr bereitstanden,
daß sie ein Drittel der Menschen töteten.   16 Und die Zahl der
Reiterheere betrug zehntausend mal zehntausend; ich hörte
ihre Zahl.   17 Und so sah ich im Gesicht die Rosse und die
darauf saßen: Sie hatten feuerrote, rauchblaue und schwefel-
gelbe Panzer. Und die Köpfe der Rosse waren wie Löwen-
köpfe, und aus ihren Mäulern kommt Feuer, Rauch und
Schwefel hervor.   18 Von diesen drei Plagen wurde ein Drittel
der Menschen getötet, vom Feuer, vom Rauch und dem
Schwefel, die aus ihren Mäulern hervorkamen.   19 Denn die
Gewalt der Rosse liegt in ihrem Maul und in ihren Schwänzen.
Ihre Schwänze nämlich gleichen Schlangen, die Köpfe haben,
und mit ihnen fügen sie Schaden zu.   20 Und die übrigen
Menschen, die nicht durch diese Plagen getötet wurden, be-

kehrten sich auch jetzt nicht von den Werken ihrer Hände, daß
sie die Dämonen und die goldenen, silbernen, ehernen, stei-
nernen und hölzernen Götzenbilder nicht mehr anbeteten, die
weder sehen noch hören noch gehen können, 21 und sie bekehrten sich nicht von ihren Morden noch von ihren Zaube-
reien, noch von ihrer Hurerei, noch von ihren Diebstählen.

Literaturauswahl: Günther, H. W.: Nah- und Enderwartungshorizont 184–
189. – *Müller, H.-P.:* Plagen. – *Mussies, G.:* Morphology 224f.

Das Blasen der sechsten Posaune bringt eine Plage, die eine große
Steigerung des Unheils bedeutet. Während die fünfte Posaune noch
keine lebensgefährliche Bedrohung der Menschen bewirkt, erfaßt
hier der Tod ein Drittel der ungläubigen Erdenbewohner. Auch
diese Plage hat weltumfassenden Charakter und ist dämonisch bestimmt. Auf die furchtbaren Heuschreckenscharen folgt ein dämonisches Reiterheer.
Der Text gliedert sich in drei Teile. Vers 13–16 enthalten die Vorbereitung der Plage, Vers 17–19 schildern Aussehen und Wirken der Reiterheere, Vers 20f. schließlich die Reaktion der noch überlebenden
Menschen. In diesem Schlußteil findet sich eine Aufnahme des letzten Motivs des Plagenschemas, das besonders die Schalenvisionen
prägt, die Antwort bzw. Reaktion der Menschen auf die Plagen (vgl.
16,9.11.21).
Zur Vorbereitung der ganzen Plage gehört, daß der sechste Engel
bläst. Doch ruft das Blasen diesmal nicht direkt neues Unheil hervor. Vielmehr ertönt eine Stimme von den vier Hörnern des Brandopferaltars her (vgl. Ex 27,2; 30,2f.), die dem Engel einen besonderen Befehl erteilt (vgl. 16,7). Diese Variation der Visionseinleitung
hat einen besonderen Sinn. Der Seher lenkt damit auf das Vorspiel
der Posaunenvisionen zurück, besonders Vers 3–5. Die Stimme
kommt von dem Altar her, von dem die Gebete der Heiligen zu Gott
emporsteigen, um ihn zum endgültigen Eingreifen zu bewegen. Die
sechste Posaunenvision erweist sich durch diese Beziehung als besondere Antwort auf die Bitten der Gläubigen (8,3–5).
Der Befehl an den Engel (Vers 14), an den sich die sofortige Ausführung anschließt (Vers 15), handelt von vier Engeln, die am Euphrat
gebunden sind und die der Engel loslassen soll, damit sie ein Drittel
der Menschheit töten. Der Verfasser führt diese vier Engel mit bestimmtem Artikel als bekannte Größe ein. Man erinnert sich an 7,1,
wo ebenfalls vier Engel erscheinen, die an den vier Ecken der Erde
stehen und die vier Winde festhalten. Doch sind jene über die Winde

gesetzten Engel nicht mit diesen hier identisch. Denn dort befinden
sie sich an den vier Weltecken, hier im Osten am Euphrat; dort binden sie die Winde, hier sind sie selbst gebunden (Lohmeyer). Trotzdem wird hinter 7,1 und 9,13 f. eine verwandte Tradition stehen, die
von vier Verderbensengeln sprach. Diese am Euphrat gebundenen
Wesen stehen bereit, um an einem von Gott genau vorherbestimmten Zeitpunkt loszubrechen (vgl. äthHen 66,1). Sie befehligen dämonische Reiterheere, deren Zahl unvorstellbar groß ist. Die Angabe zehntausend mal zehntausend (nicht: zwanzigtausend mal
zehntausend; vgl. Mussies: Anspielung auf Ps 68,18) dient nur als
runde Zahl, die die ungeheuerliche Menge kennzeichnen soll. Sosehr nun diese Roß- und Reiterschar eine mythische Größe ist, so
läßt doch die Verbindung der vier Engel mit dem Fluß Euphrat eine
gewisse zeitgeschichtliche Beziehung zu (vgl. 16,12). In einer Zeit,
in der man im Osten des Römischen Reiches mit der Gefahr feindlicher Partherheere von der Ostgrenze her, dem Euphrat, rechnete,
konnte die Erwartung entstehen, daß Verderbensgeister jene Parther
heranführen würden. Entsprechend heißt es in äthHen 56,5 f.:
»In jenen Tagen werden die Engel sich versammeln und sich nach
Osten hin zu den Parthern und Medern wenden, um ihre Könige
anzureizen, daß ein Geist der Unruhe über sie kommt, und sie von
ihren Thronen aufjagen, daß sie wie Löwen von ihren Lagern und
wie hungrige Wölfe unter ihre Herde hervorbrechen. Sie werden
heraufziehen und das Land seiner Auserwählten betreten ...«
In dieser jüdischen Weissagung ist die zeitgeschichtliche Komponente überdeutlich, in 9,13 f. liegt nur noch ein Anklang vor. Die
dämonische Bedrohung gilt nicht wie bei äthHen dem Heiligen
Land, sondern der ganzen Welt. Der zeitgeschichtliche Bezug tritt
zurück, die kosmisch-mythische Komponente überwiegt.
Wie in Vers 16 die Richtigkeit der unerhörten Zahl durch Verweis
auf die Audition des Sehers bekräftigt wird (»ich hörte ...«), so in
Vers 17 die Schilderung der Rosse und Reiter durch Hinweis auf die
eigene Vision: »Und so sah ich *im Gesicht*« (in dieser Form nur hier
in der Offb; vgl. aber Dan 8,1; 9,21 u. ö.). Bei der Darstellung der
Roß- und Reiterscharen (Vers 17–19) dominiert die Beschreibung
der Rosse, die Reiter werden nur in Vers 17a erwähnt. Roß und Reiter sind als Einheit verstanden. Wenn die Reiter verschiedenfarbige
Panzer tragen, richten sich die Farben der Reiter nach der Schilderung der Rosse, aus deren Mäulern Feuer, Rauch und Schwefel strö-
men. Dabei charakterisieren Feuer und Schwefel sie als höllische
Wesen (vgl. 14,10; 19,20; 21,8). Die Vorstellung feuerspeiender
Rosse ist in der Antike weit verbreitet und hier auf diese endzeitli-

chen Ungeheuer bezogen (vgl. Hi 41,11ff.). Eine weitere Steigerung ihres dämonischen Wesens liegt in der Angabe, daß die Schwänze der Rosse Schlangen gleichen und eigene Köpfe haben, mit denen sie Unheil anrichten. Jedenfalls erleiden ein Drittel der Menschen durch die Qualen, die von den Rossen ausgehen (»Feuer, Rauch und Schwefel«), den Tod. Mit dem Übel der sechsten Posaune ist das zweite endzeitliche Wehe erreicht (9,12).

Abschließend geht der Verfasser auf die Reaktion der übrigen Erdenbewohner ein, die noch nicht den Tod gefunden haben (Vers 20f.). Auch nach diesen Schrecken kehren sie nicht von ihrem lasterhaften Wandel um. Diese Abwehrhaltung ist freie Aufnahme des Motivs von der Herzensverhärtung der Ägypter angesichts der ägyptischen Plagen (Ex 7,13.22f.; 8,15.28; 9,12.34f. u.a.). Sie dient dem Seher dazu, die Gottlosigkeit der Erdenbewohner zu demonstrieren, so daß weiteres und noch größeres Unheil sie treffen muß, wie es etwa die Schalenvisionen schildern. Ihre Unbußfertigkeit wird zweifach aufgezeigt: einmal in der Anbetung von Götzen und Götzenbildern, die als Werke ihrer eigenen Hände denunziert werden. Dabei folgt der Verfasser in der näheren Kennzeichnung des sinnlosen Götzendienstes (Götzenbilder aus verschiedenen Materialien) atl. Vorbildern wie Jes 2,8.20; 44,9ff.; Mi 5,12; Ps 115,4–7; Dan 5,4.23 (vgl. äthHen 99,7; OrSib 5,77ff.). Mit dem heidnischen Götzendienst ist dann ein sündhafter Wandel direkt verbunden (vgl. Röm 1,23ff.), der in einem Lasterkatalog von vier Sünden konkret wird. Neben den Übertretungen des fünften bis siebten Gebotes erscheint noch die Zauberei (ähnlich 21,8; 22,15). Sie gilt wie die Hurerei als für die Menschen verführerische Macht (vgl. 18,23 mit 17,2; 18,3).

Zwischenstück: Tröstung der Gläubigen: 10,1–11,14

Einleitung: Der Engel und die erneute Beauftragung des Sehers: 10,1–11

1 Und ich sah einen anderen starken Engel vom Himmel herabsteigen, mit einer Wolke bekleidet. Und der Regenbogen war über seinem Kopf, und sein Angesicht war wie die Sonne und seine Beine wie Feuersäulen, 2 und er hatte in seiner Hand ein geöffnetes Büchlein. Und er setzte seinen rechten Fuß auf das Meer, den linken aber auf das Land. 3 Und er rief mit lauter Stimme, wie ein Löwe brüllt. Und als er gerufen

hatte, erhoben die sieben Donner ihre Stimme.   4 Und als die sieben Donner geredet hatten, wollte ich schreiben. Und ich hörte eine Stimme vom Himmel sagen: Versiegele, was die sieben Donner geredet haben, und schreibe es nicht auf!   5 Und der Engel, den ich auf dem Meer und dem Land stehen sah, erhob seine rechte Hand zum Himmel   6 und schwor bei dem, der in alle Ewigkeiten lebt, der den Himmel geschaffen hat und was in ihm ist, und die Erde und was in ihr ist, und das Meer und was in ihm ist: Eine Frist wird nicht mehr sein,   7 sondern in den Tagen der Stimme des siebten Engels, wenn er die Posaune blasen wird, ist das Geheimnis Gottes vollendet, wie er es seinen Knechten, den Propheten, verkündet hat.   8 Und die Stimme, die ich aus dem Himmel gehört hatte, redete wiederum mit mir und sagte: Geh, nimm das geöffnete Buch, das in der Hand des Engels ist, der auf dem Meer und dem Land steht! 9 Und ich ging zu dem Engel und sagte ihm, er solle mir das Büchlein geben. Und er sagt zu mir: Nimm und iß es auf, und es wird deinen Bauch bitter machen, aber in deinem Mund wird es süß wie Honig sein.   10 Und ich nahm das Büchlein aus der Hand des Engels und aß es auf, und es war in meinem Mund süß wie Honig. Und als ich es gegessen hatte, wurde mein Bauch bitter.   11 Und sie sagen zu mir: Du mußt wiederum weissagen über Völker und Nationen und Sprachen und viele Könige.

Literaturauswahl: Collins, A. Y.: Combat Myth 20f. 26–28. – *Günther, H. W.:* Nah- und Enderwartungshorizont 215–226. – *Lambrecht, J.:* Structuration 96f. – *Müller, U. B.:* Bestimmung. – *Rissi, M.:* Was ist 28f.

Kap. 10 stellt zusammen mit 11 ein Zwischenstück dar, das wie Kap. 7 den Ablauf der visionär geschauten Strafgerichte unterbricht. Wie Kap. 7 lenken 10f. den Blick auf das Schicksal der christlichen Gemeinde, deren Bewahrung vor Eintreffen des dritten Wehe (11,14) symbolisch dargestellt wird. Bevor noch der Höhepunkt endzeitlicher Schrecken erreicht ist, erfährt die Gemeinde von neuem, daß ihr die eschatologische Rettung gewiß ist, aber auch, welche Prüfungen ihr noch bevorstehen.
Kap. 10 dient als Einleitung zu 11. Der Seher erhält neue Offenbarung. Er soll das kleine Buch verschlingen und seinen Inhalt (11,1–13) der Gemeinde mitteilen. Gleichzeitig wird er zur Weissagung über Völker, Nationen, Sprachen und vielen Königen genötigt (10,11), womit auf die Visionsdarstellungen 12–18 vorausverwiesen ist. Angesichts dieser noch ausstehenden Schilderungen endzeitlicher

Ereignisse, die den Eindruck erwecken könnten, als verzögere sich
das Ende und damit das eschatologische Heil der Gläubigen, erhält
er die Botschaft, trotz weiterer Weissagungen ändere sich nichts an
dem von Gott vorherbestimmten Zeitpunkt des Endes. Es wird
keine Verzögerungsfrist geben; vielmehr wird sich der eschatologische Geschichtsplan Gottes mit dem Blasen der siebten Posaune erfüllen (10,6f.). Der Seher ist also schon aufgrund seiner literarischen
Komposition zu dieser Versicherung genötigt. Noch einmal: Die
Mitteilung neuer Visionsfolgen, die sich an die Proklamation der
endgültigen Königsherrschaft Gottes (11,15ff.) anschließen, könnten beim Leser die Furcht hervorrufen, als stehe das Heil noch lange
aus. Das Blasen der siebten Posaune (11,15ff.) soll wirklich die Vollendung von Gottes Geschichtsplan anzeigen, wenn auch in proleptischer Form.

Kap. 10 gliedert sich in drei Abschnitte. Im Eingang von Vers 1–4
erscheint »ein starker Engel« mit einer kleinen Buchrolle, woran
sich das Intermezzo der sieben Donner anschließt. In Vers 5–7 folgt
die Schwurhandlung des Engels, der verkündet: Eine Frist wird
nicht mehr sein. Vers 8–11 enthalten die prophetische Beauftragung
des Sehers, sich den Inhalt des »Büchleins« anzueignen, sowie einen
weiteren Verkündigungsbefehl.

Vers 1f. lassen erkennen, daß der neue Visionsbericht in Parallelität
zu Kap. 5 steht. Wieder begegnet »ein starker Engel« (vgl. 5,2), der
allerdings vom Himmel herabkommt, weil der Seher sich jetzt anscheinend auf Erden befindet (vgl. dagegen 4,1). Mit dem »starken
Engel« könnte Gabriel gemeint sein, weil in der Bezeichnung »stark«
sich ein Wortspiel andeutet, das mit der hebräischen Bedeutung des
Namens Gabriel zusammenhängt (Charles, Lohmeyer). Die nähere
Beschreibung des Engels will die himmlische Lichtnatur der Gestalt
hervorheben. Die Wolke als Kleid erinnert an Ps 104,3; Dan 7,13;
allerdings liegt nur ein loser Anklang vor. Der Regenbogen über
seinem Haupt läßt an Gen 9,13f.; Ez 1,28 denken. Das wie die Sonne
strahlende Gesicht (vgl. 1,16) und seine Feuersäulen gleichenden
Beine (zur Übersetzung vgl. Charles I, Lohmeyer) runden das Bild
der Himmelsfigur ab. Die Parallelität zu Kap. 5 wird noch deutlicher,
wenn man das geöffnete Büchlein berücksichtigt, das der Engel in der
Hand hält. Es ist mit der dortigen Buchrolle zu vergleichen. Allerdings hat es geringere Bedeutung als jene. Es hat einen kleinen Umfang: »Büchlein« statt Buch. Es befindet sich in der Hand eines Engels, nicht Gottes. Daß es geöffnet, nicht versiegelt ist, weist ebenfalls
darauf hin, daß es nicht die konstitutive Funktion hat wie die Buchrolle aus Kap. 5. Sein Inhalt kann dem Seher alsbald mitgeteilt

werden, was sich in der Offenbarungsaneignung von Vers 8–10
bildhaft ereignet. Sein Inhalt wird in 11,1–13 zu suchen sein.

Die riesenhafte Größe des Engels wird sichtbar, wenn er seine Beine
auf das Meer und das Land setzt, womit wohl die Ganzheit der Erde
gemeint ist (vgl. »Meer und Land« in Ex 20,4.11; Ps 69,35). Seine
Stimme wie das Brüllen eines Löwen (vgl. Hos 11,10; Am 1,2; 3,8)
zeigt seine Furchtbarkeit an.

Bevor aber der Engel seine eigentliche Funktion ausübt (Vers 5 ff.),
erheben sieben Donner, die mit bestimmtem Artikel als dem Seher
bekannte Größe eingeführt werden, ihre Stimmen. Offensichtlich
handelt es sich um ein artikuliertes Reden, das der Seher versteht.
Als er aber das Gehörte niederschreiben will, empfängt er den
himmlischen Befehl, das Gesprochene zu versiegeln und es nicht
aufzuschreiben. Versiegeln (vgl. Dan 12,4; Offb 22,10) und nicht
aufschreiben sind hier praktisch synonym. Was ist mit diesem Vorgang gemeint? Zunächst scheint die Größe der sieben Donner sich
auf Ps 29,3–9 zu beziehen, wo siebenmal von der donnernden
Stimme Gottes die Rede ist. Aber diese Erklärung genügt nicht.
Wahrscheinlich wird man daran zu denken haben, daß die sieben
Donner innerhalb der Offb analog den sieben Siegel-, Posaunen-
und Schalenreihen zu verstehen sind. Der Apokalyptiker Johannes
erhält also die Kenntnis einer (neuen) Folge von sieben Plagenvisio-
nen bzw. -auditionen, die eine Ausgestaltung der Vorstellung von Ps
29 darstellen. Wenn er nun gehalten ist, diese Donnerreihe nicht
aufzuschreiben, so bedeutet das in literarischer Hinsicht, daß er
diese Tradition oder auch Quelle nicht in sein Werk aufnehmen soll
(Bousset, Müller). Statt dessen soll er den Inhalt des »Büchleins«
verschlingen, d. h. literarisch, er soll dessen Inhalt 11,1–13 in sein
Werk einfügen. Der Verfasser gibt hier Rechenschaft über sein kompositorisches Verfahren, jedoch in apokalyptisch verschlüsselter
Manier. Die sieben Donner als überhaupt »unsagbare Worte« zu
deuten (2 Kor 12,4) (Charles, Lohmeyer), geht nicht an. Das stünde
im Widerspruch zu dem tatsächlichen Versuch der Fixierung, an der
der Verfasser nur gehindert wird (Günther 216f.). Hinter diesem
letzten Zug, der auf ein Verbot der Aufzeichnung der Reihe der sieben Donner zielt, steht jedoch nicht nur bloße literarische Absicht,
sondern auch ein theologisches Motiv. Es soll der Eindruck vermieden werden, daß das Ende sich verzögere, wenn eine nochmalige
Siebenerreihe von Plagen geschildert würde (vgl. 10,7). Faktisch
liegt damit eine Variation des Gedankens vor, daß Gott um der Auserwählten willen die Zeit der messianischen Wehen verkürzt habe
(vgl. Mk 13,20; 4 Esr 4,26; Caird, Günther).

Mit Vers 5-7 kommt der Verfasser zu der zentralen Aussage dieses
Kapitels. Mit der Gebärde der Handaufhebung leitet der »starke Engel« seinen feierlichen Schwur ein (Text im Anschluß an Dan 12,7;
vgl. zu dieser Gebärde auch Gen 14,22; Ez 20,15.28). Er schwört bei
Gott, der mit atl.-jüdischen Wendungen als ewig Lebendiger (vgl.
4,9; 15,7) und Schöpfer der ganzen Welt (Gen 14,22; Ex 20,11; Ps
146,6) beschrieben ist. Diese gewichtige Einführung Gottes entspricht der Tatsache, daß ja das Geheimnis dieses Gottes sogleich
offenbart werden soll (Vers 7). Im Anschluß an Dan 12,7 und unter
Aufnahme der eigenen Versicherung in 6,11 (»nur noch kurze Zeit«)
läßt der Verfasser den Engel erklären: Es wird keine Verzögerungsfrist geben; vielmehr wird zur Zeit der siebten Posaune das Geheimnis Gottes erfüllt sein. Dieses meint den endzeitlichen Geschichtsplan Gottes, der zum Heil der Gläubigen sich bald vollendet. Dabei
bezeichnet »Geheimnis Gottes« nicht ein bestimmtes einzelnes Ereignis dieses Plans, nicht nur den Drachensturz in Kap. 12 (Bousset), nicht das Offenbarwerden des Antichrists, das das Kommen
des Messias einleitet (Lohmeyer), oder gar mit Blick auf 1 Kor
15,51 f. das Geschehen der Auferstehung (Kraft). Vielmehr zeigt die
zeitliche Verbindung der Vollendung des Geheimnisses mit der siebten Posaune, daß der Verfasser die umfassende Erfüllung des göttlichen Plans im Auge hat, die sich im Antritt der Königsherrschaft
Gottes realisiert (11,15 ff.). Dieses Geheimnis hat Gott bereits seinen Knechten, den Propheten, verkündet (vgl. Am 3,7). Der Verfasser sieht sich damit als Glied einer prophetischen Kette atl. und ntl.
Propheten, wobei ihm als letztem hier offenbart wird, daß die Vollendung des Geheimnisses sich nicht verzögert. Diese tröstliche Versicherung ist nötig angesichts der Sorge seiner bedrängten Gemeinde
(6,9-11), nötig aber auch wegen seiner Absicht, weitere Weissagungen anzufügen, die den Eindruck erwecken könnten, als würde das
Ende verziehen.

Mit Vers 8-11 schildert der Verfasser eine erneute prophetische Beauftragung (vgl. 1,19; 4,1), die analog der Berufungsvision des Ezechiel (Ez 2,8-3,3) beschrieben ist. Er nimmt dabei den Faden von
Vers 2 wieder auf. Die himmlische Stimme aus Vers 4 fordert ihn auf,
das Buch aus der Hand des »starken Engels« entgegenzunehmen.
Sogleich geht der Seher hin zu diesem Engel mit der entsprechenden
Bereitschaft. Eine weitere Aufforderung konkretisiert den bisherigen Befehl damit, das »Büchlein« zu essen. Diese symbolische Offenbarungsaneignung, die den Propheten zur Verkündigung vorbereitet, bedeutet, daß der Prophet mit dieser Botschaft schwanger
geht. Bis zu diesem Punkt folgt die Darstellung dem Vorbild bei

Ezechiel. Wenn jedoch das Essen die Wirkung hat, daß der Inhalt
des Büchleins im Mund des Johannes süß wie Honig schmeckt, den
Bauch aber bitter macht, so ist hier auf den doppelten Charakter der
Botschaft als Heils- und Unheilsverkündigung abgezielt. Bei Ezechiel dagegen ist die Botschaft ganz als Unheilsbotschaft gesehen (Ez
2,10), die als Gotteswort grundsätzlich mit Freude erfüllt (vgl. Jer
15,16; Ps 19,11; 119,103).

Schwierig ist nun, das Verhältnis von Vers 11 zum Vorhergehenden
zu bestimmen. Gehört der Befehl zum Weissagen über Völker, Nationen, Sprachen und Könige unmittelbar zur symbolischen Handlung der Aneignung des »Büchleins«, sozusagen als direkte Folge
dieser Handlung? Wenn ja, dann müßte man in der Weissagung von
Vers 11 den Inhalt des »Büchleins« sehen und ihn, da er sich auf
Völker und Könige bezieht, ab Kap. 12, besonders 13 und 17, dargestellt finden, nicht aber in 11,1–13 (Collins, ähnlich Bousset). In-
dessen schafft diese Auffassung große Probleme. Die doch wohl bestehende enge Verbindung von Kap. 10 und 11, die als ganze ein
zusammenhängendes Zwischenstück bildet (analog Kap. 7), wird
faktisch ignoriert oder geleugnet. Im übrigen ist Vers 11 deutlich von
der symbolischen Szene Vers 8–10 abgehoben, so daß Vers 11 kaum
als Folge zu dieser gehört. Einmal tritt ein neues Subjekt auf, das den
Seher beauftragt (Plural: »und *sie* sagen zu mir«), welches am ehesten als indefiniter Plural (»man«) zu verstehen ist (Charles); auch
wenn der Plural sich auf den Engel und die himmlische Stimme von
Vers 4.8 bezieht (Lohmeyer), ist das Subjekt von Vers 11 syntaktisch
und sachlich als neue Größe gekennzeichnet. Zum anderen muß der
Seher *wiederum* weissagen, was Vers 11 doch wohl vom Vorhergehenden abhebt. Vor allem aber paßt die betonte Bezeichnung als
»kleines Buch«, die es von jenem in Kap. 5 deutlich unterscheidet,
kaum zu dem umfassenden Komplex der Visionsberichte ab
Kap. 12. Deshalb nimmt man im allgemeinen an, daß das »Büchlein«
sich auf 11,1–13 bezieht, die in Vers 11 angekündigte Weissagung
aber auf die Folge der Visionen ab 12, besonders 13, 17 und 18 (z. B.
Charles, Lohmeyer, Wikenhauser, Lohse, Lambrecht). Das »Büchlein« schmeckt dem Seher süß wie Honig, da es die Bewahrung der
christlichen Gemeinde bekräftigt (z. B. 11,1–2), es wirkt in seinem
Bauch bitter, weil es auf die Bedrängnisse blickt, die die Gemeinde
zu ertragen hat (Martyrium der zwei Propheten).

Die Messung des Tempels und das Wirken der zwei Zeugen: 11,1—14

1 Und es wurde mir ein Meßrohr, einem Stabe gleich, gegeben, mit den Worten: Stehe auf und miß den Tempel Gottes und den Altar und die bei ihm anbeten. 2 Aber den äußeren Vorhof des Tempels laß aus und miß ihn nicht; denn er ist den Heiden gegeben, und sie werden die heilige Stadt zertreten zweiundvierzig Monate lang.
3 Und ich werde meinen zwei Zeugen (Auftrag) geben, daß sie zwölfhundertundsechzig Tage lang weissagen sollen, bekleidet mit Säcken. 4 Diese sind die zwei Ölbäume und die Leuchter, die vor dem Herrn der Erde stehen. 5 Und wenn jemand ihnen etwas antun will, kommt Feuer aus ihrem Munde und verzehrt ihre Feinde; ja, wenn jemand ihnen etwas antun will, muß er so getötet werden. 6 Diese haben die Macht, den Himmel zu verschließen, daß kein Regen fällt in den Tagen ihrer Weissagung, und sie haben Macht über die Wasser, sie in Blut zu verwandeln und das Land mit jeder Plage zu schlagen, sooft sie wollen. 7 Und wenn sie ihr Zeugnis beendet haben, wird das Tier, das aus dem Abgrund heraufsteigt, mit ihnen Krieg führen, sie besiegen und sie töten. 8 Und ihr Leichnam liegt auf der Straße der großen Stadt, die geistlich Sodom und Ägypten heißt, wo auch ihr Herr gekreuzigt wurde. 9 Und Menschen aus den Völkern und Stämmen und Sprachen und Nationen sehen ihren Leichnam dreieinhalb Tage lang, und sie lassen nicht zu, daß ihre Leichname in ein Grab gelegt werden. 10 Und die Bewohner der Erde freuen sich über sie und sind froh und werden einander Geschenke schicken, weil diese zwei Propheten die Bewohner der Erde gequält haben. 11 Und nach den dreieinhalb Tagen kam Lebensgeist von Gott in sie, und sie stellten sich auf ihre Füße, und große Furcht fiel auf die, die sie sahen. 12 Und sie hörten eine laute Stimme vom Himmel zu ihnen sagen: Steigt hier herauf! Und sie stiegen zum Himmel in einer Wolke, und es sahen sie ihre Feinde. 13 Und in jener Stunde geschah ein großes Erdbeben, und der zehnte Teil der Stadt fiel, und durch das Erdbeben wurden siebentausend Menschen getötet. Und die übrigen gerieten in Furcht und gaben dem Gott des Himmels die Ehre. 14 Das zweite Wehe ist vergangen; siehe, das dritte Wehe kommt bald.

Literaturauswahl: Berger, K.: Die Auferstehung des Propheten und die Erhöhung des Menschensohnes, StUNT 13, 1976. – *Böcher, O.:* Kirche in Zeit und Endzeit, Neukirchen-Vluyn 1983, 70–89. – *Bornkamm, G.:* Komposition. – *Collins, A. Y.:* Combat Myth 165–170. – *Considine, J. S.:* The Two Witnesses: Apoc. 11,3–13, CBQ 8 (1946) 377–392. – *Ernst, J.:* Die eschatologischen Gegenspieler in den Schriften des Neuen Testaments, BU 3, 1967, 123–130. – *Feuillet, A.:* Essai d'interprétation du chapitre XI de l'Apocalypse, NTS 4 (1958) 183–200. – *Günther, H. W.:* Nah- und Enderwartungshorizont 239–255. – *Haugg, D.:* Die zwei Zeugen. Eine exegetische Studie über Apok 11,1–13, NA 17, 1936. – *Hengel, M.:* Die Zeloten, AGSU 1, ²1976, 249. – *Munck, J.:* Petrus und Paulus in der Offenbarung Johannes, TeolSkr 1, 1950. – *Nützel, J. M.:* Zum Schicksal der eschatologischen Propheten, BZ 20 (1976) 59–94. – *Rissi, M.:* Was ist 99–107. – *Satake, A.:* Gemeindeordnung 119–133. – *Wellhausen, J.:* Skizzen und Vorarbeiten 6, Berlin 1899, 221–223. – *Ders.:* Analyse der Offenbarung Johannis, AGWG.PH 9,4, Berlin 1907.

Das 11. Kapitel gehört zu den dunkelsten Stücken der Offb. Dies ist nicht erst der Eindruck in der Zeit historisch-kritischer Forschung, sondern war schon alten Auslegern bewußt. So schreibt Joachim von Fiore (gest. 1202): »Über diese beiden Zeugen: viele haben vieles gesagt und verschiedene Verschiedenes.« Damit ist auch bereits das Hauptproblem bezeichnet, Gestalt und Funktion der zwei Zeugen.

Kap. 11,1–13 gliedert sich in zwei Hauptabschnitte: Vers 1 f. und 3–13. Äußerlich zeigt sich dies einmal an dem Neueinsatz in Vers 1, der eine weitere Beauftragung des Sehers, und zwar zu einer Zeichenhandlung enthält. Vers 1–2 wirken in sich als eine abgerundete Aussage, die nicht notwendig des folgenden Kontextes bedarf. Vers 3 ist insofern ein Neubeginn, als der Vers wieder eine Beauftragung beinhaltet, diesmal zweier Gestalten, die bisher überhaupt noch nicht aufgetaucht sind, der zwei Zeugen. Dieser Neubeginn mit Vers 3 wird auch am Subjektwechsel erkennbar. Plötzlich ist in der 1. Person von Gott oder Christus die Rede, die in dieser unvermittelten Form vorher nicht begegnen.

In Vers 1 wird dem Seher ein Meßstab gegeben und ein Auftrag in direkter Rede angefügt. Wer hier handelt und redet, ist zunächst nicht klar. Man könnte an den »starken Engel« von Kap. 10 denken (Bousset). Der Auftrag ist zweigeteilt. Der Seher soll den Tempel, den Altar und die, die bei ihm anbeten, messen; den äußeren Vorhof des Tempels aber soll er auslassen und nicht messen, da dieser den Heiden übergeben wird, die die heilige Stadt Jerusalem zertreten werden. Aus dieser Art Gegenüberstellung von Tempel und Altar auf der einen Seite und äußerem Vorhof des Tempels und Jerusalem auf der anderen wird deutlich, daß der Sinn des Messens darin besteht, den einen Bereich zu bewahren, den anderen aber preiszugeben. Mit dem Tempel kann nur das eigentliche, Allerheiligstes und Heiliges umfassende Gebäude gemeint sein. Der Altar ist der Brandopferaltar davor, nicht der kleine Rauchopferaltar innerhalb des Tempels. Die klare Unterscheidung zwischen Tempel und Altar wäre sonst unverständlich. Auch daß die bei dem Altar Anbetenden zum Bereich, der auszumessen ist, gehören, spricht für den Brandopferaltar; denn nur auf ihm fand der öffentlich sichtbare Kult statt, an dem die im inneren Vorhof versammelten Israeliten teilnehmen konnten. Deutlich ist also, daß eine Markierungslinie zu ziehen ist zwischen Tempel und innerem Vorhof, der den Juden zugänglich war, und dem äußeren Vorhof, zu dem Heiden Zutritt hatten. Der eine Teil soll bewahrt werden, den anderen mit der heiligen Stadt sollen die Heiden einnehmen.

An sich kann Messen eine dreifache Bedeutung haben: Messen zum Zwecke eines Neu- oder Umbaues (z. B. Ez 40,3 ff.; 41,3; 43,13), Messen zum Zweck der Zerstörung (z. B. Jes 34,11; Am 7,7–9; 2 Kön 21,13), Messen zum Zwecke der Erhaltung (2 Sam 8,2; Sach 2,1 ff.). Nur die letzte kommt hier in Betracht, weil es um den Gegensatz zwischen Vers 1 und 2 geht: Ein Teil soll ausgemessen werden, der andere Teil nicht, da er den Heiden überantwortet wird. Jedenfalls haben Tempel und äußerer Vorhof ein entgegengesetztes Geschick. Was nun die Menschen in den jeweiligen Räumen und Gebäuden angeht, so bedeutet die Trennungslinie, daß nur die Menschen im inneren Vorhof des Tempels gerettet werden. Die Masse der Bewohner der heiligen Stadt aber soll den Heiden unterliegen.

Man hat nun erkannt, daß hier eine bestimmte historische Situation im Blick ist, in der eine besondere Schar von Gläubigen im inneren Vorhof versammelt ist. Deshalb sind nicht alle möglichen Juden gemeint, die irgend einmal beim Brandopferaltar anbeten. Der Text setzt wohl die Zeit der Belagerung Jerusalems durch die Römer im Jüdischen Krieg voraus (66–70 n. Chr.). In der Endphase dieses Krieges hatte die zelotische Gruppe, die den Kampf der Juden anführte, im Tempel und im inneren Vorhof ihr Hauptquartier.

Ihre verzweifelte Hoffnung richtete sich darauf, daß Gott gerade diesen heiligen Ort bewahren würde. Wir wissen von zelotischen Propheten, die zum Ausharren in der höchsten Not aufforderten: Gott befehle, zu dem Heiligtum hinaufzusteigen und die Zeichen der Rettung zu erwarten (Jos Bell 6,285); der Tempel würde auf jeden Fall von dem, der darin wohnt (Gott), gerettet werden (Jos Bell

5,459; vgl. Hengel). Ein solches zelotisches Orakel scheint nun 11,1–2 ursprünglich gewesen zu sein. Mit Hilfe prophetischer Deutung von Dan 7,25; 12,7 weissagt der Text, daß Gott 42 Monate lang = 3½ Zeiten (Jahre) Jerusalem in die Hand der Römer geben, den heiligen Tempelbereich aber beschützen werde.

Diese Deutung, die dem besonderen Eigencharakter von 11,1–2 gerecht zu werden versucht (im Anschluß an Wellhausen, Bousset, Charles, Lohse), hat nun manchen Widerspruch erfahren. Man meint, den ganzen Text sofort metaphorisch deuten zu müssen; unter dem Tempel Gottes sei von Anfang an die christliche Gemeinde gemeint (z.B. Haugg, Lohmeyer, Caird). Die Wendung »miß den Tempel Gottes und den Altar und *die bei ihm anbeten*« lasse erkennen, daß der Text gar nicht an den Raum denkt, sondern nur an die durch den Raum bezeichnete Gemeinde. Der Text sei nicht an den Tempelgebäuden interessiert (Rissi). In dieselbe Richtung geht die Behauptung, der Befehl »aber den äußeren Vorhof des Tempels laß aus (wörtlich: wirf hinaus)« bezieht sich nicht auf die Tempelanlage, sondern nur auf die Menschen (Feuillet, ähnlich Haugg). Eine derartige Kritik übersieht, daß die im Text gezogene Markierungslinie zwischen dem bewahrten und preisgegebenen Bereich durchaus in realistischer Weise an den verschiedenen Bauten des Tempels orientiert ist und diese konkret vorstellbar nennt; daß dabei die jeweiligen Menschen mitgedacht sind, erscheint ganz natürlich. Daraus aber den radikalen Schluß zu ziehen, die Gebäudeangaben seien bereits ursprünglich metaphorisch verstanden, mißachtet die konkreten Verhältnisse, die der Text zunächst einmal nennt.

Wie hat nun der Seher Johannes dieses ursprünglich zelotische Orakel in einer Zeit verstanden, als der Jerusalemer Tempel gar nicht mehr existierte? Der irdische jüdische Tempel hatte für ihn keine Bedeutung; im neuen Jerusalem, das vom Himmel herabkommt, würde es keinen Tempel geben (21,22). Hier hat nun die übertragene Deutung ihren legitimen Ort. Johannes, der schon 3,12 den Tempel Gottes als die Gemeinde der Gläubigen versteht, konnte an eine breite frühchristliche Tradition anknüpfen, wonach die christliche Gemeinde unter dem Symbol des Tempels erscheint (vgl. 1 Kor 3,16; 2 Kor 6,16; Eph 2,19ff.). Das heißt dann für Vers 1f.: In einer Zeit der Bedrückung durch die Heiden steht die Gemeinde unter Gottes Schutz. Fraglich bleibt nur der Sinn, den die letzte Zeile des Orakels für Johannes hat: Heiden werden »die heilige Stadt« 42 Monate zertreten. Die ursprüngliche Beziehung auf das irdische Jerusalem kann nicht mehr gemeint sein. Denn Jerusalem ist für Johannes inzwischen die Stadt, »die geistlich Sodom und Ägypten heißt« (11,8), also Ort des Unglaubens. »Die heilige Stadt« gilt für ihn wie der Tempel Gottes als Symbol für die christliche Gemeinde (vgl. 20,9

»die geliebte Stadt« als entsprechende Metapher). Damit fällt die
Möglichkeit, in der zeitlich begrenzten Verwerfung der heiligen
Stadt eine Aussage über die zukünftige Erlösung Israels zu sehen
(Günther; ähnlich Feuillet). Der Schlußsatz von Vers 2 intendiert
wie Vers 1 eine Verheißung für die Christen, nur daß wegen des vorgegebenen Wortlauts die Metaphorik sich wandelt: Tempel Gottes –
die heilige Stadt. Vers 2b ergänzt im Sinne des Johannes die voranste-
hende Heilsaussage um den tröstlichen Zeitaspekt: Nur 42 Monate
nach dem von Gott vorherbestimmten Plan wird die endzeitliche
Bedrückung der Gemeinde durch die Heiden dauern. Allerdings hat
sie während dieser Frist einen Kampf auf Leben und Tod zu bestehen – in Gestalt ihrer Märtyrer (Vers 3–13).

Die eigentlichen Interpretationsprobleme beginnen mit dem zweiten Abschnitt des Kapitels. War die Deutung von Vers 1 f. schon umstritten, so noch mehr jene von Vers 3–13. Methodisch wird man
hier anders einsetzen als bei Vers 1–2. Drängt sich dort die Annahme einer (jüdischen) Vorlage geradezu auf, die es zunächst zu
interpretieren gilt, so liegen die Dinge bei Vers 3–13 anders. Tradition und Redaktion des Johannes sind sehr schwer voneinander zu
scheiden – so deutlich es auch ist, daß der Verfasser mit vorgegebener Überlieferung arbeitet. Es legt sich deshalb nahe, zunächst Redaktion und Verständnis des Johannes zu bestimmen, um auf diesem
Wege ein ungefähres Bild der übernommenen Tradition zu gewinnen.

Der ganze Abschnitt Vers 3–13 unterteilt sich in die Einheiten
Vers 3–6 und 7–13. Formal heben sich Vers 3–6 vom Folgenden
dadurch ab, daß die Verse die Erzählung über die zwei Zeugen nur
eröffnen und zunächst eine nähere Beschreibung bzw. Definition
der beiden Gestalten geben (vgl. die Einleitung von Vers 4: »diese
sind …« und Vers 6: »diese haben …«). Erst mit Vers 7 beginnt die
eigentliche Erzählung (Berger). Vers 7 weist zudem einen deutlichen
Neuansatz auf, insofern dort vom Geschick der Zeugen nach ihrer
prophetischen Tätigkeit die Rede ist.

In Vers 3 ist eine deutliche Zäsur im Text erkennbar: Eine neue Gestalt kündigt in der 1. Person eine weitere Beauftragung an. Wahrscheinlich ist Christus gemeint (vgl. die Ich-Rede Christi in Offb
2–3), der seine zwei Zeugen (vgl. 2,13) zur prophetischen Tätigkeit
während der Zeit auffordert, in der »die heilige Stadt«, d. h. die
christliche Gemeinde, von den Heiden bedrückt wird. Die Zeitangabe von Vers 2 »zweiundvierzig Monate lang« entspricht ja der von
Vers 3 »1260 Tage«. Die beiden Zeugen werden als feste Größe mit
bestimmtem Artikel eingeführt. Anscheinend setzt der Verfasser

voraus, daß der Leser ihn versteht, was bedeutet, daß er auf eine bekannte Vorstellung anspielt. Dafür spricht auch die Zweizahl der Zeugen, die kaum der Konzeption des Johannes entstammt, sondern durch die Tradition bedingt ist, die er übernimmt (Satake). Jedenfalls findet sich bei ihm nirgends die Anschauung, daß zwei Personen nötig seien, um eine Botschaft zu legitimieren, was aber für die Tradition durchaus anzunehmen ist (vgl. Kraft).

Die beiden Figuren erscheinen als »Zeugen« des erhöhten Christus, deren Aufgabe im Weissagen als prophetischer Tätigkeit besteht. Der Verfasser gebraucht dabei »Zeuge« (Vers 3) bzw. »Zeugnis« (Vers 7) abwechselnd mit »Prophet« (Vers 10), »Prophetie, Weissagung« (Vers 6) bzw. »prophezeien, weissagen« (Vers 3), um die Funktion der beiden Gestalten zu benennen. Um den Sinn dieser Begriffe zu bestimmen, wird man zunächst einmal auf ihre sonstige Verwendung in der Offb blicken, unbeschadet der Möglichkeit, daß in der eventuell anzunehmenden Traditionsgrundlage eine anders nuancierte Bedeutung vorlag. Dabei ergibt sich, daß »Bezeugen« bzw. »Zeuge« jeweils die Offenbarungsfunktion dessen meint, der zuverlässig Zeugnis ablegt über den eschatologischen Geschichtsplan Gottes. Der erhöhte Jesus Christus selbst offenbart diesen Plan Gottes als »getreuer Zeuge« (1,5), der Verfasser des ganzen Buches bezeugt diese Offenbarung Jesu (1,2), und Antipas erweist sich als »treuer Zeuge« Christi (2,13), weil er sich zu dieser Offenbarung standhaft bekannt hat. Das »Weissagen, Prophezeien« der beiden Zeugen (Vers 3) muß dann in irgendeiner Beziehung zu dieser Offenbarung des göttlichen Geschichts- bzw. Gerichtsplanes stehen, den sie als Propheten zu verkünden hatten (vgl. das Prophezeien des Sehers 10,11). Allerdings sagt der Text nichts Genaueres über den Inhalt ihrer Wortverkündigung aus. Jedenfalls wird ihre Botschaft nicht als Bußpredigt charakterisiert (z. B. Bousset, Lohmeyer, Wikenhauser, Lohse). Dafür spricht auch nicht ihre Bekleidung mit »Säcken«. Säcke, d. h. Gewänder aus Haartuch, sind zwar im AT und im Judentum Trauer- und Bußkleider (Stählin). Doch kann mit diesem Gewand zugleich auch die Standestracht des Propheten generell gemeint sein (Satake, Böcher; vgl. 1 Kön 19,13.19; 2 Kön 1,8; 2,8.13 f.; Jes 20,2; Sach 13,4; 1 Clem 17,1; Mart Jes 2,10). Nicht ihre Botschaft findet eine nähere Beschreibung, sondern ihre Wunderkraft (Vers 5 f.).

In Vers 4 versucht der Verfasser, die beiden Gestalten durch Schriftverweise zu charakterisieren. Sie sind die beiden Ölbäume, die in Sach 4,2 f. die beiden »Gesalbten«, die Vertreter des König- und Priestertums, symbolisieren. Sie sind zugleich die beiden Leuchter,

die vor Gott stehen. In Sacharja ist allerdings nur ein Leuchter genannt. Wenn der Text zwei Leuchter erwähnt, so ist dies wohl nur
aus der Absicht des Verfassers zu verstehen, der hier seine Konzeption einträgt. Die Zweizahl der Leuchter stellt eine Angleichung an
die zwei Zeugen dar. Der Sinn des Leuchters bei Sacharja, was immer er ursprünglich bedeuten mag, ist damit sicher verlassen. Die
Aussage von Vers 4 kann nur auf dem Hintergrund der sonstigen
Aussagen des Verfassers verständlich werden. Leuchter sind für ihn
Sinnbild der christlichen Gemeinden (1,20; 2,5), so daß die zwei
Zeugen wohl die christliche Gemeinde symbolisieren, und zwar im
Blick auf ihre prophetischen Prediger, wie der Auftrag zum »Pro-
phezeien, Weissagen« (Vers 3) zeigt. Diese im Ansatz kollektive
Deutung (vgl. Considine, Satake, Caird, Nützel) hat jedenfalls den
Vorzug vor einer individuellen, die in den Zeugen *zwei* bestimmte
Einzelpersonen sieht. Allerdings gilt diese These zunächst nur für
den jetzigen Zusammenhang, der eine Komposition des Endverfas-
sers Johannes darstellt.

Gegen eine solche individuelle Interpretation sprechen eindeutig
Vers 5 f. Denn beide Gestalten gemeinsam besitzen die Wunderkraft
eines Elia und Mose (Nützel). Da der eine Zeuge nicht die Macht des
Elia, der andere des Mose hat, zielt der Text nicht auf eine Identifika-
tion mit jeweils einem dieser Propheten, wie oft behauptet wird
(z. B. Bousset, Charles, Lohmeyer, Hadorn, Wikenhauser, Lohse).
Wenn sie angegriffen werden, verteidigen sie sich *nur wie* Elia und
Mose.

In Vers 5 spielt der Text auf die Tat Elias an, der Feuer vom Himmel
fallen ließ, das die Gegner verzehrte (2 Kön 1,10.12). Dabei ist die
Formulierung durch den Einfluß von Jer 5,14 modifiziert. Das
Feuer kommt nicht mehr vom Himmel, sondern aus dem Munde der
Propheten. Nach Vers 6 beziehen sich ihre Wunderkräfte auf den
Himmel, die Gewässer und das Land, auf die drei Bereiche der
Schöpfung also. Die Macht, den Himmel zu verschließen, so daß es
während der Predigttätigkeit der beiden Zeugen nicht regnet,
schließt sich an Elias Drohung an (1 Kön 17,1; vgl. Sir 48,3; Lk 4,25;
Jak 5,17), die Gewalt, Wasser in Blut zu verwandeln, bezieht sich
auf das Mosewunder (Ex 7,17.19 f.), und die anschließende Bemerkung, das Land mit jeder Plage zu schlagen, hat wohl die übrigen
ägyptischen Plagen im Blick (vgl. 1 Sam 4,8). Bezeichnend ist bei
dieser Beschreibung, daß beiden Gestalten diese Kräfte zur Verfügung stehen, so daß kaum eine individualisierende Deutung auf Elia
und Mose intendiert ist. Dasselbe gilt dann für die Gleichsetzung
mit Petrus und Paulus (Munck), die schon daran scheitert, daß die

beiden Gestalten in Jerusalem und nicht in Rom wirken (s. u.). Auch die Deutung auf Johannes den Täufer (Elia redivivus) und Jesus (Moses redivivus) wird fehlgehen (gegen Böcher), zumal diese Parallelisierung der beiden als ein Prophetenpaar analogielos ist.

Wie versteht der Verfasser die Wunderkraft der prophetischen Zeugen Christi? Vers 5 stellt heraus, daß der feindliche Angriff Anlaß zum Wunder ist. Die wunderhafte Handlung dient der Verteidigung. Die besondere Macht der Zeugen bewirkt ihren Schutz. Wenn dabei die Feinde durch ihre Gewalt untergehen, so entspricht das dem Willen Gottes. Darauf weist der Satz am Ende von Vers 5: »Wenn jemand ihnen Schaden zufügen will, so *muß* er getötet werden.« Die Ausstattung der beiden Gestalten mit Wundermacht zeigt also (Vers 5), daß sie in der Notsituation eine Zeitlang unter der Bewahrung Gottes stehen (Satake). Vers 6 hat dann allgemeinere Bedeutung. Er betont speziell die *Vollmacht* zu wunderbaren Handlungen, über die sie wie Elia und Mose verfügen. Damit soll wohl die prophetische Tätigkeit der Zeugen grundsätzlich legitimiert werden.

Es zeichnete sich bereits ab, daß die beiden Zeugen Christi prophetische Prediger der Kirche darstellen. Die Ausstattung mit Wunderkraft, mit der sie ihre Feinde plagen können, transzendiert aber die bisherige Erfahrung der Gemeinde mit ihren prophetischen Vertretern. Doch ist zu beachten, daß der Prophet Johannes selbst seinen Widersachern Gericht ankündigt, das ihren Tod zum Inhalt hat (2,22 f.). Die umfassenden Strafaktionen der beiden Zeugen sind lediglich eine Steigerung der der urchristlichen Prophetie gegebenen Möglichkeiten. Das Denkschema: »Der Urzeit entspricht die Endzeit«, wirkt hier ein. Wie ehedem Elia und Mose gottlose Feinde geplagt haben, so am Ende die letzten Zeugen Christi. Schließlich geht es um die noch ausstehende Auseinandersetzung zwischen Kirche und Welt in der endzeitlichen Drangsal der 1260 Tage.

Bei der bisherigen Interpretation gelang es, Vers 3–6 als Komposition des Verfassers Johannes zu verstehen. Daß sich dies auch sprachlich nahelegt, zeigen besonders die Deutesätze in Vers 4 und 6 (»diese sind ...«, »diese haben ...«). Sie entsprechen dem Stil des Verfassers in 5,6.8; 7,14; 14,4; 17,9 ff. bes. Vers 13 f. Reste einer literarischen Vorlage lassen sich in Vers 3–6 kaum erschließen. Allerdings darf man vermuten, daß dem Verfasser die Vorstellung zweier endzeitlicher Propheten vorgegeben war, da er sie mit bestimmtem Artikel als feste, offensichtlich bekannte Größe einführt (Vers 3).

Vers 7–13 stehen in Spannung zu Vers 3–6. Sprachlich deutet sich dies bereits durch den Übergang zum Erzählstil an, während

Vers 3–6 den Charakter der Beschreibung, der grundsätzlichen Definition der beiden Zeugen hat. Besonders aber grenzen sich Vers 7–
13 inhaltlich vom Vorhergehenden ab. Während die beiden Gestalten zur Zeit ihrer Prophetentätigkeit die Oberhand behalten, erliegen sie danach dem Ansturm des Tieres aus dem Abgrund
(Vers 7).
Vers 7a versucht, die beiden Abschnitte Vers 3–6 und 7–13 zu ver-
klammern. Nach dem Zeugnis der Propheten tritt plötzlich das Tier
auf, das aus dem Abgrund heraufsteigt. Wie die zwei Zeugen in
Vers 3 führt der Verfasser diese Gestalt mit bestimmtem Artikel ein –
wohl wieder ein Hinweis darauf, daß er an eine bekannte Tradition
anknüpft. Dafür spricht auch, daß die Gegnerschaft des Tieres gegen
die Zeugen im Text an keiner Stelle ausdrücklich motiviert wird (vgl.
Kraft). Das Tier erscheint auch nur hier, danach verschwindet es aus
der Darstellung, während Vers 9–10 »die Bewohner der Erde« zu
Gegenspielern der inzwischen getöteten Zeugen machen und »das
Tier aus dem Abgrund« verdrängen (Nützel). Die vorgegebene Tradition hätte also von einer mythischen Einzelgestalt geredet, dem
»endzeitlichen Widersacher«. Im Sinne der Gesamtredaktion hat
das »Tier aus dem Abgrund« seine Entsprechung in dem Tier, das
aus dem »Meer« emporsteigt (13,1), das deutlich nach Dan 7,3 gebildet ist, wenn auch dort von vier Tieren geredet wird. In 17,8 erscheint es wieder als das »Tier aus dem Abgrund«. Für den Verfasser
handelt es sich letztlich um dieselbe endzeitliche Macht, die als satanischer Feind der Gemeinde auftreten wird. Wenn auch die Formulierung »Tier aus dem Abgrund« von ihm stammen dürfte, so spricht
doch die Art der Einführung der Gestalt in Vers 7 – ohne jede Vorbereitung und Erklärung – dafür, daß hier eine gegenüber Kap. 13 eigenständige Überlieferung aufgenommen ist (Lohse), die aber wie
Kap. 13 auf Dan 7 basiert.
Bei der Deutung der zwei Zeugen durch den Endverfasser wurde
bisher eine entindividualisierende Tendenz festgestellt. Diese dürfte
auch die Formulierung von Vers 7 bestimmt haben: Das Tier führt
Krieg mit ihnen und besiegt sie. Der Kampf von einer gegen zwei
Personen kann eigentlich nicht Krieg heißen (Kraft). Hier muß eine
umfassendere Größe gemeint sein. In Vers 7 wirkt zwar die Verwendung von Dan 7,21 nach; doch findet sich dieser sprachliche Ausdruck auch in 13,7 (vgl. 12,17), wo es ausdrücklich um den Kampf
gegen die »Heiligen«, d. h. die christliche Gemeinde, geht. Der Verfasser versteht die zwei Zeugen als Gestalten der Kirche und beschreibt in 11,7 vorgreifend, was er 12,17; 13,7 in allgemeinerer
Weise wieder aufnimmt. Die Verwendung von Dan 7,21 steht im

Zusammenhang seiner Deutung der beiden Zeugen und wird deshalb auf sein Konto gehen. Neu gegenüber Dan 7,21 ist: »Es (das
Tier) wird sie töten.« Damit ist das Märtyrerschicksal von Zeugen
Christi im Blick, die beim bevorstehenden Ansturm des endzeitlichen Widersachers wegen ihrer prophetischen Verkündigung in der
Welt den Tod finden werden. Das Geschick der beiden Zeugen
(»*meine* zwei Zeugen« Vers 3) korrespondiert dem des Antipas, den
der himmlische Christus entsprechend »*meinen* getreuen Zeugen«
nennt (2,13). Daß das Auftreten des »endzeitlichen Widersachers«
und die Tötung der Zeugen durch ihn zeitlich nach deren Prophetie
geschieht, während sie vorher unter Gottes Schutz stehen (Vers 5),
beruht auf der Kompositionsarbeit des Endverfassers, der Märtyrertod und eschatologische Rechtfertigung der Zeugen als Höhepunkt
seiner Darstellung wählen wollte.

Die weitere Erzählung Vers 8 stellt heraus, daß die Niederlage der
beiden Zeugen offenkundig wird. Ihr toter Leib liegt auf der Straße
»der großen Stadt«. Damit wird wohl Jerusalem gemeint sein, wozu
auch die Bemerkung vom Schluß von Vers 8 paßt. Auffällig ist, daß
der Verfasser sonst nur Rom »die große Stadt« nennt (14,8; 16,19;
17–18). Dementsprechend hat man in der Forschung des öfteren den
Text in diesem Sinne verstehen wollen (Wellhausen, Munck, Caird).
Doch kann Jerusalem in der sonstigen Literatur durchaus »die große
Stadt« heißen (Jos Ap I 197.209; Plinius, Naturgeschichte V, 14.70;
OrSib 5, 154.226.413). Auch die aus Vers 13 zu erschließende Ein-
wohnerzahl von 70000 (ein Zehntel = 7000 Menschen sind gefallen)
würde zu Jerusalem, nicht aber zu Rom passen. Die Bezeichnung
»die große Stadt« bleibt aber angesichts des übrigen Sprachge-
brauchs der Offb auffällig, wo eben Rom so genannt wird. Hier
zeigt sich wohl vorgegebene Überlieferung, wie ja auch Vers 8a mit
seinem einfachen Erzählstil keinerlei redaktionelle Einflüsse verrät.
Erst die nähere Interpretation »der großen Stadt« in den beiden
Deutesätzen Vers 8bc läßt den Stil des Endverfassers erkennen.

Jerusalem gilt im Text als gottlose Stadt. Deshalb erhält es in geist-
lich-symbolischer Weise Namen, die für Lasterhaftigkeit und Ver-
stocktheit stehen, Sodom und Ägypten (vgl. Jes 1,9 f.; 3,9; Jer 23,14;
bes. Weish 19,13 ff.). Es ist gleichzeitig die Stadt, wo Christus gekreuzigt wurde – Herr und Auftraggeber der beiden Zeugen, der sie
zu ihrer Botschaft bevollmächtigt hat (Vers 3). Diese Bemerkung
von Vers 8c ist nicht nachträgliche Glosse (Munck), da die Art der
Einführung (»wo auch«) dem Stil der Offb entspricht (Haugg) und
sachlich eine enge Beziehung zu Vers 3 (»meine Zeugen«) besteht.

»Die große Stadt« ist Tummelplatz der Heiden (vgl. Vers 2), ja Repräsentantin der gottlosen Welt. Damit ist Jerusalem, das unter diesem Namen auch nicht erscheint, seines individuellen Charakters beraubt. In Vers 9–10 interessieren auch nur noch die dort wirkenden »Bewohner der Erde«, die zu Gegenspielern der beiden Zeugen werden, wobei »das Tier aus dem Abgrund« aus der Darstellung verschwindet. Die Tendenz zur Entindividualisierung, die für die Redaktion des Textes charakteristisch ist, bewirkt also, daß die gesamte gottfeindliche Welt sich gegen die beiden Zeugen, d. h. gegen die getöteten Christen, wendet. »Die Bewohner der Erde« bzw. »Völker, Stämme, Sprachen und Nationen« bezeichnen auch sonst im Sinne des Verfassers das gegnerische Gegenüber der Gemeinde (zum ersteren 3,10; 6,10; 8,13; 13,8.12.14; 17,2.8 – zum zweiten 10,11; 13,7; 14,6; 17,15; anders 5,9; 7,9).

Die Gegnerschaft der Welt äußert sich zunächst darin, daß sie als Augenzeugen des Geschicks der Zeugen deren Leichen dreieinhalb Tage umherliegen lassen und eine Bestattung nicht zulassen (Vers 9), was als größte Schmach gilt (vgl. Ps 79,3; Jer 8,2; Tob 1,17–19; 2 Makk 5,10). Vers 10 schildert dann in den stärksten Farben den Jubel der gottlosen Welt über den Tod der Zeugen: Man sendet einander Geschenke, um dieser Freude Ausdruck zu verleihen (vgl. Esth 9,18–20; Neh 8,10f.). Die Begründung, die die Erzählung für diesen Jubel gibt (Vers 10b), weist zurück auf die Aktionen der Propheten (Vers 5–6). Sie verklammert deutlich die Erzählung Vers 7ff. mit der vorangegangenen Charakterisierung der beiden Zeugen. Wie diese gehört sie sicher der Kompositionsarbeit des Verfassers an.

Überblickt man Vers 9–10, so erkennt man das Ziel, den Jubel und die äußerste Gemeinheit der Gegner zu demonstrieren. Dem kontrastiert im folgenden ihre zweimal betonte Furcht (Vers 11b.13b) sowie ihre hilflose Zuschauerrolle (Vers 12b) angesichts des Triumphes der beiden Zeugen. Den Höhepunkt erreicht diese Schilderung, wenn die übriggebliebenen Menschen dem Gott des Himmels die Ehre geben müssen (Vers 13b), stilistisch ein Ausdruck, der für den Verfasser Johannes typisch ist (4,9; 14,7; 16,9; 19,7). Dieser Kontrast scheint der redaktionellen Tendenz des Endverfassers Johannes zu entsprechen (Berger). Gerade in diesen Aussagen findet sich auch deutlich sein Sprachstil (Vers 9f. und Vers 12f.). Dagegen könnte sich in der einfachen Erzählung über das Geschick der Propheten traditionelles Gut erhalten haben (8a.9b.11).

Mit Vers 11 geschieht der Umschwung in der Darstellung. Die ermordeten Propheten werden wieder lebendig. Dabei entspricht die Zeitangabe »nach dreieinhalb Tagen« genau der Zeit der Schändung ihrer Leichname (Vers 9). Die Wiederbelebung nach dreieinhalb Tagen konkurriert mit der Tradition über die Auferweckung Jesu »am dritten Tage« (vgl. 1 Kor 15,4) bzw. »nach drei Tagen« (Mk 8,31; 9,31; 10,34), so daß kaum eine Parallelisierung des Geschicks der beiden Zeugen mit dem Christi beabsichtigt ist. Die Zahl in Vers 11 ist als besondere Variation der aus Dan stammenden Zahl der dreieinhalb Zeiten zu werten (Dan 7,25; 12,7). Der Text beschreibt die Auferweckung der beiden Zeugen im Anschluß an Ez 37,5.10 (vgl. Exkurs 5). Lebensgeist von Gott dringt in sie ein, so daß sie sich als Zeichen neugewonnener Kraft wieder auf ihre Füße stellen. Die Reaktion der betroffenen Zuschauer ist Furcht, eine geradezu typische Antwort auf das Wunder.

Aus ihrem Blickwinkel ist die folgende Himmelfahrt geschildert (Vers 12). Dies dürfte redaktioneller Zug des Endverfassers sein, der gerade auf den Kontrast zwischen dem anfänglichen Jubel der Erdenbewohner und ihrer Furcht und Betroffenheit danach abhebt. Die »Bewohner der Erde« als Zuschauer hören eine laute Stimme, die zu den Auferweckten spricht: »Steigt hier herauf!« Erkennbar ist, daß hier der Verfasser Johannes formuliert. Das Hören der lauten Stimme stimmt zu 16,1; 21,3. Die Aufforderung an die Auferweckten stellt nur die Pluralform des an den Seher ergangenen Imperativs in 4,1 dar (Nützel). In 4,1 geht es um die Himmelsreise des Johannes zum Zwecke des Offenbarungsempfanges, 11,12 zielt auf die Entrückung bzw. Himmelfahrt der beiden Zeugen, damit ihr Triumph vollkommen sei.

Schwierig ist Vers 13. Vers 11–13 lassen eine Art Zweigipflichkeit erkennen (Berger): Die Reaktion der Menschen, die in Furcht geraten und Gott die Ehre geben (Vers 13), wäre durch den Triumph der beiden Zeugen (Auferstehung und Himmelfahrt) ausreichend motiviert; warum dann noch das große Erdbeben und seine Folgen (Vers 13)? Erklärlich ist diese Häufung der Wunder aus der schon festgestellten Absicht des Verfassers, den Gegensatz zwischen dem anfänglichen gottlosen Jubel der Erdenbewohner und ihrer Niederlage in Furcht und Zittern zu schildern. Auf redaktionelle Gestaltung des Johannes weist auch das hier verwandte Sprach- bzw. Bildmaterial. Das »große Erdbeben« begegnet sonst 6,12; 16,18. In 16,18 fungiert es wie hier als Plage für die Menschen. Das Fallen einer oder mehrerer Städte findet sich 14,18; 18,2 (Babylon) und 16,19 (Städte der Heiden). Zum Getötetwerden der Menschen vgl. besonders 9,18; 19,21.

Dabei entspricht die Struktur von Vers 13 der Abfolge der Ereignisse in 9,14–21 (vgl. Nützel):

Schilderung einer Plage	9,14–17 – 11,13ab;
Zahl der getöteten Menschen	9,18 – 11,13c;
Reaktion der »übrigen«	9,20f. – 11,13d.

Es zeigt sich, daß der Verfasser Johannes den Schlußvers des ganzen Abschnittes Vers 3–13 in Analogie zu 9,14–21 geschrieben hat; allerdings betont 9,20f. die Unbußfertigkeit der Menschen, 11,13d scheint das Gegenteil anzudeuten.

Dementsprechend sieht man hier ihre Bekehrung erwähnt, was zu der angeblichen Funktion der Zeugen als Bußprediger und der antithetischen Entsprechung zu 9,20f. passen würde (vgl. z. B. Charles, Haugg, Wikenhauser, Lohse, Berger, Günther). In diesem Falle stellt sich dann die Frage, ob mit den Bekehrten Juden (Charles, Wikenhauser, Lohse, Günther), abgefallene Christen (Haugg) oder Heiden (Wellhausen, Analyse) gemeint seien. Im Falle der Judenbekehrung hätte man hier eine gewisse Parallele zu Röm 9–11 (bes. 11,25ff.). Doch scheitert die ganze Bekehrungsthese an ihrer Voraussetzung. Die beiden Zeugen handeln nicht als Bußprediger gegenüber den »Bewohnern der Erde«. Ziel der ganzen Darstellung ist nicht eine Botschaft über das Schicksal dieser Menschen, sondern über das Geschick der Zeugen Christi, die siegreich bleiben trotz der Feindseligkeit ihrer Gegner. Gott bekennt sich zu ihnen, auch wenn sie den Märtyrertod erleiden.

Bei genauerer Betrachtung unterstützt 11,13 diese Interpretation. Wenn am Ende die übriggebliebenen Bewohner der Stadt in Furcht geraten und Gott die Ehre geben, so zeigt sich daran nur, daß Gott seinen Anspruch auf Anerkennung durchsetzt, auch wenn man seine bzw. Christi Boten tötet (vgl. Berger). Der festgestellte Kontrast zwischen anfänglichem Jubel der Welt und ihrem nachträglichen Erschrecken dient dazu, die Macht Gottes, die diesen Wandel bewirkt, besonders eindrücklich zu machen – die Macht dessen nämlich, der die christliche Gemeinde in ihren Zeugen endgültig bewahrt.

Daß die Ungläubigen schließlich Gott die Ehre geben (vgl. 14,7; 16,9), sagt hier nicht ihre Bekehrung aus. Im AT kann der Ausdruck zwar die Umkehr zu Gott anzeigen (vgl. Jos 7,19; 1 Sam 6,5; Jer 13,16), ansonsten aber einfach den Lobpreis meinen, den Gott wegen seiner Erhabenheit beansprucht und durchsetzt, ohne daß auf die unheilabwendende Reue der Preisenden reflektiert wird (Ps 29,1f.; 96,7f.; Jes 42,12; bes. äthHen 62,6; 63,2ff.; so wohl auch Offb 14,7). Letzteres ist hier der Fall, da nicht das Schicksal der gottlosen Erdenbewohner im Blickfeld steht, sondern das der zwei Zeugen. 11,13 steht deshalb nicht im beabsichtigten Gegensatz zu

9,21, wo die Gottlosen nicht von ihren bösen Werken umkehren. Vielmehr sind die Erdenbewohner von 11,3–13 im Prinzip dieselben Ungläubigen, deren Gericht die späteren Kapitel der Offb schildern. 11,13 will also keine tröstliche Antwort auf das Problem der Unbußfertigkeit von 9,21 geben (gegen Haugg).

Der Abschnitt 11,1–2 ist wie 7,1–8 eine weitere Reaktion des Sehers Johannes auf das Problem: Wer kann angesichts der großen Bedrängnis bzw. des Gerichts bestehen (6,17)? Antwort: Allein die christliche Gemeinde wird trotz größter Bedrückung bewahrt bleiben. Daß dies das Thema ist, das den Seher auch in 11,1–2 beschäftigt, zeigt die Stellung des Abschnittes vor 11,15 ff., der Proklamation der eschatologischen Herrschaft Gottes und seines Gerichts. 11,3–13 ergänzt dieses Thema: Während der endzeitlichen Drangsalssituation der 1260 Tage (= 3 ½ Jahre) werden standhafte Zeugen der christlichen Gemeinde ihre prophetische Botschaft ausrichten. Sie werden zwar zunächst unter Gottes Schutz stehen (Vers 5), doch werden sie am Ende dem satanischen Widersacher erliegen und den Märtyrertod erleiden. Gott aber wird sich zu ihnen bekennen und sie zu eschatologischem Heil auferwecken. Johannes sichert ganz generell der Gemeinde seinen Schutz zu (Vers 1–2; vgl. 7,1–8), um dann die Kirche speziell im Blick auf ihre zukünftigen Märtyrer zu trösten (Vers 3–13).

11,14 enthält abschließend ein wichtiges Gliederungssignal des Verfassers. Das zweite Wehe ist vergangen (vgl. 9,12), das vor allem das durch die sechste Posaune ausgelöste dämonische Geschehen ausmacht. In gewissem Sinne gehört aber auch Kap. 11 zum Inhalt des zweiten Wehe, insofern das Wirken »des Tiers aus dem Abgrund« das dämonische Unheilsgeschehen von 9,13–21 fortsetzt und die Notiz über das zweite Wehe (11,14) sich unmittelbar an 11 anschließt. Doch ist zu beachten, daß die endzeitlichen Ereignisse von 9,13–21 und 11 nicht auf derselben Ebene liegen, da die ersteren sich gegen die gottlose Welt richten und die anderen gegen die zwei Zeugen als Symbolgestalten für die Märtyrer der christlichen Gemeinde. Kap. 11 hat deshalb den Charakter eines Zwischenstückes, das vom Trost für die Gemeinde beherrscht ist, der trotz des dämonischen Geschehens die eschatologische Rettung gewiß bleibt.

Mit der Ankündigung des dritten Wehes blickt der Verfasser auf die folgenden Visionen seines Buches. Es betrifft vor allem die Schalenplagen (Kap. 16), da diese den Zorn Gottes vollenden (15,1). Weil aber diese Plagen die Kap. 13 geschilderte Situation voraussetzen (vgl. 16,2.10.19), gleicherweise 12,12 (»wehe aber der Erde und dem Meer ...«) auf diese Plagen voraus verweist, sind Kap. 12 und 13 in

unmittelbarem Bezug zum dritten Wehe (vgl. Wikenhauser 62).
Ebenso ist das dritte Wehe nicht mit Kap. 16 einfach abgeschlossen,
vielmehr eröffnet die siebte Schalenvision 16,17–21 eine neue Einheit, die die abschließenden Gerichtsereignisse zum Inhalt hat.
Diese Interpretation des dritten Wehes stimmt zusammen mit der
Bedeutung, die die siebente Posaune hat (11,15–19). Zunächst einmal scheint das dritte Wehe mit der siebenten Posaune geradezu
identisch zu sein, da sich 11,15 ff. unmittelbar an 11,14 anschließen.
Doch ist die Aussage zu differenzieren. Die siebte Posaunenvision
umfaßt die folgenden Visionenreihen, die sich aus ihr wie aus einer
Schale entfalten (analog der Funktion der siebten Siegelvision; Lohmeyer). Insofern wäre der Inhalt des dritten Wehe mit der siebten
Posaune identisch; doch bezieht sich das dritte Wehe natürlich nur
auf das Unheils- bzw. Gerichtsgeschehen, das in den folgenden Visionen sich vollendet.

Exkurs 5: Endzeitliche Propheten und endzeitlicher Widersacher

Literaturauswahl: Neben der zu 11,1–13 erwähnten Literatur ist zu nennen:
Bauckham, R.: The Martyrdom of Enoch and Elijah: Jewish or Christian,
JBL 95 (1976) 447–458. – *Black, M.:* The Two »Witnesses« of Rev. 11:3 f. in
Jewish and Christian Apocalyptic Tradition, in: Donum Gentilicium, NT
Studies in Honour of D. Daube, 1978, 227–237. – *Bousset, W.:* Der Anti-
christ in der Überlieferung des Judentums, des Neuen Testaments und der
alten Kirche, Göttingen 1895. – *Jeremias, J.:* Art. Hēl(e)ias, ThWNT II,
1935, 930–943. – *Pesch, R.:* Zur Entstehung des Glaubens an die Auferstehung Jesu, ThQ 153 (1973) 201–228. – *Schrage, W.:* Die Elia-Apokalypse,
Jüdische Schriften aus hellenistisch-römischer Zeit V, 3 (1980) 195–288. –
Wilckens, U.: Auferstehung. Das biblische Auferstehungszeugnis historisch
untersucht und erklärt, Themen der Theologie 4, Stuttgart/Berlin 1970,
132–144.

Die Traditionsgeschichte von Offb 11,1–13 interessiert in der Forschung
besonders deshalb, weil man hier einen der nicht zahlreichen Belege zu finden glaubt, der eine jüdische Überlieferung erschließen läßt, die von der Auferweckung einzelner vor der eschatologischen Auferweckung der Gerechten
bzw. aller Menschen handelt (Berger, Wilckens, Pesch). Diese bereits jüdische Konzeption könnte maßgeblich zur Entstehung des Glaubens an die
Auferstehung Jesu beigetragen haben. Denn die Auferstehung Jesu im Rahmen der eschatologischen Totenauferstehung scheint erst fortgeschrittener
frühchristlicher Traditionsentwicklung zu entstammen (vgl. 1 Kor 15,20 ff.;
Kol 1,18).
Das Problem kann hier nicht ausführlich entfaltet werden. Zu erörtern ist

nur, a) welchen Umfang die 11,3–13 zugrundeliegende Überlieferung hatte, b) ob sie christlichen oder jüdischen Ursprungs ist und c) ob es verwandte, von der Offb unabhängige jüdische Traditionen gibt, die die Annahme einer jüdischen Vorlage in 11,3–13 bestätigen, die von der Tötung endzeitlicher Propheten durch einen mythischen Gegenspieler sowie der Auferweckung des oder der Propheten spricht.

a) Aufgrund der Analyse zu 11,3–13 ergab sich, daß Johannes die Vorstellung zweier endzeitlicher Propheten vorlag, die er in Vers 3 als bekannte Größen einführt. Ihre Bezeichnung als »Zeugen« ließ sich zunächst im Rahmen des Zeugnisbegriffes der Offb verstehen. Da aber nirgends der Inhalt ihres »Zeugnisses« im Detail erwähnt wird, der Verfasser also darauf anscheinend kein Gewicht legt, könnte in dieser Bezeichnung der Funktion eine vorgegebene Tradition durchscheinen, die der Verfasser nur übernimmt und in seinem Sinne deutet, aber nicht entfaltet. Am nächsten liegt es, dann an jene jüdische Überlieferung zu denken, wonach Propheten als Gerichtszeugen wirken (vgl. Jub 1,12f.; 4,22; die Funktion Henochs in äthHen 13; kopt ELApk 35,1–10; 34,10–20, Berger).

Johannes hat unter den beiden Zeugen Symbolgestalten verstanden. Dies entspach der entindividualisierenden Tendenz, die die Redaktion des ganzen Abschnittes beherrschte. Doch könnten ursprünglich wirklich Elia und Mose gemeint sein. Das AT berichtet von der Entrückung des Elia (2 Kön 2,11) und verheißt seine eschatologische Wiederkehr (Mal 3,23f.), entsprechend das Judentum (z. B. Sir 48,9f.; äthHen 90,31). Von Mose kennt erst das Judentum – und zwar nur als vereinzelte Sondermeinung erschließbar – eine Entrückung (vgl. Jos Ant 4,326; SDt § 357 zu 34,5), und Mk 9,4f. läßt annehmen, daß neben der verbreiteten Erwartung einer endzeitlichen Funktion von Elia und Henoch (zur Entrückung Gen 5,24) jene von Elia und Mose gehörte.

Zur vorgegebenen Tradition in 11,3–13 dürfte der Zusammenstoß der beiden Propheten mit dem endzeitlichen Widersacher in Jerusalem zählen, auch wenn Vers 7 weitgehend redaktionell ist. Immerhin wird »das Tier aus dem Abgrund« wie eine bekannte Größe eingeführt, die im folgenden nicht mehr erscheint, da sie im Zuge der entindividualisierenden Tendenz der Redaktion den »Bewohnern der Erde« weicht. Die Tötung der Zeugen durch das Tier ist kaum selbständige Erfindung des Johannes, die er durch weitergehende Interpretation von Dan 7,21 gewonnen hat. Denn Vers 8, der bis auf den Schlußteil keine redaktionelle Gestaltung verrät, setzt den Tod voraus. Zu Vers 8a paßt der Schluß von Vers 9: Die Leichname der beiden Zeugen liegen auf der Straße der großen Stadt – die Gegner lassen eine Bestattung nicht zu. Hier dürfte eine zusammenhängende Tradition vorliegen, die die Schmach der beiden Propheten aufzählt. Die für Johannes ungewöhnliche Bezeichnung Jerusalems als große Stadt spricht ebenfalls dafür. Tradition ist dann erst wieder in Vers 11 mit einiger Sicherheit greifbar; jedenfalls finden sich hier kaum Spuren, die auf Johannes deuten. Die Tradition hätte also von der Wiederbelebung der Propheten nach dreieinhalb Tagen gesprochen. Auffällig ist dabei, daß nicht von der Auferweckung bzw. Auferstehung im Sinne der üblichen jüdischen oder frühchristlichen Terminologie die Rede ist. Vielmehr setzt der Text Sprache und Denken von Ez 37,5.10 voraus. Entsprechend der uranfänglichen Schöpfung des Menschen schafft erst der Lebenshauch den lebendigen Menschen (vgl. Gen 2,7). Im Unterschied zu Ez 37 ist nicht vom Geist als der Lebenskraft, die die ganze Welt durchwaltet (»von den vier Winden«), gesprochen, sondern betont vom »Lebensgeist von Gott«. Das entspricht Pred 12,7 sowie der Anschauung vom »Gott der Lebensgeister für alles Fleisch« (Num 16,22). Immerhin könnte der ganz eigentümliche Rekurs auf Ez 37 Zeichen einer Vorlage sein. Ob auch die Himmelfahrt der Zeugen noch dazugehört, bleibt zweifelhaft, da Vers 12 weitgehend redaktionell ist (Nützel, anders Berger).

b) Die These einer jüdischen Vorlage für Verse 3–13 ist alt (z. B. Wellhausen, Bousset, Charles, Berger, Wilckens, Pesch). Dafür spricht zunächst einmal, daß die noch faßbare Tradition, die Johannes vorgelegen hat, ganz aus jüdischen Prämissen verstehbar ist. Das gilt für die endzeitliche Wiederkehr bestimmter Propheten (vgl. 4 Esr 6,26) sowie für das Auftreten des eschatologischen Widersachers in Jerusalem. Die letztgenannte Vorstellung beruht weitgehend auf Dan 7,20 f.; 11,21–45 und der dort festgehaltenen Schilderung des Königs Antiochus IV. Epiphanes. Sein Bild prägte die Erwartung eines ähnlichen Welttyrannen (AssMos 8). Dieselben jüdischen Vorstellungen wirken auch 2 Thess 2,3 f. nach, wo »der Mensch der Gesetzlosigkeit« nach Dan 8,23 (Antiochus als »unverschämt« bezeichnet) beschrieben ist, als der, welcher sich gegen Gott erhebt (Dan 11,36). Ebenso zeigt Mk 13,14, das ursprünglich Teil einer jüdischen Vorlage gewesen sein dürfte, das Nachwirken der Danieltradition über den Endtyrannen; der »Greuel der Verwüstung« steht in Jerusalem (vgl. Dan 9,27; 11,31; 12,11). Ohne Bezug zur Danieltradition deutet PsSal 2,25 das Auftreten des Pompejus in Jerusalem; seine Bezeichnung als Drache basiert auf LXX Ez 29,3 ff.; 32,2 ff. In PsSal 17,11 erscheint er als »der Gesetzlose«. Obwohl hier keine endzeitliche Erwartung begegnet, so konnten doch ähnliche Erfahrungen die Vorstellung aufkommen lassen, am Ende der Tage werde sich wiederum ein solcher Widersacher in Jerusalem großtun (vgl. das Auftreten des wiederkommenden Nero in Jerusalem OrSib 5,107.150 f.).

Entscheidend für den jüdischen Charakter der 11,3–13 zugrundeliegenden Tradition ist jedoch, daß bestimmte Einzelheiten mit christlicher Überlieferung zu konkurrieren scheinen. Die Wiederbelebung der Zeugen paßt weder zur Auferstehung Christi noch zur Erwartung der allgemeinen Totenauferstehung; es bleibt unklar, wie sich diese Aussage zu den entsprechenden christlichen Vorstellungen verhält. Ja, die Zeitangabe »nach dreieinhalb Tagen« stimmt mit keiner Aussage über die Auferstehung Jesu »am dritten Tage« bzw. »nach drei Tagen« überein. Es liegt deshalb kaum eine Analogiebildung zur Auferstehung Jesu vor, vielmehr erklärt sich dieser Gedanke eher aus jüdischen Voraussetzungen. Er läßt sich nicht in das Gefüge christlicher Traditionsbildung einfügen (Berger 39, Wilckens 138 f.).

c) In christlichen Schriften, die literarisch später sind als die Offb, läßt sich eine von Offb 11 unabhängige Tradition nachweisen, die viele Gemeinsamkeiten besitzt und ebenfalls auf jüdischen Ursprung verweist (z. B. Bousset, Antichrist; Jeremias, Berger 74 ff., Schrage 207–211, vgl. Nützel; dagegen Bauckham). Besonders interessiert hier die koptische Elias-Apokalypse. Übereinstimmungen mit Offb 11,3–13 bestehen im folgenden: Zwei eschatologische Gestalten treten auf statt des oft in jüdischer Tradition erwarteten einzelnen Zeugen bzw. Propheten (vgl. Mal 3,23 f.; Sir 48,10 f.). Der eschatologische Widersacher, »der Unverschämte«, erscheint in Jerusalem. Es kommt zum Kampf der Propheten mit ihm; er tötet sie; ihre Leichname liegen dreieinhalb Tage auf dem Markt der großen Stadt; anschließend erfolgt ihre Auferstehung und Entrückung (letzteres ist textlich fraglich, vgl. Nützel 66 f.).

Bezeichnende Unterschiede zwischen den beiden Schriften sprechen für die Unabhängigkeit der Elia-Apokalypse. Neben Elia ist nicht Mose, sondern Henoch genannt. Die beiden Propheten treten erst am Ende der Wirksamkeit des Widersachers auf, nicht umgekehrt das Tier nach Abschluß des Zeugnisses der beiden Zeugen. Der mit der Auferstehung einsetzende Triumph der Gerechten wird fortgeführt: neuer Kampf und Tötung des »Sohnes der Gesetzlosigkeit« durch Henoch und Elia. Letzteres ist auffällig und kaum als christliche Weiterbildung von Offb 11 zu verstehen, da sonst Gott, Christus oder Michael den Widersacher besiegen müßten (Bousset, Antichrist 148 ff.; Schrage).

Der Vergleich mit der Eliasapokalypse legt nahe, hinter Offb 11,3–13 eine eigenständige jüdische Tradition anzunehmen, die vom Kampf des endzeitlichen Widersachers mit zwei Propheten (Elia, Mose), von deren Tod und Wiederbelebung handelt.

Die siebente Posaune: 11,15–19

15 Und der siebente Engel blies. Und es ertönten laute Stimmen im Himmel, die sprachen:
    Die Königsherrschaft über die Welt ist unseres Herrn geworden und seines Christus,
    und er wird in alle Ewigkeit herrschen.
16 Und die vierundzwanzig Ältesten, die vor Gott auf ihren Thronen sitzen, fielen auf ihr Angesicht nieder und beteten Gott an   17 und sprachen:
    Wir danken dir, Herr Gott, Allherrscher,
    der da ist und der da war,
    denn du hast deine große Macht ergriffen
    und hast die Herrschaft angetreten.
18 Und die Völker wurden zornig.
    Da kam dein Zorn
    und die Zeit, die Toten zu richten

und den Lohn zu geben deinen Knechten,
den Propheten und den Heiligen und denen, die deinen Namen fürchten,
den Kleinen und den Großen,
und die zu verderben, die die Erde verderben.
19 Und es öffnete sich der Tempel Gottes im Himmel, und
sichtbar wurde die Lade seines Bundes in seinem Tempel.
Und es geschahen Blitze und Getöse und Donner und Erdbeben und großer Hagel.

Literaturauswahl: *Bauckham, R.:* The Eschatological Earthquake in the
Apocalypse of John, NT 19 (1977) 224–233. – *Deichgräber, R.:* Gotteshym-
nus und Christushymnus 54. – *Feuillet, A.:* Essai d'interprétation du chapitre
11 de l'Apocalypse, NTS 4 (1958) 183–200. – *Günther, H. W.:* Nah- und
Enderwartungshorizont 226–233. – *Hahn, F.:* Aufbau 151f. – *Holtz, T.:*
Christologie 5–7.163. – *Jörns, K.-P.:* Hymnisches Evangelium 90–108. – *De
Jonge, M.:* The Use of the Expression *ho Christos* in the Apocalypse of John,
in: *J. Lambrecht (Hg.):* L'Apocalypse johannique 268–271. – *Lambrecht, J.:*
Structuration 100–102. – *Rissi, M.:* Was ist 13f.

In 10,7 hat der Verfasser das Erschallen der siebenten Posaune bereits als die Vollendung des göttlichen Geheimnisses angekündigt.
10,7 sprach von den »Tagen der Stimme des siebten Engels«; dabei
meint die Wendung »in den Tagen« einen längeren Zeitraum (2,13;
9,6), in dem die Vollendung des göttlichen Heilsratschlusses eingeleitet wird. Es geht um den Prozeß der Durchsetzung der Herrschaft
Gottes. 11,15–19 verkündet jetzt bereits den endgültigen Herrschaftsantritt Gottes. Wie das Öffnen des siebten Siegels (8,1) keine
neuen Unheilsereignisse bewirkt analog den anderen Siegelvisionen,
so löst auch das Ertönen der siebten Posaune keine den früheren
vergleichbare Plagen aus, sondern einen himmlischen Ruf, der die
Heilsvollendung konstatiert.
Der ganze Abschnitt gliedert sich in zwei Hauptteile: in die mit einer
besonderen Einleitung versehene Proklamation des göttlichen Herrschaftsantritts (Vers 15) und das anschließende Dankgebet der Ältesten, das wegen seiner Einführung (Vers 16) als himmlische Antwort
auf die Proklamation zu verstehen ist (Vers 17–18). Theophaniemo-
mente runden die ganze Szene ab (Vers 19).
Johannes hört laute Stimmen *im* Himmel, die die folgende Proklamation aussprechen. Nur noch 12,10; 19,1 hört er Stimmen bzw.
eine Stimme *im* Himmel; ansonsten hört er Stimmen *vom* Himmel
(10,4.8; 11,12; 14,2.13; 18,4) oder *vom* Thron (4,5; 21,3; vgl.
9,13.16; 16,1.17; 19,5). Anscheinend erschallen die Stimmen, die

jeweils Hymnen enthalten (11,15; 12,10; 19,1), nur im Himmel,
d.h. im Thronbezirk (11,15; 12,10). Wer sind nun diese Stimmen?
Aufgrund der parallelen Stelle 19,1 ist es eine »große Menge«, »eine
zahllose Schar«, die als Sprechchor in Frage kommt. In 7,9 stellt
diese Schar die Menge der Vollendeten dar, was wohl auch für 11,15
zu gelten hat (Jörns). Jedenfalls sind es nicht die vier Wesen aus
Kap. 4 (Lohmeyer). Sie wären neben den vierundzwanzig Ältesten
(Vers 16) vom Verfasser als solche bezeichnet worden. Zum Trost für
die auf Erden bedrängte Gemeinde stimmen die bereits vollendeten
Christen den Siegesruf an, der den Herrschaftsantritt Gottes verkündet.

Die Form der Proklamation entspricht derjenigen in 7,10; 12,10
und 19,1. Sie betont: Der Herrschaftsantritt Gottes hat schon begonnen. Dieser betrifft hier wohl die Menschenwelt (Jörns, anders
Günther), nicht die übrigen Schöpfungsbereiche, die der Verfasser
ansonsten jeweils besonders aufzählt (vgl. 5,13; 10,6; 14,7). Der
spezielle Bezug auf die Menschenwelt steht auch im folgenden im
Blickpunkt, wenn Vers 18 näher entfaltet, worin sich die Machtergreifung Gottes äußert, im Gericht über die Menschen. Von der Erwartung der kommenden Königsherrschaft Gottes spricht die atl.
Prophetie (Jes 24,23; 33,22; Ob 21; Mi 4,7; Zeph 3,15; Sach
14,16f.), aber auch das frühe Judentum (PsSal 17,2; Or Sib 3,46ff.;
3,767).

Im Vordergrund steht *Gottes* eschatologische Herrschaft; ihm un-
tergeordnet, ist Christus an dieser Herrschaft beteiligt (vgl. Ps 2,2;
PsSal 17,21; 18,5.7), was die weiteren Visionen näher entfalten (vgl.
19,11ff.; 20,4–6). Eigentliches Subjekt der Herrschaft bleibt Gott,
wie sich in der zweiten Hälfte der Proklamation zeigt, die den Zu-
kunftsaspekt einbringt und im Singular nur von der ewigen Herrschaft Gottes spricht.

Auf die Proklamation der Vollendeten antworten die vierundzwanzig Ältesten, die als himmlische Thronwesen fungieren (vgl.
Kap. 4), mit einem Dankgebet bzw. Danklied. Es entsteht so eine
Art himmlischer Wechselgesang. Wie 4,10; 7,11 hat 11,16 die Funktion, die respondierende Bedeutung des zweiten hymnischen Stük-
kes, hier des Dankgebetes, auszudrücken.

Dieses besteht aus der eigentlichen Danksagung samt Anrede Gottes
und der zweigeteilten Begründung. Die vorliegende Form ist insofern für das NT einzigartig, als nur hier ein Dankgebet (mit dem
entsprechenden Verb des Dankens) wörtlich formuliert wird, das
sich an Gott wendet und das mehrere aussprechen (Jörns; formal
ähnliche Gebete von einzelnen: Lk 18,11; Joh 11,41). Die Anrede

gebraucht die für die Offb typischen Gottesprädikate. »Herr Gott, Allherrscher« taucht noch 4,8; 15,3; 16,7; 19,6 und 21,22 auf (zur Bedeutung siehe 4,8). Das zweite Prädikat »der da ist und der da war« durchzieht das ganze Buch (vg. nur 1,4.8; 4,8); doch fehlt hier das zugehörige dritte Element »der da kommt«. Mit dem 11,15 proklamierten Herrschaftsantritt Gottes erübrigt sich dieses: Gott ist bereits gekommen.

Der erste Teil der Begründung für den Dank formuliert genau diesen Sachverhalt. Er schließt sich sinngemäß an atl. Psalmstellen an, die vom Königwerden Gottes lobpreisend reden (Ps 93,1; 96,10; 97,1; 99,1). Gott hat endgültig seine Macht ergriffen. Mit Vers 18, dem zweiten Teil der Begründung, wird entfaltet, wie sich diese Durchsetzung der Herrschaft Gottes vollzieht. Der Verfasser geht dabei von der Auflehnung der Völker gegen Gott aus (vgl. Ps 98,1 LXX), als deren Folge sich Gottes Zorn auswirkt: »Da kam dein Zorn ...« Johannes denkt ganz atl., wenn er den Zorn als Antwort auf die Verweigerung der Völker versteht (vgl. Ps 2; 46,7; Am 1,2ff.). Der Tag des Zorns ist zugleich der Zeitpunkt des Gerichts, das mit dem Herrschaftsantritt Gottes sich verbindet – ein Gesichtspunkt, den der Verfasser hier vorgreifend, endgültig aber 20,11–15 behandelt. Gemeint ist das Gericht über die Toten, das ihre Auferstehung voraussetzt (20,11–15). Es bedeutet auf der einen Seite Lohn, eschatologisches Heil für die treuen Knechte Gottes, auf der anderen Verderben für diejenigen, die die Erde verderben. Mit den letzteren weist der Text auf 19,2 voraus, wo es zur Schuld der »großen Hure« Babylon gehört, daß sie die Erde mit ihrer Unzucht verdorben hat (vgl. Jer 28,25 LXX). Das Gericht hat nicht nur die Verurteilung der gottlosen Völker im Blick, sondern speziell die Belohnung der Knechte Gottes, womit die Glieder der christlichen Gemeinde bezeichnet werden. Knechte Gottes ist dann Oberbegriff für die anschließend aufgeführten Propheten, Heiligen usw. Das aber bedeutet, daß hier der aus dem AT stammende, auch 10,7 vorkommende feste Ausdruck »seine Knechte, die Propheten« (vgl. Am 3,7) nicht vorliegt. Darauf weist besonders die Parallele 19,5 hin, wo außer Propheten und Heiligen dieselben Bezeichnungen für die Gemeinde auftauchen und »Knechte Gottes« ebenfalls nicht spezielles Attribut der Propheten darstellt.

Das durch die siebte Posaune ausgelöste Geschehen des Herrschaftsantritts Gottes schließt mit einer visionären Szene, die Elemente aus atl. Theophanieschilderungen enthält (Vers 19). Die Serie der einzelnen Zeichen steigert sich, je näher das endgültige Gericht kommt (vgl. Bauckham): 4,5; 8,5; 11,19; 16,18–21. Blitze (z. B. Ex

19,16ff.; Hab 3,3ff.; Ps·18,8ff.; 77,17ff. u.ö.), Getöse (z.B. Ex 19,16; Ps 47,6), Donner (z.B. Ps 104,7; Sir 43,17), Erdbeben (z.B. Ps 46,7; 68,9; 99,1) und Hagel (z.B. Ps 18,13; Jes 30,30) sind also kompositorisches Mittel, um die Bedeutung der eschatologischen Situation anzuzeigen. Auch die Öffnung des himmlischen Tempels und das Erscheinen der Bundeslade sind Symbole dafür, daß die Zeit der Vollendung anbricht. Denn nach jüdischer Tradition sollte die Lade vor der Zerstörung des Tempels verborgen werden und erst wieder erscheinen, wenn die Herrlichkeit Gottes sich offenbart (2 Makk 2,5–8; vgl. syrBar 6,5ff.). Die Proklamation von Vers 15 und das darauf bezogene Dankgebet haben einen doppelten Charakter (vgl. Jörns, Lambrecht). Einerseits konstatieren sie bereits den eschatologischen Herrschaftsantritt Gottes; dazu gehört, daß ein Drittel der gottlosen Menschheit getötet ist (9,13ff.). Andererseits nennen sie als schon geschehen (Vers 18), was sich erst zukünftig ereignen wird (vgl. die weiteren Strafaktionen 16,1ff. und das Endgericht 20,11–15). Proklamation und Dankgebet nehmen also die Heilsvollendung vorweg, ehe denn von der Vernichtung der satanischen Mächte die Rede ist (vgl. die Visionsschilderungen ab Kap. 12). Die endgültige Herrschaft Gottes und seines Christus wird einer Gemeinde zur Tröstung gesagt, die von diesen Mächten noch bedrängt wird. Diese Antizipation der Vollendung ist jedoch nicht nur literarisches Mittel, um angefochtene Leser innerlich zu stärken. Für den Verfasser hat sie ein reales ontisches Geschehen zur wirklichen Voraussetzung: Der Prozeß der Durchsetzung Gottes und seines Herrschaftsantritts hat schon begonnen; die Strafaktionen gegenüber der gottlosen Welt haben schon eingesetzt (vgl. Kap. 9).

C. Der Drache und das Lamm –
Weltmacht und Gottesgemeinde: 12,1–14,20

Die Einheit 12,1–14,20 stellt gewissermaßen die Mitte des apokalyptischen Hauptteils der Offb dar. Die satanische Macht des römischen Imperiums und die christliche Gemeinde stehen einander gegenüber. Dabei schildert Kap. 12, wie es zu dieser Konfrontation gekommen ist. Die Erhöhung Christi zu Gott bedeutet den Sturz des Satans aus dem Himmel, der nun die christliche Gemeinde in Gestalt der Frau auf Erden verfolgt. Kap 13 konkretisiert das satanische Gegenüber der Gemeinde durch die beiden Tiere, Symbolfiguren der endzeitlichen Gestalt des Römischen Reiches, das durch die Forderung der Staatsvergötzung im Kaiserkult die Gemeinde vor die Frage des Martyriums stellt. Kap. 14 bringt die Peripetie des Geschehens. In vorgreifender Weise wird das Ende der satanischen Weltmacht Babylon proklamiert. Gleichzeitig schaut der Seher das eschatologische Heil der Gemeinden auf dem Berg Zion (14,1–5).

Im Verhältnis zur vorangehenden Einheit 8,2–11,19 enthüllen Kap. 12–14 Konkretionen zur endzeitlichen Situation. Einmal gilt dies im Blick auf den Widersacher der Gemeinde (vgl. 11,7); zum anderen aber schildert Kap. 12 mit der Erhöhung Christi und dem Sturz des Satans entscheidende Voraussetzungen dafür, daß 11,15 in proleptischer Weise den endgültigen Herrschaftsantritt Gottes und seines Gesalbten besingen konnte.

Die Vision von der Frau, dem Kind und dem Drachen: 12,1–17

1 Und ein großes Zeichen erschien am Himmel, eine Frau, bekleidet mit der Sonne, und der Mond unter ihren Füßen und auf ihrem Haupt ein Kranz von zwölf Sternen; 2 und sie ist schwanger und schreit in den Wehen und in der Qual zu gebären. 3 Und ein anderes Zeichen erschien am Himmel, und siehe, ein großer, feuerroter Drache, der hatte sieben Häupter und zehn Hörner und auf seinen Häuptern sieben Diademe, 4 und sein Schwanz fegt ein Drittel der Sterne des Himmels hinweg und warf sie auf die Erde. Und der Drache steht vor der Frau, die gebären soll, damit, wenn sie geboren habe, er ihr Kind (sofort) verschlinge. 5 Und sie gebar einen Sohn, ein Männliches, der alle Völker mit eisernem Stabe weiden wird. Und ihr Kind wurde zu Gott und zu seinem Thron entrückt. 6 Und die Frau floh in die Wüste, wo sie eine von Gott bereitete Stätte hat, damit man sie dort zwölfhundertsechzig Tage lang ernähre.

7 Und es brach ein Krieg aus im Himmel. Michael und seine Engel (erhoben sich), um mit dem Drachen zu kämpfen. Und der Drache nahm den Kampf auf und seine Engel. 8 Aber er behielt nicht die Oberhand, und es fand sich kein Platz mehr für sie im Himmel. 9 Und hinabgeworfen wurde der große Drache, die alte Schlange, der Teufel und Satan heißt, der den ganzen Erdkreis verführt, er wurde auf die Erde hinabgeworfen,

und seine Engel wurden mit ihm hinabgeworfen.   10 Und ich
hörte eine laute Stimme im Himmel sprechen:

Jetzt ist der Sieg und die Macht und die Königsherrschaft
unseres Gottes geworden
und die Vollmacht seines Christus,
denn der Verkläger unserer Brüder ist hinabgeworfen worden,
der sie vor unserem Gott Tag und Nacht verklagt.
11 Und sie, sie haben ihn überwunden durch das Blut des
Lammes
und durch das Wort ihres Zeugnisses
und haben ihr Leben nicht geliebt bis zum Tode.
12 Deshalb jubelt, ihr Himmel,
und die ihr in ihnen wohnt.
Wehe aber der Erde und dem Meer,
denn herabgekommen ist zu euch der Teufel,
der großen Zorn hat,
weil er weiß, daß er (nur noch) wenig Zeit hat.

13 Und als der Drache sah, daß er auf die Erde hinabgeworfen
war, verfolgte er die Frau, die den Knaben geboren hatte.   14 Und der Frau wurden die zwei Flügel des großen Adlers gegeben, damit sie in die Wüste an ihre Stätte flöge, wo
sie eine Zeit und (zwei) Zeiten und eine halbe Zeit ernährt wird
fern von der Schlange.   15 Und die Schlange spie aus ihrem
Maul Wasser wie einen Strom hinter der Frau her, um sie vom
Strom fortschwemmen zu lassen.   16 Aber die Erde kam der
Frau zu Hilfe, und die Erde öffnete ihren Mund und verschlang
den Strom, den der Drache aus seinem Maul ausgespien hatte.   17 Da ergrimmte der Drache über die Frau und ging hin,
um mit den übrigen ihres Samens Krieg zu führen, die die Gebote Gottes bewahren und das Zeugnis Jesu festhalten.

Literaturauswahl: Bergmeier, R.: Altes und Neues zur »Sonnenfrau am
Himmel (Apk 12)«. Religionsgeschichtliche und quellenkritische Beobachtungen zu Apk 12,1–17, ZNW 73 (1982) 97–109. – *Boll, F.:* Aus der Offenbarung Johannis 98–124. – *Collins, A. Y.:* Combat Myth. – *Comblin, J.:* Le
Christ. – *Deichgräber, R.:* Gotteshymnus und Christushymnus 54 f. – *Dieterich, A.:* Abraxas. Studien zur Religionsgeschichte des späteren Altertums,
Leipzig 1891. – *Ernst, J.:* Die eschatologischen Gegenspieler in den Schriften
des Neuen Testaments, BU 3, 1967. – *Ders.:* Die »himmlische Frau« im
12. Kapitel der Apokalypse, Theologie und Glaube 58 (1968) 39–59. – *Feuillet, A.:* Le Messie et sa mère d'après le chapitre XII de l'Apocalypse, RB 66
(1959) 55–86, auch in: Études Johanniques, Paris 1962, 272–310. – *Foerster,*

W.: Die Bilder in Offenbarung 12 f. und 17 f., ThStKr 104 (1932) 279–310. – *Ders.:* Art. *drakōn*, ThWNT II, 284–286. – *Gollinger, H.:* Das »große Zeichen« von Apokalypse 12, SBM 11, 1971. – *Gunkel, H.:* Schöpfung und Chaos in Urzeit und Endzeit. Eine religionsgeschichtliche Untersuchung über Gen 1 und ApJoh 12, Göttingen 1895. – *Holtz, T.:* Christologie 89–109. – *Jörns, K.-P.:* Hymnisches Evangelium 109–120. – *Kassing, A.:* Die Kirche und Maria. Ihr Verhältnis im 12. Kapitel der Apokalypse, Düsseldorf 1958. – *Kosnetter, J.:* Die Sonnenfrau in der neueren Exegese, in: Theologische Fragen der Gegenwart (Festgabe f. Kardinal Innitzer), Wien 1952, 93–108. – *Merkelbach, R.:* Art. Drache, RAC 4 (1959) 232–239. – *Michl, J.:* Die Deutung der apokalyptischen Frau in der Gegenwart, BZ 3 (1959) 301–310. – *Müller, U. B.:* Messias und Menschensohn 167–189. – *Münster, M.:* Untersuchungen zur Göttin Isis vom Alten Reich bis zum Ende des Neuen Reiches, MÄSt 11, 1968. – *Osten-Sacken, P. v. d.:* Gott und Belial, StUNT 6, 1969, 210–213. – *Otto, W. F.:* Mythos von Leto, dem Drachen und der Geburt, in: *K. v. Fritz (Hg.):* Das Wort der Antike, Stuttgart 1962, 90 ff. – *Prigent, P.:* Apocalypse 12. Histoire de l'exégèse, BGE 2, 1959. – *Rissi, M.:* Was ist 39–45.97–99. – *Roeder, G.:* Mythen und Legenden um ägyptische Gottheiten und Pharaonen, Zürich/Stuttgart 1960. – *Sickenberger, J.:* Die Messiasmutter im 12. Kapitel der Apokalypse, ThQ 126 (1946) 357–427. – *Vögtle, A.:* Mythos und Botschaft in Apokalypse 12, in: Tradition und Glaube (Festg. f. K. G. Kuhn), Göttingen 1971, 395–415.

Im Zentrum dieses großartigen Visionsberichts steht das Schicksal der Frau und ihres Gegenspielers, des Drachen. An ihrer sachgemäßen Deutung wird sich das Gesamtverständnis des Kapitels bewähren müssen.

Überblickt man den Aufbau der ganzen Vision, so heben sich drei Einheiten voneinander ab. Vers 1–6 schildern zunächst zwei Zeichen am Himmel, die Frau, mit himmlischen Zügen ausgestattet, und den Drachen, der als unheimliche, mit bestimmten Machtattributen versehene Gestalt begegnet. Ohne erkennbaren Übergang wechselt die Szene vom Himmel auf die Erde. Die Frau ist hochschwanger und bereits mitten in den Wehen. Der Drache steht bereit, um das Kind alsbald zu verschlingen. Sein Plan wird vereitelt, da das männliche Kind sofort nach der Geburt zu Gott in den Himmel entrückt wird. Daraufhin flieht die Frau in die Wüste.

Die zweite Einheit, Vers 7–12, spielt plötzlich wieder im Himmel. Es kommt zum Krieg zwischen Michael und seinen Engeln und dem Drachen mit seinen Scharen. Nach der Niederlage des Drachen erfolgt sein Sturz auf die Erde. Daraufhin ertönt der himmlische Lobpreis, der den Sieg Gottes und den Sturz des Drachen besingt. Er klingt mit dem Weheruf über die Erde aus, die jetzt – allerdings nur für kurze Zeit – das Wüten des Drachen zu ertragen hat. Vers 7–12 erweisen sich deutlich als Einlage in das sonstige Geschehen. Denn mit Vers 13 knüpft die Erzählung an Vers 6 an. Es geht in dieser dritten Einheit, Vers 13–17, wieder um das Schicksal der Frau, die, vom Drachen auf der Erde verfolgt, auf wunderbare Weise bewahrt und gerettet wird.

Wer ist nun die Frau? Bei der Beantwortung dieser Frage wird man sich zunächst darauf konzentrieren, den Sinn der Gestalt im jetzigen Zusammenhang zu bestimmen. Erst danach kann man mit Aussicht auf Erfolg dem Problem nachgehen, inwieweit der Verfasser vorgegebene Vorstellungen seinen Aussagen dienstbar gemacht hat. Immerhin drängt sich seit je der Eindruck auf, daß die Gesamthaltung von Kap. 12 fremdartig ist und die Vorstellungen ungleich phantastischer und mythologischer sind als sonst in der Offb (Bousset 123; vgl. Holtz, Vögtle).

In der Forschungsgeschichte tauchen verschiedene Interpretationen auf, wie die Frau des Visionsberichts zu verstehen ist (vgl. die Übersicht bei Gollinger 25–72, Prigent).

a) Die mariologische Deutung, die in der katholischen Exegese lange Zeit beherrschend war (z. B. Kosnetter), geht von der einfachen Feststellung aus, daß die Geburt des Kindes in 12,5 die irdische Geburt Jesu meine und deshalb die Frau Maria sein müsse. Die Schwierigkeiten dieses Verständnisses beginnen bei dem Zweifel, ob denn die Frau der Vision wirklich eine Einzelperson darstellt, und enden mit dem Einwand, daß nach 12,17 die Frau noch andere Kinder hat, und zwar die Christusgläubigen überhaupt (Wikenhauser, Gollinger, Lohse). Hilft man sich damit, die Frau zugleich auf Maria und die Kirche zu beziehen (z. B. Kassing), stellt sich die berechtigte Frage, ob man die Frau nicht besser gleich auf die Kirche deuten sollte, wenn manche Einzelheiten auf Maria nicht passen (z. B. die Bewahrung in der Wüste) und nur auf Umwegen eine Erklärung finden (Michl).

b) Die Deutung auf das Volk Israel berücksichtigt vor allem die Aussagen von 12,5 und 12,17 (z. B. Sickenberger, Messiasmutter). Der Knabe ist der Messias, die Frau also die Messiasmutter. Gleichermaßen ist die Frau auch Mutter »der übrigen ihres Samens« (12,17), der Christen. Beide sind aus Israel hervorgegangen. Deshalb soll die Frau Israel darstellen. Problematisch erscheint bei dieser Interpretation, daß zu ihr notwendig gehört, daß Kap. 12 sich primär mit dem Schicksal Israels und seiner religiösen Zukunft beschäftigt. Hoheit und Verfolgung der Frau deuten auf Auserwählung und Verstoßung Israels in seiner Rolle als auserwähltes Geschlecht. Dabei ist jedoch nicht beachtet, daß Johannes durchgängig in seinem Buch an dem Geschick der bedrängten Christen interessiert ist. Sie will er in ihrer

Verfolgungssituation trösten. Das Volk Israel ist für ihn »die Synagoge des Satans« (2,9f.; 3,9). Deshalb ist die Herrlichkeitsgestalt
der Frau (12,1f.) schwerlich nur auf das Volk Israel zu beziehen,
auch nicht auf die besonderen Heilsprivilegien, wie sie Israel nach
Röm 9,4f. besitzt. Die besondere Stärke dieser Interpretation sei
aber festgehalten: Sie kann die Beziehung der Frau zu ihrem Kind
(12,5) wie zu den »übrigen ihres Samens« (12,17) einheitlich fassen:
Christus wie die Christen stehen in einem unmittelbaren Verhältnis
zu Israel.

c) Die Deutung auf das als Einheit verstandene Gottesvolk des Alten
und Neuen Bundes versucht beiden Gesichtspunkten Rechnung zu
tragen. Einmal sieht sie, daß mit dem Geschick der Frau immer
schon das Geschick der bedrängten Kirche gemeint sein müsse,
wenn man nicht unberechtigterweise das zentrale 12. Kapitel aus
dem Gesamtduktus der ganzen Offb herauslösen will. Zum anderen
erkennt sie, daß das Bild der Frau Israel in irgendeinem Sinne einschließt, es sei denn, man macht die Kirche zur Mutter des Messiaskindes, was ntl. Tradition widerspricht und wobei man zudem übersieht, daß die Kirche – in welcher Hinsicht auch immer – für Johannes nicht Mutter Christi ist, sondern in ihrer endzeitlichen Gestalt
die Braut des Lammes darstellt (21,9ff.). Nach dieser Sicht verkörpert die Frau das wahre Israel in seiner Bestimmung als Gottesvolk,
aus dem der Messias gekommen ist, und zugleich die Kirche, die
durch den Drachen Verfolgung leidet (z. B. Charles, Wikenhauser,
Lohse).

d) Die abschließend zu erwähnende Interpretation isoliert den zuletzt genannten Aspekt der vorigen Deutung. Die Frau meint danach die christliche Kirche in ihrer zugleich himmlischen und irdischen Wirklichkeit, d. h. die ihrem Urbild nach vom Himmel stammende endzeitliche Heilsgemeinde (Gollinger). Dabei nimmt diese
Sicht bewußt in Kauf, die Geburt des Kindes nicht als individuelle
Geburt des Messias zu verstehen. Wenn die Frau nicht als Indivi-
duum gelten könne, komme auch keine individuelle Deutung des
Kindes in Frage. In der Geburt des Kindes habe man ein Symbol für
den Anbruch der messianischen Gerichts- und Heilszeit zu sehen.
Damit scheint dann auch die Schwierigkeit beseitigt, daß die christliche Gemeinde nicht die Mutter des Christus sein könne. Der Preis
für diese Interpretation ist allerdings sehr hoch. Zu deutlich blickt
der Verfasser in 12,5 auf die zukünftige Aufgabe des Christus als
einer eschatologischen Einzelperson, »der alle Völker mit eisernem
Stabe weiden wird« (vgl. 19,15).
Dieses Urteil gilt auch für die Modifikation dieser Grundthese, die

in der Frau die Würde und Endbestimmung der auf Erden lebenden Christusgemeinde zu erkennen glaubt, ein Idiogramm für die Berufung der Kirche zum wahren königlichen Volk (Vögtle). Auch hier nötigt die Einengung der Frau als Symbolgestalt *nur* der Kirche dazu, die Bedeutung der Geburt des Kindes besonders zu bestimmen. Diese gilt nur als erzählerisches Darstellungsmittel, um eine *generelle* Aussage über das Verhältnis Teufel – Christus zu machen: der Teufel als ohnmächtiger Gegner Christi. In 12,5 werde Christus in die Szene eingeführt, um ihn mit dem Teufel = Drachen zu konfrontieren. Die Geburt des Kindes sei aber keine Aussage über einen konkreten Punkt der Jesusgeschichte. Immerhin sind hier richtige Ansätze erkennbar, die ein sachgemäßes Verständnis ermöglichen. Doch bleibt die Frage, ob man die Israeldimension der Frau wirklich leugnen darf.

Angesichts der Schwierigkeiten, die das letzte Interpretationsmodell bereitet, wird die folgende Auslegung versuchen, bei der Deutung anzuknüpfen, die in der Frau das wahre Israel verkörpert sieht, das Gottesvolk des Alten und Neuen Bundes. Auch hier werden interpretatorische Reste bleiben, Grenzen des Verständnisses, die der heutige Exeget kaum bewältigt. Dies liegt sicher daran, daß der Apokalyptiker Johannes keine strikte Allegorese beabsichtigt hat, welche jedes Bildmotiv auf eine bestimmte Wahrheit hin komponiert hat. Außerdem zeigt sich Johannes bei diesem Kapitel in einer Weise von vorgegebener Tradition abhängig, daß es manchmal schwerfällt, seine eigene Deutung zu bestimmen.

Die beiden Zeichen am Himmel und die Geburt des Kindes:
Vers 1–6

Zu Beginn des Kapitels erscheinen zwei Zeichen am Himmel, die in der Apokalyptik Phänomene meinen, die das endzeitliche Geschehen entscheidend prägen. Beide Zeichen stehen in Kontrast zueinander: das »große Zeichen«, das die Himmelsgestalt der Frau offenbart, und »ein anderes Zeichen«, das ihren Gegenspieler, den Drachen, in die visionäre Szene einführt. Dieses Gegenüber der Zeichen verrät wohl die Kompositionsarbeit des Verfassers, der auch in 15,1 mit Hilfe eines »anderen Zeichens am Himmel, groß und wunderbar«, eine neue visionäre Szenenfolge einleitet. Davon unberührt bleibt die Möglichkeit, daß er auf vorgegebene Vorstellungen zurückgreift (s. u.).

Es fällt auf, daß die Frau nur in Vers 1 f. als himmlische Gestalt geschildert ist, während sie im weiteren Verlauf der Erzählung auf Erden agiert. Schwierig wird die himmlische Lokalisierung für Vers 2, da die dort erwähnte Schwangerschaft mit ihren Wehen eigentlich auf Erden spielen müßte. Sie ist ja die notwendige Voraussetzung für die Geburt des Kindes; diese aber ist auf der Erde zu denken, weil das gerade geborene Kind zu Gott entrückt wird (Vers 5) und die Frau anschließend in die Wüste flieht (Vers 6). Doch ist der Erzählzug von der Schwangerschaft durch die Erscheinung des anderen Zeichens am Himmel (Vers 3.4a) vom weiteren Bericht über die Frau getrennt. Schwangerschaft und Wehen der Frau werden aufgrund der Komposition Teil des großen Zeichens am Himmel.

Vers 1–4a zeigen himmlische Phänomene, die Frau und den großen Drachen, während die Ereignisfolge ab Vers 4b plötzlich und ohne Übergang auf Erden geschieht. Eine Versetzung der Frau bzw. des Drachen auf die Erde wird in Vers 1–6 nicht erwähnt. Diese Unausgeglichenheit in der Darstellung verrät wohl die Schwierigkeit, die die Verarbeitung des übernommenen Stoffes dem Verfasser macht. Die am Himmel erscheinenden Zeichen weisen auf die kompositorische Absicht des Sehers Johannes, die auf Erden stattfindende Ereignisfolge scheint eher der Tradition zuzugehören (Collins). Der Verfasser hat also eine Schilderung, die von einem irdischen Zusammenstoß zwischen der Frau und dem Drachen handelt, so umgedeutet, daß er beide Gestalten betont als himmlische Größen einführt. Er will sie damit als von Gott vorherbestimmte Endzeitphänomene charakterisieren, gleich wie das Auftreten der sieben Schalenengel Teil des Geschichtsplans Gottes ist (15,1).

Dementsprechend stattet Johannes die Frau mit himmlischen Attributen aus. Sie erscheint mit der Sonne bekleidet, den Mond unter ihren Füßen, und auf ihrem Haupt trägt sie einen Kranz von zwölf Sternen.

Diese ganze Zeichnung erinnert an astralmythologische Vorstellungen, die man sich in der Antike von der Himmelskönigin, besonders Isis, machte (vgl. Boll, Collins 73–76, Bergmeier). Johannes hat solche Anschauungen nur als Bildmaterial übernommen, sie aber in seinem Sinne gebraucht. Nach Boll 100 läßt die Beschreibung daran denken, »daß am Himmel mitten im Tierkreis ein Weib steht, daß die Sonne wie der Mond durch den Tierkreis laufen ...; das Bild der Jungfrau im Tierkreis war ... klar genug gegeben«. Die Gleichsetzung der Jungfrau des Tierkreises mit Isis (Boll 109), auch die Rede von der »Frau« sind belegt (Boll 122). In einem koptischen Text spricht Isis von ihrem »wahren Namen, der die Sonne zum Westen trägt und den Mond zum Osten trägt und die sechs Versöhnungssterne trägt, die unter der Sonne stehen«. Isis selbst sagt von sich: »Ich bin in den Strahlen der Sonne« (Bergmeier 103).

In jüdischer Tradition konnte man den Gestirnen keine göttliche Bedeutung mehr beimessen (vgl. TNaph 5,4), und bei Johannes haben die himmlischen Einzelzüge von 12,1 wohl nur Symbolwert im Blick auf die Frau als von Gott prädestinierte Heilsgemeinde (vgl. auch Ps 104,1 f.). Bei dem Kranz der zwölf Sterne dürfte sich eine weitergehendere allegorische Deutung nahelegen: Die Zwölfzahl weist auf das Gottesvolk der zwölf Stämme Israels hin (vgl. die entsprechende Symbolik in Gen 37,9).

Mit Vers 2 endet die Beschreibung der Frau als himmlische Gestalt. Sie ist schwanger und schreit in den Wehen. Dies kann in der vorliegenden Form der Darstellung nicht nur die Voraussetzung für die in Vers 5 erwähnte Geburt meinen. Denn Vers 2 ist ja durch das Erscheinen des anderen Zeichens (Verse 3–4a) von der eigentlichen Erzählung (Verse 4b.5–6) getrennt. Schwangerschaft und Qual der Wehen bestimmen in der jetzigen Komposition das Wesen des himmlischen Zeichens. Wahrscheinlich interpretiert auch dieser Zug das Erscheinen der Frau als endzeitliches Geschehen, da die Wehen der Endzeit längst traditionelles Motiv sind (vgl. Mk 13,8 par). Jes 26,17 oder 66,7 f. sind eher sprachliche Parallelen, erklären jedoch den Text nicht wirklich (anders Rissi, Feuillet). Dasselbe gilt für die Schilderung einer Geburt mit ihren Schmerzen in 1QH III 9 f. (vgl. aber Prigent).

Die Frau gebiert denjenigen, »der die Völker mit eisernem Stabe weiden wird« (Vers 5). In der besonderen Aufnahme von Ps 2,9, die in Offb 19,15 mit Sicherheit auf den wiederkommenden Christus deutet, tritt auch hier die Zukunft des Christus ins Blickfeld. Die Konzeption der Frau als Mutter des Christus hat aber nun Konsequenzen für das Verständnis dieser zentralen Gestalt. Die Frau steht hier in Beziehung zum Volk Israel, aus dem der Messias stammen soll. Dabei bereitet es zugrundeliegendem antikem Denken keine Schwierigkeit, das ideale Heilsvolk im Bild der Frau symbolisiert zu sehen. So bedeutet »Tochter Zion« Stadt bzw. Einwohner Jerusalems (z. B. Jes 1,8; Jer 4,31), und Pseudoesra schaut das eschatologische Zion, das neue Jerusalem, ebenfalls unter dem Bild einer Frau (4 Esr 9,38 ff.).

Das andere Zeichen am Himmel, der große Drache, erweist sich im Verlauf der Darstellung als Feind der Frau. Sein Bild verkörpert für die altorientalische Welt und damit auch für die biblische Tradition die Macht des Chaos, den gottfeindlichen Bereich (vgl. Hi 7,12; Jes 27,1; 51,9; Ps 74,13 f. u. ö.). Seine feuerrote Farbe verbindet ihn mit dem ägyptischen Typhon, einem Wasserungeheuer (aber auch mit einem Monster aus der babylonischen Mythologie). Daß er sieben

Häupter und sieben Diademe hat, symbolisiert seine gefährliche Macht.

Die Erwähnung der zehn Hörner stammt aus der Identifikation mit dem vierten Tier in Dan 7,7 und demonstriert die Gefährlichkeit der Gestalt. Weil das Tier aus dem Meer (13,1 ff.) mit den gleichen Emblemen auftritt (Köpfen, Diademen, Hörnern), blickt der Verfasser hier bereits auf jene endzeitliche Gestalt, die das religiös verehrte Römische Reich repräsentiert. Der abschließende Zug der Beschreibung des Drachen (Vers 4a) erinnert an Dan 8,10 und läßt seine Gewalt und Überheblichkeit erkennen.

Die Frau und der große Drache stehen einander gegenüber, die eine Gestalt erscheint in himmlischer Herrlichkeit und Lichtnatur, die andere läßt bereits erahnen, welche verderbenbringende Macht sie in ihrem Werkzeug, dem Römischen Reich, entfalten wird (Kap. 13).

Mit Vers 4b nimmt die Darstellung den Charakter einer mythischen Erzählung an, die auf der Erde spielt. Der Drache steht vor der Frau, um das Kind, sobald sie es geboren hat, zu verschlingen. Das Kind weist sich durch die betonte Aufnahme von Ps 2,9 als zukünftiger Messias aus (vgl. Ps Sal 17,24). Es wird jedoch zu Gott entrückt und dadurch dem Zugriff des Drachen entrissen (Vers 5). Die Entrückung hat nicht nur den Sinn, das Kind zu retten, vielmehr deutet dieses Motiv auf umfassendere Zusammenhänge. Die Entrückung von der Erde hat in jüdischer Tradition die Voraussetzung dafür zu schaffen, einer irdischen Figur eine eschatologische Aufgabe beizulegen, während sie bis dahin eine Art Wartestand im Himmel einnimmt (vgl. Mal 3,23 f.; Sir 48,9 f.; 4 Esr 6,26; Müller 184–187). Die Frage stellt sich nur, wie der Seher Johannes diesen ursprünglichen Sinn des Textes verstanden hat. Für ihn ist das entrückte Kind Jesus Christus, der bei seiner eschatologischen Wiederkehr die Gottlosen vernichten (19,11 ff.) und das tausendjährige Reich des Heils für die christlichen Märtyrer errichten wird (20,4–6). Die Angaben von 12,4 f. stimmen jedoch nicht mit dem Geschick des irdischen Jesus überein. Die Entrückung sofort nach der Geburt läßt keinen Raum für Leben, Leiden und Sterben Christi. Dies muß befremden, zumal gerade der Heilstod Christi für Johannes entscheidende theologische Bedeutung hat (1,5b; 5,9; 14,4). Ebenso fällt es schwer, in der Entrückung die Himmelfahrt Jesu zu sehen, wie es meist geschieht.

Die besondere Darstellung in 12,4 f. läßt sich nur erklären, wenn man die Abhängigkeit des Johannes von einer Überlieferung annimmt, die ursprünglich gar nicht das Geschick Christi im Blick hat.

Die Forschung verweist in diesem Zusammenhang auf den in der
Antike verbreiteten Mythos von der Geburt und bald darauf folgenden Rettung des Sonnengottes oder auf eine bereits jüdisch umge-
prägte Form dieses Mythos, die Johannes vorgelegen hat (s. u.). So
sicher sich diese Bindung des Johannes an vorgegebene Tradition
zeigen wird, so sehr fragt der Ausleger, warum Johannes diese Form
der Darstellung gelassen hat und was sie für ihn beinhaltet.
Abzuwehren ist eine Deutung, die die Inkongruenz der Schilderung
mit dem irdischen Geschick Jesu dadurch bewältigt, daß sie in ihr
das eschatologische Gegenbild zu der geschichtlichen Geburt Jesu
sieht, zugleich aber auch eine Manifestation vor aller Welt, da diese
Geburt am Himmel geschehe und die Mutter eine göttliche Gestalt
sei (Lohmeyer). Diese Interpretation wird dem Text schon deshalb
nicht gerecht, weil die Geburt in Wirklichkeit auf Erden stattfindet.
Auch eine Sicht, die in der Entrückung des Kindes zu Gott und zu
Gottes Thron Tod, Auferstehung und Himmelfahrt zugleich ausgesagt findet (vgl. Wikenhauser, Prigent, Holtz), bleibt problematisch. Dafür gibt es im Text keinen Anhaltspunkt. Die radikale Verkürzung des irdischen Lebens Jesu in 12,4 f. als Konzentration auf
das Daß der geschichtlichen Existenz Jesu und die Entrückung als
Erhöhung aufgrund des Todes zu verstehen (Holtz, ähnlich Rissi),
legt in den Text einen Sinn hinein, der sich aus ihm selbst nicht
ergibt.
Zu beachten ist, bei welchem Erzählmotiv Johannes in Vers 5 in besonderer Weise anknüpfen konnte, weil es seiner sonstigen theologischen Anschauung entspricht. Dabei bleibt festzuhalten, daß Vers 5
gar keinen Hinweis auf Jesu Tod zuläßt und die Entrückung sofort
nach der Geburt nur bei gewaltsamer Umdeutung einen Hinweis auf
Auferstehung und Himmelfahrt Jesu gestattet. Anders steht es mit
der eschatologischen Bestimmung des Kindes, das in der Gegenwart
des Verfassers sich bei Gott und seinem Thron bereithält, um dereinst einzugreifen. An diesem Punkt, der schon der Tradition angehört haben wird, konnte Johannes einsetzen. Er entspricht ja auch
seiner eigenen eschatologischen Ausrichtung. Für ihn bedeutet die
gegenwärtige Existenz Jesu Christi im Himmel die tröstliche Gewißheit, daß der eschatologische Sieger schon bereitsteht. Mag die
Frau als Bild für die Heilsgemeinde noch Verfolgung erleiden, für
Johannes zeigt der prophetische Ausblick in Vers 5, daß Christus die
gottlosen Völker vernichten wird – dies um so mehr, als er schon
während der endzeitlichen Notzeit auf Erden sich bei Gott bereithält. Mit Vers 4 f. schaut Johannes auf die eschatologische Funktion
des Christus; das für ihn ansonsten wichtige Heilsereignis des Todes

Jesu oder gar das übrige Leben Jesu stehen an dieser Stelle außerhalb
der Betrachtung. Von daher ist es auch nicht mehr rätselhaft, warum
letzteres in so eigenartiger Verkürzung begegnet. Neben der Abhängigkeit von vorgegebener Tradition ist es die besondere eschatologische Zielaussage, die diese Darstellung ermöglicht.

Mit Vers 5 hat der Verfasser klargestellt, daß Christus dem Zugriff
des Drachen entnommen ist. Doch droht jetzt der Frau Gefahr, so
daß sie in die Wüste an einen ihr von Gott bereiteten Ort flieht. Die
Wüste gilt einmal als traditioneller Zufluchtsort der Verfolgten, zum
anderen aber wußte das Judentum, daß Gott sich einst Israels beim
Durchzug durch die Wüste angenommen und es bewahrt hat. So
entstand die Erwartung, daß Gott sich seiner Gemeinde entsprechend auch in der notvollen Endzeit zuwenden werde (vgl. 1 QS
VIII 13 f.; IX 19 f.; Mk 1,3). Und um diese Zeit geht es hier, wie die
1260 Tage andeuten (= 3½ Jahre, vgl. 12,14; 13,5). Ansonsten ist
Vers 6 vorwegnehmender Hinweis darauf, was 12,13 ff. ausführlich
schildert. Weil der Verfasser einen neuen grundlegenden Gedanken
einschieben will, ist er zu dieser Unterbrechung genötigt.

Der Sieg über den Drachen: Vers 7–12

12,7–12 schildern den Sturz des Drachen aus dem Himmel und den
deswegen ausbrechenden Lobgesang im Himmel. Dieser Einschub
in den Text hat dreifache Funktion. Einmal muß der Drache den
himmlischen Bereich endgültig verlassen, weil dies gewährleistet,
daß Christus im Himmel vor ihm sicher ist und seiner eschatologischen Aufgabe nichts mehr im Wege steht. Zum anderen gilt nach
jüdischer Tradition der Sturz des Drachen, der hier mit dem Teufel
bzw. dem Satan gleichgesetzt ist, als entscheidendes Element der
Durchsetzung der Herrschaft Gottes (vgl. 1 QM XVII 5–7; AssMos
10,1 ff.). Dieses Ereignis besingt der folgende Hymnus in Vers 10.
Ferner motiviert Vers 12 in besonderer Weise, warum der Drache-
= Teufel nach seinem Sturz die Heilsgemeinde in Gestalt der Frau
mit Vehemenz verfolgt.

Vers 7 zeigt den Erzengel Michael samt seinen Engelheeren im
Kampf mit dem Drachen und seinen Engeln. Der Verfasser Johannes
greift dabei auf jüdisch-apokalyptische Tradition zurück, nach der
Michael als Völkerarchont und himmlischer Beschützer Israels handelt (vgl. Dan 10,13.21; 12,1). Gemäß den Vorstellungen der sog.
Kriegsrolle von Qumran wird Gott beim endzeitlichen Kampf Israel
dadurch zu Hilfe kommen, daß er Michael sendet, um den Fürsten
der Frevelherrschaft zu besiegen (1 QM XVII 5–7). Die Herrschaft
Michaels über die Göttlichen, die Engel, und die Herrschaft Israels

über alles Fleisch signalisieren den ersehnten Heilszustand. Diese Tradition prägt die Aussage von Vers 7–8; doch ist sie hier insoweit umgebogen, als der Krieg zwischen den Engelheeren nicht mehr die endgültige Heilszeit einleitet, sondern nur ein Glied in der Kette eschatologischer Ereignisse bildet (v. d. Osten-Sakken). Der Sieg Michaels über den Drachen bedeutet nur einen Aspekt der Durchsetzung der Herrschaft Gottes.

Als Folge des Sieges verliert der Drache seinen Platz im Himmel (zur Formulierung vgl. Dan 2,35; Offb 20,11). Das setzt wohl voraus, daß er als der Satan im untersten Himmel seinen Ort hatte (vgl. AscJes 7,9 ff.). Mit Vers 9 wird sein Wesen näher charakterisiert. Der Verfasser identifiziert den Drachen als »die alte Schlange«, die die ersten Menschen zur Sünde verführt hat (Gen 3; Weish 2,24), als den Teufel und Satan. *Diabolos* = Teufel ist dabei griechische Übersetzung für »Satan«, der nach atl.-jüdischer Vorstellung als himmlischer Ankläger der Menschen vor Gott wirkt (Vers 10; vgl. Hi 1,6 ff.; 2,2 ff.; Sach 3,1). Doch seine Macht im Himmel ist gebrochen. Bleibende Gefahr bedeutet er aber als der Verführer der Menschen auf dem ganzen Erdkreis (vgl. 20,3.8.10), er, der schon als »die alte Schlange« die ersten Menschen zur Sünde verleitet hat.

Während Vers 7–8 deutlich den Charakter übernommener Tradition haben, ist in Vers 9 das Interesse des Verfassers zu spüren, die Drachengestalt für den Leser zu präzisieren. Gleicherweise redaktionell ist auch Vers 10, der in der Auditionseinleitung »und ich hörte« das Ich des Sehers wieder ins Spiel bringt. Entsprechend 11,15; 19,1 (siehe dort) meint die laute Stimme im Himmel nicht die Stimme eines einzelnen, sondern die Stimme »einer großen Schar« (vgl. 19,1), die Stimme der vollendeten Christen (Lohse, Jörns). Es besteht kein Grund, die laute Stimme den siegreichen Engelscharen zuzuschreiben (Bousset, Holtz). Mit dem Kampf nämlich scheint die Aufgabe der Engel Michaels erschöpft zu sein. Vers 10 hebt sich deutlich vom Vorhergehenden ab und leitet zum Hymnus über. Die Sprecher des Hymnus bezeichnen die Christen auf Erden als »unsere Brüder«; die Vollendeten wissen sich mit ihren irdischen Brüdern verbunden.

Der Hymnus beginnt in Vers 10 mit einem proklamatorischen Siegesruf (vgl. 7,10; 11,15; 19,1): »Jetzt ist der Sieg und die Macht und die Königsherrschaft unseres Gottes angebrochen ...« Es folgt die Begründung in einem denn-Satz, der auf Vers 7–9 Bezug nimmt. Eine weitere Begründung schließt sich in Vers 11 an. Vers 12a enthält eine Aufforderung zum Jubel, Vers 12b einen Weheruf, der in Antithese zum Siegesruf Vers 10 steht.

Vergleicht man den Siegesruf Vers 10 mit 11,15, so fällt das vorangestellte »jetzt« auf. Es markiert einen Fortschritt gegenüber dem Siegesruf in 11,15. 12,10 präzisiert, in welcher Weise Christus an dem
Herrschaftsantritt Gottes beteiligt ist. Er ist zu Gottes Thron erhöht
(Vers 5), wohingegen der Satan aus seiner himmlischen Machtstellung gestürzt ist. Diesen Gedanken entfaltet die erste Begründung
des Lobpreises in Vers 10, wenn sie die Funktion des Satans als Verkläger der Gläubigen vor Gott erwähnt, die mit seinem Sturz aus
dem Himmel ein Ende gefunden hat. Der Chor der vollendeten
Christen preist gerade dieses Heilsfaktum, weil er sich hierin mit den
noch auf Erden weilenden Gläubigen verbunden weiß. Grund zum
Jubel haben die Vollendeten aber auch deshalb, weil ihre Brüder auf
Erden den Satan ihrerseits überwunden haben. Dieser Gedanke ist
in einem Zusammenhang, der vom *himmlischen* Sieg über den Satan
spricht, an sich befremdlich. Ein Sieg der Gläubigen steht im unmittelbaren Kontext zunächst gar nicht zur Diskussion. Doch versucht
der Verfasser hier die Heilsbedeutung des Satanssturzes mit seiner
sonstigen Soteriologie zu verknüpfen. Diese ist an der sühnewirken-
den Kraft des Todes Christi, »am Blut des Lammes« orientiert (vgl.
1,5; 5,9; 14,4). Im Glauben an diese Heilsbedeutung des Blutes
Christi und im Bekenntnis dazu »bis in den Tod« haben die Gläubigen Anteil bekommen an dem für sie schon errungenen Sieg (Jörns).
Vers 11 blickt also auf die Kirche auf Erden, die sich dem Kampf mit
dem inzwischen gestürzten Satan gestellt hat und darin selbst zum
Sieger über ihn geworden ist (vgl. die Überwindersprüche in den
Sendschreiben). In der Unerschrockenheit der Gläubigen, die den
Tod nicht fürchten, wird dieser Sieg nach außen sichtbar.
Mit Bezug auf das in Vers 10–11 umfassend anvisierte Heilsgeschehen ergeht in Vers 12 die Aufforderung zum Jubel an die Himmli-
schen, d. h. die Engel, zugleich aber auch der Weheruf an Erde und
Meer. Für den himmlischen Bereich ist der eschatologische Sieg be-
reits entschieden, für den irdischen steht die endgültige Vollendung
noch aus. Der Weheruf (vgl. z. B. Jes 1,4; Jer 4,13; Ez 24,9) gilt der
vom Untergang bedrohten Welt und ihren Menschen. Dabei wird
zwischen Gläubigen und Ungläubigen nicht sofort unterschieden.
Für die Gottlosen bedeutet der Weheruf entsprechend atl.-jüdischer
Tradition die Androhung des Gerichts und des endgültigen Untergangs, für die Christen die Ankündigung, daß sie den Attacken des
Satans auf Erden verstärkt ausgesetzt sind. Denn der auf die Erde
gestürzte Teufel hat nur noch eine kurze Zeit, sein Verführungswerk
auszuüben. Ihm werden die einen unterliegen, für die Standhaften
aber liegt in der kurzen Frist ein Ausdruck des Trostes. Die endgül-

tige Vernichtung des Satans ist mit seinem Sturz aus dem Himmel
beschlossene Sache. In dieser Zeit gilt es, geduldig und treu auszu-
harren, um durch die sühnewirkende Kraft des Todes Christi den
eigenen Sieg über den Teufel zu bewähren (vgl. Vers 11).

Die Verfolgung der Frau: Vers 13 – 17

Mit Vers 13 nimmt der Verfasser den Faden der Erzählung über das
Schicksal der Frau wieder auf (vgl. Vers 1–6). Der auf die Erde gestürzte Drache = Satan verfolgt die Frau, die im Blick auf den Einschub Vers 7–12 eindeutig die christliche Gemeinde verkörpert.
Was Vers 6 kurz und vorgreifend erwähnt hat, schildert Vers 14 genauer. Der Frau werden die zwei Flügel des großen Adlers gegeben,
damit sie in die Wüste, an den Ort der Bewahrung, fliegen kann. Das
Motiv von den Adlerflügeln erinnert zunächst an Ex 19,4; Dtn
32,11; Jes 40,30f.; doch liegt dort nur bildliche Redeweise vor, während hier die Flügel eines bestimmten mythischen Adlers gemeint
sind, der als Bote und Werkzeug Gottes der Rettung der Frau zu
dienen hat. Ihre Notzeit dauert 3 ½ Zeiten (vgl. Vers 6; 11,2; 13,5),
die befristete Periode der endzeitlichen Drangsal (vgl. Dan 7,25;
12,7). Auch jetzt, da die Frau an ihrem Zufluchtsort weilt, versucht
der Drache, in einem erneuten Ansturm die Frau zu vernichten. Er
ist in Vers 15 als Meeresungeheuer vorgestellt (vgl. Ps 74,13; TAs
7,3), das eine Wasserflut ausspeit, um die Frau zu ertränken. Doch
die Erde, die in mythischer Weise als selbständig handelnde Person
agiert, hilft der Frau und verschlingt das Wasser.
Für die Interpretation von Vers 13 ff. ist zu beachten, daß diese Er-
zählelemente nicht einzeln allegorisch auszulegen sind, sondern zusammen den Schutz symbolisieren sollen, den die christliche Gemeinde in Gestalt der Frau erfährt. In der Zeit der letzten Drangsal
ist sie zwar den Angriffen des Teufels ausgesetzt. Doch wie einst
Israel in der Wüste die Fürsorge seines Gottes erfahren hat, soll die
christliche Gemeinde Bewahrung finden. Dies ist um so dringlicher,
als der Drache nach der vergeblich gebliebenen Vernichtung der
Frau loszieht, um gegen »die übrigen ihres Samens« Krieg zu führen
(Vers 17). Deutlich sind damit die Christen bezeichnet, da sie als die
gelten, die die Gebote Gottes bewahren und am Zeugnis Jesu festhalten. Im Verhältnis zu Christus als Kind der Frau heißen sie »die
übrigen ihres Samens«.
Zwei grundsätzliche Fragen tauchen bei dieser Interpretation auf.
Zunächst ist zu klären, inwiefern die Frau die christliche Gemeinde
meinen kann, wenn »die übrigen ihres Samens« ebenfalls die Christen bedeuten. Der Text scheint zwischen beiden zu unterscheiden.

Man hat deshalb in der Frau die Judenchristen sehen wollen, in den
übrigen die Heidenchristen (vgl. Bousset). Doch sind die »übrigen«
in Vers 17 so generell als Christen gekennzeichnet, daß sich die Eingrenzung auf Heidenchristen nicht nahelegt, zumal die Offb auch
sonst diese Unterscheidung nicht kennt (Holtz).

Das doppelte Auftreten der Gemeinde – einmal als Frau, dann als
»die übrigen ihres Samens« – erklärt sich als Unausgeglichenheit, die
bei der Bearbeitung einer Vorlage durch den Verfasser geblieben ist
(s. u.). Wichtiger ist das andere. Bei der Darstellung des Geschicks
der Frau in Vers 13–16 blickt Johannes in grundsätzlicher Weise auf
die Kirche als ganze, deren Bewahrung er demonstrieren will. In
Vers 17 sind jedoch die einzelnen Gläubigen stärker im Blick, die
den Angriffen der gottfeindlichen Macht ausgesetzt sind und gege-
benenfalls das Martyrium erleiden müssen (Wikenhauser). Ob nun
diese generelle Sicht der Kirche in Vers 13–16 damit zusammenhängt, daß die Frau das himmlische Abbild der empirischen Gemeinde darstellt (Holtz), bleibt unsicher; denn abgesehen von 12,1 f.
ist die Frau auf Erden gedacht. Richtig erscheint an dieser Deutung,
daß der Verfasser mit der Frau und den »übrigen ihres Samens« beide
Male die christliche Gemeinde meint – doch jeweils aus anderem
Blickwinkel betrachtet. Eine Rolle spielt dabei, daß die Bezeichnung
»die übrigen ihres Samens« die einzelnen Gläubigen in eine enge
Beziehung zu Christus bringt.

Damit aber steht das andere Problem abschließend zur Diskussion.
Wie kann die Frau die christliche Gemeinde verkörpern und gleichzeitig als Mutter des Christus gelten? Hier scheint sich die durchgän-
gige Deutung der Frau auf Israel aufzudrängen, da dann die Frau
Mutter des Messias wie auch »der übrigen ihres Samens«, der Christen, sein kann. Doch scheitert dieser Interpretationsversuch an der
Bedeutung des Einschubs Vers 7–12. Der Hymnus Vers 10–12
hat die christliche Gemeinde im Auge, und Vers 13 ff. stehen im ge-
danklichen Zusammenhang mit seinen Aussagen. Das gilt für das
Wehe in Vers 12, das sich auch auf die verfolgte Frau bezieht, wie für
Vers 11, der vorgreifend den Sieg der Christen in der Bedrängnis
feiert. Der Seher Johannes denkt bei der Frau immer auch an die
Kirche.

Nichtsdestoweniger ist die Beziehung der Frau zu Israel zu
beachten. In ihrer himmlischen Gestalt trägt sie die zwölf Sterne auf
ihrem Haupt, ein Hinweis auf das Zwölfstämmevolk. Sie ist Mutter
des Christus, der aus Israel stammt. Die Frau symbolisiert Israel,
aber zugleich in bestimmter Hinsicht die Kirche. 7,1–8 zeigt ein
vergleichbares Verständnis. Die Versiegelten aus allen Stämmen Is-

raels stellen das Gottesvolk der Endzeit dar, nämlich die Kirche als das wahre Israel. Ähnlich steht es bei der Frau in Kap. 12, nur daß hier beide Aspekte stärker auseinandertreten: die Frau als Symbolgestalt für das wahre Israel, das sich zunächst als himmlisches Zeichen offenbart, also nicht mit dem empirischen Volk identisch ist, sondern das Gottesvolk in seiner wahren Bestimmung zeigt – dann die Frau als die christliche Gemeinde, die das wahre Israel seit der Erlösungstat Christi verkörpert. In ihrer Beziehung zum alten Gottesvolk kann die Frau Mutter des Christus sein, im Blick auf die Gegenwart des Sehers Johannes ist sie Bild für die in der Verfolgung bewahrte Kirche. Diese Doppeldeutigkeit des Symbols darf nicht verwundern. Ein Symbol kann mehrere Dimensionen der Wirklichkeit umfassen. Infolge seiner Vielschichtigkeit nimmt es Elemente der Wirklichkeitsebenen auf, die es berührt: einmal der Kirche in ihrer Beziehung zu Israel (Vergangenheits- bzw. Ursprungsaspekt) wie auch der Gegenwart der Gemeinde in ihrer Verfolgung.

Bei der vorliegenden Interpretation ergaben sich bereits Hinweise, daß Johannes bei seiner Darstellung von vorgegebener Tradition abhängig ist. Diesen Indizien ist noch genauer nachzugehen.

Zunächst fiel das unausgeglichene Nebeneinander zwischen der Frau als Zeichen am Himmel und ihrer Existenz auf Erden auf. Eine Versetzung der Frau auf die Erde fehlt. Derselbe Sachverhalt findet sich bei der Schilderung des Drachen, der als himmlisches Zeichen erscheint, dann aber das eben geborene Kind verschlingen will – doch wohl auf der Erde. Der Sturz des Drachen aus dem Himmel wird erst in Vers 7 ff. geschildert. Die himmlischen Züge von Frau und Drachen lassen sich eindeutig als redaktionelle Gestaltung des Sehers Johannes verstehen. Der Schluß liegt nahe, daß die Ereignisse auf der Erde der Tradition bzw. einer Vorlage angehören.

Vers 7–12 haben den Charakter eines Einschubs, der die Geschehensfolge über das Geschick der Frau unterbricht. Die Schlacht im Himmel zwischen Michael und dem Drachen und der Sturz desselben haben keinen unmittelbaren Bezug zur Geburt des Kindes. Die Frage stellt sich, ob der Grundbestand von Vers 1–6 und 13–17 nicht eine ursprünglich zusammenhängende Erzählung war, die erst die nachträgliche Einfügung von Vers 7–12 zerreißt.

Dieser Eindruck verstärkt sich, wenn man Vers 6 und Vers 13 betrachtet. Vers 6 nimmt vorgreifend auf Vers 13 ff. Bezug, indem der Vers die erst ab Vers 14 ff. im Detail geschilderte Flucht in die Wüste erwähnt, um vor der Einlage Vers 7–12 einen vorläufigen Abschluß zu bringen. Vers 13 muß dann den Erzählfaden wieder aufnehmen. Vers 6 und 13 lassen sich am besten als redaktionelle Überleitungsverse verstehen, die bei der Einfügung von Vers 7–12 nötig wurden.

Vers 17 schließlich ist nicht einfach Fortsetzung der Erzählung über das Geschick der Frau, sondern handelt plötzlich von den »übrigen ihres Samens«. Der Vers dürfte wiederum redaktionelle Ergänzung sein.

Die Bestimmung einer Vorlage gewinnt dann an Wahrscheinlichkeit, wenn der ihr zugewiesene Text einen in sich einheitlichen, formal und inhaltlich abgerundeten Eindruck macht. Dies scheint für den folgenden Zusammenhang zu gelten (vgl. Collins 101 ff., der diese Analyse zum Teil folgt):

»1 (und siehe?) eine Frau ... 2 ... ist schwanger und schreit in den Wehen und in der Qual zu gebären 3 ... (und siehe?) ein großer, feuerroter Drache, (der hatte sieben Häupter und zehn Hörner?) ... 4 ... und der Drache steht vor der Frau, die gebären sollte, damit, wenn sie geboren habe, er ihr Kind verschlinge. 5 Und sie gebar einen Sohn, ein Männliches, der alle Völker mit eisernem Stabe weiden wird. Und ihr Kind wurde (zu Gott und zu seinem Thron?) entrückt ... 14 Und der Frau wurden die zwei Flügel des großen Adlers gegeben, damit sie in die Wüste an ihre Stätte flöge, wo sie (eine Zeit und [zwei] Zeiten und eine halbe Zeit?) ernährt wird fern von der Schlange. 15 Und die Schlange spie aus ihrem Maul Wasser wie einen Strom hinter der Frau her, um sie vom Strom fortschwemmen zu lassen. 16 Aber die Erde kam der Frau zu Hilfe, und die Erde öffnete ihren Mund und verschlang den Strom, den der Drache aus seinem Mund ausgespien hatte ...«

Bei der Bestimmung der Vorlage bleiben einige ungewisse Punkte, die als solche gekennzeichnet sind. Doch ist auch nichts anderes zu erwarten, da jede literarische Dekomposition eines Textes hypothetischen Charakter hat. Es überrascht nicht, daß der Beginn der Vorlage relativ unsicher bleibt, da dort die stärksten redaktionellen Eingriffe begegnen. Es ist deshalb unklar, ja eher unwahrscheinlich, ob die Vorlage als Visionsbericht stilisiert war oder nicht. Immerhin zeigt der Text ein relativ geschlossenes Erzählgefüge, das zunächst die Geburt des Kindes, seine Bedrohung durch den Drachen und seine Errettung enthält. Nach der vereitelten Vernichtung des Kindes verfolgt der Drache die Frau, die in der Wüste auf wunderbare Weise bewahrt wird. Da wohl eine festgefügte Erzähleinheit zugrunde liegt, wird man an eine Quelle als Vorlage denken müssen, die dem Verfasser in mündlicher Gestalt bekannt war. Gegen eine schriftliche Quelle sprechen einzelne sprachliche Wendungen, die innerhalb des rekonstruierten Textes die formende Hand des Endverfassers verraten (vgl. Charles). Eine mündlich überlieferte Vorlage hat der Verfasser stärker in seinem Sprachstil wiedergeben können, als dies bei einer schriftlichen der Fall gewesen wäre. Redaktionell könnte auch das plötzliche Auftreten des Drachen als Schlange sein (Vers 15), die in der eigentlichen Erzählung sonst nicht auftritt (vgl. aber die redaktionelle Identifikation des Drachen mit der Schlange in 12,9).

Die Behauptung einer weiteren Quelle für den Grundstock von Vers 7–9 (Collins) ist nicht überzeugend, da dieser allzu fragmentarisch bleibt.

Wichtig ist nun, ob eine stichhaltige Deutung der Vorlage gelingt. Es liegt nahe, an eine jüdische Quelle zu denken. Die Schwierigkeit, die die christliche Konzeption der Frau als Mutter des Messiaskindes macht, entfällt bei der Annahme einer jüdischen Vorlage. Die Frau symbolisiert das irdische Volk Israel. Auch die Darstellung des Kindes, das sofort nach der Geburt entrückt wird, scheint nicht ursprünglich christlichen Vorstellungen zu entstammen. Es fehlt jeder Bezug auf den Tod Jesu, seine Heilsfunktion. Alles Gewicht trägt der eschatologische Aspekt. Doch genügt nicht der ausschließliche Hinweis auf jüdischen Ursprung, da keine genaue jüdische Parallele für diese Form der Messiasgeburt existiert. Auch die Menachemlegende, die von der Geburt des Messias, den Winde weggeführt haben, handelt, erklärt den Sachverhalt in 12,4f. nicht zureichend (jBer 5a,12 ff.). Weiter führt die verbreitete Annahme, daß hinter der Darstellung von Kap. 12 ein ursprünglich heidnischer Mythos steht, der von der Geburt des Sonnengottes sprach (z. B. Dieterich, Bousset, Boll, Charles, Holtz, Müller, Vögtle, Collins, Bergmeier). Die Frage ist dann nur, ob der Text – sei es in der vorliegenden Form, sei es als Vorlage – eine jüdische (Charles, Holtz, Müller, Collins) bzw. eine christliche (Bousset, Boll, Vögtle) Umprägung des Mythos darstellt. Die Analyse wird zeigen, daß die rekonstruierte Vorlage eine jüdische Fassung des Mythos voraussetzt.

In der griechischen Mythologie, besonders von Dieterich, Collins zum Vergleich herangezogen, wird erzählt (vgl. Hyginus, Fabulae 140): Dem Drachen Python war geweissagt, daß der Sohn der Göttin Leto ihn töten würde. Leto war von Zeus schwanger. Als nun Python bemerkt, daß Leto gebären soll, beginnt er sie zu verfolgen, um sie zu vernichten. Aber Boreas bringt Leto zum Gott Poseidon. Dieser schafft sie nach Ortygia und bedeckt die Insel mit den Wellen des Meeres. Python kehrt unverrichteterdinge zum Parnaß zurück. Auf der von Poseidon wieder erhobenen Insel gebiert Leto den Gott Apoll. Am vierten Tag nach der Geburt nimmt Apoll Rache und tötet Python.

Bemerkenswerte Gemeinsamkeiten verbinden diesen Mythos mit

Offb 12: die Frau, die gebären soll; das Kind, das eine große Aufgabe übernehmen wird; der verfolgende Drache und sogar die Ein-
zelheit, daß der Frau Adlerflügel gegeben werden (vgl. Leto vom
Boreas getragen). Doch sind die Unterschiede nicht zu übersehen.
Geburt und Rettung des Kindes sind in Offb 12 vor die Flucht der
Frau gesetzt, die Rettung geschieht nicht durch die Flucht der Frau
an einen einsamen Ort, sondern durch die Entrückung des Kindes
zu Gott. Gerade hierin dürfte eine jüdische Umprägung des Mythos
zu finden sein: Die Entrückung des Kindes war die Voraussetzung
für seine eschatologische Funktion (vgl. Mal 3,23f.; Sir 48,9f.; vgl.
Müller).
Zu ähnlichen Ergebnissen führt der von Bousset, Boll, Müller und
Bergmeier bevorzugte Vergleich mit einer anderen, in der damaligen
Antike weit bekannten Form des Mythos, der seine Heimat in
Ägypten hatte. Die Frau ist hier die Göttermutter Hathor-Isis, das
Kind der Sonnengott Horus, den Typhon-Seth, oft als Schlange
oder Drache dargestellt, verfolgt. Isis gebiert auf wunderbare Weise
den jungen Sonnengott und flieht vor Typhon auf die sagenhafte
schwimmende Insel Chemnis, wo sie das Kind in Einsamkeit aufzie-
hen kann. Später wird Horus den Drachen besiegen. Im Blick auf
Offb 12,15 sei erwähnt, daß die Wassernatur des Typhon im Ägyptischen deutlich bewahrt ist – ähnlich allerdings auch beim Drachen,
der Apollo nachstellt (Boll 109). Isis ist im Mythos geflügelt gedacht
– vgl. 12,14.
Beim ägyptischen Mythos sind die Übereinstimmungen, aber auch
die Unterschiede gegenüber Offb 12 gleichfalls deutlich: Die Rettung des Kindes geschieht zusammen mit der Frau nicht durch die
Entrückung zu Gott, um dereinst eine eschatologische Aufnahme
zu übernehmen, was auf jüdischen Einfluß zurückgeht (Müller).
Demgegenüber bleibt es unverständlich, warum eine vom Ursprung
her christliche Aufnahme des Mythos eine mit der frühchristlichen
Auffassung vom Wirken Jesu unvereinbare Fassung geschaffen
hätte: die Entrückung sofort nach der Geburt (Müller). Daß diese
Entrückung direkt zu Gott erfolgt, könnte Einfluß der jüdischen
Menschensohnvorstellung sein (vgl. äthHen 71). Beide Fassungen
des Mythos, die griechische wie die ägyptische, weisen eine weitere
charakteristische Änderung auf gegenüber Offb 12: Die Rettung der
Frau erfolgt durch die Flucht in die Wüste. Dies ist wiederum am
ehesten als jüdische Umformung zu verstehen, da für jüdisches Denken die Wüste heilsgeschichtliche Bedeutung hatte. Es bereitet keine
grundsätzliche Schwierigkeit, eine jüdische Adaption eines heidnischen Mythos anzunehmen, da hierfür durchaus Parallelen bestehen

(vgl. Müller 177, Collins 128f.). Welche antike Form des Mythos, die griechische oder ägyptische, der jüdischen Quelle zugrunde lag, ist schwer zu entscheiden, aber auch von untergeordneter Bedeutung.

In der mythischen Geschichte von der verfolgten Frau konnte sich das bedrängte Judentum wiederfinden, zumal diese Erzählung die Gewißheit vermittelte, daß der Messias schon geboren ist (vgl. die Menachemlegende). Der Mythos der Isis (bzw. Leto), die vor den Nachstellungen Typhons (bzw. Pythons) flieht, war dem verfolgten Judentum zum Symbol geworden. Obwohl keine direkten Hinweise auf den Jüdischen Krieg wie die Zerstörung des Tempels zu finden sind, können diese Ereignisse doch im Hintergrund nachwirken – auch für das Bewußsein eines Diasporajuden. Gleicherweise konnte der Seher Johannes diese jüdische Fassung seinerseits aufnehmen, da das Bild von der verfolgten und bewahrten Frau das eigene bedrohte Schicksal verstehen half; die Verheißung der Wiederkunft Christi aktivierte zudem die eschatologische Hoffnung in einer verzweifelten Situation. Wenn er seinerseits – unabhängig von der jüdischen Vorlage – die Gestalt der Frau mit himmlischen Zügen ausstattete, so wollte er wohl die ideale Endbestimmung des wahren Gottesvolkes betonen – aller äußeren Erfahrung zum Trotz, die nur Gefahr und Anfechtung kannte. Das verbreitete Bild der Himmelskönigin konnte helfen, die Hoheit des Gottesvolkes zu beschreiben, wenn auch die Einzelzüge dabei ihren ursprünglichen Sinn verloren.

Das Tier aus dem Meer und das Tier vom Land: 12,18–13,18

18 Und er trat an den Strand des Meeres.   13,1 Und ich sah aus dem Meer ein Tier aufsteigen, das hatte zehn Hörner und sieben Köpfe, und auf seinen Hörnern zehn Diademe und auf seinen Köpfen Lästernamen.   2 Und das Tier, das ich sah, war gleich einem Panther, und seine Füße wie die eines Bären, und sein Maul wie das Maul eines Löwen. Und der Drache gab ihm seine Macht und seinen Thron und große Gewalt.   3 Und einen von seinen Köpfen (sah ich) wie zum Tode geschlachtet, und seine Todeswunde wurde (wieder) geheilt. Und die ganze Welt folgte staunend dem Tier,   4 und sie beteten den Drachen an, weil er dem Tier die Gewalt gegeben hatte, und sie beteten das Tier an und sagten: Wer ist dem Tier gleich und

wer kann mit ihm Krieg führen? 5 Und es wurde ihm ein
Maul gegeben, das große Worte und Lästerungen redete, und
es wurde ihm Gewalt gegeben, es zweiundvierzig Monate so
zu treiben. 6 Und es öffnete sein Maul zu Lästerungen gegen
Gott, um seinen Namen zu lästern und seine Wohnung, (nämlich) die im Himmel wohnen. 7 Und es wurde ihm gegeben,
Krieg zu führen mit den Heiligen und sie zu besiegen. Und es
wurde ihm Gewalt gegeben über jeden Stamm und Volk und
Sprache und Nation. 8 Und anbeten werden ihn alle Bewohner der Erde — (jeder), dessen Name nicht im Lebensbuch des
geschlachteten Lammes seit Anbeginn der Welt geschrieben
steht. 9 Wenn einer ein Ohr hat, der höre! 10 Wenn einer in
Gefangenschaft (ziehen soll), der zieht in Gefangenschaft.
Wenn einer durch das Schwert getötet werden soll, der wird
mit dem Schwert getötet werden. Hier ist die Standhaftigkeit
und die Treue der Heiligen (vonnöten).
11 Und ich sah ein anderes Tier vom Land aufsteigen, und es
hatte zwei Hörner gleich einem Lamm, und es redete wie ein
Drache. 12 Und die ganze Macht des ersten Tieres übt es vor
ihm aus, und es bringt die Erde und die auf ihr wohnen dahin,
daß sie das erste Tier anbeten, dessen Todeswunde (wieder)
geheilt wurde. 13 Und es vollbringt große Zeichen, so daß es
sogar Feuer vom Himmel auf die Erde herabfallen läßt vor den
Menschen. 14 Und es verführt die Bewohner der Erde aufgrund der Zeichen, die ihm vor dem Tier zu vollbringen gegeben sind, indem es den Erdenbewohnern sagt, ein Bild für das
Tier zu machen, das die Schwertwunde hat und (wieder) lebendig geworden ist. 15 Und ihm wurde gegeben, dem Bild
des Tiers (Lebens-)geist einzugeben, so daß das Bild des Tieres sogar zu sprechen begann, und zu bewirken, daß alle, die
das Bild des Tieres nicht anbeten wollten, getötet würden.
16 Und es bringt alle, die Kleinen und die Großen und die Reichen und die Armen und die Freien und die Sklaven dazu, daß
sie sich ein Zeichen auf ihre rechte Hand oder auf ihre Stirn
machen, 17 und daß niemand kaufen oder verkaufen kann,
außer er hat das Zeichen, den Namen des Tieres oder die Zahl
seines Namens. 18 Hier ist Weisheit (vonnöten)! Wer Verstand hat, der berechne die Zahl des Tieres. Denn es ist die
Zahl eines Menschen; und seine Zahl ist sechshundertsechs-
undsechzig.

Literaturauswahl: Bousset, W.: Der Antichrist in der Überlieferung des Judentums, des NT und der alten Kirche, Göttingen 1895. – *Cerfaux, L.:* Le conflit entre Dieu et le souverain divinisé dans l'Apocalypse de Jean, in: Studies in History of Religions, Suppl. Numen 4 (1959) 459–470. – *Collins, A. Y.:* Combat Myth. – *Cullmann, O.:* Der Staat im Neuen Testament, Tübingen ²1961. – *Cuss, Dominique:* Imperial Cult and Honorary Terms in the New Testament, Paradosis 23, Fribourg 1974. – *Deissmann, A.:* Licht von Osten, Tübingen ⁴1923, 289 f. – *Dibelius, M.:* Rom und die Christen im ersten Jahrhundert, in: *ders.:* Botschaft und Geschichte, 2. Bd., Tübingen 1956, 177–228. – *Ernst, J.:* Die eschatologischen Gegenspieler in den Schriften des Neuen Testaments, BU 3, 1967, 131–148. – *Günther, H. W.:* Nah- und Enderwartungshorizont 110–128. – *Gunkel, H.:* Schöpfung und Chaos in Urzeit und Endzeit, Göttingen 1895 (²1921). – *Hartingsveld, L. van:* Die Zahl des Tieres, die Zahl eines Menschen (Apokalypse xiii 18), in: Miscellanea Neotestamentica, Volumen alterum, NT.S 48, 1978, 191 ff. – *Hillers, D. R.:* Rev 13:18 and a Scroll from Muraba'at, BASOR 170 (1963) 65. – *Jörns, K.-P.:* Hymnisches Evangelium 121–123. – *Minear, P. S.:* The Wounded Beast, JBL 72 (1953) 93–101. – *Reicke, B.:* Die jüdische Apokalyptik und die johanneische Tiervision, RevSR 66 (1972) 165–172. – *Rühle, O.:* Art. *arithmeō*, ThWNT I, 1933, 461–464. – *Schlier, H.:* Vom Antichrist. Zum 13. Kapitel der Offenbarung Johannis, in: *ders.:* Die Zeit der Kirche. Exegetische Aufsätze und Vorträge, Freiburg 1956, 16–29. – *Schmid, J.:* Studien 138–141.222. – *Schrage, W.:* Die Christen und der Staat nach dem Neuen Testament, Gütersloh 1971, 69–76. – *Schütz, R.:* Die Offenbarung des Johannes und Kaiser Domitian, FRLANT 50, 1933. – *Stauffer, E.:* Christus und die Cäsaren, Hamburg, ⁵1960. – *Wilckens, U.:* Art. *charagma*, ThWNT IX, 1973, 405–407.

Kap. 13 entfaltet, was es heißt, daß der aus dem Himmel gestürzte Drache den Kampf gegen die Christen aufnimmt, einen letzten Ansturm gegen die, welche die Gebote Gottes halten und das Zeugnis Jesu bewahren (12,17). Dazu entwirft der Verfasser das Bild zweier dämonischer Gestalten, die je in besonderer Weise die Macht des Römischen Reiches verkörpern, das Tier aus dem Meer und das andere Tier vom Land. Ihrem gefährlichen Einfluß und ihrer Vernichtungsstrategie gegenüber hat sich die Kirche zu bewähren. Doch weiß sie, daß dem Treiben der satanischen Macht des Tieres eine Frist gesetzt ist, zweiundvierzig Monate, wie es wieder im Blick auf die endzeitliche Drangsalsperiode heißt (13,5; vgl. Dan 7,25; 12,7). Dabei geht es zunächst um die Gegenwart der Kirche als eine Zeit, die vom Tier aus dem Meer beherrscht ist. Doch greift der Blick des Verfassers darüber hinaus; er sieht »die Stunde der Versuchung« im Anbruch, die über den ganzen Erdkreis kommen wird, um die Erdenbewohner zu verführen (3,10). In Vers 8 fällt er deshalb aus dem im Vergangenheitstempus berichtenden Visionsstil heraus und weissagt den allgemeinen Abfall in der Anbetung der gottlosen Macht des Römischen Reiches. Auch die Mahnung Vers 9 f. überschreitet die bereits gegenwärtige Bedrohung der Kirche und scheint mit einer umfassenden Verfolgung zu rechnen. Besonders aber erwarten Vers 15–17 eine kommende Gefährdung, der sich niemand entziehen kann. Sie hat ihren Grund in dem noch ausstehenden Wirken des einen Hauptes, das die Person des wiederbelebten Nero symbolisiert (Vers 3; vgl. Vers 8.12.14).

Der Visionsbericht handelt von der politisch-religiösen Macht des Imperium Romanum (vgl. die Identität des Tieres aus dem Meer mit dem Tier aus dem Abgrund Kap. 17). Dabei wird das Tier als Zusammenfassung der vier Tiere aus Dan 7 und besonders als Erscheinung des vierten Tieres mit seinem kleinen Horn gesehen. Da nun das Judentum das vierte Tier alsbald nicht mehr auf das syrische Reich bezog, sondern auf das römische (vgl. PsSal 2,25; 4 Esr 12,10 ff.; auch der christliche Barn), kann kein Zweifel bestehen, daß auch Johannes diese Gleichsetzung vornahm (Wikenhauser). Die Verwerfung einer zeitgeschichtlichen Deutung (Lohmeyer, Sikkenberger) ist deshalb unbegründet. Charakteristisch für die Darstellung ist, daß der Verfasser die römische Macht in metahistorischen Kategorien beschreibt. Er benutzt mythologische Bilder und Vorstellungen, um die Tiefendimension irdischer Geschichte auszuloten. Hinter der römischen Herrschaft steht der Drache, der Satan; das Imperium ist nur eine Art irdischer Stellvertreter des Teufels (Dibelius). Die beiden Tiere ihrerseits, die in seinem Dienst stehen, sind letztlich alte Chaosmächte, Leviathan und Behemoth, die Gott im Uranfang bezwungen hat, die aber in der Endzeit als Unheilsgestalten wieder erscheinen (z. B. Gunkel, Lohmeyer, Collins). Gerade das besondere Nebeneinander der beiden Tiere aus dem Meer und vom Land läßt an diese Gestalten denken, da Leviathan im Abgrund des Meeres wohnt, Behemoth jedoch auf dem Festland (vgl. Jes 27,1; äthHen 60,7–9; 4 Esr 6,49–52; syrBar 29,4). Der Krieg, den das erste Tier gegen die Heiligen führt (13,7, vgl. schon 11,7; 12,17), erhält auf diesem Hintergrund einen letztgültigen, irdische Geschichte transzendierenden Charakter, da es in diesem Kampf um die Entscheidung zwischen Gott und Satan, Heil und Unheil geht. Allerdings ist dieser Kampf ein Aufbäumen jener schon einmal – bei der Schöpfung – bezwungenen Mächte, die durch den Satan eine letzte, aber vergebliche Chance bekommen.

Das Tier aus dem Meer: 12,18–13,10

Um sein Ziel auszuführen (12,17), tritt der Drache an den Strand des Meeres (12,18). Deutlich findet sich hier die Verklammerung von Kap. 12 und 13. Die neue Visionseinführung »und ich sah« markiert, daß der Seher ein weiteres Stadium in der Abfolge der in Kap. 12 eingeleiteten Ereignisse beschreibt. Ohne daß dies geschildert wird, ist wohl gedacht, daß der Drache das Aufsteigen des Tieres aus dem Meer bewirkt (Vers 1). Wie der Drache (12,3) hat das Tier sieben Häupter und entsprechend Dan 7,7 zehn Hörner; es ist somit das irdische Abbild des Drachen, des Satans. Ausdrücklich vermerkt dann Vers 2b, daß der Drache dem Tier seine Macht und Gewalt zueignet. Es ist die Inkarnation des Teufels. Es besitzt sieben Häupter, die ihrerseits gotteslästerliche Namen tragen. Die sieben Häupter werden später in 17,9f. auf »die Stadt auf den sieben Hügeln« (Rom) und auf sieben römische Kaiser gedeutet. Die Lästernamen meinen offenbar jene Titel, die im Rahmen des Kaiserkultes der Vergöttlichung des Herrschers dienen und damit eine Lästerung des einzigen und alleinigen Gottes darstellen: Augustus (der Erhabene), Divus (der Göttliche), Herr und Gott.

Besonderes Gewicht hat, daß das Tier Züge aller vier Tiere aus Dan 7 in sich vereinigt, die dort vier aufeinanderfolgende Weltreiche symbolisieren. Das Tier gleicht einem Panther (vgl. Dan 7,6), hat Füße wie die eines Bären (vgl. Dan 7,5) und ein Maul wie das eines Löwen (vgl. Dan 7,4). Dieses unvorstellbare Bild eines Ungeheuers soll die Zusammenfassung aller Weltreiche darstellen, den Gipfel gottloser Macht auf Erden, an dessen Spitze der Kaiser mit seinem Anspruch auf göttliche Verehrung steht.

Das Tier wirkt nicht nur in der Macht des Satans (vgl. 2 Thess 2,9), dessen Inkarnation es ist, es steht zudem in deutlichem Gegensatz zu Christus. Es erscheint als Antichrist. Diese Eigentümlichkeit deutet sich bereits dadurch an, daß es auf seinen Hörnern zehn Diademe trägt. In der Offb besitzt sonst nur Christus Diademe als Ausweis wahrer Herrscherwürde (19,12); das Tier wird zum Gegenspieler Christi. Ähnliches besagt die Notiz, daß der Drache dem Tier seinen Thron gibt; das kontrastiert der Thronbesteigung Christi, der sich auf den Thron seines Vaters setzt (3,21). Geradezu zur Karikatur wird der Gegensatz, wenn das Tier Tod und Auferstehung des Lammes nachäfft. Der Verfasser stellt dies so dar: Eines der Häupter des Tieres war »wie« zum Tode geschlachtet, seine Todeswunde wurde aber geheilt (Vers 3). Durch einen Schwerthieb (vgl. Vers 14) hat es eine tödliche Wunde erhalten, ist aber vom Tod zum Leben zurück-

gekehrt. »Wie zum Tode geschlachtet« erinnert eindeutig an die
Kennzeichnung des Lammes, das »wie« geschlachtet erscheint (5,6;
vgl. 5,9.12). Wichtig ist dabei, daß das Geschick des einen Hauptes
mit dem des ganzen Tieres gleichgesetzt wird; denn von der Wiederbelebung des einen Hauptes heißt es: »Seine (d. h. des Tieres) Todeswunde wurde wieder geheilt« (Vers 3; vgl. 12.14). Schon hier zeichnet sich die weitere Tendenz des Visionsberichts ab, das Tier als Verkörperung des Römischen Reiches mit einem seiner Herrscher zu
identifizieren.

An welchen Kaiser denkt der Verfasser, wenn er dessen Schicksal als
teuflische Nachahmung des geschlachteten Lammes beschreibt? In
Frage kommen zunächst nur Cäsar und Nero, deren Ende am ehesten als »geschlachtet« bezeichnet werden kann. Bei näherem Zusehen entfällt Cäsar, da auf ihn der Zug von der Wiederbelebung nicht
paßt.

Von Nero, der durch Selbstmord endete, erzählte man sich bald
nach seinem Tode, daß er nicht gestorben, sondern nur verborgen
sei. Dieser Volksglaube wandelte sich in die Legende, daß Nero zu
den Parthern geflohen sei und mit ihrer militärischen Unterstützung
zurückkehren werde. Später nahm die Neroerwartung dämonische
Züge an (vgl. Exkurs 7: »Die Nerosage«). An diese Form der Legende hat der Verfasser Johannes angeknüpft. Sie erlaubt ihm, das
Geschick des einen Hauptes als satanische Parodie des geschlachteten Lammes darzustellen. Zu fragen ist noch: Liegt das Auftreten
des wiederbelebten Nero schon in der Gegenwart, wie das Tempus
nahelegt, oder in der Zukunft? Entsprechend 17,8.11, wo das Tier
eindeutig den kommenden Nero meint, ist auch hier an eine künftige
Gestalt zu denken, deren bedrohliche Offenbarung für die nächste
Zukunft verkündet wird. Das Vergangenheitstempus von Vers 3 ist
nur Visionsstil: Der Seher schaut das baldige Kommen des Antichristen.

Will man Vers 3 auf eine vergangene oder gegenwärtige Größe beziehen, so ist man zu so problematischen Annahmen gezwungen: In
dem zur Zeit des Johannes herrschenden Kaiser Domitian habe sich
der erwartete Nero bereits verwirklicht (Cerfaux-Cambier; dagegen
spricht aber 17,8.11) – oder: Die Wiederbelebung des einen Hauptes
bzw. des Tieres bedeute das Wiedererstarken des Imperiums unter
den Flaviern (Günther: mit Verweis auf 4 Esr 12,17 f.22 f.; dagegen
spricht, daß das wiederbelebte Haupt deutlich eine bestimmte Person meint). Die Beziehung auf Nero scheitert auch nicht an dem
Einwand, Nero sei nicht durchs Schwert, sondern durch einen
Dolchstoß aus eigener Hand gestorben (Minear). Es handelt sich

hier um den Anklang an eine Legende, deren Wiedergabe außerdem
apokalyptisch chiffriert ist.

Vers 3 b.4 schildern die Reaktion der Menschen auf die dem Tier
verliehene Gewalt und auf das Wunder, das mit ihm geschieht. Sie
huldigen dem Tier als einer göttlichen Macht. Ihre Anbetung gipfelt
in der verblendeten Frage, die Gottes Unvergleichlichkeit auf das
Imperium überträgt (Schrage): »Wer ist dem Tier gleich ...?« – in
Nachahmung dessen, was dem wahren Gott allein angemessen ist:
»Wer ist wie du unter den Göttern, Herr ...« (Ex 15,11; vgl. Ps
35,10; 89,7.9). Niemand kann nach Meinung der faszinierten Welt
dem Tier widerstehen. Deshalb die weitere rhetorische Frage: »Wer
kann mit ihm Krieg führen?« Der Verfasser parodiert die Überheblichkeit der Anhänger des Tieres als des Antichrists (vgl. Jörns). Damit ist bereits das Stichwort gegeben, das die antichristliche Absicht
des römischen Staates zum Ausdruck bringt, »Krieg zu führen mit
den Heiligen und sie zu besiegen« (Vers 7).

Zunächst allerdings beschreibt der Seher die gottfeindliche Aktivität
des Tieres in grundsätzlicher Weise (Vers 5 f.), wobei ihm die Tätig-
keit des kleinen Horns aus Dan 7 als Vorbild dient: Es redet große
Dinge und Lästerungen (Dan 7,8.20.25), womit wieder auf seine
göttlichen Ansprüche angespielt wird (vgl. die Lästernamen Vers 1).
Die Lästerreden richten sich nicht nur gegen Gottes Namen, sondern auch gegen »seine Wohnung«, welcher Ausdruck durch die
Wendung »die im Himmel wohnen« eine Näherbestimmung findet.
Gemeint sind offenbar die Engel als Himmelswesen (vgl. Dan 8,10).
Doch ist dem Treiben des Tieres von Gott eine Frist gesetzt: 42 Mo-
nate als die von Gott vorherbestimmte Zeit endzeitlicher Drangsal.

Vers 7 f. bringen die Zuspitzung in der Wirksamkeit des Tieres. Der
Verfasser sieht eine weltweite Christenverfolgung auf die Kirche zukommen. Denn das Tier erhält die Macht, mit den Heiligen Krieg zu
führen, wie es unter Bezugnahme auf Dan 7,21 heißt (vgl. 11,7;
12,17; 19,19). Der weltweite, umfassende Charakter der Verfolgung
schließt aus, daß die auf die Stadt Rom begrenzte Verfolgung unter
Nero gemeint ist. Das Tier hat Macht über alle Menschen (Vers 7 b).
Erneut setzt der Verfasser eine bewußte Antithese, die die Tätigkeit
des Tieres in den Gegensatz zu der des Lammes bringt: Wie das
Lamm durch sein Blut Menschen »aus jedem Stamm und Sprache
und Volk und Nation« für Gott erkauft hat (5,9), so wird dem Tier
»Vollmacht über jeden Stamm und Volk und Sprache und Nation«
gegeben. Der Blick geht in die Zukunft, wie besonders an Vers 8
deutlich wird, wo das Futur den ansonsten herrschenden Visionsstil

durchbricht. Dabei taucht wie schon Vers 4 das Stichwort auf, das
das Hauptproblem des Sehers Johannes signalisiert, die Anbetung
des Tieres. Wieder verschmilzt das Tier mit seinem besonderen Ex-
ponenten, dem wiederkommenden Nero (Nero redivivus), da Objekt der Anbetung eine konkrete Person ist (»ihn«). Jeder, der nicht
vom Anfang der Welt in das Buch des Lebens eingetragen ist, verfällt
dem Götzendienst des Kaiserkultes (vgl. 3,5; 17,8; 20,12.15; 21,17).
Die Gläubigen aber sind zum Widerstand vorherbestimmt (Präde-
stinationsgedanke!).

Schwierigkeiten bereitet in Vers 8 die Erwähnung des Lammes. Entsprechend der griechischen Wortstellung lautet der Text strenggenommen: »... Jeder, dessen Name nicht im Lebensbuch des Lammes
geschrieben ist, das seit Anbeginn der Welt geschlachtet ist.« Das
wäre natürlich Unsinn. Frühere Ausleger haben deshalb die Nennung des geschlachteten Lammes als ungeschickte Glosse gestrichen
(z. B. Bousset). Das wohl zu Recht! Wenn man nicht zu diesem Mittel greifen will, muß man der oben angegebenen Übersetzung folgen.

Mit einem Weckruf (Vers 9), der die Leser zur besonderen Auf-
merksamkeit auffordert (vgl. die Weckrufe in den Sendschreiben),
leitet der Verfasser eine grundlegende Mahnung ein, die zum rechten Verhalten angesichts der drohenden Verfolgung drängt. Im Anschluß an Jer 15,2 (vgl. 43,11) ergeht der Aufruf, daß die Christen
in jedem Geschick, das sie trifft, den Ratschluß Gottes erkennen
sollen. Denn wer Gefangenschaft oder das Martyrium durchs
Schwert erleiden soll, den wird dieses Geschick mit Sicherheit treffen. Deshalb sollen die Christen das Leiden annehmen und mit
Standhaftigkeit und Treue dem entgegengehen, was ihnen von Gott
bestimmt ist.

Diese Interpretation folgt der schwierigen und deshalb wohl ursprünglichen Textversion, die Codex Alexandrinus, der beste Text-
zeuge in der Offb, bietet (im Anschluß an Schmid). Sie entspricht
auch am ehesten der hinter Vers 10 stehenden Aussage von Jer
15,2.

Das in Vers 10 geforderte Verhalten schließt einen aktiven Widerstand oder Kampf gegen den damaligen Staat aus. In der Gewißheit,
daß die Gläubigen das himmlische Bürgerrecht haben, weil ihre Namen im Lebensbuch des Lammes geschrieben stehen, können sie
dem Druck des Staatskultes widerstehen und das notwendige Leiden
akzeptieren. Dem Seher Johannes steht nur die religiös verbrämte
Staatsmacht seiner Zeit vor Augen. Sie ist totalitär, weil sie mit ihrer
Ideologie den ganzen Menschen fordert bis hin zur Gleichsetzung

des Kaisers mit Gott. Wenn Johannes deshalb die Loyalität diesem
Staat gegenüber als Götzendienst geißelt, so bedeutet dies keine Verurteilung des Staates generell, sondern nur die Ablehnung pervertierter
tierter Staatsmacht. Hier ist die Loyalität gegenüber Gott vonnöten,
die sich in der Hinnahme des Leidens, d. h. in Standhaftigkeit und
Treue, dokumentiert (Vers 10). Mit den beiden zuletzt genannten
Begriffen proklamiert der Verfasser erneut die christlichen Tugen-
den, die für ihn (1,9; 2,2f.19; vgl. 14,12) wie für seine Zeit (vgl. zu
2,2f. und 2,19) charakteristisch sind.

Das Tier vom Land: 13,11–18

Johannes sieht ein zweites Tier, diesmal vom Festland her aufsteigen. Es hat zwei Hörner wie ein Lamm (vgl. Dan 8,3) – das könnte
auf seine gefährliche Entsprechung zum Christus als Lamm hinweisen; es redet wie ein Drache – seine Worte verraten, daß es letztlich
im Dienst des Satans steht. Es handelt in der Kraft des ersten Tieres
und wirkt als sein Agent, indem es die Erdenbewohner zu seiner
Anbetung veranlaßt. Das zweite Tier heißt später zu Recht »der
Pseudoprophet« (16,13; 19,20; 20,10). Es macht anscheinend Propaganda für das römische Imperium, das sich im Tier aus dem Meer
verkörpert. Auffällig ist, daß (wie schon 13,3.8) das erste Tier und
das eine Haupt gleichgesetzt werden, da ja Vers 12 vom Tier spricht,
dessen (!) Todeswunde geheilt wurde. Für den Verfasser nimmt das
Imperium immer mehr die Schreckensgestalt des in der Endzeit wie-
dererstehenden Nero an. Und in seinem Dienst steht das Tier vom
Land. Was unter der Verdoppelung der gottfeindlichen Macht historisch konkret zu verstehen ist, bleibt etwas unsicher. Da das zweite
Tier aber die Anbetung des Römischen Reiches betreibt, durch Reden und Wunder, ja durch die Initiative zur Errichtung eines Kult-
bildes (Vers 15) seine religiöse Verehrung fördert, hat man in ihm das
Provinzialpriestertum des Kaiserkultes in Kleinasien gesehen (Bousset). Eine Variante dieser Deutung (Caird) erkennt hinter dem Tier
vom Land den »Bund der Städte der Provinz Asia« mit seinen Mit-
gliedern, den Asiarchen (vgl. Apg 19,31). Dieser Bund oder auch
Provinziallandtag hatte primär religiöse Aufgaben, eben die Pflege
des Kaiserkultes und der damit gegebenen Sicherung der Loyalität
gegenüber der römischen Herrschaft. Er betrieb den Bau von Tem-
peln, etwa für Augustus und die Göttin Roma.
Zur Propagierung des Kultes gehören Wunder, die auf die Massen
Eindruck machen. Darin begegnet zunächst die geläufige Erwartung, daß zum Auftreten des endzeitlichen Widersachers Zeichen
und Wunder gehören (vgl. 2 Thess 2,9; Mk 13,22; AscJes 4,10). Die

Gefährlichkeit des Tieres zeigt sich besonders in seiner Fähigkeit,
sogar das biblische Wunder des Elia zu vollbringen (Vers 13 vgl.
1 Kön 18,38).
Durch seine Wunderzeichen verführt das zweite Tier die Menschen
dazu, ein Kultbild, eine Statue für das erste Tier anzufertigen. Im
Kultbild soll die göttliche Macht des Kaisers greifbar und gegenwärtig sein, der die Züge des Nero redivivus annimmt, da auf seinen Tod
und seine Wiederbelebung angespielt wird (Vers 14). Das zweite
Tier hat die Fähigkeit, der Statue des endzeitlichen Herrschers Lebensgeist zu verleihen, so daß das Bild sogar zu sprechen beginnt
(Vers 15). Gleichzeitig nötigt es dazu, das Bild anzubeten (zur speziellen Rechtfertigung dieser Deutung und der Übersetzung vgl.
Charles II 420 Anm. und Schmid 222: das zweite Tier ist Subjekt).
Wer sich weigert, erleidet den Tod. Hinter dieser Darstellung steht
zunächst das biblische Beispiel König Nebukadnezars, der ein gol-
denes Bild aufstellen ließ und alle Welt zur Anbetung desselben
zwang (Dan 3,5.7.15). Darüber hinaus spiegelt der Text Erfahrungen aus der Zeit des Verfassers wider – so den Glauben an redende
und wunderwirkende Götterbilder. Vom Magier Simon heißt es
etwa, daß er Statuen dahin bringen konnte, sich zu bewegen, und
Lebloses beleben konnte (Ps. Clemens, Rekognitionen III 47). Von
einer Statue des Neryllinus berichtet der christliche Apologet Athe-
nagoras (um 180 n. Chr.), daß sie Orakel erteilt und Kranke heilt
(Schutzschrift 26). Auf diesen antiken Wunderglauben spielt Johannes an, um den gefährlichen Einfluß des zweiten Tieres auf die damaligen Menschen zu demonstrieren. Durch seine ihm zugeschrie-
bene Zaubermacht schlägt es die Menschen in Bann. Johannes
spricht aber nicht nur von seiner Faszination, sondern von seiner
Macht, die Anbetung des Bildes bei Todesstrafe zu erzwingen. Gemeint ist die Verfolgung von Christen, die bei Verweigerung des
Kaiserkultes getötet wurden. Der Verfasser geht sicher von einzelnen Vorkommnissen aus, die sich aber zu der Erwartung einer umfassenden Christenverfolgung unter der Herrschaft des kommenden
Nero verdichten (Vers 15–17). Die wahrscheinlich schon zu Lebzeiten des Johannes geübte Praxis römischer Behörden beleuchtet der
allerdings fast zwanzig Jahre spätere Brief des Statthalters Plinius an
Kaiser Trajan: »Diejenigen, die leugneten, Christen zu sein oder gewesen zu sein, glaubte ich freilassen zu müssen, da sie ... unsere
Götter anriefen und vor Deinem Bilde (d. h. des Kaisers) ... mit
Weihrauch und Wein opferten ...« (Briefe X 96).
Dieses Verfahren dürfte dem Statthalter bereits vorgegeben sein und
mindestens in die Zeit Domitians und damit des Johannes zurückge-

hen, da Plinius als zu seiner Zeit längst bekannte Meinung erwähnt, daß wirkliche Christen sich zu solchen Handlungen, wie man sagt, nicht zwingen lassen (vgl. Exkurs 6: Der römische Kaiserkult).

Vers 15–17 drücken den Totalanspruch des Kaiserkultes aus, der zur Weissagung einer weltweiten Verfolgung führt – alle Menschen, alle sozialen Schichten müssen als Ausweis ihrer Loyalität dem Imperium gegenüber ein »Malzeichen« auf der rechten Hand oder der Stirn tragen. Mit dem griechischen Wort *charagma* ist wohl das Siegel bzw. der Stempel römischer Kaiser gemeint (Deissmann, Lohmeyer, Wilckens), der Söldnern oder auch Sklaven, speziell Tempelsklaven, als Zeichen eingebrannt werden konnte, so daß sie zum Eigentum der Gottheit bzw. des Kaisers wurden. Diese generelle Kennzeichnung der Anhänger des Kaiserkultes durch den Seher Johannes ist als bewußte Herabsetzung zu verstehen. Sie entspricht nicht einfach der historischen Wirklichkeit zur Zeit des Sehers, sondern gehört zum Bild, das er für die kommende Verfolgungssituation entwirft, bei der alle (mit Ausnahme der Christen) zu Sklaven des Tieres werden. Johannes greift zu diesem literarischen Mittel, die Anhänger des Tieres zu beschreiben, um den Gegensatz zu den Christen zu betonen. Wie die Knechte Gottes das Siegel ihres Herrn auf der Stirn tragen (7,2ff.), so die Anhänger des Tieres das Malzeichen auf der rechten Hand oder der Stirn.

Daß gerade das Nebeneinander von rechter Hand und Stirn Erwähnung findet, könnte wiederum die negative Abgrenzung von den wahren Gläubigen anzeigen. Es gab nämlich den jüdischen Grundsatz: »Hat einer (seine Gebetsriemen) auf der Stirn (etwa zwischen den Augen) oder an der (eigentlichen) Hand angelegt, so ist das Art der Sektiererei« (bMeg 4,8). Vom frommen Juden wurde dagegen verlangt, die Gebetsriemen unter der Kleidung um den linken Oberarm und auf der Stirn unter dem Haaransatz zu tragen (Bill IV 260–264).

Das zweite Tier nötigt alle, sich der Anbetung des Kaisers zu unterwerfen. Jedem, der das Malzeichen nicht hat, droht wirtschaftlicher Boykott und Vernichtung. Ihm wird jede Existenzmöglichkeit genommen (Vers 17). Diese Ankündigung ist wohl als Radikalisierung bzw. Generalisierung einer bisher schon gültigen Erfahrung zu verstehen. Wer als Christ ein Handwerk ausüben oder Handel treiben wollte, mußte einer der dafür zuständigen Gilden angehören. Diese Mitgliedschaft forderte die Teilnahme an religiösen Vereinsfesten, die einer Gottheit, wohl auch dem Kaiser, geweiht waren. Wer als Christ dazu nicht bereit war, gefährdete seine wirtschaftlichen Möglichkeiten (vgl. die Problematik in den Sendschreiben nach Pergamon und Thyatira 2,12ff.18ff.). Das Zeichen, das jeder Bewohner des Reiches tragen muß, besteht im Namen des Tieres oder im Zahlwert seines Namens.

Vers 18 gibt für den eingeweihten Leser diesen Zahlwert an. Wer Weisheit und Verstand hat, vermag den Namen des Tieres zu dechiffrieren. Der Verfasser verrät, daß es die Zahl eines Menschen ist: 666. Entsprechend der Identifikation des Tieres mit der Gestalt des Nero redivivus, ist zu vermuten, daß auch die Zahl des Tieres als Zahl eines Menschen auf diesen Herrscher hinweist.

Aufgabe des Lesers ist es also, aus der angegebenen Zahl den Namen zu bestimmen. Das betrifft das in der Antike beliebte Verfahren der Gematrie. Man setzte die Buchstaben eines Wortes in Zahlenwerte um, addierte sie, und die so entstandene Summe ergab die Zahl eines Wortes. Umgekehrt war es eine besondere Kunst, aus dem Zahlenwert das entsprechende Wort zu entschlüsseln. Das ganze Spiel setzt voraus, daß Juden und Griechen keine Zahlzeichen kannten, sondern nur Buchstaben, die jeweils einen bestimmten Wert hatten: z. B. $a=1$, $b=2$, $i=10$, $k=20$. Die Frage stellt sich, welches Wort hinter dem Zahlenwert 666 steht. Erschwert ist eine Antwort dadurch, daß man nicht weiß, welches Alphabet man zugrunde legen soll, das griechische oder hebräische. Bei den griechisch sprechenden Lesern der Offb würde man zwar zunächst ein gematrisches Rätsel erwarten, das das griechische Alphabet voraussetzt; doch ist Johannes deutlich genug Judenchrist, und judenchristlicher Einfluß ist in den Gemeinden nicht einfach abzulehnen.

Die Deutung kompliziert sich noch deswegen, weil die Lesart des griechischen Textes nicht einheitlich ist. Codex Ephraemi (C) etwa schreibt 616. Doch ist 666 besser bezeugt, so daß dieser Lesart der Vorzug zu geben ist. Dabei ist 616 keine zufällige Variante oder ein Schreibfehler. Denn das dieser Zahl entsprechende Wort führt auf den Namen eines römischen Kaisers, der sehr gut die Schreckensgestalt des Römischen Reiches verkörpern konnte und deshalb auf den ersten Blick in den Zusammenhang von Offb 13 passen würde: Gaius Caesar, genannt Caligula (37–41 n. Chr.). Die Summe der Zahlenwerte des griechisch geschriebenen *Gaios Kaisar* ergibt nämlich genau 616 ($g=3+a=1+i=10+o=70+s=200+k=20+a=1+i=10+s=200+a=1+r=100$). Die Lesart 616 ist jedoch auch deshalb abzulehnen, weil die gegen Ende des 1. Jahrhunderts n. Chr. geschriebene Offb kaum auf die längst vergangene Gestalt Caligulas hinweisen wollte. Immerhin zeigt sich an dieser Variante, daß man sehr früh die ursprüngliche Bedeutung

der Rätselzahl 666 nicht mehr wußte und auf eine andere Zahl geraten hat, die mehr Sinn zu geben schien.

Diejenige Deutung, die bisher wohl am meisten Anklang fand, führt
die Zahl 666 auf Nero zurück, wobei man auf den Zahlenwerten
des hebräischen Alphabets aufbaut (Bousset, Charles, Hadorn,
Lohse, Collins): *nron qsr* (nun = 50 + resh = 200 + waw = 6 + nun
= 50 + qoph = 100 + samech = 60 + resh = 200). Diese Auflösung
paßt am besten zu der durchgehenden Beziehung des Tieres auf den
Nero redivivus. Zwei Argumente, die dagegen sprechen könnten,
lassen sich entkräften:

a) Johannes hätte bei seinen Griechisch sprechenden Lesern kaum
auf das hebräische Alphabet zurückgreifen können (vgl. Caird).
Doch geht es hier um esoterisches Wissen, das nur den Verständigen
zugänglich ist. Im übrigen zeigen 9,11; 16,16, daß der Verfasser seinerseits mit hebräischen Namen spielt.

b) Die Deutung auf Nero setzt eine ungewöhnliche hebräische
Schreibweise des Namens voraus, nämlich die defektive unter Weg-
lassung des *i* (bzw. hebräisch Jod) in *qsr* = Kaiser. Doch ist diese
Schreibweise inzwischen durch neue Funde belegt (Hillers).

Eine neuere Interpretation versucht, unter Benutzung des griechischen Alphabets auf Kaiser Nerva zu kommen (Kraft); die Summe
der griechischen Buchstaben M. NEPOYA ergibt 666. Doch steht
und fällt diese Möglichkeit mit der Deutung des siebten Königs in
17,10 auf Kaiser Nerva. Die Fülle der seit alters gegebenen Lösungsversuche (vgl. schon Iren AdvHaer V 30,1) zeigt die Schwierigkeit
des Zahlenrätsels 666 an (vgl. die Übersicht bei Ernst 141–145, auch
Hartingsveld).

Exkurs 6: Der römische Kaiserkult

Literaturauswahl: Boer, W. den (Hg.): Le culte des souverains dans l'empire
Romain, Entretiens sur l'antiquité classique 19 (1973) Vandoeuvres. – *Cer-
faux, L. – Tondriau, J.:* Le culte des souverains dans la civilisation gréco-
romaine, Paris 1957. – *Hansen, G.:* Herrscherkult und Friedensidee, in:
Umwelt des Urchristentums, hg. von J. Leipoldt u. W. Grundmann, Bd. 1,
Berlin ³1971, 127–142. – *Lohse, E.:* Umwelt des Neuen Testaments, NTD
Ergänzungsreihe 1 (⁵1980) Göttingen, 159–163. – *Nilsson, M. P.:* Geschichte
der griechischen Religion II, München ²1961, 132–185.384–395. – *Schütz,
R.:* Die Offenbarung des Johannes und Kaiser Domitian, FRLANT 50,
1933. – *Taeger, F.:* Charisma. Studien zur Geschichte des antiken Herrscher-
kultes, Stuttgart, Bd. 1 = 1957, Bd. 2 = 1960. – *Wlosok, A. (Hg.):* Römischer
Kaiserkult, WdG 372, Darmstadt 1978 (darin bes. *Wlosok, A.:* Einführung,

1–52, und *Charlesworth, M. P.*: Einige Beobachtungen zum Herrscherkult, besonders in Rom, 163–200).

Einen reichseinheitlichen Kaiserkult, der für alle Teile des Imperium Romanum in gleicher Weise galt, hat es nicht gegeben. Auch war die Form der Kaiserverehrung von Herrscher zu Herrscher verschieden. Allen Kulten ist jedoch gemeinsam, daß dem Kaiser zu Lebzeiten oder nach seinem Tode wie einem Gott oder als einem Gott kultische Verehrung zuteil wurde (Wlosok). Der römische Kaiserkult hatte Vorläufer, und zwar im Orient, wo die Könige seit je als Söhne der Götter angesehen wurden. Besonders wichtig war das Vorbild Alexanders d. Großen, der bei seinem Besuch des Ammonsorakels in der Oase Siwa vom Oberpriester als »Sohn des Gottes«, d. h. des Ammon, begrüßt wurde. Es entstanden verschiedene Alexanderkulte, etwa in den griechischen Städten Kleinasiens und in Griechenland.

Den Römern war die Vergottung eines Menschen zu Lebzeiten oder nach dem Tode an sich fremd. Allerdings gab es charismatische Vorstellungen, an die römische Imperatoren und Machthaber anknüpfen konnten, nachdem sie mit der hellenistischen Gottkönigsvorstellung im Osten konfrontiert wurden. Sie dienten Cäsar als Grundlage, wenn er seiner politischen Position eine religiöse Weihe verleihen wollte. Der Senat faßte eine Reihe sich steigernder Ehrenbeschlüsse, die im Jahre 44 v. Chr. die Gestalt einer wirklichen Vergottung annahm (Dio Cassius 44,6,4). Endgültig fand Cäsar nach seinem Tode durch offiziellen Beschluß Aufnahme unter die Staatsgötter (42 v. Chr.). Als Divus Julius erhielt er einen Tempel auf dem Forum.

Besondere Bedeutung hatte dies für seinen Adoptivsohn und Erben Octavian. Auf offiziellen Dokumenten nannte er sich divi filius (Sohn des Göttlichen). Dadurch fiel ein gewisser Abglanz auf seine eigene Person. Die Dankbarkeit der Römer für die Beendigung der Bürgerkriege äußerte sich in verschiedenen Senatsbeschlüssen, in denen ihm göttergleiche Ehren zuerkannt wurden. Darin kam jedoch auch die geschickte Regie des neuen Herrschers zum Ausdruck, der sich das Bedürfnis des Volkes nach religiöser Verehrung des Staatslenkers zunutze machte. Im Jahre 27 verlieh man ihm den Beinamen Augustus (der Erhabene), der eine sakrale Überhöhung ausdrückte. Doch vermied Augustus eine wirkliche Vergottung. Es gab in Rom keinen unmittelbaren Kult seiner Person. Erst nach seinem Tod erfolgte die Konsekration als Staatsgott, als Divus Augustus (14 n. Chr.).

Sein Nachfolger Tiberius förderte die göttliche Verehrung des Augustus, lehnte sie aber für seine eigene Person ab. Anders stand es mit Caligula und Nero. Altrömischer Tradition entsprach dagegen die persönliche Skepsis des Vespasian, der auf dem Totenbett spöttisch gesagt haben soll: »Weh mir, ich glaube, ich werde ein Gott.« Sein Sohn Domitian aber versuchte, ein absolutes Gottkaisertum durchzusetzen. Bezeichnend für seine Herrscherauffassung ist die Formel »Herr und Gott«. Sueton berichtet darüber: »Mit gleicher Anmaßung begann er ein amtliches Rundschreiben, das er im Namen seiner Steuerbeamten diktierte, mit den Worten: Unser Herr und Gott befiehlt folgendes. Daher wurde es Brauch, ihn später schriftlich und mündlich nie anders anzureden« (Domitian 13). In vielen Orten des Reiches wurden für ihn Bilder aus Marmor, Gold und Silber aufgestellt (Dio Cassius 67,8,1). In Ephesus errichtete man ihm einen Tempel mit seiner überlebensgroßen Statue. Unter Domitian kam es zu Verfolgungen im Rahmen der gegen den senatorischen Adel angestrengten Majestätsprozesse. In Rom wurde der Konsul Flavius Clemens wegen »Gottlosigkeit« hingerichtet und seine Frau Flavia Domitilla verbannt. Ihnen wurde vorgeworfen, »zu den Sitten der Juden« abzutreiben (Dio Cassius 67,14). Dies könnte mit der Ablehnung der göttlichen Verehrung des Kaisers zusammenhängen. Über aus solchem Grund erfolgte Christenverfolgungen in Kleinasien sind wir nur unzureichend unterrichtet. So erwähnt Plinius der Jüngere, römischer Statthalter in Bithynien, Leute, die vor zwanzig Jahren ihr Christentum aufgegeben haben, was in die Zeit Domitians führt (Briefe X 96). Im übrigen entwickelt Plinius seine Gerichtsverfahren gegen Christen anscheinend nicht als etwas Neues. Es ist nämlich bemerkenswert, daß er, nach eigener Aussage noch nie vorher an einem Verhör gegen Christen teilgenommen hatte, so schnell auf eine detaillierte Verfahrensweise kam, die praktisch zu sein schien. Dies spricht dafür, daß er bereits an eine vorgegebene Praxis angeknüpft hat (Charlesworth). Die angeklagten Christen mußten die Götter anrufen, vor des Kaisers Bild und den Statuen der Götter mit Weihrauch und Wein opfern und außerdem Christus verfluchen. Von diesem Verfahren sagt Plinius selbst, daß es Dinge seien, von denen *man sagt*, daß sich wirkliche Christen dazu nicht zwingen lassen. Das heißt doch wohl, daß er von dieser Praxis wußte und sie selbst nun anwendet. Es liegt nahe, sie in die Zeit Domitians zu datieren.

Der Kaiserkult diente primär politischen Zwecken. Er war Zeichen der Ergebenheit gegenüber dem Herrscher, die in religiös-kultischen Formen ausgedrückt wurde. Es war der Versuch des Imperiums, ein einigendes Band über die verschiedenen Völker des Reiches zu legen, wobei die Herrscherverehrung Ausdruck der Loyalität gegenüber dem Staat war und gegenüber den Christen zum entscheidenden Loyalitätskriterium wurde.

Die bisherige Betrachtung hat nur am Rande die Verhältnisse Kleinasiens berücksichtigt. Gerade dieses Gebiet, für das der Seher Johannes schreibt, ist für seine besondere Pflege des Kaiserkultes bekannt. Die dortigen griechischen Städte, die von ihren früheren Herren an diese Herrscherverehrung gewohnt waren, haben sie alsbald den Römern zugedacht. Jedenfalls ging die Initiative dazu in erster Linie von der Provinz aus. Schon im Jahr 195 v. Chr. erhielt die Göttin Roma, die als die vergottete Verkörperung der Macht Roms zu gelten hat, in Smyrna Kult und Tempel. Diese Kultgründung hatte primär diplomatisch-politische Gründe im Blick auf die wachsende Macht Roms. Wie römische Beamte vor ihm, empfing Cäsar im Jahre 48 v. Chr. eine allerdings gesteigerte Form der Huldigung durch die Städte in der Provinz Asia. Man nannte ihn »den von Ares und Aphrodite stammenden, sichtbar erschienenen Gott und allgemeinen Heiland (Soter) des menschlichen Lebens«.

Kaiser Augustus hat seiner offiziellen Vergottung zu Lebzeiten im Westen des Reiches und besonders Rom nie zugestimmt. Anders stand es für den Osten. Er gestattete den Provinzen Asia und Bithynien, Kultstätten für sich und die Göttin Roma zu errichten (in Pergamon und Nikomedien). Diese im Jahre 29 v. Chr. erfolgte Maßnahme hatte ein doppeltes Gesicht: Einmal wahrte Augustus mit Rücksicht auf römische Kreise Zurückhaltung, indem er seinen Kult nur in Verbindung mit dem der Göttin Roma erlaubte, zum anderen kam er den Provinzialen dadurch entgegen, daß er als überzeugender Souverän auftrat, für den im Osten der Kult seiner Person einfach dazugehörte (Wlosok). Hier drückte sich ein echtes religiöses Bedürfnis aus. Nach den vielen Kriegen, die die Provinzen ertragen mußten, war Augustus der, der nach Not und Elend Frieden und Wohlfahrt verbürgte. Diese Stimmung kommt im berühmten Kalendererlaß von Priene (9 v. Chr.) zum Ausdruck. Die griechischen Städte der Asia sprachen von Augustus als Heiland (Soter) und Gott, dessen Geburtstag den Anfang der Freudenbotschaften an alle Welt bildete, von dessen Geburt an die Zeit des Lebens beginnt.

In einem solchen Milieu ist die Offb geschrieben. Die führenden Schichten der Provinz stellten den Oberpriester des Kaiserkultes und förderten diesen nach Kräften. Unter Domitian, der nicht wie Augustus Zurückhaltung gegenüber der Verehrung der eigenen Person übte, mußten diese Kreise besonderen Auftrieb gewinnen. Nachdem schon Pergamon und Smyrna Provinzialtempel zu Ehren des Augustus und der Göttin Roma erhalten hatten, folgte Ephesus mit dem dritten Tempel zu Ehren Domitians (Schütz 18–20). Die meisten Städte Kleinasiens prangten von Weihinschriften mit den göttlichen Titeln dieses Kaisers. Die Verfolgung der Christen, die die göttliche Verehrung des Herrschers ablehnten, ist in dieser Zeit begreiflich. Allerdings hat man nicht an eine allgemeine, von Domitian angeordnete Christenverfolgung zu denken. Vielmehr waren es wohl vereinzelte, von den örtlichen Propagandisten (etwa der Priesterschaft des Kaiserkults) betriebene Aktionen. Dafür spricht, daß gerade das zweite Tier, der Pseudoprophet, zum Kaiserkult anhält (13,14). Erst für die nächste Zukunft erwartet Johannes eine umfassende, systematisch betriebene Verfolgung.

Das Lamm und die vollendeten Christen auf dem Zion: 14,1–5

1 Und ich sah, und siehe, das Lamm stand auf dem Berge Zion, und mit ihm hundertvierundvierzigtausend, die seinen Namen und den Namen seines Vaters auf ihren Stirnen geschrieben hatten. 2 Und ich hörte eine Stimme vom Himmel wie die Stimme vieler Wasser und wie die Stimme eines lauten Donners; und die Stimme, die ich hörte, war wie die von Zitherspielern, die auf ihren Zithern spielten. 3 Und sie singen (etwas) wie ein neues Lied vor dem Thron und vor den vier Wesen und den Ältesten. Und niemand konnte das Lied ver-

nehmen außer den hundertvierundvierzigtausend, die von der Erde losgekauft sind. 4 Dies sind die, die sich mit Frauen nicht befleckt haben; denn jungfräulich sind sie. Dies sind die, die dem Lamme folgen, wohin es auch geht. Diese sind losgekauft aus den Menschen als Erstlingsgabe für Gott und das Lamm, 5 und in ihrem Munde wurde keine Lüge gefunden; ohne Fehl sind sie.

Literaturauswahl: Bornkamm, G.: Komposition 211. − *Campenhausen, H. v.:* Die Askese im Urchristentum, in: *ders.:* Tradition und Leben, Tübingen 1960, 114−156. − *Delling, G.:* Art. *parthenos,* ThWNT V, 1954, 824−835. − *Hauck, F.:* Art. *molynō,* ThWNT IV, 1942, 744f. − *Jörns, K.-P.:* Das hymnische Evangelium 124f. − *Kretschmar, G.:* Ein Beitrag zur Frage nach dem Ursprung frühchristlicher Askese, ZThK 61 (1964) 27−67. − *Lindijer, C. H.:* Die Jungfrauen in der Offenbarung des Johannes 14,4, in: Studies in John Presented to J. N. Sevenster, NT.S 24 (1970) 124−142. − *Müller, U. B.:* Zur frühchristlichen Theologiegeschichte 35f. − *Niederwimmer, K.:* Askese und Mysterium, FRLANT 113 (1975) 186−188. − *Rissi, M.:* Was ist 93−95. − *Satake, A.:* Gemeindeordnung 39−47. − *Schüssler Fiorenza, E.:* Priester für Gott 384−387.

Für die Interpretation von 14,1−5 ist wichtig, in welchem Zusammenhang der Abschnitt steht. Nach der Ankündigung der weltweiten Verfolgung der Christen, die nicht das Malzeichen des Tieres tragen (Kap. 13), schildert der neue Visionsbericht das Lamm auf dem Berg Zion zusammen mit den 144000, die seinen Namen und den seines Vaters auf der Stirn geschrieben haben. Sie sind offenbar das Gegenbild zu jenen, die das Zeichen des Tieres empfingen. Die 144000 sind identisch mit den Verweigerern des Kaiserkultes. Um ihr Schicksal an der Seite des Lammes geht es in dieser Vision. Es kann kein Zweifel sein, was damit konkret gemeint ist. 14,6−12 handelt vom endgerichtlichen Zorn über das Tier und seine Anbeter; 14,13 enthält eine Verheißung für die Toten, die im Herrn sterben, und 14,14−20 beschreibt wiederum das Gericht. Von daher muß auch 14,1−5 eine Aussage über die eschatologische Zukunft machen. Der Abschnitt deutet das endgültige Heil derer an, die nicht das Malzeichen des Tieres, sondern den Namen des Lammes und seines Vaters empfangen haben (vgl. 22,4; 3,12). Angesichts der drohenden Verfolgung will der Verfasser Trost und Stärkung geben (Satake). Schon von der Berücksichtigung des Kontextes her verbietet sich eine Deutung, die in 14,1−5 ein Bild der gegenwärtig auf Erden lebenden Kirche sieht, die unter dem Schutz Gottes und des Lammes steht (Behm, Wikenhauser).

Der Seher schaut Christus, das Lamm, auf dem Berg Zion, bei ihm
die 144000 (Vers 1). Hier wirkt die Vorstellung nach, daß der Messias sich in der Endzeit auf dem Zion offenbaren werde (4 Esr
13,35 f.; syrBar 40,2: Gericht über die Sünder); aufgrund von Jo 3,5
ist der Zion dabei Ort der Rettung. Fraglich ist nur, ob an den irdischen oder himmlischen Zion gedacht ist. Da das Lamm in der Offb
im allgemeinen im Himmel erscheint (nicht 17,14), dürfte hier dasselbe gelten. Die visionäre Szene ist Vorwegnahme der kommenden
Vollendung. In 7,4 ff. ist die Zahl 144000 Bild für die Gesamtheit der
Stämme Israels. Israel ist allerdings übertragen gebraucht und meint
die irdische Kirche Jesu Christi als das Gottesvolk der Endzeit, das
unter Gottes Schutz steht. Während nun 7,1–8 die Situation des
wahren Israels in der endzeitlichen Bedrängnis im Auge hat, schildert 14,1–5 die Lage der Vollendeten, die die Prüfung überstanden
haben.

In Vers 2 f. folgt eine Audition, bei der Johannes eine himmlische
Stimme hört, deren gewaltiger Charakter durch den Vergleich mit
dem Rauschen vieler Wasser (vgl. 1,15; 19,6) und dem Rollen des
Donners (vgl. 6,1; 19,6) betont wird. In einem weiteren Vergleich
erscheint die Stimme wie die Musik von Zitherspielern; damit wird
auf den himmlischen Lobgesang verwiesen (5,8; 15,2). Der Verfasser denkt an Engelchöre, die vor Gottes Thron (vgl. Kap. 4) ein
»neues Lied« singen (vgl. 5,9; 15,3). Sein Inhalt wird nicht mitgeteilt, er bleibt auch dem Seher unbekannt. Nur die 144000 als die
Vollendeten können ihn vernehmen. Damit wird der proleptische
Charakter der Szene deutlich. Obwohl 14,1–5 die eschatologische
Vollendung schildert, geschieht dies betont andeutend. Erst in
19,1 ff. teilt der Seher den eschatologischen Siegesgesang mit, den
die »unendlich große Schar« anstimmt. Überhaupt steht 14,1–5 im
Verhältnis von Vorwegnahme und Verwirklichung zu 19,1–10
(Bornkamm, Jörns): In Kap. 14 wird der himmlische Lobgesang von
den 144000 nur vernommen, aber noch nicht mitgesungen, während
in 19,1 ff. die große Schar der vollendeten Christen sich in der Anbetung mit den 24 Ältesten und den 4 Wesen vereint. In Vers 4 f. versucht der Verfasser, die 144000 näher zu charakterisieren. Er benutzt dazu die Form von Deutesätzen, die (im Anschluß an apokalyptische Visionsberichte) das Geschaute interpretieren (vgl. 1,20;
7,14 ff.; 17,9 ff. 12 ff.).

Zunächst heißt es von den 144000: Sie haben sich mit Frauen nicht
befleckt, da sie »jungfräulich« sind. Umstritten ist, ob dies wörtlich
im Sinne von geschlechtlicher Askese (Bousset, Lohmeyer) zu verstehen ist oder übertragen als symbolischer Ausdruck für die be-

währte Glaubenstreue der Gemeinde (Hauck, Delling), die nicht zur »Unzucht« bzw. »Hurerei« des Götzendienstes gegenüber dem Tier abgefallen ist (Wikenhauser, Lohse, Satake). Für die letztgenannte Deutung könnte sprechen, daß wie bei den atl. Propheten (z. B. Hos 2,14–21; Jer 2,2–6) auch in der Offb »Hurerei« einen symbolischen Ausdruck für Abfall von Gott darstellen kann (14,8; 17,2.4; 18,3.9; 19,2). Würde hier ein wörtliches Verständnis vorliegen, ergäbe sich die Konsequenz, daß bei den 144000 ein besonders ausgegrenzter Kreis unter den Christen begegnet, eben Asketen, die jedem geschlechtlichen Verkehr bei Lebzeiten entsagt haben. Das aber würde sich nicht mit dem Zusammenhang, in dem 14,1–5 steht, vertragen. Es geht hier offensichtlich um die ganze christliche Gemeinde, die zur Vollendung gelangt ist, nicht um herausragende einzelne.

Die Alternative, »Jungfräulichkeit« entweder wörtlich oder übertragen zu denken, überzeugt jedoch nicht unbedingt. Gewiß schaut der Seher in dieser Vision die verklärte Gemeinde als ganze. Doch könnte er sie mit Begriffen schildern, die *seinem* Ideal von Christsein entsprechen, ohne daß alle Christen in Wirklichkeit Asketen waren (Kretschmar, Müller). Für die eigene Lebensform des Verfassers, der einem Prophetenkreis entstammt, dürfte der Verzicht auf die Ehe gegolten haben.

Er und seinesgleichen setzen damit auf ihre Weise eine Praxis von Wanderpropheten fort, die »Eunuchen« waren um der Gottesherrschaft willen (Mt 19,12). Zu vergleichen ist auch die Forderung judenchristlicher Kreise in den Past, die die Ehe ablehnten (1 Tim 4,3), wie das Verhalten bewährter Propheten in der Did, die die Enthaltung von der Ehe selbst praktizieren, ohne andere zu lehren, dasselbe zu tun (Did 11,11). Der Verfasser zeichnet die 144000 mit Begriffen, die für die eigene Lebensform bezeichnend sind (Kretschmar).

Eine bloß übertragene Deutung der »Jungfräulichkeit« scheitert wohl an der Präzision des Ausdrucks, der als Näherbestimmung zum Vordersatz tritt, der seinerseits ein übertragenes Verständnis zuließe (vgl. 3,4). (»Jungfrau«, bezogen auf Männer, findet sich in der jüdischen Schrift »Joseph und Aseneth« 3,6.)

Eine weitere Bestimmung der 144000 bezeichnet sie als solche, die dem Lamme nachfolgen, wohin es auch geht. In den Evangelien (z. B. Mt 10,38 f.; Mk 8,34) meint Nachfolge die Beziehung der Jünger zum irdischen Jesus, hier dagegen das Verhältnis zum gekreuzigten und erhöhten Herrn. Nachfolge schließt dabei die Möglichkeit des Leidens und Sterbens und damit des Martyriums ein, gleichzei-

tig aber auch die himmlische Vollendung, wie die ganze visionäre
Szene zeigt. Auffällig ist das Tempus (Partizip Präsens); analog den
umgebenden Sätzen ist die Nachfolge aber auf die Vergangenheit der
Vollendeten zu beziehen (wie das Partizip Präsens in 7,14; Bousset).

Die vollendeten Christen sind aus der Masse der verlorenen Menschen (Vers 3: »von der Erde«) losgekauft – durch den Preis des Blutes Christi (5,9); deshalb sind sie Erstlings- bzw. Opfergabe für Gott
und das Lamm. Der Opferbegriff ist nicht prägnant gebraucht, so
daß bei allen an das Martyrium als Opfer für Gott zu denken wäre.
Vielmehr meint das Wort primär, daß die Christen Gottes Eigentum
geworden sind. Abschließend wird ihre untadelige Beschaffenheit
mit Bezug auf Stellen wie Jes 53,9; Zeph 3,13 ausgedrückt. Das Bild
vom Opfer wirkt noch einmal nach, wenn sie »ohne Fehl« genannt
werden (vgl. 1 Petr 1,19; Hebr 9,14).

14,1–5 hat vornehmlich den Sinn, die durch den Kaiserkult be-
drängten Christen (Kap. 13) durch den Ausblick auf die Vollendung
zu trösten. In Vers 4 f. tritt allerdings ein paränetisches Motiv hinzu.
In den positiven Aussagen über die verklärten Christen zeichnet der
Verfasser das Ideal der vollendeten Gemeinde, das als mahnendes
Vorbild für die irdischen Gläubigen dienen soll.

Vorgreifende Schilderung des Gerichts: 14,6–20

6 Und ich sah einen anderen Engel hoch oben am Himmel fliegen, der hatte eine ewige Botschaft über die, die auf Erden
sitzen, zu verkünden, und (zwar) über jede Nation und Stamm
und Sprache und Volk, 7 und er rief mit lauter Stimme:
Fürchtet Gott und gebt ihm die Ehre, denn gekommen ist die
Stunde seines Gerichts; und betet den an, der den Himmel
und die Erde und Meer und Wasserquellen gemacht hat.
8 Und ein anderer zweiter Engel folgte und rief: Gefallen,
gefallen ist Babylon, die große, die alle Völker hat trinken lassen vom Zorneswein ihrer Unzucht.   9 Und ein anderer drit-
ter Engel folgte ihnen und rief mit lauter Stimme: Wenn einer
das Tier und sein Bild anbetet und das Malzeichen auf seine
Stirn oder auf seine Hand nimmt,   10 der wird trinken vom
Zorneswein Gottes, der unvermischt eingegossen ist im Becher seines Zornes, und wird mit Feuer und Schwefel gequält
werden vor den heiligen Engeln und vor dem Lamm.   11 Und
der Rauch von ihrer Qual steigt in alle Ewigkeit auf, und sie

haben keine Ruhe Tag und Nacht, die das Tier und sein Bild anbeten und wenn einer das Malzeichen seines Namens annimmt. 12 Hier ist die Standhaftigkeit der Heiligen (vonnöten), die die Gebote Gottes und den Glauben an Jesus bewahren. 13 Und ich hörte eine Stimme vom Himmel sprechen: Schreibe! Selig sind die Toten, die im Herrn sterben von nun an. Ja, spricht der Geist: Sie sollen ausruhen von ihren Mühen, denn ihre Werke folgen ihnen nach.

14 Und ich sah, und siehe eine weiße Wolke, und auf der Wolke (sah ich) einen gleich einem Menschensohn sitzen, der hatte auf seinem Haupt einen goldenen Kranz und in seiner Hand eine scharfe Sichel. 15 Und ein anderer Engel kam aus dem Tempel heraus und rief mit lauter Stimme dem, der auf der Wolke saß, zu: Sende deine Sichel aus und ernte, denn gekommen ist die Stunde zu ernten, denn die Ernte der Erde ist überreif geworden. 18 Und der auf der Wolke saß, legte seine Sichel an die Erde, und die Erde wurde abgeerntet. 17 Und ein anderer Engel kam aus dem Tempel im Himmel heraus, der hatte auch eine scharfe Sichel. 18 Und ein anderer Engel kam vom Altar her, der hatte Macht über das Feuer. Und er rief mit lauter Stimme dem, der die scharfe Sichel hatte, zu: Sende deine scharfe Sichel aus und ernte die Trauben des Weinstocks der Erde ab, denn seine Beeren sind reif geworden. 19 Und der Engel sandte seine Sichel auf die Erde und erntete den Weinstock der Erde ab und warf (es) in die große Zorneskelter Gottes. 20 Und die Kelter wurde außerhalb der Stadt getreten, und Blut floß aus der Kelter bis herauf an die Zügel der Pferde, eintausendsechshundert Stadien weit.

Literaturauswahl: Berger, K.: Die Amen-Worte Jesu, BZNW 39 (1970) 82–86.117–119. – Bornkamm, G.: Komposition. – Ders.: Art. lēnos, ThWNT IV, 1942, 259–262. – Friedrich, G.: Art. euaggelion, ThWNT II, 1935, 718–733. – Holtz, T.: Christologie 128–134. – Jeremias, J.: Markus 14,9, in: ders.: Abba. Studien zur neutestamentlichen Theologie und Zeitgeschichte, Göttingen 1966, 115–120. – Lohse, E.: Der Menschensohn in der Johannesapokalypse, in: R. Pesch – R. Schnackenburg (Hg.): Jesus und der Menschensohn (FS A. Vögtle), Freiburg/Basel/Wien 1975, 415–421. – Müller, U. B.: Messias und Menschensohn 190–199. – Ders.: Prophetie und Predigt 47–56. – Rissi, M.: Was ist 14–16. – Schaik, A. P. van: Allos aggelos in Apk 14, in: J. Lambrecht (Hg.): L'Apocalypse johannique 217–228. – Stuhlmacher, P.: Das paulinische Evangelium. I: Vorgeschichte, FRLANT 95 (1968), bes. 210–218.

Wie 14,1–5 im Blick auf das eschatologische Heil im Verhältnis von Vorwegnahme und endgültiger Verwirklichung zu 19,1–10 stehen, so greifen 14,6–20 auf das später dargestellte Gerichtsgeschehen andeutend voraus (Bornkamm). Ein erster Engel (Vers 6 f.) kündigt das Gericht über alle Völker bereits an, das in Kap. 19 zum Abschluß kommt. Ein zweiter Engel (Vers 8) proklamiert den Sturz Babylons – ein Vorgang, den Kap. 18 endgültig schildert. Ähnlich steht es mit dem dritten Engel (Vers 9–11), der ein Gerichtswort über die Anhänger des Tieres und seines Bildes ausspricht, das ebenfalls auf Kap. 18 vorausweist. Entsprechend zeigt sich, daß 14,14–20 seine Parallele in 19,11–21 hat. Erscheint der Christus erst andeutend im Kreis von Gerichtsengeln, ohne daß seine zentrale Rolle voll sichtbar wird (14,14), so offenbart er sich in 19,11 ff. als der wahre »König der Könige und Herr der Herren«, der das Tier und die Könige der Erde vernichtet.

Der Abschnitt 14,6–20 gliedert sich in die Teile Vers 6–11 und Vers 14–20, die durch die unmittelbare prophetische Anrede an die Leser des Buches unterbrochen werden (Vers 12 f.). In beiden Teilen spielen Engel eine wichtige Rolle. In Vers 6–11 ist ihr Auftreten als kompositorisches Element gleichrangig: Sie werden mit Ordnungszahlen gezählt, ein jeder hat eine Botschaft zu verkünden. In Vers 14–20 findet die Zählung keine Fortsetzung; ein Engel gibt jeweils der ihm zugeordneten weiteren Engelgestalt einen Befehl. Trotz der verschiedenen Funktion der Engel in den beiden Abschnitten ist der inhaltliche Zusammenhang durch das Gerichtsthema gewahrt: »... gekommen ist die Stunde seines Gerichts« (Vers 7) – »... gekommen ist die Stunde zu ernten« (Vers 15).

Ein im Zenit des Himmels fliegender Engel (vgl. 8,13) hat »eine ewige Botschaft« zu verkünden. Adressat ist die sündige Welt, wie die sonst gebrauchte, dem vorliegenden Ausdruck gleichbedeutende Wendung »Bewohner der Erde« nahelegt (3,10; 6,10; 8,13; 11,10); es geht alle Völker ohne Ausnahme an (vgl. 5,9; 7,9; 10,11; 11,9; 13,7; 17,15). Diese Botschaft meint nicht das *eine* Evangelium von der Heilsbedeutung von Kreuz und Auferstehung Jesu, wie es besonders paulinischem Sprachgebrauch (z. B. 1 Kor 15,1 ff.; Gal 1,7; Röm 1,16; vgl. Mk 13,10) entspricht. Der Ausdruck »Evangelium« scheint frei von jedem christologischen Bezug und bedeutet die durch Engelmund verkündete, ewig gültige Botschaft vom Anbruch des göttlichen Gerichts (ähnlich 10,7).

»Evangelium« wird hier auf jüdischen Sprachgebrauch zurückgehen, zumal die Wortverbindung *euaggelizein euaggelion* auf hebräischen Hintergrund verweist (Stuhlmacher). Es liegt also Überset-

zungsgriechisch vor, das unabhängig vom sonstigen ntl. Traditions-
zusammenhang zu erklären ist. Das hinter *euaggelion* stehende hebräische Wort *besorah* erscheint im jüdischen Bereich im Sinne von
befreiender Heilsbotschaft, Engelbotschaft, prophetischer Heils-
und Unheilsbotschaft (Stuhlmacher 152f.).
Zur Aussage des ersten Engels gehört die Aufforderung an alle Welt,
Gott zu fürchten und ihm die Ehre zu geben. Entgegen einer verbreiteten Deutung ist dies kein Ruf zur Umkehr und Buße (z. B.
Bousset, Wikenhauser, Lohse), da nach dem Zusammenhang gar
keine Zeit mehr zur Buße für die Erdenbewohner besteht; denn die
Stunde göttlichen Gerichts ist bereits gekommen. Vers 7 hat keinen
werbenden oder missionierenden Klang. Der Engel ruft dazu auf,
dem Gerichtsherrn der Welt Anerkennung zu zollen. Wie die nach
der Demonstration göttlicher Macht Übriggebliebenen (11,13) dem
Gott des Himmels zwangsläufig die Ehre geben, so die Menschen
angesichts der Proklamation des unentrinnbaren Gerichts Gottes.
Gottes Größe zwingt zum anerkennenden Lobpreis. Weil die Masse
der Menschen nicht umkehrten und Gott die Ehre gaben (16,9; vgl.
9,20f.; 16,11), müssen sie in der Stunde des Gerichts die Macht des
Richters fürchten und preisen. Wie 11,13 entstammt die Wendung,
Gott die Ehre zu geben, der Gattung der Gerichtsdoxologie (Jos
7,19), bei der der Schuldige die Rechtmäßigkeit der Strafe aner-
kennt. Der Richtergott ist dabei zugleich der Schöpfergott. Die Erdenbewohner haben am Ende ihn, der alles geschaffen hat (zur Aufzählung der Schöpfungswerke vgl. 4,11; 10,6 und Gen 14,22; Ex
20,11; Ps 146,6), und nicht das Tier anzubeten.
Der zweite Engel verkündet wie ein Herold, daß die große Stadt
Babylon gerichtet ist (Vers 8). Er benutzt dazu atl. Prophetenworte
(Jes 21,9; vgl. Jer 50,2; 51,8), die den Fall der Stadt als bereits verwirklicht proklamieren. Die Bezeichnung »das große Babylon«
stammt dabei aus Dan 4,27. Der Text weist auf die endgültige Schilderung von Babels Fall voraus (18,2). Babylon gilt im AT als Stadt
des Götzendienstes und der Gottlosigkeit. Hier ist es apokalyptischer Deckname für Rom (vgl. 17,9) – ein Sprachgebrauch, der im
Judentum und Christentum nach dem Jüdischen Krieg 66–70
n. Chr. aufgekommen ist (syrBar 67,7; OrSib 5,143.159; 1 Petr
5,13). Der Relativsatz in Vers 8 zeigt die Schuld Roms auf. Es hat
durch den Wein seiner »Unzucht« = Götzendienst alle Völker trunken gemacht, d. h. zum Götzendienst verführt (17,2; 18,3). Der
»Wein« ist zugleich der Zorneswein Gottes; denn durch seine Ver-
führungskünste hat Rom die Völker dem Zorn Gottes überantwortet. Die Formulierung des Textes folgt in freier Weise Jer 51,7. Aller-

dings reicht dort Gott selbst den Völkern den Zorneswein (vgl. auch Jer 25,15 ff.); in 14,8 ist es Babylon.

Der dritte Engel (Vers 9–11) droht das Strafgericht über die Anhänger des Kaiserkultes an. Dabei fällt Vers 10 aus dem berichtenden Visionsstil heraus und weissagt die endgültige Vernichtung in Futurform. Vers 10 nimmt das Bild vom Wein aus Vers 8 auf, aber in dem von den atl. Texten vorgebildeten Sinne: Gott reicht den Zorneswein, den die dem Tier verfallenen Menschen trinken müssen (zur Ausdrucksweise vgl. Ps 75,9; Jer 51,7). Anschließend wird die angekündigte Strafe näher präzisiert. Wie die Gottlosen Sodoms und Gomorrhas werden sie durch Feuer und Schwefel gepeinigt werden (vgl. Gen 19,24; Jes 34,9; Offb 19,20; 20,10). Daß die Bestrafung angesichts der Engel und des Lammes erfolgt, entspricht jüdisch-apokalyptischer Vorstellung (äthHen 48,9; vgl. auch Lk 12,9). Die Engel als Gerichtsforum erscheinen in der Reihenfolge vor dem Lamm, weil sie wahrscheinlich als jüdische Umschreibung für Gottes Gegenwart zu gelten haben. Vers 11 bietet eine weitere Steigerung der Strafschilderung (vgl. 19,3; 20,10). Die kommende Qual ist unaufhörlich (Jes 34,9 f.). Betont werden noch einmal die Anhänger des Cäsarenkultes erwähnt, um sie gegenüber den christlichen Gemeinden als diejenigen zu bezeichnen, die in besonderer Weise dem Endgericht verfallen. Dabei wird die drohende Mahnung an die Gemeinden mitschwingen, nur ja nicht der Verführung dieses Kultes nachzugeben.

Vers 12 f. unterbrechen die Unheilsankündigungen, die erst in 14,14–20 eine Fortsetzung finden, um die christliche Gemeinde unmittelbar anzusprechen. Wie 13,10 fordert Vers 12 zur Standhaftigkeit auf; sie ist das notwendige Verhalten derer, die im Blick auf die anbrechende Verfolgung an den Inhalten des Christseins, Gebote Gottes und Glaube an Jesus, festhalten (vgl. 1,3; 12,17). Die Seligpreisung Vers 13 unterstreicht diese Mahnung. Sie wird als Wort eingeleitet, das in besonderer Weise gültig ist, weil Johannes es vom Himmel her hört und durch die Himmelsstimme zu seiner Niederschrift aufgefordert wird. Es ist damit in typisch apokalyptischer Weise legitimiert (vgl. 19,9; 21,5). Die Seligpreisung richtet sich an alle, die den Märtyrertod sterben müssen, um sie zu trösten und zu stärken. Die Verheißung gilt denen, die »von nun an«, d. h. in der jetzt bald beginnenden endzeitlichen Verfolgung, getötet werden. Die Toten in Christus (vgl. 1 Kor 15,18; 1 Thess 4,16) sind die, welche aufgrund des Bekenntnisses zu Christus ihr Leben verlieren werden.

Der prophetische Geist, der durch den Seher spricht, antwortet auf die Himmelsstimme und bekräftigt die Seligpreisung durch »Ja«, das

seiner Funktion nach einem responsorischen Amen gleichkommt.
Die folgende Aussage ist als unmittelbare Geistrede gekennzeichnet
(Apg 13,2; 1 Tim 4,1; IgnPhld 7,2; Offb 22,17), bei der der Prophet,
der nur Werkzeug des Geistes ist, gar nicht ausdrücklich genannt
wird (Müller). Inhaltlich sagt die Verheißung den Märtyrern die
eschatologische »Ruhe« an, nämlich das Wohnen in der himmlischen Heimat (vgl. Hebr 4,3.9f.). Die Begründung folgt ganz jüdischen Vorstellungen. Die guten Werke haften dem Menschen als
gute Tatsphäre an und folgen ihm in den himmlischen Bereich, so
daß er von Gott die Folgen seines Tuns, das eschatologische Heil,
erlangt. Von der Situation des Endgerichts heißt es 4 Esr 7,35:
»... die Werke *folgen nach;* die Vergeltung erscheint, die guten Taten
erwachen, die bösen schlafen nicht mehr.« Vgl. auch Pirke Aboth
6,9: »In der Stunde des Abscheidens eines Menschen begleiten ihn
weder Silber noch Gold, noch Edelsteine noch Perlen, sondern allein Torakenntnis und gute Werke.«
Nach der unmittelbaren Anrede des Sehers an die Gemeinde beginnt
ein weiterer Visionsbericht, der eine vorgreifende Schilderung der
Parusie des Christus beinhaltet (vgl. 19,11–21). 14,14–20 besteht
aus zwei parallel strukturierten Teilen. Zunächst erscheint jeweils
eine himmlische Gestalt (Vers 14 par. Vers 17), dann tritt ein Engel
auf, der der ersten Gestalt einen Befehl erteilt (Vers 15 par. Vers 18),
schließlich erfolgt die Durchführung dieses Befehls (Vers 16 par.
Vers 19f.). Beide Male handelt es sich um Befehl und Durchführung
einer Gerichtsaktion, das erste Mal im Bild der Getreideernte, das
zweite Mal der Weinernte. Die Bilder entstammen Jo 4,13, wo sie im
poetischen Parallelismus erscheinen, hier jedoch als sachliche Dop-
pelheit verstanden sind (Lohmeyer).
Zu Beginn des neuen Visionsberichts schaut der Seher eine weiße
Wolke und auf ihr eine Gestalt »gleich einem Menschensohn«
(Vers 14). Deutlich ist der literarische Anschluß an Dan 7,13, wo die
entsprechend beschriebene Himmelsfigur das Volk der Heiligen des
Höchsten (Israel) symbolisiert. Hier ist der Bezug auf Jesus Christus
eindeutig (vgl. die Parallele Offb 1,13 ff. und der Menschensohntitel
für Jesus in den Evangelien). Es fällt auf, daß in der Offb Menschensohn nicht als Titel für Christus begegnet, sondern in apokalyptischer Umschreibung entsprechend Dan 7,13: »(einer) gleich einem
Menschensohn«. Die Darstellung benutzt ein literarisches Element
aus der Epiphanieterminologie von Dan 7, es handelt sich also um
eine Christophanie (van Schaik). Die Gestalt trägt wie die 24 himmlischen Ältesten (4,4) einen goldenen Kranz (vgl. auch der goldene
Kranz des Messias Midr Ps 21,2) und eine scharfe Sichel. Damit wird

bereits auf das vom Menschensohngleichen durchzuführende Gericht verwiesen (Bild der Getreideernte Vers 16). Wahrscheinlich
deutet sich dieser Gedanke schon dadurch an, daß der Menschensohngleiche nicht »kommt« (Dan 7,13), sondern auf der weißen
Wolke »sitzt«. In Jo 4,12 – beachte die Nähe zu dem für 14,14–20
grundlegenden Text Jo 4,13 – wird Gott ebenfalls sitzen, d. h. thronen, um die Völker zu richten.

Aus dem himmlischen Tempel erscheint »ein anderer Engel« und
erteilt der Gestalt aus Vers 14 den Befehl, die Sichel anzulegen und
zu ernten, d. h., das Gericht durchzuführen (Vers 15). Dies geschieht anschließend (Vers 16). Der Ausdruck »ein *anderer* Engel«
bezieht sich kaum speziell auf die Gestalt von Vers 14, so daß diese
ebenfalls als Engel zu verstehen ist (Bousset, Müller). Das Attribut
»ein anderer« dient einfach der recht schematischen Gliederung in
der Aufeinanderfolge der verschiedenen Engel. Der Engel aus
Vers 15 fungiert als Überbringer eines göttlichen Befehls, da er aus
dem Bereich Gottes kommt; deshalb liegt keine Unterordnung des
Menschensohngleichen unter den Engel vor. Da schon die Engel von
14,6–11 als Boten Gottes handeln, ist der »andere Engel« von
Vers 15 ihnen zuzuordnen, zumal er wie sie die Stunde des Gerichts
verkündet.

Unbegründet ist die These, in der Vers 14–16 geschilderten Weizenernte ein Bild für die eschatologische Sammlung der Erwählten (vgl.
Mk 13,27) zu sehen (Hadorn, Lohmeyer, Holtz, Rissi). Aufgrund
der Bedeutung von Jo 4,13 und der Parallelität zu Vers 17–19 sowie
der deutlichen Gerichtsaussage in Vers 15, die dem Sinne nach Vers 7
entspricht, kann die Weizenernte nur das Vernichtungsgericht an
den Ungläubigen, nicht aber die Heilsaktion an den Gläubigen meinen.

Bei dem zweiten Gerichtsbild der Weinernte erscheint zunächst wie-
der ein Engel, der eine scharfe Sichel trägt (Vers 17). Ein anderer
Engel, der vom Altar, dem Brandopferaltar im Himmel, kommt,
gibt ihm den Befehl, die Traubenernte durchzuführen (Vers 18). Die
Herkunft dieses Engels vom Brandopferaltar läßt an 6,9–11 und
8,3–5 denken. In 6,9–11 flehen die Seelen der Märtyrer unter dem
Altar um die Durchführung des Gerichts, und in 8,3–5 bringt ein
Engel die Gebete der Heiligen zusammen mit dem Rauchwerk vor
Gottes Thron. Die Strafaktion der Posaunenvisionen brachten bereits eine Erhörung der Gebete; die Durchführung des Gerichts in
14,17–20 ist ebenfalls als göttliche Antwort auf die Gebete der Heiligen zu deuten. Die Menschheit begegnet hier im Bilde eines großen
mit Trauben behängten Weinstocks (vgl. Ps 80,9 ff.), den es abzuern-

ten gilt. Diese Aufgabe führt der Engel mit der Sichel durch (Vers 19). Er wirft die Trauben in die große Zorneskelter Gottes. In Jes 63,3 ist Gott der große Keltertreter; hier wird dieses Gerichtshandeln passivisch umschrieben (Vers 20). Die Folge des Keltertretens ist, daß eine ungeheure Menge Blut fließt »bis herauf an die Zügel der Pferde« (vgl. äthHen 100,3 ff.), 1600 Stadien weit. Dieser Zug weist auf eine Vernichtungsschlacht hin, die dann in 19,17 ff. geschildert wird. Sie findet »außerhalb der Stadt« statt, was wohl auf Jerusalem deutet, da nach Jo 4,2.12 (vgl. die Nähe zu Jo 4,13) die Vernichtung im Tal Josephat außerhalb Jerusalems vor sich geht. Die Zahl »eintausendsechshundert Stadien« hat gewiß symbolischen Sinn. Als ein Vielfaches der Weltzahl 4 soll sie zum Ausdruck bringen, daß das Blutbad die ganze Welt betrifft (Wikenhauser, Lohse).

In mancherlei Hinsicht nimmt 14,14–20 die Parusieschilderung 19,11–21 vorweg (Bornkamm). Schon die Beschreibung des Menschensohngleichen in Vers 14 deutet auf die Parusie des Christus in 19,11 ff. hin. Hier ist er allerdings nur als der Richter, der auf einer weißen Wolke thront, sichtbar; dort ist der Himmel geöffnet, und der Reiter erscheint auf weißem Pferd, begleitet von Engelheeren, um in die letzte Schlacht gegen die konkret genannten Gegner wie das Tier und die Könige der Erde zu ziehen. In 14,14–20 werden die Gegner noch nicht präzis bezeichnet.

Die verhüllende Art der Darstellung in 14,14–20 bewirkt auch, daß das Gericht des Menschensohngleichen neben dem des Engels von Vers 17 zu stehen kommt. In 19,11 ff. ist der Christus die eindeutig beherrschende Figur.

In 14,20 bleibt undeutlich, wer der Keltertreter ist. In 19,15 tritt Christus selbst die Zorneskelter Gottes. Aufgrund der verhüllenden Art der Schilderung wird 14,14–20 zum visionären Vorgriff der endgültigen Parusievision Christi.

D. Die sieben Schalen: 15,1–16,21

Die Schalenvisionen in Kap. 15 f. sind nach Kap. 12–14 Teil des Gerichtsgeschehens, das durch die siebte Posaune in Gang gesetzt wird (11,15 ff.), sowie Teil des dritten Wehe (11,14). Die Tage, in denen das Geheimnis Gottes sich vollendet, ausgelöst durch das Blasen der siebten Posaune (10,7), sind angebrochen. Es geht speziell um die Vollendung des göttlichen Zornes, die das Ausgießen der Schalen als den *letzten* Plagen bewirkt (15,1). Insofern sind Kap. 15f. ein weiter fortgeschrittenes Geschehen.

Ansonsten stehen Kap. 15f. in Entsprechung zu Kap. 12–14. Denn beide Einheiten werden durch »ein großes Zeichen am Himmel« eingeleitet (12,1; 15,1). Betonte Kap. 12 stärker das Interesse am Heilsgeschick der Gemeinde, da hier die Geburt des Christus, der Sturz des Satans aus dem Himmel und die Bewahrung der christlichen Gemeinde die Darstellung bestimmen, so lenkt Kap. 15 den Blick sofort auf den Zorn Gottes an der Welt, der sich in der Ausgießung der Schalen ausdrückt. Doch dient die Durchführung des Gerichts letztlich der Offenbarung göttlicher Gerechtigkeit, die in der Erlösung der Gläubigen zu ihrem eigentlichen Ziel kommt (15,3–4).

Wie Kap. 12–14 und 15–16 je auf ihre Weise Teil des durch die siebte Posaune ausgelösten Geschehens sind, so weiterhin die Einheit 17,1–19,10: das Gericht an der großen Stadt Babylon. Doch ist dieser neue Visionskomplex den Schalenvisionen in der Weise zugeordnet, daß die siebte Schalenvision 16,17–21 die Ereignisse von Kap. 17,1–19,10 im Kern bereits enthält. 17,1–19,10 ist geradezu nähere Entfaltung der Ereignisse, die die siebte Schalenvision zeigt.

Himmlische Vorbereitung: 15,1–8

1 Und ich sah ein anderes Zeichen am Himmel, groß und wunderbar: sieben Engel, die sieben Plagen hatten, die letzten, weil in ihnen der Zorn Gottes vollendet ist.   2 Und ich sah (etwas) wie ein gläsernes Meer, mit Feuer vermischt, und (ich sah) die, welche über das Tier und über sein Bild und über die Zahl seines Namens gesiegt haben, auf dem gläsernen Meer stehen mit den Zithern Gottes.   3 Und sie singen das Lied des Mose, des Knechtes Gottes, und das Lied des Lammes und sagen:

Groß und wunderbar sind deine Werke,
Herr, Gott, Allherrscher!
Gerecht und wahrhaftig sind deine Wege,
König der Völker!
4 Wer wird nicht fürchten, Herr,
und preisen deinen Namen?
Denn du allein bist heilig!
Denn alle Völker werden kommen

und vor dir anbeten,
    weil deine gerechten Taten offenbar geworden sind.
5 Und danach sah ich, und es öffnete sich der Tempel des Zeltes des Zeugnisses im Himmel,   6 und die sieben Engel, die
die sieben Plagen hatten, kamen aus dem Tempel, bekleidet
mit reinem, glänzendem Linnen und um die Brust gegürtet mit
goldenen Gürteln.   7 Und eines von den vier Wesen gab den
sieben Engeln sieben goldene Schalen, gefüllt mit dem Zorn
des Gottes, der lebt in alle Ewigkeit.   8 Und der Tempel füllte
sich mit Rauch von der Herrlichkeit Gottes und von seiner
Macht, und niemand konnte in den Tempel hineingehen, bis
die sieben Plagen der sieben Engel vollendet waren.

Literaturauswahl: Bornkamm, G.: Komposition. – *Deichgräber, R.:* Gotteshymnus und Christushymnus 55 f. – *Jörns, K.-P.:* Hymnisches Evangelium
126–132.137–139. – *Lambrecht, J.:* Structuration, in: *ders. (Hg.):* L'Apocalypse johannique, 102 f. – *Müller, H.-P.:* Plagen. – *Rissi, M.:* Was ist 52–
54.113. – *Satake, A.:* Gemeindeordnung 93 f.

Kap. 15 hat die Bedeutung eines himmlischen Vorspiels für 16. Wie
4,1–5,14 die Sieben-Siegel-Reihe einleitet, 8,2–6 die Posaunenreihe, so 15 die Abfolge der Schalenvisionen. Die visionäre Schilderung gliedert sich in drei Abschnitte. 15,1 ist eine Art Überschrift für
15,1–16,21, die die ganze Reihe der Schalenvisionen betrifft. Von
daher erklärt sich auch, daß der Seher die Engel mit den sieben Plagen bereits jetzt nennt (»schaut«), obwohl diese erst in Vers 5–8 aus
dem himmlischen Tempel heraustreten.
15,2–4 enthalten »das Lied des Mose und des Lammes«, das die
Sieger über das Tier und sein Bild singen. Wie 7,9 ff.; 12,10 ff. – vgl.
14,1–5 – das eschatologische Heil in vorwegnehmender Weise preisen, so stimmen die »Überwinder« den Lobpreis über Gottes endzeitliches Handeln an, bevor die letzten Strafaktionen Gottes sich
entfaltet haben. 15,5–8 bringen die Ausrüstung der sieben Engel mit
den Zornesschalen.
Mit Vers 1 führt der Seher die Engel mit den sieben Plagen als ein
»anderes großes und wunderbares Zeichen am Himmel« ein (vgl.
12,1), um den Höhepunkt des endzeitlichen Dramas anzuzeigen.
Ehe die letzten Plagen eintreten, lenkt er das Augenmerk vorgreifend auf die im Himmel Vollendeten, die das endzeitliche Gerichtshandeln Gottes als gerecht preisen. Es sind die Sieger über das Tier
und sein Bild, Christen, die durch den Glauben an die Kraft des
Blutes des Lammes den Satan besiegt haben, ihr Leben nicht liebten

(12,11) und deshalb nicht das Zeichen des Tieres annahmen, sondern den Namen des Lammes tragen (14,1). Sie sind aus dem Machtbereich des Tieres, des Römischen Reiches, herausgeführt und leben in eschatologischer Vollendung (vgl. 14,1–5). Der Seher schaut sie auf dem gläsernen Meer stehend, das sich vor Gottes Thron ausbreitet (vgl. 4,6). Gemeint ist das Himmelsgewölbe. Wenn dieses »Meer« mit Feuer vermischt erscheint, so ist zunächst an Blitze am Himmel gedacht; doch dürfte dabei gleichzeitig das anhebende Gericht gemeint sein.

Die himmlische Schar, mit Zithern in der Hand (vgl. 5,8; 14,2), singt »das Lied des Mose … und das Lied des Lammes«. Diese doppelte Bezeichnung, die der Interpretation Schwierigkeiten bereitet, welche in der Forschung gelegentlich zur Streichung eines der beiden Attribute geführt haben, läßt sich aus dem Zusammenhang verstehen. Der Hymnus der Vollendeten Vers 3–4 ist einmal »das Lied des Lammes«, weil in ihm Gott gepriesen wird, der durch das Lamm sein Heilshandeln durchführt, das der Vollendung entgegengeht (Jörns). Die Sieger über das Tier, die den Hymnus anstimmen, haben ja durch die Kraft des Blutes des Lammes diesen Sieg errungen. Zum anderen heißt der Hymnus »das Lied des Mose«, weil die Erlösung durch das Lamm seine Entsprechung in der Errettung der Israeliten durch Mose hat, der das Volk Gottes aus Ägypten geführt hat. Wie Mose und die Israeliten ein Danklied nach dem Durchzug durch das Rote Meer gesungen haben (Ex 15), so jetzt die Sieger über das Tier wegen der Teilhabe am Sieg des Lammes, die ihre Erlösung bedeutet. Die Errettung Israels gilt für das Volk der Endzeit als Typos eschatologischen Gotteshandelns. Ist diese grundlegende Typologie erkannt, dann ergeben sich auch die Entsprechungen: Schilfmeer – gläsernes Meer; Sieg über die Ägypter – Sieg über das Tier (Deichgräber).

Der Hymnus, der Gott preist, ist poetisch gegliedert. Die ersten beiden Doppelzeilen sind im Parallelismus der Glieder geformt, entsprechend die für den atl. Hymnus typische rhetorische Frage, schließlich auch die Begründung im zweiten denn-Satz. Als Ganzes hat der Hymnus den Charakter beschreibenden Gotteslobes (Deichgräber, Jörns), das in grundsätzlicher Weise das göttliche Handeln charakterisiert. Die Sprache ist fast durchgehend durch Aufnahme atl. Wendungen gekennzeichnet.

Der Lobpreis im ersten Zeilenpaar nennt die Werke Gottes »groß und wunderbar«; das entspricht der Charakterisierung des Zeichens von Vers 1. Das Zeichen, das das Vernichtungswerk der letzten Plagen anzeigt, erscheint damit als Teil der umfassenden Werke Gottes, die letztlich der Durchsetzung göttlichen Heiles dienen. Der Verfasser folgt in der Formulierung Stellen wie Ps 110,2; 138,14 LXX; vgl. auch Dtn 18,59 LXX. Er benutzt dabei dieselbe universalistische Gottesprädikation wie 4,8; 11,17; 16,7.

Der Preis der Wege Gottes in der zweiten Doppelreihe erinnert an Ps 145,17 LXX. Der Gottestitel stammt aus Jer 10,7: »Wer sollte dich nicht fürchten, König der Völker?« – der Text, der auch für die dritte Doppelreihe die Grundlage bietet.

Diese nimmt eine Mittelstellung im Hymnus ein: Die Gottesfurcht, die über alle Welt fallen wird, ist Folge der Wege und Werke Gottes, von denen die voranstehenden Doppelzeilen handeln. Die umfassende Herrscherstellung Gottes (»Allherrscher«, »König der Völker«) zwingt die Welt zur Anerkennung. Die rhetorische Frage drückt die Unausweichlichkeit dieses Geschehens aus. Es findet seine Begründung in den folgenden denn-Sätzen.

Dort begegnet Gott zunächst als der einzig heilige Gott (vgl. Dtn 32,4; Dan 3,45 LXX), der als solcher Furcht und Verehrung seines Namens erfahren wird. Alle Völker werden kommen und vor ihm anbeten, wie unter Aufnahme von Ps 85,9 LXX gesagt wird. Der Text greift eine bekannte atl. Erwartung auf: die Völkerwallfahrt zum Zion (vgl. Jes 2,2–4; 66,19ff.). Allerdings dient sie hier nicht der Heilsverkündigung gegenüber den Völkern. Das Kommen derselben steht nur zum Ausdruck der Verherrlichung Gottes. Der letzte denn-Satz, der keine atl. Parallelstelle hat, begründet abschließend die kommende Anbetung der Völker vor dem allein heiligen Gott. Sein ganzes endzeitliches Handeln, seine Werke und Wege werden als gerechte Taten offenbar sein. Die Völker werden Gottes Gerichtshandeln als gerecht anerkennen müssen.

Der ganze Hymnus ist proleptisch. Bevor die letzten Plagen als Manifestationen des göttlichen Gerichts überhaupt ergangen sind, bevor das Tier und sein Bild vernichtet sind, preisen die »Sieger« das Handeln des Gottes, dessen gerechte Taten selbst die Völker einst anerkennen werden. Im Lobpreis der im Himmel versammelten Überwinder über das Tier finden die bedrängten Gläubigen auf Erden Kraft und Stärke.

Die Übergabehandlung in Vers 5–8 (Ausrüstung der sieben Engel mit den Zornesschalen) findet in 16,1 ihre Fortsetzung, wo die Engel ausgesandt werden, die Schalen auszugießen. Als Ganzes hat 15,5–8 und 16,1 den Charakter einer Beauftragung. Es ist als neuer Visionsbericht stilisiert: Der himmlische Tempel öffnet sich (wie 11,19), in dem das »Zelt des Zeugnisses«, die Stiftshütte (vgl. Ex 40,34), sich befindet (Lohmeyer; andere Auflösung: »der Tempel, nämlich die

Stiftshütte, öffnet sich«, Bousset). Die sieben Engel mit den Plagen erscheinen, bekleidet mit einem ihr Lichtwesen markierenden Gewand (vgl. 7,9; 19,8.14) und entsprechend mit goldenen Gürteln gegürtet (1,13). Die Übergabe der Schalen, gefüllt mit Gottes Zorn, führt eines der vier Wesen durch (vgl. Kap. 4), die eine Mittelstellung zwischen Gott und dem Engel haben. Wie in 11,19 vollzieht sich daraufhin ein Theophaniegeschehen. Rauch als Zeichen der göttlichen Herrlichkeit und Machtfülle erfüllt den Tempel (vgl. Jes 6,4; Ex 19,18; 40,34f.; 1 Kön 8,10f.), hier als Gegenwart göttlichen Zornes gedacht, so daß niemand bis zur Vollendung des Zornes den himmlischen Tempel betreten kann.

Das Ausgießen der sieben Schalen: 16,1–21

1 Und ich hörte eine laute Stimme aus dem Tempel zu den sieben Engeln sprechen: Geht hin und gießt die sieben Schalen des Zornes Gottes über die Erde aus!   2 Und der erste ging hin und goß seine Schale über die Erde aus. Und ein schlimmes und böses Geschwür befiel die Menschen, die das Zeichen des Tieres haben und sein Bild anbeten.   3 Und der zweite goß seine Schale über das Meer aus. Und es wurde zu Blut wie von einem Toten, und alle lebendigen Wesen starben, die im Meer sind.   4 Und der dritte goß seine Schale über die Flüsse und die Wasserquellen aus. Und es wurde zu Blut.
5 Und ich hörte den Engel der Gewässer sagen:
   Gerecht bist du, der da ist und der war, du Heiliger,
   daß du so gerichtet hast.
   6 Denn Blut von Heiligen und Propheten haben sie vergossen,
   und Blut hast du ihnen zu trinken gegeben;
   sie haben es verdient.
7 Und ich hörte den Altar sagen:
   Ja, Herr, Gott, Allherrscher,
   wahrhaftig und gerecht sind deine Gerichte.
8 Und der vierte goß seine Schale über die Sonne aus. Und es wurde ihr gegeben, die Menschen durch Feuer zu versengen.
9 Und die Menschen wurden von großer Gluthitze versengt, und sie lästerten den Namen Gottes, der die Macht über diese Plagen hat, und kehrten nicht um, ihm die Ehre zu geben.
10 Und der fünfte goß seine Schale über den Thron des Tieres aus. Und sein Reich wurde verfinstert, und sie zerbis-

sen sich ihre Zungen vor Schmerz 11 und lästerten den Gott des Himmels wegen ihrer Schmerzen und wegen ihrer Geschwüre und kehrten nicht um von ihren Werken. 12 Und der sechste goß seine Schale aus über den großen Fluß Euphrat. Und sein Wasser trocknete aus, damit der Weg der Könige vom Aufgang der Sonne bereitet würde. 13 Und ich sah aus dem Maul des Drachen und aus dem Maul des Tieres und aus dem Maul des Pseudopropheten drei unreine Geister (herauskommen) wie Frösche − 14 Dämonengeister sind es, die Wunderzeichen tun − die ziehen aus zu den Königen der ganzen Erde, um sie zum Kampf am großen Tag Gottes, des Allherrschers, zu sammeln. − 15 Siehe, ich komme wie ein Dieb. Selig, wer wacht und seine Kleider bewahrt, damit er nicht nackt wandeln muß und man seine Schande sieht. − 16 Und sie versammelten sie an den Ort, der auf hebräisch Harmagedon heißt. 17 Und der siebte goß seine Schale über die Luft aus. Und eine laute Stimme kam aus dem Tempel vom Thron her, die sprach: Es ist geschehen! 18 Und es geschahen Blitze und Getöse und Donner, und ein großes Erdbeben geschah, wie es nicht geschehen ist, seit der Mensch auf der Erde war, ein solch gewaltiges Erdbeben − so groß. 19 Und die große Stadt zerfiel in drei Teile, und die Städte der Völker stürzten ein. Und des großen Babylon wurde vor Gott gedacht, ihm den Becher mit dem Wein seines grimmigen Zornes zu geben. 20 Und alle Inseln verschwanden, und Berge waren nicht mehr zu finden. 21 Und gewaltiger Hagelschlag, so schwer wie Talente, fiel vom Himmel auf die Menschen, und die Menschen lästerten Gott wegen der Hagelplage, denn seine Plage ist gewaltig groß.

Literaturauswahl: Bauckham, R.: The Eschatological Earthquake in the Apocalypse of John, NT 19 (1977) 224−233. − *Betz, H. D.:* Zum Problem des religionsgeschichtlichen Verständnisses der Apokalyptik, ZThK 63 (1966) 391−409. − *Boll, F.:* Aus der Offenbarung Johannis 57−67. − *Bornkamm, G.:* Komposition. − *Collins, A. Y.:* The History-of-Religions Approach to Apocalypticism and the »Angel of the Waters« (Rev 16:4−7), CBQ 39 (1977) 367−381. − *Günther, H. W.:* Nah- und Enderwartungshorizont 149−160.164−189.206−214. − *Hahn, F.:* Aufbau 151 f. − *Jeremias, J.:* Art. *Har Magedōn,* ThWNT I, 1933, 467 f. − *Jörns, K.-P.:* Hymnisches Evangelium 132−139. − *Müller, H.-P.:* Plagen. − *Müller, U. B.:* Bestimmung. − *Rissi, M.:* Art. Harmagedon, BHH II (1964) 648. − *Ders.:* Was ist 87−89. − *Smitmans, A.:* Das Gleichnis vom Dieb, in: Wort Gottes in der

Zeit (FS. K. H. Schelkle), Düsseldorf 1973, 43–68. – *Staples, P.:* Rev. XVI
4–6 and its Vindication Formula, NT 14 (1972) 280–293.

Die sieben Schalenvisionen bringen die letzten Plagen über die Welt
(15,1), das umfassende Gerichtsgeschehen Gottes strebt damit seinem Ende zu. Dementsprechend erfolgt eine Steigerung des Schadensausmaßes von der Posaunenreihe zur Schalenvisionsreihe.
Nicht nur ein Drittel des Festlandes (8,7), des Meeres (8,8f.), der
Gewässer (8,10f.) und der Gestirne (8,12) wird von den Plagen betroffen, vielmehr schädigen die neuen Strafaktionen diese Bereiche
ganz, so daß es für die Menschen kein Entrinnen gibt. Ein besonderer Gesichtspunkt tritt bei den Schalenvisionen gegenüber den Posaunenvisionen neu auf. Es geht nicht mehr um Plagen an gottlosen
Menschen im allgemeinen, sondern konkret an den Anhängern des
Tieres (Vers 2). Ja, das Reich des Tieres wird in das Gerichtsgeschehen einbezogen (Vers 10f.). Rom, die große Stadt Babylon, ist das
eigentliche Ziel des göttlichen Zornes (Vers 17ff.). Die endgültige
Durchführung des Gerichts, in 14,6ff. durch Engelmund bereits
proklamiert, hebt nun an. Dazu gehört, daß die siebte Schalenvision
16,17–21 zur abschließenden Darstellung der Vernichtung Babylons überleitet: 17f. Die Eröffnung des Offenbarungsgesprächs
durch einen der Schalenengel 17,1–3 markiert den beabsichtigten
Übergang zu Kap. 17f.
Die aufgezeigten Unterschiede zwischen den Posaunen- und Schalenvisionen können aber die großen Gemeinsamkeiten zwischen den
Visionsreihen nicht verdecken. Beide sind nach dem Vorbild der
ägyptischen Plagen geformt (Ex 7–10). Besonders deutlich ist die
Parallelität der ersten vier Visionen: Die Schädigung betrifft jeweils
die vier Bereiche der Schöpfung in derselben Reihenfolge: Erde
(Festland), Meer, Flüsse und Quellen, Gestirne. Die jeweils fünfte
Plage bringt verderbliche Finsternis, die sechste Plage nennt den
Fluß Euphrat, die siebte schildert die Theophaniephänomene
»Blitze, Getöse, Donner, Erdbeben und Hagel«, wobei jedoch in
der Schalenvision insofern eine deutliche Steigerung erfolgt, als Erd-
beben und Hagel als besondere Strafmittel dienen. Beachtet man
Übereinstimmungen und Unterschiede zwischen Posaunen- und
Schalenvisionen, so begreift sich die Komposition von Kap. 16 am
ehesten durch die Annahme, daß derselbe Verfasser, der Kap. 8 und
9 schrieb, denselben Stoff noch einmal aufarbeitete und ihm eine
konkretere Beziehung gab, um eine passende Über- und Einleitung
zu Kap. 17 und 18 zu gewinnen (Bousset).
Wie die Posaunenvisionen sind die Schalenvisionen nach einem

Schema gestaltet, das seinen Ursprung in den ägyptischen Plagen hat (H.-P. Müller, Günther):

a) Zunächst geschieht die Beauftragung der Engel, die die Plagen auslösen: 15,5–16,1.

b) Es folgt die Ausführung des Auftrages: z. B. 16,2: »Und der erste ging hin und goß seine Schale über die Erde aus« (ähnlich Vers 3 a.4 a.8 a.10 a.12 a.17 a).

c) Die Handlung der Engel hat schöpferische Auswirkungen, die mehrfach durch die Formel »und es wurde, es geschah« *(kai egeneto)* ausgedrückt wird: z. B. 16,2 b: »Und ein schlimmes und böses Geschwür befiel die Menschen ...« In der vierten, sechsten und siebten Vision finden sich Modifikationen dieses Motivs. Vers 8 b steht eine erneute Bevollmächtigung, und zwar der Sonne, die aber ebenfalls eine Schadensauswirkung zum Inhalt hat. Vers 12 b fehlt zwar »und es wurde«, ohne daß das Motiv inhaltlich zurücktritt.

d) Es kann sich die Folge der Auswirkung der Plage anschließen, die das Ausmaß derselben beschreibt, z. B. 16,3 c: »... und alle lebendigen Wesen starben« (ähnlich Vers 9 a, Vers 10 c, Vers 12 c, Vers 19–21 a).

e) Am Ende taucht dreimal die Antwort bzw. Reaktion der Menschen auf die von Gott gesandten Plagen auf, z. B. Vers 9 bc: »... und sie lästerten den Namen Gottes ... und kehrten nicht um, ihm die Ehre zu geben« (entsprechend Vers 11, Vers 21 b).

Im Blick auf das letztgenannte Motiv hat das Schema den Sinn, die generelle Unbußfertigkeit der gottlosen Menschheit zu demonstrieren. Dementsprechend geschieht innerhalb der ganzen Reihe der Schalenvisionen eine dramatische Steigerung des Schadensausmaßes. Die sechste Schalenplage schildert die Sammlung zur endzeitlichen Völkerschlacht, die den Untergang der gottfeindlichen Heere vorbereitet. Die siebte Aktion zielt auf die Vernichtung Roms, des Zentrums der Gottlosigkeit, und auf den Fall aller heidnischen Städte.

Die erste Plage erinnert an die sechste ägyptische Plage (Ex 9,10 f.). Sie ist jedoch universal ausgerichtet: Geschwüre für alle Anhänger des Tieres. Das Ausgießen der Schale gilt dem ganzen Festland als einem Schöpfungs- und Lebensbereich der Menschen.

Ähnliches trifft auf die zweite Plage zu, die nach der ersten ägyptischen geformt ist (Ex 7,17–21). Durch die Verwandlung von Wasser zu Blut ist der Lebensbereich Meer vernichtet.

Die dritte Plage schädigt alle Flüsse und Wasserquellen. Wieder wandelt sich das Wasser zu Blut. Auffällig ist, daß zwei hymnische Stücke in Gestalt einer Gerichtsdoxologie sich anschließen, in der

Gottes Handeln als gerecht, d. h. als adäquate Vergeltung, gepriesen
wird (Betz, Deichgräber). Die erste Gerichtsdoxologie spricht der
Elementarengel, der über das Wasser gesetzt ist (vgl. zu anderen Ele-
mentarengeln 7,1; 14,18). Das entspricht dem Zusammenhang, da es
um die Schädigung der Gewässer geht. Dabei wirkt wohl eine Tradition nach, bei der sich Elementarengel wegen der Verderbnis der
Welt, wegen der Verunreinigung ihres Bereichs an Gott wenden
(Betz; vgl. Collins). Hier dagegen preist der Engel die Gerechtigkeit
Gottes, die sich in der Ausgießung der ersten Zornesschalen doku-
mentiert hat. Der Lobpreis bezieht sich also auf das bereits erfolgte
Gericht.

Das hymnische Stück beginnt mit der für die Gerichtsdoxologie typischen Wendung: »Gerecht bist du ...« (LXX: Ps 118,137; Tob 3,2;
vgl. LXX Ps 118,75; Neh 9,8.33 u. ö.). Die Anrede Gottes nimmt
die ersten beiden Teile der ansonsten dreigliedrigen Gottesformel
auf »der da ist und der war und der kommt« (1,4.8; 4,8); »der
kommt« fehlt, da Gottes Gericht bereits vollstreckt wird, also nicht
mehr zukünftig ist (ähnlich 11,17). Das ausgefallene Glied wird
durch die im Judentum häufige Gottesbezeichnung »der Heilige«
ersetzt (Jörns).

Der Lobpreis findet im denn-Satz seine eigentliche Begründung
(Vers 6). Dabei wird deutlich, daß das Gericht Gottes, vollzogen in
der Ausgießung der ersten Zornesschalen, Antwort auf die Frevelta-
ten einer bestimmten Gruppe ist: »... Blut von Heiligen und Pro-
pheten haben *sie* vergossen.« Sie, wohl die Anhänger des Tieres aus
Vers 2 sowie das Tier selbst, haben sich des größten Frevels, des
Blutvergießens, schuldig gemacht (vgl. Ps 79,3). Entsprechend dem
Prinzip der adäquaten Vergeltung (vgl. Jes 49,26; Röm 1,22—32;
Apg 7,42) hat Gott ihnen seinerseits Blut zu trinken gegeben, wie es
Vers 3 f. geschildert hat. Die Gläubigen sind des eschatologischen
Heils würdig (3,4), die Gottlosen des Gerichts (Vers 6).

Auf den Preis des gerechten Gerichts Gottes antwortet »der Altar«,
der hier personifiziert gedacht ist (Bousset). Es geht um den Altar,
unter dem die Seelen der Märtyrer liegen und zu Gott schreien, um
ihn zum gerichtlichen Eingreifen zu bewegen (6,9—11). Der »Altar«
ist damit Symbol für die Seelen der Gemordeten (Wikenhauser,
Jörns). Sie stimmen mit »Ja« dem Lobpreis des Wasserengels zu und
äußern ihrerseits eine Gerichtsdoxologie. Denn die drängende Bitte
um das Eingreifen Gottes (6,9—11) ist erfüllt.

Wenn Vers 5 f. und Vers 7 jeweils die Form der atl. Gerichtsdoxologie annehmen (vgl. Jos 7,19 ff.; Ps 119,75.137 ff.), so ist doch die
Abwandlung der Funktion dieser Gattung zu beachten. Bekannte

im AT der von Gottes Gericht Getroffene dieses als gerecht, so liegt
hier eine Verschiebung vor, insofern die Gottlosen Gott gerade nicht
die Ehre geben (16,9.11.21), vielmehr tut es hier ein Engel (Vers 5 f.)
bzw. die Seelen der Märtyrer (Vers 7). Die Frevler sind dadurch gekennzeichnet, daß sie sich trotz der Strafaktionen Gottes diesem
versagen.

Gerade dies kommt bei der vierten Schalenplage zum Ausdruck
(Vers 8 f.). Die Sonnenglut verstärkt sich so, daß die Menschen versengt werden. Wie in den anderen Schalenplagen findet eine Steigerung gegenüber der entsprechenden Posaunenplage statt (8,12): dort
Verfinsterung der Sonne – hier Vergrößerung ihrer Hitze. Damit
wird auch ein Gegenbild zu der Seligkeit der vollendeten Christen
geschaffen: »... noch wird auf sie fallen die Sonne noch irgendeine
Glut« (7,16). Mit dem Ausgießen der ersten vier Schalen ist wie in
8,7−12 der ganze Schöpfungsbereich von Land, Meer, Flüssen und
Gestirnen betroffen. Die Folge dieser Plagen ist aber nicht die Umkehr zu Gott, sondern die Lästerung seines Namens.

Die fünfte Schalenplage Vers 10 f. gilt dem Thron des Tieres, d. h.
dem Sitz des Cäsars. Sein ganzes Reich erleidet Finsternis (vgl. die
neunte ägyptische Plage Ex 10,21−23). Unklar bleibt, warum diese
Strafaktion besondere Schmerzen bereitet, so daß sich die Menschen
ihre Zungen zerbeißen. Erneut wird die Unbußfertigkeit der Menschen betont, die diese Bestrafung nicht als Grund zur Umkehr
sehen.

Die sechste Plage Vers 12−16 bewirkt Ereignisse, von denen 17,12−
14 und 19,17ff. ausführlich handeln. Der Engel gießt seine Schale
über den Euphrat aus, der die traditionelle Grenze des Römischen
Reiches gegenüber den Parthern bildet. Diese Handlung bewirkt auf
wunderbare Weise das Austrocknen des Flusses (vgl. Jes 11,15;
44,27; Sach 10,11; 4 Esr 13,43−47), so daß die Könige des Ostens,
die Parther, heranziehen können. Obwohl dies nicht ausdrücklich
verlautet, scheint sich ihr Zug zunächst gegen Rom zu richten, wenn
eine Anspielung auf die Nerosage vorliegen sollte, wonach der wiederkommende Nero an der Spitze der Parther gegen Rom zieht. In
diesem Fall findet sich hier eine Andeutung bzw. Vorbereitung für
die Vernichtung Roms (17,16 f.). Im Unterschied zu 9,13 ff. hat das
Parthermotiv weniger mythische als politische Dimensionen. – Der
Seher schaut darauf eine weitere Aktion, die zum eigentlichen Ziel
von Vers 12−16 hinführt: drei dämonische Geisterwesen, die aus
dem Maul der satanischen Trias Drache, Tier und Pseudoprophet
(= Bild des Tieres), hervorkommen. Sie sind wohl das Gegenbild zu
den drei Engeln, die dem Kommen des Menschensohnes vorange-

hen (14,6ff.), gleichen Fröschen (wohl Aufnahme des Motivs von der ägyptischen Froschplage) und vollbringen Wunderzeichen, die Eindruck machen. Diese Gestalten ziehen aus, um alle Könige der Erde, wohl auch die Könige des Ostens zur letzten Entscheidungsschlacht am »großen Tage Gottes« zu sammeln. An diesem von den Propheten geweissagten Tage (Jo 2,11; 3,4; Zeph 1,14f.; Nah 1,6; Jes 13,4ff.) kommt es zum Triumph Gottes über seine Feinde. Als Ort der Schlacht wird Harmagedon genannt. Damit deutet sich jener endgültige Kampf an, den 17,12–14 als Krieg von zehn Königen mit dem Lamm oder besonders 19,17ff. als Messiasschlacht schildern.

Harmagedon, als »Berg bzw. Gebirge von Megido« übersetzbar, ist schwer zu deuten, da das AT nur von einer »Ebene von Megiddo« (Sach 12,11; 2 Chr 35,22) oder »den Wassern von Megiddo« (Ri 5,19) spricht. Zudem pflegen Schlachten nicht auf Bergen geschlagen zu werden. Am ehesten wäre noch denkbar, daß hier eine Verbindung zweier atl. Vorstellungen vorliegt (Günther): einmal der bekannte Schlachtenort Megiddo – zum anderen der mythologische Kampf Gogs auf den Bergen Israels (Ez 38,8; 39,2.4.17). – Die Ableitung von Harmagedon, von *har moed* »Versammlungsberg« im Anschluß an Jes 14,13 (Rissi), ist sprachlich problematisch. Die dortige Vorstellung verweist auf den mythischen Weltenberg, der als Versammlungsstätte gottfeindlicher Mächte das Gegenstück zum Gottesberg darstellt (Jeremias).

Die visionäre Darstellung Vers 12–16 wird in Vers 15 durch ein Ich-Wort Christi, das wohl einen ursprünglichen Prophetenspruch darstellt, jäh unterbrochen. Vers 16 schließt an Vers 14 unmittelbar an. Man hat deshalb versucht, Vers 15 umzustellen, und zwar an die in der Tat gut passende Stelle zwischen 3,3a und 3,3b (Charles, Lohmeyer). Alle Gründe nun, die einen Redaktor bewogen hätten, den Vers sekundär nach 16,14 zu plazieren, können schon für den Verfasser Geltung haben. Die Erwähnung des großen Tages Gottes war wohl der Anlaß für die Einführung von Vers 15 (Kraft). Die plötzliche Ich-Rede des Christus an dieser Stelle läßt sich ursprünglich aus prophetischer Praxis erklären. Der in der Gemeindeversammlung sprechende Prophet unterbrach seine sonstige Rede durch ein in der Verzückung gesprochenes direktes Wort Christi (22,7.12.20). Johannes verwendet dies literarisch, um eine den sonstigen Text sprengende unmittelbare Anrede an die christliche Gemeinde einzufügen (Bousset). Christus kündigt sein unvorhersehbares Kommen an (3,3; vgl. 1 Thess 5,2; 2 Petr 3,10; Mt 24,43). Die anschließende Seligpreisung mahnt zur Wachsamkeit, die sich im Bewahren des erreichten Gnadenstandes = Kleider konkretisiert.

Die Schalenvisionsreihe schließt mit einer Darstellung des Gerichts
über die große Stadt Rom. Kap. 17 f. handeln dann endgültig von
diesem Thema. Das Plagengeschehen 16,17–21 wird durch das Ausgießen der siebten Schale über die Luft ausgelöst. Dadurch entstehen
die für die Offb typischen Theophanieereignisse: Blitze, Getöse,
Donner und Erdbeben, Hagel (4,5; 8,5; 11,19), die hier aber nicht
nur Begleiterscheinungen des Kommens Gottes zum Gericht sind,
sondern, was Erdbeben und Hagel angeht, Ausdruck dieses Gerichts selbst (vgl. Bauckham). Denn das gegenüber 6,12 massiv gesteigerte Erdbeben, dessen nie dagewesene Gewalt im Anschluß an
Dan 12,1 betont wird, bewirkt den Zerfall der »großen Stadt« in drei
Teile und den Einsturz der übrigen Städte der Heiden. Berge und
Inseln verschwinden (vgl. 6,14; AssMos 10,4; äthHen 1,6). Das ursprüngliche Theophaniemotiv des Hagels (vgl. Jes 28,2; Ez 38,22)
wird hier unter dem Einfluß der siebten ägyptischen Plage gezeichnet (Ex 9,24 ff.) und dadurch zur Strafaktion gegenüber den Menschen: Hagelstücke, schwer wie ein Talent, so schwer wie die
Schleudersteine für Wurfmaschinen (Jos Bell V 270), fallen vom
Himmel.

Wie in 16,1 eine gewaltige Stimme aus dem Tempel im Himmel die
Plageengel beauftragt hat, so schließt sich bei der siebten Schalenvision der Kreis, indem eine entsprechende Stimme, sogar direkt vom
Thron Gottes her, verkündet (Vers 17): »Es ist geschehen« (vgl.
21,6). Diese Aussage bezieht sich auf die Ereignisse der ganzen
Reihe. Der »Zorn Gottes« (15,1) hat sich mit dem Ausgießen der
siebten Plage erfüllt. »Und des großen Babylon wurde vor Gott gedacht ...« (16,19) will dann besagen, daß das Gericht an ihm vollzogen wird – jetzt, da sein Sündenmaß voll ist (Günther). Das Strafgericht trifft »die große Stadt«, deren Untergang bereits in 14,8 ff. proklamiert war, dessen ausführliche Darstellung in 17 f. erfolgt. Nichts
spricht dafür, daß mit »der großen Stadt« ursprünglich Jerusalem
gemeint sei (vgl. Lohmeyer, Kraft), da der Bezug auf Rom wegen
17,5; 18,2.10.16 u. ö. eindeutig ist.

Fragt man nach dem Wirklichkeitsverständnis, das die ganze Plagenreihe prägt, so ist vor einer bloß metaphorischen Auslegung zu
warnen (Günther, U. B. Müller). Gerade die wiederholte Formel
»und es wurde« zeigt an, daß der Verfasser z. B. eine wunderbare
Verwandlung von Wasser zu Blut für real hält (Vers 3 f.). Es geht um
wirkliche Geschwüre (Vers 2). Dementsprechend hat man auch die
Plagen, die die letzten drei Schalenengel auslösen, so wörtlich wie
möglich zu nehmen. Bei 16,10 f. handelt es sich um eine tatsächliche
Verfinsterung im Reich des Tieres, nicht um ein Symbol für die

Zweifel und Ängste, die die Menschen jenes Reiches ergreifen (Caird). Gleiches gilt für die in der letzten Plage beschriebenen Einzelereignisse: das Erdbeben, der Zerfall der großen Stadt in drei Teile, der Einsturz der übrigen Städte, das Verschwinden von Inseln und Bergen. Hier nur *Metaphern* für die umfassende Vernichtung der Macht des Römischen Reiches zu sehen (Caird), übersieht das gegenständlichste Denken des apokalyptischen Autors, der die sichtbaren Ereignisse nicht nur als äußere Form für einen Gedanken oder eine Idee betrachtet. Die Engel, die die Schalen ausgießen, lösen auf wunderhaft-magische Weise reale Geschehen aus, die für den Verfasser so wirklich sind wie sonstige Wundertaten für den antiken Wunderglauben.

E. Das göttliche Gericht an der Hure Babylon: 17,1–19,10

Die sieben Schalenvisionen Kap. 16 haben bereits das universale Gericht an der Welt behandelt. Die siebte Vision 16,17–21 bezog dieses göttliche Gerichtshandeln auf das große Babylon. Dieses Thema wird in der Haupteinheit 17,1–19,10 entfaltet. Der neue Abschnitt dient der genaueren Identifizierung dieser Macht und ihres Schicksals. Dabei lenkt Kap. 17 zunächst das Augenmerk auf Babylon, das als das weltbeherrschende Rom gedeutet wird, doch greift der Blick weiter, insofern sich die Deutung der Vision hauptsächlich mit dem Tier beschäftigt, dem zukünftigen Antichristen, der die Greuel des römischen Imperiums zum Höhepunkt bringt. Kap. 18 schildert dann ausführlich das Gericht an der Hure Babylon, die ihren Untergang findet. Die Weltbeherrscherin ist beseitigt. Deshalb kann der himmlische Jubel der vollendeten Christen wie auch der Lobpreis der auf Erden befindlichen Gläubigen Gott preisen, der in der Vernichtung Roms seine Königsherrschaft über die Welt durchgesetzt hat. Der ganze Hauptteil schließt also mit einer Heilsaussage für die bedrängten Gläubigen (19,1–10).

Die Hure Babylon und das Tier: 17,1–18

1 Und es kam einer von den sieben Engeln, die die sieben Schalen hatten, und redete mit mir und sagte: Komm, ich will dir das Gericht über die große Hure zeigen, die an vielen Was-

sern sitzt, 2 mit der die Könige der Erde Unzucht getrieben haben, und die Bewohner der Erde sind vom Wein ihrer Unzucht trunken geworden. 3 Und er brachte mich in die Wüste fort im Geiste. Und ich sah eine Frau sitzen auf einem scharlachroten Tier, das voll mit Lästernamen war und sieben Köpfe und zehn Hörner hatte. 4 Und die Frau war in Purpur und Scharlach gekleidet und geschmückt mit Gold und Edelstein und Perlen und hatte einen goldenen Becher in ihrer Hand, gefüllt mit Greueln und dem Unrat ihrer Unzucht. 5 Und auf ihrer Stirn war ein Name geschrieben, ein Geheimnis: Babylon, die Große, die Mutter der Huren und der Greuel der Erde! 6 Und ich sah die Frau trunken vom Blut der Heiligen und vom Blut der Zeugen Jesu. Und ich geriet in großes Erstaunen, als ich sie sah. 7 Und der Engel sagte zu mir: Warum bist du erstaunt? Ich werde dir das Geheimnis der Frau und des Tieres, das sie trägt, das die sieben Köpfe und die zehn Hörner hat, sagen. 8 Das Tier, das du gesehen hast, war und ist nicht und wird aus dem Abgrund heraufsteigen und geht ins Verderben. Und staunen werden die Bewohner der Erde, deren Name nicht im Buch des Lebens vom Anfang der Welt an geschrieben steht, wenn sie das Tier sehen, daß es war und nicht ist und (wieder) dasein wird. 9 Hier ist der Verstand (nötig), der Weisheit hat. Die sieben Köpfe sind sieben Berge, auf denen die Frau thront, und es sind (auch) sieben Könige. 10 Die fünf sind gefallen, der eine ist, der andere ist noch nicht gekommen, und wenn er gekommen ist, darf er (nur) kurze Zeit bleiben. 11 Und das Tier, das war und nicht ist, ist selbst auch der achte und ist einer von den sieben und geht ins Verderben. 12 Und die zehn Hörner, die du gesehen hast, sind zehn Könige, die die Herrschaft noch nicht empfangen haben, sondern Macht wie Könige für eine Stunde empfangen mit dem Tier. 13 Diese sind eines Willens, und ihre Macht und Gewalt geben sie dem Tier. 14 Diese werden mit dem Lamm Krieg führen, und das Lamm wird sie besiegen; denn es ist Herr der Herren und König der Erde; und die mit ihm sind, sind Berufene und Auserwählte und Getreue. 15 Und er sagt zu mir: Die Wasser, die du gesehen hast, wo die Hure sitzt, sind Völker und Scharen und Nationen und Sprachen. 16 Und die zehn Hörner, die du gesehen hast, und das Tier, diese werden die Hure hassen und werden sie verwüstet und nackt machen und ihr Fleisch verzehren und sie mit Feuer verbrennen. 17 Denn Gott hat ihnen ins Herz gege-

ben, seinen Willen auszuführen und nach einem Willen zu
handeln und ihre Herrschaft dem Tier zu geben, bis die Worte
Gottes erfüllt sein werden.   18 Und die Frau, die du gesehen
hast, ist die große Stadt, die die Herrschaft hat über die Könige
der Erde.

Literaturauswahl: Becker, J.: Fragen ntl. Exegese, 3. Pseudonymität der Joh-
Apk und Verfasserfrage, BZ 13 (1969) 101 f. − *Böcher, O.:* Die Johannesapo-
kalypse. − *Brun, L.:* Die römischen Kaiser in der Apokalypse, ZNW 26
(1927) 128−151. − *Collins, A. Y.:* Combat Myth 165−190. − *Günther, H. W.:*
Nah- und Enderwartungshorizont 100−109.124−148. − *Hauck, F. / Schulz,
S.:* Art. *pornē* usw., ThWNT VI, 1959, 579−595. − *Hunzinger, C. H.:* Baby-
lon als Deckname für Rom und die Datierung des 1. Petrusbriefes, in: Wort
Gottes und Land Gottes (FS. H. W. Herzberg), Göttingen 1965, 67−77. −
Kümmel, W. G.: Einleitung in das Neue Testament, Heidelberg ¹⁹1978. −
Kuhn, K. G.: Art. *Babylōn,* ThWNT I, 1933, 512−514. − *Reicke, B.:* Die
jüdische Apokalyptik und die johanneische Tiervision, RevSR 66 (1972)
165−172. − *Rissi, M.:* Was ist 79−86. − *Robinson, J. A. T.:* Redating the New
Testament, London 1976, 221−253. − *Sanders, J. N.:* St. John on Patmos,
NTS 9 (1962/63) 75−85. − *Schütz, R.:* Die Offenbarung des Johannes und
Kaiser Domitian, FRLANT NF 32, 1933. − *Strobel, A.:* Abfassung und Ge-
schichtstheologie der Apokalypse nach Kap. 17,9−12, NTS 10 (1963/64)
433−455. − *Unnik, W. C. van: Mia gnōmē,* Apocalypse of John 17,13.17, in:
Studies in John Presented to J. N. Sevenster, NT.S 24 (1970) 209−220.

Kap. 17 dient als Hinführung zur Proklamation des Gerichts an Babylon, d. h. an Rom (Kap. 18). Die Darstellung gliedert sich in:
1. die Visionseinleitung Vers 1−3 a:
   Sie hat in der Ankündigung des Gerichts an der großen Hure bereits Kap. 18 im Auge (vgl. aber 17,16−17);
2. den Visionsbericht Vers 3 b−6 a:
   Er schildert die Erscheinung einer Frau mit dem Namen »Babylon, die Große«, die auf einem Tier sitzt. Auch dieser Teil bezieht
   sich nicht nur auf weitere Aussagen in Kap. 17, sondern greift
   schon auf 18 über, da in der Deutung der Vision Vers 7 ff. das Tier
   im Zentrum des Interesses steht und die Frau nur am Ende von
   Kap. 17 Erwähnung findet;
3. die umfangreiche Deutung des Visionsberichtes Vers 7−18.
Angesichts dieses Aufbaus ist zu beachten, daß der Visionsbericht
überhaupt eine Deutung erfährt; denn normalerweise verzichtet
der Verfasser auf die in der jüdisch-apokalyptischen Literatur üblichen Deutungen (vgl. aber 1,20; 7,13 ff.). Die Deutung selbst ist
kompliziert gebaut. Nach der Einleitung Vers 7 setzt die eigentli-

che Erklärung auffälligerweise nicht mit der Frau ein, sondern mit
dem Tier (Vers 8). Die Deutung der Frau erfolgt erst im Schlußsatz
des ganzen Kapitels (Vers 18); diese Anordnung geschieht wohl bewußt, da so ein Übergang zu Kap. 18 gelingt, das sich als ganzes mit
dem Gericht an der Frau beschäftigt.

Vers 8–11 sind von der Erklärung des Tieres beherrscht, das auch in
den weiteren Abschnitten Vers 12–14 und 16–17 auftaucht. Daran
zeigt sich, daß es die zentrale Figur ist, die der Verfasser in diesem
Kapitel beschreiben will.

Vers 12–14 bringen die Erklärung der zehn Hörner des Tieres als
zehn Könige, die dem Tier beim endzeitlichen Krieg mit dem Lamm
helfen werden. Hier blickt der Verfasser auf 19,11 ff. voraus, wo
dieser Kampf geschildert wird.

Vers 15 befaßt sich zunächst mit den Wassern, an denen die Frau des
Visionsberichts sitzt (vgl. Vers 1). Mit Vers 16–17 geht der Verfasser
dann zu einer erneuten Interpretation der zehn Hörner über.
Vers 16–17 scheinen also eine vollkommene Dublette zu Vers 12–14
zu sein, die man literarkritisch auf verschiedene Schichten verteilen
könnte (Bousset). Doch verkennt man dabei, daß der Verfasser in
Vers 16–17 auf das Thema von Kap. 18 vorausweisen wollte. Die
zehn Hörner und das Tier hassen und vernichten die Hure, die nach
dem Visionsbericht den Namen Babylon trägt (Vers 5). Die doppelte
Deutung der zehn Hörner in Vers 12–14 und 16–17 geschieht also
in der Absicht, zwei verschiedene endzeitliche Ereignisse literarisch
vorwegzunehmen, die in späteren Kapiteln des Buches ihre eigentliche Darstellung finden. Diese Übersicht über die Kompositionsarbeit des Verfassers zeigt, daß die besondere Gestaltung des Kapitels
sich als bewußte literarische Absicht erklären läßt. Deshalb erübri-
gen sich Quellenscheidungen und literarische Schichtenanalysen.

In der Visionseinleitung Vers 1–3a erscheint einer der Schalenengel
aus Kap. 16, der dem Seher Johannes zu Vision und Deutung ver-
hilft. Darin ist der literarische Anschluß an Kap. 16 formal sichtbar.
Bisher hatte eine Himmelsstimme »wie von einer Posaune« (1,10;
4,1) oder einer der himmlischen Ältesten (7,13 ff.) eine entsprechende Deutefunktion ausgeübt. Johannes schildert den neuen Of-
fenbarungsempfang in besonderer Weise: Der Schalenengel entrückt
ihn in die Wüste. Dies geschieht »im Geist«, d. h., der Seher gerät in
ekstatische Verzückung (1,10; 4,1 f.), in der er die räumliche Versetzung erlebt. Ob dies wirkliches Erlebnis oder bloß literarische Stilisierung zum Zwecke der Autorisierung des Offenbarungsempfangs
ist, bleibe dahingestellt. Wichtiger ist das andere: Der Schalenengel
führt den Seher in die Wüste, um ihm das Gericht an der »großen

Hure« zu zeigen, während an der anderen Stelle, an der wieder einer
der Schalenengel als Offenbarungsmittler agiert, dieser den Seher
auf einen hohen Berg trägt, um ihm die Schau des himmlischen Jerusalems zu ermöglichen (21,9ff.). Allein durch den verschiedenen
Ort des Offenbarungsempfangs ist der Gegensatz zwischen der
»großen Hure« auf Erden und dem himmlischen Jerusalem, der
Braut des Lammes, bereits angedeutet. Die Wüste dient nur als
Stelle, wo der Seher die Vision schaut; das heißt nicht, daß sich dort
auch die »große Hure« befindet.

Wie 17,5 zeigen wird (vgl. schon 14,8), ist mit der »großen Hure«
das »große Babylon«, also Rom, gemeint. Der Verfasser nimmt atl.–
prophetischen Sprachgebrauch auf, wenn er eine gottlose Stadt als
Hure bezeichnet (Jerusalem: Jes 1,21; Ez 16,15ff.; 23 – Tyrus: Jes
23,15ff. – Ninive: Nah 3,4). Im Vordergrund steht dabei der Vorwurf des Götzendienstes (z. B. Ez 16,15ff.), zu dem Rom die Könige der Erde, nämlich die Regenten der abhängigen Kleinstaaten,
und alle Erdenbewohner verführt (zu Vers 2 vgl. 14,8; 16,19;
18,3.9). Das Bild von der Hure, die »an vielen Wassern sitzt«, entstammt Jer 51,13, wo die historische Stadt Babylon gemeint ist, die
am Fluß Euphrat und seinen Wasserarmen lag. Zur geographischen
Situation Roms paßt das natürlich nicht; dieser Zug dient nur der
symbolischen Identifikation Roms mit dem gottlosen Babylon.

Der Beginn des Visionsberichts Vers 3 b setzt die Frau in unmittelbare Beziehung mit dem Tier aus Kap. 13, dem Römischen Reich.
Sie sitzt auf ihm, wie es von heidnischen Göttern, die auf einem Tier
sitzen, bekannt ist (z. B. die Muttergöttin Kybele; Attis, auf einem
Löwen sitzend). Die scharlachrote Farbe des Tieres zeigt die Pracht
des Reiches. Dieses konkretisiert sich in der Person des vergöttlichten Kaisers. Deshalb schließt der Verfasser die nähere Bestimmung
des Tieres (im Griechischen Neutrum) mit maskulinem Partizip an
gemonta: Seine ganze Gestalt ist voll *bedeckt* mit »Lästernamen«,
wohl die göttlichen Titel des Cäsars. Der Text nimmt darin die Beschreibung des Tieres aus Kap. 13,1 auf (in leichter Abwandlung),
ebenso in der Angabe der sieben Häupter und zehn Hörner des Tieres. Wie zu Beginn von Kap. 13 symbolisiert das Tier in Vers 3 noch
die gottlose Macht des Römischen Reiches überhaupt, um in der
Deutung der Vision eine Einzelgestalt zu meinen, die die Schrek-
kensmacht des Reiches auf den Höhepunkt bringen wird. In der
Bekleidung der Frau mit Purpur und Scharlach drückt sich der
glanzvolle Prunk Roms aus, ebenso in dem üppigen Schmuck, den
sie trägt (Vers 4). In freiem Anklang an Jer 51,7 (LXX 28,7) hält sie
einen goldenen Becher in der Hand, angefüllt mit den Praktiken ih-

rer Unzucht, d. h. ihres Götzendienstes. In der Beschreibung dieser
Gestalt, die in verführerisch dämonischem Glanz erscheint, tritt erneut der Gegensatz zu der Frau zutage, die in 12,1 und 21 das ewige
Gottesvolk symbolisiert. Wie römische Dirnen ihre Namen auf einem Stirnband tragen, so zeigt die Frau ihr wahres Wesen, das allerdings nur dem Eingeweihten als Geheimnis offenbar ist: Ihr Name
lautet »das große Babylon«. Dieser symbolische Deckname für Rom
ist wohl nach 70 n. Chr. zunächst in jüdischen Kreisen entstanden
(syrBar 67,7; Or Sib 5,143.159), und zwar im Blick auf die Zerstörung Jerusalems durch Rom, die an die Zerstörung der Stadt durch
das babylonische Reich im Jahre 587 v. Chr. erinnerte (Hunzinger).
Die Bezeichnung wurde alsbald auch von christlichen Kreisen übernommen (1 Petr 5,13).
Charakterisierender Beiname Roms ist dann »die Mutter der Huren
und der Greuel der Erde«. Hier liegt jüdische Ausdrucksweise vor:
Rom als die größte Hure, die es in der Welt gibt (Kuhn), da die
Hauptstadt des Imperiums als Ursprung allen Götzendienstes der
Erde gilt. Der »Mutter der Huren« wird Christus, der »Herr der
Herren« und »König der Könige« entgegentreten und sie vernichten
(17,14; 19,16). Vers 6 benennt die Schuld Roms, das für die Christenverfolgungen verantwortlich zeichnet (vgl. 6,10; 16,6; 18,24;
19,2). Damit ist die ganze bisherige Verfolgungsgeschichte im Blick,
zu der die Neronische Verfolgung wie Verfolgungen unter Domitian
gehören. Mit der Angabe über die Reaktion des Sehers schließt der
Visionsbericht stilgemäß (vgl. Dan 7,15; 10,8f.; 4 Esr 12,3–5). Die
mannigfachen Verklammerungen des Visionsbildes mit den sonstigen Ausführungen des Sehers lassen erkennen, daß der Visionsbericht von seiner Hand stammt und Überlegungen hinsichtlich Quel-
lenbenutzung fehl am Platze sind (gegen Bousset, Charles).
Vers 7 bringt die Überleitung zur Visionsdeutung. Es geht um das
»Geheimnis« der Frau und des Tieres, um den vorherbestimmten,
aber noch verborgenen Ratschluß Gottes über das Geschick dieser
Unheilsmächte. Die Deutung beschäftigt sich hauptsächlich mit
dem Tier und seinen Attributen.
Innerhalb von Vers 8–11 erstaunt, daß die Deutung des Tieres nicht
in einem Zug vor sich geht. Vielmehr gibt Vers 8 zunächst nur eine
umfassende Wesensbestimmung des Tieres. Doch kommt der Verfasser damit noch nicht zum endgültigen Ziel seiner Interpretation.
Daß es ihm um mehr zu tun ist, zeigt schon die Aufmerkformel an
den Leser (Vers 9a). Den Seher interessiert vor allem der geheimnisvolle Zeitpunkt des Auftretens des Tieres. Zu diesem Zweck bietet
er eine Deutung der sieben Häupter des Tieres (Vers 9–11), deren

eines, das achte, er mit dem Tier gleichsetzt. Die zweimal anset-
zende Erklärung des Tieres (Vers 8 und 11) beruht auf der Absicht,
das Geschick des Tieres nicht nur allgemein anzusagen (Vers 8), sondern sein Erscheinen durch die Identifikation mit einem der Häupter
zeitlich genauer zu bestimmen (Vers 11). Die doppelte Deutung
weist nicht auf eine Dublette, die auf verschiedene literarische
Schichten schließen ließe (gegen Bousset).

In Vers 8 erfährt das Tier also eine grundsätzliche Charakterisierung: »es war und ist nicht und wird aus dem Abgrund heraufsteigen ...« Der Verfasser zeichnet es als eine Einzelgestalt, als den endzeitlichen Antichristen, der aus dem Abgrund der *Unterwelt* emporsteigen wird – im Gegensatz zu Christus, der zu seiner Parusie
vom *Himmel* herabkommt.

Der Sinn der Aussage über das Tier greift aber weiter. Es wird als der
wiederkommende Nero identifiziert. Der Verfasser nimmt hier die
Spätform der Nerosage auf, nach welcher der entmachtete und ge-
flohene Nero als dämonische Gestalt neu zur Herrschaft kommen
soll. Da die zeitgenössischen Belege zur Nerosage nicht eindeutig
von Tod und Wiederbelebung Neros sprechen (Nero redivivus),
scheint sein in Vers 8 vorausgesetzter Aufenthalt in der Totenwelt
und sein Wiedererstehen nur eine polemische Kontrastbildung zum
Geschick Christi zu sein. Der Seher hat die Nerosage in seinem
Sinne umgestaltet und sie so erst zur Erwartung vom Nero redivivus
gemacht (Collins; vgl. Exkurs 7: Die Nerosage). In diesem Schrek-
kensherrscher verdichten sich für Johannes die Greuel, die sich in
der bisherigen Geschichte des römischen Imperiums bereits ab-
zeichnen. Doch heißt es von ihm: Er hat nur eine begrenzte Frist, er
selbst geht ins Verderben.

Zunächst aber werden die gottlosen Erdenbewoher (vgl. 13,8) angesichts der Offenbarung des Antichristen in bewunderndes Erstaunen ausbrechen (vgl. 13,3b), wenn sie das Wiedererstehen des Nero
sehen, daß »er« nämlich »war und nicht ist und (wieder) dasein
wird«. Bei dieser Formulierung ist die gegensätzliche Entsprechung
zur Gottesbezeichnung »der da ist und der war und der kommt«
(z. B. 1,4.8) offensichtlich. Gott wird immer dasein, der endzeitliche Schreckensherrscher nicht.

Die bisherige Erklärung des Tieres genügt dem Verfasser nicht.
Durch eine 13,18 entsprechende Aufmerkformel appelliert er an
Verstand und Weisheit des Lesers (Vers 9a), der die folgende ge-
schichtliche Einordnung des Tieres enträtseln soll. Es geht um den
Zeitraum seines Auftretens. Schon Vers 9a erhellt also, daß der
Verfasser bei der anschließenden Aufzählung von Königen an der

geschichtlichen Wirklichkeit interessiert ist, sosehr die Siebenzahl der Könige eine runde Größe ist, die durch die dogmatische Wirklichkeit der heiligen Zahl bestimmt ist (Kümmel). Abzuweisen ist von vornherein eine Deutung, die jeden Bezug zur historischen Zeitsituation leugnet und nur eine mythisch-übergeschichtliche Auslegung zuläßt (Lohmeyer, Sickenberger). Eine solche scheitert bereits an der Interpretation der sieben Häupter durch sieben Berge, auf denen die Frau des Visionsberichts sitzt. Hier ist die Beziehung auf Rom als der Stadt auf den sieben Hügeln klar gegeben.

Entscheidend ist die weitere Deutung der sieben Häupter auf sieben Könige (Vers 9). Damit sind sieben Kaiser gemeint, da im griechisch sprechenden Osten des Reiches die römischen Kaiser normalerweise Könige heißen (1 Petr 2,13.17; 1 Tim 2,2; 1 Clem 37,3). Die eigentlichen Schwierigkeiten entstehen in Vers 10 f.: Fünf Kaiser sind gefallen, der eine ist, der andere ist noch nicht gekommen; und wenn er kommt, soll er nur kurz bleiben. In diese Aufzählung wird nun das Tier eingeordnet, indem es die vorgegebene Siebenerreihe um eine achte Gestalt ergänzt, die aber gleichzeitig eine der sieben ist. Deutlich hat der Verfasser wieder Nero redivivus im Auge (vgl. Vers 8), der als geschichtlicher Kaiser Nero einer der sieben ist, der aber als achter in der Erscheinung des Antichristen wieder auftreten wird.

Wie sind nun die übrigen Kaiser zu identifizieren? In der kritischen Forschung, ja in der jahrhundertelangen Auslegungsgeschichte der Offb bestehen darüber die unterschiedlichsten Meinungen, die bisher zu keinem nur annähernd übereinstimmenden Urteil geführt haben. Auch der folgende Versuch wird nur hypothetisch bleiben können, auch wenn eine möglichst hohe Wahrscheinlichkeit in der Lösung anzustreben ist.

Folgende Gesichtspunkte sind von besonderem Gewicht (vgl. die Aufstellung bei Günther 132):

1. Soll man bei der verbreiteten Annahme über die Abfassung des Buches unter Domitian einsetzen und ihn als den sechsten Kaiser »der eine ist« bestimmen?

2. Bei welchem Kaiser hat man mit der Zählung anzufangen? Bei Cäsar (Giet), bei Augustus (Bousset u. Charles für die von ihnen angenommene Quelle, Hadorn, Cerfaux-Cambier, Rissi), bei Caligula (Brun, Strobel) oder bei Nero (Allo, Reicke, Günther)?

3. Soll man die drei Kaiser des Interregnumjahrs 68/69 n. Chr. mitzählen (oder nur einen oder zwei von ihnen; vgl. Hadorn, Reicke, Günther)?

4. Zielt die Aussage »die fünf sind gefallen« auf einen gewaltsamen Tod dieser Kaiser (Brun, Strobel)?

Zu 1: Die Bemerkung von Vers 10 »der eine ist« bezieht sich deutlich auf die Gegenwart des Verfassers, der unter diesem Kaiser schreibt. Nach der altkirchlichen Tradition (bei Iren AdvHaer V, 30,3) schaut Johannes die Offb gegen Ende der Regierungszeit Domitians (81–96). Dafür spricht auch das eigene Zeugnis des Buches. Es setzt voraus, daß der Kaiserkult die besondere Gefährdung des Christentums darstellt. Dies gilt erst für die Zeit Domitians, und zwar besonders in der Provinz Asia, in der die Gemeinden des Sehers liegen. Von daher scheint der Bezug der Angabe »der eine ist« auf Domitian ein relativ sicherer Ausgangspunkt für weitere Schlußfolgerungen zu sein. Man könnte nun diese Deutung des sechsten Kaisers in Frage stellen, weil die Wendung »der eine ist, der andere ist noch nicht gekommen« auf eine geschichtliche Situation weise, in der zwar noch der sechste Kaiser regiert, aber der siebte schon bekannt ist. Das sei nur möglich unter Nerva (96–98 n. Chr.), nachdem Trajan bereits Mitregent geworden ist (Kraft). Diese Erklärung ist aber schon deshalb unwahrscheinlich, weil sie die Abfassung der Offb in eine Zeit datiert, in der nach der Verfolgung unter Domitian für die Christen eine entspannte Zeit eintrat. Zudem hängt sie ab von der Auflösung der Zahl des Tieres 666 auf Kaiser Nerva (13,18). Wie kann aber die Schreckensgestalt des Tieres in Nerva ihren Ausdruck finden, wenn dieser gerade die Verfolgungen unter Domitian beendet hat?

Zu 2: Rechnet man von Domitian zurück, so käme man bei Ausschaltung der drei Interregnumskaiser Galba, Otho und Vitellius (siehe unter 3) auf Caligula als erstem Kaiser der Reihe. Nun nimmt die Forschung mit Vorliebe Augustus als ersten der Kaiser an. Dafür spricht, daß eben Augustus Begründer des römischen Prinzipats war. Betrachtet man jedoch sonstige Kaiserlisten, so zählt zwar Tacitus von Augustus an, doch beginnen Sueton, Jos Ant XVIII, 12,2.2; 6,10, der Verfasser der Adlervision 4Esr 11,12f. und OrSib 5,12f. bei Cäsar. Der Einsatz der Zählung bei Cäsar hätte also ein gewisses Übergewicht (Brun, Günther). Doch scheitert sowohl der Beginn der Zählung bei Cäsar wie bei Augustus. Im ersten Falle wäre der sechste (»der eine ist«) Nero, und man müßte annehmen, der Verfasser schreibe unter Nero; im zweiten Fall käme man auf Vespasian (bei Nichtberücksichtigung der Interregnumskaiser). Doch sprechen sowohl das altkirchliche Zeugnis wie die in der Offb vorausgesetzten Verhältnisse gegen eine Identifikation des gegenwärtigen Kaisers mit Nero oder Vespasian. Nun versuchen diejenigen, die von Augustus an rechnen, dieser Schwierigkeit entweder dadurch zu entgehen, daß sie diese Zählung einer Quelle zuschreiben, die der Endverfasser mehr oder weniger geschickt übernommen hat (Bousset,

Charles) *oder* helfen sich mit der Erklärung, der Verfasser wirke zwar unter Domitian, erwecke aber mit Absicht den Eindruck, daß er unter der Regierung Vespasians schreibe, um so scheinbar die Verfolgung unter Domitian weissagen zu können (Cerfaux-Cambier, Böcher). Beide Lösungsversuche erweisen sich als unbegründete Hilfskonstruktionen. Weder ist eine Quelle nachweisbar, noch läßt sich die fiktive Zurückdatierung irgendwie am Text verifizieren. So bleibt nur noch die Alternative (Kümmel), der Verfasser sei gar nicht an einer genauen Folge römischer Kaiser interessiert und habe sich nicht um die Übereinstimmung zwischen der symbolischen Siebenzahl von Kaisern und der historischen Wirklichkeit gekümmert (Caird, Lohse), *oder* man hat eben mit Caligula zu beginnen, um »den einen, der ist« auf Domitian beziehen zu können (Brun, Strobel). Gegen die erste Möglichkeit spricht, daß die Aufmerkformel Vers 9 a (ähnlich jener von 13,18) den Leser zur Entschlüsselung der Angaben von Vers 9–11 im Blick auf die geschichtliche Wirklichkeit geradezu auffordert (Kümmel). Es ist also nur die andere Möglichkeit zu diskutieren.

Zu 3: Die drei Interregnumskaiser der Jahre 68/69 werden wohl außer Betracht bleiben dürfen. Gegen ihre Berücksichtigung ist zunächst ihre kurze und nicht überall anerkannte Regierung anzuführen. Dabei ist als eine gewisse Parallele die Adlervision 4 Esr 11 heranzuziehen, die als ernstzunehmende politische Größe nur die ersten sechs Flügel (die Julier von Cäsar bis Nero) sowie die drei Häupter (die drei flavischen Kaiser) nennt, während unter den vier Nebenflügeln (11,25–31) Gestalten sein müssen, die die Kaiserherrschaft nicht einmal erreicht haben (neben Galba, Otho bzw. Vitellius mindestens ein Thronprätendent; Galba und Otho werden also mit Thronprätendenten auf eine Stufe gestellt). Dementsprechend werden alle vier Nebenflügel als bloße Thronprätendenten beschrieben (Vers 25.28: »… die zwei [wohl Galba und Otho] … *gedachten* ebenfalls zu herrschen. 29 Während sie aber *daran dachten,* siehe, da erwachte einer der ruhenden Köpfe« [Vespasian]). Von dieser Sicht aus ist es nur ein kleiner Schritt, die Interregnumskaiser überhaupt zu übergehen. Ihre Aufnahme in die Siebenerreihe von Offb 17,9 f. führt zudem in andere kaum zu lösende Schwierigkeiten. Beginnt man die Zählung mit Augustus, so kommt man bei dem einen, der ist, auf Galba als sechsten Kaiser (Robinson); doch ist die Annahme, die Offb sei in den Wirren der nachneronischen Zeit geschrieben, aufzugeben, weil das sonstige Zeugnis des Buches diese Annahme nicht stützt (Brun). Rechnet man von Nero an, um zwei der Revolutionskaiser mitzuzählen – Galba und Vitellius (Reicke)

oder Galba und Otho (Günther) –, so erscheint der Einsatz bei Nero
ziemlich willkürlich, außerdem die Auswahl von nur zwei der drei
Kaiser der Thronwirren nach Nero.

Zu 4: Unter 2 hat sich die Möglichkeit ergeben, die Reihe der Kaiser
mit Caligula zu beginnen. Darauf paßt auch die Wendung »die fünf
sind gefallen«. Sie meint kaum ein einfaches Sterben, sondern hat
wohl eher ein gewaltsames Ende im Blick (Brun, Strobel; vgl. den
Sprachgebrauch Offb 14,8; 16,19; 18,2). Caligula wurde ermordet,
Claudius vergiftet; Nero beging Selbstmord. Vespasian war nach jüdischer Überlieferung qualvoll auf seinem Bett gestorben (4 Esr
12,26), ja es entstand später das Gerücht, er sei von seinem Sohn
Titus vergiftet worden (Dio Cassius 66, 17). Titus, gestorben an einer Fieberkrankheit, soll ebenfalls nach später verbreiteter Meinung
gewaltsam beseitigt worden sein (durch das Schwert seines Bruders
Domitian 4 Esr 12,28).

Für judenchristliches Denken, das der Seher Johannes auch sonst
erkennen läßt, mochten die römischen Kaiser ab Caligula als Gottes-
feinde erscheinen, während die judenfreundliche Politik Cäsars und
des Augustus mindestens einem Juden nicht anstößig sein konnte.
Die judenfeindlichen Maßnahmen des Präfekten Sejan sind nach
dessen Sturz durch Tiberius aufgehoben worden. Caligula aber
mußte durch seinen Cäsarenwahnsinn, speziell durch seinen Versuch, sein Bildnis im Tempel zu Jerusalem aufstellen zu lassen, auch
einem Judenchristen als besonderer Frevler erscheinen. Claudius hat
zwar nur die Verbannung der Juden aus Rom verfügt, was auch
manche Christen traf (vgl. Apg 18,2), doch sollte Nero alsbald jedem Christen erneut als ein Höhepunkt des Schreckens vorkommen
(vgl. die Christenverfolgung in Rom). Vespasian und Titus haben
nicht die Christen verfolgt, konnten aber einem Judenchristen wegen der Zerstörung Jerusalems und des Tempels als Anzeichen des
herannahenden Endes gelten. Domitian schließlich hat durch die
Forderungen des Kaiserkultes sich als besonderer Feind Gottes
erwiesen.

Diese Art Geschichtsbetrachtung unter dem Vorzeichen wachsenden Unheils hat ihre Parallele in 4 Esr, einer jüdischen Apokalypse
(Brun, Kümmel), die wenige Jahre später als die Offb verfaßt wurde.
Das Interesse der Adlervision 4 Esr 11 f., die ebenfalls das Römische
Reich symbolisiert, kulminiert in der Erwähnung dreier Häupter
des Adlers, die Vespasian, Titus und Domitian darstellen. Diese begegnen als gesonderte Folge römischer Kaiser ähnlich wie jene in
Offb 17,9–11. Von ihnen sagt 4 Esr 12,23–25: Sie heißen »Köpfe
des Adlers«; »denn sie werden es sein, die seinen (d. h. des Adlers)

Frevel auf den Höhepunkt bringen und sein Ende abschließen.«
Diese Sicht der Geschichte wird auch die Auswahl der Kaiser in
Offb 17,9–11 bestimmt haben, wobei dies für den Seher Johannes
bereits traditionell überkommen sein mag. Jedenfalls liegt diese Erklärung näher als der Versuch, die Folge römischer Kaiser deshalb
mit Caligula zu beginnen, weil diese nach Christus zur Macht gelangten und so zur antichristlichen Schlußphase der Weltgeschichte
gehörten (Strobel).
Nach dem gegenwärtigen Kaiser »der eine ist« erwartet der Verfasser
zunächst noch einen siebten, von dem es ausdrücklich heißt, er sei
noch nicht gekommen; wenn er aber da sei, soll er nur kurz bleiben
(Vers 10). Diese zeitlichen Angaben hat man wohl ernst zu nehmen
und den siebten als zukünftige Gestalt zu deuten, nicht aber als vaticinium ex eventu, als künstliche Rückdatierung, so daß man hier
Titus sieht, der nur kurz regiert hat (79–81). Im letzten Fall käme
man bei dem achten auf Domitian, der als Nero redivivus verstanden
wäre (Cerfaux-Cambier, Böcher). Abgesehen von der Tatsache, daß
es reine Willkür ist, die tatsächliche Zukünftigkeit des siebten und
achten Kaisers zu leugnen, muß es als Stilwidrigkeit erscheinen
(Bousset), in Domitian die antichristliche Gestalt des Nero redivivus
zu sehen. Die Gestalt, die aus dem Abgrund aufsteigen wird, um in
die Verdammnis zu fahren, ist für den Verfasser eine gespenstische,
übermenschliche Erscheinung der Zukunft.
Die Figur des siebten Kaisers ergibt sich aus der vorgegebenen Siebenzahl römischer Kaiser: Das Römische Reich *muß* bis zu seinem
Untergang sieben Herrscher haben. Da nun der Seher von der Nähe
des Endes überzeugt war (1,3; 22,16.20), konnte der siebte Herrscher nur kurz regieren. Danach wird der Antichrist auftreten, der
als Nero redivivus eben einer der sieben Herrscher ist. Doch – und
das ist die tröstliche Botschaft – er geht ins nahe Verderben.
Vers 12–14 konkretisieren diese Verheißung. Der Verfasser deutet
jetzt die zehn Hörner des Tieres auf zehn Könige. Auf den ersten
Blick gesehen, müßten es römische Könige oder Thronprätendenten
sein, da sie als organische Teile am Leib des Tieres erscheinen. Doch
ist zu beachten, daß sie nicht nacheinander auftreten, sondern zur
gleichen Zeit. Das spricht eindeutig gegen römische Herrscher. In
der Gegenwart haben sie die Macht noch nicht ergriffen, erst mit
dem Auftreten des Tieres, das hier wieder eindeutig als zukünftige
Größe begegnet, werden sie königliche Macht erhalten – und zwar
nur für »eine Stunde«, d. h. eine kurze Zeit. Sie sind von *einer* Absicht und einem politischen Willen bestimmt und ordnen sich dem
Tier unter (zu *mia gnōmē* als feststehendem politischen Begriff, der

die Einigkeit konkurrierender Mächte als Voraussetzung gemeinsamen Handelns betont, vgl. van Unnik). Es können nur Vasallen und
Verbündete des Tieres sein. Deutlich klingt die besondere Erwartung an, daß Nero zusammen mit den Partherfürsten wiederkehrt
und einen letzten widergöttlichen Ansturm versucht (vgl. 16,12.14).
Zwar nennt die Überlieferung 14 parthische Satrapen; die Zahl zehn
ist also rein schematisch gewählt (nach dem Vorbild von Dan
7,24).
Zusammen mit seinen Vasallen wird der Antichrist mit dem Lamm
Krieg führen. Dieses aber wird ihn besiegen, weil es der wahre »König der Könige« und »Herr der Herren« ist (analog 19,16), wie das
Lamm unter Aufnahme der ursprünglichen Titulatur orientalischer
Großkönige heißt (als Titel Gottes im Judentum grHen 9,4; vgl.
auch äthHen 63,4; 84,2; 2 Makk 13,4). Als Gefolge des Christus
treten »Berufene«, »Auserwählte« und »Getreue« auf. Sie scheinen
am Sieg des Lammes beteiligt gewesen zu sein; doch dürfte dieser
Gedanke eher einer zugrunde liegenden Tradition angehören, die
19,11 ff. durchscheint. Hier ist an christliche Gläubige gedacht, die
sich zum Lamm bekannt haben, ohne daß an eine wirkliche Beteili-
gung am endzeitlichen Krieg zu denken ist. Der Verfasser greift mit
Vers 12–14 auf die Darstellung 19,11–21 voraus, wo die Vernichtung des Tieres und der Könige der Erde geschildert wird. Allerdings ergibt sich dabei die Unstimmigkeit, daß hier die parthischen
Vasallen (zusammen mit dem Tier) Krieg führen, während es in
19,19 »die Könige der Erde« überhaupt sind.
Ehe aber der Antichrist in Gestalt des Nero redivivus der endzeitlichen Vernichtung anheimfällt, haben er und seine Vasallen noch eine
besondere Aufgabe im Geschichtsplan Gottes durchzuführen, die
Zerstörung Roms, der Hure Babylon. Dies schildert der Verfasser in
Vers 16–18 und weist damit auf Kap. 18 voraus. Bevor er dies tut,
deutet er in Vers 15 die Wasser, an denen die Hure sitzt (Jer 51,13),
auf alle Völkerschaften, die sich in Rom versammeln. Mit Vers 16
kommt er dann zum Thema. Die zehn Hörner, die wiederum zehn
Könige symbolisieren, werden zusammen mit dem Tier die Hure
Rom vernichten. Dabei greift Vers 16 bei den Einzelheiten der Ver-
nichtungsaktion auf atl. Vorbilder zurück (Ez 23,25–29, bes.
Vers 29; vgl. auch Mi 3,3; Ps 27,2). In Vers 16–18 nimmt der Verfasser die Form der Nerosage auf, wonach Nero zu den Partherkönigen
geflohen sei, um diese aus Rache für seinen Sturz gegen Rom zu
führen. Er sieht in diesem Vorgang Gott selbst am Werk, der seinen
Willen mit Hilfe dieser Mächte durchführt und sie zu diesem Zweck
zu einer Absicht vereint. Der ausdrückliche Hinweis auf die Initia-

tive Gottes ist auch deshalb nötig, weil erst so die Zerstörung Roms durch den aus Rom stammenden Antichristen für den Seher verständlich wird (Wikenhauser). Die ganze Aktion hat ihre begrenzte Zeit, bis der Wille Gottes erfüllt ist (vgl. 10,7; 15,1). Dann erfahren auch diese an sich widergöttlichen Mächte, die kurze Zeit Gott dienen mußten, ihre Vernichtung.

Abschließend wird die ausdrückliche Deutung der Hure auf die Stadt Rom nachgetragen. Daß dies erst hier geschieht, gründet einmal im vorrangigen Interesse dieses Kapitels am Tier als dem Antichristen, dann aber in der dadurch geschaffenen Überleitung zu Kap. 18, dem Fall des großen Babylon.

Exkurs 7: Die Nerosage

Literaturauswahl: Bousset, W.: Der Antichrist in der Überlieferung des Judentums, des neuen Testaments und der alten Kirche, Göttingen 1895. – *Ders.:* Die Offenbarung Johannis 410–413. – *Collins, A. Y.:* Combat Myth 176–183. – *Collins, J. J.:* The Sibylline Oracles of Egyptian Judaism, Society of Biblical Literature, Dissertation Series 13, Missoula (Montana) 1974, 80–87. – *Ernst, J.:* Die eschatologischen Gegenspieler in den Schriften des Neuen Testaments, BU 3, 1967. – *Fuchs, H.:* Der geistige Widerstand gegen Rom in der antiken Welt, Berlin 1938. – *Kurfess, A.:* Sibyllinische Weissagung, Berlin 1951. – *Rigaux, B.:* L'Antéchrist et l'opposition au royaume messianique dans l'Ancien et le Nouveau Testament, Gembloux 1932.

Nach weitverbreiteter Meinung der Forschung sind Offb 13 und 17 nur auf dem Hintergrund der Nerosage zu verstehen. In Kap. 13 bezieht sich das eine Haupt des Tieres, dessen Todeswunde wieder geheilt wurde, auf den Nero redivivus (Vers 3.12). In Kap. 17 ist das Tier, das war, in der Gegenwart nicht ist und wieder aus dem Abgrund heraufsteigt, ebenfalls diese Unheilsgestalt.

Betrachtet man die antiken Quellen, so begegnet die Erwartung eines Wiederauftretens Neros in verschiedener Gestalt, die eine Durchsicht der entsprechenden Belege erfordert.

Nero starb im 32. Lebensjahr durch Selbstmord (68 n. Chr.). Die besonderen, nicht allen bekannten Umstände seines Todes, besonders aber die Anhängerschaft in manchen Kreisen des Volkes führte zu dem Glauben, daß er in Wirklichkeit dem Tode entgangen sei und noch lebe. Aufgrund der besonders guten Beziehungen, die Nero zu den Parthern gehabt hatte, entstand dann die Annahme, daß er zu diesen geflohen sei. Er besaß zu Lebzeiten ein freundschaftliches Verhältnis zum Partherkönig Vologaesus (Sueton, Nero 57); Nero selbst soll in seinen letzten Stunden den Plan erwogen haben, zu den Parthern zu flüchten (Sueton, Nero 47). Mit dem Glauben, daß Nero zu den Parthern geflohen sei, verband sich die Erwartung, daß er mit parthi-

schen Truppen wiederkommen würde, um wegen seines Sturzes Rache an
Rom zu nehmen. Diese Erwartung äußerte sich im Auftreten von Pseudone-
ros, die vorgaben, der noch lebende Kaiser zu sein. Schon im Jahre 69 gerieten Achaia und Asien in helle Aufregung durch die Vermutung, daß mit Neros Kommen zu rechnen sei. Immer mehr Leute glaubten, daß er noch lebe
(Tacitus, Hist II 8). War es zunächst ein Sklave aus dem Pontus oder ein
Freigelassener aus Italien, der einigen Anhang erhielt, so später unter Titus
ein gewisser Terentius Maximus, der am Euphrat auftrat (vielleicht identisch
mit dem Pseudonero, von dessen Unterstützung durch die Parther Sueton,
Nero 57, berichtet).

Wahrscheinlich steht die Erwartung eines aus dem Osten wiederkommenden
Neros im Zusammenhang des Widerstandes des Ostens gegenüber dem Westen des Römischen Reiches (Collins, Combat Myth 177). Sogar in den Tagen Trajans soll der Glaube noch bestanden haben, daß Nero noch lebe (Dio
Chrysostomos, Orationes 21,10).

Entscheidend war nun, daß diese Volkserwartung auch jüdische Kreise er-
faßte, greifbar im 4. und 5. Buch der OrSib. Hier ist der antirömische Haß
besonders deutlich. Das 4. Buch wurde bald nach dem Ausbruch des Vesuv
verfaßt (79 n. Chr.). OrSib 4,119 ff. schreibt zunächst:

»Aus Italien erscheint ein großer König als Flüchtling; fliehen wird er, verschwunden, verschollen, über den Euphrat ...«

Der Text fährt fort, um den Ansturm des Königs gegen Rom anzukündigen
(OrSib 4,137 ff.):

»Westwärts zieht dann das neuentfachte Kriegesgetümmel, und Roms
Flüchtling erhebt des Krieges gewaltige Lanze und überschreitet also mit
vielen Tausend den Euphrat.«

Die Nerosage hat hier deutlich die Form, wie sie auch in heidnischen Kreisen
des Ostens entfaltet wurde – als Ausdruck antirömischer Propaganda, die
eine Wiederherstellung des Reichtums erwartete, den Rom einst dem Osten
(z. B. Asien) geraubt hatte (OrSib 4,145 ff.).

Im 5. Buch der OrSib liegt eine Umprägung dieser ursprünglichen Hoffnung
vor; Nero verliert die Züge eines Retters für den Osten des Reiches und wird
zum endzeitlichen Widersacher, der dämonische Züge annimmt. In 5,93–
110 wird Nero erscheinen als der »Perser«, der Alexandrien verwüstet und
auch »die Stadt der Seligen«, Jerusalem, völlig zerstören wird. Gegen ihn
wird Gott einen mächtigen König senden, den Messias. Anschließend wird
der ewige Gott sein Gericht über die Menschen halten. In 5,361–384 tritt
»der Betrüger« ausdrücklich »am Ende der Zeit« auf. Nero begegnet als der,
der sich selbst zu Gott macht (5,28 ff.). Bei seinem Erscheinen wird die ganze
Schöpfung erschüttert (5,152).

Umstritten ist nun die Frage, ob dieser als Widergott auftretende Nero aus
der Unterwelt wiederkehrt, weil inzwischen sein Tod vorausgesetzt ist
(Bousset, Charles), oder ob er nach seinem unheilvollen Wirken als Kaiser
nur eine Zeit in Verborgenheit gelebt hat (Collins, Combat Myth). Im erstge-
nannten Falle wäre dies eine Entwicklungsstufe der Sage, die allein die Bezeichnung »Nero redivivus« verdient. Zur Diskussion stehen zunächst die

Aussagen OrSib 5,28–34, die sich in einem Zusammenhang finden, der 5,1–
50 (ohne 51) zur Zeit Hadrians verfaßt ist.
5,28–32 schildert das Wirken des irdischen Nero, 5,33 f. aber fährt fort:
»Doch er wird spurlos verschwinden, der Arge, und kehret dann wieder,
Gott sich vergleichend ...«
Weder das ungesehene Verschwinden noch die Rückkehr müssen notwendi-
gerweise den Tod Neros beinhalten, das Verschwinden könnte auch geheim-
nisvoller Ausdruck für die Flucht sein (Collins, Combat Myth). Zu ersterem
zwingt auch nicht der Hinweis, das Orakel sei zwei Generationen nach Neros Tod geschrieben (Charles), so daß der Tod Neros inzwischen vorausgesetzt sein müsse. Das Orakel kann älteres Material enthalten.
Auch 5,214 ff. ist kein sicherer Beleg für den Tod Neros:
»Wenn die drei Schwestern, die Parzen ...
ihn, der durch Listen entfloh jenseits des Gestades des Isthmus,
führen herbei in der Luft, bis alle ihn werden erblicken ...,
wird er auch dein Land (Korinth) verderben und schlagen, so wie es bestimmt ist.«
Wenn die hier gegebene Übersetzung des schwierigen Textes (im Anschluß
an Collins, Combat Myth) richtig ist, geht es nur um den Gegensatz zwischen der gegenwärtigen Verborgenheit Neros (»jenseits des Gestades des
Isthmus«) und der zukünftigen machtvollen Offenbarung mit Hilfe der Parzen. Die Flucht könnte sich wieder auf den Aufenthalt bei den Parthern
beziehen.
Es bleibt noch 5,361 ff. zu betrachten. Vom endzeitlichen Auftreten Neros
heißt es zunächst: »Er wird kommen vom Ende der Erde.« »Er wird die
ganze Erde vernichten.« Dann: »Derentwillen (d. h. Rom) er selber verdarb,
die wird er sofort einnehmen ...« Das Verb *ollymai* »zugrunde gehen, verderben« meint normalerweise den Tod der betreffenden Menschen. Dann wäre
hier der einzige sichere Beleg gegeben, der vom Tod Neros und seiner Wiederkehr »von den Enden der Erde« handelte. Doch wäre es sprachlich auch
möglich, hier nur den Sturz Neros angezeigt zu sehen. Dafür würde vor
allem sprechen, daß er von den Enden der Erde wiederkommt, was eher den
Aufenthaltsort bei den Parthern meint als den in der Unterwelt. Nero ist in
Rom gescheitert (»derentwillen er selber verdarb«), er wird es wieder einnehmen und es seinerseits vernichten.
Eine weitere Umformung der Nerosage liegt dort vor, wo Beliar, »der große
Fürst, der Fürst dieser Welt« (d. h. der Teufel) mit dem wiederkommenden
Nero identifiziert wird (AscJes 4,1 ff.; möglicherweise OrSib 3,63 ff., wenn
ek Sebastēnōn »von der Herrscherlinie des Augustus« heißen sollte [Bousset,
Antichrist 100; Collins, Oracles 86; Collins, Combat Myth 181 f.] und nicht
»von den Sebastenern«, den Einwohnern von Sebaste [Rigaux 200]). Doch
begegnet bei diesen Texten kein Hinweis auf das Erscheinen des Beliar-Nero
aus der Unterwelt.
Aus der Übersicht ergibt sich, daß die Erwartung des Nero redivivus, der
gestorben ist und aus *der Unterwelt* wieder auftaucht, in den zeitgenössischen Texten kaum oder nur ganz vereinzelt zu belegen ist. Der Schluß liegt

nahe, daß diese Variation der Nerosage der Konzeption des Sehers Johannes entspricht, der ein dämonisches Kontrastbild zu Christus geschaffen hat, der vom *Himmel* herabkommen wird (Collins, Combat Myth). Gleichzeitig liegt in Offb 17,8 ein Gegenbild zu der Bezeichnung Gottes vor, »der da ist und der war und der kommt«.

Der Fall Babylons: 18,1−24

1 Danach sah ich einen anderen Engel vom Himmel herabsteigen, der hatte große Macht, und die Erde wurde von seinem Glanz erleuchtet.   2 Und er schrie mit starker Stimme:
Gefallen, gefallen ist Babylon, die Große,
und wurde zur Wohnstätte für Dämonen
und zur Behausung für jeden unreinen Geist
und zur Behausung für jeden unreinen Vogel
und zur Behausung für jedes unreine und verabscheute Tier.
3 Denn von dem Zornwein ihrer Unzucht haben alle Völker getrunken,
und die Könige der Erde haben mit ihr gehurt,
und die Kaufleute der Erde sind reich geworden von der Macht ihres Luxus.
4 Und ich hörte eine andere Stimme vom Himmel sprechen:
Ziehet fort aus ihr, mein Volk,
damit ihr nicht teilhabt an ihren Sünden
und daß ihr nicht empfangt von ihren Plagen!
5 Denn ihre Sünden haben sich bis zum Himmel aufgetürmt,
und Gott hat ihrer Schandtaten gedacht.
6 Vergeltet ihr, wie auch sie vergolten hat,
und zahlt ihr das Doppelte heim nach ihren Werken!
In den Becher, den sie mischte, mischt ihr doppelt.
7 Wieviel sie sich geschmückt und geschwelgt hat,
soviel Qual und Trauer gebt ihr!
Denn in ihrem Herzen spricht sie:
Ich throne als Königin
und bin keine Witwe,
und Trauer werde ich nicht sehen.
8 Darum werden an einem Tage ihre Plagen kommen,
Pest, Trauer und Hunger,
und mit Feuer wird sie verbrannt werden.

Denn stark ist der Herr, Gott, der sie gerichtet hat.

9 Und weinen und wehklagen werden über sie die Könige der Erde, die mit ihr gehurt und geschwelgt haben, wenn sie den Rauch von ihrem Brande sehen,   10 von ferne stehend aus Furcht vor ihrer Qual:

Wehe, wehe, du große Stadt,

Babylon, du starke Stadt;

denn in einer Stunde ist das Gericht über dich gekommen.

11 Und die Kaufleute der Erde weinen und trauern über sie, weil niemand mehr ihre Fracht kauft,   12 Fracht von Gold und Silber und Edelstein und Perlen und feiner Leinwand und Purpurstoff und Seide und Scharlach, und all das Thujaholz und all das Gerät aus Elfenbein und all das Gerät aus edelstem Holz und aus Erz und Eisen und Marmor,   13 und Zimt und Amomum und Räucherwerk und Salböl und Weihrauch und Wein und Öl und Feinmehl und Weizen und Rinder und Schafe, und (Fracht von) Pferden und Wagen und Sklaven und Menschenseelen.

14 Und das Obst, woran deine Seele Lust hatte, ist von dir gegangen,

und alles Kostbare und Glänzende ist dir verloren,

und niemals mehr wird man sie finden.

15 Die Kaufleute dieser (Waren), die an ihr reich geworden sind, werden in der Ferne stehen aus Furcht vor ihrer Qual, weinend und trauernd,   16 und sprechen:

Wehe, wehe, du große Stadt,

die bekleidet war in feine Leinwand und Purpur und Scharlach

und geschmückt mit Gold und Edelstein und Perle;

17 denn in einer Stunde ist solcher Reichtum verwüstet worden.

Und jeder Kapitän und jeder Seekaufmann und Seeleute und alle, die das Meer beruflich befahren, blieben von ferne stehen 18 und begannen zu schreien, als sie den Rauch von ihrem Brande sahen, und sprachen: Wer war gleich der großen Stadt?   19 Und sie streuten sich Staub auf ihren Kopf und schrien weinend und trauernd und sprachen:

Wehe, wehe, du große Stadt,

in der alle, die Schiffe auf dem Meer haben, reich geworden sind von ihrer Pracht;

denn in einer Stunde ist sie verwüstet worden.

20 Freue dich über sie, Himmel,

und ihr Heiligen und Apostel und Propheten,
denn Gott hat für euch das Gericht an ihr vollzogen.
21 Und ein starker Engel hob einen Stein auf, wie ein Mühlstein groß, und warf (ihn) in das Meer und sprach:
So mit stürmischer Gewalt wird dahingeworfen werden Babylon, die große Stadt,
und sie wird nicht mehr gefunden werden.
22 Und die Stimme von Zitherspielern und Sängern und Flö-
tenspielern und Posaunenbläsern
wird nicht mehr in dir gehört werden.
Und kein Handwerker irgendeines Handwerks
wird mehr in dir gefunden werden.
Und das Geräusch der Mühle
wird nicht mehr in dir gehört werden.
23 Und das Licht der Lampe
wird nicht mehr in dir scheinen.
Und die Stimme von Bräutigam und Braut
wird nicht mehr in dir gehört werden.
Denn deine Kaufleute waren die Großen der Erde;
ja, durch deine Zauberei wurden alle Völker verführt.
24 Und in ihr wurde das Blut von Propheten und Heiligen
gefunden
und aller derer, die hingeschlachtet worden sind auf
Erden.

Literaturauswahl: Collins, A. Y.: Revelation 18: Taunt-Song or Dirge?, in: *J. Lambrecht:* L'Apocalypse johannique et l'Apocalyptique dans le Nouveau Testament 185–204. – *Dies.:* Persecution and Vengeance in the Book of Revelation, in: *Hellholm, D. (Hg.):* Apocalypticism in the Mediterranean World and the Near East, Tübingen 1983, 729–749. – *Collins, J. J.:* The Sibylline Oracles of Egyptian Judaism, Society of Biblical Literature, Dissertation Series 13 (1974) 57–64.78 f. – *Conzelmann, H.:* Miszelle zu Apk 18,17, ZNW 66 (1975) 288–290. – *Dibelius, M.:* Rom und die Christen im ersten Jahrhundert, in: *ders.:* Botschaft und Geschichte, 2. Bd., Tübingen 1956, 177–228. – *Fuchs, H.:* Der geistige Widerstand gegen Rom in der antiken Welt, Berlin 1938. – *Jahnow, H.:* Das hebräische Leichenlied im Rahmen der Völkerdichtung, BZAW 36, 1923. – *Jörns, K. P.:* Das hymnische Evangelium 140–143. – *Klassen, W.:* Vengeance in the Apocalypse of John, CBQ 28 (1966) 300–311. – *Kuhn, K. G.:* Art. *Babylōn,* ThWNT I, 1933, 512–514. – *Kurfess, A.:* Sibyllinische Weissagungen, Berlin 1951. – *Satake, A.:* Gemeindeordnung 54–57.135. – *Schweizer, E.:* Art. *psychē,* ThWNT IX 1973, 635–657. – *Wildberger, H.:* Jesaja, Kapitel 13–27, BK X/2, 1978. – *Zimmerli, W.:* Ezechiel, Kapitel 25–48, BK XIII/2, 1969.

Nachdem 17,16–17 das Ende Babylons = Roms bereits angekündigt hat, erfolgt in Kap. 18 die feierliche Proklamation dieses Endes. Dabei wird der Vorgang der Vernichtung selbst nicht beschrieben, vielmehr wird die Reaktion bestimmter Gruppen auf das Gericht an Rom geschildert (vgl. die Klagen Vers 9 ff.).

Vers 1–3 enthalten die entscheidende Proklamation des Falles der Stadt, ausgesprochen durch einen Engel.

Vers 4–20 bringen eine weitere Engelrede, die in immer neuer Weise das Thema des Gerichts an Babylon variiert. Dieser Teil ist in sich mehrfach gegliedert, wobei jedoch durchgängig der Engel aus Vers 4 als Sprecher anzunehmen ist (Lohmeyer, Caird, Jörns; Collins, Rev 18), da kein Wechsel in der Sprecherrolle erfolgt. Jedenfalls legt es sich nicht nahe, ab Vers 9 Johannes unmittelbar weissagen zu sehen (Charles, ähnlich Allo, Wikenhauser, Kraft). In diesem Abschnitt Vers 9 ff. fällt besonders die Gattung des Leichenklageliedes auf, das die Könige der Erde, die Kaufleute und Seeleute angesichts des Sturzes von Babylon anstimmen (Vers 10.16f.19). Dieses Stilmittel dient dazu, das angekündigte Gericht besonders nachdrücklich zu machen, insofern jene Gruppen in einer Weise klagen, als wäre Rom bereits gefallen. Die Klagen haben somit die Funktion indirekter Gerichtsankündigung (vgl. Collins, Rev 18).

Vers 20 setzt die Gerichtsansage voraus und enthält eine Aufforderung zum Jubel, die der Klage über den Fall Babylons kontrastiert.

Vers 21–24 stellen eine neue Einheit dar, die zunächst die symbolische Zeichenhandlung eines Engels beschreibt und in der anschließenden Engelrede jene im Blick auf die Vernichtung Babylons deutet.

Die Kap. 18 einleitende Gerichtsbotschaft von Vers 1–3 spricht ein besonderer Engel, bei dessen Erscheinen sich (nach Ez 43,2) die Erde erleuchtet. Seine Rede ist zweigeteilt: Vers 2 Gerichtsansage, Vers 3 Anklage als Begründung. Vers 2 folgt zunächst dem Vorbild von Jes 21,9 (vgl. schon Offb 14,8): »Gefallen, gefallen ist Babylon.« Das in Wirklichkeit noch ausstehende Gericht wird in prophetischer Weise so dargestellt, als wäre es bereits vollzogen (Vergangenheitstempus des Aorist). An sich ist der zitierte Satz gattungsspezifisches Element des Leichenklageliedes (Jes 21,9; ähnlich Am 5,2; Jer 51,8), das bei den atl. Propheten als »parodistisches Leichenlied« (Jahnow), als Spottlied gegenüber Feinden dient und letztlich Gerichtsansage enthält (vgl. dann die Klagen 18,10.16f.19). Dieser Verwendung liegt magisches Denken zugrunde: Über wen man bereits die Totenklage anstimmt, der wird damit in den Todesbereich versetzt (Wildberger). Wichtig ist der Kontrast zwischen Einst und

Jetzt: War Babylon einmal »die Große« (vgl. Dan 4,27), so ist sie
jetzt zur Behausung unreiner Wesen geworden. Diese Folge ihres
Falles orientiert sich an den atl. Drohreden über Babel (Jes 13,21 f.;
Jer 50,39), Edom (Jes 34,11.14) und Jerusalem (Jer 9,10). Zur text-
kritischen Entscheidung in Vers 2 vgl. J. Schmid, Studien, 143–
146.

Vers 3 nennt »Unzucht« = Götzendienst als Begründung für das Gericht an Babel (14,8; 17,2). Daran hatten »alle Völker« und »die Könige der Erde« Anteil. Erstere wurden trunken »von dem Zorneswein ihrer Hurerei« (vgl. Jer 51,7; 25,15), d. h. Roms berauschende
Gottlosigkeit steht unter dem Vorzeichen göttlichen Zorns. Um
Vers 11–16 vorzubereiten, werden die Kaufleute genannt, die am
maßlosen Luxus der Stadt verdient haben; dabei steht das Beispiel
der reichen Handelsstadt Tyrus im Hintergrund (Ez 27,9–25; bes.
Vers 23). Charakteristisch ist das Nebeneinander von »Unzucht«
und Handel der Kaufleute, der zu ihrem Reichtum geführt hat; hier
wirkt atl.-prophetische Tradition nach, die Handelstätigkeit mit
Götzendienst und Handelsgewinn mit Dirnenlohn vergleicht (Jes
23,17 f.; Nah 3,4 LXX). Durch seine Möglichkeit zum Handel, der
Reichtum einbringt, verführte Rom die Völker zur »Unzucht« des
Götzendienstes (vgl. auch zu Vers 23 b), zur göttlichen Verehrung
der römischen Herrschaftsmacht.

Mit Vers 4 setzt die lange Rede einer anderen himmlischen Stimme
ein, wobei man im Blick auf Vers 4 (»mein Volk«) an Gott denken
könnte, aufgrund der Parallelität zu Vers 1 aber eher eine Engel-
stimme anzunehmen hat.

Als erste Sprucheinheit begegnet Vers 4 f.: die Aufforderung an das
Gottesvolk, Babylon zu verlassen. Diese Mahnung hat ihr Vorbild
in prophetischen Aussagen wie Jer 50,8; 51,6.45; Jes 48,20 (vgl. syr-
Bar 2,1). Am nächsten steht Jer 51,45: »Zieht aus von ihr, mein Volk,
und rettet ein jeder sein Leben vor der Glut des Zornes Gottes.« Der
Aufruf in Vers 4 ergeht unmittelbar vor dem Vollzug des Gerichts an
Rom; das Gottesvolk soll die Stadt verlassen, um nicht in die Sünden
und Strafen Roms verstrickt zu werden. Roms Sünden türmen sich
bis zum Himmel, wie es im freien Anschluß an Jer 51,9 (vgl. Gen
18,20) heißt. Die Anrede in der 1. Person »mein Volk« paßt nicht
recht, wenn, wie eben angenommen, ein Engel spricht. In der Tat
dürfte der Spruch eigentlich Gott als Sprecher voraussetzen, was
aber für die Rahmung der einzelnen Sprucheinheiten kaum noch gilt
(Vers 4). Die 1. Person der Anrede erklärt sich aus der direkten
Übernahme der genannten atl.-prophetischen Parallelen; die himmlische Stimme aus Vers 4 dient als Übermittler des Gottesspruches.

Welchen Sinn hat Vers 4f. im Rahmen von Kap. 18? Abzuwehren ist
zunächst eine aktuell-zeitgeschichtliche Deutung, als solle die römische Christengemeinde aus der Stadt Rom fliehen; denn das ganze
Buch der Offb richtet sich gar nicht an die römische Gemeinde. Eine
andere Interpretation denkt an eine historische Erinnerung, an den
Auszug der Urgemeinde aus Jerusalem vor oder während des Jüdischen Krieges 66–70 n. Chr. (Kraft); doch ist der ursprüngliche Bezug auf Jerusalem durch nichts nahegelegt, ja durch den atl. Schrift-
verweis auf Babylon nahezu ausgeschlossen. In die entgegengesetzte
Richtung tendiert die übertragene Deutung, die in Vers 4f. ein Sinnbild des Scheidens aus der Welt sieht (Lohmeyer). Sie hat ihr Vorbild
bei Augustin, Gottesstaat XVIII, 18: »Wir sollen aus der Stadt dieser
Welt fliehen, indem wir mit den Schritten des Glaubens, der in der
Liebe tätig ist, uns zu dem lebendigen Gott flüchten.« Daran ist so
viel richtig, daß für Johannes die Abgrenzung von der Gottlosigkeit
des Götzendienstes der Welt, sichtbar im Kaiserkult Roms, konstitutiv ist. Weitergehende Schlußfolgerungen übersehen die Kontext-
gebundenheit von Vers 4f. sowie den traditionellen Charakter der
Worte.
Als weitere Spruchheinheit schließt sich Vers 6–8 an. Die Imperative
in Vers 6–7a stellen eine Aufforderung an Strafengel dar, das Vergel-
tungsgericht an Babylon auszuführen. Als Begründung folgt ein
sog. Hoffahrtsmonolog in Vers 7b. Vers 8 bringt eine erneute
Gerichtsankündigung.
Der Ruf an Strafengel orientiert sich an dem Prinzip der adäquaten
Vergeltung, wie es gerade in der Weissagung gegen Babel in Jer 50
formuliert ist, Vers 15: »Vollzieht Rache an ihr (Babel); tut ihr, wie
sie selbst getan!« (ähnlich Vers 29). Ja, doppelte Strafe als Ausdruck
besonders unnachsichtigen Gerichts soll Babylon = Rom treffen
(vgl. Jer 16,18; 17,18; Jes 40,2). Dabei ist das Trinken des Kelches
Bild für das Erleiden göttlichen Zornes. Als Begründung für den
Aufruf zur Vergeltung dient der sog. Hoffahrtsmonolog, der Babylon zur Charakterisierung in den Mund gelegt wird (vgl. Wildberger
zu Jes 14,13f.). Der Text folgt dem Vorbild Jes 47,8 (vgl. ähnlich Jes
14,13f.; OrSib 5,173). Ihrer Selbsteinschätzung nach ist Babylon die
Königin, die auf dem Thron sitzt, und nicht Witwe als typische Gestalt der Armut. Doch enthüllt die Gerichtsankündigung Vers 8 (vgl.
Jes 47,9; 14,15) ihr wahres Geschick: plötzlich auftretende Qualen,
die tödlich wirken. *thanatos* ist hier wie 2,23; 6,8 die Pest. Zur Aufzählung der Qualen vgl. Ez 5,17; 14,21. Wie schon 17,16 angekündigt, soll Babylon verbrannt werden (vgl. Jer 50,32; 51,25.30.58).
Zur Eigenständigkeit dieser Weissagung gehört, daß die 17,16 ge-

nannten Mächte, die dort die Vernichtung vollziehen, hier nicht erscheinen. Das Gerichtswort Vers 6–8 schließt mit dem für die
christliche Gemeinde tröstlichen Verweis auf die Stärke Gottes (vgl.
Jer 50,34).

Mit Vers 9–19 findet die Engelrede in drei angekündigten Klagelie-
dern ihre Fortsetzung. Diese Klagen der Könige, Kaufleute und Seeleute haben ihr Vorbild in entsprechenden Aussagen des Propheten
Ezechiel über den Fall der Stadt Tyrus (Ez 26f.). Gemäß der Konzeption von Kap. 18 ertönen die Klagen zu dem Zeitpunkt, nachdem
das gottlose Babylon = Rom vom göttlichen Gericht getroffen ist.
Der Vollzug der Vernichtung der Weltstadt wird nicht direkt beschrieben, vielmehr erfährt der Leser das Entsetzen derer, die von
ferne stehen und den Untergang der Stadt mitansehen mußten
(Vers 10.15.17f.). Für den Leser haben die Klagelieder den Charakter indirekter prophetischer Weissagung, auch wenn nur die erste
Klage Vers 9–10 in Futurform angekündigt wird (vgl. Collins, Rev
18).

In Vers 9f. stimmen die Könige der Erde das erste Klagelied an. Es
sind die in 17,2; 18,3 erwähnten Könige, die mit Rom Götzendienst
getrieben haben (»Hurerei«) und an dem Reichtum der Stadt teilhat-
ten. Der Verfasser aktualisiert die Klage »der Fürsten des Meeres«
Ez 26,15–19 im Blick auf Rom (vgl. auch Ez 27,33). Die Könige
bleiben von ferne stehen, um nicht in den Brand Roms (vgl. 17,16)
hineingezogen zu werden. Die eigentliche Klage setzt mit dem für
die Totenklage typischen Weheruf ein (vgl. 1 Kön 13,30; Jer 22,18;
34,5), nennt den Adressaten, dessen ehemalige Größe (vgl. 14,8;
16,19; 17,5; 18,2) und Stärke betont wird, um in der abschließenden
Begründung das plötzliche Gericht (»in einer Stunde«) zum Ausdruck zu bringen.

Die zweite Klage, die der Kaufleute, wird zunächst ausführlich begründet (Vers 11–14) und danach mit neuer Einleitung im Wortlaut
formuliert (Vers 15–17a). Daß gerade die Kaufleute als eigene
Gruppe auftreten, liegt zunächst an Ez 27, wo in der Klage über
Tyrus der Handel der Stadt und ihr Reichtum thematisiert werden
(vgl. 27,12ff.). Daneben spielt die aktuelle ökonomische Situation
eine Rolle, bei der die Kaufleute diejenigen sind, die im Bund mit
Rom zur wirtschaftlichen Ausbeutung vieler unterworfener Völker
beigetragen haben.

Mit den Kaufleuten (*emporoi*) sind Großhändler gemeint, die trauern, weil niemand mehr ihre Fracht kauft (Vers 11), da ihr Handels-
partner Rom zerstört ist. In Vers 12–13 folgt eine Liste der Importgüter, die keinen Absatz mehr finden. Dabei handelt es sich in

erster Linie um Waren für den Bedarf der Reichen und Vornehmen. Diese Auswahl geschieht mit Absicht, um die Genußsucht und den verderblichen Luxus Roms zu demonstrieren.

Die Reihe beginnt mit Schmuckkostbarkeiten, nennt wertvolle Stoffe, Holz vom nordafrikanischen Thujabaum, der für kostbare Möbel verwandt wurde, und weitere Geräte aus teilweise wertvollen Materialien (Vers 12). Bei der in Vers 13 fortgesetzten Aufzählung der Waren ist umstritten, ob Zimt ursprünglich in die Reihe gehört oder zu streichen ist (Kraft), weil der Verfasser abwechselnd Räucherstoffe und kosmetische Salben nennt (z. B. Amomum als Haarsalbe, die von einer vorderasiatischen Staude gewonnen wurde), zu denen aber Zimt als Gewürz nicht gehört. Doch wäre vom Fehlen des Amomum in manchen Handschriften eher zu schließen, daß dieser Stoff sekundär im Text steht (Bousset). Immerhin lassen sich beide Begriffe im Text halten, weil nicht sicher ist, daß der Verfasser eine ganze strenge Gliederung beabsichtigt hat. Waren mit dem Anfang von Vers 13 schon paarweise Glieder erwähnt, so fügen sich drei weitere Doppelglieder an (zunächst Wein und Olivenöl). Die ganze Warenaufzählung endet vorläufig mit einer Dreiergruppe (im Genitiv stehend und deshalb abhängig von Nomen regens »Fracht«), die Sklaven enthält (*sōmata* in dieser Bedeutung wie LXX Gen 36,6; Tob 10,10; 2 Makk 8,11). Auffällig ist, daß danach als letztes Handelsgut im Anschluß an LXX Ez 27, 13 »Menschenseelen« auftauchen, nochmals eine Bezeichnung für Sklaven; diese sind plötzlich im Akkusativ angereiht und deshalb von den vorangehenden Genitiven abgehoben und dadurch besonders betont. Hier könnte sich der Abscheu vor dem Verkauf von Sklaven aussprechen, die immerhin doch »Menschenseelen« sind (Schweizer).

Vers 14 schließt schlecht an das Vorhergehende an, insofern er nicht mehr zu dem Warenkatalog von Vers 12–13 gehört und plötzlich eine Anrede an Babylon in der 2. Person erfolgt. Der Vers scheint hier auch deshalb zu stören, da das aufgrund von Vers 11 erwartete Klagelied noch weiter auf sich warten läßt und erst in Vers 15–17a erklingt. Man hat deshalb seit dem reformierten Exegeten Vitringa (1659–1722) vorgeschlagen, den Vers zwischen Vers 23 und 24 zu stellen, um so die angeblich ursprüngliche Reihenfolge der Verse wiederherzustellen (z. B. Lohmeyer vor »denn deine Kaufleute waren die Großen der Erde«, Wikenhauser, vgl. Bousset). Ein anderer Rekonstruktionsversuch versetzt Vers 14 hinter Vers 21 (Charles, vgl. Kraft). Doch ist zu bedenken, daß die handschriftliche Überlieferung keine dieser Umstellungsversuche unterstützt (Collins, Rev 18). Außerdem bleibt unklar, wie diese Unordnung entstanden sein

soll. Sieht man darüber hinaus, daß Kap. 18 auch sonst relativ selbständige Sprucheinheiten kennt (Vers 4–5, Vers 6–8 oder Vers 20),
so ist die Stellung von Vers 14 nicht mehr gar so auffällig. Als Ganzes erweist sich Vers 14 als Teil einer Klage oder eher Gerichtsankündigung gegenüber Babylon. Genußgüter, die zu einem gehobenen,
reichen Lebensstil zählen (Charles), wird es für die Stadt nicht mehr
geben: »Obst«, *ta lipara* »Kostbarkeiten« und sonstige glänzende
Dinge, an denen der Reiche seine Freude hat.

Das eigentliche Klagelied der Kaufleute (Vers 15–17a) hat eine ganz
ähnliche Einleitung wie das der Könige der Erde (Vers 9–10) und ist
in sich ähnlich strukturiert. Es beginnt wieder mit dem der Totenklage zugehörigen Weheruf, erwähnt den Adressaten, dessen einstige Größe mit Blick auf den Luxus der »großen Hure« (17,4) anklingt, um dann die Verwüstung des Reichtums der Stadt zu verkünden. Wie die Klage der Könige ist jene der Kaufleute in Beziehung
auf diese Gruppen als echte Klage zu bezeichnen; für den Autor wie
für den Leser ist sie Ausdruck für das Gericht, das Babylon treffen
wird.

Mit Vers 17–19 wird die Klageliedfolge durch Personen fortgeführt,
die mit der Handelsschiffahrt zu tun haben. Die Klage der Seeleute
ist nicht durch 18,3 vorbereitet wie die der Könige und Kaufleute.
Sie erscheint als Erweiterung unter dem Einfluß von Ez 27,27ff.
Dabei neigt man dazu, die vielfach genannten Schiffahrtsleute möglichst exakt zu bestimmen. Am ehesten geht dies noch beim *kyber-
nētēs*, der als Kapitän zu gelten hat (in Apg 27,11 vom Reeder bzw.
Schiffsbesitzer abgehoben). Bei der zweiten Gruppe denkt man an
Küstenfahrer im Gegensatz zum Hochseeschiffer (z.B. Bousset,
Lohmeyer, Hadorn, Lohse). Doch ist der griechische Ausdruck viel
zu allgemein gehalten: »jeder, der einen Seehandelsplatz ansteuert«,
d.h. wohl der Seekaufmann (Conzelmann). Dementsprechend un-
spezifisch sind die weiteren Ausdrücke: »Seeleute«, »alle, die das
Meer beruflich befahren«. Die eigentliche Klage in Vers 19 ähnelt
wieder derjenigen der Könige und Kaufleute; nur ist ihr im Anschluß an Ez 27,32 (nicht LXX) der Klageruf: »Wer war gleich der
großen Stadt?« vorgeschaltet, ferner der rituelle Klagegestus, Erde
auf das Haupt zu streuen (wie Ez 27,30). Auffällig ist, daß die abschließende Begründung der Klage kein eigenes selbständiges Subjekt hat (wie Vers 10.17a); deswegen Konjekturen vorzunehmen
(Charles), ist jedoch kaum erlaubt.

Mit dem Klagelied der Seeleute ist die Folge der Klagen über den
Sturz Babylons abgeschlossen. In beabsichtigtem Gegensatz dazu
steht der Aufruf zum Jubel, der an die Himmelsbewohner ergeht,

weil Gott sein gerechtes Gericht an der Verderberin der Erde vollzogen hat (Vers 20). In dem Kontrast von Klage und Jubel drückt sich
die Ambivalenz des göttlichen Gerichtshandelns aus: Unheil für die
Vertreter der Gottlosigkeit – Heil für die Frommen.

Vers 20 ist ein Hymnus, der nur deswegen keine besondere Einleitung mit Angabe des Sprechers enthält, weil der Vers Teil der Engelrede Vers 4 ff. ist. Er beginnt formgerecht mit der Aufforderung zum
Lobpreis (z. B. Jes 44,23; 49,12; Ps 96,11; 1 Chr 16,31), nennt die
Subjekte des Jubels und schließt mit dem Hauptstück, das den
Grund des Jubels angibt. Bisher war zu beachten, daß die Gestaltung von Kap. 18 sich u. a. an die Drohrede gegenüber Babylon Jer
51 anlehnte (vgl. nur Vers 4 – Jer 51,45: die Aufforderung, Babylon
zu verlassen). Im Anschluß an Jer 51,45 heißt es Jer 51,47 f.: »Darum
siehe, Tage werden kommen, da suche ich Babels Götzen heim, und
sein ganzes Land wird zuschanden, und all seine Erschlagenen liegen
in ihm drinnen. Da werden über Babel jubeln Himmel und Erde und
alles, was darinnen ist ...« Der Verfasser scheint nun auch bei
Vers 20 an Jer 51 gedacht zu haben. Er wird die prophetische Weissagung Jer 51,48 nach der Gattung des Hymnus in eine Aufforderung
zum Jubel umgeformt und das Glied (»Erde und alles, was darinnen
ist«) durch eine Wendung ersetzt haben (»ihr Heiligen und Apostel
und Propheten«), die er auch sonst für die Gläubigen benutzt (vgl.
11,18; 16,6; 18,24; Jörns). Mit den »Heiligen« als den Gläubigen im
allgemeinen, den »Aposteln« und »Propheten« als besonderen
Funktionsträgern der christlichen Gemeinde können hier nur solche
gemeint sein, die den Märtyrertod erlitten haben und sich bereits im
Himmel befinden (Charles, Wikenhauser, Lohse, Kraft). Denn die
Schlußzeile, wonach Gott das Strafurteil für sie an Babylon vollzogen hat, verlangt, daß der Verfasser an solche Christen denkt, die in
besonderer Weise unter der Gottlosigkeit Roms zu leiden hatten.
Damit ergibt sich auch eine Beziehung zu 6,9–11: 18,20 stellt die
jubelnde Antwort auf die dortige Klage der Märtyrer dar. Im übrigen erwähnt 18,24 bereits wieder das »Blut der Propheten und Heiligen«. An irdische Gläubige zu denken (Satake, Jörns) entspricht
nicht dem Kontext und nimmt einen Gedanken vorweg, der erst in
dem Ruf zum Jubel 19,5.7 seinen sinnvollen Ort hat. Daß neben
Heiligen und Propheten (für die Offb überraschend) in enger Beziehung dazu Apostel auftreten, hat möglicherweise geschichtliche Bedeutung (der Märtyrertod von Petrus und anderen Aposteln; vgl.
Dibelius) und ist nicht im Blick auf die spezielle Gemeindeordnung
der angeschriebenen Gemeinden auszudeuten (gegen Satake: Wanderapostel).

Vers 20 hat dieselbe theologische Bedeutung wie die übrigen hymnischen Stücke der Offb, die im Zusammenhang der dominierenden
Unheilsaussagen auftauchen. Die Aufforderung zum Jubel gründet
in der Heilsbotschaft des Sehers Johannes. Gott hat den Frommen
und Märtyrern Recht verschafft, indem er das Strafurteil an Rom als
Ursprung und Symbol der Gottlosigkeit vollzogen hat. Er hat auf
ihre sehnsüchtige Klage geantwortet (6,9−11).
Den Abschluß der Gerichtsbotschaft über Babylon bildet die symbolische Zeichenhandlung eines Engels, die die Vernichtung der
Stadt wirkmächtig darstellt. Im AT sind es Propheten, die durch
eine bestimmte Handlung künftiges Geschehen schöpferisch vorbil-
den und es so geradezu herbeiführen (z. B. 1 Kön 11,29ff.; Jes 8,1−
4; 20,1ff.; Jer 19,1ff.; 27,2ff.; 32,6ff.). Daß hier ein Engel agiert,
zeigt die literarische Nachahmung eines Vorgangs an, der ursprünglich realiter vollzogen wurde. Dasselbe erweist der Rückgriff auf den
Text Jer 51,63f. Dort soll der Prophet einen Stein an ein Blatt binden, auf dem Drohworte über Babel geschrieben sind, und es mit
den Worten in den Euphrat werfen: »Ebenso soll Babel versinken
und nicht wieder hochkommen.« Hier ist der Vorgang dramatisch
ausgestaltet. Vers 21a enthält die Zeichenhandlung: Ein Engel hebt
einen Stein auf, groß wie ein Mühlstein, und wirft ihn ins Meer.
Vers 21b gibt die Deutung: Ebenso mit entsprechender Gewalt wird
das große Babylon dahingeworfen werden. Der Verfasser beschreibt
in Kap. 18 nicht den eigentlichen Vollzug des Sturzes Babylons; er
ersetzt ihn durch diese Zeichenhandlung, da nach dem zugrundeliegenden Wirklichkeitsverständnis Zeichenhandlung und Deutewort
den gemeinten Sachverhalt nicht nur veranschaulichen, sondern
wirkmächtig in Gang bringen.
Vers 22−23 malen die Folgen der Vernichtung Babylons aus, wobei
der Verfasser die Unheilsankündigungen plötzlich in der direkten
Anrede der 2. Person macht, ebenso die anklagende Begründung in
Vers 23b. In Vers 24 kehrt er wieder zur 3. Person zurück entsprechend dem Beginn Vers 21b.
Inhaltlich stellen Vers 22−23 eine Ausgestaltung dessen dar, was Ez
26,13 kurz ausdrückt. In Babylon werden Totenstille und Finsternis
herrschen. Es gibt nicht mehr Musik von Instrumenten noch Gesang
als Zeichen der Lebensfreude (vgl. Ez 26,13; Jes 24,8). Es fehlen
jegliche Handwerker. Eindrücklich ist das folgende aus Jer 25,10
stammende Bild. Das völlige Erlöschen des Lebens zeigt sich daran,
daß das Geräusch der Handmühle, die die Frauen zum Mahlen der
Tagesration am Morgen drehen, nicht mehr zu hören ist und die
Lampe am Abend nicht mehr scheint. Die Handmühle am Morgen

und die Lampe am Abend symbolisieren Anfang und Ende des Tagesablaufs, den es nicht mehr gibt. Es fehlen dementsprechend auch
der Jubel von Bräutigam und Braut (vgl. Jer 25,10; 7,34; 16,9;
33,11). Abschließend wird erneut die Schuld des großen Babylon =
Rom herausgestellt. Dabei fällt auf, daß zunächst der Vorwurf begegnet, daß die reichen Kaufherren, die mit Rom Handel trieben,
die Mächtigen der Erde waren (vgl. Jes 23,8). Großkaufleute werden
mit Fürsten (*megistanes*) geradezu gleichgesetzt (vgl. LXX Jer
27,35; 32,15 ff.). Aufgrund ihres verführerischen Reichtums, der die
Ablehnung des Sehers Johannes erfährt, sind sie die Herren auf Erden. Der anschließende Vorwurf der »Zauberei« Babylons, durch
die alle Völker seinem Einfluß erlagen, ist wohl gleichzusetzen mit
dem der »Hurerei« (vgl. 17,2; 18,3), insofern beide sich metaphorisch auf den Götzendienst beziehen. Atl. Vorbild ist Nah 3,4 (vgl.
Jes 47,9.12). Wichtig ist dabei der zugrundeliegende Vergleich der
Handelstätigkeit mit Hurerei und Zauberei und damit Götzendienst
(Kraft) – ein Gedanke, der bereits in Jes 23,17f.; Nah 3,4 LXX angelegt ist. Denn durch die Ermöglichung des Handels und den damit
erworbenen Reichtum schlug Rom die Völker in seinen Bann (»Zauberei«), so daß sie mit ihm allen Götzendienst trieben. Hier wirkt
eine Geringschätzung der Handelstätigkeit nach, die schon das alte
Israel besonders gegen Tyrus hegte (vgl. Wildberger zu Jes
23,17f.).

Mit Vers 24 erhebt der Verfasser erneut den Vorwurf, der das ganze
Buch durchzieht: Rom hat Blutschuld auf sich geladen wegen des
Mordes an Propheten und Heiligen, aller derer nämlich, die um des
Wortes Gottes willen den Märtyertod erlitten haben (6,9–11; 16,6;
17,6; 19,2; 20,4). Durch den Wechsel von der 2. Person der Anrede
in Vers 22–23 in die 3. Person der objektiven Schuldfeststellung
(vgl. Vers 21 b) erhält die Anklage Vers 24 besonderes Gewicht.

Die Anklagen und Unheilsankündigungen gegenüber Rom in
Kap. 18 sind nicht isoliert zu sehen, sondern in den Zusammenhang
des Konflikts zu stellen, der zwischen Rom und dem eroberten
Osten des Reiches bestand (vgl. Fuchs, J. J. Collins). Der Haß der
Kreise des Ostens, die sich entmachtet fühlten und nicht wie Handelsherren am wirtschaftlichen Aufschwung Anteil hatten, äußerte
sich in Orakeln und Prophezeiungen, die die Wiederherstellung der
alten Ordnung verkündeten. Besonders schürten bestimmte Kreise
Asiens diese Opposition. So verkündet das sog. Orakel des Hystaspes (Lactantius, Divinae Institutiones VII 15.11):

»Der römische Name, durch den die Welt jetzt regiert wird, ... wird von der Erde entfernt werden, und die Herrschaft wird zu Asien zurückkehren, und noch einmal wird der Osten herrschen, und der Westen wird dienen.«

Die jüdischen Oracula Sibyllina geben zugleich einen Grund für den Widerstand gegen Rom an und verkünden gleichfalls die Wende (OrSib 3,350ff.; Übersetzung im folgenden nach Kurfess):

»Wieviel Rom an Tribut von Asien hat übernommen, dreimal so viele Schätze wird Asien wiederbekommen dann von Rom, den verderblichen Hochmut wird es jetzt rächen ...«

Das letzte Orakel stammt aus dem 1. Jh. v. Chr. Der Haß steigert sich in den späteren Weissagungen, die nach dem Jüdischen Krieg und der Zerstörung Jerusalems entstanden. Hier tauchen Anklagen und Drohungen auf, die an Offb 18 erinnern. OrSib 5,162ff. begründet seine Unheilsankündigung zunächst mit dem Vorwurf der Giftmischerei bzw. Zauberei (*pharmakeia* wie Offb 18,23) und Immoralität:

»Du wirst unter den Bösen auf Erden viel Böses erdulden; ja, ganz wirst du verlassen für ewige Zeiten nun bleiben, hassend dein eigenes Gebiet, weil Giftmischerei du getrieben; Ehebruch ist an der Ordnung und arger Verkehr mit den Knaben ...«

Der Höhepunkt der Anklage liegt jedoch in dem Anspruch, Gott gleich zu sein (OrSib 5,172ff.):

»Hast du niemals erkannt, was Gott kann und was er ersinnt?
Sondern du sprichst: Allein bin Ich und niemand beraubt mich! Jetzt aber wird dich Gott, der Ewige, vernichten und alle deine Bewohner; von dir bleibt nicht eine Spur mehr im Lande ...«

Der zitierte Ausspruch Roms ist bewußt als Gegenüber zu Gottes Selbstaussage in Jes 45,5.18.21f. formuliert und hat seine Entsprechung im sog. Hoffahrtsmonolog Babylons Jes 47,8. Der Seher Johannes benutzte dieses literarische Mittel in 18,7f., um die Selbstüberhebung Roms zu beschreiben und die Gerichtsankündigung gegenüber der Stadt zu begründen.

Mit diesen Hinweisen ist jedoch nur der allgemeine geistige Widerstand im Osten des Römischen Reiches bezeichnet. Der spezielle Hintergrund für die Darstellung des Sehers ist damit noch nicht erfaßt. Man hat des öfteren schon gesehen, daß die Charakterisierung

Roms als Welthandelsplatz, in das die Handelsherren der Erde ihre
Importgüter gebracht haben (18,11–17a), nicht recht zur historischen Rolle Roms paßt. Rom war nicht so sehr hervorragende
Handels- oder gar Seestadt, sondern politisches Zentrum des Reiches. Die Beschreibung Roms in Kap. 18 weist eher auf eine orientalische See- und Handelsmetropole (Lohmeyer, Lohse, Kraft).
Die Einzelheiten der Klagen der Handelsherren und Seeleute stammen ja auch aus den Unheilsankündigungen gegen das einstige
Handelszentrum Tyrus (Ez 26f.). Wahrscheinlich betrachtet Johannes die Welthauptstadt Rom mit den Augen dessen, der helleni-
stisch geprägte, orientalische Handelsstädte kennengelernt hat. Er
verurteilt sie, weil sich in ihnen heidnischer Götzendienst, besonders der Kaiserkult, Reichtum und üppige Lasterhaftigkeit vereinen (vgl. 18,3.9.15.23b). Rom wird zum Symbol für diese reiche
und gottlose Stadtkultur. Es zeigt sich der Gegensatz zwischen der
Lebensart des reichen hellenistischen Großstädters, der an der
wirtschaftlichen Kooperation mit Rom verdient, und dem eher asketischen Wanderpropheten, der die alte prophetische Kulturfeind-
schaft geerbt hat (vgl. Jes 23,17f.; Nah 3,4). Aus dieser Grundhal-
tung heraus geißelt er auch die Anhänger der »Isebel«, die am gesellschaftlichen Leben Thyatiras teilnehmen und deshalb Götzenopferfleisch essen (2,18ff.). Er kritisiert die Gemeinde zu Sardes,
die seiner Meinung nach ihr Selbstbewußtsein auf Reichtum gründet (3, 14ff.).
Die rechte Haltung gegen Rom und die durch es bestimmte Lebens-
haltung nehmen allein jene ein, die die Gebote Gottes bewahren und
am Zeugnis Jesu festhalten (vgl. 6,9; 12,11.17; 19,10; 20,4) und deshalb den Märtyrertod auf sich nahmen. Sie werden zum Jubel über
den Sturz Babylons aufgerufen, weil Gott für sie das Strafurteil an
der gottlosen Stadt vollzogen hat (18,20). Hierher gehören auch die
Aufforderungen an himmlische Wesen, Vergeltung an Rom zu üben
(18,6–8). Rein psychologisch betrachet, äußert sich darin menschli-
cher Haß und Rachestimmung. Man wird aber Johannes darin ernst
nehmen müssen, daß es für ihn um die Durchsetzung der göttlichen
Gerechtigkeit geht, die Rom mit Füßen getreten hat. Wenn Gott
seinen Bekennern Recht verschafft (6,10) und das Strafgericht an
Rom vollstreckt hat (18,10.20), sind seine gerechten Taten offenbar
geworden (15,4; 19,2). Davon kündet der himmlische Jubel 19,1ff.
Er ist die Antwort auf die Proklamation des Gerichts in Kap. 18.

Das hymnische Finale: 19,1—10

1 Danach hörte ich (etwas) wie die laute Stimme einer großen
Schar im Himmel, die sprachen:
   Halleluja!
   Der Sieg und die Herrlichkeit und die Macht sind unseres
   Gottes!
   2 Denn wahrhaftig und gerecht sind seine Gerichte;
   denn er hat die große Hure gerichtet,
   die die Erde mit ihrer Hurerei verdarb,
   und das Blut seiner Knechte hat er an ihrer Hand gerächt.
3 Und zum zweiten Mal sprachen sie:
   Halleluja!
   Und ihr Rauch steigt auf in alle Ewigkeiten.
4 Und die Ältesten und die vier Wesen fielen nieder und beteten Gott, der auf dem Thron sitzt, an und sprachen:
   Amen. Halleluja!
5 Und eine Stimme ging vom Thron aus und sprach:
   Lobet unseren Gott, alle seine Knechte,
   und, die ihr ihn fürchtet, die Kleinen und die Großen.
6 Und ich hörte (etwas) wie die Stimme einer großen Schar
und wie die Stimme vieler Wasser und wie die Stimme starker
Donner, die sprachen:
   Halleluja!
   Denn König geworden ist der Herr, Gott, der Allherrscher.
   7 Laßt uns froh sein und jubeln
   und laßt uns ihm die Ehre geben!
   Denn gekommen ist die Hochzeit des Lammes,
   und seine Braut hat sich bereitgemacht.
   8 Und es wurde ihr gegeben, sich mit glänzender reiner
   Leinwand zu kleiden.
Denn die Leinwand sind die Rechtstaten der Heiligen.   9 Und
er spricht zu mir: Schreibe! Selig sind, die zum Hochzeitsmahl
des Lammes geladen sind. Und er spricht zu mir: Diese Worte
sind wahrhaftige (Worte) Gottes.   10 Und ich fiel zu seinen
Füßen nieder, um ihn anzubeten. Aber er spricht zu mir: Hüte
dich! Dein Mitknecht bin ich und der deiner Brüder, die das
Zeugnis Jesu haben. Gott bete an! Denn das Zeugnis Jesu ist
der Geist der Prophetie.

Literaturauswahl: Crüsemann, F.: Studien zur Formgeschichte von Hymnus und Danklied in Israel, WMANT 32, 1969. – *Deichgräber, R.:* Gottes-

hymnus und Christushymnus 56–58. – *Delling, G.:* Zum gottesdienstlichen
Stil der Johannesapokalypse, in *ders.:* Studien zum Neuen Testament und zum
hellenistischen Judentum, Göttingen, 1970, 425–450 (vorher: NT 3 (1959)
107–137). – *Foerster, W. / Fohrer, G.:* Art. *sōzō, sōtēria* u. a., ThWNT VII,
1964, 966–1024. – *Holtz, T.:* Christologie 186–191. – *Horst, J.:* Proskynein,
NF III / 2, 1932. – *Jörns, K.–P.:* Das hymnische Evangelium 145–160. – *Satake, A.:* Gemeindeordnung 57–63. 104–106. – *Schlier, H.:* Art. *allēloyia,*
ThWNT I, 1933, 264.

In 19,1–10 finden sich in der Offb zum letzten Male hymnische
Stücke vereinigt; insofern ist schon formal die Bezeichnung »hymnisches Finale« berechtigt. Dazu stimmt, daß erst in 19,1–8 der Ruf
Halleluja ertönt, nicht aber vorher in der Offb. Das hier erschallende
Halleluja charakterisiert den Lobpreis als eschatologisch, als Jubel,
der in der anbrechenden Heilszeit erklingt. Der Verfasser folgt wohl
jüdischer Tradition, die das Halleluja mit der Endzeit verbindet
(Jörns): »103 Abschnitte (der Psalmen) hat David gesagt; aber Halleluja hat er erst gesagt, als er den Fall der Gottlosen sah« (Berakh 9b,
bei Bill II 725). Schon in Tob 13,17f. erklingt Halleluja als Ruf zum
eschatologischen Lobpreis, weil das neue Jerusalem gebaut wird. Der
Jubel in 19,1–8 bezieht sich auf das Ereignis, das in Kap. 18 vorausgesetzt, aber nicht direkt beschrieben ist: der Untergang Babylons und
das sich darin ausdrückende Gericht Gottes. Er ist zugleich die Antwort auf die Aufforderung zum Jubel, die in 18,20 an die im Himmel
befindlichen vollendeten Märtyrer ergeht. Dementsprechend stimmt
zunächst die große Schar der himmlischen Vollendeten den Lobpreis
an: Vers 1–2. Sie wiederholt und bestätigt ihn: Vers 3. Huldigung und
Proskynese der Gruppen höchster Engelwesen vor Gott beschließen
den himmlischen Siegesjubel: Vers 4.
Mit Vers 5 kommt die entscheidende Bewegung in die bisherige
Szene. Die auf Erden lebenden Gläubigen sollen in den himmlischen
Lobgesang einstimmen: deshalb der Aufruf zum Jubel an sie: Vers 5.
In ihrer umfassenden Gesamtheit folgen sie dem Ruf und antworten
ihm mit ihrem hymnischen Preis: Vers 6– 8a.
19,1–10 hat nicht nur Beziehungen zum vorangehenden Gericht
über Babylon, angesichts dessen der Jubel erschallt, vielmehr nimmt
der Text in Vers 7f. auf die Heilszeit aller Gläubigen Bezug, die sich in
der Hochzeit des Lammes symbolisiert (vgl. Kap. 21). Gottes Herrschaft hat sich durch den Sturz Babylons auf Erden durchgesetzt –
darauf blickt der hymnische Jubel bereits zurück –, sie wird sich mit
der Heilszeit in der Neuen Welt endgültig realisieren – darauf weist
Vers 7f. andeutend voraus.

Die Einleitung in Vers 1 läßt durch die zeitliche Abgrenzung »danach« erkennen, daß das Gericht an Babel (Kap. 18) abgeschlossen ist. Der Seher hört jetzt »eine große Schar im Himmel«. Darunter ist die Menge der vollendeten Gläubigen zu verstehen, die sich mit ihrem Lied an Gott wenden. »Große Schar« (Singular) begegnet nur 7,9; 19,1.6. Da in 7,9 eindeutig Gläubige gemeint sind, ist das Entsprechende auch hier anzunehmen (wie auch 11,15; 12,10 Jörns).

Der Hymnus beginnt mit »Halleluja« (wörtlich »Preiset Jahwe«) als Aufforderung zum Lobpreis. Diese hier zum erstenmal in christlicher Literatur auftauchende Wendung entstammt dem Psalter (vgl. Ps 104,35; 105,45; 106,1.48; 111,1; 112,1; 113,1.9 u. ö.) und ist dort zur festen Formel erstarrt. Doch zeigt der Gebrauch in Offb 19, daß der Verfasser sie noch als Aufruf zum Jubel verstanden hat. Deshalb stellt er Halleluja an den Anfang hymnischer Einheiten (Vers 1.6; ähnlich Vers 3). Es fehlt die im AT längst übliche Verwendung, ein Loblied mit Halleluja zu beenden.

Der Hymnus setzt sich mit dem schon aus 7,10; 11,15; 12,10 bekannten Siegesruf fort (vgl. Ps 3,9; Jon 2,10; zur Charakterisierung als Siegesruf vgl. Deichgräber, Jörns im Anschluß an Foerster/Fohrer), der wie 11,15; 12,10 von Gott im Genitiv spricht: Gottes ist der Sieg u.s.w. Doch entfällt hier die Kopula *egeneto* »geworden ist« (11,15) bzw. »jetzt ist geworden« (12,10). Es geht nicht mehr nur um einen Fortschritt in der Durchsetzung der Herrschaft Gottes, der 12,10 gegenüber 11,15 erreicht ist (Lied über den Fall des Drachen 12,10), sondern um den inzwischen errungenen Sieg Gottes, der durch den Sturz Babels die Herrschaft über diese Welt gewonnen hat (Jörns).

Vers 2 nennt die Begründung für den Siegesruf – in der ersten Zeile zunächst grundsätzlich, in den folgenden drei Zeilen aktuell bezogen auf das Thema von Kap. 18. Grundsätzlich gilt: Gottes Sieg und Herrschaftsantritt zeichnen sich dadurch aus, daß seine Gerechtigkeit offenbar wird, weil sein Gerichtshandeln wahrhaftig und gerecht ist. Was 15,3 f. als Erwartung ausdrückt, was die Märtyrer 16,7 bereits bekannt haben und was 18,20 als Grund zum Jubel anführt, wird hier abschließend bekannt. Konkret hat sich dies gegenüber der widergöttlichen Welt gezeigt: Gott hat Babylon als Ursprung aller Gottlosigkeit zur Rechenschaft gezogen. Für die Gemeinde heißt das: Er hat ihr Recht verschafft, wenn er das Blut ihrer Märtyrer nicht ungestraft vergossen sein läßt (vgl. Dtn 32,43; 2 Kön 9,7 LXX).

Überblickt man den Aufbau von Vers 1–2, besonders die Aufforderung zum Lobpreis (Halleluja) und den angeführten Denn-Satz, so drängt sich die formgeschichtliche Erkenntnis auf, daß eine Weiterbildung der einen Grundform des israelitischen Hymnus vorliegt, des sog. »imperativischen Hymnus« (vgl. Crüsemann). Dessen herausragende formale Eigenart ist es, mit einem imperativischen Aufruf zum Lob einzusetzen. Diese Form wird sich auch in 19,6–8 zeigen.

In Vers 3 spricht der Chor der himmlischen Vollendeten zum zweiten Mal. Er nimmt das in Vers 1 f. Gesagte zunächst im Halleluja auf und bestätigt es dann inhaltlich. Er akzentuiert die Gerichtsaussage über Babylon (Vers 2) im Blick auf ihre endgültige Bedeutung: Der Rauch vom Brande Babylons steigt »in alle Ewigkeiten« auf (vgl. Jes 34,10).

Vers 4 bildet den Abschluß des himmlischen Lobgesangs. Die 24 Ältesten und die vier Wesen der himmlischen Thronszene (vgl. Kap. 4) huldigen Gott, der als Richter auf dem Thron sitzt. Dabei nehmen hier die Wesen an der Proskynese teil (sonst nur die Ältesten: 4,10; 5,14; 7,11; 11,16), weil so der Höhepunkt des himmlischen Jubels eine abschließende Betonung findet. Das erinnert an 5,14, wo beide Gruppen am Ende der Übergabe des Buches an das Lamm (Gerichtseröffnung) gemeinsam agieren. Wie 5,14 erklingt das abschließende Amen, von beiden Gruppen gesprochen; das entspricht seinem ursprünglichen Charakter als Responsion. Das eigentlich abrundende Amen ist in Vers 4 unmittelbar verbunden mit Halleluja, das in 19,1.3.6 den Charakter des Aufrufs zum Lobpreis besitzt und dementsprechend auch hier zum weiteren Jubel überleitet.

Dieser beginnt in Gestalt einer ausgeführten Aufforderung Vers 5, der die Angeredeten in Vers 6b–8a nachkommen. Von der Umgebung des göttlichen Thrones ergeht eine Stimme (Lohmeyer: nicht unmittelbar Gott oder Christus), die sich nicht an die himmlische Thronversammlung wendet, sondern an die auf Erden befindlichen Gläubigen: »Lobet unsern Gott« Vers 5 (vgl. Ps 33,2; 105,1; 106,1; 107,1 u. ö.). Diese Bewegung hin zu einem ganz anderen Kreis ergibt sich schon deshalb, weil sonst unverständlich wäre, warum diese gesonderte Aufforderung gerade hinter dem Lobpreis Vers 1–4 steht (Satake). Auch die Bezeichnungen für die jetzt angesprochene Gruppe sprechen dafür: »Seine Knechte« sind (wie in Vers 2) die Gläubigen schlechthin (z. B. 2,20; 7,3; 22,6), nur daß im Unterschied zu Vers 2 (»das Blut seiner Knechte«) die irdisch lebenden gemeint sind. »Die ihn (Gott) fürchten« samt der Näherbestimmung »die Kleinen und die Großen« entstammt Ps 115,13 (wie auch Offb 11,18). Der Ausdruck für sich ist typisch atl. Wendung für die gottesfürchtigen Israeliten, hier also die Christen überhaupt, ohne daß der spätere jüdische Sprachgebrauch für bestimmte heidnische Sympathisanten des Judentums an dieser Stelle eine Rolle spielt (Satake).

Eine unzählbar große Schar von Gläubigen – das meint wohl die Trias der Stimmen – stimmt in gewaltigem Chor den eschatologischen Gesang an: Vers 6b–8a. In besonderer Parallelität zu Vers 1 leitet Halleluja dabei wieder den Lobpreis ein. Der ursprüngliche Aufforderungscharakter der Formel läßt sich hier deutlich erkennen, weil sich die Begründung für den Ruf zum Jubel unmittelbar anschließt. Da keine andere Gruppe angeredet wird, gerät Halleluja – »Preiset Gott« – zur Selbstaufforderung, deutlich aufgenommen in Vers 7. Als Begründung für den Ruf zum Lobpreis dient die entscheidende Aussage, die durch Vers 1–2 längst vorbereitet ist: Gott ist zur Herrschaft gelangt – er, der im Vernichtungsgericht an der »großen Hure«, die die Erde verdarb, sich als »Allherrscher« (vgl. 1,8; 4,8; 11,17; 15,3; 16,7.14) erwiesen hat. Was 11,15.17 nur zum Teil realisiert war, ist jetzt besondere Wirklichkeit geworden, die Herrschaft Gottes über den Kosmos.

In Vers 7 folgt eine hymnischem Stil entsprechende Selbstaufforderung zum Lob, die im dritten Glied zum öffentlichen Bekenntnis der Ehre Gottes aufruft (vgl. 15,4). Die Begründung zielt nicht mehr auf den Herrschaftsantritt Gottes, der sein Gerichtshandeln vollendet hat (vgl. Vers 2.3.6), sondern auf das christologische Geschehen, daß »die Hochzeit des Lammes« gekommen ist. Dabei ist »seine Braut« (wörtlich »seine Frau«) erwähnt: Sie hat sich bereitet, d. h. zur Hochzeit geschmückt. Leitend ist wohl die Vorstellung von der Hochzeit Christi mit seiner Gemeinde (vgl. 2 Kor 11,2; Eph 5,31f.), aber auch das atl. Bild von der Ehe zwischen Gott und Israel mag einwirken (Holtz, Jörns). Doch kommt es dem Verfasser kaum auf den realistischen Gehalt der Konzeption an. Die »Braut« wird nur implizit mit der Gemeinde gleichgesetzt, und Vers 9 sind die Gläubigen die geladenen Hochzeitsgäste, was die zugrundeliegende Vorstellung gänzlich sprengt. An der andeutenden Weise, in der von der »Hochzeit des Lammes« bzw. »seiner Braut« die Rede ist, erkennt man, daß es sich primär um Symbole handelt: Die eschatologische Heilszeit ist für die Gemeinde angebrochen.

Einen besonderen Akzent bringt der Verfasser in den Text, indem er das Bild von der zur Hochzeit geschmückten Braut weiterführt und die glänzende Reinheit ihrer Kleidung betont. Die »Braut«, die eschatologische Heilsgemeinde, tritt so in Gegensatz zur »großen Hure«, die in aufdringlichem Pomp erscheint (17,4f.; 18,1.6

Lohse). Rom, die gottlose Hure, traf das Gericht, die christliche
Gemeinde aber wird an der Hochzeit des Lammes teilnehmen. Mit
dem Blick auf die eschatologische Vollendung schließt der Hymnus.
Vers 8b gehört nicht mehr dazu. Er verrät sich als nachträgliche
Glosse (Bousset, Charles, Lohmeyer, Lohse, Jörns), da er das reine
Kleid der Braut falsch interpretiert. Weiße Gewänder bedeuten 3,5;
6,11; 7,9.14 die eschatologische Verklärung der Gläubigen, symboli-
sieren aber nicht ihre irdischen Werke.

Das hymnische Finale 19,1–8 hat vorrangigen Bezug zu Kap. 17–18,
ist Antwort auf das Gericht an Rom. Gottes Herrschaft hat den Kosmos vollständig ergriffen. Wichtig ist aber auch das Verhältnis zu den
anderen Hymnen. In 11,15 ff. erscholl der Jubel, weil die Posaunen-
plagen ein Drittel des Kosmos vernichtet hatten, in 12,10, weil der
Satan aus dem Himmel gestürzt war und Christus die Macht antrat.
Aus der teilweisen Realisierung von Gottes Königtum wurde eine
endgültige. Damit umfaßt das hymnische Finale bereits auch die Ereignisse, die in 19,11–22,5 der Darstellung harren.

In Vers 9 f. fügt der Verfasser Engelworte an, die die Gültigkeit des
vorher Gesagten bekräftigen. Wahrscheinlich spricht der Schalenengel aus 17,1 (Bousset, Lohmeyer). Daß dies gerade an dieser Stelle
geschieht, verrät die Bedeutung der voranstehenden Ausführungen.
Eine auffällige Parallele ist 22,8 f. wo das ganze Buch als göttliche
Offenbarung legitimiert wird (vgl. auch 21,5). In 19,9 verbürgt sich
der Engel für die Wahrheit dessen, was Grund zum eschatologischen
Jubel 19,1–8 gewesen ist.

Der Engel fordert den Seher zunächst auf, die Seligpreisung an die
zum Hochzeitsmahl des Lammes Geladenen aufzuschreiben. Durch
den Befehl »Schreibe« lenkt er den Blick auf die Leser des Buches und
damit auf die irdischen Gläubigen zur Zeit des Sehers (vgl. 14,13). Sie
sind die zur Teilnahme an der Heilszeit Geladenen. Was Inhalt des
Hymnus Vers 6b–8a ist, findet in Vers 9 eine aktuell paränetische
Anwendung, indem die Seligpreisung die Heilsteilhabe der Christen
ausdrücklich verheißt. Durch einen weiteren Spruch des Engels wird
diese Verheißung als wahrhaftiges Wort Gottes bestätigt. Doch greift
diese Legitimationsaussage weiter: »Diese Worte« beziehen sich
wohl auf die hymnischen Stücke 19,1–8 und damit auch auf Kap. 17–
18, wo der Grund für den Jubel 19,1–8 gelegt ist.

Im Zusammenhang der Legitimationsaussage von Vers 9 ist die folgende merkwürdige Szene zu deuten (Vers 10). Angesichts der Engelworte von Vers 9 und damit der voranstehenden Heilsbotschaft in
19,1–8 fällt der Seher vor dem Engel nieder, um ihn anzubeten. Dies
wird ihm verwehrt: »Gott bete an!« Hierin Polemik gegen Engelver-

ehrung in den Gemeinden zu sehen (vgl. Kol 2,18f.; AscJes 7,21; 8,4–5; Bousset) paßt nicht in den Zusammenhang. Im übrigen findet sich gerade in den Sendschreiben, wo der rechte Ort zur Erörterung von Gemeindeproblemen wäre, keine Spur davon (Lohmeyer, Satake). Die Zurückweisung, ihn anzubeten, begründet der Engel mit der Erklärung: Er ist Mitknecht des Sehers, aber auch seiner Brüder, die das Zeugnis Jesu haben. Brüder des Sehers sind zunächst einmal die christlichen Gemeindeglieder schlechthin (1,9). Dazu paßt auch die angefügte Näherbestimmung, die ihre nächste Parallele in 12,17 hat, wo alle Gläubigen in ganz ähnlicher Weise charakterisiert werden: »die die Gebote Gottes bewahren und das Zeugnis Jesu haben«, d. h. festhalten. Gegen die Identifikation der Brüder des Sehers mit den Gläubigen überhaupt könnte 22,9 sprechen, wo mit den Brüdern primär Propheten gemeint sind. Doch unterscheidet 22,9 zwischen Propheten und sonstigen Christen, was 19,10 gerade nicht tut. Man darf 19,10 nicht einfach mit 22,9 gleichsetzen und von daher interpretieren (gegen Lohmeyer, Wikenhauser, Lohse). Es bleibt wohl dabei, daß sich der Engel als Mitknecht des Sehers und der Gläubigen bezeichnet. Das heißt dann (Satake): Er lehnt es ab, daß Johannes ihm als bloßem Vermittler der göttlichen Botschaft eine besondere Stellung zubilligt, und stellt sich auf die gleiche Ebene wie die Empfänger der Botschaft; im Verhältnis zu Gott als Offenbarer ist er Knecht wie sie. Allein die göttliche Botschaft besitzt Autorität, nicht jene, die sie vermitteln. Deshalb darf sich die Anbetung nur auf Gott selbst beziehen. Mit Hilfe dieser Szene Vers 10 hat der Verfasser in eindrücklicher Weise unterstrichen, daß die Heilsbotschaft, die er in den hymnischen Stücken von 19,1–8 übermittelt, wahr und gewiß ist, weil sie auf Gott selbst zurückgeht.

Problematisch ist der Schlußsatz von Vers 10. Nachträglich erfährt der Begriff »Zeugnis Jesu« eine nähere Interpretation: Es ist »der Geist der Prophetie«. An allen Stellen, wo sonst vom Zeugnis Jesu die Rede ist (1,2.9; 6.9; 12,17; 20,4), liegt diese Beziehung fern. Der erklärende Satz erweist sich als sekundäre Glosse, zumal er nach der Aufforderung zur Gottesanbetung unglücklich nachhinkt (Bousset, Satake). Er soll 19,10 und die Parallelstelle 22,8f. insofern ausgleichen, als er den Gedanken an die Prophetie einträgt, der 19,9f. nicht zum Ausdruck kommt.

F. Die Wiederkunft Christi und die Vollendung: 19,11–22,5

Das hymnische Finale 19,1–10 konnte bereits den Lobpreis über den endgültigen Herrschaftsantritt Gottes anstimmen und zum Jubel über das eschatologische Heil der Gemeinde, das sich im Bild der Hochzeit des Lammes zeigt, aufrufen. Es fehlt jedoch die Darstellung über das Geschick des satanischen Tieres samt seines Anhangs sowie des Satans selbst, deren Vernichtung Voraussetzung der eschatologischen Herrschaft Gottes ist; besonders aber erwartet man noch eine abschließende Beschreibung der Heilszeit, die schon mehrfach in vorgreifender Weise Erwähnung fand (7,9ff.; 14,1–5; 19,7f.). Die näheren Ausführungen darüber enthält die letzte Einheit des apokalyptischen Hauptteils 19,11–22,5.
Dabei schließt sich der Verfasser in der Abfolge der Endereignisse traditionellen Schemata an, wie sie die atl.-jüdische Literatur kennt. Seine eigene Schilderung gliedert sich in die Abschnitte:

19,11–21   Christi Sieg über das Tier und seine Vasallen;
20,1–10   tausendjähriges Messiasreich und das Gericht über den Satan
20,11–15   allgemeines Weltgericht;
21,1–8   neue Schöpfung;
21,9–22,5 neues Jerusalem.

In diesem Aufbau liegt eine Kombination endzeitlicher Schemata vor, wie sie auf der einen Seite 4Esr (und syrBar) bieten, auf der anderen Seite Ez 37ff. (vgl. *Kuhn, K. G.:* Art. *Gōg kai Magōg*, ThWNT I, 1933, 790f.).
4Esr 7,26–44 hat die Reihenfolge:

Messianisches Reich – allgemeine Totenauferstehung zum Endgericht – neue Welt.

Ez 37–48 zeigt den Ablauf:

Messiaszeit – Ansturm Gogs aus Magog und seine Vernichtung – neuer Tempel und neues Land.

Beide Schemata sind in Offb 19,11–22,5 so miteinander verbunden, daß der Ansturm Gogs und Magogs dem begrenzten Christusreich folgt, wobei neu gegenüber der genannten Tradition Satan als Anstifter Gogs und Magogs erscheint, der dann der Vernichtung anheimfällt.

Die Parusie Christi
und der Sieg über das Tier und seine Vasallen: 19,11—21

11 Und ich sah den Himmel geöffnet, und siehe, ein weißes Roß, und der auf ihm sitzt, treu und wahrhaftig (ist er), und mit Gerechtigkeit richtet und kämpft er.   12 Seine Augen (sind) wie Feuerflamme, und auf seinem Kopf (sind) viele Diademe; und er trägt einen Namen geschrieben, den niemand kennt als er selbst.   13 Und gekleidet ist er mit einem Gewand, getaucht in Blut, und sein Name heißt: das Wort Gottes.   14 Und die Heere im Himmel folgen ihm auf weißen Rossen, angetan mit weißer reiner Leinwand. 15 Und aus seinem Mund kommt ein scharfes Schwert hervor, daß er damit die Völker schlage, und er wird sie mit eisernem Stabe weiden. Und er tritt die Kelter des grimmigen Zorneweines Gottes, des Allherrschers,   16 und hat auf seinem Gewand und auf seinem Schenkel einen Namen geschrieben: König der Könige und Herr der Herren.

17 Und ich sah einen Engel in der Sonne stehen, und er schrie mit lauter Stimme und rief allen Vögeln zu, die hoch oben am Himmel fliegen: Auf, sammelt euch zum großen Mahle Gottes, 18 daß ihr Fleisch freßt von Königen und Fleisch von Befehlshabern und Fleisch von Starken und Fleisch von Rossen und ihren Reitern und Fleisch von allen Freien und Sklaven und Kleinen und Großen.

19 Und ich sah das Tier und die Könige der Erde und ihre Heere versammelt, um Krieg zu führen mit dem, der auf dem Rosse saß, und mit seinem Heer.   20 Und das Tier wurde ergriffen und mit ihm der falsche Prophet, der die Zeichen vor ihm tat, durch welche er die verführte, die das Malzeichen des Tieres angenommen hatten und sein Bild anbeteten. Lebendig wurden die zwei in den Feuerpfuhl geworfen, der mit Schwefel brennt,   21 Und die übrigen wurden durch das Schwert dessen getötet, der auf dem Rosse saß, das aus seinem Munde hervorkam, und alle Vögel sättigten sich an ihrem Fleisch.

Literaturauswahl: Bietenhard, H.: Das tausendjährige Reich, Zürich ²1955, 13–19. – *Bornkamm, G.:* Komposition 210–214. – *Comblin, J.:* Le Christ dans l'Apocalypse, BT.B III/6, 1965. – *Cullmann, O.:* Die Christologie des Neuen Testaments, ²1958, 322. – *Holtz, T.:* Christologie 166–181. – *Jeremias, J.:* Art. poimēn, poimainō, ThWNT VI, 1959, 484–498. – *Michel, O.:* Art, hippos, ThWNT III, 1938, 336–339. – *Müller, U. B.:* Messias und Men-

schensohn 199–208. – *Rissi, M.:* Die Zukunft der Welt. Eine exegetische
Studie über Johannesoffenbarung 19,11 bis 22,15, Basel o.J., 13–28 (vgl.
bereits *ders.:* Die Erscheinung Christi nach Offenbarung 19,11–16, ThZ 21
(1965) 81–95). – *Schlatter, A.:* Das Alte Testament in der johanneischen Apokalypse, BFChTh 16 (1912) 47. – *Schütz, R.:* Die Offenbarung des Johannes
und Kaiser Domitian, FRLANT NF 32 (1933) 36f. – *Vischer, E.:* Die Offenbarung Johannis, eine jüdische Apokalypse in christlicher Bearbeitung, TU
II, 3 (1886) 65. – *Wellhausen, J.:* Analyse der Offenbarung Johannis,
AGWG.PH IX, 4, Berlin 1907, 30. – *Wilcke, H.–A.;* Das Problem eines
messianischen Zwischenreichs bei Paulus, AThANT 51 (1967) 22–25.

Gegenüber dem in 19,1–8 erreichten Jubel über den Anbruch der
Heilszeit springt 19,11 ff. vom Triumph zurück in den Kampf (Wellhausen). Das ist nicht verwunderlich; denn der davor angestimmte
Lobpreis weist bereits auf das Ende der ab 19,11 ff. geschilderten
eschatologischen Ereignisse voraus. 19,11–21 schildert eine Etappe
auf dem Wege zur endgültigen Heilszeit, das Erscheinen Christi und
seinen Sieg über die noch verbliebenen Unheilsmächte des römischen Imperiums, nachdem die gottlose Welthauptstadt selbst bereits vernichtet ist (Kap. 18).
Der Abschnitt unterteilt sich in drei Visionsberichte, jeweils eingeleitet durch »ich sah« (Vers 11.17.19). Vers 11–16 tragen den Charakter besonders feierlicher Sprache, der dem Inhalt, der Wiederkunft Jesu Christi, entspricht. Obwohl kein Hymnus vorliegt,
drängt sich doch der Eindruck auf, daß die Prosasprache sich zu
einer regelmäßigen Abfolge von Sinnzeilen verdichtet. Diese Möglichkeit läßt sich auch bei anderen nichthymnischen Texteinheiten
erwägen, weswegen manche Kommentatoren eine weitgehende
Strophengliederung der Offb vornehmen (vgl. Charles, Lohmeyer,
Kraft). Hier scheint der Versuch deshalb gerechtfertigt, da Vers 11–
16 sich gerade von Vers 17–21 durch die Gliederung in Sinnzeilen
abheben und so die herausragende Bedeutung des ersten Visionsberichts sich auch sprachlich ausdrückt (vgl. die entsprechende Gestaltung des Textes bei Charles II 358–361).
Allerdings ergibt sich eine überzeugende Anordnung erst dann,
wenn das literarische Problem von Vers 13b geklärt ist. Obwohl
man Vers 13b heutzutage meist als ursprünglich im Text ansieht, ist
die Meinung früherer Ausleger aufzunehmen, die den Versteil als
sekundäre Glosse ausscheiden (z.B. Vischer, Bousset, Wellhausen –
letzterer sogar zusammen mit Vers 12 Ende). Die entscheidende Begründung liefert Bousset: »Daß hier der Name des Messias doch
genannt wird, steht in eigentümlichem Mißverhältnis zu der Betonung des unbekannten Namens vorher.« Das um so mehr, als die

Unbekanntheit des Namens dem Träger nach antiker Anschauung
besondere Macht verleiht: Er ist im alleinigen Besitz der mit dem
Namen verbundenen Kraft. Der dann doch erwähnte Name zerstört
den Gedanken. Bloße Ausflucht ist die Erklärung, der »unbekannte
Name« sei nicht identisch mit dem in Vers 13 genannten (Holtz); für
den unbefangenen Blick bleiben zwei widersprüchliche Aussagen.
Auch der Einwand, nur das geschriebene Namenszeichen, nicht
aber der Name selbst sei unbekannt (Lohmeyer), trifft nicht; »den
niemand kennt« bedeutet ja nicht »den niemand lesen kann«
(Holtz).

Während nun die Betonung des unbekannten Namens in kaum zu
behebendem Gegensatz zu Vers 13 b steht, ist ein solcher zu Vers 16
nicht gegeben; denn der dortige »Name« ist in Wirklichkeit keiner,
sondern ein Titel.

Für die Ausscheidung von Vers 13 b spricht weiter, daß diese Bemerkung reichlich deplaziert im Rahmen der Beschreibung der Gestalt
ist. Nach der grundsätzlichen Bestimmung ihres Wesens Vers 11
(»treu und wahrhaftig«, »mit Gerechtigkeit«), der Betonung der
Hoheit und Macht Vers 12 (»Diademe«, »unbekannter Name«) folgt
die Schilderung des kriegerischen Charakters, der im blutigen Gewand und in der Begleitung der himmlischen Heere sichtbar wird
(Vers 13 f.). Die Namensnennung »das Wort Gottes« unterbricht auf
störende Weise den zuletzt erwähnten Zusammenhang. Sie ist in einer Darstellung grundsätzlich fehl am Platze, die gar nicht am Verhältnis Christi zu seiner Kirche orientiert ist (s. u.). Scheidet man
Vers 13 b als sekundären Nachtrag aus, so ergibt sich eine klare Gliederung von fünf Strophen zu je drei Zeilen. Die Streichung erfährt
dadurch im nachhinein eine Bestätigung (Müller):

1. Und ich sah den Himmel geöffnet, und siehe, ein weißes Roß,
   und der auf ihm sitzt, treu und wahrhaft (ist er),
   und mit Gerechtigkeit richtet und kämpft er.
2. Seine Augen (sind) wie Feuerflamme,
   und auf seinem Kopf (sind) viele Diademe,
   und er trägt einen Namen geschrieben, den niemand kennt als er selbst.
3. Und gekleidet ist er mit einem Gewand, getaucht in Blut,
   und die Heere im Himmel folgen ihm auf weißen Rossen,
   angetan mit weißer reiner Leinwand.
4. Und aus seinem Mund kommt ein scharfes Schwert hervor,
   daß er damit die Völker erschlage,
   und er wird sie mit eisernem Stabe weiden.
5. Und er tritt die Kelter des grimmigen Zornweines Gottes, des Allherrschers,

und er hat auf seinem Gewand und auf seinem Schenkel einen Namen geschrieben:
König der Könige und Herr der Herren,

Wenn auch die Länge der Sinnzeilen nicht gleich groß ist, so erscheint dies öfter in semitischer Poesie bzw. gehobener Prosa. Parallelen zu dem aufgezeigten strophischen Aufbau finden sich etwa AssMos 10: zehn Strophen zu je drei Zeilen – oder PsSal 14: zwei Teile mit jeweils drei Strophen zu je drei Zeilen.

Vor der Einzelauslegung hat man sich die Stellung des Abschnittes 19,11–16 noch einmal zu vergegenwärtigen. Er leitet die Abfolge eschatologischer Ereignisse ein, die zur endgültigen Heilszeit der Gläubigen hinführen (Kap. 21). Vorher aber müssen die Unheilsmächte liquidiert sein, die nach der Vernichtung Babylons noch übrigbleiben: das Tier als der Antichrist und seine Verbündeten (19,17–21), der Satan (20,7–10), schließlich der Tod selbst (20,14). Im Zusammenhang dieser Vernichtungsaktionen ist auch die Funktion Christi zu interpretieren, wie besonders 19,17–21 demonstriert. Eine Beschreibung der Heilsaufgaben Christi gegenüber den Gläubigen wäre in 19,11–16 von der Gesamtkomposition gesehen verfrüht. Es ist schon von daher zu erwarten, daß die Parusieschilderung 19,11–16 darauf nicht eingeht (ebensowenig wie die Parallele 14,14–20). Gegenteilige Annahmen (Rissi, Holtz, besonders Caird) müssen in den Text Gedanken eintragen, die ihm bei unbefangener Lektüre gar nicht eignen. Eine scheinbare Berechtigung findet eine solche Exegese in der Beobachtung, daß einzelne Bildelemente aus Vers 11–16 an anderer Stelle des Buches auf Funktionen des Christus gegenüber den Gläubigen deuten (Kap. 1–3). Doch liegt dabei eine Umprägung messianischer Funktionen vor, die der Verfasser für Zusammenhänge vornimmt, die in der Tat von Christi Beziehung zur Gemeinde handeln. 19,11–16 aber ist durchgehend von atl.-jüdischem Gedankengut bestimmt und zeigt den ursprünglichen Sinn der traditionellen Aussagen. Die Umdeutung einzelner Visionselemente, die Johannes für Kap. 1–3 vollzieht, können nicht ihren originären Charakter in Kap. 19 beeinflussen, zumal dies nicht im Interesse des Verfassers liegt, wenn man seine Kompositionsarbeit in 19,11–22,5 ernst nimmt.

Vers 11 (erste Strophe) schildert die einführende grundsätzliche Bestimmung des wiederkommenden Christus. Johannes sieht die Himmel geöffnet. Im Unterschied zu 4,1 oder Ez 1,1 meint das nicht nur, daß der Apokalyptiker himmlische Offenbarungen empfängt, sondern daß sich der Himmel zur Parusie geöffnet hat, damit der

Reiter herabkommen kann (vgl. Wilcke). Dem Stil des Verfassers entspricht es, daß nicht gleich die Gestalt selber auftaucht, sondern die Requisiten, die zu ihr gehören, hier das weiße Pferd (ähnlich 1,12f.; 4,2: zuerst der Thron, dann der Thronende; 14,14: die weiße Wolke, dann der darauf sitzt; Holtz, Rissi). Im Unterschied zu anderen frühchristlichen Parusiebildern erscheint Christus als Reiter auf einem weißen Pferd. Das Pferd ist kriegerisches und königliches Reittier (Est 6,8ff.; vgl. Ez 23,6.12; Michel), Weiß die himmlische und eschatologische Farbe.

Das Parusiebild charakterisiert Christus als »treu und wahrhaftig«. Der ursprüngliche griechische Text lautet wohl nur: »und der auf ihm sitzt, treu und wahrhaftig (ist er«) (so u. a. vom Codex Alexandrinus als bestem Textzeugen vertreten), nicht aber »... treu und wahrhaftig *wird er genannt*« (so die meisten Kommentare außer Charles im Anschluß an die Koinetexte). Die erste Variante ist als kürzere Lesart vorzuziehen. Sachlich erinnert die Wendung zunächst an 1,5 und besonders 3,14, wo Christus als der treue und wahrhaftige Zeuge auftritt, der seiner Gemeinde die Offenbarung Gottes entsprechend vermittelt. Doch fragt sich, ob dieser Gedanke hier vorliegt; denn es zeigt sich, daß das Verhältnis zur Gemeinde in diesem Visionsbericht keine Rolle spielt (gegen Holtz, Rissi). Näher liegt die Annahme, daß Christus einfach ein Gottesprädikat erhalten hat (3 Makk 2,11; zur Charakterisierung Gottes als wahrhaftig: LXX: Ex 34,6; Num 14, 18; Ps 85,15; Jes 65,16).

Von ihm heißt es weiter: Mit Gerechtigkeit richtet er und führt er Krieg. Dabei ist die Funktionsbeschreibung des Messias aus Jes 11,4 übernommen. »Richten« zielt auf seine herrscherliche Aufgabe (so auch der Messias PsSal 17,26.29), zu der auch das Kämpfen und Kriegführen gehört. Das letztere darf nicht von 2,26 her gedeutet werden, als meine es die strafende und richtende Tätigkeit an den von der rechten Lehre abgewichenen Gemeindegliedern (Holtz, Rissi). Wahrscheinlicher ist der Sprachgebrauch von 11,7; 12,(7). 17; 13,7; 17,14. Antithetisch wird gesagt: Bisher führten widergöttliche Mächte Krieg mit den Heiligen, jetzt wird der wiederkommende Christus gegen sie kämpfen und sie besiegen (vgl. 17,14). Auch wenn dieser Gegensatz in Vers 11 bloß angedeutet ist, würde die spätere Aussage in Vers 15 die Wendung gegen die gottlosen Völker auch schon für Vers 11 fordern. Jedenfalls läßt der Text nirgends jene Tendenzänderung erkennen, daß zunächst Christi heilschaffende Tätigkeit an der christlichen Gemeinde, ab Vers 15 aber sein Handeln an den Feinden zum Ausdruck kommt. Die ganze Beschreibung hat eine einheitliche Front, die in

Vers 11 f. eher grundsätzlich, ab Vers 13 aber konkret gegen die Völker gerichtet ist.

Vers 12 (zweite Strophe) stellt den Herrlichkeitscharakter und die Macht Christi heraus. Dazu gehört schon der Einzelzug, seine Augen seien wie Feuerflamme (vgl. Dan 10,6), der in 1,14 (vgl. 2,18) mit Blick auf die Gemeinde auftaucht; aber diese Ausrichtung kann den ursprünglichen Sinn in 19,12 nicht präjudizieren. Die vielen Diademe auf dem Haupt Christi zeigen seine wahre Hoheit und Herrschermacht – wohl im Gegensatz zum Drachen und dem Tier (12,3; 13,1), die nur angemaßte gottlose Herrschaft ausüben. Auch der allen unbekannte Name verleiht dem Träger Macht, weil nur ihm die mit dem Namen verbundene Kraft zur Verfügung steht. Spekulationen über den gemeinten Namen (z. B. Holtz: der neue Name aus 3,12; Cullmann: der Name Gottes selbst) gehen am Sinn der Aussage vorbei, weil es gerade um die Unbekanntheit des Namens geht.

Vers 13–14 (dritte Strophe) charakterisieren Christus als Kriegsherrn in Begleitung seiner himmlischen Heere. Er erscheint in einem Gewand, getaucht in Blut. Der Verfasser überträgt die Beschreibung des vom Kampf heimkehrenden Gottes auf Christus (Jes 63,1ff.). Zu fragen, woher das Blut kommt, da in 19,11ff. noch kein Kampf stattgefunden hat, verfehlt den Sinn des Bildes. Es soll Christus von vornherein als siegreichen Kämpfer darstellen. Absurd ist dabei die Deutung auf das Blut des geschlachteten Lammes (Schlatter, Rissi). Zur Erscheinung Christi als himmlischen Kriegsherrn passen die himmlischen Heere (Engel wie 12,7), die ihm auf weißen Rossen folgen. Vers 13 a und Vers 14 sind unmittelbar aufeinander bezogen, so daß die dazwischen stehende Angabe über den Namen Christi einen ursprünglichen Zusammenhang zerreißt.

Vers 15 (vierte Strophe) bezeichnet die vernichtende Tätigkeit an den Völkern. Die freie Umformung von Jes 49,2 (»aus seinem Munde kommt ein scharfes Schwert hervor«) in Verbindung mit Jes 11,4b (»damit er damit die Völker erschlage«) mußte für den Leser Assoziationen auslösen, die Christus als kriegerischen Vernichter der Gottlosen kennzeichnen (vgl. Jes 11,4; äthHen 62,2; 4 Esr 13,5–11). Dazu stimmt auch die in sich widerspruchsvolle Ankündigung, die Völker mit eisernem Stabe zu *weiden*. Der Verfasser nimmt auf die Verheißung 12,5 Bezug, die hier ihre konkrete Ausführung findet. Beide Male verdankt sich die Wendung einer Fehlübersetzung des hebräischen Textes von Ps 2,9 (so auch LXX; Jeremias). »Weiden« als Tätigkeit des Hirten hat eine beschützende Funktion; dieser Sinn wirkt in der Verbindung mit dem eisernen Stab nicht mehr nach, so

daß das furchtbare Strafgericht an den Völkern allein im Blick steht.
Vers 15 (Schlußsatz) und Vers 16 beschließen das Parusiebild mit
grundsätzlichen Aussagen. Das Gerichtshandeln Christi begegnet
unter der Metapher einer Weinkelter, in der die Heiden zerpreßt
werden (wie 14,19 Aufnahme von Jes 63,2 ff.; Jo 4,13); vermischt ist
damit der Gedanke vom Zornesbecher Gottes (14,10; 16,19), aus
dem die Gottlosen trinken müssen. Christus vernichtet die Völker
als derjenige, der den Gerichtszorn Gottes, der sich als Allherrscher
erweist, zur Vollstreckung bringt. Dementsprechend besitzt er einen Titel, der seine von Gott gegebene Machtfülle anzeigt: »König
der Könige und Herr der Herren«. So nannten sich ursprünglich
orientalische Großkönige; im AT ist dies aber in ähnlicher Form auf
den Gott Israels übertragen (vgl. Dtn 10,17; Ps 136,2 f.; im Judentum: 2 Makk 13,4; 3 Makk 5,35; äthHen 9,4). Als Titel Christi demonstriert die Wendung seine wahre, von Gott bestimmte Herrschermacht, wohingegen die Repräsentanten des römischen Kaiser-
tums nur angemaßte »Lästernamen« tragen (13,1; 17,3). Christus
hat den Titel auf seinem Mantel und seinem Schenkel. Dieses Bild-
element hat zu Rätselraten Anlaß gegeben, weil der Name nicht nur
auf dem Mantel, sondern auch auf dem Schenkel erscheint. Ursprünglich habe das Pferd des Reiters den Titel getragen, nicht dieser
selbst, weil er dem Messias nicht in den Schenkel gestempelt sein
kann (Wellhausen). Doch steht die Beziehung auf den Reiter eindeutig im Text. Vielleicht aber ist »der Mantel« Anspielung auf den kaiserlichen Purpurmantel (Chlamys; Schütz), während der Name auf
dem Schenkel an den Brauch erinnert, auf den Schenkel von Statuen
die Namen der entsprechenden Persönlichkeiten einzugraben (vgl.
Charles, Lohmeyer).

Offb 14,14−20 haben schon einmal das Gericht des wiederkommenden Christus geschildert, dort unter dem Bilde des Menschensohngleichen, der auf einer Wolke thront. Diese vorwegnehmende Darstellung hat noch andeutende Züge; 19,11−16 aber zeigt in unver-
hüllter Weise die Vernichtungsfunktion Christi an den gottlosen
Völkern (vgl. Bornkamm). Das ganze Parusiebild ist ohne wirkliche
Parallelen in sonstiger frühchristlicher Tradition. Auf das Vernichtungsgericht Christi wird sonst nur kurz verwiesen (vgl. Mt 24,30;
Lk 17,28−30; 2 Thess 2,8), da in erster Linie das eschatologische
Heilswerk an den Gläubigen interessiert. Am nächsten stehen jüdische Darstellungen über das Erscheinen des Messias (PsSal 17,21−
25) oder des Menschensohnes (4 Esr 13, 1−13), die vor der Heilstätig-
keit gegenüber den Frommen zunächst die Vernichtung der Heiden
ins Auge fassen. Johannes hat bei der Ausgestaltung seiner Parusie-

schilderung Anleihen bei dieser jüdischen Tradition gemacht (Müller). Er konnte dies tun, weil die eschatologische Rettung der Gläubigen nur dann gewährleistet schien, wenn zuvor die Unheilsmächte des römischen Imperiums vollständig vernichtet sind.

Vielfach erwägt man eine Beziehung der Christusvision zu der kriegerischen Erscheinung des göttlichen Wortes, das in Weish 18,14 ff. die Erstgeburt der Ägypter vernichtet. Auf diese Weise scheint es zu gelingen, die Bezeichnung »das Wort Gottes« als ursprünglichen Christusnamen zu erklären, der dann literarisch nicht zu streichen ist (vgl. Charles, Lohmeyer, Wikenhauser, Lohse). In der Tat bestehen inhaltliche Übereinstimmungen zwischen dem »Wort Gottes« aus Weish 18 und dem kriegerischen Christus in 19,11−16, wenn hier der Name »Wort Gottes« ursprünglich ist. Beide kommen vom Himmel herab, begegnen als Krieger und richten Zerstörungen an. Mitten in der Nacht, heißt es Weish 18,14 ff., »da sprang dein allmächtiges Wort vom Himmel, vom königlichen Thron, als unbeugsamer Krieger mitten in die Zerstörung auf der Erde. Als scharfes Schwert trug es deinen (d. h. Gottes) unwiderruflichen Befehl; es erfüllte ... das Universum mit Tod, und es berührte den Himmel, schritt aber auf Erde.« Die Gestalt stellt religionsgeschichtlich eine Hypostasierung des Wortes Gottes dar, parallel zur Gestalt der hypostasierten Weisheit aus Weish 6−9. Auf sie sind Elemente aus der atl. Tradition über die Bestrafung der ägyptischen Erstgeburt übertragen (vgl. Ex 11,4; 12,12 f.23.27). Gleichzeitig wird sie mit dem Pestengel aus 1 Chr 21,16 identifiziert, der, das Schwert tragend, zwischen Himmel und Erde steht.
Sieht man diese Hintergründe von Weish 18,14 ff., treten sogleich die entscheidenden Unterschiede ins Blickfeld. In Offb 19,11 ff. liegt keine Hypostasierung des Wortes Gottes vor. Geht man vom jetzigen Text aus, so ergibt sich: Die Gestalt wird nicht sofort als Hypostase, als Wort Gottes eingeführt, das als solches die kriegerischen Handlungen durchführt. Sie erhält erst im Laufe der Schilderung diesen Namen (Müller). Einflüsse der jüdischen Messias- bzw. Menschensohntradition liegen viel näher, die Johannes bei seinem Parusiebild benutzt hat. Auch die Besonderheit der zwischen Himmel und Erde stehenden Figur des Logos (1 Chr 21,16) fehlt in Offb 19,11 ff. Eine traditions- bzw. religionsgeschichtliche Verwandtschaft zwischen beiden fraglichen Texten existiert nicht.

Es bleibt noch die Frage übrig, warum ein Bearbeiter Vers 13 b nachträglich hinzugefügt hat. Das Problem läßt sich kaum eindeutig lösen. Zunächst liegt es nahe, eine Spur johanneischer Theologie zu sehen, und zwar im Blick auf Joh 1 (Bousset). Der Redaktor wäre in Kreisen zu suchen, die beide Bücher gekannt haben. Unsicher wird diese Vermutung, wenn man bedenkt, daß Joh 1 Christus in absoluter Weise »das Wort« nennt, Offb 19,13 b aber vom »Wort Gottes« spricht. Das letztere könnte eine andere Erklärung der Glosse ermöglichen. Da die Offb in zentraler Weise vom »Wort Gottes und dem Zeugnis Jesu« handelt, die es festzuhalten gilt (1,2.9; 6,9; 20,4; vgl. 12,17), könnte ein früher Bearbeiter eine Identifikation Christi mit dem Worte Gottes selbst vorgenommen haben. Auch diese Annahme bleibt Vermutung; sie wäre einem Mitglied des Tradentenkreises der Offb eher zuzutrauen als dem Verfasser selbst, für den diese Gleichsetzung fernlag: Christus ist für ihn »der treue und wahrhaftige Zeuge« der Gottesoffenbarung und damit des Wortes Gottes (3,14; ähnlich 1,1), nicht aber das Wort Gottes selbst. Dieser Gedanke widerspräche der strengen Subordination Christi gegenüber Gott. Die Theologie des Joh, die gerade eine enge Verbindung zwischen »dem Vater« und »dem Sohn« sieht (neben Joh 1,1–18 vgl. nur 10,30), hat in der Offb keine Entsprechung.

In Offb 16,14 hat der Verfasser bereits den »Krieg des großen Tages Gottes, des Allherrschers« angekündigt. 17,12–14 weissagen den endzeitlichen Krieg, den die zehn Könige als Vasallen des Tieres mit dem Lamm beginnen. 19,17–21 folgt die Durchführung dieses Kampfes, den der himmlische Christus als Vollstrecker des Gotteszorns siegreich gewinnt. Dieser Sieg ist für den Verfasser so gewiß, daß er bereits vor Beginn der Schlacht alle Vögel zum Leichenschmaus an den gefallenen Feinden auffordern läßt (Vers 17–18). Ein Engel, der wohl deswegen »in der Sonne«, d. h. am höchsten Punkt des Firmaments, steht, um überall gesehen zu werden (Charles, Lohmeyer), läßt diese Einladung ergehen. Die Vorstellung stammt aus Ez 39,17–20, wo Vögel und anderes Getier zum Opfermahl an den getöteten Feinden Israels gerufen werden. Hier geht es jedoch nicht nur um den Fraß der Großen und Mächtigen, sondern aller Menschen, die dem Götzendienst des Tieres verfallen sind (Vers 20; vgl. die ähnliche Aufzählung 6,15). Der Verfasser zeichnet das schreckliche Gegenbild zum »Hochzeitsmahl des Lammes«, zu dem die Erlösten geladen sind (19,9). So grauenvoll das ganze Bild wirkt, so wenig ist zu übersehen, daß es dem Verfasser nicht um eine realistische Darstellung des Geschehens geht. Er benutzt die traditionell vorgegebenen Motive nur dazu, um die Gewißheit des Sieges und seine überwältigende Größe zu veranschaulichen.

Dieselbe Absicht prägt den folgenden Abschnitt Vers 19-21, der eigentlich den Kampf schildern müßte. Aber wie in Kap. 18 die Vernichtung Babylons nicht beschrieben wird, so entfällt eine Darstellung der Schlacht. Vers 19 berichtet nur von der Vorbereitung des Tieres und der Könige der Erde (vgl. 16,14), mit dem himmlischen Reiter Krieg zu führen, Vers 20 aber setzt bereits den Sieg voraus: Trotz des Riesenaufgebots feindlicher Heere brauchen die beiden Unheilsmächte, Tier und Pseudoprophet, nur ergriffen und in den

Feuersee geworfen zu werden. Das Interesse des Verfassers haftet gerade an diesen Gestalten, so daß ihr Untergang vorweg Erwähnung findet. Denn nach Kap. 13 ist das Tier die dämonische Zuspitzung der gottlosen Macht des Römischen Reiches, die in Gestalt des Nero redivivus erscheinen wird, das andere Tier aber, das hier wie bereits 16,13 der falsche Prophet heißt, ist der Propagandist des Kaiserkultes, der die Menschen zur Anbetung des Tieres verführt. Die beiden Hauptschuldigen am Götzendienst auf Erden werden der ewigen Verdammnis im »Feuersee, der von Schwefel brennt« überantwortet (vgl. 20,10). Dieser Feuerpfuhl ist im Unterschied zu *abyssos* »Unterwelt« (9,1 f.; 11,7; 17,8; 20,1.3) der endgültige Strafort für den Satan, das Tier, den Pseudopropheten und die ewig verdammten Menschen (20,10.14 f.). Er entspricht der in der Offb nicht erwähnten »Feuerhölle« (Mt 5,22; 18,9; Mk 9,43) bzw. »dem ewigen Feuer, das bereitet ist dem Satan und seinen Engeln« (Mt 25,41). Die Bezeichnung »Feuer*see*, der von Schwefel brennt« mag neben dem speziellen Einfluß von Gen 19,24 auf sonstige Vorstellungen zurückgehen, die im Toten Meer jenen Ort sehen (vgl. äthHen 67,4 ff.; Bousset). Nachdem die Hauptschuldigen endgültig gerichtet sind, müssen »die übrigen« ihr vorläufiges Geschick entgegennehmen. Die Könige der Erde und ihre Heere, wohl auch die Tieranbeter, finden auf wunderhafte Weise den Tod; das Schwert, das aus dem Munde des himmlischen Reiters kommt (vgl. Vers 15), tötet sie auf der Stelle. Ihre Leichname dienen als Fraß der herbeigerufenen Vögel. Nach der Auferstehung zum Gericht werden auch sie der ewigen Verdammnis zugeführt (20,13.15).

Das tausendjährige Reich und das Gericht über den Satan: 20,1–10

1 Und ich sah einen Engel vom Himmel herabsteigen, der den Schlüssel zum Abgrund hatte und eine große Kette auf seiner Hand.   2 Und er ergriff den Drachen, die alte Schlange, der »Teufel« und »der Satan« ist, und fesselte ihn für tausend Jahre   3 und warf ihn in den Abgrund und schloß zu und versiegelte über ihm, damit er die Völker nicht mehr verführe, bis die tausend Jahre vollendet sind. Danach muß er für kurze Zeit (wieder) losgelassen werden.
4 Und ich sah Throne, und sie setzten sich darauf, und das Gericht wurde ihnen gegeben, und (ich sah) die Seelen derer, die um des Zeugnisses Jesu und des Wortes Gottes willen ent-

hauptet worden waren, und die, welche das Tier oder sein Bild nicht angebetet und nicht das Malzeichen auf der Stirn und auf ihrer Hand empfangen haben. Und sie wurden (wieder) lebendig und herrschten mit dem Christus tausend Jahre. 5 Die übrigen der Toten wurden nicht (wieder) lebendig, bis die tausend Jahre vollendet sind. Dies ist die erste Auferstehung. 6 Selig und heilig, wer teilhat an der ersten Auferstehung. Über diese hat der zweite Tod keine Macht, sondern sie werden Priester Gottes und des Christus sein und werden mit ihm tausend Jahre herrschen.

7 Und wenn die tausend Jahre vollendet sind, wird der Satan aus seinem Gefängnis losgelassen werden. 8 Und er wird ausziehen, um die Völker an den vier Enden der Erde zu verführen, den Gog und Magog, um sie zum Krieg zu sammeln; deren Zahl (ist) wie der Sand am Meer. 9 Und sie zogen hinauf auf die Ebene der Erde und umzingelten das Lager der Heiligen und die geliebte Stadt. Und es fiel Feuer vom Himmel und verzehrte sie. 10 Und der Teufel, der sie verführt hatte, wurde in den Pfuhl von Feuer und Schwefel geworfen, wo auch das Tier und der falsche Prophet sind. Und sie werden gequält werden Tag und Nacht in alle Ewigkeiten.

Literaturauswahl: Berger, K.: Die Auferstehung des Propheten und die Erhöhung des Menschensohnes, StUNT 13 (1976) 110f. 371–373. – *Bieder, W.:* Die sieben Seligpreisungen in der Offenbarung des Johannes, ThZ 10 (1954) 13–30. – *Bietenhard, H.:* Das tausendjährige Reich, Zürich ²1955. – *Böcher, O.:* Art. Chiliasmus, TRE 7 (1981) 723–729. – *Ders.:* Kirche in Zeit und Endzeit, Neukirchen–Vluyn 1983, 133–143. – *Ernst, J.:* Die eschatologischen Gegenspieler in den Schriften des Neuen Testaments, BU 3 (1967) 198–205. – *Grundmann, W./Hesse, F./de Jonge, M./van de Woude, A.:* Art. *chrio, christos* usw., ThWNT IX, 1973, 482–576. – *Holtz, T.:* Christologie 5–9. 181–183. – *De Jonge, M.:* The Use of the Expression *ho christos* in the Apocalypse of John, in *J. Lambrecht (Hg.):* L'Apocalypse johannique 267–281. – *Kellermann, U.:* Auferstanden in den Himmel, SBS 95 (1979) 125–127. – *Kuhn, K. G.:* Art. *Gōg kai Magōg*, ThWNT I, 1933, 790–792. – *Lohse, E.:* Art. *chilias, chilioi*, ThWNT IX, 1973, 455–460. – *Marshall, I. H.:* Martyrdom and the Parousia in the Revelation of John, in: Studia Evangelica IV/1, TU 102 (1968) 333–339. – *McNamara, M.:* The New Testament and the Palestinian Targum to the Pentateuch, AnBibl 27 (1966) 233–237. – *Müller, U. B.:* Messias und Menschensohn 208–213. – *Rissi, M.:* Was ist 119–124. – *Ders.:* Die Zukunft der Welt 29–38. – *Schlatter, A.:* Das Alte Testament in der johanneischen Apokalypse, BFChTh 16 (1912) 93ff. – *Schüssler Fiorenza, E.:* Priester für Gott 291–344. – *Sickenberger, J.:* Das tausendjährige Reich in der Apokalypse, in: FS S. Merkle, Düsseldorf 1922, 300–316. –

Volz, P.: Die Eschatologie der jüdischen Gemeinde im neutestamentlichen Zeitalter, Tübingen 1934, 71−77. − *Wikenhauser, A.*: Das Problem des tausendjährigen Reiches in der Johannes-Apokalypse, RQ 40 (1932) 13−25. − *Ders.*: Die Herkunft der Idee des tausendjährigen Reiches in der Johannesapokalypse, RQ 45 (1937) 1−24. − *Ders.*: Weltwoche und tausendjähriges Reich, ThQ 127 (1947) 399−417. − *Wilcke, H.-A.*: Das Problem eines messianischen Zwischenreichs bei Paulus, AThANT 51 (1967) 25−32.

Kompositorische und sachliche Mitte der Darstellung ist die Verheißung einer tausendjährigen Herrschaft Christi mit seinen standhaften Bekennern, die den Märtyrertod erlitten haben (Vers 4−6). Vor dem Kommen der neuen Welt (Kap. 21) ist bereits eine Zeit ausgespart, in der die sehnsüchtige Erwartung der Märtyrer und damit auch der bedrängten Gemeinde auf Erden (6,9−11) erfüllt ist. Bereits vor dem Weltgericht (20,11−15) werden sie eine irdische Heilszeit erleben, ja sie sind der Entscheidung des Endgerichts vorweg entnommen. 20,4−6 und 20,11−15 stehen in Parallelität zueinander. Die in 20,4 angedeutete Gerichtsmetaphorik zeigt, daß sich hier schon (Vers 4−6) das heilschaffende Gericht über die getreuen Bekenner Christi ereignet, während in 20,11−15 das verdammende Gericht über die übrigen Menschen im Vordergrund steht.

Der Visionsbericht über das tausendjährige Reich ist eingerahmt durch den Bericht über die tausendjährige Fesselung des Satans, die die Voraussetzung für jene Friedenszeit schafft (20,1−3), sowie die anschließende Freilassung des Satans, die zu einer allerletzten Bedrohung der Frommen führt (20,7−10). Da dieser satanische Ansturm auf wunderbare Weise scheitert, hat er nur noch den Sinn, die endgültige Rettung der treuen Zeugen Christi zu demonstrieren. Mit der Vernichtung des Satans ist auch die eigentliche widergöttliche Macht beseitigt, die hinter dem vergangenen Unheilswirken des Römischen Reiches steht. Der Satan erleidet dasselbe Ende wie seine Agenten, das Tier und der falsche Prophet (20,10).

Diese Übersicht über die Aussageabsichten der dreigeteilten Darstellung (Vers 1−3.4−6.7−10) zeigt, daß sie inhaltlich eng zusammengehört. Formal läßt sich das daran erkennen, daß der Abschnitt 20,7−10 gar nicht mehr als eigener Visionsbericht, eingeleitet durch »ich sah«, stilisiert ist, sondern die unmittelbare Fortsetzung der beiden ersten Visionsberichte darstellt.

Nachdem das endgültige Strafgericht über die Helfershelfer des Drachen, Tier und Pseudoprophet, bereits gekommen ist (19,19−21), naht auch das Ende der Macht, der sie ihre Gewalt verdanken (13,2). Zunächst allerdings geschieht folgendes: Ein Engel steigt

vom Himmel herab; er besitzt den Schlüssel zum Abgrund, dem
vorläufigen Gefängnis in der Unterwelt (9,1), und eine große Kette,
um den Drachen tausend Jahre lang zu fesseln und in den Abgrund
zu werfen. Vers 2 identifiziert den Drachen eindeutig als den Satan
bzw. den Teufel (wie 12,9). Er kann vorerst nicht mehr wie bisher
die Völker zu gottlosem Tun verführen (vgl. 13,14; 16,13). In dem
Bild von der Fesselung der Unheilsmacht ist eine alte mythische
Vorstellung aufgenommen, die sich auch im AT (Jes 24,21 f.) wie im
Judentum (äthHen 18 f. 21) findet, darüber hinaus z. B. in der irani-
schen Mythologie, die auf den jüdischen Bereich eingewirkt haben
könnte (Bousset, Lohmeyer). Gott werde die Chaosmacht oder
böse Engel besiegen, binden und in einem Strafort der Unterwelt
einschließen. Im jüdischen Gebet des Manasse 2–4 heißt es vom
Schöpfergott:

»der du den Himmel gemacht hast und die Erde mit ihrem ganzen
Schmuck,
der du das Meer gefesselt hast durch dein Befehlswort,
der du den Abgrund verschlossen und versiegelt hast durch deinen furchtbaren und gepriesenen Namen ...«

Was Gott in der Urzeit gegenüber der Chaosmacht des Meeres getan
hat, wird er in der Endzeit entsprechend durchführen lassen. Diese
bereits jüdische Erwartung hat der Verfasser hier übernommen, um
sie seinen Zwecken dienstbar zu machen. Die verheißene Zeit des
tausendjährigen Reiches soll von Angriffen des Satans gegen die erlösten Frommen frei sein. Danach allerdings muß er nach Gottes
Willen für eine kurze Frist losgelassen werden.
Die Idee eines tausendjährigen Reiches ist nur auf dem Hintergrund
jüdisch–apokalyptischer Vorstellungen zu begreifen. Bei dieser
Konzeption sind zwei verschiedene eschatologische Erwartungen
miteinander ausgeglichen worden. Nach der ursprünglichen Vorstellung wird der Messias ein irdisches Friedensreich für Israel errichten, nachdem er die Feinde Israels besiegt hat (PsSal 17,21 ff.).
Dieses Reich, das die Herrschaft Davids in großem Glanz wieder-
herstellt und die zerstreuten Israeliten aus allen Völkern heimführt,
soll von unbegrenzter Dauer sein. Daneben entwickelte sich eine
ganz andere Erwartung. Diese böse Welt geht ihrem Ende entgegen,
eine neue Welt erscheint, vor deren Beginn ein allgemeines Weltgericht von Gott durchgeführt wird, bei dem sich entscheidet, wer
teilhaben wird an der zukünftigen ewigen Seligkeit. Später suchte
man, beide Konzeptionen, die nationale wie die universale Eschato-

logie, miteinander zu verbinden. Man setzte die irdische Messiaszeit vor das Ende dieser Welt und vor den Anbruch der neuen Welt. Dadurch wurde das nationale Messiasreich zu einer zeitlich begrenzten Periode, so daß sogar die Vorstellung aufkam, daß der Messias stirbt wie alle anderen Menschen auch, ehe denn die allgemeine Totenauferstehung geschieht, die die Voraussetzung für das Weltgericht und das Leben in der neuen Welt bildet (z. B. 4 Esr 7,28 ff., anders syrBar 29–30; 40). Diese Verknüpfung von nationaler und universaler Eschatologie hat der Verfasser der Offb aufgenommen, insofern auch hier das Reich des Christus eine befristete Zeit währt, tausend Jahre.

Über die Dauer dieses Zwischenreiches gibt es in der jüdischen Literatur verschiedene Anschauungen. 4 Esr 7 zufolge sollte der Messias 400 Jahre herrschen. Diese Zahl entsteht aufgrund schriftgelehrter Spekulation mit Hilfe von Gen 15,13 und Ps 90,15. In Ps 90,15 bittet der Psalmist Gott, Israel so viele Jahre zu erfreuen, wie er es in der Vergangenheit gebeugt hat; in Gen 15,13 findet man die Zahl der Bedrückung: 400 Jahre (zu anderen Zeitberechnungen vgl. Bill III 824–827; IV/2, 977–1015). Wahrscheinlich hängt die Zahl tausend mit der Idee der Weltwoche zusammen (vgl. Schlatter 99 f.; Bietenhard 44–51; Lohse, chilias): Nach Gen 2,2 wird gesagt, daß Gott die Schöpfung in sechs Tagen vollendet hat – ein Tag Gottes ist aber nach Ps 90,4 tausend Jahre. Das bedeutet, daß sich die Weltgeschichte in sechs Tagen, d. h. 6000 Jahren, auch vollenden wird; darauf folgt der siebte Tag, d. h. 1000 Jahre, als ein Weltentag der Ruhe oder Weltensabbat. Dementsprechend formuliert der christliche Barn 15,4 ff.: »Wenn sein (Gottes) Sohn kommt, um die Zeit des Gesetzlosen zunichte zu machen und die Gottlosen zu richten ..., dann wird er recht ausruhen am 7. Tage.«

Bei Johannes geschieht die Offenbarung der tausendjährigen Christusherrschaft in der Form des Visionsberichts (20,4 f.), an die sich ein kurzes Deutewort (Vers 5 Ende) sowie eine Seligpreisung und weitere Verheißungen anschließen (Vers 6). Die Visionsszenerie beginnt mit der Schau von Thronen, auf die sich ungenannte Personen setzen, denen das Gericht übergeben wird. Die Schilderung bleibt recht unbestimmt. Deutlich ist zunächst nur, daß sich das ganze Bild an Dan 7,9 f. (Aufstellung von Thronen; Niedersetzen des Gerichtskollegiums) und 7,22 (Übergabe des Gerichts) orientiert. Diese Abhängigkeit von Dan 7 legt es nahe, daß sich auch hier der himmlische Gerichtshof niedersetzt, ohne daß der Text an einer näheren Präzisierung der Gerichtspersonen (Gott, Christus oder Engel) interessiert ist (Bousset). Darauf folgt die Erwähnung bestimmter Men-

schengruppen, weiter abhängig von »ich sah« (»die Seelen der Enthaupteten« usw.), über deren Schicksal informiert wird (»und sie
wurden wieder lebendig«). Bei dieser Deutung ist zwischen den An-
gehörigen des himmlischen Gerichtskollegiums und den anschließend genannten Menschen zu unterscheiden.

Eine andere Interpretation geht von einer Stileigentümlichkeit des
Verfassers aus, wonach zuerst Throne auftauchen, dann das Sitzen
auf diesen erwähnt wird und schließlich die Thronenden näher genannt werden (Rissi, Zukunft; Schüssler Fiorenza mit Verweis auf
die angebliche Parallele 4,2 f.). In diesem Fall würden die in Vers 4
erwähnten Menschen selbst auf den Thronen Platz nehmen (auch
Sickenberger, Lohmeyer, Lohse). Doch ist sehr fraglich, ob diese
Interpretation der Textintention entspricht. Zunächst unterstützt
die Parallele Dan 7 eine Deutung, die als erstes die Gerichtsver-
sammlung sieht und getrennt davon diejenigen, über deren besonderes Geschick entschieden wird. Auch die Ausdrucksweise »(und ich
sah) die Seelen der … Enthaupteten« spricht nicht gerade dafür, daß
mit den »Seelen« bereits die Thronenden gemeint sind. Der Text sagt
eindeutig, daß die »Seelen«, also verstorbene Märtyrer, erst noch
auferstehen müssen, um mit dem Gesalbten zu herrschen. Anders
wäre es freilich, wenn man den Satzteil »und Gericht wurde ihnen
gegeben« übersetzen könnte: »und Genugtuung wurde ihnen gegeben« (Wilcke) bzw. »ihr Rechtsanspruch wurde erfüllt« (Schüssler
Fiorenza). Der Sinn der ganzen Aussage würde dann lauten: Der
Seher sieht Throne, auf die sich jene setzen, die die kommende Herrschaft ausüben werden, weil ihnen ihr Recht zugesprochen wird
(Wilcke, Schüssler Fiorenza). Doch wirkt diese ganze Interpretation
problematisch. Die einfachste Übersetzung von *krima edothē autois*
bleibt noch immer »und das Gericht wurde ihnen übergeben«. Diese
Wendung steht in unmittelbarem Anschluß an die Erwähnung der
Thronsessel, auf denen sich wegen des literarischen Vorbildes Dan
7,9 f. der himmlische Gerichtshof niederläßt. Hier bereits die später
erwähnten Menschengruppen und deren Schicksal anvisiert zu sehen, wirkt verfrüht. Ist aber das Sichsetzen des himmlischen Gerichts gemeint, fügt sich die Gerichtsübergabe an dieses Forum sinnvoll an.

Auf diese Weise ergibt sich eine einfache Visionsszenerie. Zunächst
schildert der Text das Gerichtsforum (Throne, Richter). Die foren-
sische Metaphorik dient dabei nur dazu, das Folgende als Ausdruck
göttlichen Gerichtshandelns zu kennzeichnen. Es treten Angaben
über Menschengruppen hinzu, denen aufgrund ihres Wandels auf
Erden eine besondere Auszeichnung zuteil werden soll: »Und sie

wurden (wieder) lebendig ...« Die entscheidende Bestätigung erfährt diese Interpretation durch die parallele Gerichtsszene 20,11 ff.
Dort findet man eine entsprechende Abfolge von Visionselementen:
Schau des Thrones, Hinweis auf den Richter und davon zu tren-
nende Erwähnung derer, über die das Gericht urteilt. Wer sind nun
die genannten Menschen in der Visionsszene? Der Seher sieht (wie in
6,9) zunächst die Seelen derjenigen, die um des Zeugnisses Jesu und
des Wortes Gottes willen einen gewaltsamen Tod erlitten haben; sie
sind durch das breite Schlachtbeil (*pelekys*) hingerichtet, d. h. wohl
enthauptet. Es sind also Märtyrer. Schwierigkeiten bereitet der Anschluß des Relativsatzes (»und die, welche das Tier ... nicht angebetet haben ...«). Bilden die hier Genannten eine eigene Gruppe, oder
sollen die vorher genannten Märtyrer nur noch einmal näher gekennzeichnet werden? Dann müßte das Relativpronomen »die, welche« (*hoitines*) das vorangehende Partizip fortsetzen (Lohmeyer),
was sich aber von der griechischen Grammatik her kaum nahelegt
(Wilcke). Im übrigen trennt die Konjunktion »und« vor dem Relativsatz die beiden Satzteile. Es empfiehlt sich also, zwei Gruppen
anzunehmen. Die zweite Schar umfaßt jene, die das Tier und sein
Bild nicht angebetet haben, die also dem Ansinnen des Antichristen
nicht gefolgt sind (vgl. 13,8.15–17). Weil auf den Tod oder eine bestimmte Todesart dieser Bekenner nicht angespielt wird, könnte
man glauben, daß sie teilweise noch am Leben sind (Bousset). Doch
lautet der weitere Text: »Und sie wurden (*wieder*) lebendig ...« Der
griechische Aorist *ezēsan* legt diesen Sinn nahe. Im Blick auf die
genannten Seelen der Märtyrer muß das Verbum diesen Sinn haben.
Das spricht dafür, daß es diese Bedeutung auch für die anderen Bekenner hat. Allein sinnvoll wird diese Annahme, wenn man die
Fortsetzung in Vers 5 berücksichtigt: »die übrigen der Toten wurden
nicht (wieder) lebendig«. Also ging es vorher in Vers 4 wohl nur um
die Auferstehung von Toten (Wilcke). Dementsprechend wird der
ganze Vorgang abschließend gedeutet: »Dies ist die erste Auferstehung.« Der Verfasser nimmt anscheinend an, daß zu diesem Zeitpunkt des eschatologischen Geschehens keine Christen mehr am Leben sind (Wilcke, Schüssler Fiorenza). Das paßt zu 13,15, wonach
alle, die das Bild des Tieres nicht anbeten, getötet werden. Ob überhaupt noch Menschen existieren, darüber reflektiert der Text nicht.
Jedenfalls sind wohl alle Anhänger des Tieres inzwischen vernichtet
(19,18.21).
Johannes unterscheidet demnach zwei Gruppen von Getöteten, solche, die um des Zeugnisses Jesu und des Wortes Gottes willen enthauptet wurden, und solche, die nicht das Tier noch sein Bild ange-

betet haben. Erstere meinen Christen, die in der Vergangenheit bzw. Gegenwart des Verfassers ihre Treue zu Christus mit dem Tode bezahlt haben (2,13; 6,9; 12,11; 17,6; 18,24), letztere Märtyrer unter der Herrschaft des Antichristen (13,15). Bei der zweiten Schar ist der gewaltsame Tod nicht ausdrücklich erwähnt, so daß sie auch sonstige treue Bekenner Christi umfassen könnte, die auf andere Art den Tod fanden; doch scheinen wegen der Parallelität zur ersten Gruppe und der Beziehung zu 13,15 die tatsächlichen Blutzeugen mindestens im Vordergrund des Interesses zu stehen. Beide Gruppen werden wieder lebendig, wie es im sprachlichen Anschluß an Ez 37,3.10 heißt; gemeint ist ihre leibliche Auferstehung, die sie zum Mitherrschen mit »dem Christus« befähigt. Christus ist hier nicht Eigenname Jesu wie im Rahmen der Offb (1,1f.5), sondern Titel »der Gesalbte« bzw. »der Gesalbte Gottes« (11,15; 12,10).

Die auferstandenen Märtyrer herrschen mit dem Christus tausend Jahre lang. An dieser Begrenzung der Herrschaftszeit ist festzuhalten (Wilcke), auch wenn die Zahl der Jahre sich zunächst auf den Satan bezieht, der so lange gefangengehalten wird, um eine Friedenszeit für die Auferstandenen zu ermöglichen, wobei der letzte dämonische Ansturm gegen die auferstandene Gemeinde nichts auszurichten vermag (20,7–10). Es heißt ja ausdrücklich: »... und sie herrschten mit dem Christus tausend Jahre.« Doch bedeutet die Auferstehung ein Leben von ewiger Dauer, da der »zweite Tod« keine Gewalt mehr über die Märtyrer besitzt (20,6). Trotzdem wird man die begrenzte Herrschaftszeit betonen müssen (gegen Schüssler Fiorenza), da man nur so dem ganz Neuen gerecht wird, das mit dem Kommen eines neuen Himmels und einer neuen Erde sich ereignet. Das temporale Verständnis der tausend Jahre ist nicht hinwegzudisputieren, auch wenn damit nur eine runde Zahl gemeint ist, die den Friedenszustand des großen Weltensabbat symbolisiert. Die tausendjährige Herrschaft der auferstandenen Märtyrer ist als eine Auszeichnung zu verstehen, die dieser Gruppe als besondere Belohnung noch auf dieser Erde verheißen ist.

Will man den Charakter dieser Herrschaft näher bestimmen, so ist davon auszugehen, daß es nur ein Mitherrschen mit dem Christus ist. Das Lamm hat durch seinen siegreichen Tod die Vollmacht erlangt, den endzeitlichen Geschichtsplan Gottes durchzusetzen (Kap. 5). Was durch Übernahme des Sieben-Siegel-Buches begann, kommt im tausendjährigen Reich zu besonderer Entfaltung. Der Christus hat die Herrschaft über die Erde erlangt, nachdem die letzten Repräsentanten des römischen Imperiums vernichtet sind (19,11–21). Es ist gleichzeitig die Zeit, da der Satan an jeder Bedro-

hung dieser Herrschaft und ihrer Teilnehmer gehindert ist. Für die
auferstandenen Märtyrer bedeutet das: Was ihnen in der Taufe zugesprochen ist, die Bestimmung zur Herrschaft (1,5 f.), können sie
jetzt wirklich ausüben. Voraussetzung ist allerdings ihre standhafte
Bewährung, die sie im Festhalten des Zeugnisses Jesu und in der
Weigerung, den Antichristen anzubeten, bewiesen haben. Was die
im Himmel aufbewahrten Seelen der Märtyrer erfleht haben, ihre
endgültige Rehabilitierung durch Gott, hat sich erfüllt, nachdem die
Zahl ihrer Mitknechte und ihrer Brüder, die ebenso wie sie getötet
werden mußten, vollgeworden ist (6,9–11). Die Herrschaft des
Christus und seiner Getreuen ist in Antithese zur bisherigen gottlosen Herrschaft des römischen Imperiums zu deuten.

Vergleicht man diese christliche Auffassung mit der zugrundeliegenden jüdischen Vorstellung von einem Zwischenreich des Messias, so
sind zwei wesentliche Unterschiede zu betonen: a) Von einem Sterben des Messias und seiner Genossen am Ende des Zwischenreiches
ist nicht mehr die Rede (vgl. 4 Esr 7,28 f.). Der Christus hat durch
seinen siegreichen Tod ewiges Leben und Herrschaft erlangt. b) Die
national-israelitische Beschränkung der jüdischen Messiashoffnung
ist gänzlich aufgegeben. Doch bleibt der irdische Charakter der
Christusherrschaft gewahrt. Denn Jerusalem, »die geliebte Stadt«,
ist als Wohnsitz der »Heiligen« gedacht, gegen die sich der Ansturm
der letzten Mächte richtet (20,7–10; Wilcke).

Im Anschluß an den eigentlichen Visionsbericht (20,4–5) deutet der
Verfasser das Geschaute: »Dies ist die erste Auferstehung.« Er hebt
sie ab von der allgemeinen Totenauferstehung, die in 20,11–15 dargestellt wird, ohne daß dort der Ausdruck »die zweite Auferstehung« erscheint.

Bei der Kombination zweier Auferstehungsvorgänge hat Johannes
jüdische Vorstellungen übernommen und auf seine Art modifiziert.
Es gab einmal die Auferstehung nur der Gerechten (z. B. PsSal 3,12;
äthHen 91,10; 92,3; TJud 25,3–5), zum anderen die allgemeine Totenauferstehung (z. B. Dan 12,2; äthHen 51,1 f.; 4 Esr 7,32 ff.), die
in jüdischer Tradition verbunden sein konnten (syrBar 30 und 50 f.).
Der Verfasser benutzte die erstgenannte Konzeption, um die Auferstehung der Märtyrer zu schildern.

Wichtig ist die angefügte Seligpreisung, die die besondere Bedeutung der »ersten Auferstehung« für die Heilsgemeinde akzentuiert.
Die Makarismen der Offb sind prophetischer Heilszuspruch, der
aber eine Mahnung impliziert. Der Zuspruch liegt zunächst darin,
daß die auferstandenen Märtyrer bereits der Vernichtung des zweiten Todes entnommen sind (20,14 f.). Einen zusätzlichen Aspekt

nimmt die Seligpreisung durch die nur hier auftauchende Erweiterung an: »Selig *und heilig*, wer teilhat an der ersten Auferstehung.«
»Heilig« dürfte einen kultisch bestimmten Wortsinn haben (wie
22,11), der die Aussonderung aus der unreinen und gottlosen Welt
und die Zugehörigkeit zum eschatologischen Herrschaftsbereich
Gottes beinhaltet. Der Begriff verweist bereits auf die Zusage, daß
die Auferstandenen »Priester« Gottes und des Christus sein werden
(Schüssler Fiorenza). Mit dem Heilszuspruch ist allerdings eine indirekte Mahnung ausgesprochen. Die Leser des Buches werden aufgefordert, durch ihre Bewährung als Christen die Voraussetzung zu
schaffen, dereinst Teilnehmer an der tausendjährigen Herrschaft zu
werden. Letztlich läuft die Seligpreisung auf eine indirekte Aufforderung zum Martyrium hinaus.
Die abschließende Verheißung nennt die auferstandenen Christen
»Priester« Gottes und des Christus. Aufgrund der Erlösungstat
Christi am Kreuz sind die Gläubigen bereits zu »Priestern« Gottes
bestellt (1,5 f.). Im Blick auf die eschatologische Verwirklichung dieses Priestertums müssen sie diese in der Taufe zugeeignete Gnade
allerdings bewahren. Sie dürfen sich nicht beflecken lassen durch die
kultische Anbetung des Tieres und seines Bildes, also durch die Forderung des Kaiserkultes; als solche sind sie »heilig« in dem für den
Priester geforderten Sinne. Das Priestertum der wahren Gläubigen
ist also wie der Herrschaftsgedanke durch den Antagonismus zwischen Gottesherrschaft und Satansherrschaft bestimmt (Schüssler
Fiorenza).
Die Verheißung einer tausendjährigen Herrschaft der auferstandenen Märtyrer hat für Johannes einen besonderen Sinn. Noch vor
dem Einbruch des neuen Äons soll auf dieser Erde das greifbare Realität werden, was der Heilstod Christi für die Gläubigen bewirkt
hat: daß sie zur Herrschaft bestellt sind, zu Priestern für Gott, den
Vater Jesu Christi (1,5 f.). Schon diese Erde soll nicht mehr nur den
satanischen Mächten des römischen Imperiums gehören, sondern
am Ende Christus und den Christen, die sich als Märtyrer in ausgezeichneter Weise bewährt haben. Damit wird der Mut zur Todesbe-
reitschaft stimuliert: »Sei getreu bis zum Tod, so will ich dir den
Kranz des Lebens geben« (2,10). Problematisch erscheint ein rein
symbolisches Verständnis, wonach nichts zu der Annahme nötige,
daß nach des Sehers Meinung ein solches irdisches Christusreich einmal Wirklichkeit werden könnte (Wikenhauser, Kommentar). Auch
wenn er darauf verzichtet, die Freuden dieser Heilsperiode in bunten Farben auszumalen, kann der Visionsbericht nicht nur bildhafter
Ausdruck für eine besondere Belohnung der Märtyrer sein. Alle

Überzeugungkraft seiner Verheißung hängt für Johannes an den konkreten Zügen der Vision: Es soll ein irdisches Reich sein, das im Gegensatz steht zur überwundenen Herrschaft des römischen Imperiums.

Eine solche Theologie wird sich kritischen Fragen stellen müssen. Man darf es wohl als eine Schwäche ansehen, daß Johannes nicht die Kraft hat, die noch verborgene, aber im Wort der Predigt dennoch wirkliche Herrscherstellung Christi und seiner Gemeinde in solcher Verhüllung zu lassen, bis sie aufgehoben ist in der Realität des neuen Äons (Holtz). Diese Theologie ist so von der Sehnsucht nach Erlösung geprägt, daß sie eine Zeit quasi endgültiger Rettung schon in dieser Welt erwartet. Sie will Hoffnung wecken – aber eine Hoffnung, die die Konturen des Heils bereits *sieht*, was das Wesen der Hoffnung letztlich zerstört (vgl. Röm 8,24). Die Erwartung eines tausendjährigen Reiches hat im NT keine Parallele (auch nicht 1 Kor 15,23–28).

Exkurs 8: Zur Geschichte des Chiliasmus

Literaturauswahl: Böcher, O. / Blum, G. G. / Konrad, R. / Bauckham, R.: Art. Chiliasmus, TRE 7 (1981) 723–745. – *Cohn, N.:* Das Ringen um das Tausendjährige Reich. Revolutionärer Messianismus im Mittelalter und sein Fortleben in den modernen totalitären Bewegungen, Bern / München 1961. – *Kraft, H.:* Art. Chiliasmus, RGG³ 1 (1957) 1651–1653. – *Maier, G.:* Die Johannesoffenbarung und die Kirche, WUNT 25, 1981. – *Nigg, W.:* Das ewige Reich, Zürich ² 1954.

Die Erwartung eines tausendjährigen Reiches Christi auf Erden, Chiliasmus genannt, hat eine wechselvolle Geschichte gehabt. Als erster bedeutender Vertreter nach Johannes ist Papias, Bischof von Hierapolis, zu nennen, der diese Lehre wohl der Offb entnahm. Er betont die realistische Zukunftshoffnung, um die gnostische Spiritualität und Spekulation abzuwehren (Maier 48). Besonders kräftigen Auftrieb erhielt der Chiliasmus in der montanistischen Bewegung, die um die Mitte des 2. Jh.s n. Chr. in Phrygien / Kleinasien aufkam. Man verkündete das nahe Weltende und erwartete bei Pepuza und Tymion das Herabsteigen des himmlischen Jerusalem und das tausendjährige Reich. Im Einflußbereich des Montanismus begegnen als hervorragende Chiliasten Irenäus, Tertullian und Hippolyt. Andererseits fand der Chiliasmus dort entschiedene Ablehnung, wo die griechische Philosophie mit ihrer idealistischen Geistigkeit die christliche Theologie bestimmte und den irdischen Realismus der Eschatologie verwarf (Clemens von Alexandrien, Origenes). Das führte zum Niedergang des Chiliasmus im griechischen Osten.

Im Westen hielt sich diese Idee noch längere Zeit. Auch der jüngere Augustin fand am Chiliasmus Gefallen, bis er den Apokalypsekommentar des Donatisten Ticonius kennenlernte, der die 1000 Jahre als Epoche zwischen der Erscheinung und Wiederkunft Christi deutete. Augustin sieht in der ersten Auferstehung die Auferweckung aus dem Tod der Sünde durch die Taufe und in dem Herrschen der Auferweckten ihre geistige Herrschaft mit Christus im Bereich der Kirche. Diese kirchengeschichtliche Umdeutung des Chiliasmus blieb bis ins Mittelalter bestimmend und hat noch heute in der katholischen Theologie besondere Geltung (z. B. Allo). Erst die moderne katholische Exegese verwirft die Anschauung Augustins (vgl. Wikenhauser, Sickenberger). Im Mittelalter bricht der Chiliasmus bei Joachim von Floris erneut als eschatologische Idee hervor. Zwar läßt er die 1000 Jahre wie Augustin mit der Auferstehung Jesu beginnen – insofern ist er von Offb 20 her gesehen kein Chiliast im strengen Sinne (Maier 173–78). Doch zeigt er eine ausgeprägte Naherwartung, die den nahen Anbruch eines »dritten Reiches« des Heiligen Geistes erhoffte, das eine Friedenszeit sein sollte. In vergröberter Form hat der Joachimismus dann auf radikale schwärmerische Gruppen in der Kirche gewirkt, bei Franziskanern, Hussiten und in der Reformationszeit bei den Täufern.

Der radikale Flügel der Hussiten, die Bewegung der Taboriten, verband religiös-apokalyptische Vorstellungen mit sozialen Zielen. Diese böhmische Volksbewegung entstand nach dem Märtyrertod des Johannes Hus im Jahre 1415. Das tausendjährige Reich sollte keinen irdischen Herrscher noch Untertanen kennen, alle Abgaben und Steuern würden aufhören, und alle sollten gleiche Brüder und Schwestern sein. Dies war die Reaktion auf die Knechtung des einfachen Mannes in Böhmen. Fortan konnte der Chiliasmus mit sozialen Bestrebungen unterdrückter Schichten verschmelzen (Nigg 184 ff.). Das ist bei Thomas Müntzer der Fall, der in den Bauernkriegen der Reformationszeit aktiv mitwirkte. Nach seiner Meinung war es Aufgabe der Erwählten, durch aktiven Kampf gegen die Fürsten als Unterdrücker der Bauern an der Herbeiführung des irdischen Gottesreiches teilzuhaben. Eine Katastrophe erlebte die apokalyptische Täuferbewegung zu Münster im Jahre 1535, als die Errichtung eines neuen Reiches an der Eroberung der Stadt durch den Fürstbischof scheiterte.

In Abgrenzung solchen Schwärmer- und Täufertums haben die Reformatoren den Chiliasmus ausdrücklich abgelehnt. Das Augsburgische Bekenntnis von 1530 verwirft »etliche jüdische Lehren«, »daß vor der Auferstehung der Toten eitel Heilige, Fromme ein weltlich Reich haben und alle Gottlosen vertilgen werden« (Art. 17). Erst im 17. Jh. kommt es zu einer Neubelebung des Chiliasmus im protestantischen Raum, und zwar bei verfolgten Gemeinden besonders Englands und der Niederlande. Der Pietismus greift diese Ideen auf (z. B. Spener, Bengel und Oetinger). Spener etwa versteht Offb 20 wieder als Weissagung für die Zukunft der irdischen Kirche. Die tausend Jahre haben noch nicht angefangen; damit wendet er sich gegen allzu schwärmerische Auslegungen der Offb. Es handelt sich um ein Reich, das noch auf Erden ist, obwohl nicht irdisch, in dem alle Ungerechtigkeit der bisherigen Herrscher endet: »Es ist ein Reich, das ewiglich bleibet, ob es wohl hier auf

Erden angehoben, und wo die Zeit mit der Ewigkeit verwechselt wird« (zitiert nach Maier 362). Der Chiliasmus blieb später in pietistischen Gemeinden lebendig, besonders solchen, die sich in Konventikeln bibelforschernder Laien organisierten. Hier hat das fundamentalistische Schriftverständnis, das jede biblische Aussage für inspiriert und damit für gültig hält, die chiliastische Spekulation ermöglicht. Auch für die Sekten hat der Chiliasmus besondere Bedeutung (vgl. Mormonen, Adventisten und Zeugen Jehovas). Im ganzen gesehen fand der Chiliasmus dort besonderen Nährboden, wo man die jeweilige Gegenwart als äußerst leidvoll und trostlos empfand, so daß man ein seliges Reich der Frommen und Gerechten schon auf Erden sehnlichst erwartete.

Nach Ablauf der tausend Jahre wird der Satan wieder freigelassen, so daß er die ihm eigene Tätigkeit wiederaufnimmt, die Völker zu verführen (vgl. 12,9) und zum Kampf gegen die Gemeinde Gottes anzustacheln. Die Anhänger des Tieres und damit wohl die Bewohner des Römischen Reiches sowie mit Rom verbündete Mächte sind inzwischen vernichtet (19,18.19–21). Deshalb wendet sich der Satan an die Völker, die an den vier Ecken der Erde am Rand der viereckig gedachten Erdscheibe wohnen – jenseits des vernichteten Römischen Reiches. Sie heißen Gog und Magog.
Die in der Offb vorausgesetzte Einordnung Gogs nach der messianischen Zeit findet sich auch an den ältesten Stellen der rabbinischen Literatur (Kuhn). Sie stammt aus der Abfolge eschatologischer Ereignisse bei Ez: Messianisches Reich (Ez 37) – Gog und Magog und ihre Vernichtung (Ez 38–39) – neues Jerusalem (Ez 40ff.). Ursprünglich bezeichnet Magog das Land und Gog den Herrscher dieses Landes (Ez 38f.) Doch sind zur Zeit der Offb beide Namen längst Bezeichnungen für ein mythisches Völkerheer (vgl. OrSib 3, 319.512), das nach rabbinischer Tradition heraufzieht gegen Jerusalem (Targ Jerusch II Num 11,26 bei Bill III 833). Ansonsten bedrohen andere Völkerheere die heilige Stadt (OrSib 3,663 ff.; äthHen 56).
Vers 9 folgt dieser Überlieferung. Die Völkerheere steigen von der Peripherie auf die hochgelegene »Ebene« der Erde herauf, die wohl als Mittelpunkt oder »Nabel« der Erde gedacht ist. Hier liegt nach mythischer Auffassung Jerusalem (vgl. Ez 38,11f.), »die geliebte Stadt« (vgl. Ps 78,68; 87,2), die Wohnsitz der auferstandenen Christen geworden ist. Die Feinde umzingeln sie, gehen also zum Angriff über. Auf wunderbare Weise aber wird die Stadt gerettet (2 Kön 1,10.12; Ez 38,22; 39,6; OrSib 3,663ff.), ohne daß die Frommen selbst kämpfen müssen.
Die positive Kennzeichnung Jerusalems als »geliebte Stadt« stößt sich mit der negativen Charakterisierung »Sodom und Ägypten«

(11,8); wahrscheinlich wirkt hier jüdische Tradition ungebrochen nach, wie ja der ganze Abschnitt vorgegebene Überlieferung erkennen läßt. Dies gilt auch für die parallele Angabe über den Wohnsitz der auferstandenen Märtyrer: »das Lager der Heiligen«. Der Ausdruck erinnert an die Zeit der Wüstenwanderung Israels, das in Lagern wohnte; von »Lagern der Heiligen« spricht auch die Kriegsrolle von Qumran, die den endzeitlichen Krieg der Frommen beschreibt (1QM 3,5; vgl. 4,9). Als Abschluß der Darstellung erleidet der Satan selbst seine endgültige Vernichtung (Vers 10). Er teilt das Schicksal seiner Helfershelfer in der ewigen Verdammnis des »Feuerpfuhls« (19,20). Der Weg ist frei für das Kommen der neuen Welt.

Den heutigen Leser muß die Schilderung des mythischen Völkersturms fremdartig anmuten. Dies liegt an der vom Verfasser übernommenen Tradition. Doch ist der Sinn klar, den er verfolgt. Die Herrschaft des Christus und der auferstandenen Märtyrer ist schon auf dieser Erde gefeit gegen jede Bedrohung; denn der letzte Ansturm satanischer Mächte bricht in sich zusammen, weil Gott durch ein Wunder vom Himmel her eingreift. Um wieviel größer wird die Herrlichkeit der neuen Welt sein, nachdem auch der Satan als Urheber bisherigen Unheils erledigt ist.

Das allgemeine Weltgericht: 20,11–15

11 Und ich sah einen großen weißen Thron und den, der darauf saß; vor dessen Angesicht flohen die Erde und der Himmel, und es wurde keine Stätte mehr für sie gefunden. 12 Und ich sah die Toten, die Großen und die Kleinen, vor dem Thron stehen. Und Bücher wurden aufgeschlagen, und (noch) ein anderes Buch wurde aufgeschlagen, welches das des Lebens ist. Und die Toten wurden nach dem gerichtet, was in den Büchern geschrieben ist, nach ihren Werken.   13 Und das Meer gab die Toten heraus, die in ihm waren, und der Tod und die Unterwelt gaben die Toten heraus, die in ihnen waren, und sie wurden gerichtet ein jeder nach seinen Werken. 14 Und der Tod und die Unterwelt wurden in den Feuerpfuhl geworfen. Das ist der zweite Tod, der Feuerpfuhl.   15 Und wenn jemand nicht gefunden wurde, aufgeschrieben im Buch des Lebens, so wurde er in den Feuerpfuhl geworfen.

Literaturauswahl: Holtz, T.: Christologie 183–185. – *Rissi, M.:* Was ist 124–127. – *Ders.:* Die Zukunft der Welt 39f. – *Thüsing, W.:* Die theologische Mitte der Weltgerichtsvisionen in der Johannesapokalypse, TThZ 77 (1968) 1–16. – *Vögtle, A.:* Das Neue Testament und die Zukunft des Kosmos, Düsseldorf 1970, 108–114. – *Wilcke, H.-A.:* Das Problem eines messianischen Zwischenreichs bei Paulus, AThANT 51 (1967) 32–36.

In der Gerichtsszene, die zur tausendjährigen Herrschaft Christi und seiner Getreuen führt (20,4–6), hat Johannes nur das eschatologische Heil der Christen, und zwar in Sonderheit der Märtyrer, im Blick; in der Weltgerichtsdarstellung 20,11–15 konzentriert er sich auf das Endgeschick der Gottlosen. Bisher war über die ewige Verdammnis der irdischen Repräsentanten des Satans, des Tieres und des falschen Propheten (19,20), und den Satan selbst (20,10) entschieden worden; die Anhänger des Tieres aber (19,21) und die vom Satan verführten Völkerscharen (20,9) hatten nur den Tod erfahren, nicht aber ihre endgültige Bestrafung. Dies nun ist das Hauptziel des Weltgerichts 20,11–15. In der Abfolge der endzeitlichen Ereignisse folgt der Verfasser im Prinzip der jüdisch-apokalyptischen Tradition, die auf das messianische Zwischenreich das Ende der Welt, die allgemeine Totenauferstehung und das Weltgericht folgen läßt (4 Esr 7,26–44; syrBar 30; 40; 50f.). Doch setzt er dabei eigene Akzente.

Damit das Weltgericht stattfinden kann, muß nach der vorausgesetzten Tradition die Auferstehung der Toten erfolgen. 20,4 hat die Auferstehung der Märtyrer genannt, die übrigen der Toten sollten erst nach dem tausendjährigen Reich wieder lebendig werden (20,5). An sich hätte also *vor* der Schilderung des Endgerichts diese letzte Auferstehung Erwähnung finden müssen. Doch steht für den Verfasser der Gedanke des göttlichen Gerichts so im Vordergrund, daß er der Tradition nur nebenbei Genüge tut und die Totenauferstehung wie im Nachtrag nennt (20,13). Der Visionsbericht setzt mit der Erscheinung des göttlichen Richters ein (20,11).

Wie in 4,2 wird nach dem Vorbild von Dan 7,9 zunächst der Thron gezeigt, dann der Thronende selbst (ähnlich 20,4). Die Epitheta »groß« und »weiß« signalisieren sofort die Bedeutsamkeit der ganzen Szene: »groß« weist auf die Erhabenheit des Thrones hin (vgl. Ez 1,26; Jes 6,1), »weiß« ist in der Offb die eschatologische Farbe schlechthin. Gott wird aus Ehrfurcht nicht direkt genannt (»der auf dem Thron sitzt« 4,2; 5,1; 6,16). Um seine überwältigende Majestät zu schildern, benutzt der Visionsbericht anschließend Bilder, die eine kosmische Katastrophe beschreiben. Himmel und Erde fliehen vor dem Angesicht Gottes (vgl. Ps 114,3.7), ja finden ihre Vernichtung, da kein Ort mehr für sie besteht (vgl. Dan 2,35). Dabei geht es dem Verfasser nicht um kosmologische Aussagen über den Weltuntergang, vielmehr dienen die Bilder als Metaphern für die schreckenerregende Größe des richtenden Gottes (Vögtle). Das zeigt sich schon daran, daß die Bilder wechseln können (vgl. die proleptische Gerichtsszene 6,14–16) und Vers 13 den Kosmos als noch bestehend denkt, weil das Meer und die im Erdinnern vorgestellte Unterwelt die Toten herausgeben müssen.

Vers 12 setzt bereits die Totenauferstehung voraus, die erst Vers 13 andeutet. Sie wird nicht expressis verbis erwähnt; doch muß sie wegen 20,5 und der zugrundeliegenden jüdischen Tradition, die kein Totengericht kennt, erschlossen werden (gegen Rissi, Was ist; Kraft). Die Formulierung in Vers 13 folgt ansonsten der Vorstellung, daß die bisherigen Aufenthaltsorte (z. B. der Hades als die Unterwelt) die in ihnen aufbewahrten Toten herausgeben (äthHen 51,1; 61,5). Der Seher schaut die Masse der auferstandenen Toten vor Gottes Richterthron. Die Universalität des Gerichts findet dabei ihren Ausdruck in der in der Offb häufigen Wendung »die Großen und die Kleinen« (vgl. 11,18; 13,16; 19,5; 19,18). Zur Gerichtsszene gehören traditionell die Gerichtsbücher. Die »Bücher« sind zunächst diejenigen, in denen die Taten der Gottlosen aufgeschrieben sind (vgl. Dan 7,10; äthHen 90,20; 104,7; 4 Esr 6,20; syrBar 24,1). Daneben gibt es »das Buch des Lebens« (vgl. Dan 12,1; äthHen 47,3; 103,2; 108,3), in welchem jene verzeichnet stehen, die zum Volk Gottes gehören sollen und zum Leben in der zukünftigen Welt auserwählt sind (3,5; 13,8; 17,8). Zweimal betont der Text, daß das Gericht über die Menschen »nach ihren Werken« ergeht (Vers 12 und 13) entsprechend der Eintragung in den Gerichtsbüchern. Im Vordergrund steht dabei das Gericht an den Gottlosen. Denn einmal soll der Abschnitt 20,11–15 nach dem Gesamtzusammenhang die Antwort auf die Frage nach dem ewigen Geschick der Gottlosen geben; bisher war nur ihr vorläufiges Schicksal, der Tod, erwähnt. Zum anderen paßt das Gericht nach den Werken im Grunde nur für die, die sich nicht im »Buch des Lebens« finden, da die dort Verzeichneten zum ewigen Leben bereits vorherbestimmt sind. Doch fragt sich, ob die Idee der Vorherbestimmung so konsequent durchgehalten wird, daß es zu einem Gericht über Christen gar nicht mehr kommt.

In der Offb trifft das Gericht nach den Werken auch die Christen, da Christus es ihnen betont androht, wenn sie nicht treu bleiben und zum Abfall neigen (2,23; 22,12). Im übrigen könnte schon die Öffnung auch des Lebensbuches darauf hindeuten, daß in dieser Szene eine Entscheidung über jene Christen fällt, die sich noch

nicht durch den Märtyrertod für die erste Auferstehung qualifiziert
haben, die also zu den »übrigen Toten« zählen, die erst nach Ablauf
des tausendjährigen Reichs auferstehen (20,5). Auskunft darüber
gibt die richtige Interpretation von Vers 15. Der Vers schildert die
Vollstreckung des Urteils, das Vers 12 f. erwähnt. Er ist bewußt an
das Ende des Visionsberichts gestellt, da so die direkte Überleitung
zur anschließenden Vision vom eschatologischen Heil der im Buch
des Lebens Verzeichneten gelingt (21,1 ff.). An sich hätte es nahege-
legen, das Urteil nach den Werken (Vers 12 f.) und die Vollstreckung
(Vers 15) unmittelbar aufeinanderfolgen zu lassen. Doch hätte dann
die notwendige Erwähnung über das Endschicksal des Todes den
direkten Übergang zur Heilsschilderung in 21,1 ff. unterbrochen.

Vers 15 beschreibt nur den Vollzug des Urteils über jene, die nicht im
Buch des Lebens aufgeschrieben sind; sie werden jenem Feuerpfuhl
überantwortet, der die ewige Verdammnis symbolisiert. Das heißt
aber nicht, daß Johannes keine Angaben über die Geretteten machen
will. Er konnte in 20,11–15 den Ton auf der verurteilenden Seite des
Endgerichts belassen, weil er mit 21,1 ff. zur Darstellung des Glücks
derer übergeht, die im Buch des Lebens stehen (Vögtle). 21,1 ff. impliziert die Vollstreckung des Urteils nach den Werken über jene
Christen, die erst an der allgemeinen Totenauferstehung teilhaben,
deshalb entfällt ihre ausdrückliche Erwähnung in 20,11–15. Daraus
folgt, daß das Weltgericht auch einem gewissen Kreis von Christen,
die nicht das tausendjährige Reich erleben durften, weil sie nicht
Märtyrer waren, Gnade zuspricht (vgl. Wilcke). Die verbreitete
Meinung einer nur verdammenden Funktion des Weltgerichts
(Holtz; Rissi, Zukunft; vgl. Wilcke, Vögtle) ist zu korrigieren.

Einen entscheidenden Gedanken hat der Verfasser in Vers 14 vor-
weggenommen, um mit Vers 15 zu 21,1 ff. überzuleiten: die endgültige Vernichtung des Todes und des Hades (d. h. der Unterwelt), die
hier personifiziert als Unheilsmächte erscheinen. Damit ist die das
Vergängliche bewirkende Vergänglichkeit selbst vergangen
(Wilcke). Die Todesmacht als solche, »der letzte Feind« (1 Kor
15,26), ist erledigt. Die neue Welt ist eine Welt des Lebens und der
Herrlichkeit.

Die neue Schöpfung: 21,1−8

1 Und ich sah einen neuen Himmel und eine neue Erde; denn der erste Himmel und die erste Erde sind vergangen, und das Meer ist nicht mehr. 2 Und die heilige Stadt, das neue Jerusalem, sah ich aus dem Himmel herabkommen von Gott her, bereitet wie eine Braut, die geschmückt ist für ihren Mann. 3 Und ich hörte eine laute Stimme vom Thron her sprechen:

Siehe, die Wohnstätte Gottes bei den Menschen,
und er wird bei ihnen wohnen.
Und sie werden seine Völker sein,
und er selbst, Gott, wird bei ihnen ihr Gott sein (?).
4 Und abwischen wird er jede Träne von ihren Augen,
und der Tod wird nicht mehr sein,
weder Trauer noch Jammer, noch Mühsal wird mehr sein;
das Erste ist vergangen.

5 Und der auf dem Throne saß, sprach: Siehe, ich mache alles neu. Und er spricht: Schreibe, denn diese Worte sind zuverlässig und wahr. 6 Und er sprach zu mir: Es ist geschehen. Ich bin das A und das O, der Anfang und das Ende. Ich werde dem Durstenden vom Quell des Lebenswassers umsonst geben. 7 Wer überwindet, wird dies (alles) erben, und ich werde ihm Gott sein, und er wird mir Sohn sein. 8 Den Feigen aber und Ungläubigen und mit Greueln Befleckten und Mördern und Hurern und Zauberern und Götzendienern und allen Lügnern wird ihr Teil (beschieden) sein im Pfuhl, der von Feuer und Schwefel brennt; das ist der zweite Tod.

Literaturauswahl: Bietenhard, H.: Die himmlische Welt im Urchristentum und Spätjudentum, WUNT 2 (1951) 201−204. − *Böcher, O.:* Die Johannesapokalypse 106−120. − *Comblin, J.:* La liturgie de la Nouvelle Jérusalem, Louvain/Paris 1953. − *Ders.:* Théologie de la Ville, 1968, bes. 191ff. − *Georgi, D.:* Die Visionen vom himmlischen Jerusalem in Apk 21 und 22, in: Kirche (FS G. Bornkamm), Tübingen 1980, 351−372. − *Holtz, T.:* Christologie 186−206, − *Kuhaupt, H.:* Der neue Himmel und die neue Erde. Eine theologische Auslegung Apk 21,1−22,5, Münster 1947. − *Rissi, M.:* Was ist 131−137. − *Ders.:* Die Zukunft der Welt. Eine exegetische Studie über Johannesoffenbarung 19,11 bis 22,15, Basel o.J., 60−100. − *Schmid, J.:* Studien 125. − *Schüssler Fiorenza, E.:* Priester für Gott 345−389. − *Stuhlmacher, P.:* »Siehe, ich mache alles neu!«, LR 18 (1968) 3−18. − *Thüsing, W.:* Die Vision des »Neuen Jerusalem« (Apk 21,1−22,5) als Verheißung und Gottesverkündigung, TThZ 77 (1968) 17–34. – *Vögtle, A.:* Das Neue Testament und die Zukunft des Kosmos, Düsseldorf 1970, 108–121.

21,1–22,5 schildert die Verheißung des Lebens in der neuen Welt, nachdem alles Böse und sogar der Ursprung des Bösen, der Satan, ewiger Verdamnis verfallen sind. Was bereits das hymnische Finale proklamiert hat (19,6–8), findet hier seine visionäre Entfaltung. Der »neue Himmel« und die »neue Erde« sind das grundsätzliche Andere, die endgültig verwirklichte Gottesherrschaft, in der die Erlösten ungehinderten und ewigen Zugang zu Gott und dem Lamm haben. Demgegenüber gehört das tausendjährige Zwischenreich zur alten Welt, insofern nach seinem Ende der Satan noch einmal auftritt.

Der Abschnitt 21,1–8 hat die Funktion, die eschatologische Vollendung in ihrer Bedeutung für die irdische Gemeinde zu bestimmen, während 21,9–22,5 die Erscheinung des neuen Jerusalem näher beschreibt. Dabei gliedert sich 21,1–8 in zwei Teile: Vers 1–4 Vision und Audition der neuen Welt – Vers 5–8 Bekräftigung des vorher Offenbarten durch Gott selbst und Mahnung an die Leser, der großartigen Zukunft gerecht zu werden.

Der Visionsbericht setzt in Vers 1 mit der Schau eines neuen Himmels und einer neuen Erde ein. Der Gedanke fußt auf prophetischen Verheißungen (Jes 65,17; 66,22), die in der jüdischen Erwartung vielfältige Nachwirkung gefunden haben (Jub 1,29; äthHen 45,4f.; 72,1; 91,16; 4Esr 7,75; syrBar 32,6) und auch sonst im NT auftauchen (2Petr 3,13). Dabei meint Vers 1 keine Erneuerung oder Verwandlung der bestehenden Welt (wie äthHen 45,4f.; syrBar 32,6), sondern eine totale Neuschöpfung. Darauf weist der Begründungssatz Vers 1b – besonders die Bemerkung, daß das Meer nicht mehr ist. Gerade das Meer symbolisiert die alte Welt, so daß es als Behausung widergöttlicher Mächte verschwinden muß (vgl. TLevi 4,1; AssMos 10,6; OrSib 5,158ff. u. ö.), zumal ihm das Tier entstiegen ist (13,1). Den Verfasser interessiert allerdings nicht die Idee der Neuschöpfung als solche, als kosmologische Aussage, die eine spekulative Phantasie befriedigt. Vers 1 schafft vielmehr die universale Voraussetzung und den Rahmen für das, was zentrale Aussage werden soll. Denn mit Vers 2 geht der Text sofort zu einem neuen Visionsbild über, der Schau des neuen Jerusalem, die die Heilswirklichkeit in besonderer Weise akzentuiert. Der Verfasser folgt dabei wohl Jes 65,17f., wo sich der Gedanke der Neuschöpfung mit einer Jerusalemverheißung verbindet (Vögtle). Durch die Parallelisierung von neuem Himmel und neuer Stadt gewinnt diese kosmische

Ausmaße: Sie bestimmt das Wesen der neuen Welt, die sich allein in ihr verwirklicht.

Das neue Jerusalem, die heilige Stadt (vgl. 11,2; Jes 48,2; 52,1; Dan 9,24), kommt aus dem Himmel herab. Diese Vorstellung hat ihre Vorläufer wieder im jüdisch-apokalyptischen Bereich (christlich modifiziert: Gal 4,26; Hebr 12,22). Dort geht es um die Erwartung, daß das neue Jerusalem im Himmel bereits geschaffen ist, ja präexistent ist und sich auf diese Erde (Palästina) herabsenkt als Ersatz für das verunreinigte oder zerstörte irdische Jerusalem (äth-Hen 90,28 ff.; besonders 4 Esr 7,26; 10,27 ff. 50 ff.; 13,36; syrBar 4). Anders in Offb 21: Hier erscheint es erst in der neuen Welt – ein Hinweis darauf, daß die Vorstellung ihren irdischen, national-jüdischen Charakter verloren hat und zum Inbegriff des eschatologischen Herrschaftsbereiches Gottes geworden ist, in dem die Heilsgemeinde der erlösten Christen wohnt. Gleichnishaft wird die Schönheit des neuen Jerusalem genannt: »bereitet wie eine Braut, die geschmückt ist für ihren Mann« (vgl. Jes 61,10). Das erinnert an 19,7 f. und weist auf 21,9 voraus. Doch fehlt die ausdrückliche Bezeichnung als »Braut des Lammes«, d. h. die verklärte Gemeinde. Das dürfte anzeigen, daß diese spezielle Identifikation das Ziel der Aussage von Vers 2 nicht zureichend erfaßt, weil die neue Stadt mehr ist als ein Bild für die Heilsgemeinde. Eine Bestätigung bieten die Worte der Himmelsstimme (nicht Gottes oder Christi) in Vers 3 f., die die Bedeutung der vorangehenden Vision herausstellen. Die erste Doppelzeile bzw. der erste Doppelsatz von Vers 3 bezeichnet das neue Jerusalem nicht bloß als christliche Gemeinde, sondern als Ort der Anwesenheit Gottes bei den Seinen (Schüssler Fiorenza): »Siehe, die Wohnstätte (wörtlich: Zelt) Gottes bei den Menschen ...«

Auffällig ist das universal gefaßte »bei den Menschen«, das die parallelen atl. Stellen nicht kennen (Ez 37,27; Lev 26,11; Sach 2,14). Ansonsten nimmt die Aussage eine jüdische Vorstellung auf, indem sie an die Schekhina als Ausdruck für die Gegenwart Gottes erinnert (vgl. die Belege bei Charles). Wie schon die erste Doppelzeile von Vers 3 sich an atl. Schriftstellen anlehnt, so tut es auch die zweite, die die sog. Bundesformel variiert (vgl. die Fortsetzung in Ez 37,27; Lev 26,12 und Jer 31,33; Sach 8,8): »Und sie werden seine Völker sein, und er selbst ... wird ... ihr Gott sein.« Beachtenswert ist der Plural »Völker«, da die Bundesformel nur im Singular von »meinem Volk« spricht. Hier könnte Einfluß von Sach 2,15 vorliegen, wo im Anschluß an die Zusage »Ich werde in deiner Mitte wohnen« vom Kommen vieler Völker die Rede ist. Auch Tob

3,11 kündigt zunächst den Bau des Zeltes Gottes in Jerusalem an, um anschließend das Herzukommen der Völker zu beschreiben.

21,3 knüpft mit der Zusage an die »Menschen« und »Völker« an solche universalen Verheißungen an, um sie in besonderen Sinne zu deuten. Ist an einen uneingeschränkten Heilsuniversalismus gedacht, der alle Menschen einschließt (Georgi)? Wohl kaum. Wie Vers 7 f. zeigen werden, können nur die Christen als die Überwinder gemeint sein. In welcher Weise der Verfasser die Erwähnung der Völker versteht (Vers 3), läßt sich an 5,9 erkennen, wo das Lamm durch sein Blut Menschen aus allen Völkern losgekauft hat, und besonders an 7,9, wo die eschatologische Heilsgemeinde aus allen Nationen besteht. Der Blick auf die Völker hebt die Beschränkung auf die Christen nicht auf, die eben aus allen Völkern stammen.

Problematisch ist die letzte Zeile von Vers 3. Aufgrund textkritischer Überlegungen scheint sich die bei Nestle-Aland abgedruckte Version als ursprünglich nahezulegen (Schmid), die auch von der besten Handschrift A bezeugt ist. Besonders wird man wegen der genannten atl. Parallelen die Lesung »ihr Gott« (*autōn theos*) beibehalten, da nur so der offensichtliche Anklang an die atl. Bundesformel zum Ausdruck kommt. Doch wirkt die Zeile überladen; auch in dem bestbezeugten Text könnte die Formel »Gott mit uns« (vgl. die zweite Zeile) sekundär eingedrungen sein (vgl. Charles, Lohmeyer).

Vers 3 hat das neue Jerusalem als Wohnstätte Gottes bei den Menschen bezeichnet. Diese Nähe Gottes findet ihre Bekräftigung in der Form eines neuen endgültigen Bundesschlusses: »Und sie werden seine Völker sein, und er selbst … wird … ihr Gott sein.« Als Folge davon verheißt Vers 4 die Aufhebung jeglicher Not. Wie in 7,16 f. greift der Verfasser auf Jes 25,8 zurück: »Und er vernichtet für immer den Tod. Und abwischen wird der Herr Jahwe die Tränen von jedem Angesicht« (vgl. auch Jes 35,10; 65,19). Das Nebeneinander von Tod, Trauer und Jammer, die im neuen Jerusalem fehlen werden, beweist, daß der Tod nicht die personhafte Todesmacht meint, sondern das Sterben (Rissi, Zukunft 67). Auffällig ist, daß Vers 4 das Ende des Sterbens sowie der Klage und Trauer ankündigt, nachdem doch der Tod als personhafte Macht bereits ewige Vernichtung gefunden hat (20,14). Vers 3 f. nehmen demnach deutlich von der Gegenwart des Sehers her Stellung, nicht von der Situation, die in der Abfolge der Visionen bereits erreicht ist (Lohmeyer). Von daher ergibt sich auch der futurische Ausdruck, der den bedrängten Gemeinden das kommende Heil weissagt. Nur der

Schlußsatz von Vers 4 greift die Form (Vergangenheitstempus des Visionsstils) der Aussage von Vers 1 auf: »Das Erste ist vergangen.«
Auch Vers 5–8 beziehen sich direkt auf die irdische Gemeinde. Gott selbst nimmt das Wort – das einzige Mal im apokalyptischen Teil des ganzen Buches 4,1–22,5. Das unterstreicht die Bedeutung der folgenden Sätze. Zunächst bekräftigt Gott mit dem Zitat von Jes 43,19 den Inhalt von 21,1–4: »Siehe, ich mache alles neu.« Gott wird die Lebensverhältnisse in der neuen Schöpfung grundlegend umgestalten. Das Präsens in Vers 5 a (»ich mache«) hat dabei futurischen Sinn als tröstliche Anrede an die bedrängte Gemeinde auf Erden. Adressat der Gottesrede Vers 5–8 sind also nicht alle Menschen, etwa die ganze Welt. Diese Auslegung im Sinne eines Heilsuniversalismus (Georgi) verkennt die direkte Hinwendung an den Seher (Vers 5 f.) und »den Überwinder« (Vers 7). Gott fordert den Seher zum Schreiben auf (vgl. 1,11.19; 14,13; 19,9) und verbürgt den Erwählten die wahrhaftige Zuverlässigkeit der Worte (vgl. 19,9), die das heile Leben in einer Schöpfung ohne Leiden verheißen (Vers 5).
In Vers 6 setzt die Gottesrede neu ein: »Es ist geschehen (wörtlich: sie sind geschehen).« Die Pluralform legt es nahe, einen Rückbezug auf die vorher erwähnten »Worte« anzunehmen, die die Neugestaltung der Welt zum Inhalt haben (vgl. 16,17 und Lohmeyer). Gott selbst proklamiert die Erfüllung der Verheißung und damit die Vollendung der neuen Welt. Die Gewißheit dieses Wortes gründet in Gottes Wesen als Schöpfer und Vollender aller Dinge. Dies drückt die betonte Aufnahme der Selbstvorstellung aus: »Ich bin das A und das O, der Anfang und das Ende« (vgl. zu 1,8).
Mit dem folgenden Satz beginnt der paränetische Abschluß der Gottesrede. In freiem Anschluß an Jes 55,1 (vgl. 49, 10) sagt Gott »dem Dürstenden« den Genuß von »Lebenswasser« zu, und zwar »umsonst«, aus freier Gnade (vgl. 7,16f.; 22,1.17). Dabei ist »der Dürstende« derjenige Gläubige auf Erden, der sehnsüchtig auf das Leben in der neuen Welt wartet; ihm soll Erfüllung zuteil werden. Doch schwingt gleichzeitig der Gedanke mit, daß nur er es empfangen wird, nicht der, welcher sich in der bestehenden Welt angepaßt hat und jetzt schon »Leben« zu haben glaubt (vgl. 3,1; 3,17). Die paränetische Ausrichtung verstärkt sich in dem anschließenden Überwinderspruch (Vers 7) und der Drohung (Vers 8), die einen sog. Lasterkatalog enthält.
Der Überwinderspruch in Vers 7 knüpft an die entsprechenden sieben Sprüche der Sendschreiben an und faßt deren Verheißungen im Blick auf das Leben in der neuen Welt zusammen. Wer wie Christus

»gesiegt« hat (3,21), wer also standhaft und treu durchgehalten hat
bis zum Ende (2,26), wird »dieses alles« erben. Der Begriff »erben«
bedeutet urchristlich den Empfang eschatologischen Heils (z. B. Mt
5,5; 19,29; 25,34; 1 Kor 6,9 f.; 15,50). »Dieses alles« bezieht sich
wohl auf die vorhergehenden Verheißungen, ja die ganze Schilderung 21,1–22,5. Die Zusage kulminiert in der Annahme an Sohnes
Statt, wie in der Verwendung der Adoptionsformel von 2 Sam 7,14
sichtbar wird. Der Gebrauch des ersten Teils der Formel weist eine
bedeutsame Änderung auf. »Vater« wird durch »Gott« ersetzt, weil
Gott nur der Vater Jesu Christ ist (1,6; 2,28; 3,5.21; 14,1). 2 Sam
7,14 galt ursprünglich dem israelitischen König, der zur Herrschaft
eingesetzt wurde; hier bezieht sich die Formel auf den Überwinder,
der die endzeitlichen Drangsale überstanden hat (vgl. 2 Kor 6,18). Er
soll Teilhaber an der eschatologischen Herrschaft Gottes werden
(vgl. 22,5).
Dem Überwinderspruch antithetisch angeschlossen, beendet eine
Drohung die paränetischen Aussagen (Vers 8). Um die Gemeinden
zu warnen, wird den Treulosen in ihrer Mitte dieselbe ewige Verdammnis vor Augen geführt wie den Gottlosen überhaupt (2,11;
20,15). Die Aufzählung nennt in einer Art Lasterkatalog verschiedene Frevler (vgl. Röm 1,29 f.; 1 Kor 5,10; 6,9 f; Gal 5,19–21).
»Feiglinge«, d. h. die, welche feige zurückweichen vor der Konsequenz des Christseins (vgl. Hebr 10,38 f.), die sich also an die Ge-
setze der götzendienerischen Welt angepaßt haben (vgl. Kap. 2 f.),
führen als Gegensatz zu den Überwindern, die standhaft geblieben
sind, die Reihe an; der Ausdruck »alle Lügner« faßt die einzelnen
Sünder abschließend zusammen (vgl. 21,27; 22,15).
21,1–8 haben den Charakter eines Prologs zur eigentlichen Vision
vom neuen Jerusalem 21,9–22,5 (vgl. Rissi, Zukunft). Das visionäre
Element leuchtet nur kurz auf (Vers 1–2), während bereits in der
Audition Vers 3–4, stärker noch in Vers 5–8 die seelsorgerliche
Hinwendung zur auf Erden angefochtenen Gemeinde die Darstellung beherrscht. Ehe denn die eschatologische Vollendung in großen
Bildern vor Augen tritt, sollen die Christen bei ihrer Verantwortung
angesichts dieser Zukunft behaftet werden. Nur der Überwinder
wird des Heiles teilhaftig sein. Damit schließt sich der Bogen zu den
Sendschreiben (Kap. 2–3). Die enge Beziehung von 21, 1–8 zum
folgenden Visionsbericht, die auf literarische Einheitlichkeit schließen läßt, verbietet es, in 21,1–5 a und 21,5 b–8 ursprüngliche Buchschlüsse anzunehmen (Kraft).

Das neue Jerusalem: 21,9–22,5

9 Und es kam einer von den sieben Engeln, welche die sieben
Schalen hatten, die voll der sieben letzten Plagen waren, und
redete mit mir und sprach: Komm, ich will dir die Braut, die
Frau des Lammes, zeigen. 10 Und er entrückte mich im
Geist auf einen großen und hohen Berg und zeigte mir die
heilige Stadt Jerusalem, die aus dem Himmel von Gott her her-
abstieg, 11 die die Herrlichkeit Gottes hat.
Ihr Glanz ist gleich kostbarstem Stein, wie durchsichtig glänzender Jaspisstein. 12 Sie hat eine große und hohe Mauer
und hat zwölf Tore und auf den Toren zwölf Engel, und Namen
sind darauf geschrieben, welches die Namen der zwölf
Stämme der Söhne Israels sind: 13 von Osten drei Tore und
von Norden drei Tore und von Süden drei Tore und von Westen
drei Tore. 14 Und die Mauer der Stadt hat zwölf Grundsteine
und auf ihnen die zwölf Namen der zwölf Apostel des Lammes.
    15 Und der mit mir redete, hatte einen Maßstab, ein golde-
nes Rohr, daß er die Stadt und ihre Tore und ihre Mauer messe. 16 Und die Stadt ist viereckig angelegt, und ihre Länge
ist so groß wie auch die Breite. Und er vermaß die Stadt mit
dem Rohr auf zwölftausend Stadien; ihre Länge und Breite
und Höhe sind gleich. 17 Und er vermaß ihre Mauer zu ein-
hundertvierundvierzig Ellen nach Menschenmaß, das (auch)
ein Engel gebraucht.
18 Und der Baustoff ihrer Mauer ist Jaspis, und die Stadt ist
reines Gold gleich reinem Glas. 19 Die Grundsteine der
Stadtmauer sind mit allerlei kostbaren Steinen geschmückt.
Der erste Grundstein ist ein Jaspis, der zweite ein Saphir, der
dritte ein Chalcedon, der vierte ein Smaragd, 20 der fünfte
ein Sardonyx, der sechste ein Karneol, der siebte ein Chryso-
lith, der achte ein Beryll, der neunte ein Topas, der zehnte ein
Chrysopras, der elfte ein Hyazinth, der zwölfte ein Amethy-
st. 21 Und die zwölf Tore sind zwölf Perlen; ein jedes von den
Toren war aus einer einzigen Perle. Und die Straße der Stadt
war reines Gold wie durchsichtiges Glas.
22 Und einen Tempel sah ich nicht in ihr; denn der Herr, Gott,
der Allherrscher, ist ihr Tempel und das Lamm. 23 Und die
Stadt bedarf nicht der Sonne noch des Mondes, daß sie ihr
scheinen; denn die Herrlichkeit Gottes hat sie erleuchtet, und
ihre Leuchte ist das Lamm. 24 Und die Völker werden in ihrem Lichte wandeln, und die Könige der Erde bringen ihre

Pracht in sie hinein.   25 Und ihre Tore werden bei Tag niemals verschlossen werden; denn Nacht wird dort nicht sein.
26 Und man wird die Pracht und die Schätze der Völker in sie
bringen.   27 Und nichts Unreines wird in sie hineinkommen,
und (zwar) keiner, der Greuel und Lüge tut, sondern nur die
geschrieben sind im Lebensbuch des Lammes.
1 Und er zeigte mir einen Strom von Lebenswasser, klar wie
Kristall, der ausging vom Throne Gottes und des Lammes.
2 In der Mitte zwischen ihrer Straße und dem Strom, auf beiden Seiten (desselben), standen Bäume des Lebens, die
zwölfmal Früchte tragen, jeden Monat bringen sie ihre
Frucht, und die Blätter des Baumes (dienen) zur Heilung der
Völker,   3 und nichts Verfluchtes wird dort mehr sein. Und
der Thron Gottes und des Lammes wird in ihr sein, und seine
Knechte werden ihm dienen,   4 und sie werden sein Angesicht schauen, und sein Name (steht) auf ihren Stirnen.
5 Und Nacht wird nicht mehr sein, und sie bedürfen nicht
des Lichtes einer Leuchte und des Sonnenlichtes; denn der
Herr, Gott, wird über sie leuchten, und sie werden herrschen
in alle Ewigkeiten.

Literaturauswahl: Vgl. die Lit. zu 21,1–8, außerdem *Böcher, O.:* Zur Bedeutung der Edelsteine in Offb 21, in: *ders.:* Kirche in Zeit und Endzeit, 144–
156. – *Ders.:* Bürger der Gottesstadt, ebd. 157–167. – *Boll, F.:* Aus der Offenbarung Johannis 39 f. – *Glasson, T. F.:* The Order of Jewels in Revelation
XXI, 19–20: A Theory Eliminated, JThS 26 (1975) 95–100. – *Hermann, A.:*
Art. Edelsteine, RAC 4(1959) 505–552. – *Jart, U.:* The Precious Stones in
the Revelation of St. John 21: 18–21, StTh 24 (1970) 150–181. – *Knopf, R.:*
Die Himmelsstadt, in: Neutestamentliche Studien (FS G. Heinrici), 1914,
213–219. – *Strathmann, H.:* Art. *polis,* ThWNT VI, 1959, 516–535. – *Wil-
cox, M.:* Tradition and Redaction of Rev 21,9–22,5, in: L'Apocalypse johannique (Hg. J. Lambrecht), 205–215.

Es zeichnete sich anhand von 21,1–4 ab, daß die Erscheinung des
neuen Jerusalem nicht einfach mit der vollendeten Gemeinde identisch ist, sondern eine darüber hinausgehende Wirklichkeit symbolisiert, die als eschatologischer Herrschaftsbereich Gottes und des
Lammes zu bezeichnen ist (Schüssler Fiorenza). In ihm hat die Gemeinde der Erlösten ihren Platz und ihre Funktion, nämlich teilzuhaben an dieser Herrschaft (22,5). Bei der Schilderung dieser umfassenden Realität, die die aus dem Himmel kommende Stadt darstellt,
verbinden sich drei Motivkreise zu einem großartigen Visionsbild
(Lohmeyer, Schüssler Fiorenza): a) die aus der atl.-jüdischen Erwartung stammende Vorstellung vom neuen Jerusalem; b) die an-

tike Vorstellung der himmlischen Stadt, die als Nachbildung des Himmelsgewölbes gedacht ist; c) die Vorstellung des Paradieses, das am Ende wieder erscheint.

Auf den ersten Blick wirken die einzelnen Visionszüge vielleicht fremdartig und starr. Doch gewinnen sie sofort Leben, wenn man erkennt, daß hier das verklärte Gegenbild zur irdischen Stadt Babylon = Rom erscheint, die die ganze damalige Welt zum unreinen Götzendienst verführt hat. Demgegenüber erstrahlt das neue Jerusalem in Reinheit und Schönheit, Harmonie und Größe. Was 21,1−8 nur in knappen Strichen zeichnen, ist in 21,9 ff. in umfassender Weise ausgeführt. Dabei greifen 21,9−11 auf 21,2 zurück; 21,22 ff. und 22,3 auf 21,3; 22,2 auf 21,4; 22,1 auf 21,6; 21,27 auf 21,8.

Eine Gliederung des Visionsberichtes 21,9−22,5 läßt sich unschwer geben. Nach der Einleitung Vers 9−11a schildert der erste Abschnitt das äußere Aussehen der Stadt mit ihrer Mauer und den zwölf Toren (Vers 11b−14). Der zweite nennt die Maße der Stadt (Vers 15−17), der dritte die Materialien (Vers 18−21), der vierte ihre innere Herrlichkeit (Vers 22−27) und der fünfte ihr paradiesisches Wesen samt der Anwesenheit des göttlichen Thrones in ihr (22,1−5). Der Aufbau ist einigermaßen durchsichtig. Formale Indizien, die literarkritische Operationen nötig machen könnten (Charles), sind kaum zu erkennen, inhaltliche Spannungen (vgl. die Erwähnung von Königen der Erde in 21,24−26) sind traditionsgeschichtlich zu lösen.

Bereits die Visionseinleitung bietet entscheidende Hinweise für die Interpretation. Sie entspricht derjenigen in 17,1 ff. Wieder ist es einer der Schalenengel, der als Offenbarungsmittler fungiert. Antithetisch stehen einander gegenüber: die Stadt Babylon in der Gestalt einer Frau, die als »große Hure« erscheint – das neue Jerusalem, das »die Braut, die Frau des Lammes« ist. Aufgrund dieses Gegensatzes wird die ausdrückliche Bezeichnung der »Braut des Lammes« als Frau nicht nachträgliche Glosse sein (unter dem Einfluß von 19,7; Bousset, Charles), sondern bewußte Absicht des Verfassers, der den Kontrast der beiden »Frauen« schaffen wollte. Mit der Wendung »Braut des Lammes« ist die vollendete Gemeinde gemeint, womit die bloß gleichnishafte Rede von 21,2 eine ekklesiologische Präzisierung findet (vgl. bereits 19,7 f.). Die Wirklichkeit der neuen Gemeinde stellt einen Teilaspekt der neuen Welt dar; auf ihn macht der Verfasser gleich in Vers 9 aufmerksam.

Nach dem Vorbild von Ez 40,2 erlebt der Seher die Entrückung »auf einen großen und hohen Berg« (Vers 10). Das ist traditionelle Offenbarungsstätte; doch entsteht dadurch ein beabsichtigter Gegensatz zur »Wüste«, in der der Seher die Schau »der großen Hure« erfährt

(17,3). Er sieht das aus dem Himmel herabkommende Jerusalem,
das betont »die heilige Stadt« heißt (vgl. dagegen das irdische Jerusalem 11,8). Wichtig ist dabei, daß im Unterschied zu Ezechiel die
Stadt nicht auf dem hohen Berg steht, sondern auf die Erde wie auf
eine Ebene herabkommt. Der Berg ist nur Offenbarungsort des Sehers. Damit ist die Himmelsstadt nicht mehr auf dem unzugängli-
chen Gottesberg lokalisiert, sondern offen für die Menschen auf der
neuen Erde (vgl. das Motiv der Offenheit in Vers 24-26). Dazu paßt
auch, daß der Tempel als abgegrenztes Heiligtum in der neuen Stadt
fehlt (Vers 22), während bei Ezechiel nur der Tempel beschrieben
wird, nicht die Stadt. Die Trennung von kultisch Rein und Profan
gibt es im neuen Jerusalem nicht mehr. Das neue Jerusalem des Johannes kommt zwar aus dem Himmel, ist »Himmel auf der Erde«,
»aber es ist offener Himmel«, frei zugänglich für die Erlösten, ein
Bereich der Freiheit (Georgi). In ihm wohnt Gottes Herrlichkeit
(vgl. Ez 43,2; Jes 60,1), deren lichtvoller Glanz mit dem Jaspisstein
verglichen wird, der wie Kristall leuchtet (in 4,3 von Gott ausgesagt).
Nach antiker Vorstellung gehört zur Stadt die Mauer (vgl. Jes 26,1).
Nach dem Vorbild von Ez 48,30–35 hat die Mauer zwölf Tore. Da
die Stadt nach Vers 16 als Quadrat vorgestellt ist (wie in Ez 48,30ff.),
ordnen sich die Tore nach den vier Himmelsrichtungen: Jede Seite
hat drei Tore (Vers 13). Engel fungieren als himmlische Wächter auf
den Toren (Jes 62,6: »Auf deine Mauern, Jerusalem, habe ich Wächter bestellt«). Gleichfalls nach dem Beispiel von Ez 48,30–35 tragen
die Tore die Namen der zwölf Stämme Israels. Das bedeutet: Das
neue Jerusalem ist die Stadt des eschatologischen Gottesvolkes.
Doch ist es nicht mehr das Israel des Alten Bundes, das seine endzeitliche Erneuerung erlebt. Darauf weist Vers 14 hin, der den vorläufigen Höhepunkt der bisherigen Beschreibung bildet. Die Mauer
der Stadt hat nämlich zwölf Grundsteine, auf denen die Namen der
zwölf Apostel des Lammes stehen. Damit erweist sich die Kirche,
die auf dem Grund der Apostel ruht (vgl. Eph 2,20), als das neue
Israel, das eschatologische Rettung erfahren hat (vgl. 7,2ff.). Die
heilsgeschichtliche Frage nach der Rettung des vorfindlichen Volkes
Israel liegt außerhalb der Betrachtung des ganzen Visionsberichts
(gegen Rissi, Zukunft).
Die bisherige Auslegung hat den ersten Visionsabschnitt 21,11–14
vor allem als Neuinterpretation atl. Schriftstellen, besonders Ez
48,30ff. aufgefaßt. Die Zwölfzahl bezog sich dabei auf die geschichtliche Größe der zwölf Stämme Israels bzw. der zwölf Apostel. Die Frage ist nur, ob mit diesen Bedeutungsnuancen der Asso-

ziationshorizont der Zwölfzahl zureichend erfaßt ist. Es gibt Hinweise, daß damit bereits eine geschichtliche Umprägung weiterge-
hender Vorstellungen vorliegt. Gerade die mehrfach wiederholte
Zwölfzahl (unter Einschluß der Abschnitte Vers 15–17 und 18–21)
verbindet die Erscheinung der neuen Stadt mit den zwölf Tierkreis-
zeichen. Besonders die Erwähnung von zwölf Engeln auf den zwölf
Toren, die auf die vier Himmelrichtungen verteilt sind, ist nicht nur
durch Einfluß atl. Schriftstellen (Ez 48,30ff.; Jes 62,6) gedeckt, sondern läßt darüber hinaus an den Tierkreis denken (z. B. Boll 39f.,
Bousset, Lohmeyer). Der Bau der Himmelsstadt ist von kosmischen
Symbolen bestimmt.

Das gilt in besonderer Weise für die Gestalt und die Maße der Himmelsstadt (Vers 15–17), die als riesiger Kubus begegnet, dessen Umfang das Himmelsgewölbe zu erfassen scheint. Zunächst ist allerdings zu beachten, daß in Vers 15–17 nicht mehr bloße Beschreibung der Stadt vorliegt, sondern Handlung geschieht: die Ausmes-
sung der Stadt. Literarisches Vorbild ist Ez 40,3ff. Das Messen
durch den Offenbarungsengel hat die Funktion, die Maße der Stadt
mitzuteilen. Sie ist in Länge, Breite und Höhe gleich groß, hat also
die Form des Kubus, wobei Quadrat und Kubus in der Antike als
Ausdruck der Vollkommenheit gelten. Die Ausdehnung in jeder
Richtung ist phantastisch: 12000 Stadien – etwa 2400 km. Demgegenüber fallen die kleinen Maße der Mauer auf: 144 Ellen – etwa
70 m. Dieses Maß paßt schlecht zu dem der Stadt und kann sich nur
auf die Dicke der Mauer beziehen. Weil die Maßzahlen für das
himmlische Jerusalem Anwendung finden, betont Vers 17, daß es
dennoch Menschenmaße sind, die aber auch für den Engel Geltung
haben. Die spezielle Zahl 12000 ergibt sich möglicherweise aus der
Vervielfachung der Zahl der Stämme Israels mit 1000 als Sinnbild
einer großen Menge (Wikenhauser). Ähnlich steht es bei der Zahl
144 (12×12). Weitergehende Deutungen im Blick auf den ungeheu-
ren Unterschied zwischen den beiden Zahlen legen in den Text einen
Tiefsinn hinein, der allein der Phantasie der Interpreten entspringt
(vgl. z. B. Schüssler Fiorenza 359f.).

Die riesige Form der Stadt wird am ehesten verständlich, wenn man
sie von der antiken Himmelskunde her erklärt. Diese redete von den
vier Ecken, auf denen das Himmelsgewölbe ruht, so daß sich die
quadratische Basis und damit auch die kubenartige Gestalt ergibt (vgl.
Bousset, Knopf, Boll, Strathmann). Ob man für den Kubuscharakter
der Stadt auf die Anschauung vom himmlischen Babylon zurückgreifen soll, das das Abbild des irdischen Tempelturmes dieser Stadt darstellt, der seinerseits die ganze Stadt repräsentiert, bleibt umstritten

(vgl. Strathmann, Lohmeyer, Kraft). Die riesige Gestalt der Stadt spricht im übrigen gegen eine direkte Beziehung zur Kubusform des Allerheiligsten im Tempel (1 Kön 6,20; Bousset). Grundsätzlich aber haben diese Ausmaße den Sinn, den überwältigenden Eindruck und den vollkommenen Charakter des neuen Jerusalem herauszustellen. Dabei wahrt der Hinweis auf die zwölf Stämme Israels (Vers 12) und die zwölf Apostel des Lammes (Vers 14) die geschichtliche Bedeutsamkeit der ansonsten himmlischen Stadt. Diese ist den Erlösten, symbolisiert durch die Stämme Israels, offen und zugänglich (vgl. die geöffneten Tore Vers 25). Deshalb assoziieren die Mauern entgegen ihrem ursprünglichen Zweck Offenheit, nicht Abgrenzung oder Schutz gegenüber Fremdem und Unreinem (Comblin, Théologie; Georgi). Sie markieren keinesfalls die Scheidung zwischen Drinnen und Draußen, zwischen denen, die zum Ort des Heils gehören, und jenen, die ihr Dasein im Feuersee haben (gegen Rissi, Zukunft). Für die Beschreibung des neuen Jerusalem in 21,9–22,5 ist demgegenüber gerade das Fehlen des Bereichs der Verdammnis konstitutiv (zur eventuellen Ausnahme 21,27 s. u.).

Vers 18–21 nennen die kostbaren Baumaterialien der Stadt, um ihre überwältigende Schönheit und Herrlichkeit zu schildern. Die Darstellung hat eine atl. Parallele in Jes 54,11 f. und erinnert stark an die Beschreibung von Tob 13,16 f.:

»... Jerusalem wird gebaut werden mit Saphir und Smaragd
und mit kostbarem Stein seine Mauern,
und die Türme und Befestigungen sind in reinem Gold,
und die Straßen Jerusalems werden ausgelegt werden mit Beryll,
Karfunkel und Stein aus Ophir.«

Vers 18 erwähnt zunächst wieder den »Jaspis« (vgl. Vers 11) als Material der Mauer (*endōmēsis* = »Material«, nicht »Unterbau«, da dieser in den Grundsteinen ab Vers 19 vorkommt, Strathmann 532, Anm. 74) und reines Gold als Baustoff der Stadt. Vers 19–20 zählen auf, aus welchen Edelsteinen die zwölf Grundsteine der Mauer bestehen, die wohl so angeordnet sind, daß jeder Mauerteil zwischen zwei Toren auf einem Grundstein ruht. Dabei findet sich eine leichte Unstimmigkeit. Zunächst sind die Grundsteine nur mit Edelsteinen geschmückt (Vers 19a), anschließend scheinen sie aus diesen zu bestehen. Die Reihe der zwölf Edelsteine hat Beziehung zu der Beschreibung des Brustschildes des Hohenpriesters (Ex 28,17–20; 39,10–13 = LXX 36,17–20; vgl. auch die Beschreibung des Urmenschen in Ez 28,13), weil es dort ebenfalls um zwölf Steine geht, die jeweils einen der Namen der Stämme Israels tragen. Damit ergibt sich wie in Vers 12 ein andeutender Hinweis auf die Kirche als das wahre Israel. Diese Beziehung wird nicht ausdrücklich erwähnt wie in Vers 12, sondern ist nur aus der atl. Schriftstelle zu erschließen. Wichtiger erscheint der astrale Bezug der Edelsteine, wenn man bedenkt, daß auch in jüdischer Tradition Assoziationen zwischen Edelsteinen und himmlischem Tierkreis bestehen. So haben Philo VitMos II 133 und Jos Ant III 3,186 die Steine auf dem hohepriesterlichen Brustschild (Ex 28,17–20) auf den Zodiak bezogen (Böcher, Edelsteine 149; Georgi). Allerdings weicht die Reihenfolge der Edelsteine von der normalen Folge in den vergleichbaren Texten ab. Anscheinend will der Verfasser seinen Lesern zeigen, daß das neue Jerusalem eine ganz andere, eben neue Ordnung hat (Georgi). Im Blick auf die Edelsteine, aus denen die Grundsteine der Mauer bestehen, sollen die Schönheit, Reinheit und Klarheit der Stadt hervortreten; die apotropäische Funktion von Edelsteinen, die alles Dämonische abwehren soll, findet in 21,19–20 kaum Berücksichtigung (gegen Böcher, Edelsteine), da eine Beziehung zu 21,27 nicht erkennbar ist. Unsicher ist eine genaue Identifikation der in der Übersetzung genannten einzelnen Steine mit den heute üblichen Bezeichnungen; die Übersetzung bleibt daher nur ein annähernder Versuch (vgl. die Interpretation bei Bousset).

Die Beschreibung der Baumaterialien der Stadt fährt mit der Angabe fort, daß die zwölf Tore jeweils aus einer wohl riesig vorgestellten Perle bestehn. Hier dürfte wieder der ursprünglich himmlische Bezug zu den Sternbildern des Tierkreises durchschimmern. Ähnliches gilt für die Straße der Stadt aus reinem Gold, da die klare Durchsichtigkeit des Goldes an das glänzende Himmelgewölbe, speziell die Milchstraße, erinnert.

Vers 22–27 wenden sich dem Innern der Stadt zu. Entscheidend ist dabei, daß der Seher keinen Tempel in der Stadt sieht, was jüdischer Erwartung widerspricht, die von einer Wiederherstellung des Tempels in der Endzeit handelt. Doch ist die jüdische Hoffnung nicht einfach beiseite geschoben, sondern in einem neuen Sinne erfüllt. Denn als Begründung für das Fehlen des Tempels folgt die Aussage, daß Gott und das Lamm der Tempel sind. Sachlich heißt das, daß mit dem neuen Äon die Notwendigkeit kultischer Vermittlung zwischen Gott bzw. Christus und der Gemeinde entfällt. Der direkte Zugang zu Gott wird Wirklichkeit. Gottes Wohnen bei den Menschen (21,3) ist hier in besonderer Weise akzentuiert. Vor Anbruch des neuen Äons gab es einen Tempel im Himmel (14,15.17; 15,5 f.8; 16,1.17); doch gehört er zu den vorläufigen Dingen, die inzwischen

abgetan sind (Holtz). Das neue Jerusalem zeichnet sich durch radikale Offenheit aus, die keine Scheidung von kultischem und profa-
nem Bereich mehr kennt.

Zu beachten ist die Bildhaftigkeit der Worte. Metaphorisch ist die
Aussage, daß Gott und das Lamm der Tempel sind; denn sonst wäre
ja der Vordersatz unmöglich, daß im neuen Jerusalem kein Tempel
sein wird. Diese negative Feststellung interessiert nur wegen ihres
sachlichen Gehalts, der Unmittelbarkeit der Beziehung zu Gott und
dem Lamm. Deshalb besteht auch kein eigentlicher Widerspruch zu
3,12 und 7,15, wo in jeweils verschiedener Weise nun doch von einem Tempel in der neuen Welt die Rede ist. 3,12 verheißt dem »Sieger«, er werde zur Säule im Tempel Gottes werden; damit ist aber
nur die Zugehörigkeit des »Siegers« zu Gott, zum neuen Jerusalem
und zu Christus ausgedrückt, wobei wiederum ein metaphorisches
Verständnis des Begriffs »Tempel« vorliegt. In 7,15 dient die Verwendung des Tempelbildes neben anderen Motiven nur dazu, den
Ort der Anwesenheit Gottes für die Erlösten symbolisch zu
beschreiben.

Ähnlich wie Vers 22 spricht Vers 23 die Unmittelbarkeit der Zuwendung Gottes und des Lammes aus. Unter Verwendung der Verheißung aus Jes 60,19f. heißt es, daß das neue Jerusalem Sonne und
Mond nicht mehr braucht, da die Herrlichkeit Gottes und das
Lamm es erleuchten. Die Vollendeten empfangen Licht und Leben
ohne vermittelnde Instanzen. Nacht wird es nicht mehr geben (vgl.
Sach 14,7), weil das Licht kein Ende nimmt. Damit hat die uneinge-
schränkte Heilsvollendung angefangen. Deshalb bleiben die Tore
der Stadt unverschlossen (vgl. Jes 60,11), so daß jederzeit freier Zutritt besteht. Freilich hat man sich der Bildhaftigkeit der Aussagen
bewußt zu sein. Der Verfasser schildert die eschatologische Zukunft
mit Motiven, die aus der Tradition überkommen sind, da die biblischen Verheißungen seiner Phantasie die Möglichkeit geben, das
ganze Neue zu denken. Nur so wird es auch verstehbar, daß
Vers 24–27 Überlieferungen aufnehmen, die eigentlich nicht zur
Schilderung des *himmlischen* Jerusalem passen, die den Untergang
des ersten Himmels und der ersten Erde voraussetzt, sondern in das
Bild eines nur *erneuerten* Jerusalem auf dieser Erde zu gehören
scheinen. Im Anschluß an Jes 60,3.11 (vgl. Jes 62,10f.) heißt es nämlich, daß die Völker im Lichte Jerusalems wandeln werden und die
Könige der Erde herbeikommen, um ihre Pracht und ihre Schätze
zum Zeichen der Huldigung in die Stadt zu bringen (Vers 24.26). An
sich existieren keine Völker und Könige mehr, da sie längst vernichtet sind (19,19–21; 20,9) und die alte Erde vergangen ist. Wenn nun

doch von ihnen die Rede ist, erklärt sich dies aufgrund der Bindung
an überkommene Tradition. Zu fragen bleibt jedoch, wie der Verfasser sie verstanden hat. Es genügt nicht, hier nur die Universalität der
vollendeten Gottesgemeinde demonstriert zu finden (Vögtle). Es
muß schon gesagt werden, in welchem Sinne dies gemeint ist.
Vers 27 stellt klar: Nach dem Vorbild von Jes 35,8; 52,1 wird nichts
»Unreines«, d. h. keiner, der götzendienerischen Greuel (vgl.
17,4 f.; 21,8) noch Lüge (vgl. 21,8; 22,15) treibt, in das neue Jerusalem hineinkommen, sondern nur die erlösten Frommen, die im Lebensbuch des Lammes verzeichnet sind (vgl. zu 3,5; 13,8; 17,8). Es
sind diejenigen, die aus allen Völkern und Nationen durch das Blut
des Lammes losgekauft sind (5,9; 7,9) und sich gegenüber der Anfechtung des Götzendienstes bewährt haben (vgl. zu 21, 3). Die
Universalität von Vers 24—27 liegt in der Ausrichtung auf die Kirche
aus Juden und Heidenvölkern.

Vers 27 ist wie schon 21,7 f. paränetisch bestimmt. Der Verfasser
schreibt aus seiner Gegenwart und für seine Gegenwart (vgl. das den
Visionsstil durchbrechende Futur ab Vers 24; Lohmeyer). Indirekt
mahnt er die Gemeinde, nicht zu jenen zu gehören, die Lüge tun,
und so die beschriebene Herrlichkeitszukunft zu verfehlen. Diese
ausschließende Orientierung an der christlichen Gemeinde, die sich
in der Gegenwart bewährt, macht eine Interpretation unmöglich,
die in der Erwähnung der Völker und Könige der Erde gar die Erlösung der ursprünglichen Feinde des Christus sieht (Rissi, Zukunft)
oder von Weltversöhnung spricht (Georgi). Andererseits hebt diese
Beschränkung nicht die grundsätzliche Offenheit der Stadt auf (vgl.
die geöffneten Tore der Mauer Vers 25); denn der Sünder aus Vers 27
ist keine Wirklichkeit der neuen Welt, der Zutrittsverbot erhält,
sondern wird mit Blick auf die Gegenwart des Sehers erwähnt.

Die Schilderung des neuen Jerusalem findet ihren Höhepunkt in der
Kennzeichnung als Ort göttlichen Lebens. Denn vom Thron Gottes
und des Lammes geht der Strom des Lebenswassers aus (22,1).
Wasser ist für den Orientalen Element des Lebens. Der Verfasser
hat in 22,1—5 die Vorstellung von der Quelle des Lebenswassers
mit der vom Paradiesesstrom verbunden. Er schließt sich dabei eng
an das literarische Vorbild Ez 47,1—12 (vgl. Jo 4,18; Sach 14,8) an,
wo das Motiv der lebenspendenden Tempelquelle bereits von dem
des Paradiesesstromes beeinflußt ist. Daneben wirkt noch der eigentliche Paradiesesbericht Gen 2,10—14 mit seinem Bild vom Paradiesesstrom nach. Im Unterschied zu Ez 47,1 entspringt das
Wasser nicht mehr im Tempel, sondern beim Thron Gottes und des
Lammes; denn Gott und das Lamm selbst haben dessen Stelle einge-

nommen. Wieder zeigt sich der unmittelbare Kontakt, den die Erlösten zu Gott und dem Lamm als der eigentlichen Lebensquelle
haben.

Auf den ersten Blick passen das Bild der neuen Stadt und die Vorstellung vom Paradiesesgarten schlecht zusammen; doch vereinigen sich
beide Motive spätestens in jüdischer Tradition (4 Esr 7,26; syrBar 4).
22,2 setzt mit der Erwähnung der Straße die Situation der Stadt voraus; schwierig ist allerdings, wie man sich die Lage von Straße, Paradiesesstrom und Lebensbaum bzw. -bäumen vorstellen soll. Folgt
man der oben gegebenen Übersetzung, die die griechische Wendung
für »auf beiden Seiten« adverbiell auffaßt, scheint die Straße am
Strom entlangzuführen, auf dessen beiden Seiten Bäume stehen. Der
Singular *xylon* wäre im Anschluß an Ez 47,12 kollektiv verstanden
(Lohmeyer). Die ganze Szenerie folgt der Darstellung von Ez
47,7.12. Die Bäume des Lebens bringen zwölfmal im Jahre Frucht,
und ihre Blätter bedeuten für die »Völker« Heilung (vgl. zu 21,3). In
paradiesischer Fülle teilt sich die Lebenskraft, die vom göttlichen
Thron ausgeht, den Erlösten aus allen Völkern mit, so daß es nichts
»Verfluchtes«, d,h. der Vernichtung Anheimfallendes mehr geben
wird (Sach 14,11). Das göttliche Verbot aus Gen 2 f., dessen Über-
tretung Tod bedeutet, existiert in der neuen Stadt, die zugleich das
Paradies ist, nicht mehr. Dies entspricht der Verheißung von 21,4:
Weder Tod noch Leiden wird mehr sein.

In 22,1 erschien der Thron Gottes und des Lammes als Quellort des
Lebenswassers und damit des Lebens überhaupt; in Vers 3 f. symbolisiert er die herrscherliche Anwesenheit der göttlichen Heilsperso-
nen im neuen Herrschaftsbereich, zu dem die erlöste Gemeinde gehört. Als »Knechte« Gottes werden sie ihm dienen (vgl. 7,15), was
als endgültige Erfüllung der Forderung aus Dtn 10,12 gelten kann.
Während sich die Gottlosen am eschatologischen Zornestag vor dem
Angesicht Gottes verbergen müssen (6,16), werden die Erlösten
Gottes Angesicht schauen (vgl. Ps 17,15; 42,3), d.h., sie werden
ungehinderten Zugang zu Gott selbst haben (4 Esr 7,98; Mt 5,8;
Hebr 12,14; 1 Joh 3,2). Die unüberbrückbare Kluft zwischen Gott
und Mensch ist aufgehoben (vgl. Ex 33,20; Joh 1,18). Die Voll-
endeten tragen Gottes Namen auf ihrer Stirn; damit ist ihre Zugehö-
rigkeit zu ihm bezeichnet, ja, sie sind sein Eigentum (3,12; 14,1).
Gottes Namen zu tragen bedeutet mehr als die 7,2–8; 9,4 genannte
Versiegelung: Diese hat nur beschützende Funktion in den endzeitlichen Plagen, während das Tragen des Namens die eschatologische
Erfüllung meint.

Zu fragen ist, ob die Verheißungen von Vers 3 f. im kultisch-priesterlichen Sinn zu deuten sind, obwohl Vers 5 die Heilsaussage für die Vollendeten, Priester Gottes zu sein (20,6; vgl. 1,6; 5,10), nicht aufnimmt. Will Vers 4 die Erfüllung allen kultischen Strebens der Gottesgemeinde für die Heilszeit behaupten (Holtz, Schüssler Fiorenza)? Die Wendung, das Angesicht Gottes zu schauen, zielt ursprünglich auf die Begegnung mit Gott im Heiligtum (Ps 24,3–6; 42,3; vgl. Ex 23,15.17). Doch ist sie zum allgemeineren Ausdruck für die eschatologische Vollendung geworden (4 Esr 7,98; Mt 5,8). Ebenso scheint es zu gewagt zu sein, im Bild vom Namen Gottes auf der Stirn eine Anspielung auf das Stirnblatt des Hohenpriesters zu sehen, in das der Name Gottes eingraviert ist. Die Knechte Gottes wären als Hohepriester charakterisiert, die ganz Gott geweiht sind und deshalb sein Angesicht schauen dürfen (Schüssler Fiorenza). Diese Interpretation geht wohl in die Irre, da Vers 5 eben nur auf die Teilhabe der Vollendeten an der Herrschaft Gottes und des Lammes abhebt, nicht auf ihren priesterlichen Charakter. Zu erinnern ist auch daran, daß ein eigentlich priesterlicher Dienst nicht mehr in Frage kommt, da mit dem Fehlen des Tempels die Notwendigkeit kultischer Vermittlung entfällt.

Nach der Ankündigung unbedingter Zugehörigkeit zu Gott und ungehinderten Zugangs zu ihm schließt die Schilderung des neuen Jerusalem mit einer wohl bewußten Aufnahme von 21,23 in 22,5. Doch heißt es nicht mehr, daß Gott die Stadt erleuchten werde, so daß es keine Nacht mehr gibt (vgl. Jes 60,19), vielmehr wird die Zusage personal auf die Erlösten bezogen: Gott wird *auf sie* leuchten. Dabei scheint diese Formulierung durch den Anklang an den sog. aaronitischen Segen beeinflußt zu sein (Num 6,25; vgl. Ps 80,4; 118,27):

»Der Herr lasse sein Angesicht *auf dich* leuchten und sei dir gnädig!«

Vers 5 verheißt den Erlösten die heilvolle Zuwendung Gottes, was als Erfüllung aller bisherigen Sehnsüchte erscheint (Lohmeyer). Seine Spitze findet diese Ankündigung in der Zusage ewiger Herrschaft. Als »Diener Gottes« gehören sie zu ihm (Vers 3), als Herrscher haben sie Anteil an seiner und des Lammes Macht. Doch geht es dabei nicht um die Herrschaft über jemanden, der dann der Unterworfene wäre; wie 20,6 fehlt gerade jedes Objekt. Man könnte von einer Humanisierung menschlichen Zusammenlebens sprechen, die die endgültige Herrschaft Gottes und des Lammes in der neuen Welt ermöglicht. In prophetischer Weise spricht Johannes davon zu seinen auf Erden bedrängten Gemeinden. Sie, die von der gottlosen

Macht Roms Bedrückung erfahren, finden Trost in den visionären Bildern einer heilvollen Gegenwelt, die die Macht der »großen Hure« ablöst.

Buchschluß: 22,6–21

6 Und er sagte zu mir: Diese Worte sind zuverlässig und wahr, und der Herr, der Gott der Geister der Propheten, hat seinen Engel gesandt, um seinen Knechten zu zeigen, was in Bälde geschehen muß. 7 Und siehe, ich komme bald. Selig, wer die Worte der Weissagung dieses Buches bewahrt.
8 Und ich, Johannes (bin es), der dies hörte und sah. Und als ich es gehört und gesehen hatte, fiel ich nieder, um zu Füßen des Engels, der mir dies gezeigt hatte, anzubeten. 9 Und er sagt zu mir: Nicht doch! Ich bin (nur) dein Mitknecht und der deiner Brüder, der Propheten, und derer, die die Worte dieses Buches bewahren. Gott bete an!
10 Und er sagt zu mir: Versiegele nicht die Worte der Weissagung dieses Buches! Denn die Zeit ist nahe. 11 Wer Unrecht tut, tue weiter Unrecht, und wer befleckt ist, beflecke sich weiter! Und der Gerechte tue weiter Gerechtigkeit, und der Heilige heilige sich weiter! Siehe, ich komme bald, und mein Lohn (kommt) mit mir, um einem jeden zu vergelten, wie sein Werk ist. 13 Ich bin das A und das O, der Erste und der Letzte, der Anfang und das Ende. 14 Selig, die ihre Kleider waschen, daß sie Anrecht bekommen an dem Baum des Lebens und durch die Tore in die Stadt eingehen werden. 15 Draußen (sind) die Hunde und die Zauberer und die Hurer und die Mörder und die Götzendiener und jeder, der Lüge liebt und tut.
16 Ich, Jesus, habe meinen Engel gesandt, um euch dieses über die Gemeinden zu bezeugen. Ich bin der Wurzelsproß und das Geschlecht Davids, der helle Morgenstern.
17 Und der Geist und die Braut sagen: Komm! Und wer es hört, sage: Komm! Und wer dürstet, komme; wer will, empfange Wasser des Lebens umsonst!
18 Ich bezeuge jedem, der die Worte der Weissagung dieses Buches hört: Wenn einer (etwas) dazu hinzufügt, wird Gott ihm die Plagen zufügen, die in diesem Buch geschrieben stehen. 19 Und wenn einer (etwas) von den Worten des Buches dieser Weissagung wegnimmt, wird Gott seinen Anteil

an dem Baum des Lebens und an der heiligen Stadt, von denen in diesem Buch geschrieben ist, wegnehmen.
20 Es sagt, der dieses bezeugt: Ja, ich komme bald. Amen, komm, Herr Jesus!
21 Die Gnade des Herrn Jesus sei mit allen!

Literaturauswahl: Berger, K.: Exegese des Neuen Testaments, UTB 658 (1977) 193f. – *Boll, F.:* Aus der Offenbarung Johannis 47f. – *Bornkamm, G.:* Das Anathema in der urchristlichen Abendmahlsliturgie, in: *ders.:* Das Ende des Gesetzes, Ges. Aufsätze I, München ³1961, 123–132. – *Günther, H. W.:* Nah- und Enderwartungshorizont 70–75. – *Hartman, L.:* Form and Message. A Preliminary Discussion of »Partial Texts« in Rev 1–3 and 22,6ff., in: L'Apocalypse johannique (Hg. J. Lambrecht) 129–149. – *Holtz, T.:* Christologie 156–159.190f. – *Kuhn, K. G.:* Art. *maranatha*, ThWNT IV, 1942, 470–475. – *Lietzmann, H.:* Messe und Herrenmahl, Arbeiten zur Kirchengeschichte 8 (1926) 229. – *Moore, M. S.:* Jesus Christ: »Superstar« (Revelation XXII 16b), NT 24 (1982) 82–91. – *Müller, U. B.:* Bestimmung, – *Olsson, B.:* Der Epilog der Offenbarung Johannis, ZNW 31 (1932) 84–86. – *Prigent, P.:* Apocalypse et Liturgie, Cahiers Théologiques 52 (1964) 42–45. – *Sandvik, B.:* Das Kommen des Herrn beim Abendmahl im Neuen Testament, AThANT 58 (1970) 29–34.114–118. – *Satake, A.:* Gemeindeordnung 57–64. 69–72.76–81. – *Unnik, W. C. van:* De la règle *Mēte prostheinai mēte aphelein* dans l'histoire du canon, VigChr 3 (1949) 1–36. – *Wengst, K.:* Christologische Formeln und Lieder des Urchristentums, StNT 7 (1972) 49–54.

Der Schluß des ganzen Buches verfolgt das Ziel, die Gültigkeit der niedergeschriebenen Botschaft zu beglaubigen und die Nähe des wiederkommenden Christus endgültig einzuschärfen. Dabei wechselt die Sprecherrolle wiederholt, und die einzelnen Sprucheinheiten werden recht unvermittelt aneinandergereiht, wobei eine streng logische Abfolge von Gedanken nicht immer erkennbar ist.
Man hat deshalb angenommen, Johannes habe eine ältere Quelle bearbeitet (Bousset: für Vers 6–9), die ursprüngliche Ordnung des Textes sei zerstört (Charles) oder verschiedene Hände hätten an diesem Buchschluß gearbeitet (Kraft). Ehe man jedoch zu literarkritischen Operationen greift, ist der Versuch zu machen, den Text in der vorliegenden Form zu verstehen. Dafür spricht die einheitliche inhaltliche Ausrichtung des ganzen Schlusses. Es geht immer neu um die Autorisierung der Weissagung des Buches und damit zusammenhängend um die Aktualisierung des nahen Endes. Schwierigkeiten bereitet nur die äußere Form: die jeweils verschiedene Person, die spricht (Christus, Geist und Braut, Johannes selbst, die Gemeinde), und die ziemlich unverbundene Gestalt einzelner Redeeinheiten.

Der Text macht den Eindruck lebhaft bewegter Wechselrede, die jedoch das gleiche inhaltliche Ziel verfolgt. Für diesen Sachverhalt bietet sich eine Erklärung an, wenn man sich die wahrscheinliche Situation vergegenwärtigt, die der Verfasser vor Augen hat. Er erwartet, daß sein Buch im Gottesdienst der Gemeinden vorgelesen wird (1,3). Darin besteht eine Entsprechung zu den Briefen des Apostels Paulus, die in der Gemeindeversammlung verlesen wurden (1 Thess 5,27), wie zum etwa gleichzeitigen Brief des Clemens an die Gemeinde zu Korinth, der ebenfalls zur gottesdienstlichen Lektion bestimmt war (vgl. das allgemeine Kirchengebet 1 Clem 59,2–61,3). Die briefliche Rahmung der Offb hatte wohl überhaupt das Ziel, diesem Buch dieselbe gottesdienstliche Funktion zukommen zu lassen wie Briefen von Aposteln oder sonstigen Amtsträgern (Müller). Dementsprechend scheint der Verfasser am Schluß seines Buches an den Gottesdienst zu denken, in dem »die Worte der Weissagung« gehört werden. Wenn diese Annahme richtig ist, erklärt sich auch die unvermittelte Abfolge von Worten verschiedener Sprecher (die plötzliche Christusrede Vers 10–16; Geist – Braut und Gemeinde Vers 17; Johannes Vers 18 f.; Christus Vers 20 a; Gemeinde Vers 20 b). Darin spiegelt sich am ehesten die Situation der Gemeindeversammlung wider, in der, vom Geist ergriffen, mehrere Propheten auftreten, um ihre Offenbarungen kundzutun. Diese identifizieren sich in einer Weise mit Christus, daß sie im Ich-Stil dessen Worte sprechen und so als Sprachrohr und Mund des Erhöhten agieren. Paulus jedenfalls setzt eine Lage voraus, die ihn nötigt, angesichts der Gefahr ungeregelten Sprechens geisterfüllter Propheten ordnend einzugreifen (1 Kor 14,29.33 a).

Schon seit langem hat man als Hintergrund des Buchschlusses den urchristlichen Gottesdienst gesehen (Bousset, Lohmeyer: ab Vers 17), speziell in der Form, daß das Ende der Offb durchzogen sei von Anklängen an die eucharistische Liturgie (z. B. Bornkamm, Prigent, Sandvik). An die Herrenmahlsfeier erinnere besonders der Einladungsspruch Vers 17 b, die Abwehrformel gegen Gottlose Vers 15 sowie die Herbeirufung des kommenden Herrn Vers 20 b. Als Parallelen zu dieser liturgischen Form gelten 1 Kor 16,20 ff. und Did 10,6. Es wird jedoch zu fragen sein, ob diese eucharistischen Anspielungen wirklich vorhanden sind.

Vers 6 bekräftigt »diese Worte« als zuverlässig und wahr. Darin nimmt der Text die Formulierungen von 19,9; 21,5 auf. Während sich jedoch die entsprechende Beglaubigung dort nur auf den unmittelbaren Kontext bezieht, meint sie hier das ganze Buch. Als Begründung gilt der göttliche Ursprung der Botschaft (vgl. 1,1), die

über den Engel Gottes (1,1: Engel Christi), die Propheten (1,1 f.:
Johannes als Knecht Christi) den Gläubigen vermittelt wird. Die
prophetische Weitergabe klingt in dem Ausdruck »Gott, der Herr
der Geister der Propheten« an. Dabei ist »der Herr der Geister«
nicht als selbständige Gottesbezeichnung zu fassen (wie in äthHen
39 ff.); vielmehr gehört »Geister der Propheten« als ein Begriff =
»Propheten« zusammen (Lohmeyer). Trotz des Plurals, der an eine
Betonung der Bedeutung auch sonstiger Gemeindepropheten denken lassen könnte, geht es dem Verfasser nur um die Bekräftigung
der Worte, die er in seinem Buch niedergeschrieben hat (vgl. Vers 7).
Wie 1,1 (vgl. 1,19; 4,1) ist ihr Inhalt in der Wendung zusammengefaßt: »was geschehen muß in Kürze«. An Vers 6 schließt sich ganz
abrupt in Ich-Form ein Wort des himmlischen Christus an, der sein
baldiges Kommen ankündigt, sowie eine Seligpreisung, die wie 1,3
den Inhalt des vorliegenden Buches verpflichtend macht. Dieser
plötzliche Übergang zur Christusrede findet sich auch 16,15. Wahrscheinlich liegt hier ein Spruch des Verfassers vor, der in prophetischer Identifikation mit Christus dessen Stimme ergreift.
Wegen Vers 7 hat man Christus als Subjekt der Rede von Vers 6 angenommen (Bousset, Lohmeyer, Charles); da aber Vers 6 keinen neuen
Sprecher gegenüber 21,9 ff. einführt und der Engel in Vers 8 f. ausdrücklich noch anwesend ist, hat man ihn auch in Vers 6 als Redner
zu denken (Kraft, Hartman). Vers 7 dient dann als bekräftigendes
Echo auf die Versicherung des Engels, das Johannes Christus selbst
sprechen läßt (Wikenhauser).
Die kleine Szene Vers 8 f. hat ebenfalls die Funktion der Legitimation des Buchinhaltes; sie kann nicht der Abwehr des Engelkultes
dienen (wie auch nicht 19,10), da dies keine Beziehung zum Kontext
hätte. Johannes stellt sich zunächst betont als Übermittler der Botschaft vor (nachdrückliches *egō* = »ich« wie 1,9). Seinen Versuch,
den Offenbarungsengel anzubeten, wehrt dieser ab mit der Aufforderung, Gott anzubeten. Das heißt doch wohl, daß die Offenbarung
auf Gott selbst zurückgeht (vgl. Vers 6), nicht auf den Engel, der nur
als Vermittler gewirkt hat. Der Engel stellt sich auf eine Ebene mit
Johannes und seinen Brüdern, den Propheten – offenbar ein Kreis
von Charismatikern in den Gemeinden, die wie Johannes prophezeien: Der Engel ist nur ihr »Mitknecht«. Daß er sich sogar als Mitknecht der Gläubigen bezeichnet, die den Inhalt des Buches hören
und bewahren, reduziert seine Stellung noch weiter. Gott allein ist
der Urheber der prophetischen Botschaft des Verfassers; ihr gebührt
höchste Autorität.
Vers 10–16 sind Christusrede (wegen Vers 12 f.). Dabei lassen be-

sonders Vers 12 f. und Vers 16 aufgrund der Ich-Rede Christi erneut
an prophetischen Stil denken (der Prophet als Sprachrohr). Mit
Vers 10 entsteht eine wesentliche Abgrenzung gegenüber jüdischer
Apokalyptik. Daniel erhält den Befehl: »Du aber ... verbirg die
Worte und versiegele das Buch bis auf die Endzeit!« (Dan 12,4; vgl.
12,9; 8,26; 4 Esr 14, 6.45 f.). Diese Aufforderung ergibt sich wegen
der pseudepigraphischen Fiktion, daß der unter Cyrus lebende Daniel für die Endzeit schreibt. Bis dahin ist das Buch zu versiegeln.
Anders Johannes: Er schreibt für seine Gegenwart, für die die unmittelbare Nähe des Endes gilt. Deshalb darf sein Buch nicht versiegelt werden, sondern soll gerade bekannt werden, um die Gemeinden für das nahe Ende vorzubereiten. Diesem letzten Ziel dienen
auch die folgenden Worte.

Vers 11 ruft zur Scheidung unter den Menschen auf (vgl. Ez 3,27).
Dabei geht es, vom Kontext her gesehen, zunächst einmal um die
Sichtung innerhalb der vorfindlichen Gemeinden, in denen »heilige«
und »befleckte« Glieder zusammenwohnen (vgl. Kap. 2 f.). Die Angeredeten sollen diese Trennung selbst vollziehen, womit die große
eschatologische Scheidung jetzt schon anhebt. Sie betrifft natürlich
auch die Masse aller Menschen. Die erste Hälfte von Vers 11 benutzt
die Form des ironischen Imperativs, bei dem der Prophet die Sünder
zu einem Tun aufruft, das selbstverständlich von ihm verurteilt wird
(vgl. Am 4,4 f.; Jer 7,21; Mt 23,32; Herm v II, 3,4); die andere Hälfte
mahnt die Gerechten, bei ihrer Gerechtigkeit zu bleiben. Dabei
scheint der Spruch wegen der für Johannes fremden Wortwahl vorgegebener Tradition zu folgen (Lohmeyer). Ähnliches gilt auch für
Vers 12, der in dem fast gleichzeitigen 1 Clem 34,3 eine fast wörtliche
Parallele hat. Wieder verkündet Christus sein baldiges Kommen
(wie Vers 7; vgl. 2,16; 3,11) und das Gericht nach den Werken, das er
im Unterschied zu 20,12 f. selbst durchführt (2,23). Die Formulierung folgt atl. Vorbildern (Gericht nach den Werken: Ps 28,4; Jer
17,10 – der Gedanke des Lohnes: Jes 40,10; 62,11). Christus übernimmt hier die sonst Gott zustehende Richterfunktion. Dementsprechend erhält er in der Selbstprädikation Vers 13 eindeutige Gottesbezeichnungen: »Ich bin das A und O« (1,8; 21,6), »der Anfang
und das Ende« (21,6). Das Prädikat »der Erste und der Letzte« ist
bereits 1,17; 2,8 als Christusname gebraucht (in Jes 44,6; 48,12 noch
Gott zugesprochen). Alle drei Doppelbegriffe besagen offenbar dasselbe (vgl. die Ausführungen bei 1,8; 1,17).

Wie der kommende Richter in Vers 11 zur Scheidung zwischen
Gottlosen und Frommen aufgerufen hat, verkündet er vorgreifend
das endgerichtliche Urteil, einmal über die treuen Gemeindeglieder

(Vers 14) – zum anderen über die massa perditionis innerhalb und außerhalb der Gemeinde (Vers 15). Wieder spricht Christus durch den Mund des Propheten. Die Heilsaussage hat die Form der Seligpreisung, die denen gilt, die »ihre Kleider waschen« (Vers 14). Das Bild von den Gewändern dient dazu, den Zustand der Glaubenden zu beschreiben, wobei der Text nicht auf die bereits verklärte Leiblichkeit abhebt (3,5; 6,11; 7,9), sondern auf die Voraussetzung dazu – den Heilsstatus, der in der Annahme und standhaften Bewährung dessen erworben wird, was der Tod Christi bewirkt hat (3,4; 3,18; 7,14; 16,15). Der Nachsatz in Vers 14 präzisiert die Heilszusage der Seligpreisung: das Anrecht an den Heilsgütern des neuen Jerusalem (22,1 und 22,12 f.; vgl. 2,7). Genau antithetisch zu Vers 14 steht der Gerichtsspruch Vers 15. Dieser ist als Aussagesatz über das endgültige Schicksal der Gottlosen formuliert, die vorweg als »Hunde« bezeichnet werden (ursprünglich Schmähwort für die kultisch unreinen Heiden Mt 7,6; 15,26, für Irrlehrer Phil 3,2). Wie 21,8 gilt die Drohung nicht nur den Menschen außerhalb der christlichen Gemeinde, sondern gerade auch jenen in ihr, die wie die Heiden jenen Lastern verfallen und sich der gottlosen Welt anpassen.

Da Vers 15 die Form des indikativischen Aussagesatzes hat (»draußen sind die Hunde« – Nominativ: *hoi kynes*), liegt hier keine Abwehr- oder Ausschlußformel vor, die imperativischen Sinn hätte (»hinaus die Hunde« – Akkusativ: *tas kynas*) und Gottlose von der Teilnahme am Herrenmahl fernhalten solle (z. B. Bornkamm). Abgesehen von dem Tatbestand, daß ein eindeutiger Bezug zum Herrenmahl auch sonst nicht erkennbar ist, spricht gerade die angebliche Parallele Lukian, Alexander 38, die in der Tat eine Ausschlußformel vor einer Mysterienfeier darstellt, dafür, hier nicht das Entsprechende anzunehmen. Bei Lukian heißt es »hinaus die Christen« (Akkusativ: *toys Christianoys*), was bei gleicher Funktion als Ausschlußformel in Vers 15 ebenfalls den Akkusativ verlangen würde (Wengst).

Mit Vers 16a verbürgt sich Christus (nach dem Engel Vers 6, Johannes Vers 8) für die in dem ganzen Buche enthaltene Weissagung. Während zufolge Vers 6 noch Gott den Offenbarungsengel sandte, ist es jetzt Jesus selbst; das entspricht der Übernahme ursprünglich göttlicher Funktionen und Titel in Vers 12 f. In Vers 16a fällt auf, daß Jesus den Buchinhalt einer besonderen Gruppe *(euch)* offenbaren ließ, die offensichtlich von »den Gemeinden« zu unterscheiden ist (*martyrēsai epi* »bezeugen über« wie *prophēteysai epi* »weissagen über« 10,11). Es sind jene wohl 22,6.9 erwähnten Propheten, die als »Brüder« des Johannes erscheinen und vor deren Forum er seine

Schrift als himmlisch autorisiert präsentiert (Müller). Als Bekräftigung der Aussage Jesu folgt die Selbstprädikation Vers 16 b: »Ich bin
der Wurzelsproß und das Geschlecht Davids.« »Wurzelsproß Davids« (vgl. zu 5,5) ist freie Aufnahme von Jes 11,1.10 und bedeutet
Abkomme Davids und Träger der messianischen Verheißungen.
Dasselbe meint das Prädikat »das Geschlecht Davids«. Mit der abschließenden Christusbezeichnung »der helle Morgenstern« liegt
wohl eine Anspielung auf den Spruch Num 24,17 vor, den das Judentum auf den Messias gedeutet hat (vgl. 4 QT 9–11): »Es geht auf
ein Stern aus Jakob.« Doch bleibt zunächst unklar, welche Vorstellungen hinter der Deutung des Sternes als »Morgenstern« stehen
(vgl. zur Problematik Holtz 156–159). Hier könnte hellenistisch-
orientalische Sternsymbolik nachwirken, wonach der Morgenstern,
die Venus, als der größte aller Sterne gilt, der mit der entsprechenden
Göttin (vgl. Boll), aber auch mit männlichen Gottheiten in Verbindung gebracht wurde (vgl. Jes 14,12; Moore). Christus erhält die
höchsten Prädikate, und zwar gerade auch solche, die in der Umwelt
hellenistischer Gemeinden Geltung hatten.
Vers 17 schließt unvermittelt an den vorangehenden Text an. Drei
Aufforderungen werden ausgesprochen, jeweils von einer anderen
Gestalt oder Gruppe. Zunächst sprechen »der Geist« und »die
Braut«: Komm! Wie die Parallele Vers 20 und die Verheißungen
Vers 7.12 nahelegen, ist Christus angeredet, dessen Parusie man erfleht. Wer aber sind der Geist und die Braut? Kaum der Geist Christi
selbst, was keinen Sinn gäbe, noch die Braut als das himmlische Jerusalem (21,9), das erst von der Zukunft erwartet wird. Der Geist steht
hier auf seiten der Gemeinde als eine in ihr wirkende Kraft, wohl der
in den Propheten redende Geist. Entsprechend die Braut: Sie scheint
wie »der Engel der Gemeinde« (vgl. Kap. 2 f.) in der Gegenwart
existierendes Gegenbild der irdischen Gemeinde zu sein (Holtz).
Beide wirken durch ihren Ruf auf die Wiederkunft Christi hin. In
ihren Ruf soll mit derselben Bitte die irdische Gemeinde einstimmen: »Wer es hört«, ist die zum Gottesdienst versammelte Gemeinde (vgl. 1,3; 22,18). Das abwechselnde Sprechen (prophetischer Geist – die ganze Gemeinde) weist auf die gottesdienstliche
Situation, in der Propheten auftreten und die Gemeinde refrainartig
antwortet. So erklärt sich wohl auch der erneute Wechsel in
Vers 17 b, die weitere Aufforderung, ja Einladung an die Gemeinde.
Deren Glieder sind mit dem »Dürstenden« gemeint (nicht der außerhalb der Gemeinde stehende Mensch, Charles). Als nach der Erlösung Dürstende erscheinen sie bereits 7,16 f.; 21,6; wie dort erhalten sie die Zusicherung des »Lebenswassers«, des künftigen Heils-

gutes der neuen Welt (22, 1). Ein Anklang an die Eucharistie liegt
nicht vor (Bornkamm), da das Trinken des Lebenswassers immer als
zukünftig vorgestellt wird (Satake). Ein Bezug zur angeblichen Parallele Did 9,2 besteht nicht, weil hier die Nennung des Weinstocks
fehlt, der dort die Verbindung zum Wein der Eucharistie herstellt
(Wengst). Deshalb ist Vers 17b auch kein Einladungsspruch zum
Herrenmahl. Dagegen spricht auch der Kontext, die folgende Sicherung des Buchinhalts durch die sog. Kanonisierungsformel
Vers 18f., die bestimmt in keine Abendmahlsliturgie gehört.
Mit Vers 18f. wendet sich der Verfasser wieder in eigener Person an
die Hörer im Blick auf die Verlesung seines Buches im Gottesdienst
(vgl. 1,3). Er versucht, die Unveränderlichkeit, ja heilige Gültigkeit
seines Buches zu sichern, indem er nach dem Prinzip der Vergeltung
(ius talionis) jedem die entsprechende Strafe androht, der etwas hinzufügt oder entfernt. Er benutzt dabei eine bereits traditionelle Formel (z. B. Dtn 4,2; 13,1), die im Judentum der Kanonisierung heiliger Schriften dienen sollte (vgl. Arist 311: »Da nun alle diesen Worten zustimmten, ließen sie, wie es bei ihnen Sitte ist, den verfluchen,
der durch Zusätze, Umstellungen oder Auslassungen (die Übersetzung des AT) überarbeiten würde«; äthHen 104,11–13).
In Vers 20 ergreift Christus abschließend das Wort als derjenige, der
den Inhalt des ganzen Buches bezeugt, d. h. geoffenbart hat (vgl.
Vers 16 und 1,1: »Offenbarung Jesu Christi«). Er kündigt noch einmal sein baldiges Kommen an (22,7.12). Die Bitte der Gemeinde
Vers 17 erhält eine endgültige Zusicherung. Sie antwortet mit der
Wiederholung der Bitte: »Amen, komm, Herr Jesu!« Diese Wechselrede spiegelt anscheinend erneut die Situation des Gottesdienstes
wider (wie Vers 17). Die Formulierung der Bitte ist dabei Übersetzung des aramäischen Maranatha (1 Kor 16,22; Did 10,6), das der
aramäisch sprechenden Urgemeinde entstammte und als Ruf an den
himmlischen Menschensohn Jesus zur festen Formel wurde (vgl.
Kuhn). Ein ursprünglicher Bezug zur speziellen Situation der Herrenmahlsfeier (z. B. Bornkamm u. a.) ist nicht erkennbar (Wengst,
Berger).
Der Verfasser hat sein Buch mit einem brieflichen Präskript eingeleitet (1,4–5a) und ihm damit die Form des Briefes gegeben; dementsprechend beendet er es durch den Gnadenwunsch Vers 21, wie er
auch am Schluß paulinischer Briefe steht. Diese briefliche Form ist
für ein apokalyptisches Buch ungewöhnlich. Doch entspricht sie der
gottesdienstlichen Bestimmung des Werkes. Wie apostolische Briefe
soll es in der Gemeindeversammlung vorgelesen werden (vgl. Bousset, Müller).